曹龙骐金融文集

FINANCIAL COLLECTION OF CAOLONGQI

上　卷

曹龙骐◎著

中国经济出版社
CHINA ECONOMIC PUBLISHING HOUSE
·北京·

图书在版编目（CIP）数据
曹龙骐金融文集：全二册/曹龙骐著．
北京：中国经济出版社，2017.10
ISBN 978－7－5136－4847－9
Ⅰ．①曹… Ⅱ．①曹… Ⅲ．①金融—文集 Ⅳ．①F83－53
中国版本图书馆 CIP 数据核字（2017）第 215599 号

责任编辑 丁 楠
责任印制 马小宾
封面设计 任燕飞

出版发行 中国经济出版社
印 刷 者 北京科信印刷有限公司
经 销 者 各地新华书店
开 本 787mm×1092mm 1/16
印 张 23
字 数 440 千字
版 次 2017 年 10 月第 1 版
印 次 2017 年 10 月第 1 次
定 价 135.00 元（上下卷）
广告经营许可证 京西工商广字第 8179 号

中国经济出版社 网址 www.economyph.com 社址 北京市西城区百万庄北街 3 号 邮编 100037
本版图书如存在印装质量问题，请与本社发行中心联系调换（联系电话：010－68330607）

作者简介

曹龙骐教授近照

曹龙骐，教授，金融学博士生导师，1942 年 8 月出生于上海市金山区金山卫镇。1947—1962 年小学、中学阶段。上海市金山县金卫小学、金山县中学（初中）、张埝中学（高中）。

1962 年 7 月—1968 年 5 月：上海财经学院（现上海财经大学）金融专业本科。

1968 年 5 月—1978 年 7 月：先后分配到湖北省宜昌县人民银行和商业局工作，历任信贷员、业务员、统计员、办公室科员等职。

1978—1981 年：湖北财经学院（现中南财经政法大学）攻读货币银行学专业硕士研究生。

1981 年 7 月—1994 年 12 月：研究生毕业后留校任教。1983 年评为讲师，1987 年评为副教授，1992 年评为教授，1993 年 12 月由国务院学位委员会授予金融学博士生导师，1994 年 1 月享受国家政府特殊津贴待遇。历任财政金融系副主任、金融系主任、金融研究所所长、校学术委员会委员、湖北省金融学会常务理事、湖北省科技顾问委员会委员等职。

1995 年调入深圳大学，1997 年 7 月—2000 年 9 月任深圳大学经济学院院长，2000 年 9 月—2006 年 10 月任教育部省属高校人文社科重点研究基地深圳大学中国经济特区研究中心主任，2003—2011 年起兼任中国人民大学金融学博士生导师，2005 年起担任深圳大学经济学专业博士生导师。

期间主要社会兼职：曾应聘担任过浙江大学（1987）、暨南大学（1995）、西南财经大学中国金融研究中心（1997）、中南财经政法大学（2003）、中国人民大学（2003）兼职教授。在深期间，曾任深圳市经济体制改革特邀研究员、深圳市科技顾问委员会副主任、深圳市决策咨询委员会委员等职，同时还担任过多家金融机构和大型企业的独立董事、监事和经济顾问。

近 40 多年来，一直从事金融理论和实务的教学和研究工作。除本科教学外，共参与 18 届共 26 名博士生、29 届及社会上在职硕士共百余名硕士生的直接指导和培养工作。主要由其完成的著述共计 23 部，其中，著作 7 部，主编金融类教材 7 部。著作《货币供应概论》（二人合作）和教材《金融学》（主编）在国内较有影响。发表学术论文 168 篇，其中在权威、核心杂志发表 70 多篇。主持省市以上重点科研课题 21 个。获奖科研成果 26 项。由他本人担任学术带头人的深圳大学金融学学科在 2003 年被评为广东省高校名牌专业。1998 年获“深圳市先进教育工作者”表彰。1993 年 1 月曾被国家教委、国务院学位委员会授予“做出突出贡献的中国硕士学位获得者”称号。

1998 年（56 岁）摄于黄山顶上迎客松景前

岁月有痕

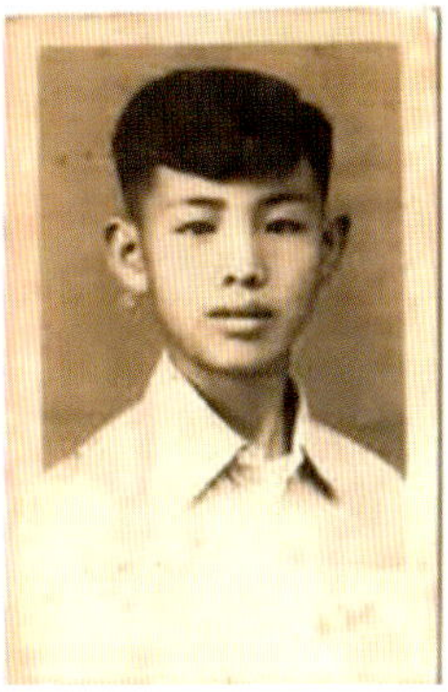

初中（1953）

高中（1958）

大学（1962）

参加工作（1968—1978）

再教育（1969—1970）

研究生（1978—1981）

走上讲台（1981—）

40 多年前的小家庭

现大儿一家

现小儿一家

“古今学者必有师”

与导师著名金融学家周骏教授

与金融泰斗黄达教授

与著名经济金融学家刘鸿儒教授

与学长著名金融学家曾康霖教授

与著名金融学家江其务教授

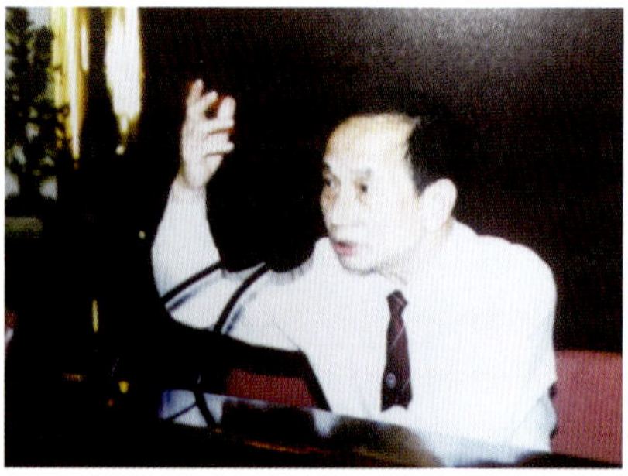

最爱听著名金融学家张亦春
教授生动而直率的发言

与著名金融学家赵海宽教授

情系学生铸师魂

指导中南财经政法大学首届（1997 届）
3 位博士喜获金融学专业博士学位

指导刘桂平博士（现任重庆市副市长）喜获
中南财经政法大学金融学专业博士学位

在深圳大学指导的首届
金融学专业硕士

与中国人民大学和中南财经政法大学
的博士生们在深圳大学授课后的留影

与部分老师带深圳大学 2007 届金融专业
硕士到中国银行香港分行参观留影

坚持“请进来”“走出去”

每年一次的“中国特区论坛”，影响广、收效大

每年一次的中国特区联席会议，
2004 年在上海浦东新区召开

在互联网金融峰会深圳论坛上做嘉宾发言

应邀参加学术研讨会并做嘉宾发言

中日两国专家们合作开展跨国课题研究

主编《金融学》教材发行量达 80 多万册，
为精益求精，多年来编写组到 10 多所高校
开展调研，深入了解师生们的需求和意见

我爱金融和我爱我家

我一生从事金融教学和研究

我的老伴一辈子从事银行、财务工作

大儿曹阳一直搞保险，现为平安保险公司高管；
小儿曹亮较长一段时间搞证券，现自主创业

大孙子 2016 年由深圳国际交流学院毕业后
考上伦敦大学，攻读商业信息管理专业

小孙子夸口说将来也要
跟爷爷学金融

序——想要说明的几个问题

第一，本人60岁后延聘10年，于2012年8月后又返聘2年，终于72周岁正式退休，有长者和同辈告诫我：一生“紧运行”，不能“急刹车”，最好“软着陆”。这样，一切才能“平稳”过渡和“适度转型”，这对一个人的神、情和健康都有好处。我想也是，利用人生这一特殊时段，完全可以“自编自导自演”地写本“文集”，既能回顾一下四十多年的学术生涯，又可留下一份学术“遗产”；按人生规律，总有天各一方之时。以“文集”为实，怀念情思，以此献给我的祖国和人民，报答培育我的导师们，报恩先后仙逝的我的父母以及关心我的亲人们，还可以回顾参与我国金融改革开放的历史，这应该说确是一个“完美”之举。由此，我就产生编写“文集”的冥想，并付之于行动。

第二，我一生与金融有缘。从大学到研究生都是读金融专业，毕业后有3年从事银行和商业局工作，后一直长期从事金融教学和研究。加上我家是个金融世家，除我之外，我的老伴曾在银行营业部工作有十七八年，大儿子从1991年开始一直在平安保险公司工作，现在已是高管，小儿也有较长一段时间搞证券。由此，平时在饭桌上，就可以开一个“理论和实务”相结合的“金融问题辩论会”。可见，我与“金融”实实在在有一个“相知—相爱—相伴”的情缘。在我人生的四十多年中，一直与金融打交道，读金融书、上金融课、做金融事、开金融会、写金融文，我的科研成果中几乎95%以上是涉及金融的，所以本“文集”定名为“金融文集”，正是源出于此。

第三，“文集”如何构想，也征求过金融界老前辈的意见。最后得出一个思路，即结合自己的实际并有所创意。由此在内容的选择和组合上分七个部分：一是论文，从1981年研究生毕业至今，35年共发表的160多篇论文中选取63篇，按年为序，分别以在中南财经政法大学和深圳大学两个时期列出，这样似乎更有点历史感和现实感。这些论文90%为本人独写，也有少许合作，但以本人为第一作者或主持人为原则。二是著作，共列出7部，因篇幅有限，重点在2部，但也只能是介绍绪论和目录之类。三是列出两部由我参与主编的金融辞书。四是本人金融思想和学术观点归综，为适应不同读者的阅读需求，还是有必要点出在长期教学和科研中自己认为的13个亮点。五是教材，共7本，全是由本人主编，同样只重点介绍一两本而已。六是列出与教材相关联的、有代表性的12个教学和校内外学术报告课件，自认为这也是我学术生涯中不可缺少的部分。七是最后部分，摘登了在中南财经政法大学和深圳大学两地工作时的四篇记者采访稿以及作为直接导师负责培养的一批博士和硕士名录，从中让读者对本人有一个更全面和细致的了解，增强一些亲情感。

第四，“文集”尽量做到“纯记录”，以保持“原生态”。当然，在今昔对比时往往会发现有些地方有出入甚至错误，敬请读者用历史眼光探视和慎审。必要时请向我提出，让我有更深的思考。

第五，在“文集”出版过程中，得到了产业升级与区域金融湖北省协同创新中心、中南财经政法大学金融学院以及深圳大学经济学院的热情帮助和大力支持，使“文集”能较完美地与大家见面。中国经济出版社负责“文集”全部编辑工作，他们付出了辛勤的劳动，花费了不少精力和心血。在此一并深表感谢！

“文集”的打印、校对、排列等繁杂事务，得到了我的学生、现在是同事的陈红泉老师、杨文博士及其弟子万苑、江修、叶豪、米俊伟等的大力帮助，我的大儿、小儿及侄儿孙波老师也提供了较多协助。正是他们的力量，才使这项事业“梦想成真”。

总之，以上五个方面。第一是想说明执意编写“文集”的初衷；第二是解释“文集”为什么要加“金融”这顶帽子；第三是想如何更好地结合本人实际，在“文集”的结构组合上能否有所创意；四是申明编写“文集”的基本准则：坚持“原生态”和“独立性”；五是表达对相关人士的报恩之意。

是为序。

2017 年 5 月 30 日

2008 年春摄于井冈山竹林

目　录

CONTENTS

上 卷

序——想要说明的几个问题 …… 1

一、论文选（共63篇）

1978年—1994在母校中南财经政法大学的16年，计20篇

1995年—至今在深圳经济特区这块热土的22年，计43篇

1982年

应该重视投资项目的经济评价 …… 1

我国币值稳定问题探讨 …… 8

1983年

从天门、荆门货币流通调查看当前农村货币流通状况 …… 16

1984年

建议分层次设置衡量货币流通正常的指标 …… 20

1985年

一个地区货币供应量失控原因分析——江苏省四城市货币流通调查 …… 22

锐意改革献计献策，开创金融工作新局面——全国银行体制改革理论讨论会观点综述 …… 26

1986年

经济体制转换时期的银行作用问题 …… 34

金融理论研究的新突破 …… 39

1987年

完善金融体系的决策选择 …… 45

1988 年

深化金融体制改革的战略思考 …… 51

1989 年

关于当前通货膨胀探讨中的若干方法问题 …… 55
关于我国货币政策效应的探讨 …… 60

1990 年

治理整顿中的金融问题 …… 64
正确对待当前储蓄增长问题 …… 71
由“扩张型”向“稳定型”过渡——完善我国金融宏观调控体系探索 …… 76

1991 年

当前金融改革中的几个热点问题 …… 86

1992 年

股份制：应有的热情与冷静 …… 91
我国经济增长点的转移与金融对策 …… 97

1993 年

论金融性国有资产的管理 …… 107

1994 年

致力于保持国民经济的活力——关于日本企业和农户经济行为方式的调研报告 …… 114

1995 年

论推进现代企业制度改革的金融因素 …… 120
中日两国金融业行为方式比较行为 …… 126

1996 年

谈对货币市场认识中的误区 …… 134

1997 年

深港金融合作的做法 …… 139
试用系统分析法透视金融领域的几个重要问题 …… 143
邓小平南方谈话与深圳科教兴市战略 …… 150

1998 年

全球金融危机：特点、影响与风险防范 …… 157

人民币不贬值：利大于弊……………………………………………………………… 165
对货币供求与均衡理论研究中若干问题的思考…………………………………… 168

1999 年

关于扩大内需的几点认识……………………………………………………………… 176

2000 年

我国利率政策有效性探讨……………………………………………………………… 179
中国金融改革八大热点问题评析……………………………………………………… 189
深圳特区银行扩展消费信贷调研报告………………………………………………… 199
投资型保险的新概念——投资连结保险前景分析…………………………………… 203
从最适度货币区看欧元前途…………………………………………………………… 206

2001 年

深圳、上海、北京三地风险投资环境比较研究……………………………………… 209
深圳发展风险投资的制约因素与应对措施…………………………………………… 217

2002 年

入世与深圳经济特区的发展…………………………………………………………… 224
对我国金融市场发展中几个重大战略问题的探讨…………………………………… 230
金融监管应有新理念…………………………………………………………………… 235

2003 年

内地与香港金融合作：观念更新和现实途径………………………………………… 238
加大深圳金融体制创新力度——访深圳大学中国经济特区研究中心主任
　曹龙骐教授…………………………………………………………………………… 243
改革金融监管先要打破银行垄断……………………………………………………… 245

2004 年

论金融功能的变革与深圳区域性金融中心的创建…………………………………… 247
中国保险业：产权制度缺陷和改革路径选择………………………………………… 254
重视深圳基金业发展中存在的问题…………………………………………………… 260

2005 年

内地与香港金融合作：以“融”为主以“管”为重 ………………………………… 262
改革创新是深圳发展的“根”与“魂”所系 ………………………………………… 268
谈对商业银行全面风险的认识和防范………………………………………………… 273

2006 年

中国股市晴雨表功能辨析…………………………………………………………… 276
用科学发展观为特区发展定位………………………………………………………… 281

2007 年

深圳市南山金融中心区发展战略构想………………………………………………… 284
深港股市一体化：现实要求、制度比较与路径选择………………………………… 294
宏观调控政策中的浓重一笔——对近期财政部发行 1.55 万亿元特别国债的剖析 … 306

2008 年

人民币升值过程中“新货币现象”剖析 ………………………………………………… 312
深港金融合作要有新理念新路径……………………………………………………… 318

2009 年

美国次贷危机蔓延为全球金融海啸：路径剖析与对策选择………………………… 323

2010 年

充分发挥金融作用　再续特区金色辉煌……………………………………………… 330
深圳证券市场形成背景和发展主线研究……………………………………………… 334

2011 年—2015 年

人民币由区域化到国际化：理念与路径……………………………………………… 343
“转型”：后危机时期深圳经济特区科学发展的主题词 ……………………………… 351
重视从全球视野和深港视角的结合上探索人民币国际化问题……………………… 359

一、论文选（共63篇）

1978年—1994在母校中南财经政法大学的16年，计20篇

1995年—至今在深圳经济特区这块热土的22年，计43篇

1982年

应该重视对投资项目的经济评价

我国对投资项目的评价，多数采用简单的财务分析法，即着重从投资回收的角度用市场价格来进行盈亏平衡分析，一般是将利润总额加上税金与总投资相比来衡量财务收益和投资回收期限。例如，某项目需投资100万元，每年净收益10万元，10年后投资将全部收回，到时投资和收益相抵。长期以来，仅以此来评价项目的可行性。

对投资项目经济评价的方法则不然，它从国民经济状况出发，运用一系列科学方法和指标体系来确定投资项目的可行性。目前世界银行对中国投资项目的评价就是采用这种方法。概括说来，它具有以下四项重要内容。

一、进行“有”“无”某一投资项目的比较

在进行投资项目分析中，一般关心的是所提出项目会产生哪些成本和效益，往往把功劳都摆在“有”这个项目上。其实，就项目兴建的前后对比，并不能反映项目变化的真实情况。

因为它常常忽视项目的发展趋势，更没有考虑与“无”这个项目会产生什么情况来进行对比。这种“有”“无”某一投资项目所产生的差别，就是这一项目投资所引起的增量净收益。

以一个农业投资项目为例，如某一地区稻谷产量每年的增长率为2%，修建灌溉工程后使产量大增，如果只是简单地把建设项目前后的产量加以比较，就会误认为稻谷产量的提高全部归功于灌溉工程的投资。事实上，对灌溉工程投资所引起的增产只是指2%以上的那一部分。用图表示如下：

由图看出，由于修建灌溉工程后的增量净收益是AFB，而不是AFC。

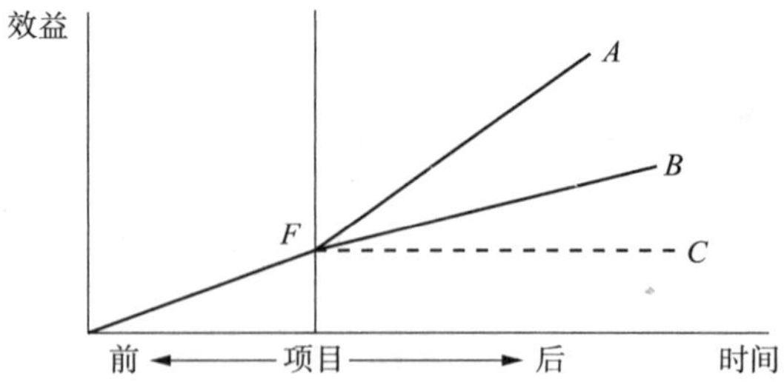

二、将现行的市场价格调整为影子价格（在我国称之为经济价格）

所谓影子价格，也叫最优价格，它是指以线性规划为基础的，反映资源得到最佳配置的价格。确定影子价格是对投资项目进行经济评价的核心问题。

经济评价的方法认为，无论在自由竞争或计划体制的国家，市场价格不能正确地反映国民收入。因为许多投入和产出的价格在经济上是不合理的，由此造成一些财务上有吸引力的项目并不具有经济价值，而有些在财务上没有吸引力的项目经济价值反而高。解决的办法是把投入和产出的各项用有关的换算系数将市场价格调整为影子价格。困难的问题是如何确定成本和效益中每一项的换算因素或影子价格，图为：换算因素 = 经济价格/市场价格。具体说：

（一）外贸商品

西方及东欧国家实际做法的核心因素是用世界市场价格作为参考点。原因是相对于其他价格来说，世界价格不为个别国家所控制，这对参加国际贸易的国家有一个约束力。某个特定项目中的一项外贸商品的影子价格，应该是它的世界市场价格扣除项目所在国的关税和税捐，并就国际国内运输及销售成本加以调整后的净额，也称调整后的世界价格。它对一项出口而言，就是最近港口的到岸价格加上商品从船舱运到项目所在地的成本。对一项出口替代品（即减少了出口水平的项目投入）而言，调整后的世界价格将是离项目投入的供应单位最近港口的离岸价格减去从供应单位运抵港口的成本，再加上从供应单位运到项目所在地的成本。同样，对一项进口替代品（即减少了进口水平的项目产出）而言，调整后的世界价格将是离项目产出主要购买单位最近港口的到岸价格，加上商品从港口运抵购买单位的成本，再减去从项目所在地运到购买单位的成本。可见，一种外贸商品的影子价格，是因地而异的。

必须明确，上述步骤只应用于有关项目的主要的外贸产出和投入，包括进口的资本设备、主要产品、主要原材料以及石油与煤。但对许多较小的外贸产出或投入，用上述方法未免过于繁复。简单的办法是分类用“一般的换算因素”加以调整。这里，所谓“一般的换算因素”是指调整后的世界价格与项目所在国价格的一个估计平均比率。

（二）非外贸商品

除“天然”的非外贸商品，如建筑、电力、国内运输和商业外，一般是因为运输设施妨碍和国内外贸易政策的限制。按西方国家调整非外贸商品的价格歪曲的办法：

（1）对因运输成本太高而成为非外贸商品者，前述对外贸商品确定影子价格的步骤仍然适用。显然，这一价格必须低于它的进口成本（即到岸价格加上国内运输及销售成本），并高于它的出口价格（即离岸价格减去国内运输和销售成本）。如果差额不是很大，可采用进口成本与出口价值的平均数确定影子价格。

（2）如果该商品是由于国内外贸政策而成为非贸易商品的话，一项非外贸投入的影子价格通常被看作是它的影子生产成本。在计算中还需注意：一是要对生产成本进行不止一轮的分解，二是为计算资本商品的服务价值，最简单的方法是确定它的工作年限及影子利率；三是原则上不应把注意力集中在平均生产成本上，而应集中在边际成本上，即多生产一个单位的有关商品所需要的资源。

（3）其他方法：一是对稀缺（指供应有限）的商品，不能用影子成本法来确定其影子价格，而应该根据有关项目中使用这些投入而产生的其他产出（按影子价格）的损失来计算，或者在可以替代品的影子价格中获得。当然应该看到，长期的稀缺是不可能的，往往即被生产的扩大或进口所解决。二是影子成本法不能够应用于非外贸产出，非外贸产出的影子价格应该根据它们对于国民生产或社会消费来衡量。

（4）在实际评价一个特定项目时，只需要为项目特有的主要非外贸投入和产出计算影子价格。至于其他，应运用政府机构制订（并定期修正）的标准影子价格或一般换算因素，如建筑、电力、国内运输和商业等。

（三）工资

在原则上，影子工资率是指一个本项目所雇佣的工人，假如他没有被这项目雇佣的话，他本来对国民生产所可能作出的贡献的数额。当然，这必须先了解工人从何处而来和在从事什么活动中被抽调为前提条件。在确定影子工资率时必须注意到：一是在同一地区所有项目一般应用同一个估计的影子工资率来评价（或用几个影子工资率——如果包括不止一种类型的劳力的话）。二是影子工资率原则上应在项目期限内有所上升，以反映在其他用途上增长的劳动生产率。

（四）土地

使用土地应包含经济成本，因为要是没有这个项目的话，土地可以用于其他生产目的。如果是农业用地的话，则根据地基本身的农业生产率，或者附近农村地区同样大小的具有代表性的地基的农业生产率计算出来。

（五）利息

关键是确定影子利率，即以实际（校正通货膨胀影响）的价值表示的利率。确定影子利率的作用一是在用影子价格修正现金流量表来计算项目的净现值时，作为贴现率，或者作为比较项目内部经济收益率的一个尺度（下文详述），二是作为计算某些影子价格的一个必要组成部分。世界银行通常使用的影子利率每年在10%～15%。

还要加以说明的是，因为经济评价的出发点是国民经济全局，所以对投资项目和效益的鉴别，概括地说，凡是减少国民收入的都属成本，凡是减少最终产品的劳务数量的都属收益。所以税金和补贴等，均作转移支付处理，在经济评价项目时不计。还有对项目前的投入，即沉没成本，在评价项目也不考虑。至于汇率，一般采用官方汇率，在为了鼓励出口的情况下，也可能采用内部结算汇率。

三、考虑货币的时间价值，用净现值计算投资项目的内部收益率

西方国家认为：货币有时间价值，一般情况下，手持现金1元与一年后的一元，对所有者来说，并不相同。我们通常讲现值即指未来某一金额的现在价值。具体地说，现值就是现在的某一金额，按一定计息期和利率，计算至未来最终期，其复利值适等于某一特定金额的那个现在金额。计算现值的公式是：

$$P=V\left[\frac{1}{(1+Y)^{n}}\right]$$

P = 本金（或原投资数）　　　　Y = 利率

n = 期数　　　　V = 到 n 期为止的复利值

因为业务的周转和扩大是以实际掌握货币量的运转为条件，所以必须考虑项目投资和收益的时间分布问题。下表是一个投资项目的两组不同的现金流动计划数字，从年贴现率为15%看：

单位：万元

年份	计划A	15%贴现因素	现值	计划B	15%贴现因素	现值
1	800	0.87	696	900	0.87	783
2	820	0.755	620	880	0.756	665
3	850	0.958	559	860	0.658	566
4	910	0.572	521	840	0.572	488
5	920	0.497	457	520	0.497	408
总计	4300		2863	4300		2902

注：贴现因素，即 $=1/(1+r)n$，指未来年中的“1”今天值多少，它可以在贴现因素表中查到。

从表中看出，两组不同的现金流动计划总数虽然都是4300万元，但由于投资时间的分布不同，实际上现金流动数是不相同的，A方案要比B方案稍省一些钱，即2902－2803＝49万元。

净现值就是一个项目总的成本现值和总的收益现值之差。计算现值的方法，一般是将每年的成本和收益分别乘以贴现因素换算成成本现值和收益现值，各年相减后加总求得该项目总净现值；或者将每年的收益和成本相减，得出净收益或净成本，然后用贴现因素相乘得出每年的净现值，再将各年净现值加总得出该项目的总净现值。

净现值作为一种鉴别方法是重要的，但仅依靠它还不能表示项目的确切盈利率，所以还要计算内部收益率。

内部收益率是这样一种贴现率，它能使项目执行期间的各项收益和各项费用经折成现值后能取得一致，换句话说，按照它所求得的净现值等于零，折成现值后的收益和成本比率等于1。

确定内部收益率的方法并不复杂，用扦入法，即在两个选定的贴现率之间找一个中间值的方法，可以对内部收益率进行比较精确的估计。假定某一项目净现值按 20% 的报酬率计算得出 241. 2 元，这意味该项投资能支付较高的利率，而仍能获得一个正数的净现值；如果再按 25% 来把它折成现值，得出 –139. 3 元的净制值，这一负数现值意味着该项工程无法支付 25% 的利息。由此看出，该投资项目付得起的利息（也即它的内部收益率），是介于 20% 与 25% 之间。

根据数据，用公式计算为：

$$\text{内部收益率（IRR）} = \text{一个较低的贴现率} + \text{两个贴现率之差}\left(\frac{\text{在较低贴现率时现金流动的现值}}{\text{在两个贴现率处理金流动的现值之和，不考虑正负号}}\right)$$

$$= 20\%\,(25-20)\%\left(\frac{241.2}{241.2+139.3}\right)$$

$$= 23.15\%$$

也可用图示法表示：______________________________

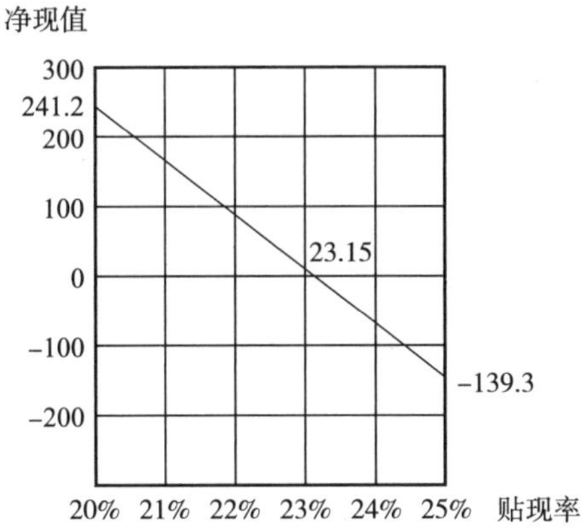

四、权衡项目的外部效果

经济评价的方法尽量把对国民经济的所有效益和成本都包括进去，但它并不仅仅限制在用货币来计算的成本收益范围内。因为经济分析是在一组一组项目相互联系中来考察某单一项目，所以它不仅要计算项目内部收益，同时要权衡项目的外部效果。如修建一条铁路，用货币计算的收益是明显的。但是由铁路所产生的外部效果（相对于用货币计算的收益），如加强民族团结，改变落后地区，开发资源等等是无法用货币衡量其得益的。同样，环境的污染也是难以用货币衡量的。再如，引进先进的项目同时也是先进技术的引进。在日本，技术的进口常常最终导致更优良技术的出口。这种由进口所造成的技术的更新往往在项目后期甚至结果后一段长时期内表现出来，这也是非货币可测算的。经济评价的方法就是要依据不同的投资项目，用发展的联系的观点对非货币能量的外部效果给予评价，作为确定项目可行性因素之一。

经济评价的方法和我国目前普遍采用的投资回收期法可用以下简表进行比较：

	出发点	对项目评价	价格依据	收益总额	利润相对于投资额	目标确定	风险与不确定因素
投资回收期法	局部或个别	前后对比	市场价格	利润＋税金	简单收益率	单一	盈亏平衡分析
经济评价法	国民经济总体	有无对比同时考虑外部效果	经济价格（国外称影子价格）	净现值	内部收益率	多方案	敏感性分析

由此看出，投资项目的经济评价具有以下优点：

（1）从国民经济出发来确定投资项目，使国家从总体需要上顾及和权衡国民经济的各个方面，如经济结构安排、能源利用、资源调配以及生产力布局等问题，分析轻重缓急，将有限的资金用于重点建设，确保投资项目资源足、配套全、周期短、见效快、生命力强。总之，有利于国民经济的综合平衡和全面提高经济效益。

（2）用各种不同的换算因素将市场价格调整为经济价格计值，比较真实地衡量投资项目的得益水平。我国历史形成的价格体系不尽合理，如我国石油价格便宜，石油化工厂收益就高；煤炭国内价格低，往往煤炭工业亏本。而合理价格体系的建立绝非一朝一夕。建立在不合理的价格体系上来衡量投资项目的得益，不可能真实反映该项目对国民经济可产生的效果，也不利于投资项目的比较。调整后的经济价格不但克服以上缺点，并且反过来在对换算因素的反复校正中为建立合理的价格体系提供有利条件。另外，经济评价方法所确定的影子利率，校正了通货膨胀的影响，为对项目进行多方案比较提供可比性。经济评价注重对贸易商品价格进行换算，可以说它的视野越出了国界，这对项目确定中采取何种外贸决策和注视国际市场的发展趋势都是大有好处的，以防止国内能够制造的设备特别是日用消费品盲目进口。

（3）考虑“货币时间价值”这一因素，用现值法衡量项目的内部收益率，有利于从动态角度正确反映项目的经济性。经济评价感兴趣的是费用和效益的实际流动，它通过计算货币时间价值对每一阶段的货币流动做出估计或预测。货币时间价值这一名词，马克思的著作中虽没有提及，但作为资本的货币在总流通过程中不断增殖，这是马克思建立剩余价值学说的重要原理。我国社会主义制度下不存在资本这一概念，但不可否认作为货币资金在流通中同样存在无休止增殖的现象。货币的时间价值，实质上是一个利息和利率的问题。我国长期以来不太重视利率杠杆的作用，历史经验证明，这不利于货币资金流动的利用程度，不利于掌握和重视投资和收益的时间分布；不利于对项目效益进行质和量的测算分析。

（4）有利于对投资项目进行决策分析和敏感性分析。用现值法计算项目的内部收益率，能清楚地表达各种备选方案各自能获得的最大收益或者尽可能减少人力或实物资源的成本，有助于对项目做出决策，同时，通过内部收益率的变动，测定项目的敏感性，即一方面找出能影响项目盈利能力的因素，另一方面测量这些因素变化影响项目的内部收益率或净现值的程度。

（5）经济评价的方法不但对内部经济性进行科学的计算。同时考虑项目建成后的外部效果，如对环境污染、基础结构设施、科学技术、就业等进行综合考虑，客观上要求项目真正建立在切实可行的基础上。而且这一方法采用一系列与相关因素联系的计算顺序和指标体系，对投资项目进行周密的调查和市场预测，为多方案比较项目的可行性提供数据。而这些工作又都必须在项目决策阶段由浅入深地进行。

国外采用经济评价的方法始于二十年代末三十年代初，五十多年来积累了不少经验。但应该看到，比起资本主义国家来，在我国试行经济评价的方法有不少有利条件。一是我国是在公有制基础上实行计划经济，有计划地组织生产和流通，是我国国民经济的主体，这为从国民经济总体进行经济分析打下坚实的基础。二是资本主义国家对价格换算因素的确定多建立于边际效用和机会成本理论，必然带有不少主观唯心因素。我们坚持劳动价值学说，为正确反映项目成本和收益的经济价值提供可靠依据。三是由计划经济所决定的我国外贸价格、利率、工资等都有比较统一的规定，价格不像资本主义国家那样随着市场波动而经常变动。所以，在由市场价格转换成经济价格中，一般换算因素也就相对稳定。

我国试行投资项目的经济评价方法如何起步？我认为，借鉴外国经验，结合我国实际，大致可分二步走：

第一步，完善现行的财务分析法。我国目前多采用简单的财务分析法，即投资回收期法。这种方法只依据财务预算的实际收支，没有计算货币时间价值这一因素。这与我国长期不重视利率杠杆有关。但应该明确，以上我们对经济评价方法的优点加以肯定，决不意味可以废弃财务分析。财务分析同样是重要的，一方面财务分析和经济分析目标不同，前者就项目本身范围衡量效益，后者从国民经济状况考虑项目的可行；另一方面，财务分析是经济分析的基础，经济分析所要采取的一系列活动都是以财务分析所列数据为出发点，财务分析的正确与否直接影响经济分析的质量。总之，财务分析和经济分析，是两种既相对独立但又相互依存、不同层次、由浅入深的评价投资项目的方法。吸取我国经济建设的历史经验，为适应新时期经济发展的需要，在搞好财务分析基础上进而搞好经济分析，确实是一个紧迫而重要的问题。

第二步，搞比较详尽的经济分析。在完善现行财务分析的基础上，开展对项目的经济评价，关键问题是确定换算因素将市场价格调整为经济价格。就调整范围看，全面铺开的条件还未成熟，总的设想一是先贸易商品后非贸易商品，因为贸易商品价格变动幅度大，有必要先加重视，而且其品种较少，又可用世界价格为参考点确定经济价格，计算基础较好。而非贸易商品品种繁杂，价格调整的难度也大。二是先主要后一般。对贸易商品经济价格的确定，可先搞主要的投入和产出，至于其他，可以一类产品为单位。对非贸易商品只注重大型设备和专用设备分解调整。三是结合具体实际。如工资，我国工资水平较低，加上设有各种补贴和福利等，差距相对不太大，可不予调整。土地属国家所有，无价格，是否考虑以成本费作经济价格。建筑产品，可由投资银行分类确定换算因素。电力，可用较高的发电成本加供电成本计算。四是在试行顺序上可采用由点到面，逐步推广的方法。

从整个国民经济角度来辨认和衡量某投资项目的成本和效益，其意义大、内容深、范围广、分析细，所以较单纯地从市场价格计算某单一项目投资的获利能力要复杂得多。本文只是粗略提及，目的是引起经济理论界的广泛重视，以便进一步研究。

（原载《金融研究》1982 年第 12 期）

我国币值稳定问题探讨

币值稳定问题，是一个带有全局性的被人们所密切关注的重大问题。它牵涉到国民经济的各个部门，关系到千家万户的日常生活。“国家要安定，币值要稳定”，这已被我国三十年来的历史经验所反复证明。

币值稳定作为一项重大决策，是我国社会主义经济规律的客观要求。币值稳定，为国民经济的计划核算提供一个稳定的尺度，有利于国民经济的管理和企业的经济核算，有利于整个社会再生产过程的顺利进行，有利于反映国民经济有计划按比例发展的水平；币值稳定，使劳动者得到货币收入后可按稳定的价格购买生活必需品，以实现社会主义基本经济规律的要求和贯彻按劳分配原则，有利于充分发挥人民群众的积极性和保持安定团结的政治局面；币值稳定，能保证建立一个合理的价格体系，有利于运用市场这一机制充分发挥价值规律促进劳动生产率提高、按比例分配社会劳动、调节生产和流通的作用。正如列宁所说，只有做到这一步，“就能把我们的经济放在一个坚固的基础上并在坚固的基础上进一步发展。”①

我国一贯奉行稳定币值的政策，也取得了很大成效。然而，主要是由于长期以来极左思潮的干扰，再加上我们工作中的某些失误，造成的现实状况是：解决币值稳定问题决非我们期望的那么容易，许多重大、紧迫、繁难的问题，需要我们从理论和实际的结合上去研究、去解决。本文试图就以下三个方面谈些粗浅看法。

一、如何评价币值的基本稳定

依据马克思关于“货币根源于商品”的科学论证，币值这一概念应当抽象为：它来自货币材料（金或银）的价值，它的大小由其所含的金属的价值所决定。

但是必须看到，价值不能自我表现。货币的这种内含价值只有在与另一商品的等价关系中才能表现出来。实际生活中就是用每一单位货币所能够买到的商品价值量（包括劳务以下同）来表示。这样，币值就表现为它的购买力，也即成了物价的倒数。正如马克思所说，“把一份行情表上的价目倒过来读，就可以看出货币价值量表现在各式各样的商品上”。②

可见，币值不仅必须是作为一定价值实体的存在，就人民币而言，它必须是客观上代表一定金属重量的价值符号；更重要的，它用其购买力来表现自己的价值，这就同价格相仿，都具有反映社会生产关系的普遍意义，起着分配和再分配商品价值的经济杠杆作用。实际上我们通常称币值稳定，不是指单位人民币客观上所代表的金量固定不变，而是指一定时期内单位人民币“元”所能买到的商品数量相等。市值稳定之所以成为货币流通的实质性问题而向来被人们所密切关注，正是源出于此。

币值和物价的这种密切联系具体表现在：不管在任何情况下，物价总是商品价值的货币表现。马克思的举例精辟地说明了这一问题，他说：“假定等量的社会必要劳动表现为1夸特小麦和2镑（约1\2盎斯金）。2镑是1夸特小麦的价值量的货币表现或1夸特小麦的价格。如果情况许可把1夸特小麦标价为3镑，或者迫使把它标价为1镑，那么作为小麦的价值量的表现，1镑是太少了，3镑是太多了。但是1镑和3镑都是小麦的价格，因为第一，它们是小麦的价值形式，是货币；第二，它们是小麦同货币的交换比例的指数。”③既然价格则总是表现为一定的货币量，那么不难看出，币值的稳定与否最能直接影响物价总水平的变动。所以，币值稳定意味着物价稳定，而物价稳定则说明币值也是稳定的。两者关系既显而易见，又令人信服。

为什么用价格所表示的一定货币量，或是正好表现商品的价值量，多数情况下则表现为或大或小的量呢？这是由价格运动本身所包含的内容所决定，“价格和价值量之间的量的不一致的可能性，或者价格偏离价值量的可能性，已经包含在价格形式本身中。”④因为价值的内在尺度是劳动时间，而价格，总表现为伴随着商品而又独立于商品之外的一定货币量，是一种外在的尺度。所以价格比较价值来说更具体、更鲜明地表明人与人之间的利益关系。也正因为此，币值和价格变动的原因则不尽相同。价格的变动除了由商品价值和货币价值本身来决定外，还受市场供求、调整价格、对外贸易等一些其他因素的影响；而从币值的本意即具有一定价值实体的存在出发，币值升降的原因则决定于流通界对金币的需要量和流通中纸币总量的对比。由此看出，币值变化必然引起物价变化，但物价变化不一定全是由币值变化所造成。

问题的复杂性还在于：在我国，一方面，采取了价格相对稳定的政策，物价在很大程度上受国家控制，有关国计民生的商品价格，都是由国家根据劳动人民的利益有计划地加以规定的，只有一小部分商品价格是在国家计划指导下可作适当浮动，以充分发挥市场调节这一机制的作用。至于对由于历史上形成的不合理商品比价，以及因劳动生产率的变化从而引起各类商品之间比价的变化，国家可以根据客观情况分批分期地加以调整。所以一般说来，价格水平不随商品价值量、货币流通量和商品流通量的对比关系、市场供求关系的变化而随时变化。另一方面，就是出现了财政赤字，对由赤字所造成的缺口，国家可以利用各种缓冲因素（如通过向银行透支、动用财政结余、发行国库券、周转商品库存、购进国外商品、举借外债等）加以弥补和调节，不至于使全部财政赤字都表现为通货膨胀。

通过以上对币值和物价关系的多层次分析，对照目前情况，我国货币购买力和物价的变化具有以下三个特征：

（1）明显性。它表现为部分国营商品牌价上涨，或存在变相涨价、擅自提价现象；农村集贸市场价格比较明显地上涨。

（2）抑制性。它表现为绝大部分商品，特别是有关国计民生的商品价格由国家制定。在商品供应紧张时，大量使用票、证、券以控制多余的购买力。

（3）潜伏性。它表现为财政赤字并不等于货币发行，财政赤字的相当部分被各种缓冲因素作暂时的抵销。

从明显性看：因通货膨胀所引起的物价上涨，是无物资保证的货币充斥于流通领域的结果，显然是币值和物价不稳定的因素；而因合理调价所造成的涨价是促使价格体系逐渐趋向合理以影响币值稳定的必要措施，由此而增发的货币量是适应商品流转需要的，应该看作是币值和物价稳定的因素。

从抑制性看：绝大部分商品实行计划价格，这既是公有制基础上计划经济的客观要求、也是保证币值和物价稳定的重要因素；但如果我们无视客观条件的变化，“几十年如一日”地对计划价格实行“一贯制”，则会造成或加剧价格体系的不合理，又是产生币值和物价不稳定的因素。

从潜伏性看：对部分财政赤字利用缓冲因素解决，就对市场供求紧张状况起一定的暂时的延缓作用讲，也应该看作是有利于币值和物价稳定的因素。但是这种解决赤字的方法毕竟是权宜之计，它存在着一种潜伏的危险，如果不及时采用增产节约、调整经济等有力措施，稳定是不会长久的，或者只是表面的。

又是稳定因素，又是不稳定因素，那么我国币值和物价究竟算稳定还是不稳定呢？关键是看错综复杂的诸因素之间的转化和消长程度，以能否保证货币与商品的相适应。在目前存在财政赤字和货币偏多情况下，我们一方面通过各种途径全力控制货币投放，采取慎重态度分别轻重缓急进行调价；另一方面搞好国民经济调整，努力增加生产，积极地争取消除财政赤字和由财政赤字带来的潜伏危险，再加上采取相应有效的稳定物价的措施，事实证明，币值和物价仍然是基本稳定的。相反，我国 1958 年和 1959 年财政账面结余分别有 33.8 亿和 25.4 亿之多（实际上是假结余真赤字），但没有对潜伏的危险引起重视，加上连续三年自然灾害，相反导致了 1960 年至 1962 年通货极度膨胀和物价异常紊乱。

以上特征所表现的复杂因素决定了测定币值和物价稳定与否也应是各种指标的综合。如看物价指数上涨幅度，因为我国货币流通毕竟要受纸币流通规律的制约，人为地控制价格则有一定限度；看货币流通速度的变化，因为根据抑制性通货膨胀的特点，通货膨胀不可能完全通过物价上涨反映出来，那必然同时表现在货币流通速度的减慢上；还要看凭票证供应限购范围、商品变相涨价、集贸市场商品价格、市场供应松紧、潜伏危险的内压强度等。

用综合指标衡量，总的讲，我国币值和物价的总趋势是基本稳定的。从物价总水平变动情况看，三十多年来我国物价上涨指数，比较接近实际的典型推算为共上涨 50% ~60%，每年平均上涨为 1.5% ~2%，比世界上币值稳定较好的西德、瑞士还平稳。这也表现为居民储蓄不断增长和人民币信誉不断提高。而且，就是由于某些原因暂时出现了通货膨胀问题，国家也能致力于对不稳定因素的控制和克服，把不利影响缩小到最小限度。党的三中全会以后，情况已有了根本性的好转。还应看到，我国物价总水平上涨中也有因调整价格等部分正常因素，所以不能简单推论凡是物价上涨就是币值不稳定。同时我们说的稳定是指相对稳定，绝不是指冻结物价。

但必须注意，不能由此而否认我国某些时期，特别是在极左思潮干扰下国民经济比例严重失调时，事实上存在着币值和物价的不稳定。同时，也不能由此忽视因表面上的稳定而放松对潜伏着的不稳定因素的警惕。

可见，全面地、正确地评价我国币值的基本稳定，对于当前认清现实、鼓舞斗志、清醒头脑，更好地投入四化建设，无疑有重大意义。

二、为什么某些时期币值不稳定

集我国三十多年来的经验教训，某些时期出现币值不稳，其症结在于积累率过高。马克思指出积累率过高的危害性，一方面“货币市场受到压力。是因为这里不断需要大规模地长期预付资本”；另一方面“社会的可供支配的生产资本受到压力。因为生产资本的要素不断地从市场上取走，而投入市场来代替它们的只是货币等价物，所以，有支付能力的需求将会增加，而这种需求本身不会提供任何供给要素，因此，生活资料和生产材料的价格都会上涨。”⑤

为什么过高的积累率是币值不稳的症结呢？这是由过高的积累率本身的特征和由此而对生产和流通产生的不良影响所造成的。具体说：

（一）全局性

在资本主义条件下，积累和消费比例是在生产过程之后，按照产品的最终使用结果自发形成的，它主要在分配领域起作用。而在社会主义公有制的基础上，积累率的确定，它既是前期有计划再生产的结果，又是安排未来时期再生产计划的起点，它渗透于生产、流通、分配和消费的一切方面，贯穿于社会再生产的每个环节，带动社会再生产的全局。国家通过确定积累和消费比例，兼顾国家、集体和劳动者三者利益，统筹安排国民收入，确定社会再生产的方向、规模和速度，决定消费水平的增长幅度等等。如果积累和消费比例处理不当，会给予整个社会再生产以全局性的影响。如我国目前畸形的产业结构，就是由三十多年来××亿投资分配所逐步形成的。货币流通的状况实际上是国民经济的综合反映，可以设想，社会再生产过程的紊乱必然带来货币流通的失常。

（二）长期性

基本建设在较长时期内占去很多劳动力和生产资料，却不提供任何有效用的生产物。马克思举例说：“如铁路建设，在一年或一年以上的较长时间内不提供任何生产资料和生活资料，不提供任何有用效果，但会从全年总生产中取走劳动、生产资料和生活资料。”⑥事实说明，过多地长期地占用货币资金，物资和资金就会失去平衡。

（三）排他性

过高的积累率往往是“左”的错误思想的突破口，在这一思想指导下，一是致力于采用刚性的经济结构，具体表现在积累资金的分配上挤农业和轻工业投资，如在生产性建设的农轻重投资比例中，对农业的投资，1963 年至 1965 年，曾达到 18.8%，而以后各个年份都只占 11% 多一点；轻重工业的投资比例，“一五”期间为 1∶8，近二十年来扩大为1∶10，有些时期甚至达到 1∶15。不仅如此，而且还挤更新改造资金、挤企业流动资金、挤银行贷款等等。结果导致了农轻重比例失调和迫使银行信用膨胀。二是致力于把消费压缩到最小限度。然而，这种靠压消费增加积累的做法，必然造成消费品供应紧张、币值下跌和物价上涨。这一后果即使人民群众的生活得不到应有的改善，又挫伤了他们的劳动积极性。

（四）延伸性

历史经验证明，过高的积累率一般都是和过多地扩大重工业基本建设投资伴随在一起。就基本建设本身论，则需要一定量的投资作保证，但问题决非到此为止。由这一投资的延伸还需引起一系列新的需求，一方面基建工人以及为基建工人和基建服务的勘察设计科研人员、运输安装职工、企业管理人员等，都要有相应的消费资料作保证；另一方面基本建设的结果所引起的职工数量增加和相应的消费部门劳动力的转移，又要对消费提出新的需求和发生新的影响。总之，如果不用全面的发展的观点来安排合理的积累率，因消费品的短缺而造成的货币流通失常是不可避免的。

（五）自我服务性

过高的积累率会使产业结构逐渐走向畸形，造成基本建设为社会提供的产品主要是生产资料，而生产资料的相对过多，又逼使第一部类“自我服务”，进而再提高积累比重，继续加大基建规模，依次出现恶性循环，造成农轻重比例的严重失调，削弱了货币回笼的物质基础。

必须指出，我们说过高的积累率是币值不稳定的症结，并不意味着我国积累和消费的比例可以摆脱社会再生产两大部类比例的制约而自行其是。社会再生产两大部类的物质结构是客观存在的。它对积累和消费规模的制约作用，先从积累和消费的实物内容看，积累主要是指生产资料的积累，消费主要是指消费资料的消费，因而社会生产的两大部类在很大程度上决定积累和消费的比例。再从积累和消费的实现条件看，如果再生产开始时，两大部类之间的比例没有一个能够使生产扩大的条件，那么积累就不可能实现；反过来，两大部类之间不是一个能够使消费扩大的比例，那么消费也要受到制约。

可见，我们是在下述意义上来论述经济建设中的高积累是币值不稳定的症结的。一方面肯定积累和消费比例关系在我国社会主义条件下具有特殊意义；另一方面也要承认多年来成为“左”的错误突破口的高积累所造成的恶果。归根到底，主要是违背了社会再生产两大部类的比例关系。由此，分析我国币值不稳定的根本原因，应当从社会总产品的形成和国民收入分配方面去找。我们认为，对我国某些时期币值不稳定的根本原因的完整理解应该是：由积累率过高决定的第一部类追加劳动力消耗所增加的货币投放与第二部类的负担能力不适应。

需要说明的还有，两大部类比例关系的协调，合理的积累率，果然可以从根本上保证国民经济的稳定，但是必须同时看到，国民经济总体是一个包罗万象的复杂的庞大系统，社会经济现象的多种复杂因素纵横交错，它们互相作用，互相制约，呈现一种犬牙交错的网络结构。所以决不能忽视其他相关因素，如经济建设中“左”的干扰，经济效果，经济体制，货币运动的相对独立性，财政、信贷再分配杠杆的使用，以至于人口的增长，对外贸易等对币值稳定的影响。分析这些因素，有利于对稳定币值艰巨性的足够重视和采取稳定币值的可行性决策。

三、怎样保持币值长期稳定

稳定币值的关键，归根到底是要解决好财政、信贷、物资、外汇的综合平衡。因为综合平衡和稳定币值两者从一定意义上说：

（一）预期的目的相吻合

综合平衡要求社会总需求及其各个重要构成部分必须同社会总生产及其相应的各个重要构成部分相平衡，要求价值平衡与实物平衡互相一致。而要保持币值稳定，关键是力求做到货币流通和商品流通在总量、构成、时间、地区分布等方面相适应，也就是保证在货币和商品对流过程中所反映的社会需求和社会供给之间求得平衡。

（二）反映的内容相吻合

综合平衡是国民经济全局性的宏观平衡，它实质上是反映社会再生产过程中，运用不平衡—平衡的矛盾规律，使生产资料生产和消费资料生产同积累和消费之间、社会产品价值同使用价值之间达到基本平衡的问题，也是反映再生产过程中分配和流通之间的关系问题。一句话，它从总体上反映国民经济的状况。而货币问题的实质是国民经济问题。国民经济这架大机器的运转都要通过流通过程，即货币流通和商品流通相适应的状况表现出来。如果运转正常，表现为社会购买力和商品供应之间、整个货币流通和社会产品运动之间相适应，反映在币值上就稳定。相反，国民经济运转不灵，现实状况往往表现为货币对商品量的过剩，这就会造成货币贬值而物价上涨。所以，币值稳定的状况实质上也是整个国民经济的综合反映。

（三）运用的手段相吻合

综合平衡主要是通过对财政、信贷再分配杠杆的使用以及在其实质上分配和调剂代表着相应物资的对应关系中进行平衡。同样，币值稳定也必须通过财政、信贷这些经济范畴的作用，求得财政收支平衡，信用不搞膨胀，物资结构合理，创造货币与商品均衡的条件。

以上分析可见，国民经济的综合平衡作为制约国力同建设的基本方法，它旨在在价值和实物的对应关系中，平衡和协调各个方面的关系，以保证我国社会主义商品经济中“W—G—W”这个循环的顺利进行。这一预期目标的实现，正是保持货币流通正常和币值稳定的关键所在。总之，从两者的关系中可以肯定：综合平衡搞好了，币值也就会稳定；币值稳定了，综合平衡也就会顺利进行。

依据综合平衡的要求，就目前情况，应采取以下稳定币值的决策。

第一，要下决心解决积累过高以及积累、消费分配总额突破国民收入总额的问题。历史经验证明：建设规模的大小必须和国家的财力、物力相适应，适应还是不适应，这是经济稳定或不稳定的界限。我国基本建设投资主要来自积累，投资规模过大必然导致积累率过高。要解决这一问题，关键要把基本建设规模压缩到国民经济能够担负的水平。具体做法一是计划部门要编制好综合财政信贷计划，使国家对宏观经济的计划指导符合国民经济综合平衡的要求，二是在已经压缩的基本建设总规模的前提下，按现有的基本建设项目进行清理和整顿；三是注意控制消费的增长，对行政费用、社会集团购买力、调整工资、发放奖金、农副产品的提价等都要有切合实际的安排。总之，要防止再次造成那种积累和消费相加超过国民收入的不正常局面。因为这个以财政赤字所表现的差额，从物质形态来说，就是国家预算分配出去的商品物资，超过了国家集中于预算的商品物资，因而是没有物资保证的。它虽因情况错综复杂和其他因素的作用，不一定直接地充分地表现出来，但如果由此而自觉或不自觉地放松为消除赤字所必须作的努力，这种“钱多物少”的不平衡现象终究会出现，进而加剧生产和消费的脱节，造成币值不稳。所以下积累、压基建、紧缩开支、消灭赤字确是当务之急。

第二，要解决国民经济各部门不合理的经济结构问题。从社会再生产运动来看，国民收入价值形态虽是国民收入实物形态的派生，但价值形态运动的相对独立性又反作用于实物形态。所以，一方面国民收入的实物结构决定了国民收入价值形态分配的基本方向；另一方面价值形态的分配，又在一定程度上调节着国民收入的最终使用，并促进实物结构的改变。具体做法除了上述下积累、压基建、紧缩开支等重要措施外，在投资方向上，要坚持以农轻重为序安排国民经济计划，逐步把生产从重型结构过渡到合理的轻型结构，为市场提供更多的农副产品和日用消费品；注意提高经济效果，为改变社会劳动在各部门之间合理分配所需求的劳动数量提供条件，以扩大社会再生产比例变化的可能和范围，促使变化方向更为合理；充分发挥各种经济杠杆的作用，如运用价格杠杆以调节社会总劳动投向对发展社会生产较为有利的部门和按社会对某些产品的需要量在生产它们的部门之间进行分配；还要正确引导企业和地方机动财力的运用，以避免重复、浪费、分散和抵销国家有限的财力。可见，调整好长期以来经济结构的严重比例失调，是巩固前进阵地，保持币值长期稳定的根本所在。

第三，要解决改革物资、商业体制，宏观经济要加强国家计划控制，微观经济要搞活的问题。生产创造价值，但价值的实现必须经过流通过程。生产过程和流通过程是紧密相连的，二者统一起来才是社会再生产总过程。现在我们一方面市场求过于供，另一方面大批库存物资积压。这与过去物资分配办法僵死，商品流通渠道不畅有重要关系。我们认为在加强国家对企业的统一领导的前提下，可以扩大企业对生产计划指标安排的机动权，允许部分物资、商品自由购销；要以稳定市场、稳定物价为中心，以国营商业为主搞活商业，坚持多种流通渠道、多种经营方式和多种经济成分。历史经验证明，流通渠道畅通，商品市场活跃，这既是币值稳定的反映，也是币值稳定的前提条件。所以在国家计划指导下，改革物资、商业体制，搞活市场，也是势在必行。

第四，要解决严格控制货币发行的问题。货币的发行应该是经济发行，也就是必须根据国民经济发展的客观需要，有计划地通过银行信贷收支活动来发行货币。这相对于无物资保证的财政发行而言，是符合马克思货币流通规律要求的。当然，要严格控制货币发行，根本的问题是国民经济的稳定，但作为银行这一货币发行中心应坚持以下几点：

（1）严格把货币发行和存贷业务分开。成立国家中央银行，管理全国发行库，实行货币发行会计独立，掌握货币的投放和回笼，组织全国信贷资金的平衡。货币发行和银行业务经营之间有严格分工，既不允许专业银行把信贷差额任意转变为货币发行，又要求专业银行和分行要实行独立经营，防止把分行信贷差额转化为总行信贷差额，从而转化为货币发行。

（2）严格把货币发行计划同国家财政计划分开。货币发行计划应独立行事，发行计划的制定应依据工农业生产总值和社会商品零售总额的增长要求，交全国人大常委会通过并执行。货币发行不能用任何政策性配合或作弥补财政赤字的工具。不允许财政向银行转嫁困难，以迫使银行多发票子。如财政有赤字，可用发行国库券等办法解决。坚持财政资金和信贷资金分口管理原则，严格禁止把银行信贷资金移作财政性支出。

（3）切实加强信贷管理，一切信贷活动必须集中于银行。贷款发放要在国家计划指导下，由各级银行根据信贷政策和资金使用方向审查决定，并分别情况运用信贷和利率杠杆区别对待。对国家决定停建缓建的建设项目和盲目重复建设的项目，要停止贷款；对那些产品消耗高、质量差、长期亏损的企业，要管紧贷款，以促进企业调整。同时要管好用好中短期设备贷款。总之，一方面要注意提高信贷资金使用效果，另一方面要注意防止信用膨胀。

（4）充分发挥银行的监督作用。银行应会同财政等职能部门对各单位在经营管理上是否遵守国家政策法令，是否执行统一计划，是否合理地、节约地使用流通资金和固定资金，是否按规定发放奖金和制订价格等方面按有关规定进行全面监督，以防止由此而产生货币发行的不可控制。

注：

①列宁：《共产国际第四次代表大会》，《列宁全集》第33卷，1957年版第381页。

②马克思：《资本论》第一卷，第113页。

③马克思：《资本论》第一卷，第120页。

④同上。

⑤马克思：《资本论》第二卷，第350、351页。

⑥同上，第350页。

（原载《湖北财经学院学报》1982年第2期，人大报刊复印资料1982年7月全文转载）

1983 年

从天门、荆门货币流通调查看当前农村货币流通状况

最近，我们组织力量，分六个组，历时一个月，赴我省荆州地区天门、荆门两县进行货币流通调查。天门县、南滨汉水、北倚大洪山脉，是全省人口最多、历史上棉花会超百万担、全国闻名的棉产区。荆门县，地处鄂西，是全国八大重点商品粮产区之一。我们选择这两个有代表性的点，调查时还注意若干不同层次的组合，力求做到粮棉产区兼顾，平原山区兼顾，人平收入上中下兼顾，目的是依据各类典型调查材料，进行比较正确的全面推算和综合分析。

综合两县目前货币流通状况，可归纳为五大变化：

（一）农村社员收入有较大幅度增加

农业生产责任制克服了原来集体生产中“吃大锅饭”的弊病，大大激发了广大农民的生产积极性，促使产量大增，商品率不断提高。天门县农业总产值 1978 年为 2.36 亿元，1982 年达 3.28 亿元，增加了 38.9%，相应地农副产品商品率由 1978 年 53.8%，上升到 1982 年 76%。同样，荆门县粮食产量 1982 年比 1978 年增加了一个亿。由此带来社员收入较大幅度增加，人均收入（不包括副业）天门县由 1978 年 93 元到 1982 年上升为 194 元，荆门县由 1978 年 93 元到 1982 年上升为 160 元。农民收入增加的另一个重要原因是多种经营和家庭副业的发展。据荆门县沈集公社十户家计调查，平均每户付业收入 1978 年 124 元，1981 年 374 元，1982 年上升至 713 元。天门县卢市八队一姓吴的社员，责任制以前连年超支，82 年他除种好责任田外，还养鸡鸭、种蔬菜、帮人拖砖建房，经营炸米花等，全年副业收入 780 元，偿还了全部超支和欠债，开始走上了富裕道路。社员们反映：“生产责任制好，各显本领高，回过头来看，只嫌搞迟了。”另外，农副产品收购价的提高，也相应地增加了农民的收入。

（二）社员收入中付现比重上升

主要原因一是农副产品收购结算方式发生了变化。生产责任制后，农副产品基本上由以前的集体出售转为以每个农户为主，相应在结算方式上由过去绝大部分转账结算改变为直接付现。荆门县沈集公社柴气岗大队 1978 年农副产品付现率为 10%，今年据粮管所和计划部门预计，粮食收购付现率达 80% ~90%。棉花、油料付现率大致和粮食相同。牲畜、鲜蛋付现率 1978 年为 60%，1982 年为 80%，今年一季度为 100%。二是对社员个人贷款的付现

比例不断扩大。过去贷款分配到集体，统一使用，实行转账。现在贷款对象以社员家庭为主，使贷款付现比重不断上升，一般要达70%～80%，有的地方甚至是100%。三是预购定金也基本采取付现形式。生产责任制前预购定金一般发放到生产队，绝大部分采取转账形式。目前，主要发放给社员个人。如荆门县拾桥信用社，今年发放预购定金80万元，共中60多万元是以现金形式支出的，付现率达75%。

（三）农村现金容纳量增加

据天门县资料，年末市场货币流通量1978年为2130万元，1981年为4125万元，1982年达4238万元，1982年比1978年上升将近一倍。这主要是由于社员各种收入中付现比重上升，引起农村货币流通渠道发生变化所造成。与此同时，形成了三个增加：一是因收入增多、生活水平提高和生产关系变化，引起消费构成变化，如购买商品由低档转向中高档，消费倾向由单一的生活资料消费转向生活和生产资料双重消费，由此促使手持现金量增加，二是因支付对象分散和保管现金单位数量增多，扩大了现金保管的空间范围，促使社会现金容量增加；三是农村信用关系发展，货币的横向联系密切，现金的流转量增加。

（四）货币收支由集中趋向分散、均衡

由生产责任制这种形式所决定，社员初次分配比重大大增加，包产收入和超产奖励将随农产品收获季节而分散取得，过去那种生产队年终集中分配的此例大大缩小。如过去粮食秋后集中交售，转账结算，年终分配。现在各农户可根据资金需要，仓场占用和时间忙闲灵活安排，除秋后交售外，也有年底或下年初交售的。还有，过去夏收分配现金很少，现在夏粮、油料大幅度增产，自行交售，直接付现。再有多种经营和家庭副业收入也带有经常性的特点。因为收入均衡，促使农民常年支出也基本趋于均衡。

（五）消费倾向发生了变化

一是变单一的生活消费为生产、生活双重消费。目前，社员生产责任性加强了，肯花本，愿投资，在消费构成中把生产资料放在首位。过去买化肥要人催，公社不压不买，不到季节不买，不给贷款不买。现在是“夏季用肥春节买，秋季用肥夏季买，明年用肥今年买”。据反映，过去每亩田施化肥只三四十斤，现在有施一二百斤的。对中小农具的需求量也增加，责任制前只有整劳动力才由生产队配置适量的生产工具，而现在单家独户，碰上大忙季节，男女老少齐上阵，几乎每户要添置几套。为了不误农时和方便运输，几千元的小型拖拉机农民也肯花本。天门县农机公司今年一季度出售给个人的小型拖拉机254台，去年同期只有70台。另外，对耕牛的需要量也大大增加。二是吃穿用比例有所改变。当然，从绝对数看，由于农民收入的增加，三者都有不同程度地上升，但构成有了变化。据荆门县沈集公社十四户家计调查材料，“吃、穿、用”比例中，“吃”由1978年71%下降到1982年的39.8%；“穿”基本持平，1978年为20.2%，1982年为21%；用（包括建房）由1978年8.9%上升到1982年的39.3%。可见，“用”的比重增加幅度较大。基本趋势由过去的一吃二穿三用转向一用二吃三穿。据统计，“用”的比例上升主要是购置耐用消费品和建房。这

十四户自行车81年只有1辆，现增至10辆，缝纫机由81年的3架增至11架，手表由2块增至20块，收音机由5部增至13部。购买建材也占相当大的比例，农民说，现在“吃不愁，穿不愁，一心只想盖新楼。”

生产责任制的全面推行，给农村带来了许多可喜的变化，这是主要的。为发展大好形势，我们认为，以下几个问题必须引起注意：

（一）商品供应问题

农村商品供应情况总的是好的，但还跟不上形势发展的需要。就生产资料供应看，化肥和耕牛的需求矛盾突出。据有关资料，我省每年需化肥400～600万吨，但目前能够提供的货源只有300吨，加上分配上的不合理，有些地方矛盾更加尖锐。据荆门县后港公社反映，今年每亩只供应尿素9两，而最低需要量是10斤。由于供应紧张，出现“抢购”现象，投机买卖也严重。每袋尿素牌价18元，而几经转手后市价达28元。耕牛需求矛盾也大，这是因为一方面原来耕牛就缺少，据荆门县后岗公社唐台大队调查，该队现有耕地2665亩，如果按每头牛负担20亩计也需134头，而现在实际存栏只有85头；另一方面几家合用一头牛，特别在农忙时，耕牛负役过重，死亡严重。

从生活资料供应看，名牌产品和适销的中高档消费品供不应求。据天门县卢市供销社反映，目前农民都喜欢买名牌产品，自行车要“永久”的，手表要“钻石”的。但这些产品终因层层设障碍而下不到农村。

农村建材也严重缺乏，农民有钱想盖楼房困难重重。其中以木材、钢筋、水泥最为突出。在别无他法时就高价买进，杉木每立方米达700多元，水泥也比平价高出60%～80%。

由此看出，如何适应当前农村购买力投向变化，大力组织好适用适销的商品下乡，确是当务之急。

（二）现金管理和调拨问题

近几年市场货币流通量大幅度增加，而农村增长尤快，这基本上是适应农业生产的发展和农村经济体制改革需要的，但也出现一些问题，应该引起注意。

（1）现金管理偏松。

有些信用社对要钱单位有求必应，部分单位现金库存过多，生产队自收自支也无人过问，部分社队财务管理混乱，挪用、借支严重。据对天门县卢市公社11个“现管单位”现金检查情况，问题比较严重，其中有9个单位发生长短款，白条抵库普遍，许多单位一月查一次账，所以账单不符和账实不符的现象难以避免。

（2）在农副产品收购旺季，现金调拨满足不了需要。

生产责任制推行后，农副产品收购旺季现金需要量急剧增加，现金供应和新的形势不相适应，使不少公社棉花收购站、粮油交易所多次出现社员排长队出售农副产品情况，这既浪费了农民的时间，更影响了农民出售农副产品的积极性。

（3）现金大额远途运输增加。

商品流通体制改革后，个体商贩大量增加。他们之中许多人经常携带大量现金（少至几千多至上万）外出采购。

由此，在新的形势下，本着既“管紧”又“搞活”的原则，必须制定切实可行的现金管理制度。另外，结算制度也要作必要的改革，现在农副产品收购付现比重愈来愈大，农民虽喜欢兑现，但逐渐感到大量使用现金也不方便，一些个体商贩外出采购也有通过银行汇款的要求，所以在一定范围内试行转帐结算既有客观要求也有现实可能。

（三）农贷发放问题

一目前农贷对象已由过去的生产队转为农户，贷款户数增多，而且基本上是发放现金，这对信用社如何管好用好贷款带来一些实际困难。由此，在贷款发放中也出现偏重支付，轻视管理的状况，只强调当年信贷收支平衡，不愿问贷款的去向，所谓“银行支持农民一年，农民支持银行一天”，造成有些地方出现社员想方设法套取贷款的情况。如天门县张港公社信用社今年元至四月共发放耕牛贷款597笔，共计31.5万元，但耕牛存栏头数至今并未明显增加，其原因：一是几户社员合买一头牛，但分别从信用社取得贷款，二是有的社员通过贷款购买耕牛后又转手出卖，造成发放多笔耕牛贷款实际花在一头牛身上，三是以购买耕牛为名套取现金。所以，在新形势下，如何管好用好农贷，着眼于支持农业生产的全过程，以提高农贷的经济效益，也是当前农村金融工作需要深入研究的一个重要课题。

（原载《金融研究》1983年第10期）

1984 年

建议分层次设置衡量货币流通正常指标

金融理界对衡量货币流通正常的指标提出了不少见解。如何全面地考察货币流通状况呢？我认为关键是要建立一组层次分明的指标体系。首先要把握以下的设置原则。

一、考虑影响货币流通的因素

因为货币流通虽是经济中的一个相对独立的领域，但归根到底是以商品流通为基础，而影响商品流通的因素又是由社会各种复杂多变的经济因素所决定。由此，必须既把货币流通的状况看作是一个与社会各种经济因素想联系的牵涉面宽又复杂的问题，又要紧紧抓住货币流通和商品流通相适应这一主线。

二、考虑统一在货币流通中现金和非现金

货币流通是否正常，是通过统一货币流通中的两种形式（现金和非现金）和商品流通相适应的状况表现出来的，如果习惯于就现金领域衡量货币流通，不难掌握货币流通的全貌，往往得出片面的、甚至错误的结论。

三、区别经济生活的现象和本质

即指标的设置和运用要明确其所要说明的实质性内容，决不能被一时的现象所迷惑。如目前国家对一些农副产品进行调价，引起了一些商品物价上涨，单从现象看，也可断定是货币流通不稳定的表现，但从本质上分析却不然，合理的调价恰恰是保障货币流通正常化的必要途径。

四、注意货币流通的静态和动态

对货币流通场合的静态分析是必要的，它有利于对各种复杂情况的对比。但更重要的是对它进行动态的分析，即把观察货币流通状况放到一个过程中去加以探讨。实际生活中我们静态地分析某一时点货币流通状况，可以得出正常的结论。但动态分析却不尽然如此，如发现某年某时的财政赤字是为了采取多种应急措施来对市场供求起缓冲作用。应该看到这种“正常”是表面的，如不及时补救，不稳定的“苗头”随时会“冒”出来。

依据上述原则，可否考虑设置一下三个层次的指标体系。

第一层次：直接指标，亦称主体指标。主要有五个：一是社会商品可供量和货币购买力之比；二是社会商品零售额和市场货币量之比；三是商品库存与货币流通量之比；四是国民收入同货币量之比；五是农副产品收购量和货币量之比。直接指标又是主体指标，是因为整个国民经济这架大机器的运转都要通过流通过程，即商品流通和货币流通相适应的状况表现出来。反过来，这种适应状况又直接影响国民经济的发展。以上五个指标中，前两个是最重要的，因为它实质上是货币流通规律的两种表现形式，前者说明宏观经济模型中的总供应和总需求的关系问题，后者市场现金流通状况是否正常的反映。在现阶段对非现金货币量还难以测定的情况下，采用这两个指标既简便可行又具有实际意义。

第二层次：间接指标，亦称辅助指标。具体有：物价总水平、货币分布状况、货币流通速度、储蓄存款、信贷投放、财政收支、凭票凭证供应限购范围等。间接指标又是辅助指标，是因为影响这些指标变化的，有商品货币因素，也有其他一些因素：如经济体制状况、政策措施、工作质量等。故相对于直接指标来说，间接指标衡量货币流通正确程度的离向较远，需要作具体分析后才能定论。

第三层次：潜伏指标，亦称参考指标。具体有：财政向银行透支、动用财政结余、挖商品库存、发行国库券、举借外债等。潜伏指标又是参考指标，因为就某一时点论，这些指标能起到缓和和掩盖货币和商品矛盾的作用，其实透支和动用后备是抵补的，内债外债是必须偿还的（并加上利息）。所以从发展的观点看，如对这种潜伏危险的内压强度不引起足够的重视，必然会对今后一段时期的货币流通状况产生不良影响。

必须指出的是，以上三类指标虽有不用层次，但货币流通毕竟是国民经济状况的综合反映，需要结合起来加以研究，只有这样，才能全面地、准确地来判断货币流通的状况。

（《经济学周刊》1984 年 12 月 10 日，《金融研究》1985 年第三期摘登）

1985年

一个地区货币供应量失控原因分析

——江苏省四城市货币流通调查

最近，我们历时一月，到江苏省无锡、常州、镇江、常熟四个城市进行货币流通调查，现报告如下。

江苏省1984年工农业生产总值、综合经济效益和人平收入三项指标均列全国首位。而无锡、常州、镇江、常熟四城市，各项指标又居全省之首。据调查情况看，在大好形势的背后，当前，特别是去年下半年至今年初，贷款管理偏松，增加过猛，现金投放过多，货币供应失控现象确实存在。

江苏省1984年工农业总值973亿元，比1983年增长18%；1984年贷款余额为118.4亿元比1983年增长27.5%；现金投放1984年为50.6亿元，比1983年增长65.9%。贷款和现金投放增长比例均超过了全国平均水平。从四个城市有关数据透视，货币供给量的主要指标一般均超过全省的水平。当然，不能笼而统之地将货币供应量的绝对和相对增长都看作是失控，以下因素应视为合理的，主要有：①为适应工农业生产和流通的正常扩大所需要的货币量；②为满足城乡人民收入正常提高所需要的货币量；③为搞活经济促使就业人数、集团单位增多所需要增加的货币量；④为补充因合理调整价格所需要增加的货币量；⑤为适应因结算方式改变所需要增加的货币量，等等。

但我们在调查中发现，该地区货币流通状况存在有以下几个突出问题：①在工农业生产飞速发展的同时，货币供应量增长速度超过了工农业生产增长速度；②贷款和现金的投放额大大超过了前年的水平；③贷款投放增长中，非定额资金上升大于定额资金，集体企业上升比例高于国营企业，且大部分在年底集中投放；④现金投放增长中，工资性现金投放（特别是奖金）比例甚大，从消费基金增长幅度看，集体单位高于国营单位，流通领域胜于生产领域；⑤市场物价波动幅度较大，不少商品明里暗里涨价，议价范围扩大。

上述情况说明，在当前货币供应量急剧增长趋势中，有不少不合理的因素，究其原因，主要有以下几个方面：

一、固定资产投资过大，流动资金占用偏多

江苏省1984年贷款余额增长数中，固定资金贷款去年比前年增长61.4%，其中主要是来自预算外基本建设规模的扩大。流动资金占用多，一是企业增多，特别是乡镇企业，需要增加流动资金。二是流动资金占用不合理。据统计常熟市全民、集体工业中流动资金不合理

占用达376万元，主要是因生产结构不合理、流通渠道不通畅、处理积压不及时、交通运输跟不上等原因造成的。三是企业补充自有流动资金能力差，作用小。据调查1984年底常熟市27个国营企业共拥有自有流动资金1607万元，而定额流动资金占用总额为6388万元，自有流动资金占总额的25.3%，按要求自补流动资金需达到2860万元，而近两年自补流动资金只达到要求的1.1%，实属杯水车薪。四是为了防止生产脱节，原材料储备过多。如镇江市为了解决钢材问题，由政府部门出面向企业集资2000万元，向本溪钢铁厂预付钢材款，十年后收回，实际上迫使银行增加了贷款。在资源紧缺的情况下，类似补偿贸易性质的交易发展较快，不仅金额大，而且时间长，从局部地区来看，会造成信贷资金占用失常。

二、人为扩大年终贷款基数，银行控制不力

据对镇江市和常熟市工商银行调查资料，1984年12月份增加的贷款数占全年增加数比例分别为71.5%和70%。为扩大贷款基数，去年底不少基层银行公开向当地政府、经委、企业单位声明银行有钱，突击发放贷款，促使贷款发放额急剧增长。

三、现金投放名目繁多，消费基金增长过猛

四个城市1984年工资性支出比1983年增长一般均在40%左右。据常熟市审计局对146个全民所有制企业单位调查，1984年共发放工资性现金支出1812.7万元，超过原计划的4～5倍，之所以存在以上问题其原因一是在注意搞活经济、放宽政策的同时，忽视了政治思想工作，突出反映在核定承包基数时，指导思想上只是给职工有所好处，不全面考虑参考数的正确程度，有些单位甚至想方设法压低承包基数，而目前承包多采用“定额利润、联利计奖、超额分成、工资浮动”的办法，促使奖金超额幅度过大。二是有些企业、单位借“改革”、“解放思想”之名，有禁不止，有令不行，上有政策，下有对策，自行其是，造成“既成事实”，寄希望于“不可能大面积”处理。三是机关、团体、企业经商办企业。四是银行管理无力。对工资奖金等支出无法控制，只要企业有要求主管部门同意，银行就开“绿灯”。

四、企业集资带来一些副作用

四个城市集资规模以无锡、常熟、常州最为突出，以办乡镇企业为主，去年第三季度达到高潮。应该肯定，江苏省集资办企业收到了很大的成效，但在集资办企业过程中带来的一些副作用也不能忽视。一是集资办企业促使银行信贷资金供应量扩大。农村集资兴办的乡镇企业，绝大部分用于新建，其次用于扩建，极少充实流动资金。因此，企业建成后，流动资金基本上依靠银行供应。营业所的同志反映，“这是乡镇生孩子，银行当保姆”。这种现象带有普遍性。二是集资办企业相应地减少了银行存款。江苏的集资，有以资带劳、以劳带资、自由认购和动用集体积累等形式，其中以资带劳为主要形式。集资的资金来自银行存款、集体积累和居民手持现金，前两者均在银行账上，后者也是可被银行吸收部分。据无锡县农业银行对全县33个乡367家农户进行的典型调查推算，集资中70%～80%来自银行存

款，只有20%～30%来自闲散资金。当然从动态看，乡镇企业发展了银行存款自然会增加，但如果一哄而上，对银行信贷资金周转必然会带来不良影响。三是股息红利分配不当，也会助长消费基金的失控。江苏现行农村集资企业股息红利分配办法大致有三种：①按股分红（即按净利润一定数量百分比分红）；②股金贴息（即只有固定利息，从年息5%到15%不等）；③按股分红和股金贴息兼有。但调查中发现有些企业超分配比重很大，如果任其下去，没有一定控制幅度，必然会使消费基金失控。

五、价格、财政、税收等方面改革和银行改革不配套

就价格看，一是原材料中议价成分增加，促进信贷资金需求量上升。常熟市每年需用煤50万吨，而计划内平价煤只有5万吨（每吨价20～30元），其余均是计划外议价，每吨价要90～120元；需用钢材6万吨，计划内平价只有5000吨（每吨价600～700元），其余均靠议价，每吨要1500～1600元；实际需要木材5万/m^3，而计划只有5000m^3（每立方米300～400元），议价每立方米高达600元；还有用电也是这样。其次，货币供给失控表现在价格上涨，而价格上涨又促使消费基金扩大。另外，价格体系不合理，改革又一时跟不上，造成企业之间的苦乐不均，但实际上在发工资奖金时“苦者”都会向“乐者”看齐，可以通过多种渠道赶上“乐者”水平。

就财政看，财政赤字、财政向银行透支、财政购买国库券对整个货币流通的影响是明显的。据常州市工商银行反映，财政挤银行还表现在中短期设备贷款的归还上，该市规定每年财政收入递增30%是法定数字，往往把该还的设备贷款用于上缴税利，影响了银行的信贷资金平衡。

就税收看，对奖金工资税，有些地方贯彻不力、名存实亡。还有按现行税法规定，凡新办企业可免除一年营业税、三年所得税，目的是为了促进新建企业的发展。但有些企业就钻此空子，凡更新一个产品，就重建一个企业多，挂一块牌子。不少地方表面看来新建企业甚多，而利润却反而有所下降。

就银行本身来说，一个地区的人民银行和专业银行的关系不太协调。人民银行对货币供应量的运筹和控制能力不能充分发挥。“群龙无首”的情况还是存在，具体表现在一个项目上多头管，多家银行安排资金，几处贷款，既助长了信贷失控，也使企业无所造从。

为实现货币流通的正常化，我们认为，主要应抓好以下两个方面：

（一）要切实加强对货币供应量的宏观控制

具体说，一是要强化人民银行对整个货币资金的运筹能力。采取经济的、法律的、行政的手段，对专业银行实行业务领导和管理，力求树立人民银行的权威，保证其对宏观金融和宏观经济的控制力落到实处。二是进一步完善信贷资金管理体制。现行“实贷实存”办法是对“统收统支”办法的一种否定，对“差额控制”办法来说也是一个进步，但有进一步完善之必要。从全局看，信贷资金排行最小，即是在其他各种资金安排就绪后给予考虑；信贷监督是在内外信贷资金轧差后进行，实属事后监督，信贷资金管理既要服从财政性存款的变化，又适应不了资金运用范围的扩大，所以免不了和计划脱节，信贷总规模这个“鸟笼

子”在具体执行中往往被内外各种干扰“突破”，最后还是信贷差额决定货币发行。以上状况必须从根本上加以改变。三是要重新认识货币供给宏观控制的范围。国营和集体要通盘考虑，现行信贷资金管理偏重于县以上企业，随着乡镇企业的发展，其资金的投量、投向以及利润分配等如何纳入国家宏观计划指导，应加以重视。

（二）要在聚财用财上下功夫

一是要大力组织存款。在目前资金紧缺的情况下，企业害怕在银行借不到钱，出现有存款不还贷款的现象，银行干部必须站稳立场，加强管理。根据人民群众收入增加、手持现金增多的情况，银行部门应搞好调查研究，依据不同储源设计储蓄品种，适当提高存款利率，千方百计组织社会闲散资金。二是要管好用好信贷资金。向企业管理要资金紧紧抓住应收款、产成品库存、呆滞积压物资三个环节，加速资金周转。在贷款发放中，先要保证正常的流动资金贷款，对新建企业，规定有一定的自有资金比例。对社会集团购买力要严格控制，真正做到紧中有活。同时，在贷款期限上有所限制，相对节约信贷资金的运用。

（原载《金融研究》1985年第5期，人大报刊复印资料1985年第3期全文转载）

锐意改革献计献策，开创金融工作新局面

——全国银行体制改革理论讨论会观点综述

由中国社会科学院财贸物资经济研究所和中国农业银行陕西省分行召集的全国银行体制改革理论讨论会，于1984年11月上旬在西安市召开。与会同志在党的十二届三中全会决议精神的指导下，根据发展有计划的商品经济的要求，从我国银行体制的现状出发，着重对我国银行体制如何进一步改革和开放金融市场问题进行了热烈的讨论。现将主要观点综述如下。

一、关于银行体制如何进一步改革问题

（一）对我国目前银行体制的看法

代表们对十一届三中全会以来金融体制改革进行了回顾，主要有三个方面：①银行机构改革迈出了三大步：第一步是从组织上明确将银行办成真正的银行。1978年3月，五届人大一次会议决定银行同财政部门分开，中国人民银行总行为部委一级机构。第二步是改变了我国长期存在的单一的国家银行体制。1979年2月恢复了中国农业银行，3月分设中国银行。此后又相继成立了中国国际信托投资公司（1979年10月）、中国投资银行（1981年12月）。第三步是1983年9月，国务院做出关于中国人民银行专门行使中央银行职能的决定。同时新成立中国工商银行办理工商信贷和储蓄业务。至此，我国已正式实行中央银行制度。②信贷体制进行了两个方面的改革。一是信贷业务范围的改革。十一届三中全会之前，银行信贷基本上局限于流动资金临时性、季节性需要的调剂。1979年开始打破长期禁锢，银行发放了属于固定资金贷款性质的中短期设备贷款，逐步试行了基本建设投资拨款改贷款的办法。银行还突破了过去只对生产和流通企业发放贷款的限制，对文教、卫生、科技单位以及个人消费也开始试办贷款。1983年6月，经国务院批准改革了流动资金管理体制，国营企业流动资金改由银行统一管理。二是信贷管理体制的改革。改革以前，我国银行长期实行统收统支的信贷计划管理体制，完全是指标管理。1980年以后，逐步实行了“差额包干”的办法，在不突破差额包干指标的前提下，多存可以多贷。目前，又对信贷管理体制作进一步改革，即采用“实存实贷”的办法。今后专业银行使用资金不再采取计划指标层层下批的办法，而是在计划指标范围内由专业银行向中央银行借款，再转到存款户支用。③进行了利息政策的调整和改革。长期以来，我国利息制度存在“利率低、档次少、不灵活”的弊病，基本上谈不到发挥利息的经济杠杆作用。三中全会后，我国银行于1979、1980、1982年连续三次提高储蓄存款利率，并且对逾期贷款加收20%的利息，挤占挪用贷款加收罚息50%，

1984 年 1 月，提高了农贷利率，基本上解决了存贷利率倒挂的问题。

有的同志认为，十一届三中全会以来，从银行体制改革的发展过程和基本内容来看，已经实现了以下六大转变：①由单一的人民银行体制到以中央银行为中心，包括各类专业银行的多种银行体制的转变；②由政企不分到政企分开的转变；③由主要用行政办法管理到主要用经济办法管理的转变；④由按行政区划设置机构到按经济区设置机构的转变；⑤由财政附属物到独立银行的转变；⑥由发行和信贷合一到分开的转变。有的同志认为，邓小平同志曾经讲以银行贷款制度代替财政拨款制度，银行要成为发展经济、革新技术的杠杆，把银行办成真正的银行。从十一届三中全会到十二届三中全会，基本上实现了前一句的要求，几年来的成就主要表现在三个方面：①银行贷款进入固定资金领域，中短期设备贷款是近年来金融体制改革的突破口。中短期设备贷款从 1980 年开始至今已达 200 亿，加上建设银行技术措施贷款 200 亿，共 400 亿。②建立了新型的社会主义金融体系，各专业银行成效显著。农业银行已吸收了近千亿元的存款；工商银行搞中短期设备贷款，管理全国国营企业流动资金，储蓄存款平均每年增加 180 亿元，中国银行变外汇逆差为 100 亿美元的结余，并发展了旅游业；建设银行改拨款为贷款，对投资项目进行可行性研究，并初具投资银行规模。以上这些，与发挥中央银行的作用不矛盾，后退是没有出路的。③资金供应形成四大渠道并存的局面。其中财政渠道 1983 年预算内投资 296 亿。银行渠道吸收存款每年 300 多亿，加上发行等，1983 年提供资金 470 亿元。社会集资渠道预算外投资和城乡个人投资于生产的，1983 年达 200 亿。外资渠道 1983 年吸收外资用于建设的规模达 34 亿美元，合 100 多亿元人民币。十二届三中全会之后，金融体制进一步改革的任务主要是把银行办成真正的银行。

关于我国目前银行体制存在问题，有的同志认为主要表现为宏观失控，微观失调。具体表现为“空”、“死”、“乱”。空：指中央银行的资产控制能力空，一方面财政向银行透支、逐年提高银行上缴利润，流动资金积累任务交银行，对银行压力大。另一方面中央银行对专业银行的信贷规模控制不住。死：指专业银行实行条条指标管理，基层行没有业务经济经营自主权，资金只有纵向管理，没有横向流通的渠道。乱：企业活力多了，多种信用方式出现，看起来很活，但从全局看很乱。总之在经济效盘上表现不佳，当前资金收益率比“一五”时期下降 30%。一些同志认为，银行体制现存在问题还不少，主要是：条条管得过死，缺少资金横向融通，中央银行未能发挥其职能作用，地区分割严重，资金流通渠道不多，政企不分，银行无权，忽视价值规律，自然经济的观念仍未能从根本上破除等。总之，现行体制还不能适应发展商品经济的客观需要。

（二）银行体制改革的理论基础和突破口

关于银行体制改革的理论基础，有的同志认为社会主义经济是有计划的商品经济，现代商品经济的发展必然带来货币经济和信用经济的发展，所以我国经济体制改革最终要建立一个有计划的商品经济模式。

有的同志则认为有计划的商品经济是银行体制改革的理论依据，这是对的，但不完全。商品经济是银行存在和发展的经济条件和基础，但有计划的商品经济，不只是银行体制，而是所有体制改革的依据。所以，要明确银行体制改革的理论基础，首要的问题是弄清楚银行在社会再生产过程中的地位和作用。

关于银行体制改革的突破口，不少同志不同意把开放金融市场作为突破口，有些人认为金融市场要开放，但不能把它强调到不适当的地步，夸大它的作用，因为金融市场只是计划调节的补充。当前银行机构设置、计划管理等比这个问题更为紧要、更为迫切。有些人认为在公有制条件下，要把金融搞活，首要的问题是运用银行信用。中央银行宏观控制不住，信贷资金横向联系被割破割断，其他改革就无从谈起。

有的同志认为资金管理体制的改革是整个银行体制改革的关键所在。多年来，银行存在吃“大锅饭”的问题，主要原因就是资金管理上没有建立责任制。

有的同志认为突破口应是解决银行企业化问题，具体是贯彻简政放权、政企分开，实行经济核算制，把责权利结合起来，使银行在经营管理上享有自主权。

有的同志认为突破口在于搞活基层银行。中央银行是金融行政管理机关，货币发行机构，是事业单位。要实行企业化管理，管全国金融方针、政策、法令。专业银行是金融性企业。要让基层银行有责、权、利，有压力、动力、活力，这才能配合企业的扩大自主权，把企业搞活。如果银行还是死的，企业就搞不活，贻误大局。农村搞活的细胞是家庭，城市搞活的细胞是企业，银行的细胞是县、市支行。中央银行要放权于专业银行，专业银行放权到县、市基层银行，以它们为预算和经营单位，把人、财、物、存、放、汇权限下放到基层行。基层行对办事处、营业所还要分级核算，这样才能调动群众的积极性。

有的同志认为如何选择突破口，在宏观上注意有利于对社会供需总量和重大此例关系以及重点建设的控制，同时在微观上要注意运用价值规律发挥市场调节的作用。

（三）中央银行的职能作用及中央银行和专业银行的关系

关于中央银行的职能作用，有的同志认为中央银行对宏观经济的控制主要有三条。①根据经济情况制定金融方针、政策（包括信贷政策、利率政策等）、基本制度、法规等。②管理货币，稳定币值。③管理和调节信贷资金，控制信贷规模。然后将信贷资金以贷款方式分给各级专业银行，让共独立自主的经营，中央银行不宜轻易加以干预。所以中央银行应按经济区划设置分支机构，有利于在各省市、各地区之间发挥控制和调节作用。

有的同志认为中央银行抓的简单，但必须是要害。一是抓财政不给透支，基建挖潜资金不是部分直接由银行贷款解决，对外汇、专业银行划定外汇专业经营基金。二是抓货币发行，对农业银行实行以存抵放，对工商银行规定贷差限额。三是不当经济法官、督察，搞成高效率的信贷专业化机构。

关于中央银行和专业银行的关系，一种观点比较强调中央银行的宏观控制。他们认为社会供应总量和需求总量平衡取决于企业财务收支、财政收支和信贷收支是否平衡，而企业财务收支、财政收支的差额往往挤占银行贷款，造成信贷收支不平衡，迫使银行发行货币。我国货币都是通过信用程序投放出去的，故按制贷款是控制货币发行的总闸门。中央银行应牢牢控制贷款这个总闸门。中央银行要做到这一点，就必须掌握足够信贷资金，为此，中央银行不仅应掌握财政性存款，而且应当掌握一定比例的企业存款，加强中央银行的资金力量，强化中央银行在宏观经济中的调节作用。

有的同志主张强化中央银行作用，如果简单认为中央银行是管货币发行总额和信贷总额，那在国务院下边设一个金融小组就可以了。

另一种观点比较强调专业银行的职能作用。有的同志提出，中央银行应给专业银行松绑，一是在利率上，基准利率中央银行定，差别利率省里定，浮动利率县里定，随行就市。二是在信贷上，中央银行管总额就行，不要过多地管各行间的具体信贷活动。三是在自主权上，银行也要“利改税”，打破“大锅饭”。有的同志认为中央银行和专业银行应是“兄弟”关系，中央银行可以是“老大”，而不应是“父子”关系。有的同志提出，中央银行和专业银行之间应是经济关系，应充分考虑专业银行的特点，如中国银行负责外汇经营，而外汇管理由中央银行负责，不经营怎能管理好，所以主张外汇业务应集中管理，统一经营，而不能分散。有的同志提出要把银行办成高效率的信用机构，中央银行不应管得过多、过细、过死，应充分发挥专业银行的积极作用。有的同志建议国务院 1983 年 146 号文规定的中央银行对专业银行是“协调、指导、监督、检查”关系，应取消“检查”，加上“服务”，即改为“协调、指导、服务、监督”。也有同志提出专业银行应自成体系的问题，他们认为，从国外看，商业银行也是大银行，也是自成体系的。专业银行也有个宏观控制的问题。

（四）中央银行和专业银行的机构设置

关于中央银行的机构设置，意见分歧是省以下是否设中央银行分支机构。一种意见是不下伸，即所谓“砍腿”。即只在中央设总行，省、市、自治区设分行，地区一级不一定设中央银行支行。或者主张中央银行除总行外，在全国性经济中心设分行，省级设派出机构。另一种意见是实行三级分行制，一竿子插到底，各专业银行一律实行单元制，不设分支行，各独家专业银行受所在地中央银行统一协调，以形成以中央银行为中心，专业银行为主体的纵横交错的资金融通网络。还有一种意见主张凡有两个以上专业银行的地方都设人民银行机构，中央银行下面没有腿不行。

关于专业银行机构设置，意见分歧是专业银行总行要不要。一种意见主张“砍头”，即逐步削弱直至取消专业银行总行。另一种意见认为不但不能“砍”，而且要升格，即要与中央银行总行一样，都要成为中央部委一级机构。还有一种意见是保持现状，但要把专业银行办成真正的经济实体，要给专业银行的基层机构松绑放权。关于银行体制的模式，有的认为应是：中央银行垂直领导，取消专业银行总行，省以下专业银行都改为地方银行，中央银行和地方银行的联络点应是地方的中央银行。有的认为应是：中央银行按全国性经济中心设立，省设派出机构。县为农村综合经济单位，设农业银行。城市工商经济起主要作用，设工商银行。外贸口岸、外汇信贷和结算业务频繁的地方设中国银行。长期投资贷款集中的地方设建设银行。各专业银行业务分工按产业、行业和地区以及资金性质分工，也可有某些交叉和互相代理。经济单位要有指定开户银行，也可有临时开户行，也可实行联合贷款和组织银团共同贷款。银行营业单位之间进行竞争，但不能不择手段互拉客户。

关于发展多种形式金融业。有的同志建议根据当前商品经济发展的迫切要求，农村信用社要像供销社那样自成系统，即先建立县联社，然后再逐步建立中央、省、地三级联社。关于建立个体银行，即金融专业户问题，一种意见认为个体银行灵活方便，是社会主义金融的一种补充形式，允许其存在和发展。另一种意见不同意开设个体银行，认为现在个人没有力量办银行，就是办了实际上还是私人借贷性质。

（五）我国银行体制如何改革

讨论中一些同志认为：改革的目标是要解决好三个问题：①如何使银行保持相对独立性。②如何把专业银行办成真正的经济实体。③中央银行如何主要依靠经济办法发挥调节作用。改革的发展趋势一是向灵敏、灵活、高效率的目标发展；二是可能出现某种形式的金融市场，三是用经济手段协调各行之间的关系。改革成败的标志是看是否促进生产力的发展，而绝非是权力之争。

对于如何改革，有的同志提出了建设性的意见，认为改革要朝着“两加强一通开”的方向，把现在的“川”字型银行模式改为多层次“伞”形的银行模式。所谓“两加强”，一是要加强中央银行的宏观控制和调节作用（重点控制信贷资金供应规模，控制固定资产积累规模和调节信贷资金方向）；二是加强专业银行的融通资金活力，搞好微观经济调节（实行“划分资金、独立经营、自负盈亏、互相融通”的管理原则）。所谓“一通开”就是打开横向资金融通渠道（实现信用方式、信用工具的多样化，包括有条件的开放金融市场）。在步骤上，要实行“区别对待、滚动发展”的战略，按“三个金融地带（一是特区和十四个开放城市，实行全面开放，多方位的金融体制；二是广大腹地，建立金融中心，实现以信用方式，信用工具多样化为主要内容的横向资金融通；三是边远八省，银行信用重点解决信贷资金使用方向，使设备技术，人才从内地向边远地区转移）。由东向西，建立以银行信用为主体的多层次的具有我国特色的社会主义银行体制。

在改革的具体步骤上，也有同志提出以下意见：第一步，是在原体制的基础上，适当扩大各专业银行的经营自主权，使各专业银行一业为主、多种经营、允许各专业银行业务交叉，展开竞争，把经济搞活。第二步，在中央银行实行总、分、支三级体制的基础上，取消各专业银行的管理行，保留经营行。各个经营行是一个独立的经济实体，而被所在地的中央银行领导，各地区中央银行只对各独立的经营行处实行指导性计划调节。第三步是在第二步基础上开放金融市场，建立金融中心。关于建立金融中心，有的同志认为随着经济中心的形成和发展，必然形成金融中心。经济与金融中心都是多层次的。有全国性的、区域性的、省市的、地区的。它包括资金融通中心、资金汇划中心、金融市场中心、国际金融中心。大的经济中心还可形成金融信息中心、金融教育中心、金融出版中心。也有的同志认为经济中心和金融中心没有必然联系，从世界上看，有些金融中心不一定是经济中心。

二、关于开放金融市场问题

（一）金融市场和股票的含义

关于金融市场，有的同志认为有广义和狭义之分。就广义的金融市场来说，我国过去也不能说没有金融市场，我们以银行、信用社为中心的资金借贷，解决资金供求问题，无疑也是金融市场，只是没有那种有价证券交易的市场，即狭义的金融市场。由于近几年出现了股、债券等形式的社会集资，所以现在人们提出的开放金融市场，其实就是要发行股票、债券，进行证券交易。

关于股票，有的同志认为，目前存在的股票是保本付息，分红，不担任何风险。因为是保本付息，而且高于银行利息，可以哄债券，但是由于分红，又不是完全意义上的债券。因为分红，可以叫股票，但是由于保本付息，又不是原来意义上的股票。所以确切地说，应当叫作带有股票性质的债券。现广东称股票为“投资券”。据查台湾公司法，也有“带有股票性质的债券”和“带有债券性质的股票”之称。

（二）我国开放金融市场的必要性和可能性

不少同志认为，股票是一种较好的集资形式。其必然出现是现阶段经济发展和资金运动的特点所决定的。一方面，我国目前存在分散而又不断增长的社会货币资金，这些归属不同的资金所有者，需要追求适当的投向和新的利益。而多种经济成分的发展，为他们提供了日益广阔的投资场所。另一方面，单靠财政、银行渠道已经满足不了变化了的社会资金需要，需要筹集资金的多样化。他们还认为：利用股票、债券这些形式搞社会集资对发展社会主义商品经济，对发展社会生产力是有利的，是商品经济发展的必然要求。股票集资，虽并不增产加社会资金总量，但这种资金运用形式的转换，可以变消费基金为长期建设资金，可以围绕经济效益促进经济联合和资金重新组合。同时，股票集资迅速，有利于老企业技术改造，有利于发展开发性事业，如电力、旅游等，有利于资金的横向流通，有利于解决就业问题，有利于加强经营管理，提高经济效益。还有同志认为，马克思讲股份制度，是联合劳动的形式，是社会化大生产发展的结果。股份制度之所以有欺诈，是资本主义生产方式产生的，但从根本上说，股份制度是对资本主义生产方式的扬弃。在资本主义制度下，股份企业是真正的社会主义集体企业。也有少数同志对发行股票、债券持怀疑态度，认为只要把银行信用搞活了，这些东西可以不搞。

对于我国开放金融市场有否可能，不少同志认为：从目前情况看，条件还不成熟，一是无法可依，二是没有经验，因此建议尽快健全法制，加强试点工作，有计划、有步骤、积极稳妥地开放，防止一哄而上。一部分同志主张大胆开放，让矛盾充分暴露出来，然后因势利导，不要开放之初就管得过严、过死。不然就可能把它扼杀在襁褓之中，不利于搞活金融。究竟怎么搞？有的同志主张一是不要受我们过去那样并不正确的传统观念的限制。有些东西虽在资本主义生产方式下产生，但它并不仅属于资本主义，本质上是发达的商品经济的产物。二是不要受资本主义国家一些具体做法限制。并非一定要搞成资本主义国家或旧社会那个样子，只要对发展社会主义商品经济有利，能使人民得到实惠，完全可以有我们自己的一套做法，即使它具有中国特色。

（三）发行股票债券影响不影响银行存款

有的同志认为，从农村集资看，哪个地方集资多，哪个地方经济增长就快，因为一方面集资后资金用于生产，促进经济的发展，人们收入增加，银行存款也会随之增加；另一方面，从集资此例看，据调查大约有40%的人民币存于银行，60%是人们零星、闲置的资金，而集资的60%部分又转存银行。有的同志认为，在开放金融市场之初，会使银行存款有所下降，但只是暂时现象，因为它有利于加速资金周转，提高经济效益，最终还是使银行存款增加。何况，通过发行股票和债券所筹集的资金，有相当部分来自城乡居民手中积存的现金，即所谓贮藏货币，并不是从银行提取的存款。

至于会不会影响计划经济，冲击国家计划，有的同志认为我国计划经济占主导地位，尽管开放金融市场可能带来某种盲目性和投机行为，但只要我们注意引导，加强管理，是不会影响我国计划经济的。

（四）股息和红利的性质

一种观点认为，不具有剥削性质，因为在我国社会主义条件下，劳动力不是商品，社会主义的商品生产也不是剩余价值的生产，买股票的人也绝大部分是劳动者，其收入是劳动所得，何况股息、红利收入占其收入总额的很小部分，这与资本主义国家专门靠剪息票生活的人有本质区别。

另一种观点认为，对股息、红利性质的分析，仅仅像对利息性质的分析还不够，还应作进一步具体分析。股息、红利的分配中有相当一部分是不合理的，是无偿占有了他人的劳功成果。造成这种现象的原因，主要是由于我国价格体制不合理，税收、利率经济杠杆的作用没有充分发挥，使他们有机可乘。如果不加限制地全部占有，实际上属按资分配，在现阶段虽允许存在，但它本质上不符合社会主义按劳分配原则，不能把社会主义社会中一定阶段允许存在的东西说成是社会主义性质的。

至于对股息中红利在数量上加以限制，有些同志提出股息加红利不能超过资金利润的平均水平，目前以不超过15%为宜。有的同志则认为股票是投资者的自由选择，不应限制，不然失去股票的意义，太多了可用税收等杠杆解决。

还有少数同志认为，这些东西性质说不清楚，可以先不要去管它。

（五）关于证券交易所

多数同志认为，股票上市，到证券交易所出现还有一段距离，股票的特征既是长期投资的利益，又有随时可以转让的灵活性。所以股票一诞生，就要求为其创造转让买卖的必要条件，只有做到长期资金短期化，股票才有吸引力和活力。但目前开办证券交易所条件还未成熟。一是股份公司从招股到股票上市，需要在社会上建立威信，又要有足够的能力承担风险，这需要一个过程。二是目前没有公司法，股份公司倒闭怎么办？三是会计业务无准则，亏本的也可在账上做成赚钱。四是价格体系不合理，效益存在有虚假性。在此情况下，目前利用银行信托部门办理股票的委托、转让是个好办法，这样使银行可了解、掌握、引导企业证券业务的发展。

（六）目前发行股票、债券存在的问题

①地域性强。往往是发生在某一地区、企业范围内；往往是建立在对人信任基础上的信用，筹资范围数量都受到限制。②灵活性不足。大部分股票发行都是记名股票，有的还规定

不能转让、买卖、不准退股。③缺乏民主管理制度，大多由地方党政部门组织，投资者无权管理企业事务。④发起者对投资项目缺乏可行性研究，没有明确的投资方向，甚至筹集的资金没处用，只得存银行，而利率是1.5厘，股息一般为4.8厘，反而要亏本。

（原载《湖北财经学院学报》1985年第2期，人大报刊复印资料1985年第3期全文转载，其中第二部分还收入全国高校文科学报文摘1985年第3期）

1986 年

经济体制转换时期的银行作用问题

一

经济体制改革要求摒弃过去那种同生产力发展不相适应的僵化和封闭模式，建立既集中统一又充满活力的新经济模式。党的十一届三中全会以来，新旧体制的转换要求银行体制做出相应的转换。

（1）在体制结构上，由高度统一的集中型向相对分散的网络型转换；

（2）在融通资金的性质上，由以财政无偿为主的拨款型向以银行有偿为主的贷款型转换；

（3）在信贷原则上，由层层计划指标指令控制型向经济效益型转换；

（4）在经济联系方式上，由单一的纵向封闭型向纵横开放型转换；

（5）在货币发行上，由财政银行发行三者捆在一起的混合型向货币发行计划的独立型转换；

（6）在货币的供给上，由只着眼现金的单一型向控制贷款总规模的总体型转换；

（7）在宏观调控方式上，由主要运用行政手段的直接型到主要运用经济手段的间接型转换；

（8）在经济动力结构上，由强制管理下的外在型向企业自主经营的内在型转换。

以上银行新旧体制的一系列转换，不管其程度如何，应该看到，我国现阶段银行的作用已发生了深刻的变化：

（1）银行在整个宏观调控系统中的地位提高了。

改革是为了建立充满生机的社会主义经济体制，而增强企业活力是实现这一目标的中心环节。这就要求原来“指令控制型”的计划体制转轨变型。随着指导性计划和市场调节范围的扩大，多种经济成分的发展，企业自主权的确立和价格的逐步放开，市场机制不断得到完善，由此。宏观价值量控制的任务自然地提到了重要的议事日程，银行货币发行的独立化和管辖资金“覆盖面”的日趋增大，使银行上升到举足轻重的地位。据统计，1984 年底同 1979 年比较，银行各项存款从 1340 亿元上升到 3438 亿元，累计增长 1.6 倍，各项贷款从 2039 亿元上升到 4746 亿元，累计增长 1.3 倍。银行贷款数额的巨幅上升，显示了金融体制改革的巨大效力，它既支持了财政渡过难关，同时也支持和促进了国民经济的调整和改革。

（2）银行对经济的渗透力加强了。

银行体制改革以来，一是各专业银行的相继恢复和建立，应顺了有计划的社会分工和生产专业化发展的趋势；二是融通资金的范围日益扩大，使银行经济活动触角广泛伸展。不仅在流动资金领域而且在固定资产领域，不仅对国营、集体企业而且对个体工商户，不仅对生产、流通企业而且对凡有经济效益的服务业、旅游业以及科技文化事业，不仅是国内而且是国外，都有银行的用武之地；三是银行运用其拥有的信贷、利率、汇率等经济手段，开始改变了企业资金占用大、周转慢、效益差的局面，同时加速了企业技术改造的步伐；四是通过银行各种经济信息的收集、整理和传递，帮助企业及时组织产供销衔接，促使企业随时掌握市场供求变化的脉搏，引导企业的生产经营方向，以保证国家宏观决策的实现。这一切，无论是从广度和深度来说，银行对企业的渗透强度均达到了前所未有的地步。

上述分析说明，银行体制的转换，既是经济体制转换的客观要求，反过来又作用于经济体制的转换。可以设想，这种相互之间良性交替的反复出现，必然会加速整个改革的进程。

二

然而，一切并非我们期望的那么顺利。一方面由于银行改革还跟不上整个国民经济改革的步伐。另一方面因改革过程中出现了一些新矛盾，银行面临一场严峻的挑战。

（1）“有计划商品经济”模式，促使整个国民经济运行机制发生了一系列根本性的变化。随着商品生产和商品流通规模的扩大，市场呼唤作用的加强，企业作为相对独立的商品生产者的法人地位的确立，以及经济责任制的推行和分配制度的改革，群众中长期蕴蓄而受压抑的巨大能量加速释放。无疑，这种能量对推动经济发展是极宝贵的。近年来原有企业投资的追加，第三产业的发展和乡镇企业的兴起真可谓企业在自主经营和自我发展的“广阔天地”里“大有作为”。但必须清醒看到，由于去年银行信贷管理工作中的失误，释放能量冲击力过大，加上旧体制所固有的数量扩张和投资饥饿等倾向的影响，“投资过热”现象应运而生。一些企业依据市场瞬息变化，追求近期效益或本地效益的刺激性投资强烈。由此出现都叫建设速度不快，都喊基建规模不大，各方向银行伸手的现象，已造成银行难以为继的局面。

（2）经济体制改革的生命在于，在微观经济搞活的同时，必须配之以相应的宏观控制手段。具体落实到金融部门，就是宏观金融管住管好，微观金融放开搞活。但在实践中往往是“一放就乱”、“一管就死”。特别在目前信贷规模失控，货币发行偏多的情况下，矛盾尤为突出。如何在旧的宏观调控机制日趋弱化，代之而起的新的宏观调控机制还没有完善之时，取得宏观控制和微观搞活的有机统一，实是银行部门面临的紧迫而繁难的新课题。

（3）中央银行制度建立后，中央银行为信用制度枢纽和金融中心的作用远没有充分发挥。各专业银行自成体系、一统到底，名为中央银行“一个中心”，实质上是“多个中心”，“群龙无首”的状况依然在。这种状况，促使中央银行对专业银行的作用力由上而下层层递减，而专业银行对中央银行的冲击力却由下而上层层递增，这大大地削弱中央银行对货币供应量的控制和运筹能力。

（4）社会主义所有制结构的多元性，特别是股份制度的出现，在银行上下左右呈现出多形式、多渠道、多层次纵横交错的复杂现象，经济生活中的自发倾向和不定因素增多，而银行自身的工作并未紧紧跟上这一新形势，致使银行作为“指示器”的目标离向拉大，对国民经济综合反映的“透明度”相对减弱。

（5）经济体制改革赋予财政信贷综合平衡以新的内容。一是为消除长期以来“财政挤银行”和“信贷差倾最终由财政抵补”以及货币发行“三位一体”的弊端，财政收支的“接合部”日趋明朗化，已决定财政不再向银行增拨信贷基金，今后财政收支不平，不再向银行透支而是靠发行债券解决。二是财政和信贷的分工有了新变化，已规定国营企业流动资金由银行统一管理，凡有偿还能力的项目，逐步由拨改贷转由银行承担。三是最近各级财政严格划分了收支范围，加强了财政管理，实行了利改税等项制度，目的是为了改变长期以来财政对经营不善和亏损企业“兜”起来的做法。这样，财政的自我防护能力在增强，而银行还来不及适应这种变化了的情况，由此种种矛盾自然会明显地集中地在银行身上暴露出来。

（6）改革不合理的价格体系势在必行，建立新的工资制度也非搞不可。两者的相继出台正值总需求和总供给失衡而引起的经济生活紧张之际，预计今年下半年还有大量农副产品的上市收购，乡镇企业职工的发薪分红等，短期内供需不平衡的内压强度仍有加重的态势。

三

面对现实，如何应战？重要的是要寻找解决问题的关键。银行体制改革究竟从何方突破？

依笔者之见，解决问题的关键在于强化中央银行的职能作用。试用层层推进方法做以下分析：

（1）众所周知，在我国，撇开企业向社会提供一定量的社会产品所形成的货币购买力，与社会商品供应在总量上一般是能够平衡这一事实不论，各条渠道无论是用于投资或者用于消费的资金，无非出自财政拨款和银行贷款两个口子。由此，财政收支的平衡和信贷的严格控制，基本上可以把住社会需求的总闸门，这对实现社会总需求和社会总供给的总体平衡有决定作用。

（2）从财政收支和信贷收支的关系来说。一方面财政收支必须通过信贷收支来实现，财政收入不平衡最终影响信贷平衡，另一方面，财政收支平衡了，如果信贷收支不平衡财政收支也是假平衡，所以，两者存在有不可分割相互制约的密切关系。但必须看到，随着经济体制改革的深入进行，主要一是国民收入分配渠道发生了变化，企业纯收入中上交国家财政的比例下降，而银行的资金增长比例相对上升；二是银行信贷业务范围的不断扩大，则政资金直接用于生产建设的部分减少，更多的建设项目要靠银行贷款来解决；三是由过去财政支持银行多现在变为银行支持财政多，如财政向银行透支，银行收益上缴财政的比例增加，财政不再安排流通资金支出，银行承担部分技改和基建贷款相应减少财政支出等。这一切说明，信贷收支平衡在国民经济宏观平衡中的地位在强化。

（3）银行体制改革后，中央银行担负着平衡信贷收支的重任。具体措施是：编制和平衡综合信贷计划，规定国家信贷资金的来源和数量、信贷资金运用的方向和数量，作为各级银行的行动目标，规定专业银行交存一定比例的准备金对专业银行可能出现的信用过渡扩张加以抑制，提高和降低对专业银行的再贷款利率，影响资金市场的供求；对专业银行实行业务指导监督，将微观金融活动纳入宏观金融决策的轨道。在特殊情况下，通过控制各级专业银行的贷款额度，以求将已经膨胀了的信用压缩到预期的限度。

以上三段式分析可以得出，中央银行作用的发挥对信贷本身的平衡、对财政信贷的综合平衡，以至对国民经济的综合平衡都有着极其重要意义。强化和完善中央银行，确是当前银行工作由被动转为主动，实现宏观金融管住下微观金融搞活，以及永葆银行改革强大生命力的机键所在。

四

如何抓住强化和完善中央银行这一关键，充分发挥整个银行体系的职能作用呢？谈以下三点意见：

（1）要建立一套有效地控制和调节货币供应量的机制。

从理论上讲，货币供应量的宏观控制点在于控制贷款的规模。由此，简单想来，银行只要把住贷款这一口子即可。其实，并非如此简单，作用于这一口子的，有银行内外很多复杂原因。所以，建立一套能有效地控制货币供应量、调节信贷规模和结构、协调金融活动的机制，必然会涉及银行内外各方面。我们认为主要应把握以下几点：

一是进一步完善信贷计划管理体制。信贷计划总规模的确定要和由中央银行再贷款所引起的存款派生数量相衔接，以防止计划和实际相脱节，改革现行信贷平衡仍基于现金发行而并不承认存款通货的膨胀也是货币供应量和货币需要量之间失衡标志的做法，加强信贷计划的严肃性，强调专业银行信贷计划自求平衡；改变中央银行信贷计划在各专业银行具体业务活动才表现出来的做法，搞好计划的预测工作，变事后静态监督为事前动态监督。二是对信贷资金规模要总体设计。要重新认识货币供应量宏观控制范围，国营企业和集体企业、固定资金和流动资金、人民币资金和外汇资金通通盘考虑，统筹安排；对利用社会集资渠道兴办企业等所形成的对信贷规模的各种冲击波，必须有足够估计，因价格等多种因素促使货币供应量的增加或减少，应有预测方案；为使信贷资金运用正常，必要时将一些数量大或可变性强的项目，如收购农产品的贷款，乡镇企业贷款等，可专项划出。三是加强利率的杠杆作用。总体目标是建立一个既有控制（中央银行规定基准利率及浮动幅度）又能灵活（专业银行在此基础上灵活掌握）；既有层次（不同行业、不同经济成分、不同地区、不同期限种类和数量、不同经济效益的利率应有所差别）又能协调（利差和利比保持适当比例和制约关系）；既要相对稳定又能因势而变的利率管理体系。四是改变目前银行缺法少权的状况，尽快制定金融法、银行法、集资法、破产法等，以保证信贷资金的完整无缺和减小信贷资金的风险程度。

（2）健全一个能协调配合的银行体系。

主要在银行机构的设置和银行之间的有机联系上，关于银行机构的设置，说法甚多。我们认为其原则一是要应顺政治和经济现状的需要；二是要有利于宏观金融管住和微观金融搞活；三是讲究应时应地之宜；四是要以灵敏、灵活、高效率为目标。总之，我国银行机构必须建立在计划商品经济模式上。具体意见一是中央银行机构设置重心要放在中央和省、市、自治区一级，因为其主要职能偏重于宏观调节；二是各专业银行机构设置的重心应放在县、市支行一级，因而其偏重于微观经济活动；二是要发挥中央银行基层行作为宏观金融和微观金融联结的作用，其职能偏重于银行上下左右的疏导和沟通；四是不强求一律，视经济发展的需要，该设则设，该并则并，该代则代，就是已经设置的机构，也要视其具体情况变化而变动。五是与此同时，决不能忽视整个金融体制机构的设置问题。

（3）创造一个保证宏观决策实施的有利环境。

银行作为国民经济这一庞大系统中的一个重要子系统，决非孤立存在。大系统和子系统之间以及相关的各子系统之间存在有相互依存、制约和影响关系。银行宏观决策的实施，不仅取决于自身机体的协调，而且取决于外部的有利环境。这些外部环境主要有：

企业环境。过去国家对企业统得过多，管得过死，企业实际上成了行政机关的附属物，躺在国家身上吃“大锅饭”，在此情况下，根本谈不上银行作用的发挥和正常的资金融通。经济体制改革以来，企业有了自主权，增强了活力，在“内有动力，外有压力”的情况下，依靠自身平衡机制的运转求得自身平衡，不断获得经济效益，这为银行控制、调节、搞活货币资金提供了充分条件。当然必须注意的是，如果企业“投资过热”现象超过了可能的幅度，“消费早熟”达到了不允许的地步，银行信用的膨胀和货币资金的流失仍然成为不可避免。

财政环境。过去某些年代出现的财政收大于支、财政应支未支，财政收支虚假，曾对银行货币供应量产生过不良影响。随着经济体制和财政金融体制的改革，长期以来“财政挤银行，银行发票子”的状况有所克服。但并不排斥财政挤银行的可能性，如果因财政收支不平而发行债券的量超过限度，如果在目前财政结余已经用完，而银行上缴财政利润的比例加大到不适当的地步，如果财政通过税收抽走企业资金址过大等，实际上还是从不同方面直接、间接或相对地影响信贷资金的总体安排。

价格环境。人为价格扭曲，对银行作用的发挥影响极大。就信贷而言，不合理的价格体系使信贷资金的“投向”和“投量”失去真实依据，同时也不利于发挥信贷作为革新技术的杠杆作用。就货币流通而言，紊乱的价格体系不可能有稳定的货币流通，银行作用的发挥就缺少前提条件。很多事实证明，价格体系的改革是整个经济体制改革成败的关键。但也要注意如果在目前货币投放已偏多情况下，价格放开的势头过猛，议价范围过大，加上一些企业和个人趁机刮涨价风，这必然会延缓价格改革的进程，从而影响银行作用的发挥。

工资环境。工资改革能调动企业和职工的积极性，无疑是极其重要的。但目前情况看，特别是工资性支出一头，主要是奖金，管理较混乱。如不加重视，一方面冲击目前正在进行的工资改革，另一方面很可能成为消费基金膨胀的突破。

还有人才环境，法制环境等。

（原载《经济体制改革》1986 年第 1 期）

金融理论研究的新突破

党的十一届三中全会以来，我国的经济运行机制以“有计划的商品经济”为模式，以简权为基本思路，以搞活经济和充分发挥市场机制作用为战略方向，各个方面的改革取得实质性的进展。新旧经济体制的转换要求金融体制做出相应的转换，而金融体制的相应转换必须以金融理论为先导。总结近几年的金融理论研究，已取得了以下多方面的新突破。

一、拓宽了货币量的范围

长期以来，人们观念中的货币量就是指现金，习惯上统称为人民币。这种认识的片面导致实践上的片面性：①不承认转账结算领域中的存款是货币，实质上否认了这个领域里产品生产和商品流通的存在；②衡量货币流通状况是否正常只着眼于一个指标，即现金流量和社会商品零售之间的比例；③分析物价上涨只局限于一个原因，即票子发行过程。由此认为控制现金发行和组织现金回笼是稳定物价的唯一办法；④无视存款和现金的量以及存款通货的膨胀。

事实上，货币量的范围应包括现金和非现金两大领域。其原因：①科学地全面地把握马克思对货币量包括范围的论述，就可以看到，他并非否认现金流通也属货币流通范围。②货币流通规律的基本要求是保持商品供应量和社会购买力在总量和结构上先适应，这客观上要求把现金和非现金两种形式的货币作为一个统一整体与整个国民经济相对应，与二大部类的商品物资进行综合平衡和总量调节。③全面正确地衡量货币流通状况，单就现象很难得出一个比较明确的结论，甚至会因为忽视现金和存款的转化和存款通货的膨胀低估货币流通中存在的问题。

二、重视了货币量的分层次研究

货币流通在其空间构成和时间构成上，表现为不同的层次。所谓货币层次的划分，就是把流通中的货币量，主要按照货币购买能力的差别，分成若干层次并用符号表现的一种方法。长期以来固有的观念是：不承认货币流通规律在非现金领域发挥作用，要说货币层次，也只有现金一个。

马克思主义的货币理论告诉我们：①货币流通以商品流通为基础。货币量的层次划分归根到底是由商品流通的内在层次结构所决定。商品流通从实物形态看有生产资料和消费资料之分；从共流通渠道看有长、短、宽、窄之分；从交易数量看有量大集中和量小分散之分；从周转速度看有快、慢、积压呆滞之分等。相应地广义货币流通也有现金和存款之分；从流通速度看也有短期、长期、沉淀之分；从分布状况看也有个人、单位之分等。②货币流通只有同商品流通的客观需要相适应才最有利于经济的发展。这里的“相适应”，应理解为两方面的含义：一个是总量上相适应；二是在结构上相适应。结构上的适应具体表现两者之间的层次关系。

货币量层次划分依据何在？比较一致的观点主要是按货币购买能力即它的流动性划分。因为：①能准确地把握货币的各种具体形态在运动特性或活跃程度上的区别；②活跃程度相对于货币媒介商品来说的，这有利于掌握不同货币构成和相应的商品构成之间的对应关系；③货币流动性本身包含了银行对某一形态货币的控制程度。另外，为使货币层次划分更具有实际操作意义，一定要注意实用性，即能为实际工作者乐于接受，二要注意可行性，有些货币，在目前银行统计上无此资料可查，故没有实际意义。三要注意可控性，即便于中央银行对整个货币量的控制。

基于上述原则，对货币量层次划分比较统一的方法是：

M0：现金

M1 = M0 + 企业单位（包括企业、机关、团体部队、社队企业、基建筹建款）

M2 = M1 + 城镇储蓄存款（活期和定期） + 社员个人存款 + 单位定期存款

M3 = M2 + 财政金库存款 + 银行结算中资金占用 + 银行自有资金 + 其他金融机构存款。

上述划分：M0 和 M1 应是我国研究货币流通的基本内容。

对货币量层次划分的研究，其意义在于依据各种货币（现金和各类存款）的特定性质、运动规律以及在整个货币体系中的地位，进而摸索货币流通和商品流通在结构上的依存关系和适应程度。如对 M0（现金）的分析，主要研究消费品的供求对比情况；对 M1（现金 + 企业单位活期存款）的分析，主要研究生产资料和消费资料供求的综合情况。显然，这为中央银行宏观金融决策提供一个清晰的货币流通结构图，对提高货币流通分析水平，制定正确的货币政策，加强货币流通调节工作是十分重要的。

三、摸索了预期货币量测算的新方法

经济规律要求银行“创建”的货币供应量与货币必要量相一致。货币量是一个宏观经济范畴的量，而货币供应量则是个金融控制概念。所以货币供应量等于货币必要量，就是货币均衡。可见，科学地测算货币供应量的对应值—货币必要量有极其重要意义。

按照传统观点，货币就是指现金。所以，多年来我们谓之测算货币必要量，实际上就是指测算现金必要量，或称市场货币必要量。实际工作中人们摸索了一个经验数据，即通常所说的“1 : 8”（流通中 1 元人民币有 8 元商品保证）。但这些经验数据已容易暴露出了它难以克服缺点。

近几年来，金融理论界运用多种方法对最适货币量给予检证，其中一种较好的计量方法是回归分析法。这种方法是依据回归分析原理，对历史数据进行加工，从中找出经济变量之间的关系和变化趋势。对货币量进行层次划分测算。如对现金必要量测算可以选取几个与现金指标内在因果关系、最能反映客观需要的。最有代表性的因素，如商品劳务额、集贸交易额和年末储蓄余额等，作为决定现金量变化的自变量，进行多元回归计算，求出某时期实际现金量和最适现金量之比。对存款货币必要量的测算，可选取每年生产过程中的消耗的生产资料（社会总产值—国民收入）和新创造的用于扩大再生产的生产资料价值（积累基金）之和，作为决定企业存款变化的自变量，选用某一时期的实际数据，通过指数形式回归计算，测得生产资料价值指标同企业存款货币指标之间增长比例关系。用同样方法，也可适用社会总产值指数和某一时期的统计数据，测得社会总产值同货币总量指标之间的增长比例。

四、明确了货币政策的实施目标

货币政策又称金融政策，是中央银行行为实现一定经济目标而在金融领域所采取的方针和各种调节措施。货币政策的实施，关键在于目标的确定。在经济运行“价值指标型”模式下，货币政策对于控制和调节社会总需求、维系国民经济宏观平衡具有重大意义。

关于我国货币政策目标，长期以来人们都认为就是稳定货币，近几年来也有人认为，我国货币政策目标与资本主义国家相仿，应是宏观经济的综合目标。还有人认为轻微的通货膨胀能刺激生产，因而也可以成为社会主义国家货币政策的目标。通过争论，比较一致的观点认为：遵照社会主义基本经济规律，我国经济改革时期的货币政策目标应是发展经济和稳定货币两个方面，或称双重目标。

主张双重目标的理由：①它放映了货币流通规律的客观要求。货币流通规律要求流通中货币必须适应经济发展和商品流通的需要。基本的方法就是从调节社会总供给和社会总需求两个方面着手。这就意味着货币政策的目标应包括发展经济和稳定货币两个方面。②它体现了发展经济和稳定货币的有机配合。只有发展经济，才能为社会提供充足的物资和商品，货币稳定才有可靠的物质基础。也只有稳定货币，才能给经济运转提供一个稳定的尺度，有利于国民经济持续协调地发展。两者兼顾，既可消除片面强调生产而强求货币政策“保证供应”从而导致流通中货币量过多的毛病，也可避免因求稳心切无视经济发展的具体状况全面紧缩银根从而造成经济的萎缩。③它贯彻了有收有放、逐步调整的方针。即在当前货币量偏多的情况下，采取选择性的控制方法，对部分没有效益的企业和项目从信贷上加以控制，对确有效益的企业和项目从信贷上加以支持。这样做，有利于在不造成物价进一步上涨的前提下，较快地促进生产发展、以扩大商品供应，求得供求平衡。

必须指出的是，货币政策的最终目标是“发展经济，稳定货币”，但对具体执行货币政策的中央银行来说，是通过控制和调节货币供应量来实现的。因此，货币供应量即是货币政策的中间目标，也是实现最终目标的手段。而从中间目标到最终目标，中央银行还必须选择一些起传导作用的金融变量，以此作为控制和调节的标的和信息反馈的工具。

五、扩大了银行信贷资金的供应范围

所谓银行信贷范围，是指银行信用形式分配信贷资金的对象和规模。长期以来，我国以无偿使用为主、有偿使用为辅，以财政分配和管理为主、银行信贷分配和管理为辅的资金管理体制，其弊端是有目共睹的。

随着经济体制改革的发展，财政收入在国民收入中的比重不断下降，相对来说银行信贷在总量和范围上都有扩张的趋势。扩大银行信贷范围势在必行。因为信贷方式与财政拨款方式相比，具有更灵活、节约和效能的特点。

目前扩大信贷范围所包含的内容：①国营企业的流动资金由银行统一管理；②固定资产投资（包括对企业技术改造和设备更新投资）均由财政拨款改为银行贷款；③对有固定收入的单位，如科研、教育、旅游、文化等只要能实现资金归流的，均可发放贷款。

六、强调了银行信用的分配职能

银行信用社在社会再生产过程中究竟是属于一个什么范畴，弄清楚这个问题，无疑对如何充分发挥信贷杠杆作用有重要意义。长期以来，我们仅仅把信用社看作是一个流通范畴，其理由：

（1）认为信用只是暂时调剂资金，社会资金的总量没有发生变化；

（2）认为要谈分配，必须要涉及一个所有权的问题，信用的特点是使用权和所有权的分离，它不发生所有权的分离。事实证明，这种观点在理论上是不能成立的。

信用不仅仅是一个流通范畴而已，信用在本质上是属于分配的范畴。因为：

（1）从分配的含义看。分配不只是指生产物资的分配，而且首先是生产条件的分配。在商品经济条件下，物资运动表现为价值运动，因而生产条件的分配都是通过货币来进行的。在我国，生产条件的分配都是通过财政信贷来进行的。所不同的，只是财政属无偿分配，信贷是有偿分配，既然财政信贷都是通过分配资金来为企业提供生产条件的，当然两者都具有分配职能。

（2）从信用的基本职能看。信用是在不改变所有权的条件下，它改变了社会产品的占用权即支配权，使存贷者对社会产品的实际占有份额发生变化。信用的这种分配职能具体体现在：一是临时调剂企业之间的资金余额；二是用信贷方式分配国家一部分生产性资金；三是通过信用把一部分个人货币收入转化为生产建设资金。可见，通过信用这种调剂性的分配，为借款人提供了占有社会产品和国民收入的权利。

（3）从信用关系的范围看。信用表现为一种债权债务的关系，并不是单就流通范畴所能容纳的。因为流通范畴只涉及买卖双方的价值转移问题，而信用关系，涉及银行和买主、卖主三方，这个关系独立于买卖之外是显而易见的。特别是信用作为以偿还为条件的价值特殊运动，存款贷款都要支付利息，这更清楚地说明了信用关系不是单纯的买卖关系所能概括的。由此看出，信用活动的结果总是关系到社会产品由谁支配和支配多少的问题，至于提供和创造流通手段则正是以这种分配职能为基础的。

从理论上阐明信用从本质上说属于分配范畴非常重要。因为基于这样的认识，就不至于单纯地将银行看作是一个会计出纳机关，有利于充分发挥信用在社会再生产过程中“发展经济，革新技术”的巨大作用。

七、强化了利率的杠杆作用

利率，是指一定时期内利息金额与贷款或存款金额之间的比例。利率作为一个经济杠杆，它依存于信贷，由信贷派生。从这一意义上说，利率应属于信贷调节的范畴。但利率又有和信贷不同之处，信贷对经济的调节主要是通过对社会产品价值的再分配确定贷款的流向流量来对生产和流通发生影响。而利率则偏重于通过其高低直接参与社会纯收入的分配来调节经济发展的方向，促使企业加强经营管理。所以，利率应作为一个相对于独立的经济杠杆加以探讨。

利息的本质究竟是什么？理论上弄清楚这一问题是充分运用和发挥利率杠杆作用的前提条件。正确的分析方法应从利息支付的源泉入手，区别不同社会形态利息的不同关系，在资本主义社会，借贷利息是货币资本所有者让渡其货币资本的使用价值而取得的一种代价，是剩余价值的转化形态，无疑具有剥削性质。至于资本主义社会劳动群众的储蓄存款利息，决不会改变其受剥削的地位，相反，他们的存款是资产阶级套在工人脖子上的“一条金锁链”，成了资产阶级扩大剥削和加强统治的手段。在社会主义制度下，企业对银行支付的利息，应从企业纯收入中付出（目前企业利息支出记入产品成本，这不符合马克思关于利息原理。）人民储蓄和企业存款利息，是银行将储蓄存款和企业存款转贷出去后，所收取的贷款利息中支付的，其终极源泉也来自社会纯收入。所以从总体上来讲，利息都来自劳动人民为社会创造的那部分价值，即是社会纯收入的一部分，它不体现剥削关系。

明确利息的性质，有利于改革现行利息制度和充分发挥利率的作用。为长期以来我国利息制度存在的“利率低、档次少、不灵活”的状况，近几年几经改革，已取得一定成效。具体有：①提高了利率水平；②增加了利率档次；③开始实行区别利率政策；④对挤占挪用和逾期贷款实行加息制度等。

八、注重了贷款这一“闸门”的启动作用

我国现实经济生活中的货币是如何供应的？是由存款决定还是由贷款决定？换言之，究竟是先有存款还是先有贷款？对这些重大理论问题，通过争论，近年来日趋明朗化。

直觉想来，存款决定贷款的理由很充分：①在现行信贷资金管理制度下，基层专业银行再核定的限额内可以多存多贷，这明显是存款在前，贷款在后；②银行资产的创造，要受负债可能的限制，既要依据国民经济的增长比例计算；③大力组织储蓄存款，无非就是为了增加信贷资金的运用，如果说存款由贷款决定，那么干吗还如此下力呢？

从银行资金构成角度解释，问题很明白。为了便于说明，把所有银行（中央银行和各专业银行）的信贷计划表综合为一，又假设财政仍给银行增拨信贷资金。在此情况下，银行信贷资金主要来源应包括各项存款、银行自有资金、信贷基金和流通中现金四大类。可以断言，要增加信贷资金来源，至少要使构成信贷资金的某一项资金增加。其中：信贷基金的增加必然是财政存款的减少；银行自有资金的增加首先表现为银行利润的增加，而银行利润来源于利息收入，所以最终还是由企业单位的存款减少而引起；流通中现金增加，则意味着居民或企业单位存款减少。可见，以上都是在信贷资金来源一方的各项目之间此增彼减，并不影响信贷资金来源总量的变化。再来看看存款，存款的增加无非是由企业单位将现金交存银行，或企业之间相互转账，或向银行申请贷款所引起。这里，现金交存银行，表现现金转化为存款，转账不过是相互间存款的转移。这两种情况也都是在信贷资金来源一方的此增彼减，并不引起信贷资金来源总量的增加。而由贷款发放增加的存款，则会直接引起资金来源总量的增加。

上述分析说明，信用创造货币是一个客观规律。无论是对货币流通总量，或是对现金流

通量的大小都起决定作用。这一理论突破告诉我们：①对货币发行控制在于控制和制约贷款的规模。②流通中货币量增减都是通过贷款这一渠道实现的，所以要十分重视贷款的特殊作用。③贷款的增长要有确定的经济界限，必须符合经济增长的客观需求。④银行要善于利用贷款的可控性，按照国民经济发展的需要加以调节。

必须指出，强调贷款这一“闸门”的启动作用，决不能由此而否定组织存款的重要意义。①由贷款引出存款后，存款有其相对独立的运动规律。②大力组织存款，有利于节约现金使用，对现金流通发挥一定的调节作用。③通过组织存款可以改变存款的结构而相应地调节了贷款的结构。

九、冲破了“一切信用集中于银行”的老框框

一切信用集中于国家银行，不允许银行以外的信用发生，是金融工作中影响深远而广泛的一种观念，并作为一项原则在政策上制度上被固定下来。随着大一统计划体制的强化，这种观念也一直在加强。

其实，货币信用关系是与商品经济相联系的经济范畴，是建立在商品生产基础上的一种经济现象。信用活动范围和作用的大小，决定于商品经济发展的状况。一切信用集中与银行，除银行信用外不允许其他信用发生，实质上否认了商品生产对信用的决定的作用。

实践证明，采取各种信用形式，①更能适应当前多种经济成分、多种经营方式。多种流通渠道的商品生产和商品交换的客观要求，以适应日益扩大的、体现价值规律作用的市场调节的经济体制。②能降低企业依附于国家的程度，强化对企业的资金约束，有利于医治投资饥渴，改善投资的生产规模和调整产业结构。③有利于打破资金纵向分配、条块分割的封闭资金体系。④适应当前横向经济联合的大趋势，解决企业单位要求及时方便的问题。⑤有利于将银行的实务推向经营性的竞争中去，有利于把专业银行办成以经济效益为目标的经济实体，并激发其改革的自觉性。

目前采取多种信用形式，形成资金市场已初步具备条件：①随着分配体制改变和人民收入的不断增长，社会闲散资金不断地增加；②是多种金融机构、多种金融工具、各种直接金融资产方式逐步出现。关键问题是银行如何加以领导、引导和管理。例如对商业信用，需要开展票据承兑、贴现业务，逐步实行商业信用票据化，将商业信用纳入了银行信用的轨道。

（原载《经济学情报》1986年第6期）

1987 年

完善金融体系的决策选择

近几年来，与经济体制改革相适应，我国金融体制也相应作了些改革，初步形成了以中央银行为领导，国家银行为主体的，多种金融机构并存和分工协作的社会主义金融体系，改革是有成效的。但必须看到，现行的金融体制，特别是作为金融主体的银行，还没有从根本上改变原有“大一统”的管理模式，已经暴露出来的问题是：人民银行专门行使中央银行职责后，它作为信用制度枢纽的金融中心的作用远没有发挥，各专业银行自成体系，一统到底，名为“一个中心”，实际上还是“多个中心”，群龙无首的状况客观存在；中央银行缺少灵活和有效的调控手段，“一放就乱”，“一管就死”的现象时有发生；宏观金融失控后采取紧缩银根的政策，具体实施中“一刀切”的做法难以避免；上级行统得过多过死，微观金融缺乏自我约束和生命力。因此，在中央银行和专业银行的关系上，不是“领导”关系而是“兄弟”关系的呼声甚高。在银行机构设置上，中央银行要“断腿”和专业银行要“砍头”之争也时起时伏。这种对立，僵持的姿势，客观上造成了中央银行对专业银行的作用力由上到下层层递减，而专业银行的反冲力却由下而上层层递增。相互之间的摩擦，在很大程度上消除了推进改革的能量，延缓了金融体制改革的进程。

由以上看出，金融体系的建立，不仅是金融机构的具体化，更重要的是，它涉及金融机构内部，金融和整个国民经济各部门，社会各方面之间的复杂关系，涉及如何充分发挥金融作用的重大问题。本文试就目前我国金融体系的现状，对完善金融体系的决策提出选择性意见。

一、必须遵循的基本原则

我们认为，完善金融体系必须遵循的基本原则是：

（一）顾及相应的环境

金融体系的建立，不能凭空构划，它必须受制于一定时期国家政治与经济状况。银行体系的建立能顺应政治和经济发展的需要，银行的作用就越能发挥。否则，免不了要受一个又一个的折腾。

我国现阶段是社会主义的商品经济，我国金融体系应该建立在有计划的商品经济模式上，其基本内容应该是：①有计划的商品经济要求金融体系的建立必须有利于宏观金融管住管好，微观金融放开搞活；②商品经济发展的不平衡性要求金融机构的设置讲求因时因地制宜；③商品经济发展的内在要求必然驱动金融机构要以灵敏，高效率为目标；④目前我国多种所有制形式和多种经营方式，相应地金融体系的构成也必须是多形式，多层次的。

总之，金融体系的建立一定要从“环境”这一大前提出发，必须与整个经济体制改革同步配套。对金融机构，首先应该考虑需不需要设置，然后才是如何建立。实质上，金融体系不断完善的过程，应该是整个国民经济大系统各个方面不断协调和相互推进的过程。

（二）确定合适的目标

既然金融体系的形成是金融体系内外多方面，多因素作用的结果，那么从纷繁交叉的诸多矛盾中找出头绪，理顺关系，确定合适的目标就十分重要。

目标在哪里？如果我们仔细考察金融体系内外的种种现象，不难发现，矛盾往往来自“中央银行—专业银行—企业单位”这三个主体相互之间关系的扭曲。这种扭曲了的关系，从顺向分析，表现为中央银行的宏观决策由于难以在专业银行得到实施，最终也不可能在企业单位产生效应。从逆向分析，表现为企业单位由于缺乏资金使用的自我约束机制和自我平衡机制，躺在专业银行上吃“大锅饭”，因此又形成了专业银行对中央银行的信用冲击力。要矫正这些扭曲关系，当然需要三个主体自身的不断完善。但我们认为，着力点应该解决中间环节即专业银行基层行和其他各种金融机构所有制关系的具体化并在此基础上实行企业化经营可以设想，如果能实现这一目标，蕴蓄在专业银行内在作用力向左右辐射，必然会使目前状况大有改观。从左侧看，基层专业银行的企业化为中央银行制度的完善奠定了基础，为宏观调控作用的发挥提供了条件，从而可以有效地避免过去由于上级行过多集权而带来决策的迟缓和偏离。从右侧看，强化了银行贷款对企业发展生产和固定资产投资的干预和制约作用，将银行与企业的命运真正地“扭”在一起，都以效益为立足点，描画自己经营的轨迹。与此同时，各专业银行基层行之间也可以在同一“起跑线”上开展竞争。还有，专业银行作为资金市场的参加者和组织者，把自身和企业单位的注意力盯住资金市场，显然对完善金融体系起重要作用。总之，专业银行基层行的企业化经营，必然会给现有的金融体系带来重新调整的契机。

（三）采取必要的步骤

实践证明，新旧经济体制、管理模式和思想方法的转换，必然充满着一系列错综复杂的矛盾，它们之间相互冲突、消长、牵制。所以，要解决这些矛盾，需要有一个过程。因此，我们虽然将专业化银行的企业化经营确定为完善金融体系的合适目标，但实际上不可能一蹴而就。这些矛盾具体表现在：①宏观导向的多极化，即各专业银行仍然执行政府管理和调节经济的职能，不同层次的政府部门对基层专业银行程度不等的干预和操纵，这显然与专业银行基层行拥有经营自主权相悖。②中央银行的调控机制仍然主要以信贷计划为中心进行运转，一套有弹性的控制货币供应量，调节信贷规模和结构，协调金融活动的有效办法，还有待摸索。③各专业银行上下之间长期习惯于强有力的条条垂直领导，这种“门户之见”，一时很难改变。④价格体系不合理，价格不能真实地反映供求，这一方面使信贷资金的投向和投量失去真实基础，另一方面在相当程度上造成利息还是作为一个“赏罚不明”工具。这均给专业银行的企业化增加了难度。⑤专业银行企业化经营，必须以企业本位自负盈亏硬化预算约束为条件。，但目前企业单位预算约束软化并未改变，在各级财政严格划分了收支范围和实行利改税的情况下，企业通过财政渠道吃大锅饭。的可能性减少，而转过身来吃银行“大锅饭”的现象却有增无减。这说明，银行企业化的同时，还要求企业的真正企业化。⑥人才问题，也并非一朝一夕能够适应。

必须指出，列举以上问题，并不是说专业银行企业化的实现渺茫无边。恰恰相反，金融的理论和实践都把专业银行企业化推到了金融体制改革的重要位置。因此，抓住有利因素，不失时机地加快专收银行企业化的进程，正是弱化上述这些制约因素，淡化重叠管理机构的作用，模糊原有银行固有分工的界线，渐进地自然地完善金融体系的关键所在。

二、近期改革的主攻方向

从总体上考虑，完善现有的金融体系需要作三个方面的努力，即在宏观层次上发挥中央银行对国民经济的有效摄制和对金融体系的有效管理，中观层次上考虑怎样开拓和健全金融市场，微观层次上考虑如何实现专业银行的企业化经营管理。我们认为，近期改革的重点要放在微观层次上，这不仅是因为专业银行的非企业化经营是现行金融体制不合理的症结所在，更重要的是，宏观控制要有坚实的微观基础。专业银行企业化经营的必要性和迫切性已确定无疑，现在需要解决的问题是如何企业化。

（一）把对象放在基层机构上

按照我国的现实情况，专业银行“三级管理，一级经营”的格局有许多弊病，但改革的途径不可能是所谓“分级企业化，总体企业化”现存的总行、省级分行、地市中心支行不保留则已，要保留就只可能是管理机构，而不可能直接经营。即使勉强增设一个营业部，也不过是抢占其基层机构的一块领地和一部分业务而已，流于形式的东西不可能收到实效，收不到实效的改革方案是不可取的。因此，银行企业化改革的对象是县级和县级以下的基层专业银行。只有这些机构才有条件也可能改造成为法律上独立自主、资金上自求平衡、业务上自主经营、财务上自负盈亏的经济实体。

（二）把重点放在所有制的重新构造上

就像整个经济体制改革的难点与出路都在所有制问题上一样，银行企业化问题的关键也在所有制方面。我们认为，金融企业的所有制应该区分不同的层次采取不同的形式“分而治之”。就金融体制改革的前景而论，目前几家专业银行垄断全国金融事业的局面肯定要打破，必定会出现多种形式的银行和非银行的多功能金融组织。对于这些新出现的机构，不可再办成“官办”的，无论是中央官办还是地方官办都不可取，而应该采取股份制形式组建。政府可以作为股东进行投资，但不能独吞其股份。股份制虽然不是我们的唯一选择，但在新设金融机构时可以作为我们考虑问题的主要方式。对于现有的几家专业银行，可以首先划小核算单位。每一基层行处作为一个独立的经济实体，由管理行根据其业务量的大小、人员素质的高低等条件核拨信贷基金，并采取租赁或其他承包方式把企业租出去，对承包人委之以责、授之以权、联之以利。具体的经营管理办法不必要也不可能由国家或中央银行来规定，而由承包人自己设计、报专业银行管理行审批。

（三）把目标放在权责利的结合上

专业银行基层行处要能实行企业化经营，必须首先解决好权责利的结合问题。现在的情况是权在国务院、利在财政部、责在银行。以利率为例，利率作为借贷资金的价格，本来应该随行就市，然而其调整权不在直接与普通企业打交道的基层银行，也不在主管全国金融活动的中央银行，而在统率全局的国务院。利息率全国一个水平，名义上基层银行也有20%的利率浮动权，但哪些项目（企业）该上浮、哪些项目（企业）该下浮，都是由中央银行或专业银行管理行规定的，基层银行根本谈不上灵活地自主地利用利率这一重要的经济杠杆去调节经济生活。在这种利率体制下，盈亏反映不出银行经营管理水平的高低和努力的程度。银行盈利的分配也很少与基层银行的盈利多少直接挂钩，大家吃的还是抽肥补瘦、鞭打快牛的大锅饭。我们认为，银行企业化改革必须认真解决权责利的结合问题，必须对现在的权责利进行重新调整。

（1）关于权的调整。①企业化的银行必须是相对独立的货币经营者，它要具有独立的经济法人的资格，而不是像现在这样仅仅作为总行的一条“腿”在下面活动。②业务上享有经营自主权。业务品种的多少、经营范围的大小均由它自己决定，它有权停办旧的业务，也有权开设新的业务。从发展趋势看，企业化银行的发展方向是综合化而不是专业化，是“金融百货公司”。而不是“钟表零售商店”。这就要求打破现在的分业垄断、画地为牢的格局，允许并鼓励金融业的竞争。③有权根据借贷资金市场上的银根松紧情况自主决定其商品的价格——存款利率和贷款利率，至少是在国家最高限价和最低限价之内决定利率的高低，或者是在国家规定的基准利率之上自主地决定上下浮动的幅度。④在下放银行作为所必需的权力的同时，还要将基层银行现有的对普通企业的管理权限收上来。目前银行与企业的关系上存在两大问题一是企业吃银行资金的大锅饭，一是银行与企业处于不平等的地位。前者在很大程度上根源于后者。企业（乃至各级政府）总觉得自己是“一线单位”，银行只是“后勤部门”，是资金供给者，对生产发展所需资金应该保证充分供应。银行则认为企业仅仅是微观经济活动，而它自己则不仅如此，还担负着宏观经济管理的职责，是国家管理企业的一个重要手段，银行历来都是以管理者的身份出现在企业面前的，在1986年初国务院颁布的《中华人民共和国银行管理暂行条例》中又重申专业银行要按照国家规定对开户单位实行现金管理和工资基金监督，并根据中国人民银行授权管建国营企业流动资金，这些职责又都是通过直接与普通企业打交道的基层银行来行使的。因而，现实经济生活中的银行与企业的关系就不是不同企业之间友好合作、平等互利的关系，而是服务与被服务、管理与被管理、控制与反控制的关系。如果不把专业银行的这种行政管理权收上来，专业银行就不可能真正企业化，至多只是一个半官半商的“准企业”。这种权力“没收”后，对企业确有必要的管理应该由中央银行的基层机构即县级人民银行自己负责或改由其他纯经济管理监督部门如审计局负责。

（2）关于责的划分。①企业化的银行有保证信贷资金的完整并使之不断增殖的责任。

任何业务经营活动都要对国家负责，对社会负责，同时也对它自身负责。②有维护存款人利益的责任。要保证存款人的资金完整性、随时可兑性和盈利性，有义务对存款人提供优质服务。③有责任通过对信贷资金的运用和结算等业务的开展保证社会经济效益的提高，而不是在利润的驱使下“唯利是图”，钻国家政策的空子，干损人利己的事情。④有义务接受国家的宏观指导和执行上级行的正确指令，有义务通过各种手段提高本行职工的业务素质和技术水平，改善本行职工的福利待遇。

（3）关于利的分配。在财务上真正砸破大锅饭，改革分配上的平均主义，推行金融企业的利改税，使独立核算的金融企业的纳税义务、盈利分配方式与普通企业完全相同。

三、新型体系的总体格局

通过以专业银行企业化为主要途径，逐步建立起来的新型金融体系的总体格局是：以中央银行为领导，以专业银行基层行为主体，多种形式、多种层次金融机构并存和相互补充的统一体。这一体系表明：

（1）在组织形式上，中央银行对专业银行和其他金融机构具有领导作用，哪里有金融组织，哪里就有中央银行进行调控的派出机构，专业银行现有组织机构要有重大变革，其特点是化大为小、变集中为分散；专业银行总行的功能将逐步淡化，自成垂直系统的格局将被打破；专业银行基层机构的权、责、利将日益加强，以专业银行中间管理机构为中心将日益形成具有不同层次的、地域性的、规模大小不等的新型专业银行；专业银行将向综合化方向发展，诸如交通银行、储蓄银行、信托银行、科技银行以及地方银行等；从所有制关系看，除国有银行外，股份银行、企业银行、集体银行、外资银行都有可能存在和发展。

（2）在职能作用上，中央银行对整个国家的金融事业具有宏观管理的职能，它通过颁布金融政策，通过采用再贷款、再贷款利率、法定存款准备率以及再贴现、再抵押等调控手段，控制货币供应量和贷款总规模，以保证货币流通的稳定。专业银行和其他金融机构直接经办具体的金融业务，它们只有经营的职能。在中心城市，由于产业密集、资金密集，各种类型的专业银行必将在中央银行的串联下形成大小不等的金融中心。

这样一种金融体系的格局，其新颖之处不仅表现在组织机构的重新设置上，更重要的表现在其职能作用的重新组合和生机活力的迸发上。它必然会引起金融体系内外各种既有关系的变化。

第一，中央银行能够灵活自如地进行宏观金融调控。这主要表现在下列“三性”上：制定金融政策时具有相对的独立性；控制货币供应量和贷款总规模具有无上的权威性；运用再贷款、再贷款利率、法定存款准备率以及再抵押、再贴现等调控手段时具有相当的灵活性。

之所以如此，是由于中央银行这时直接面对的是企业化的各类金融组织，其金融政策的实施不需要经过众多的中转环节，能够避免过去中央银行政策一到基层专业银行就失真的弊病。

同时，企业化的专业银行这时直接受着中央银行的调控，这有利于中央银行政策效果的及时反馈，使中央银行能随时根据新情况对自己的货币信用政策进行修改、补充和完善，这有利于增强中央银行宏观调控的准确性和主动性。可以预见，新型银行体制必然是一个宏观控制得力、微观反应灵敏的体系。

第二，微观金融的重新构造。主要是指专业银行基层机构职能作用的重新设计。在原有体制下，专业银行基层机构具有双重性，即经营性和管理性兼而有之。这双重性集于一身往往产生自相矛盾的政策效果。如强调搞活经济，基层专业银行就偏重于经营，往往忽视管理上的引导，结果再现一放就乱的积弊；再如强调宏观控制，基层专业银行就偏重于管理，往往忽视了经济运行本身的连续性，结果造成一刀切、一控就死的不良后果。通过改革，基层专业银行的管理权限将为中央银行收回，而中央银行则相应地将经营权限下放给基层专业银行。基层专业银行在国家政策许可范围内，拥有自有营运资金，自主经营、自负盈亏。在其他条件配合下，它以利润最大化为自己经营的目标。

第三，现有专业银行总行日益丧失其存在的必要性。在原有银行体制下，专业银行自成系统、垂直领导。中央银行具有宏观调控的职能，而专业银行在所属各业的范围内也都具有一定的宏观调控职能；且无论专业银行还是中央银行，都企求自己的权力最大化。这样，各家专业银行都有自己的“宏观”，所以在实践中形成中央银行宏观调控不力，各家专业银行力量彼此抵消甚至诱发宏观失控的情况。

为了减少决策传递的层次，克服政出多门的官僚主义陋习，我们现在强调强化中央银行宏观调控职能，实行专业银行的企业化经营，这样，专业银行总行的调控功能为中央银行所集中。由于专业银行总行本身不进行业务经营，所以专业银行的现有总行随着其职能作用的弱化而日益丧失其存在的必要性。

也许有人怀疑，强调中央银行“统”是否又回复到过去“大一统”的独家银行体制里面去呢？回答是否定的。因为：①从内容看：过去高度集权，既统管理权，又统经营权，现在分层决策只统管理权而下放经营权。②从形式看：过去“统”的范围无所不包，现在只统几个重要的经济参数，如货币供应量、信贷规模等。③从手段看：过去的统是进行直接行政控制，现在的统是进行间接的经济诱导，并辅之以必要的法律手段和行政手段。④从传递机制看：过去是在同一家银行内上下级之间直接的控制与被控制，现在是不同的银行之间中央银行对专业银行和其他金融机构的调节和控制。⑤从结果看：过去发挥基层银行的积极性和创造性。因此，为了强化中央银行的功能，我们强调的“统”是对过去“大一统”的扬弃而绝不是重复。

（原载《湖北农村金融研究》1987 年第 2 期，本文由曹龙骐、郑先炳、万存知合作，此文获第二届全国中青年金融理论研讨会优秀论文奖）

1988 年

深化金融体制改革的战略思考

现代商品经济是货币一体化经济，社会经济的整体运行是通过货币资金的融通来实现的。如果我们把整个国民经济看作是一个具有生命力的有机体，那么以银行为主体组成的金融网络就是这个有机体的神经系统。可见，金融体制改革在整个经济体制改革中处于举足轻重的地位。与整个经济体制改革联系起来看，九年的金融体制改革遵照邓小平同志“要把银行办成真正的银行”的指示，从多方面进行了改革试验，其方向是正确的，成效是显著的。为进一步深化金融改革，实现长短期目标的明确性和协调性，试作以下战略思考：

一、紧运行——改革处于的客观环境

经济理论界有些同志曾提出，改革需要有一个宽松的环境。当然，在总供给略大于总需求的状况下，有利于整个经济按良性循环的轨道运转。但实践证明，这种愿望并不现实。因为我国目前的经济环境是在长期商品经济不发达和高度集中型的僵化体制下形成的。工农业基础较为薄弱，技术改造任务十分艰巨，资金积累和利用效益不高，加上新老经济体制交替过程中各个方面相互之间“摩擦”、“攀比”所引起的需求膨胀等，这些，反映在资源上，紧缺现象客观存在；反映在资金上，供求矛盾始终是一个突出的问题。

面对现实，可以有两种决策：一是等待一切理顺了再来改革；一是通过改革、开放搞活，变现有紧缺环境为宽松的环境。事实证明，后者是唯一有效的正确途径。例如农村的改革，它就是在农业生产率不高、农民人均收入不过100多元的紧缺环境下推行承包经营责任制的。又如沈阳市在经济体制改革中有“十五个”率全国之先，但沈阳人回顾这几年的改革，他们体会从来没有宽松过的经济环境，而且估计今后很长一段时期也不会出现宽松。可见，宽松的经济环境只能是深入改革的结果，绝不可能是等待的产物。

既然现阶段金融体制改革不能把经济条件的宽松作为改革的前提条件，那就只能在“紧中求松”、“紧中求活”的相对紧张的环境中进行。

二、着力点——深化改革的根本选择

深化和加快金融体制改革的着力点何在？金融理论界对此进行过不少有益的探讨。有些同志认为，开放金融市场可以一举改变目前金融改革不适应经济改革的被动局面，有些同志提出，当前存在的最大问题是控制无力和调节不灵，所以应强化中央银行宏观调控体系为主攻方向；还有些同志强调，利率作为资金价格的信号和调节经济结构比例的工具，应着重充分发挥其杠杆作用，再有些同志赞成搞银行股份化和承包经营责任制等等。

着力点在哪里？如果我们仔细考察金融体系内外种种矛盾现象，不难发现，矛盾来自“中央银行—专业银行—企业单位”这三个主体相互之间关系的扭曲。这种扭曲了的关系，从顺向分析，表现为中央银行的宏观决策难以在专业银行奏效，从而也不可能在企业单位产生效应。从逆向分析，由于企业单位缺乏资金使用的自我约束和平衡机制，躺在专业银行身上吃“大锅饭”，由此又造成了专业银行对中央银行的信用冲击力。要矫正这些扭曲关系，当然需要三个主体自身的不断完善，但着力点应该是解决中间环节即专业银行基层行及其他各种金融业务机构所有制关系的具体化并在此基础上实行企业化经营。这是因为：

（1）在目前的金融市场上，专业银行既是参加者，又是组织者。只有专业银行基层行以相对独立者的身份从事金融业务活动，金融市场才能真正活跃起来。

（2）改善中央银行的宏观控制必须以搞活微观为条件，只有对专业银行基层行的微观基础进行再构造，才能实现企业经营机制和行为的真正转变，从而为中央银行进行宏观调控创造良好的条件。

（3）利率改革必须与增强专业银行基层行的活力相结合。不可思议，在基层行没有一定的利率浮动权、利率僵死又无弹性的情况下，利率改革能向前推进和利率杠杆能充分发挥作用。

（4）专业银行基层行企业化经营后，其内在作用力向左右辐射，必然会使目前的状况大有改观。一方面为中央银行宏观调控机制的建立奠定基础，另一方面强化了银行贷款对企业发展生产和固定资产投资的干预和制约作用，有利于工商企业的企业化经营。

（5）建立银行竞争机制的需要。在目前只有几家特大银行超级垄断，基层行缺乏经济利益这一原动力状况下，事实上不可能形成真正的竞争，搞得不好还会产生破坏性竞争，形成负效益。

（6）对处理好中央银行和专业银行关系来说，是一种较为理想的选择。它既可避免中央银行要“断腿”说和专业银行要“砍头”说那样不易接受，又必然会给现有的金融组织体系带来重新调整的契机。

近期深化金融体制改革的着力点确定为专业银行的企业化，具体要求我们：①把企业化的对象放在专业银行基层行、城乡信用社和新开设的金融机构上；②把企业化的重点放在改革经营机制上；③把企业化的目标放在责权利的结合上。总之，努力把专业银行基层行办成自负盈亏、自主经营、自求独立、自我平衡、自担风险的经济实体。

三、多样化——改革实施的重要决策

改革的实践使我们认识到，我国社会主义初级阶段的经济，是在公有制为主体的前提条件下多种经济成分共存的经济。而且，我国地域辽阔、情况复杂、发展不平衡。由此，一项决策的实施，如果对具体情况不加调查分析，不顾空间和时间上的客观条件，采取全面铺开的“一刀切”整体方式变更，必然会带来许多弊病。就新的金融体系建立而言，不仅是金融机构的具体化，更重要的是它涉及金融体系内外各个方面的关系以及如何充分发挥其作用的重大问题。因为不同性质的企业需要不同性质的金融机构为之服务，不同规模的企业也只有不同形式和规模的金融机构才能满足它的要求，银行体系及机构只有达到一定的规模，某一金融机构业务种类和业务量只有达到一定数量，才能发挥规模经济的效能规模经济理论告诉我们：任何行业都有各自的成本曲线和最适经营规模，若处在最适规模上，就可以实现成本的最小化和利润的最大化。如果经营规模过大或者过小，则都会导致“规模不经济”。

基于我国初级阶段的现状和规模经济效益的要求，必须放弃一切整体性变更措施和一个标准金融模式的做法。通过深化改革，应该形成多元化、多样化和多层次的金融格局。

四、涨潮式——推进改革的基本方式

金融体制改革以至于整个经济体制改革中存在的种种问题，集中表现为总供给和总需求的不相适应。而社会的总需求，又决定于货币的总供给。近几年我国货币供应的过量趋势时有增长，究其原因，我们认为主要是因为新旧体制交替过程中各个方面改革的不配套所引起。如：①在投资体制上，由于责权利分离，“只有投资冲动，缺少投资约束”，“谁也不对投资效益负责，谁也无法对投资效益负责”的弊端没有根本改变。②从企业看，近几年财政采取了减税让利的政策，使企业有了一定的机动财力，但另一方面又通过种种途径施加外在压力，使企业仍然没有获得使用资金的自我调节和平衡机制，以至于造成不少企业经济行为的变形：一方面在经济效益低下的状况下以高负债支撑生产的运转，另一方面在短期行为的驱使下负债经营趋势加剧。③就财政体制论，近几年来以“让利放权”为基本思路，采取了一系列措施，但无论是“分灶吃饭”或分税体制，并没有从根本上突破原有集中型财政分配框架。在此情况下，企业回过头来吃银行“大锅饭”的现象有增无减。企业贷款等于国家投资，已成为投资膨胀和效益不佳的诱导机制。④价格的调整和放开是必要的，但没有充分考虑银行信贷的承受能力。⑤工资杠杆作用的发挥应以物价的基本稳定为前提条件，但如果在评定职称、提拔干部等方面不全面顾及信贷的增长幅度，到头来还是不可能达到预期的目的。

事实证明，不重视和组织好各个方面体制的配套改革，投资膨胀就不可避免。在资金紧张的“旱情”难以解除的情况下，资金缺口的“裂缝”不断加大，最终会迫使银行敞开信贷的“总闸门”。过多的通货注入流通引起单位货币贬值和物价上涨，又必然是强制地、公平地体现在大家身上。如果用动态数据进行对比分析，两个膨胀的强度越大相应付出的代价则越小。这种状况不仅在微观经济上形成了资金占用多、周转慢、效益差，而且会加剧整个宏观调控的难度，从而延缓了改革的进程。

五、渐进型——改革无可回避的现实

改革不能脱离现实成为理想的产物、我国目前的社会主义初级阶段的特点，党的十三大报告中用三句话来概括，即“生产不发达，生产关系不完善，上层建筑不成熟”。改革要求在这一基础上，把计划经济和市场机制有机地结合起来，建立“计划商品型”的新的经济运行机制。这一过程，正如党的十三大报告中指出的：“既要革除或矫正生产关系中各种阻碍生产力发展的东西，又要培育和建立发展生产力所必需的新组织、新机制和新规范。”可见，新旧两种体制同时并存、互相交叉、逐步过渡已是我国当前经济生活中的显著特点。它一方面显示改革在空前的广度和深度上取得进展，同时也给改革带来了新的矛盾和问题。如模式转换中出现管理中的“真空”和“缝隙”，会增加宏观控制微观搞活的难度；改革中社会各方面利益关系的深刻调整，不能不遇到阻力；新旧体制的“摩擦”难以使企业的微观机制在短期内趋于合理，还有经验不足，法制不健全和旧的思想观念等等。这些，决定了改革的复杂性和艰巨性，因而也决定了整个改革必须是一个渐进的过程。

金融体制改革是整个经济体制改革的重要组成部分，同时还具有区别于其他改革的特殊性。由货币资金融通这一特征所决定，它具有广泛性和渗透性特点，贯穿于社会再生产的全过程和经济体制宏观、微观、市场三个层次，影响社会经济运行的全局和深层结构。因此，金融体制改革既受制于整个经济体制改革，另一方面金融机制本身的各部分相互融合、交叉，具有强烈的整体感和制轮作用。我们只有充分估计到这种难度，才能出比较切合实际和有效的金融改革对策。

六、人才流——改革成败的关键所在

改革是认识社会和改造社会的创举，这主要依靠人及其人的能动性来实现。我国现有一百三十多万金融职工，从现状分析，一是两多（年老体弱多，新职工多），二是两少（专业训练少，熟悉业务少），三是两低（文化水平低，管理水平低）。一些专门人才，如对投资项目评估和经济可行性论证的人才、熟悉经济法规和金融法律的人、通晓外语懂得国际金融的人才、懂微电脑技术以及运用电子计算机的人才等，更是奇缺。同时必须看到，在改革年代，我们更需要那些勇于开拓，有经营头脑的企业家和金融家。

金融是一门专门学问，它涉及面广，政策性强，工作复杂，责任性重大。没有一支勇于创新、素质优良、纪律严明的金融职工队伍，再好的改革方案也是难以实现的。可以这样说，整个经济体制改革的成败、进展的快慢，主要取决于培养人才流的速度和质量。

（原载《银行与企业》1988 年第 3 期）

1989 年

关于当前通货膨胀探讨中的若干方法问题

对当前我国通货膨胀成因、影响“度”及其对策的探讨，经济理论界众说纷纭，不少观点大同小异，有的意见则截然相反。当然，对通货膨胀这一复杂的经济现象进行剖析，各叙己见实属正常现象。但笔者认为，如何把握科学的研究方法尤为重要。本文就当前通货膨胀探讨中的若干方法问题提出一些看法。

一、运用分层次综合分析法探索通货膨胀的成因

目前较多同志认为，近几年的通货膨胀是由多因素所造成，即需求拉上、成本推进、结构失调、决策失误、体制问题，还有人口和心理因素等，或称之为“综合性"通货膨胀。但究其主要原因（也有同志谓之“根本原因”），则分歧甚大：有的认为是需求拉上，有的强调是投资膨胀，有的称之消费超前，也有人提出是高速低效，还有些同志则断言是“体制病”。不能说这些分析没有道理，但总使人有把握不定之感。

笔者认为，从我国当前通货膨胀的特点和实证研究材料来看，分析当前通货膨胀的成因，既不宜用“多因素”一言以蔽之，也很难就某一主要原因解释清楚。因为现实状况是：当前通货膨胀既有货币因素，也有非货币因素；既是多因素的并发，同时诸因素之间又存在层次递进关系；粗略分解，至少有以下三个层次：

表层次。指由于信贷失控而引起的流通货币量大大超过了经济发展所必要的货币量。

中层次。主要指投资膨胀和消费超前，需要说明的是，这里的消费超前既有纯消费起因，也有投资起因，所以关键在于投资性膨胀。

深层次。指体制问题，主要有所有制形式、政府行为、宏观调控机制、定价制度等。

与其他方法相比，运用分层次综合分析法探索当前我国通货膨胀的成因，具有以下优点：

（一）有利于拓宽对通货膨胀成因的研究范围

所谓通货膨胀是指在纸币流通条件下，因货币发行过多引起物价持续上涨的一种经济病态。因此，就其本身而言，可以看作是一个纯货币问题。但必须注意，货币流通归根到底是以商品流通为基础，而影响商品流通的因素又是由社会各种复杂多变的经济因素所决定。所以，在探讨通货膨胀成因时，不能只局限于货币领域，应该把它看作是一个与社会各种经济因素相联系的牵涉面宽而又复杂的同题。

（二）有利于认识当前高通货膨胀的特征

我国现阶段通货膨胀有一个特殊的历史背景，即我国社会主义初级阶段新老经济模式转换时期。由此决定了目前的通货膨胀，主要特点是：由经济运行机制不健全和市场体系的不完善引起的社会供求总量和结构不平衡并存、需求过旺和供给不足并存。投资膨胀和消费膨胀并存。可见，它既不同于西方国家经常发生的一般性通货膨胀，也与改革前某些时期出现的全封闭、抑制性通货膨胀有明显差异。

（三）有利于明确通货膨胀三个层次成因之间的传递过程

上述通货膨胀的表层次、中层次、深层次原因之间，呈现出一种层层传递关系。若从“表层—中层—深层”顺向推测，流通中的货币过多，直接根源于投资和消费两个膨胀，而两个膨胀形成的原因又是取决于现行体制中的存在问题。若从“深层—中层—表层”反向剖析，那就是，现阶段我国企业产权关系模糊、政府行为不端正、市场和价格体系不健全、宏观调控机制不完善等，由此上升到各利益主体经济行为不规范而形成的投资膨胀和消费超前，最终又以货币流通领域内外种种复杂因素的“结合点”——商品与货币的适应关系暴露出来，具体表现为流通中的货币超过经济发展的正常需要而引起物价持续上涨。

基于上述分析，笔者提议，可否考虑将我国目前的通货膨胀、称之为“多层次综合型”通货膨胀。

二、运用“有、无”研究法评估通货膨胀的作用

如何评价通货膨胀的作用，可以归结为如何正确认识通货膨胀与经济发展的关系。对这一世界性课题，从六十年代开始曾有过激烈的争论，最后以“促退论”即通货膨胀不利于经济发展占上风而告一段落。进入八十年代，依据拉美国家和率先改革的几个社会主义国家通货膨胀日趋严重而经济增长减慢以及一些市场经济国家通货趋于稳定，经济稳步发展的事实，基本的定论是：通货膨胀不利于经济增长，即使对经济发展有某些刺激作用，也是短时期的和以积累更大矛盾为代价的。我国目前由高通货膨胀引起的生产、流通、分配、消费过程中种种严重问题，再次证实了这点。

然而，我们有些同志却固执己见，一曰“发展中国家通货膨胀不可避免”，二曰“温和的通货膨胀无害”，三曰“如果不搞通货膨胀经济就要萎缩”。言外之意，通货膨胀对经济发展有利。他们通常习惯用这样一个充足理由来加以论证，即西方资本主义国家都存在有通货膨胀，但多数国家经济发展速度惊人。笔者认为，这种立论的错误根源于论证方法上的错误。

这种错误的论证方法立足于通货膨胀和经济发展的单线联系，具体说它把影响经济发展仅归结为通货膨胀一个因素。事实上，社会经济的发展变化是多因素作用的结果，其中有些因素产生的是正效应，有些因素产生的则是负效应。经济的增长或衰退决定于正负效应相互抵消的程度。至于通货膨胀所产生的是正效应还是负效应，对发达资本主义国家经济发展历史的实证研究表明：一是相同的通货膨胀率（一般指消费物价增长率）却有着完全不同的

经济发展速度；二是从50年代、60年代、70年代的情况看，通货膨胀同生产发展的速度基本上呈反方向变化；三是经济发展速度与劳动生产率的提高呈正比。

运用"有"、"无"研究法评估通货膨胀的效应。可以推测，在通货膨胀产生负效应条件上，如果原有经济发展的速度抵消了由通货膨胀带来的负效应，经济仍然是增长的。如果由于科学技术发展、经营管理水平提高等因素所产生的正效应大于其负效应，经济不但是增长的，而且还可能超过了原有经济增长速度。图示如下：

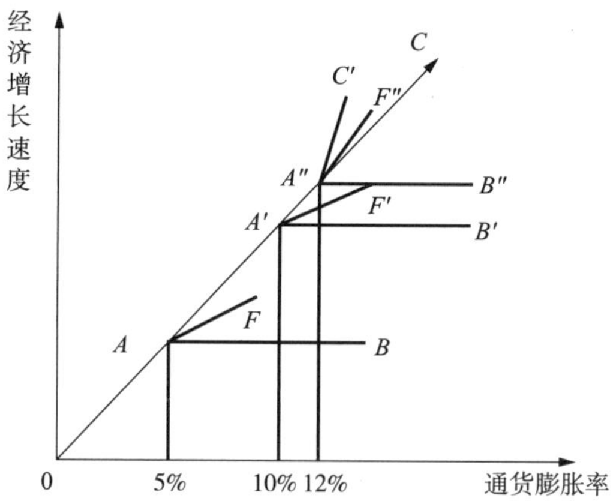

图中，假定经济增长速度以OC线上升，当通货膨胀率为5%时，因通货膨胀的负效应促使原有经济增长幅度CAB下降为FAB，但直觉看来经济仍然是增长的。当通货膨胀率为10%时，因通货膨胀率的负效应促使原有经济增长幅度CA′B′下降为F′A′B′，即使10%的通货膨胀率的负效应要比5%的通货膨胀率的负效应更大，但直觉看来经济仍然是增长的。当通货膨胀率为12%时，由子科学技术的发展、经营管理的改善等因素，促使经济发展超越原有速度，即由OC变为A″C′，因通货膨胀的负效应促使经济增长速度C′A″B″下降为F″A″B″，即使出现高通货膨胀率（超过两位数）情况下，直觉看来经济发展仍然是增长的，且比原正常增长速度还有所提高。

以上分析看出，通货膨胀作为一种经济病态，它的负效应往往被伴随其发生的正效应所抵消。所以，在"有"通货膨胀情况下，经济也有可能增长，甚至会出现超过原有经济发展速度的现象，但不能误认为是通货膨胀作用的结果，将"功劳"记在通货膨胀身上。恰恰相反，假若"无"通货膨胀，经济发展速度将有更显著的提高。

三、运用动态考察法剖析通货膨胀的影响"度"

从静态上分析通货膨胀对整个社会经济的影响，认识某一时点上的通货膨胀，当然是必要的，但单纯的静态分析还不足以全面衡量通货膨胀的影响"度"，因此要注意把通货膨胀放在一个过程中动态地加以考察，从而得出全面而深刻的结论。

例如，人们往往笼而统之地用货币供给量的绝对和相对增长数来说明通货的膨胀程度，当然并不否认它多少能说明一些问题，但从动态观点加以分析，这样的结论并非科学。这是因为，决定同期比较的两个时点上货币供给量的因素不尽相同，因而两个名义上的"同期可比点"实际上具有不可比性。如果要求得真正的可比，必须将不可比因素加以调整。这些因素主要是：因生产和流通正常扩大所需货币量，为满足城乡人民收入正常提高所需的货币量，合理价格改革所需增加的货币量，就业人数和集团单位增多所需增加的货币量，因结算方式改变所增加或减少的货币量等。总之，上述诸因素在一段时间内总会随整个经济活动的变化而有所变动，从而对货币流通状况产生不同的影响，如果不加分析地给予比较，由此推测通货膨胀的程度及其影响程度，显然是不符合实际情况的。

又如，人们一般习惯于将物价上涨率看作是通货膨胀率，而且说在我国现行价格制度不健全和商品化程度不高条件下，这两者本来存在差异，如果将它们放到一个经济发展过程中进行动态考察，目前的物价上涨和通货膨胀，一方面是前期计划价格体制下抑制性通货膨胀的释放，另一方面它的潜在危险又以种种推迟社会购买力的手段移之后期。前者加剧了目前通货膨胀的矛盾，后者在某种程度上掩盖了现阶段通货膨胀所带来的一些矛盾。由此可见，对目前的通货膨胀进行全过程考察，有利于正确和全面地衡量其影响“度”。既然目前通货膨胀具有前期抑制性因素释放的特点，这纯属我国经济体制转换时期的正常现象，不必惊慌失措；既然目前的通货膨胀又具有将潜在危险移之后期的特点，那就要引起高度重视，及时采取补救措施，力争化险为夷。

再如，动态地考察通货膨胀，它具有一种预期效应。这种预期效应表现是多方面的。一是至少在短期内，它有一个惯性作用，即使货币停止发行，而由已经膨胀的通货所造成的物价上涨，还将持续一段时间。二是加剧人们心理上的内压强度。为什么价格改革的信号刚释放，尚未正式出台，就触发了抢购和挤兑风潮。这当然与现实的通膨胀和物价上涨有直接关系，但通货膨胀的预期效应促使人们增长恐慌情结也是个重要因素。三是从发展的观点看，通货膨胀预期效应会进一步加剧分配的不公，侵蚀人们的改革意识，恶化改革的社会环境。

四、运用结构分解法弄清“治标”和“治本”的内涵

对通货膨胀进行综合治理，弄清“治标”和“治本”的内涵极为重要。简言之，“治标”采取临时应急措施，形象说可谓之“扬扬止沸”；“治本”则从根本上“开刀”，形象说可谓之“釜底抽薪”。而目前比较流行的说法有两：一曰“控制需求是‘治标’，增加供给是‘治本’”；二曰“短期对策‘治标’，长期对策‘治本’”。笔者对此提出异议，并认为只有对总需求和长短期对策进行结构分解，才能较完整地予以说明。

对于“控制需求”是‘治标’，增加供给是‘治本’这种说法，先要提及的是，当前通货膨胀成因的三个层次都可归结为总需求大于总供给。由此，目前治理通货膨胀，根本的问题是要消除总需求膨胀，对总需求膨胀进行结构分解是解决问题的路子。总需求膨胀可分成两大类型。即单向型和双向型。单向型总需求膨胀又可分为两种形式：①需求拉上型，即总需求超越总供给的承受能力而形成的供给缺口。②供给不足型，即在总需求没有超越现有生产能力下，有效供给不足而形成的供求差额。双向型总需求膨胀也可分为两种形式：①结构摩擦型。这种膨胀可以由总需求结构与现实生产能力所决定的供给结构不协调引起，也可以是由因供给结构不合理而不符合总需求结构的要求引起。②供求倾斜型总需求膨胀，即一方面需求过猛，而另一方面有效供给缺位两者并存引起供求“天平”的倾斜。上述分解表示如下：

总需求膨胀
- 单向型
  - 需求拉上型总需求膨胀
  - 供给不足总需求膨胀
- 双向型
  - 结构摩擦型总需求膨胀
  - 供求倾斜型总需求膨胀

面对以上单向和双向两大类型四种不同形式的总需求膨胀，采取的治理对策也有所区别。具体说：①对需求拉上型总需求膨胀，主要是采用缩减要建设规模、压缩社会集团购买力、控制工资和奖金增长等措施以达到紧缩信贷总规模、严格控制货币发行的目的。②对供给不足型总需求膨胀，这就要从解决供给“短缺”着眼，从提高劳动生产率以增加有效供应着手。就我国现实而言，要达到预期目的，必须着重于现行体制改革，如构造合适的所有制形式、完善企业运行机制、贯彻责权利相结合的原则，充分发挥企业与劳动者的积扱性。③对结构摩擦型总需求膨胀，一方面要调整原有产业政策使经济结构比例趋于合理化，另一方面则要采取一系列引导行为规范和消费分流的措施。④对供求倾斜型总需求膨胀，关键在于把握好控制需求和增加供给两个方面相互协调的“度”，既不能紧缩需求过度而造成生产萎缩，也不能用牺牲稳定货币为代价来发展生产和增加供给。

从以上对总需求膨胀及其不同治理对策进行分解可以看出，形成总需求膨胀的原因，既有来自“标”的方面，也有来自“本”的方面。因而，在治理对策上，既有“治标”措施，也有“治本”的措施。所以，我们不能简单笼统地把增加供给看作是“治本”，把控制需求看作是“治标”。

对于“短期对策治标，长期对策治本”的说法，笔者认为，这也值得商榷。

不妨运用结构分解法先对长短期对策进行剖析。就目前所采取的治理通货膨胀措施看，虽然短期对策一般是临时应急措施，如加强信贷管理、控制投资规模、调整利率幅度、积极组织存款、实行消费分流、加强金融管理等，但并非与改革中的一些根本措施会无关系。实际上是些改革措施，如价格体系的改革、企业机制的完善、宏观调控手段的强化等，本身就贯穿于整个改革的全过程。同时，长期对策虽一般属根本性措施，但它的真正实现还必须一些短期措施配套。

总之，区分长短期对策，其目的是为了明确长短期内各自的决策重心，以便实现对通货膨胀的有效控制。长短期中的诸对策决非截然分开，互不相关。治理通货膨胀的出路是深化改革，简单地把短期治理对策看作是“治标”长期治理对策看作是“治本”，容易忽视治理通货膨胀和整个体制改革的紧密结合，从而会影响治理通货膨胀预期效果的实现和改革的不断深化。

（原载《调研与信息》1989 年第 3 期）

关于我国货币政策效应的探讨

一、货币政策成败的标志

关于货币政策，西方学者往往将它称之为货币管理策略。也有学者断言，货币政策就是实现通货膨胀刺激经济发展的政策。我国理论界一般认为，货币政策就是金融政策，是中央银行为实现一定经济目标而在金融领域所采取的方针和各种调节措施。

笔者认为，全面科学地表述货币政策的内涵，至少要注意到三个方面：一是货币政策的执行主体，即国家货币管理当局（通常为中央银行）；二是货币政策的传导机制，即中央银行通过运用某些货币政策工具，变动某一金融变量，并通过该金融变量的作用这样一套机制保证自己的政策意图得以实现；三是货币政策的最终目标，即其目的是通过金融干预对整个经济活动产生影响，实现预期经济目标。依据上述三个方面的要求，可否对货币政策的内涵表述为：货币政策是指国家货币管理当局（通常为中央银行），在一定时期内通过运用某些工具，变动某一金融变量来作用于整个国民经济，从而实现预期经济目标的行为规范。

由货币政策的含义分析可以看出，它主要包括以下几个方面的内容：①货币政策的执行机构；②货币政策的最终目标；③货币政策工具；④货币政策的中介目标，即定义中的“金融变量”；⑤货币政策的效应。从货币政策包括的内容分析，货币政策的实施，关键在于中央银行对货币政策目标的选择和货币政策工具的运用，而货币政策的成败标志则是货币政策的效应。这种效应最终表现在因货币政策的变换至少引起的以下方面的变化：①价格的变动；②资金流动及其投量和投向的变化；③整个社会经济结构的变化；④经济发展速度的变化。

二、货币政策的正负效应

上面已经谈及，所谓货币政策效应是指货币政策实施后对国民经济的影响。从 20 世纪 30 年代到 50 年代末或 60 年代初，西方经济学家普遍认为，货币政策对国民经济，具体说对国民生产总值几乎没有什么影响，理由是货币存量的变化大部分被相反方向的货币流通速度所抵消。但到今天，货币政策的力量已无可怀疑，世界各国都运用货币政策作为宏观调节和控制经济发展的有效工具。

新中国成立后的 30 多年中，主要是与高度集中的计划型体制下形成的“大一统”银行体制有关，并没有真正把货币政策作为重大问题放在宏观调节体系中去加以考虑，除了在国民经济比例失调时才重视银行工作和动用货币政策手段外，没有经常地利用它去调节经济。随着经济体制的不断深化，货币政策的作用被提到了一个从未有过的高度。这是因为，一方面，我国从长期主要是产品经济管理转变为有计划的商品经济管理，相应地，客观上需要利用货币政策调节经济；另一方面，经济体制改革促使金融体制在资金管理、机构设置、信用形式等方面进行了相应的改革，由此疏通了金融体系和银行体系内部各种经济机制传递和联系的渠道。特别是我国二级银行体制的建立，中央银行必然地承担起贯彻货币政策的职责，起到了调节和控制宏观经济的重要作用。

据有关材料，1984—1986 年，我国货币供应量、信贷总量、现金发行量分别以年均 26.6%、28.3%、32%的速度递增，到 1986 年末，国民经济呈现出经济高速增长与产业结构失衡并存、短线产品紧缺与大量产品滞销积压并存、财政赤字和信贷扩张与国家重点建设资金紧缺并存，以及物价上涨和外汇储备急剧下降等现象。面对上述形势，人民银行根据国务院的指示精神，确定了“紧中有活”的货币政策，并在年度内先后规定了要控制和达到的八项具体目标，改善了宏观管理，取得了良好的效果。1987 年底，银行系统贷款总量约为 1400 亿元，增长 18.8%，在工农业生产和外贸出口全面增长的情况下，较上年少增长 10.5%；现金控制在 240 亿元内，增长 10.4%，比上年少增长 4%，是近几年增长幅度最低的一年。各专业银行、各地区的信贷规模和货币投放回笼量都达到了控制要求。中央银行提高存款准备率 2% 和对农村信用社开设的 50 亿元特别存款账户各地都基本完成了任务。总之，中央银行的货币政策取得了宏观控制的新成效。

进入 1988 年，由于经济过热，货币超量供给，物价上涨过猛，储蓄存款一度滑坡，投资基金和消费基金双重膨胀。1—9 月，工业增长速度为 17.5%。截至 9 月末，银行现金累计投放近 400 亿元，比上年同期多投放 350 亿元。物价指数上升 16% 左右，城乡居民储蓄存款 1—7 月比上年同期少增加 35.6 亿元。1—8 月固定资产投资主要是预算外投资增长 15.9%，社会商品零售额增长了 27%。针对上述由经济过热所引起的总需求大于总供给的诸多症状，从九月起，采取了紧缩货币信贷以及加强市场管理、开展保值储蓄、压缩基建规模、控制消费基金等一系列政策措施，形势逐渐趋于平缓。

进入 1989 年，上半年金融形势逐月好转超出预料，现金回笼比去年同期多 141.5 亿元，信贷规模比去年同期少增 340.9 亿元，专业银行在人民银行的存款维持在正常水平，国家外汇收入略大于支出且结存有所增加。

必须指出的是，目前的这种好趋势只是说明经济过热天气有所降温，总需求膨胀压力有所减弱。实际上货币超经济投放仍较严重，金融稳定的基础并不牢固，对此，必须引起重视。

由上述可见，货币政策的运用存在着两种可能，一种可能是起“好”的作用，即积极地促进国民经济的良性循环；另一种可能是起“负”作用，即特别是当金融业活跃起来后，对国民经济的调节，搞不好会出问题，造成恶性循环。

三、货币政策负效应原因分析

货币政策可能出现的这种负效应，与我国经济体制处于新旧交替这一特殊历史时期在着密切关系。货币政策在执行过程中，已经碰到或将要碰到以下困难，主要有：

（1）货币政策对国民经济的“感应力”较弱。我国还处于社会主义的初级阶段，其主要特征是“生产力不发达，生产关系不完善，上层建筑不成熟”。据 1987 年统计，我国国民生产总值占世界第 8 位，但人均处于 100 之后；还客观存在有相当比重的非社会主义因素；占主导地位的社会主义因素也常带有初始性质的特点。这些决定了我国现阶段商品货币化程度较低，促使货币的供给效应（即一元货币能够在多大程度上实现国民收入的增长）甚小，货币的稳定缺乏坚实的经济基础。由此，货币政策对经济的作用力也就减弱。

（2）在外界种种因素的干扰下货币政策缺少独立性。这些因素有：因投资导向的多极化和投资主体的多元化；主要由分配不公造成的相互攀比情况下的“消费早熟”现象；价格体制和市场机制还不完善和健全；财政对经济的强制性政策仍然存在；企业躺在银行身上吃“大锅饭”，法制、人才跟不上等。这一系列因素，使中央银行常处于那种听命于政府指令、受制于财政状况、屈就于专业银行和企业需求的状况，促使货币“闸门”被迫启动。中央银行失去了应有的“独立性”，影响了其处于“超脱”和“权威”的地位。

（3）作为执行货币政策的重要条件的金融市场还不完善、不健全。金融市场是极其敏感的，它所反映的金融信息及利率动态，可以作为中央银行业务活动的灵敏“晴雨表”。这是因为，中央银行能通过金融市场与各金融部门相接触，并在市场最敏感的部分活动，迅速传播并影响到其他部分。正如有人比喻的，整个金融市场就好像一个信用池塘，中央银行投一块石头进去，其波浪会逐步扩及全面。正因为如此，中央银行在金融市场上，通过公开市场业务活动，影响各专业银行的超额准备，影响货币供给，进而影响利率水平，同时也影响整个经济生活。而在现阶段金融市场还不完善、不健全状况下，货币政策的有效性必然有所减弱。

（4）金融体系内部种种关系没有理顺，使得货币政策的作用力受到障碍。这些关系主要表现在：一是我国货币政策工具，即存款准备率、综合信贷计划、再贴现率、利率等运用过程中存在有很大矛盾，如信贷计划上虽规定有差额包干数，但实际上计划一经突破，最终要由中央银行来弥补。在此情况下，存款准备金制度实际上成了存款的上交下拨过程，即使调整存款准备率和利率，也无法缩小已经突破的差额。二是我国贷款差别利率还不足以成为制约货币投向的有力杠杆。三是从目前的金融体制看，中央银行将每年贷款计划切块下达给各专业银行总行，各专业银行总行再向各地区分配，在这一层次上很难发挥什么调整结构的作用，而真正能起到调节作用的是各专业银行所属的同企业直接打交道的基层行处，由于它们要受地方政府行为的支配，很难能按照中央银行的意图正确执行货币政策。四是缺乏一个货币政策的中期目标。我国国民经济发展中有中期目标，但货币政策只有年度目标，这就往往产生了货币政策依附于经济短期波动而变动的问题，从而导致货币政策效应的短期化。

四、必须重视货币政策效应的时差

中央银行的货币政策要经过多少时间产生效果，这一时间是否可以预测，都关系到货币政策目标能否实现的问题。通常将它称为货币政策效应的时差。具体指货币政策从研究、制定到实施后发挥实际效果的全部时间过程。

货币政策效应的时差按发生源和性质分类，可以分为内在时差、中间时差和外在时差三大类。内在时差是指经济现象发生变换，需要采取对策加以矫正，与中央银行实际上采取某种具体政策措施付诸实施的时间差距。中间时差是指中央银行采取行动以致对金融机构产生影响，使金融机构改变其利率或其他信用情况，以便对整个经济社会产生影响力这中间的时间差距。外在时差是指金融机构变动其中间目标（利率或其他信用情况）后，到最终目标（即稳定币值、经济发展、充分就业和国际收支平衡等）产生影响为止的时间差距。根据自1960年以来国外经济学家对货币政策时差长度的实证研究材料，内在时差为1.5、2、5.75、6个月不等；中间时差2个月；外在时差为14、18、30个月不等。就一般而论，货币政策的中间时差比较稳定和可以预测；内在时差的长度比较小；外在时差的时间甚长，而且各个部门所受的影响度也不同。

近年来，我国货币政策效应的时差呈现以下特点：

（1）内在时差过长。主要是由于当经济现象已发生重大变化，但中央银行因认识上的迟缓而不能采取有效的矫正措施造成。如对1984年因信贷极度膨胀所引起的反应，货币管理当局没有足够认识，到1985年3—4月份才开始采取对策。后来，1986年又重新走上放松银根的道路，1988年1—9月又由于高通货膨胀所造成的全国范围内的消费品抢购和储蓄滑坡。不可否认，其间在1985年和1987年几次采取了紧缩政策，虽也收到一定成效，但终究因没有及时、恰当地把握内在时差，被迫进入“松—紧—松—紧”的短周期波动怪圈。

（2）中间时差差位。如1988年的紧缩信贷政策年初就提出，但银根真正紧缺在四季度才开始。据统计，1988年1—8月银行贷款增加927亿元，比1987年同期多增加550亿元。9月份紧缩之后，贷款才降下来，10月份贷款减少了67亿元，但此时正值农副产品收购旺季，紧缩的效应恰恰发生在用款高峰期。

（3）外在时差过短。它虽能迅速影响社会经济活动，但由于其具有直接刺激的特点，往往会给微观经营主体的经营活动带来强烈干扰，导致经济运行发生剧烈波动。

（4）外在时差在地区间差异小。因在紧缩货币政策实施过程中往往伴随“一刀切”的做法，这就不能顾及各地区的实际情况。

（5）外在时差在行业和企业间差别大，这主要是由于各企业生产周期、资产负债结构、对货币政策反映程度等因素的差异所造成。

总之，货币政策的最佳效应，无非是货币政策在其运行各环节上的运行效率和运行质量的综合反映。显然，只有保证分布于货币政策全过程的各种时差的长度合理，才能免除货币政策时滞，使货币政策效应及时正确地得以发挥。目前，我们一方面必须重视对货币政策效应时差的研究，科学测定它的长度和影响度，提高货币政策的操作质量；另一方面，在改革的进程中应着重于培植市场机制、价格机制、企业机制和中央银行宏观调控机制，为货币政策的实施创造必要条件。

（原载《银行与企业》1989年第12期，总第100期）

1990 年

治理整顿中的金融问题

一、金融在治理整顿中的重要作用

（一）制约社会总需求的关键

当前，如何从根本上缓解社会总需求超过总供给的矛盾，逐步消除通货膨胀，使国民经济走出困境，这是我国治理整顿中的一项首要任务。

历史经验证明，保持国民经济稳定、持续、健康地发展，前提条件是实现宏观供求平衡，即社会总供给和社会总需求的平衡。依据我国国情，社会总供给是指一定时期生产出的社会净产品（社会总产品扣除物质消耗后的部分）再加上社会劳务产品。在有计划商品经济条件下，这些社会产品的价值大体上需要通过货币来表现、衡量并实现。由此，社会总供给又构成了对货币的总需求。社会的总需求应是指同一时期内由于国民收入的分配和再分配而形成的积累需求和消费需求的总和，它决定于货币的总供应，上述分析得出，社会总供给和总需求的平衡，可演化为货币总需求和货币总供应的平衡。

由社会总供求演化为货币总供求的事实证明，货币供应在实现宏观供求平衡中具有重要作用，它是制约社会总需求的关键所在。而处于金融业中心地位的中央银行，是调节和控制货币供应量的“总机关”和“总闸门”，具体经济过程中的货币投放又是由各专业银行基层行和各种金融机构办理。可见，金融在当前治理整顿中的重要作用是显而易见的。

（二）信贷平衡在宏观平衡中的地位日趋强化

在我国，撇开企业向社会提供一定量的社会产品所形成的货币购买力，与社会商品供应在总量上一般是能够平衡这一事实不论，各条渠道无论是用于投资或用于消费的资金，无非出自财政拨款和银行贷款两个口子。由此，在财政和信贷各自平衡的基础上实现财政信贷的综合平衡，基本上把住了社会需求的“总闸门”，从而从价值形态上保证社会总供给和总需求的平衡。

但必须看到，自改革以来，一是国民收入分配渠道发生了变化，企业纯收入中上交国家财政的比例下降，而银行的资金增长比例相对上升；二是银行贷款业务范围的不断扩大，财政资金直接用于生产建设的部分减少，更多的建设项目要靠银行贷款来解决；三是由过去财政支持银行多现在变为银行支持财政多，如财政向银行透支，银行上缴财政利润的比例增加，财政不再安排增拨银行信贷基金，银行承担部分技改和基建贷款相应减少财政支出等。这些说明，随着经济体制改革的深化，“财政—银行”占有社会资金的格局有了新的变化。据统计全国用于生产和建设的总资金中，来自财政渠道的部分从1978年的76.6%已下降到1988年的31.6%，来自银行的渠道则从1979年的23.4%上升到1988年的68.4%。可见，信贷收支平衡在国民经济宏观平衡中的地位在强化。

银行改革后，中央银行担负着平衡信贷收支的重任，具体做法是：编制和平衡综合信贷计划，规定国家信贷资金的来源和数量、信贷资金运用的方向和数量，作为各级银行的行动目标，规定专业银行交存一定比例的准备金，对专业银行可能出现的信用过度扩张加以抑制；提高和降低对专业银行的再贷款利率，影响货币市场的供求；对专业银行实行业务指导和监督，将微观金融活动纳入宏观金融决策的轨道；在特殊情况下，通过控制各级专业银行的再贷款额度，以求将已膨胀了的信用压缩到预期的限度。

（三）解决资金供求矛盾的重要部门

当前资金紧缺，主要表现为流动资金紧缺。据统计，1988年底，工业企业资金占用的80%，商业企业资金占用的90%，外贸企业资金占用的99%靠银行贷款。改革十年来，银行提供流动资金贷款占全部银行贷款的82%。由此，在当前财政不给银行增拨流动资金，企业自有流动资金留成有限的情况下，资金供求矛盾则集中表现为社会流动资金总需求和银行流动资金贷款能力之间的矛盾。

另外，从金融部门组织资金的能力看，在社会总产品C（对生产资料消耗的补偿）、V（劳动者的个人劳动报酬）和m（剩余产品的价值）三个部分，都有其吸收资金的用武之地。在C中，已消耗的固定资产转移部分，是采取折旧和提取大修理基金的办法进行补偿的，实际上并非全部补偿，未补偿部分形成了银行的专用基金存款。至于由原料、燃料等消耗引起的经常性资金需求，则构成了企业活期存款反映在银行账上；在V中，支付工资前，其作为企业存款在银行帐上，支付后其待用或结余的部分，以城乡居民储蓄存款形式在银行和金融机构得以反映，在m中，上缴财政的税利，最终构成财政性存款，而企业留成部分构成的三项基金，则与专用基金存款相对应。正因为金融部门吸收资金的面如此宽广，它才有潜力去大力组织存款满足经济增长的资金需要，承担绝大部分流动资金和一部分技改资金供应任务和帮助财政渡过难关。改革十年来，银行存款总额平均每年以20.67%的速度增长，为国民经济提供了巨额资金。

（四）运用金融手段调整经济结构

从当前资金紧的性质和原因分析，无非出自两个方面，一是因投资过热和消费早熟所造成的资金总量膨胀和资金构成上的不合理，二是因管理不善引起大量流动资金阻滞，甚至流失。可见，当前资金紧主要是生产结构和资金结构不协调的反映，可以说是一种在总需求大于总供给情况下出现的结构性资金紧张。作为货币资金融通的金融业，特别是社会主义的银行，它不仅限于总量调节，而且承担了结构调节的重任。

有些同志认为，银行只掌握货币总量分配手段，不具有结构调节的功能，也不负担结构调节的责任，这种观点有失偏颇。其实，银行信贷资金总量的分配就带有结构调整的特征，银行贯彻“区别对待，择优扶植”的原则和“倾斜”的信贷政策，通过贷与不贷、贷多贷少、贷长贷短的方式来确定信贷资金的流量和流向，达到优化产业和产品结构的目的。另外，利率杠杆的运用客观上也起到了结构调整的效应，尽管我国目前利本管理体系不尽合理、调整权限过于集中，但毕竟还实行了差别利率、浮动利率，全国各个地区、各行业亦并非一个水平，而且存款利率和贷款利率不一样，存款利率中活期和定期不一样，定期存款中不同期限的利率也不一样，存款利率中流动资金存款利率和固定资金存款利率不一样，计划内贷款利率和计划外贷款利率不一样，不同期限的贷款利率也不一样。可见，运用利率的高低来调节经济结构此例也是明显的。

总之，当前治理整顿的重要任务就是在总量控制的前提下着重调整好结构，只有这样做且力求做好，才能真正实现从根本上缓解总供给和总需求的矛盾。从上述四个方面分析表明，金融在其中所起的重要作用是绝不能低估的。

二、金融面临的困境

改革十年，金融在支持有计划商品经济发展过程中发挥了重要作用。然而，与整个经济发展和体制改革中碰到的许多困难和问题相联系，金融也面临着困境，其主要表现在：

（一）金融体制仍带有传统体制的基本特征

改革中，一改“大一统”的传统银行体制，建立了中央银行体制，一个以中央银行为中心、专业银行为基础、各种金融机构并存的新金融体制框架已经构成，这应该说是金融改革的一大突破。但必须看到，金融总体格局的变动并不说明整个管理模式的根本转变。目前看来，中央银行作为信用制度枢纽的金融中心的作用远没有发挥。各专业银行自成体系，一统到底，系统垄断。所以，名为“一个中心”，实际是“多个中心”，“群龙无首”的状况客观存在。加上各种金融机构一哄而上，规模效益不佳。由此，影响金融整体功能的发挥，在一定程度上延缓了改革的进程。

（二）信贷连年失控

改革十年，特别是后五年，货币供应的增长大大超过了国民收入的增长，1984 年至 1988 年，国民收入增长年平均为 11.3%，而 M0（现金）增长年平均达 32.7%，M1（现金 + 企业活期存款）增长年平均达 20.8%。1979—1988 年共发行货币 1922 亿元，等于 1949 年到 1978 年发行货币总量的 9 倍，其中 1984—1988 年的货币发行量要占 1979—1988 年十年货币发行总量的 33.5%。信贷的连年失控和货币供应的加剧趋势，必然引起高通货膨胀和高物价上涨，由此造成了生产和流通的紊乱，国民收入分配不公、消费导向扭曲和改革环境的恶化。可见，整个宏观平衡建立在币值不稳固的基础之上，如果不下决心改变这种状况，改革的预期愿望就难以实现。但要改变这种状况并非容易，需要付出代价。

（三）银行病态运行

这里的“银行”指的是专业银行。具体说，一是银行做“无本生意”，成为“皮包公司”。到1988年，银行上缴财政利润的比例已达62%，在财政收入中，来自银行的收入仅次于工业和铁道。银行系统现有账面自有资金计1196.9亿元，而改革以来银行垫付财政透支就达682亿元，再加上弥补企业亏损、未核销的损失等财政性资金，已超过了现有银行的“本钱”。我国银行自有资金占资产或负债的比例1987年已下降到10.9%，按国际惯例不得低于20%，可见风险贷款已经形成，这对以企业性为主的专业银行基层行来说不能不看作是一个危险信号。二是有相当一部分贷款，因不合理储备、超储积压、有问题生产资金占用、成品资金占压、相互拖欠和挤占挪用等处于呆滞状态，据测算，全国约占30%。据湖北省人民银行最近对131个专业银行县、市支行调查，呆滞贷款占全部贷款约占26.47%。三是存贷结构趋向恶化。1984年以前，银行每年长期性存款大于长期性贷款一直在100亿元以上，从1984年开始则相反，到1988年，长期性资金缺口已达323.2亿元。四是银行负债结构发生了变化，1989年比1988年居民储蓄增加330亿元，对居民负债上升，造成银行成本提高，专业银行亏损面大。

（四）资金供求矛盾突出

近几年的资金供求矛盾也明显地带有结构性的特点。特点之一是国营大中型企业资金缺口大，所谓“国家队陷入困境”，其中不少企业无力进行开发和购置各种器材，有些企业只能靠向职工集资过日子。特点之二是基础重点工业资金供应有所下降，我国全部工业生产中，能源工业所占比重已由1978年的14.1%下降到1988年的9%。1989年上半年，电力工业的基建投资比去年同期下降0.7%，运输和邮电的基建投资下降3.1%。今年1季度，地方投资项目增加14%，而中央项目却减少8.3%。特点之三是农副产品收购资金不能归位，有些地方出现了“白条”现象，使农业这一“最重大的经济事务”出现了资金的“梗阻症”和“贫血病”。特点之四是现金供应紧张。社会上出现了“现金热”。目前居民和个体户手持大量现金，集团单位设立“小金库”，赴外地采购员腰缠万贯，民间信用拢集大量现金，这既是货币流通不正常的表现，也是社会资金更加紧张的原因之一。

（五）专业银行两头受挤

由于贯彻总量控制的紧的货币政策，中央银行开始对专业银行紧缩再贷款，1989年上半年收回了250亿元，这必然会直接减少银行的超额准备，从而影响其贷款能力，这对专业银行在运筹资金方面又增加了难度。另一方面、企业在消费膨胀的推动下和资金紧缺的压力下，蚕食和转移了一部分企业存款，形成了银行的支付危机。作为金融肌体细胞和金融市场参与者的专业银行基层行受损，银行功能的发挥必受影响。

（六）宏观调整机制弱化

反映银行作为宏观经济的调控机构，目前还受命于政府指令，受制于财政状况，屈就于专业银行，独立性差。由此，改革以来中央银行货币政策的随机性较大，从货币供应量增长率起伏变化幅度看，M0（现金）最低1981年为14.48%，最高1984年为49.52%，相差35个百分点；M1（现金+企业活期存款）最低1985年为5.84%，最高1984年为31.42%，相差25个百分点。同时，整个宏观调控机制还不完善，主要表现在：单纯的计划手段抵御不了来自社会资金需求的冲击；法定存款准备率虽有所提高，但专业银行也可以从获取更多的再贷款中加以弥补，利率杠杆在货币不太稳定和利率体系不健全的情况下也很难充分发挥其作用。

（七）金融市场碰到障碍

对前一段时期的资金市场作冷静思考：一方面由于管理跟不上，主要是不少资金通过市场由短期变为长期，由流动资金变为固定资金，在一定程度上助长了信贷规模的失控；另一方面，由于种种原因，如我国商品经济发展水平低、作为主要参与者的专业银行基层行还未具备条件实现企业化经营、金融资产单一、信用工具不足、资金价格的“市场”性质弱化、价格体系的不合理、国民储蓄基础差、社会游资缺乏等。以上因素说明，我国的金融市场还有待进一步整顿和完善。

（八）金融管理无序

前一段时期金融业的竞争中，相互打消耗战、无效劳动不少，促使吸储成本上升，出现了负效应；“企业可以选择银行，银行也可以选择客户”，这诱发了企业可以从多家银行和金融机构套取资金，可谓“东方不亮西方亮”，银行的“控制”变成了“支持”；专业银行之间相互占压汇差资金，造成结算渠道不畅，银行信誉下降，使大量资金由“体内”转向“体外”循环；在信贷管理上，往往不是失之过宽，就是“一刀切”堵死；有些金融机构“低来高去”，发放高息贷款，充当金融“官倒爷”；金融机构设置有很大的盲目性：如大多数信托投资公司，实质上是挖了银行的存款搞基本建设，管理混乱。

（九）结构调整处于两难境地

从理论上分析，当前我国经济中的问题可归结为在总需求大于总供给条件下的结构性膨胀，那么，着重于调整结构，盘活资金存量，这无疑是正确的选择。但在具体执行过程中，由于投资和消费在一定程度上带有刚性，所以搞不好紧缩政策的效应就会失常，往往紧掉大部分用于维持正常生产的需求资金，损害了效益好的企业，从而造成生产的萎缩。还有，有的产业如烟、酒等，则是地方财政的支柱，如果停产和半停产，势必影响地方财政收入。由于以上种种原因，使倾斜的信贷政策难以有效实施。

三、治理和整顿金融的对策

（一）必须统一认识，治理整顿应坚定不移

面对多年来已经形成的投资和消费膨胀的现象，怎么办？唯一的出路就是通过治理整顿，进一步深化改革。只有这样，才能缓解总供给和总需求的矛盾、消除通货膨胀，使国民经济走出困境。如果我们再期望于“高速度”，实际上就是主张在供给不足情况下用发票子来刺激需求和支撑经济运行，这样的经济，事实上既“富”不起来，也“飞”不起来。相

反，问题会增多，困难会加剧。

有些同志将当前的治理整顿看作是倒退，这是非常片面的。因为：首先从当前金融紧缩的性质分析，它是对多年来投资规模过大、消费居高不下所造成的需求膨胀而言的，是“松”以后的“紧”。其次从当前紧缩的成效看，1989 年 1 月到 9 月，银行贷款增加额占全年贷款计划的 37.6%，在前 10 年中，有 7 个年份低于这个比重，说明并非紧缩过度，贷款增加额中，国营工业、粮食、外贸和农业贷款占 90%，而对一些效益差的乡镇企业和流通领域的公司则少发放贷款 204 亿元。可见，治理整顿中的紧缩政策已初见成效，因为它只是作为一种手段，成功与否的标准看能否实现产业和产品结构的优化。

（二）建立使用资金的自我平衡机制

目前财政资金已基本枯竭，企业自补流动资金，实际上既缺能力又缺动力，财政和企业依赖银行信贷渠道供应货币。这种客观上造成通货膨胀的内在机制必须改革。

就企业来说，不仅从制度上规定自补流动资金，而且要真正落到实处。据调查，目前我国工业企业自有资金比例仅为 19%。照这样下去，将成为“永远填不满的‘无底’”。解决的办法是将目前的银行“统包”流动资金体制改为企业自管流动资金制度，银行统管流动资金的一切手段都必须以诱发企业内在动力和自我平衡为出发点，以促进企业行为的自动化、合理化和合法化。

就财政来说，应该立足于自求平衡，如果出现赤字，不能向银行透支，可通过发行债券办法解决，银行可代理发行但不负责包销。同时，要注意适当集中一部分财力。留有一定比例的后备基金，解决财政出现“亏”的问题。要注意税收杠杆的作用，运用它抑制消费膨胀和调节收入分配不公现象，决不能用信贷调节手段来替代税收调节手段。

对专业银行来说，特别是其基层行，要努力做到资金运用和资金来源，在总量上和结构上的平衡，如果出现不平衡，应先从拆借市场获得，然后向中央银行借贷。同时要注意强化信贷业务的风险约束，建立贷款风险基金，从制度上形成反通货膨胀的内在机制。

（三）结构调整一定要动“真格”

我国目前经济领域和金融领域中的主要问题属于总需求大于总供给条件下的结构性膨胀，消除这种状况的有力措施在于在总量控制下的结构调整。目前，总量有所控制，结构调整的矛盾更为突出。做好这一艰巨工作，一是各级必须严格按照中央和省开出的“单子”，实行过硬的从总体上考虑的倾斜政策，把有限的资金用于保证重点，为扶优和调整产业结构提供条件。二是注重挖潜，真正落实盘活呆滞沉淀资金的任务，可以采取将挖潜任务层层分解到各主管部门和企业，限期处理，并将挖潜同资金供应挂起钩来的做法。三是切实按照调整结构的要求，通过产业分类、企业分级、产品分档，注意对新增资金的合理运用。四是辅之以“适当松动”的政策，银行在必要时拿出部分“启动资金”，解决“债务链”“三角债”的问题，“支持一点，搞活一片”，疏通企业物资超储和产成品积压“梗阻症”。总之，结构调整决不能搞“一刀切”，要对一部分病态企业实行关、停、并、转的决心。

（四）积极启动利率杠杆、利率作用的发挥、关键在于稳定货币和完善利率体系

事实证明、在币值不稳定状况下、靠提高利率吸收存款控制贷款并不是根本办法，因为由此可能出现的副作用是：一方面因为存款利息的负担过重，造成对总需求的内在压力；另一方面，因企业负担过重，无法消化而再度出现物价的轮番上涨。

在币值稳定的情况下，完善利率体系尤为重要。在治理中：一是要建立均衡的利率水平，使存款利率、贷款利率和物价水平之间相互协调。如果存款负利率，必然影响吸收储蓄存款，甚至人为造成提取和抢购等现象；贷款的利率过低，往往造成积钱不如存物、搞生产不如搞买卖，以至于诱发信贷规模的膨胀。二是要调整好不合理的利率结构。目前存货利差过小，以一年期存贷利率为例，1988 年 9 月调整利率后为 0. 36%，现银行利润率不到 20%，比能源工业低 20%，比原料工业低 5%，比轻工业低 3%，在此情况下，有可能诱发银行通过超量发行来取得数量上与平均利润率相等的净收益，这对整个经济运行显然会带来不良后果。三是创造条件改变利息摊入成本的做法。现行作法既不符合马克思关于利息是利润一部分的理论，同时企业将产品提价部分转嫁于消费者，造成不合理不公平的分配。

（五）注重紧缩中的配套措施

治理整顿中的紧缩政策，不能光是银行一家唱“独角戏”，需要各个部门，如价格、财政、税收、投资等部门的密切配合。前一段改革中出现的种种问题，很多是由于各个方面的不配套所引起。关键问题是将部门盈利和整个宏观效益结合起来，当两者发生矛盾时，部门利益一定要服从宏观效益，要变“独角戏”为“大合唱”。

当前应该特别注意的方面：一是处理好财政和银行的关系。1979 年至 1988 年财政赤字已达 649. 8 亿元，如果加上内债和外债，则赤字总额达 1534. 8 亿元。事实证明，财政赤字总是直接或间接影响银行的信贷平衡。所以一方面财政要尽力自求平衡，另一方面必须彻底截断财政向银行透支的渠道。二是计划手段和利率手段的配套。单纯的计划调控手段难以奏效，故一定要配之以利率手段，以便在控制信贷总量的同时，实现对信贷结构、产业结构和产品结构的调整。三是注意银行、政府和企业行为的协调。货币政策明确规定“总量控制，结构调整”，但到地方往往发生偏差。压缩贷款，变成向企业硬性摊派，结果是效益差的企业账上无钱，而效益好的企业反而吃了亏。发放贷款，既要受地方政府的干预，又有“关系贷款”“条子贷款”等等，致使该贷的企业贷不到，而不该贷的企业反而能获取较多的资金。四是对社会集资要加以有效控制。在当前形势下，如果对社会集资采取“管而不紧”的做法、必然导致资金使用分散，削弱银行信贷资金的来源，以至再度形成对总需求的冲击波。五是政治手段和经济手段配合，如消除腐败现象，打击以贷谋私和投机倒把活动等。

（原载《中南财经大学学报》1990 年第 3 期）

正确对待当前储蓄增长问题

一、历史地全面地看待当前储蓄增长，储蓄增长并非“超常”

不可否认继 1988 年我国出现的连续 4 次挤兑风潮后，1989 年城乡居民储蓄存款出现了全面持续增长的局面，年末城乡居民储蓄存款余额 5135 亿元，比 1988 年末增加 1333.5 亿元，月均增长 1111 亿元。对此，结合当前生产滑坡、市场疲软和效益下降的现状，一些同志惊呼：“储蓄已成为驱动信贷资金高涨的主要源泉”、“储蓄量潜伏着许多危机”、“过急的储蓄宣传应当降温”云云。总之，他们认为，当前的储蓄增长是“超常增长”，值得注意。

仔细推敲这些同志的观点，所谓“超常”一是指近期，主要是指 1989 年；二是城乡居民储蓄数量的膨胀。我们认为，如果对改革以来我国储蓄增长状况作实证分析，并对近期储蓄发展趋势预测，可以说明“储蓄超常增长说”的论据不充分。①1989 年城乡居民的储蓄增长比率并不是改革以来最高的年份。“六五”期间，城乡居民储蓄增长率为 32.35%，进入“七五”期间，1986 年增长 37.9%，1987 年增长 37.4%，1988 年增长 23.5%，而 1989 年增长 35%。1979—1989 年 11 年间，城乡储蓄存款平均增长为 33.75%。可见，1989 年也只略高于这一水平。②1989 年的储蓄增长是在 1988 年储蓄增长低水平基础上的增长。1988 年由于挤兑抢购风潮，是储蓄滑坡的一年，当年储蓄存款增长率只有 23.6%。如果将 1988 年和 1989 年两年的增长数相加平均，其增长率只有 29.4%，低于改革以来 11 年平均增长水平 4.35 个百分点。如果接近 11 年平均增长率计算，1988 年的储蓄存款余额应为 4111 亿元（实际 3073 亿元），这样，1989 年的储蓄存款增长率应该是 32.4%（实际 35.1%），低于改革以来 11 年的平均水平。③进入 1990 年，储蓄出现了稳步增长的好势头。不仅储蓄数量继续有所增加而且储蓄结构趋于良好。今年一季度全国城乡储蓄存款净增 619 亿元，平均每月净增 206 亿元，比去年月平均 111 亿元的净增又翻了一番。据人民银行武汉市分行调查材料，今年一季度定期储蓄新增额占全部新增额之比继续上升 112.5%，其中保值储蓄和大额定期存款单占比分别为 34.1% 和 63.8%。这里可以得出，所谓“超常”后的负效应并不存在，反过来恰恰证明储蓄增长并非“超常”。

必须指出的是，我们否定“储蓄超常增长”，但并不否定当前储蓄增长中存在某些不正常的因素。在种种不正常的因素中，有些如膨胀了的信贷、公款私存等，在一定程度上促成了储蓄的虚假增长；有些如不规范的竞争、银行工作的质量不高等，又在一定程度上减少了储蓄的增长。所以，不正常的因素是存在的，但无论如何不能由此得出所谓储蓄增长超常而必须“降温”的结论。

二、将储蓄放到社会再生产全过程中去加以考察，储蓄增长实际上是国民经济状况的反映

事实证明，对于储蓄问题，必须将它放到经济发展过程中加以研究，不能孤立地就出现论储蓄。不然，往往会得出错误的结论，以至于贬低储蓄的作用。

就我国城乡居民储蓄而言，它主要来自补偿劳动者消耗即工资和其他工资性收入的待用和结余部分，这当然主要又取决于劳动者收入的多少，而收入高低主要由经济发展状况即劳动生产水平所决定。当然，这里并不排斥国民收入超分配因素，由通货膨胀引起的收入虚假从而造成虚假储蓄存款是客观存在的。但依据现代信用货币的特征，无论是通过正常渠道分配或非正常渠道超分配，过多的货币注入流通，一般要通过单位货币贬值和物价上涨表现出来。所以，在通货膨胀情况下，可能出现以下两种情况：一是由于物价的上涨，人们为避免拥有货币的损失，“存钱不如存物”，于是引起挤兑抢购风潮，这时，储蓄存款必然下降；二是在采取暂时的物价管制下，加上由通货膨胀的负效应所造成的产业结构失调和有效供给的缺乏，过多的名义收入被迫转向储蓄，这时，储蓄存款是上升的。这两种情况，改革以来均出现过。显然，问题的出现，不能归罪于储蓄，而是整个经济运转过程中存在的问题在储蓄上的反映。

可能提出这样的问题，城乡居民储蓄不断增长，但经济生活中却出现了生产滑坡，市场疲软、效益下降，这如何理解呢？我们认为，一方面，应该承认储蓄存款经济发展的重要作用，如1989年银行贷款增加的1800亿元中，其中来自储蓄存款占74.1%，可见，储蓄增长基本上保证了重点企业发展生产的需要。对此，是不能忽视的。而另一方面，我国目前经济生活中其实出现种种问题，但这同样不能归罪于储蓄增长。其根本原因，在于长期以来我国总需求大于总供给条件下生产的结构性失调。在此情况下，加上由此而引起的宏观调控能力差、企业行为不规范、经济生活中的无序现象等，促使储蓄资金的效应力差。同时也形成了储蓄来源愈多，而企业资金愈叫紧的反常现象。

上述分析得出，储蓄作为整个金融工作的一个重要环节，他处于社会再生产和经济运转过程之中。所以，它是由多种因素，如经济形势、收入水平、物价变化、利率增减幅度、市场供求变动、企业行为、消费结构和消费心理以及银行工作的质量等所决定。储蓄存款的来源和运用中出现的一些不正常情况，这是社会再生产过程变形和经济运行的病态所致。必须认识到，可怕的绝不是储蓄的增长，而是经济发展的不正常阻碍了储蓄作用的发挥，从而引起储蓄存款效应的低下。

三、分析储蓄构成可以看出，当前储蓄增长中呈现许多复杂因素

严格说来，我国现行习惯上用城乡居民储蓄来代替储蓄概念是不太科学的，因为：一是单包括城乡居民储蓄，而非居民如企业、公司、政府的储蓄没有计入；二是单包括现金储蓄，非现金储蓄没有计入；三是单包括间接性储蓄，而股票、债券等直接型储蓄没有计入。其实，在我国习惯的储蓄概念中，随着商品经济发展中改革开放政策的实施，也已受到部分非居民储蓄和直接型储蓄的影响，所以，正确分析我国储蓄现状，应该顾忌这些因素。当

然，如何建立科学的，适合我国国情的储蓄概念，这是个既重大而又繁难问题，需要进一步加以探讨。

“储蓄超常增长论”者往往注重对储蓄总量的分析，忽视对储蓄构成的分析，因而容易得出后面的结论。关于储蓄构成，可依据不同需要从不同角度加以考察，如从其用途分类，从储蓄存款运用时间分类，从储蓄来源分类等。这里，为较好说明储蓄增长的问题，我们试图就储蓄来源进行分类。

从储蓄来源分，可否分三种类型：

（1）自愿储蓄，即指在现阶段市场供求趋稳的情况下，居民为购置中高档生活用品，部分生产资料、养老、子女教育、结婚费用、购买和新建住宅等所自愿进行的积累，有些甚至还带有盈利性积蓄的特征，即就是为了取得利息。以上种种积蓄一般需要较长时期，虽有时间上的交错重合，但从总量上计算，总有一个相对稳定的余额，而且这一余额会随着经济的发展和收入的提高有不断增加的趋势，一般不能作为未实现的购买力。

（2）强迫储蓄，即在现阶段市场商品求大于供的情况下，居民因在市场上购买不到自己适用的商品时，被迫将货币交存银行。这一般属未实现的购买力，在安排当年总供求平衡时，必须加考虑的。至于自愿储蓄和强迫储蓄所占比重，实际上很难测定，主要由货币稳定程度、人们消费倾向以及预期的储蓄收益率而定。

（3）虚假性储蓄，即就目前我们习惯将储蓄只看作是城乡居民储蓄论，目前的储蓄总额中应剔除以下一些虚假性成分。例如：①公款私存。一些独立核算或非独立核算的基层单位违反国家现金管理制度和有关财经纪律，私设小金库，将集团收入化整为零，以私人名义在银行开立储蓄账户，这部分存款占储蓄存款总额比率，有些地方竟高达20%～50%。银行储蓄实行承包后，不少储蓄工作人员为完成或超额完成承包任务，主动迎合，拉公款进储蓄。②生产经营周转金转移。特别是一些城镇个体工商户、为存取方便，将一部分生产经营周转金以个人储蓄形式存入银行。③用贷款增储蓄。如用贷款发放给企业单位用于购买有奖储蓄券等。④储蓄统计上的虚假。即利用储蓄所扎帐的“期末”日期不相同，导致一笔储蓄存款余额通过在几个储蓄所之间的转移造成多笔发生额出现。

当然，从宏观经济范围和信用创造货币原理角度分析，过多货币注入流通，从而使消费基金膨胀，这在一定程度上促成储蓄存款的增加。如果是纯理论研究，会形成虚假储蓄存款，即没有相应物资作保证。但这种类型的虚假存款实际上是通过单位货币贬值和物价上涨表现了，其实际货币价值下降的程度对上述三种类型的储蓄存款均有影响。另外，随着信用工具多样化和金融市场的开放，部分城乡居民储蓄转向收益率稍高的股票、债券等，这也是当前储蓄业务中值中注意的一个新问题。

总之，目前的储蓄构成中呈现许多复杂因素，对当前的储蓄存款增长，既不能人为地制造紧张，也不能抱有盲目乐观的态度。重要的是把握新情况、新问题，认真分析其构成，努力使储蓄存款由“波动型”向“稳定型”过渡，由“虚假性”向“真实性”转变。

四、注重动态分析储蓄的作用，有利于提高对储蓄重要性的认识

动态既是世界万事万物的客观属性，也是储蓄活动的基本特征。当然，这并不是否定静

态分析的作用，但事实证明，将静态分析作为分析的唯一起点容易得出片面以至错误的结论。

有一种观点认为："银行组织储蓄存款没有扩大资金来源总量，反而增加银行资金成本，同时还放大了今后的消费"，实属"劳民伤财"。当然，储蓄主要来源于流通中现金的存入，就信贷资金总量来说，只是在资金来源一方储蓄存款和流通中现金两个项目之间的一增一减，并没有增加信贷资金总量。但决不能由此而贬低组织储蓄存款的重要作用。不知从动态分析，银行大力组织存款，集聚社会闲散资金，能够促进生产要素合理地迅速地组合，增加社会有效供给。这种"不变"中的"可变"，是绝对不能忽视的。依据世界各国的实证分析，储蓄率较高的国家也是经济发展速度较快的国家。所以，储蓄决非可有可无，应该把它看作是经济发展的"推进器"。

再如储蓄与消费的关系，若仅就静态分析，二者无疑存在着此消彼长的关系，因为储蓄毕竟要分流一部分市场购买力。但从本质上、从动态上加以分析，储蓄和消费是统一的。这是因为：储蓄既有人们保值、增值的欲望，也有积少成多、积累资金，进而扩大消费的一面；既有在一定程度上抑制消费的一面，也有引导消费和实现更高层次消费的一面。我国储蓄率和居民消费增长率呈现的正相关关系是明显的：1953—1975 年，储蓄增长率为 25%，居民消费增长率为 4.9%；1953—1988 年储蓄增长率为 27.3%，居民消费增长率为 5.4%；1976—1988 年储蓄增长率为 34.9%，居民消费增长率为 8.1%；1981—1988 年储蓄增长率为 36.30%，居民消费增长率为 10%。

五、必须明确，大力组织储蓄，既是银行生存之本，也是治理整顿深化改革的一项重要对策

我国各专业银行和金融机构本质上也是属于企业，也处于社会再生产过程之中，具有企业的一切特征，如果没有存款，银行信贷资金运动就处于停滞状态，就无从谈起银行作用的发挥。所以组织存款是银行生存之本。

如何对待储蓄，或者说对储蓄意义的评价，实际上是如何对待存款，从根本上说是如何对待银行工作的指导思想和方向问题。特别在当前治理整顿、深化改革和调整结构过程中，国家急需要大量生产建设资金，而资金短缺始终是困扰我们的主要矛盾。实践证明，大力组织储蓄存款，已成为摆脱困境，实现国民经济持续、稳定和协调发展的主攻方向。

为此，当前如何大力发展储蓄事业，着重提出以下几点建议：

（1）在稳定货币的前提下，努力优化储蓄存款的质量。事实证明，货币的稳定和储蓄的优化关系极大。在货币稳定的条件下，一般说来，储蓄能稳定增长，而且也较实在，储蓄促进经济增长的作用就能充分发挥。不过，在我国目前经济生活中还存在有许多"扩张"因素的情况下，储蓄优化主要取决于经济环境的优化，这还须一个过程。当然，就储蓄本身而言，就是在通货膨胀的情况下，通过组织储蓄吸收多余购买力，以减少对市场的冲击力，还是有意义的，但这仅仅是权宜之计。所以，应该坚定不移地执行稳定货币的政策，只有这样，才能保证经济增长和储蓄增长的同步协调，有利于储蓄促进经济增长作用的充分发挥。

（2）注重储蓄潜力的研究。制约银行储蓄存款的因素很多。一般而论，它与收入、存

款利率成正比，与消费、手存现金、物价和其他金融资产收益率成反比。这些因素中，其中收入是一个主要因素，人们对于收入的支配方式不外乎消费、储蓄和手存三个方面，即收入＝消费＋储蓄＋手存，那么，变换一下公式，即储蓄＝收入－消费－手存。其中收入一般是一个不可随意改变的，消费毕竟有其客观的最低数量限制。而手存现金则不同，人们在进行储蓄之前，消费以后的结余和待消费部分则全部表现为手存现金，因此，手存现金应该是银行储蓄工作的重点。银行部门如何千方百计地最小限度地将手持现金引入储蓄，这需要采取一系列有效措施，如增加储蓄种类、增设储蓄网点，开展合理竞争，重视对储户的心理研究、实行储蓄手段的自动化、现代化等，以充分挖掘储蓄潜力，实现储蓄量的不断增长。

（3）正确和灵活运用利率杠杆。利率的正确运用和灵活调整对储蓄影响极大。我国目前利息制度不尽完善，但就利率与储蓄关系的角度分析，特别应注意的：一是利率调整应兼顾存款者、贷款者以及银行三者之间的关系。当前存贷利率的下降目的是调节经济和鼓励消费，但应注意把握合适的“度”避免出现银行组织存款越多而费用越大的不正常现象，否则会影响储蓄作用的发挥。二是注意银行利率和债券股票等有价证券利率的协调配套，否则人们必然将手持现金投向获利较高的债券、股票等有价证券上去，影响银行吸储能力的提高。三是坚持储蓄保值。有些同志认为目前物价趋稳，保值储蓄已失去作用，这是片面的。恰恰相反，保值储蓄的实施一方面具有抑制物价波动的作用，另一方面对稳定人心从而稳定储蓄有利。所以，保值储蓄这种“稳定器”的作用是不能忽视的。

（原载《调研与信息》1990 年第 10 期）

由“扩张型”向“稳定型”过渡

——完善我国金融宏观调控体系探索

一、金融宏观调控体系的地位和作用

金融，一般谓货币资金的融通。所谓金融宏观调控体系，它是指中央银行在对宏观经济的调控中，必须具有明确的最终目标（如经济增长和货币稳定等）、采取有效的货币政策工具（如公开市场业务、再贴现、存款准备金等）、选择具体的调控对象（或称中间目标，即联系最终目标和政策工具之间的金融目标，如货币供应量、利率水平等）和运用合适的调控形式（如通过金融市场、计划手段、法律手段等）。以上诸部分相互间的密切联系和相关作用，而组成的完整的调控系统。随着我国经济体制改革的深化和有计划商品经济的发展，金融宏观调控的重要性愈来愈显得突出。可以说，整个经济体制改革的焦距对准了金融，如何完善我国金融宏观调控体系成了理论界讨论的热点。具体说，主要由以下四个方面所决定：

（1）维系社会供求平衡的关键所在。我国改革开放以来，社会总需求大于社会总供给的状况始终存在，在某些年份，这一矛盾尤为突出。历史的经验证明，要保持国民经济持续、稳定、协调地发展，其前提条件就是要实现宏观供求的平衡。从理论上推导，社会总供给是指一定时期生产出的社会净产品（社会总产品扣除物质消耗后的部分）再加上社会劳务产品。在有计划商品经济条件下，这些社会产品的价值大体上需要通过货币来表现、衡量并实现。由此，社会总供给又构成了对货币的总需求。社会的总需求应是指同一时期内由于国民收入的分配和再分配而形成的积累需求和消费需求的总和，它决定于货币的总供应。上述推导可以得出，社会总供给和社会总需求的矛盾，可演化为货币总需求和货币总供应的矛盾。

由社会总供求矛盾演化货币供求矛盾的事实，基于社会总供给及由其构成的货币总需求客观存在，所以货币供应在实现宏观供求平衡中的重要作用是不可忽视的。而处于金融业中心地位的中央银行，是调节和控制货币供应量的“总机关”和“总闸门”，具体经济过程中的货市投放又是由专业银行和各种金融机构办理，可见，金融宏观调控的重要作用是显而易见的。

（2）信贷平衡在宏观平衡中的地位日趋强化。改革以来，一是国民收入分配渠道发生了变化，企业纯收入中上交国家财政的比例下降，而银行的信贷资金增长比例相对上升；二是银行信贷业务范围的不断扩大，财政资金直接用于生产建设的部分减少，更多的建设项目

靠银行货款来解决；三是由过去财政支持银行多现在变为银行支持财政多，如财政向银行透支，银行上缴财政利润的比例增加，财政不再安排增拨银行信贷基金，银行承担部分技改和基本建设贷款相应减少财政支出等。这些说明，随着经济体制改革的深化，“财政一银行”占有社会资金的格局有了新的变化。据统计，全国用于生产和建设的总资金中，来自财政渠道和银行渠道的比例已有过去的7∶3变为3∶7。可见，信贷收支平衡在国民经济宏观平衡中的地位在日趋强化，而金融宏观调控的现实目标首先是要保证信贷收支的平衡。

（3）贯穿于国民经济宏观、微观和市场三个层次。这是由金融的特殊性所决定的。从宏观来讲，通过控制货币发行，有效地调节信贷收支和社会总供求。从微观看，中央银行的宏观货币政策，通过基层银行和其他金融机构的活动传递到各非银行部门，起到了搞活经济的作用。当前资金紧缺，主要表现为流动资金紧缺，而银行则是供应流动资金的主要部门。据统计，现有工业企业资金占用的80%，商业企业资金占用的90%，外资企业资金占用的99%靠银行贷款。改革以来，银行提供流动资金贷款占全部银行贷款的82%。由此，在当前财政不给银行增拨流动资金，企业自有流动资金留成有限的情况下，资金供求矛盾则集中表现为社会流动资金总需求与银行流动资金贷款能力之间的矛盾。在现实经济生活中大家深深感到：金融活、企业活；金融死、企业死。就市场而言，金融市场的形成，冲破了长期以来资金纵向分配条条分割的封闭式管理体制，资金的流动开始纳入纵向调度和横向融通相结合的轨道；改变了资金由一个“漏斗”，即银行独家办理的单一渠道，初步形成了全国规模的多渠道、多方式、多层次筹集融资的新局面，开始改变长期形成的资金“供给制”的分配方式，探索运用有计划的商品经济内在运转规律即价值规律调节资金需求的新路子；开始改变长期以来由国家“统包”资金的老习惯，增强了企业的资金周转观念和效益意识；有利于中央银行改善宏观控制和增强调节的弹性。

（4）运用金融手段调整经济结构。对当前资金紧的性质和原因分析，无非出自两个方面：一是因投资过热和消费早熟所造成的资金总量膨胀和资全构成上的不合理，二是因管理不善引起大量流动资金阻滞，甚至流失。可见，当前资金紧主要是生产结构和资金结构不协调的反映，可以说是一种在总需求大于总供给情况下出现的结构性资金紧张。作为从事货币资金融通的金融业，特别是社会主义的银行，它不仅限于总量调节，而且比较灵活地运用信贷、利率、再贷款、法定存款准备率、汇率以及行政手段等来调节经济结构。可见，金融宏观调控有直接手段，又有间接手段；既有行政手段，又有经济手段。它的运用对经济的发展起到了重要作用。

二、现行金融宏观调控体系呈现“扩张型”

金融宏观调控体系在整个国民经济宏观调控体系中的重要性，这是不可忽视的。但必须注意，与我国经济经济长期积累的一些问题相联系，加上改革中难免出现的失误，现阶段我国金融宏观调控体系呈现“扩张”状态。

改革以来，我国国民经济一直呈较高水平的发展趋势，表现在信贷规模和货币发行上，增长速度过快，时而带来物价的不稳定和经济生活的混乱。总之，总需求大于总供给的矛盾客观存在。

据有关资料测算，从1979—1989年，货币供应增长均高于经济增长。就各指标平均增长速度而言。工农业总产值为10.62%；国民收入为8.82%；M0（现金）为25%，M1（现金+企业活期存款）为24.58%。货币供应年平均增长率分别是工农业产值和国民收入年均增长率的2.4倍和2.8倍。从改革的后五年看，问题更为突出1984—1988年，国民收入年平均增长为11.3%，而M0年平均增长为32.7%，M1年平均增长为20.8%。这5年的货币发行量要占1979—1988年十年货币发行总量的83.5%。

货币供应的失常和总需求的扩张，其直接原因主要是近年来投资和消费的双膨胀所致。就投资规模看，尽管投资积累率起伏甚大，但均超出了国民生产总值增长的幅度。1989年同1979年相比，国民生产总值由3998亿元上升到15677亿元，增长近3倍。而全社会固定资产投资由699.36亿元上升到4000亿元，增长约5倍。就消费基金看，1979—1987年，我国国民收入增长9.0%，而消费基金的增长率达14.2%，其农民为13.8%，非农民为14.6%，社会消费为16%，均高于国民收入的平均增长率。1989年问题更严峻，该年国民收入增长率为3.7%，但消费基金增长达20%多。与此同时，个人结余购买力激增，1989年末，全国城乡储蓄存款余额高达5130亿元，比上年末净增1334亿元。

为什么现行金融宏观调控体系存在有扩张因素并又容易扩张呢？究其深层原因，主要有：

（1）财政、信贷、货币发行三者捆在一起的做法并未得到根本改变。金融体制改革后，建立了以中央银行为中心，专业银行为基础、各种金融机构并存的新的金融体系。但事实证明，金融总体格局的变动并不说明整个管理模式的根本转变，名为“一个中心”，实际上是多个中心。中央银行还受命于政府指令，受制于财政状况，屈就于专业银行，它作为信用制度枢纽的金融中心的作用远远没有发挥。在这种情况下，长期以来我国存在的“基本建设挤财政、财政挤银行，银行发票子”的陋习无明显改变。

（2）“大锅饭”的资金管理体制下形成的惰性经济，通过信贷的扩张可以解决一切问题，但后果并非完全自负。关于资金管理体制，从企业来讲，1979年以后，国管企业流动资金归银行统管；就银行内部来说、信贷资金管理制度的改革经历了由“统收统支”到“存贷挂钩”再到“实贷实存”的变革。应该说，这都是改革的成果。但与整个经济体制还不完善不健全状况相适应，企业吃银行“大锅饭”、专业银行吃中央银行“大锅饭”、专业银行下级行吃上级行的“大锅饭”的状况还严重存在。各种矛盾集中于银行，导致了企业靠银行贷款过日子，银行靠扩大信贷规模和发行贷而支撑其运行，整个经济靠信贷膨胀维持。而由信用货币带有隐蔽性和强制性的特征所决定，经济生活中的扩张因素所引起的信用膨胀和通货膨胀，其后果并非完全自负。实质上，由经济高速增长到通货膨胀，由通货膨胀所产生的负效应，即加剧经济震荡、扭曲企业行为、恶化部门关系、延缓改革进程等，最终仍然由整个宏观经济和全体劳动者“公平”承担，这必然使整个国民经济的宏观平衡建立在不稳固基础之上。

（3）信贷资金来源和运用上的结构失调，银行又可以通过总量扩张的办法，既能取得新一轮的宏观平衡，又能实现其预期的收益率。近几年，银行在信贷资金运用上结构失调现象严重：一是长期性资金缺口加大，1984年以前银行每年的长期性存款一直在100亿元以上，从1984年开始则相反，到1988年，长期性资金缺口已达323.2亿元。二是我国银行自有资金占资产或负债的比例1987年已下降到10.9%，按国际惯例不得低于20%，可见风险贷款已经形成。三是银行处于病态运行中，到1988年止，银行上缴财政利润比例已达62%，加上弥补企业亏损等，银行账面上1200亿的自有资金已所剩无几，实际上在做“无本生意”，成了“皮包公司”。四是银行负债结构发生了变化，由于信用回笼激增，居民负债上升，不但资金成本增加，而且又放大了将来的需求。以上这些问题，银行又可以运用信用创造货币的原理。用总量扩张的办法，强求宏观经济在新层次上的平衡，并由此仍可实现银行的预期收益率。

（4）政府主导型经济实质上是一种数量和速度冲动型经济。我国经济属一种由政府发动的经济增长模式，经济增长的投资主要是由政府（具体即财政）主要依赖于要素投入数量的追加来完成的，作为投资者主体的政府“政绩意识”较强，其具体表现为“扩张冲动”、“追求数量”和“投资饥渴”，这很容易引发信贷规模失控和信贷结构不合理。政府往往通过过度的基建投资和财政赤字转嫁等挤银行，或用行政手段如批条子贷款等迫使银行扩大信贷规模。另一方面，对信贷结构调整也给予干预，有的产业如烟、酒等，则是地方财政的支柱，如果停产或半停产，势必影响地方财政的收入。可见，财政主导经济本身就内含有经济的扩张因素。

（5）中央银行缺乏独立性，调控机制弱化，很难起到对货币供应量的约束制衡作用。金融理论界不少同志提出，为不受短期政策的影响，我国中央银行不应隶属国务院领导，应隶属全国人民代表大会（常务委员会）。其实，在我国，两者没有实质性区别，关键问题一是中央银行能否享有独立权，二是能否建立完善的金融宏观调控机制，以保证中央银行独立性的实现。目前看来，不但中央银行的独立性无保证，而且整个宏观调控机制很不完善。例如，单纯的计划手段抵御不了来自社会需求的冲击；法定存款准备率虽有所提高，但专业银行也可以通过获取更多的再贷款加以弥补；利率杠杆在货币不太稳定和利率体系不健全的情况下，也很难充分发挥作用。由于中央银行宏观调控机制弱化，调控力度差，一方面表现为对信贷规模的软约束而导致失控，这种状况在改革年代尤为突出，据统计资料，1979—1988年共发行货币1922亿元，相等于1949年到1978年发行货币总量的9倍。另一方面，货币政策稳定性差，货币供应增长率起伏变化甚大。例如，M0（现金）1981年为14.48%，1984年达49.52%，两个年份相差35%。M1（现金+企业活期存款）1985年为5.84%，1984年达31.42%，两个年份相差25%。

（6）经济高速增长而效益低下，加大了投入产出的差率，迫使用信贷扩张的办法来支撑整个经济运转。违背国力的经济高速增长，必然是效益的下降。对此，必须引起高度重视。1989年，预算内国管工业企业实现的利税，比1988年只增长0.2%，而亏损企业增加1.2倍，可比产品成本上升22.4%；国营商业和供销社系统1989年实现利润比1988年下降37.9%，亏损企业增亏43%，商品流通费用率普遍提高，资金周转速度放慢。反映到银行，有相当一部分贷款处于呆滞状态，全国约占30%。据湖北省人民银行最近对131个专业银行县、市支行调查，呆滞贷款占全部贷款约占26.47%。可见，投入产出差率增大，企业对银行信贷资金相应增多，而现实状况又要保证绝大多数企业“生存”下去。在现行体制下解决问题的途径主要靠银行贷款，企业“贷得起、还不起、赖得起”，银行信贷政策的“扩张性”和“输血型”，变成了企业运用资金的“伸缩型”。

（7）部门之间的不协调，各种经济政策导向不一致，各种经济杠杆之间难以形成合力，导致了宏观经济失衡状态。就部门之间讲，财政财源枯竭，企业自补流动资金缺乏动力，加上企业之间“三角债”和“债务链”，当前资金矛盾自然表现为社会资金需求与银行资金供应之间的矛盾。长期以来，我们过分地强调银行对财政和企业的“合作”和“支持”，较少地论及各自的职责和自我平衡，从而不适当地将银行供应资金作为一种责任和义务来承担。就经济政策导向而言，主要表现为财政政策和货币政策之间的摩擦，如在总量政策上，财政一般选择了紧中偏松的政策，具体内容是扩大了财政信用和增加了财政赤字；而银行则采取偏紧的政策，即紧缩了信用和控制信贷规模。在结构政策方面，财政采取紧缩对一般建设项目的供给，全力确保重点项目的建设；而银行采取的是“区别对待、择优扶植”的方针，实际上大量支持了那些“短平快”项目而抵消了支持重点项目的力量。就各种经济杠杆作用而言，当然，单个经济杠杆的作用是不能忽视的，但更重要的是发挥各经济杠杆运用之间的合力作用。如财政杠杆和信贷杠杆的运用不仅要注重各自平衡还需顾及其综合平衡，价格杠杆和工资杠杆的运用需考虑财政、信贷的承受能力等。不然，往往会导致因相互之间抵消作用力而出现负效应，最终还会反映到信贷扩张上来。

（8）经济法规的不健全，缺乏对“扩张型”经济的行政法律制约手段。改革以来，建立和健全了一些规章制度，但无法可依、有法不依的情况仍然存在。例如，贷款的投向和投量出了问题，谁也不负法律责任，谁也负不了责任。又如《银行管理暂行条例》明确规定：“财政不得向人民银行透支。中国人民银行不得直接购买政府债券”，但实际上，财政直接向银行透支或借款、银行购买财政债券、银行统一供应企业流动资金以及由银行贷款填补应由财政投资的基建项目等还是难免。前一段时间，金融秩序混乱、竞争缺乏规范、银行业间占压汇差资金，随意设置金融机构等，与经济法规的不健全亦有关系。

由上述分析得出：我国现阶段金融宏观调控体系之所以存在缺陷，既是多年积累的种种问题所造成，更重要的是体制性因素的影响。如何依据我国现状构想新的金融宏观调控体系和采取相应有效的对策，这是面临的重大课题。

三、我国现阶段宏观调控体系构想

构想新的金融宏观调控体系的格局应是：“双轨模式、双项目标、双重调控、综合配套、全面考核。”其总体目标是由“扩张型”的宏观调控体系过渡为“稳定型”的宏观调控体系。

“双轨模式”。即是指计划经济与市场调节相结合的宏观调控模式。必须明白，我们现在所面临的经济体制是一种双重体制，它绝不是在经济改革过程中采取的一种权宜之计，而是我国在发展社会主义公有制基础上的有计划商品经济的一种目标选择，是贯穿于整个社会主义经济全过程的体制。

事实证明，计划也好，市场也好，每一种经济体制都是优缺点共生的。过去我们采取集中计划模式，可以使宏观调控的各层次高度统一，并采取自上而下的层层控制方式，往往能收到“立竿见影”的效果。但是，在高度集中计划模式下，直接控制贷款总规模的强制办法，弊端是：它往往妨碍微观经济主体积极性的发挥；难以灵活调节，在一定程度上压抑了经济的正常增长，不利于打破货币资金供应上的“大锅饭”，有碍货币资金的横向融通等。这种弊端随着我国商品经济的发展和改革开放政策的深入越来越明显。而与高度集中的计划经济相比，完善的市场经济其优势主要有，它能使微观活动主体具有活力，通过竞争机制，优胜劣汰，促使社会生产要素的合理配置，以切实提高经济效益；通过市场灵敏的信息反馈系统，便于生产和消费的更好衔接。但是，市场经济又不可避免地存在有盲目性的弊病，过分强调它，往往在一定程度上不利于国家对宏观调控作用的发挥，以及宏观效益和微观效益的有机统一。我们建立的双重体制是希望既发挥计划经济的优越性，又发挥市场调节的积极作用。也就是，我国现行调控体系，既要有我国计划经新机制的内在属性，又要体现改革以来我国市场经济发育程度的要求，即双轨模式。

困难的问题不在于两种体制是否结合，而在于如何结合。实践证明，结合得好，既能发挥计划经济的长处，也能发挥市场经济的长处，往往能起到“取长补短”的互补作用。但如果结合不好，情况则相反，不但长处没有发挥，两者的短处倒充分暴露了，这往往将经济推向“一控就死，一放就乱”的两难境地。

“双项目标”。即调控贷款总规模，又调控货币供应量，应该承认，在现代经济社会中，无论在哪种经济体制下，国家都要确定货币为宏观调控体系的重点对象。这是因为，一方面，现代社会是货币信用经济高度发达的社会；另一方面，货币信用化又给经济的发展注入了巨大的能量，主要有：一是融合单个生产者为整个国民经济的统一体，把千百万个微观活动点纳入宏观决策意向，并产生了宏观经济活动；二是聚集和分配货币资金，催化生产要素的迅速结合和最佳配置，在分化、改组、离合的基础上不断改进和更新产业结构，以能动地调节经济发展的比例关系；三是向流通界提供最适货币量，以保持币值的相对稳定和国民经济持续和稳定地发展。

但必须明确，货币是双重体制下国家宏观调控的重点对象，这并不意味着发行和经营的银行系统只能搞直接调控而不能搞间接调控，它同样存在有两种调控方式如何结合的问题。

我们之所以要采取“双项目标”，这是由双项目标本身的特点及所处环境所决定的。一方面，依据现实经济生活中的种种货币都是通过贷款注入流通的原理，贷款规模直接制约着货币供应量，中央银行对专业银行进行贷款规模的调控，有利于宏观经济调控目标的实现；另一方面，货币供应量与国民生产总值成正相关，中央银行通过直接控制基础货币量，再通过货币乘数的作用间接地控制住货币供应量，从而对社会总供求产生影响。

有些同志提出疑问，控制贷款总规模就是控制货币供应量，何必一定要采取这“双项目标”呢？确切地说，货币供应量是指实际投入流通的货币数量，它既是中央银行货币政策所决定，也是中央银行金融宏观控制的结果。所以，它是一个既相对于货币必要量又可以大于或小于货币必要量的一个概念。因此，尽管控制货币供应量的内容里理应包括控制贷款总规模的意思（因为只有控制了贷款才能间接地控制货币供应量的增长），但我国“双轨模式”下，宏观调控机制还不很完善，金融市场刚刚建立，特别是在我国当前容易出现“经济过热”的现象下，实行“双项目标”控制有其必要性。这里，重要的问题是如何完善贷款计划指标管理办法，如改变计划程序、扩大信贷计划中指导性项目的范围、采取计划和资金分开和实行分层次计划控制办法等。如果我们仍按固定的思路和老一套的办法，必然会引起双项目标之间作用力的抵消，甚至由此而产生负效应。

“双重调控”。即中央银行和专业银行互相配合的双重调控。这是因为：一是我国金融宏观调控客体具有双重性，即既要控制总量又要调整结构。就中央银行来说，似乎只控制货币总量，实际上，资金总量的分配和利率政策的指定等均带有结构调整的特征。就专业银行来说，它对贷款规模的运用状况会直接影响中央银行对总量控制的力度，同时，结构调整又是与专业银行的经营活动密切相关。二是整个货币创造过程，是靠中央银行和专业银行共同完成的，并且，专业银行在活期存款的创造中扮演着及其重要的角色。上述原因，我们认为金融宏观调控不可能离开专业银行而由中央银行独立承担。

“综合配套”。即是指金融宏观调控的力度来自相关部分，故必须全方位综合平衡使用。这是因为：一方面，金融，作为国民经济这一庞大系统中的一个重要子系统，虽相对独立，但决非孤立存在。社会经济机体呈现多层次、多系统、多部门的复杂状况。大系统和子系统之间，以及相关的子系统之间存在有相互依存和制约关系。另一方面，金融宏观调控中运用的若干金融变量的运用并非都受制于中央银行的行为，除法定存款准备率外，超额准备率直接受制于专业银行的行为，现金漏损率、定期存款比率、财政性存款比率等则直接受制于非银行经济部门的行为。当然，并不排斥中央银行通过间接手段去影响这些行为，但这毕竟是间接的。

“全面考核”。即不仅是规模指标考核，而且有结构指标考核，同时还要进行质量指标考核。

规模考核指标主要有：基本建设规模、银行新增贷款规模、直接融资规模，商业信用规模、现金发行额、利率和汇率水平等。

结构考核指标主要有：资产负债项目比例、分地区资金投入比例、固定资产投入和流动资金投入比例，工资水平与储蓄总量比例、农村种养业资金投入和整个农业资金投入比例等。

质量考核的指标主要有：国民生产总值百元贷款率、存款利用率、资金周转率、工资收储率、资金自给率、贷款收回率、存款费用率等。

全面考核的目的无非是要求得微观经济效益与宏观经济效益、短期经济效益和长期经济效益的统一。

四、由“扩张型”向“稳定型”过渡的对策研究

强化和完善我国中央银行的宏观调控体系，新的调控模式的构造是一种预期设想，切实保证并实现由“扩张型”调控模式向“稳定型”调控模式的过渡，还需进行一系列对策研究。

（1）必须统一认识—治理整顿坚定不移。改革是有条件的，改革需要有一个良好的环境。改革不可能在“恶劣”的环境中起步。面对多年来积累的需求大于供给的矛盾，唯一的出路就是通过治理整顿，进一步深化改革。就货币政策而言，既要防止用再扩张的办法来

解决过去由于过分扩张所带来的矛盾和遗留下来的问题，又要采取符合实际的适当松动措施。

有些同志将当前的治理整顿看作是倒退，说什么“辛辛苦苦干十年，一下退到改革前”，这是非常片面的。应该看到通过一年多的治理整顿，国民经济一些主要方面发生了变化：是过热的经济增长明显回落，1989 年工业总产值（按可比价格计算）比上年增长 8%，乡及乡以上工业增长 6.8%，增幅比上年回落约 13%；二是过猛的物价涨势有所减弱，1989 年货币发行 210 亿元，大大低于 1988 年 680 亿元的水平和增加 46.8% 的幅度，三是过大的供需矛盾得到缓解，1989 年全社会固定资产投资比上年下降 11%，职工工资总额增幅比 1988 年下降 9.1%，社会供求差率由 1988 年的 16.2% 缩小为 80%。这一切表明，整个国民经济开始出现比较稳定的环境。其实，治理整顿是一种手段，其成功与否的标准是能否实现经济的稳定和产业结构的优化。以此衡量，我国目前已初见成效。

总之，要充分认识当前治理整顿的紧迫性和重要性，治理整顿既是改革深化不可缺少的第一步，也是深化改革极其重要的组成部分。否认治理整顿，金融宏观调控由“扩张型”向“稳定性”过渡就不可能实现。

（2）科学地测算和供应货币量。适量的货币注入流通，是保证金融宏观调控体系建立并正常运行的先决条件。关于这个问题，主要应从以下三个方面考虑：

一是要寻求科学地测算货币供应量的方法。长期以来，我们采用的所谓“1：8”的经验数据法（即 1 元人民币要有 8 元的商品保证），随着商品化程度的提高和改革的深化，这种方法已很难适应变化了的形势，特别是单一测算现金量的方法已不能正确地反映整个货币流通状况。近年来金融理论界提出的三项挂钩法（即货币需要量增长率是由商品数量、商品价格和货币流通速度三个因素的增长率所决定）和单项挂钩法（让货币供应量增长率进行单项指标跟踪，即只与经济增长率一个指标挂钩）等，因种种原因，还不完善。如何寻求科学地测算货币供应量的方法、看来是一个既重大又繁难的课题。

二是科学地测算货币资金缺口。无论是从全国范围或某一局部地区，谈及货币资金的紧缺程度，往往习惯于用“缺口”来表示。人们一般以银行存款与贷款的差额作为资金缺口，直觉想来理由很充分，其实并非科学。这是因为：真正的资金“缺口”应该是保证经济正常发展的资金“缺口”。依据“存款 + 现金 = 贷款”的原理，由贷款的过度发行造成存款和现金的膨胀，在此情况下，将存贷差额作为资金缺口，实际上已经承认由贷款失控所形成的信贷差额（即存款和现金两部分膨胀之和）的合理性和合法性。一个地区的信贷差额是整个宏观失控量的组成部分，用存贷差额作为资金缺口必然隐含着被动地适应已经膨胀了的现状和忽视治理的能动作用。可以设想，在经济过热和超高速增长的状况下，这样的资金“缺口”必然是“一年比一年大”。另外，一些随机因素，如资金市场的供求、体制性因素等，它们的变化从而影响资金供求并非都能在存贷差额中立即反映出来。总之，如何科学地测算资金缺口，确定一个数量化的中间目标，对搞好金融宏观调控具有十分重要的意义。

三是必须注意在“总量控制、结构调整”的总原则下，辅之于“适度松动”的政策。针对目前“扩张型”的金融宏观调控体系，采取“总量控制和结构调整”的政策，这一命题是完全正确的。但命题的正确，不等于实践上的正确，这是因为我国目前存在的“扩张型”机制和决定其“扩张”的内外诸因素，在一定程度上带有刚性，故不可能在短期内完善和解决，需要有一个过程。过去我国犯过“急于求成”的错误，期望跳远这一过程，结果导致了经济过热和效益下降。而现在不能出现另一种倾向，仍然违背这一过程，犯“急于求下”错误，由此引发生产滑坡和市场疲软。一般说来，上述两种倾向，首先集中体现在货币的供给上，事实证明，采取过分“松”的货币政策，试图用再扩张即盲目扩大需求的办法，显然是不可取的；采取“一刀切”、“下陡坡”的全面紧缩政策又往往脱离现实状况的客观要求，难以避免对经济的不良影响。我们认为，从近期看，只能是因势利导，在“总量控制”，前提下，着力于“结构调整”，并辅之以“适度松动”的措施。

（3）建立使用资金的自我平衡机制。一个有效的宏观经济调控体系，很大程度上取决于微观经济单位能否对宏观调节措施做出及时的和灵敏的反应，即宏观经济所必要的微观基础是否具备。由此，对企业来说，不仅从制度上规定自补流动资金比率，而且要真正落到实处。据调查，目前我国工业企业自有资金比例仅为19%，离1990年30%的目标还差甚远。如果不改变这种状况，企业的资金需求将成为“永远填不满的‘无底洞’”。解决的办法是将目前的银行“统包”流动资金体制改为企业自管流动资金制度，银行统管流动资金的一切手段都必须以诱发企业内在动力和自我平衡为出发点，以促进企业行为的自动化、合理化和合法化。

就财政来说，应立足于自求平衡，消除“赤字无害论”。据有人用回归方程测算；财政赤字每增加一个单位，在一定的基数之上会导致M0（现金）两个单位的变动和M1（现金+企业活期存款）9个单位的扩张。如果财政出现赤字，不能向银行透支，可通过发行债券办法解决，银行可代理发行但不负责包销。同时，要注意适当集中一部分财力，留有一定比例的后备基金，以解决财政出现“亏”的问题。还要注意充分发挥税收杠杆的作用，运用它抑制消费膨胀和调节收入分配不公现象，避免用信贷手段来代替税收调节功能。

对专业银行来说，特别是专业银行基层行，要努力做到资金运用和资金来源不仅在总量上而且在结构上的平衡。如果出现不平衡，先应从拆借市场获得，然后向中央银行借贷。同时要注意强化信贷业务的风险约束，建立风险基金，从制度上形成反通货膨胀的内在机制。

（4）开拓和建立一个完善的金融市场。所谓金融市场，严格说来是指资金供需双方通过某种形式融通资金的场所。当然，这一场所，也可以是“无形”的。金融市场的建立，对改善中央银行的宏观控制，增强调节的弹性具有重要作用。可以这样说，没有资金市场，就不能很好地实现信贷规模和货币发行的有效控制，价格、利率、信贷等经济杠杆的作用就不能充分地、协调地得以发挥，总之，无论是宏观管住和微观搞活，都离不开宽松的市场环境。

为进一步完善我国金融市场，充分发挥其调控社会资金的作用，一是要继续完善同业拆借市场，及时调整资金余缺，提高金融机构的资金自给率和清偿能力，减少对中央银行的资金需求。二是要发展并健全债券市场。金融机构较长期的资金缺口，要通过同业债券、向社会发行金融债券、吸收存款等办法进行弥补。同时，按照一定顺序，推动企业发行中、长期和短期债券，向社会筹措资金。三是建立票据贴现市场，把目前企业之间存在的挂账形式的相互拖欠，改为约期的票据形式，大力开展商业票据的承兑、贴现和再贴现业务，有基础的试点城市要相应开放商业票据的流通市场，并进一步办好国库券的转让市场。四是建立并健全公有股票市场，允许公有制单位持有股票，要优先批准重点企业、企业集团发行公有股票，同时要开办公有股票转让市场。

随着金融市场的发展和扩大，必须重视对其加强引导和管理。一是对直接融资和间接融资，中央银行应从宏观上作好统筹安排，以确定合理的直接融资规模，二是运用债券的发行利率，通过利率上升和下降，把资金引向国家的重点建设项目；三是加强对资金运用的管理，防止大量流动资金向固定资产转移，短期资金向长期资金转移，造成资金来源和运用关系的失调；四是尽快建立和健全必要的金融法规，保证有一定的法律规范，资金融通才能正常开展。只有这样，金融市场的建立才有助于金融宏观调控体系的完善。

（5）注重改革中的配套措施。事实证明，在治理整顿中，不能光是银行一家唱“独角戏”，需要各个部门、如价格、财政、税收、投资等部门的密切配合。前一段改革中出现的种种问题，很多是由于各个方画的不配套所引起。如何既要统筹兼顾，又要充分发挥其合力作用，关键问题是将部门利益和整个宏观效益结合起来，两者发生矛盾时，部门利益一定要服从宏观效益，要变“独角戏”为“大合唱”。

当前特别要注意的方面：一是处理好财政和银行的关系，1979 至 1988 年，除了 1985 年没有赤字外，其他年份累计赤字达 650. 8 亿元。而财政支出还日趋加重，1989 年财政用于企业亏损和价格补贴为 931. 17 亿元，占财政收入的三分之一。据测算 1990 年内债还本付息达 374. 94 亿元，比 1989 年增加 327. 46 亿元，再加上巨额外债偿付金，财政包袱沉重。事实证明，财政赤字总是直接或间接地影响银行的信贷平衡。所以财政和银行应作共同努力，一方面财政应摒弃赤字财政政策，建立正常的预算秩序，硬化财政支出约束；另一方面，信贷也应力求平衡，因为信用膨胀最终会加剧财政收支的不平衡。二是计划手段和信贷、利率等经济手段的配套。在治理整顿时期，强化计划调控手段有其必要性，但单独的计划手段难免以偏概全，故一定要配之以经济手段，以便在控制货币总量的同时，实现信贷结构的优化和产业结构的调整。三是注意银行、政府部门和企业之间行为的协调。三者不协调，往往使中央银行的货币政策意向不能落到实处，甚至会发生偏差。例如，要压缩贷款，有些地方变成向企业硬性摊派，结果是效益差的企业账上无钱，而效益好的企业反而吃了亏。发放贷款，既要受地方政府的干预，又有“关系贷款”、“批条子贷款”等等，致使该贷的企业贷不到，而不该贷的企业反而能获得较多的资金。四是对社会集资要加以有效控制和管理。在当前形势下，如果对社会集资采取“管而不紧”的做法，必然导致资金使用分散，削弱银行信贷资金的来源，以至再度形成对总需求的冲击波。五是政治法律手段和经济手段的配合。以有效地规范银行和企业行为、消除腐败现象，打击以贷谋私和投机倒把活动等。

（原载《社会主义宏观调控研究会论文》1990 年 7 月）

1991 年

当前金融改革中的几个热点问题

一、信贷结构调整的困难和出路

当前，经济工作中的最大难度是经济结构调整。努力使产业结构和产品结构的优化，既是治理整顿取得成效的重要标志，也是我们走出经济困境的关键所在。信贷结构调整则是实现经济结构调整的前提条件。

必须明确，所谓信贷结构。它应包括整个金融结构、银行资产负债结构、贷款结构以及由此延伸的行业和企业资金结构等。可见，信贷结构具有整体效应。但在实际工作中，银行和企业的同志往往视信贷结构调整为单纯的贷款结构调整。实行所谓“点贷”、“启动”，强调贷款的倾斜作用，结果并不理想，既不能“搞活一点”，更不能“影响一片”；“只能启动机器，不能启动整个经济”，在一定程度上还培育了企业的依赖思想，加剧了信贷结构的惰性。据统计，1990 年前 7 个月，贷款增加 742 亿元，是历史上同期贷款增加最多的时期，而预算内工业企业产成品资金占用比上年同期增长 45.9%，全国商品零售总额比上年同期下降 7.5%，物资系统 7 月份销售比上年同月下降 9.1%。事实证明，单从贷款投量上做文章，还远不能达到经济结构调整的预期愿望，因为就是用大量信贷资金向所谓效益好的企业倾斜，而终究因其他企业缺乏资金不能购买，使原来适销对路的产品变为不适销，反而造成了生产越多则积压越多。如果将大量的贷款用于流通企业，又往往是将工业企业的积压产品向商业企业“搬家”。

由此，在贷款的运用上，一定要纠正信贷结构调整概念上的偏差，重视信贷结构调整的整体效应，制定出战略性的信贷资金增量流向和流量的指导序列，改变目前银行贷款中，大部分用于挽救那些经济上已失去合理性的企业、用于收购不能形成有效供给的产品以及用于从整体上分析生产不能构成最终需求产品的企业。不然，其结果必然是：一方面贷款总量失控；另一方面大量贷款呆滞，而这些呆滞的贷款虽绝大部分属流动资金，但实际上都属长期性贷款，搞得不好甚至连利息都收不回来。在此情况下，银行的功能、信用的功能、储蓄的功能等均无从谈起。

信贷结构调整概念上的偏差是问题的一个方面，另一方面，信贷结构调整之所以困难，客观上还存在有一些制约性因素。一是现行本质上仍然是“大锅饭”的体制，企业缺乏结构调整的压力的动力。二是我国至今还没有一个协调产业政策的权威部分，随着投资主体的多元化和投资来源多渠道化，“大而全”、“小而全”、“趋同化”、“轻型化”的投资趋势有其必然性，直接影响经济结构的优化。三是结构调整的前提是要使一部分效益差而难以生存的企业，实行关停并转，由此伴随而来的破产和待业，在现阶段社会保障制度不健全状况下，与社会稳定不相符。四是结构调整的首要任务是处理好农业和工业、轻工业和重工业、基础工业和加工工业以及第三产业和其他部门之间的关系。比较突出的问题是目前加工工业产值份额占整个工业产值高达70%，所以结构调整的重点是保基础工业，压加工工业。但在价格体系扭曲的情况下，往往是加工工业赚钱，基础工业亏本，这就必然引起政府财源下降。

针对以上情况，信贷结构调整的出路何在？我们认为，形象地说就是要："开刀"、"吃药"、办"疗养所"。

所谓"开刀"，就是结构调整要动"真格"的。在分类排队、确定重点的前提下，按国家的产业政策，贷款应重点支持农业、能源交通和原材料等国民经济基础行业的发展，支持大中型骨干企业的生产、农副产品和外贸出口商品的收购、国家计划内的重点固定资产投资项目以及群众生活必需品和市场短缺商品的生产。与此同时，对那些长期以来经济效益差、产品无销路的企业，采取关停并转办法，促进社会生产要素合理流动机制的再构造。事实证明，不下狠心开这个"刀"，结构调整就失去前提。

所谓"吃药"，即通过输入主要是输入资金的办法实现存量和增量的优化，促使企业或起死回生，或进而增强生存和竞争能力。依据我国目前经济状况，应该重视科技贷款的投入对摆脱市场疲软、推动经济成长的重要作用。这是因为：先进的科技装备是以实现新型产业结构和高质量的产品为目标的，也只有先进的科技投入，才能增加产品的技术含量和增强市场竞争能力。我国目前结构调整的难度相当大，试图就单纯的产业结构调整带动产品结构的优化、往往只是一种良好的愿望。如果仍依赖于启动目前不尽合理的产业，在落后的科学技术基础上靠大量人力、物力和财力来支撑整个经济运行，去生产那些质次价高甚至没有使用价值的产品，必然使整个经济陷入困境。依据我国国情，结构调整的最好出路是：依赖技术进步，变资产存量调整为存量优化。这是因为：技术进步一方面能引起现有存量的内部反应；另一方面通过不断优化了的增量积累来驱使原有不合理的存量结构的变动。从长远看，技术进步是将整个经济推向新一轮良性循环，促使经济再上一个新台阶的主要支撑力量。

所谓办"疗养所"，即结构调整需要一个良好的环境。当前重点一是要推进价格体制的改革。价格结构依存于产业结构，但价格结构对产业结构具有导向作用。因为，价格结构的变化会促使部门之间利润的重新分配，刺激或减少国民经济的投资额，从而引导产业结构的变动。价格体制合理，能正确地引导资金、劳动力和生产要素合理组合，从而使短线产业得到发展，同时又能抑制长线产业，淘汰过剩生产企业，促使社会资源的合理配置和产业结构的优化。而反过来，价格体制不合理，会使信贷投向投量失真，从宏观上看来一些长线产业从局部看则是短线，这种价格扭曲造成的产业结构扭曲，必然使产品短缺和过剩并存，加剧产业结构不合理。二是要完善社会保障事业。结构调整会使一部分企业破产和一部分工人待业，为保证社会的安定团结，必须努力推进社会保障制度的改革，如建立破产制度和待业保险制度等。

二、深化金融改革中的诸多“两难”问题

不可否认，十二年的金融体制改革取得了巨大成绩。主要有：一是建立了中央银行制度；二是实行了新信贷资金管理体制；三是完善和调整了利率政策；四是采用了多种信用形式和信用工具；五是建立和开拓了金融市场；六是恢复了国内保险业务；七是改变了封闭式的银行管理体制；八是对中央银行宏观调控进行了一些有益的探索。

然而，必须看到，金融改革作为整个经济体制改革的一个重要组成部分，它本身作为一个完整的系统，并由货币资金融通这一特征所决定，它具有广泛性和渗透性的特点，贯穿于社会再生产的全过程和经济体制宏观、微观、市场三个层次。所以，经济生活中的种种矛盾，往往集中表现在金融上，金融改革深化目前面临着许多“两难”问题，必须加以重视。

（1）货币政策“松”“紧”度的掌握上，从理论上分析，必须兼顾币值稳定和经济增长，选择两者的最佳结合点，但实际操作时总难以把握，抽紧银根的负效应会使生产滑坡、供给萎缩，而松动银根，又往往因通货膨胀促使经济恶化。

（2）结构调整的重要步骤是抑制“长线”企业，以实现存量的调整，但在价格扭曲经济过热的情况下，价格难以管住、只能以“放”为主的加工工业往往是“长线”，而关系到国计民生、价格只能以调为主的基础工业则往往是“短线”。压加工业一怕地方财政背“包袱”，二怕因待业过多产生不安定的因素。

（3）在财力分配上，中央集中和地方分散之间的矛盾时有存在。集中财力，有利于加强基础工业的投资，但集中过度，又会削弱地方聚财理财的积极性。财力适度分散，有利于调动地方的积极性，但财力过于分散，使中央财政枯竭，从而又会影响基础工业的发展。

（4）在微观金融的构造上，有计划的商品经济模式需要金融组织成为独立的经济实体，具有企业化特征，但现有肩负政策性和经营性为一身的专业银行基层行显然与此有矛盾。但作为经营货币这一特殊商品的社会主义银行，以利润最大化作为企业化的唯一标志，并不合适。另外，一些政策性业务主要是由经营性业务所派生，完全将政策性业务从专业银行基层行身上“剥离”，也并不合适。

（5）金融宏观调控方式上，直接调控和间接调控手段的采用也存在有“两难”，直接手段过多，不适应改革中商品化信用化程度的提高。但多用间接手段又往往要促动微观利益主体，在一定程度上又要影响到局面的稳定。

（6）开拓和建立金融市场，实现金融资产负债的多样化，这是有计划商品经济的客观要求。但管理不善，使资金使用变形，大量流动资金用于固定资产，短期资金用于长期占用，由此反而冲击了宏观经济在总量和结构上的平衡。

（7）信贷资金的大量蚕食和完整性、扩张性之间存在有矛盾。财政连年赤字，向银行透支共有1000亿元，外债1000亿元。现有金融资产16000亿元，其中有2000亿元是用于弥补亏损的。大量信贷资金财政化，即使信贷资金完整性无保证，同时又为信贷的扩张埋下了隐患。

（8）改革以来，要求国内金融流向网络化，打破行际之间、地区之间、部门之间的封锁，促进资金的合理流向。但与长期以来形成的局部观念、地区观念有矛盾。

以上种种“两难”的形成，既有宏观决策和判断失误等主观方面原因，也有一系列客观及历史原因。这些问题，一方面说明金融改革的难度，另一方面也说明，金融改革要取得突破性的进展，采取一些应急措施当然是必要的，但还不能算是解决问题的根本途径，走出困境的真正出路在不失时机地加大改革分量，选准深化金融改革的着力点。

三、深化金融改革的三大目标和着力点

从总体上说，进一步深化金融改革，应确立以下三大目标：

一是加强和完善中央银行的宏观调控体系，实现金融宏观调控化。具体说，在调控政策目标上，应确立在稳定货币的基础上实现经济增长；中央银行的作用不单是分配信贷，主要是通过各种手段的运用控制和调节信贷和货币总量；中央银行在保证其相对“独立”和“超脱”的前提下，努力实现由直接型向间接型、由单一的指标管理向多方面、分层次调控转化。

构想新的金融宏观调控体系格局应是：“双轨模式、双项目标、双重调控、综合配套、全面考核”。“双轨模式”，即指计划经济与市场调节相结合的调控模式。“双项目标”，即指既调控贷款总规模，又调控货币供应量。“双重调控”，即指中央银行和专业银行互相配合的双重调控。“综合配套”，即指金融宏观调控的力度处于自身和其相关部分，故必须进行全方位综合平衡。“全面考核”，即不仅是规模指标考核，而且有结构指标考核，同时还要进行质量指标考核。

二是搞活基层专业银行，实行专业银行基层行企业化经营。具体说，首先要重新设计银行企业化经营的内容和程序；其次要努力做到硬化信贷约束，专业银行应是资金的融通者，而不应是资金的供应者。同时，银行企业化程度依赖于工商企业企业化程度，故银行与企业都应致力于建立资金使用的自我平衡机制、鼓励企业在银行贷款之外自主选择筹资方式，为银行企业化经营创造外部环境。

三是继续开拓和完善金融市场，强化金融交易市场化。具体说，为适应商品经济发展和资金供求体制的变化，本着先短期资金融通后长期资金融通，先一级市场后二级市场、先易后难的方针，目前重点应发展同业拆借市场、票据业务、发行各种短期债券、有步骤地扩大股票发行和健全证券流通市场。

在确立上述三大目标的前提下，目前深化金融的着力点究竟在哪里？我们认为是银行的企业化经营。这是因为：

（1）如果我们仔细考察经济、金融内外种种矛盾现象，不难发现，矛盾来自“中央银行—专业银行—企业单位”这三个主体相互关系的扭曲。这种扭曲了的关系，从顺向分析，表现为中央银行的宏观决策难以在专业银行基层行奏效，从而也不可能在企业单位产生效应。从逆向分析，由于专业银行基层行缺乏信贷硬约束力，企业单位躺在身上吃“锅饭”，由此造成了专业银行对中央银行的信用扩张冲击力。可见，要矫正这些扭曲关系，当然需要三个主体自身的不断完善，但着力点应解决中间环节即专业银行基层行所有制关系的具体化并在此基础上实行企业化经营。

（2）在目前的金融市场上，专业银行既是参加者，又是组织者。只有专业银行基层行

以相对独立者的身份从事金融业务活动，金融市场才能真正活跃起来。

（3）改善中央银行的宏观调控必须以搞活微观金融为基础，只有对专业银行基层行的微观基础进行再构造，才能实现其经营机制和行为的真正转变，从而为中央银行进行宏观调控创造良好的条件。

（4）利率作为资金的价格和重要的金融杠杆，它的改革必须与增强专业银行基层行的活力相结合。可以设想，在基层行没有一定的利率浮动权、利率僵死又无弹性的情况下，利率改革很难成功、利率的杠杆作用也难以发挥作用。

（5）专业银行基层行企业化经营后，其内作用力向左右辐射，必然会使目前状况大有改观，一方面为中央银行建立宏观调控机制奠定基础，另一方面强化了银行贷款对企业发展生产和固定资产投资的干预和制约作用，有利于促进工商企业的企业化经营。

（6）金融改革的主要障碍是垄断，主要出路是竞争。在目前只有几家特大银行超级垄断，基层银行缺乏经济利益这一原动力状况下，事实上不可能形成真正的竞争，搞得不好还会产生破坏性竞争，形成负效益。专业银行基层行实行企业化经营，有利于银行真正的竞争机制的建立。

（7）专业银行基层行实行企业化经营，改革的振动面大，同时对处理好中央银行和专业银行的关系来说，是一种较为理想的选择。因为它既可避免中央银行要“断腿”说和专业银行要“砍头”说那样不易接受，又必然会给现有的金融体系带来重新调整关系的契机。

（原载《城市金融界》1991 年第 1 期）

1992 年

股份制：应有的热情与冷静

当前，“股票”、“股份制”已成为社会公众的热门话题。对这一“陌生又令人心跳”的领域，很多人跃跃欲试。本文就当前开展股份制工作提出两点基本认识。

一、股份制—挡不住的诱惑

（一）股份制是社会化商品经济的产物

股票具有集资面广、动员资金迅速的功能，用发行股票的方法筹建股份制企业，这是随着生产力的发展，特别是社会化大生产的要求而产生和发展起来的。这是因为：①一些大型企业的投资，单靠银行不能满足，需要向社会集资。②商品经济愈发展、企业之间的竞争愈激烈。为了在竞争中生存，企业必然注意扩大自己的资本实力。③商品经济的高度发展，必然带来社会经济生活的信用化。④股票行情的变动反映市场需求和人们的投资预期，它既是调节经济的重要信息，也是反映经济运行的灵敏标尺。可见，社会化商品经济的发展，股份制成了一种挡不住的组织和管理形式。

（二）股票是一种特殊商品，与商品经济发展共存

股票的发行和交易，是股份制存在的必要条件。什么是股票？从持票人角度定义，它是一张入股凭证，即是持票人（即股东）投入股份有限公司资本的入股凭证。若从股份公司（或称股份企业）定义，它是一种有价证券，即指股份企业发给股东能带来权利（能取得股息、红利）和义务（承担风险）并能转让的一种有价证券。但必须清楚，撇开股票那种变幻无穷的现象形态，从本质上说，它首先是一种商品。作为一种商品，必有价值和使用价值两重属性。股票的价值也是人类劳动的凝结，其使用价值，至少可以这样理解，即作为一张入股凭证或一种有价证券加以使用。马克思在分析货币本质时精辟地指出：“只要理解了货币的根源在于商品本身，货币分析上的主要困难就克服了”。[①]同样，股票作为一种金融商品，只要抓住它也是商品这一本质，在股票问题上的一切疑难问题也可以迎刃而解。例如，与一般商品相同，股票作为交易对象，也有自己的价格。但股票的价格和面额具有不一致性，它的交易价格（又称股票行市）是可变的。这与一般商品一样，用劳动时间这一内在尺度来衡量其价值是不可变的，而用货币这一外在尺度来表现其价值即价格则是可变的，这是由价格运动本身的规律所决定。同样，股票的面值并不是它的价值的真正代表，其交易

价格所代表的是用货币来表现的一种资本化的收益，它取决于预期收益和当时的储蓄利率之比。例如，每股金额100元的股票，预期年收益为15.12元，当时储蓄利率为年息7.56%，则股票的交易价格为15.12/7.56%=200元。也就是说，100元面值的股票收益相同于200元钱存入银行的收益。必须指出，这样的分析还是纯理论的，与商品价格变动相似，影响商品价格的因素相当复杂，也即价格相对于价值来说，它所反映的关系更复杂更鲜明。影响股票价格的因素同样如此，不仅是股息和利率，还有政治因素、经济发展因素、供求因素、心理因素、投机因素和其他因素等等，不过股息和利息是影响股票价格变动的直接因素而已。

股票除了价格变动的特点外，还具有一些其他的特性：①规范性，即股票的发行必须具备一定的形式按法律规定的程序进行。②参与性，即股东可参与公司规定的经济和决策活动，其参与程度，取决于其占有股票的多少。③利益性，即股东能分得股息和红利，当公司解散时，还可分得公司的剩余财产。④流通性，即可以在证券市场上流通，可自由买卖。⑤风险性，即股息红利的报酬主要随公司经营状况浮动。⑥永久性，即股票一经发行，就不能收回，公司不承担归还股东本金责任。股东要想收回投资，只能设法把股票转让给他人。这样做不会减少公司的投资，等于公司占有了一笔永久性的资金。必须明确的是，股票的上述特征只是说明其作为一种特殊的商品，而其本质上仍旧是一种商品，这是万变不离其宗的。

既然股票首先是一种商品，然后才是一种特殊商品，那么，在现代商品经济社会里，搞股票交易、股份制的股份经济是一种既自然又必然的现象。股份制必然与商品经济的发展共存，是挡不住的。

（三）股份制绝不是私有制

长期以来，统治我们观念的是，将股份制看作是资本主义的专利。由此，“讲储蓄是爱国的表现，而买卖股票是资产阶级的行为”这种偏见似乎作为“真理”存在。其实，股份制恰恰是对私人产业的扬弃。

马克思在分析股份制的性质时指出：“股份制度一它是在资本主义体系本身的基础上对资本主义的私人产业的扬弃；它越是扩大，越是侵入新的生产部门，它就越会消灭私人产业”。“这种财产不再是各个互相分离的生产者的私有财产，而是联合起来的生产者的财产、即直接的社会财产”[②]马克思的科学分析说明，一是股份制是对私有制的一种否定，绝不是私有制的继续和强化；二是股份制是“联合起来的生产者的财产”，它带有公有制的特性，由此，正确的结论应该是，股份制就其形式而言，无论是资本主义和社会主义均可采用，但就其反映的内容而言，靠近社会主义而绝不是靠近资本主义。完全不必担心搞股份制会导致私有化。

（四）股份制决不会改变公有制的性质

一些同志担心，关系到国民经济命脉的基础产业、大中型骨干企业和实行政策倾斜的产业实行股份制，会不会改变我国公有制的性质。我们认为，这种顾虑是不必要的。这里要弄清以下几个问题：①公有制是一个总体概念。坚持社会主义公有制不等于每一个企业的公有制的比重都要占绝大多数。从我国以公有制为主体的客观状况出发，推行股份制的企业能保持国家股权的相当规模是完全可以的。目前已公开发行股票的企业股权总量中，国家股占59.9%，法人股占26%，个人股占14.1%，这就是一个例证。②社会主义股份制中的股份都具有一定的共有性。股份制本身是一种生产资料的社会共有制，在社会主义制度下，这种共有性相对于资本主义来说更具有新的特点。我国股份制表现为国家、企业、个人的联营经济，从本质上看，它已经摆脱了私人对资金的支配和控制，具有一定的共有性。③公有制的力量大小，不只在于公有资金本身数量的多少，而在于公有经济所能支配的资金多少。股份企业内部实行一企多制，即国家控股、企业参股、个人入股。而股东的本质是支配权，分散的众多的股权由于没有支配意义，因此不能代表权力性质。故公有制的力量，在于公有经济所能支配的资金多少。我国股份制通过国家控股形式，与法人股和个人股一起共置于企业之下，这实际上是强化公有制而并非削弱公有制。

（五）实行股份制的最重要目的是转换企业经营机制

股份制作为一种财产组织形式和企业管理模式，真正实现所有权和经营权的相分离；股东的收益和企业经营状况直接挂钩；通过股票价格的上升和下跌，增强企业的市场意识、竞争意识和风险意识。可见，股份制，对于改变长期以来存在的产权界限不清，打破“三铁”，建立企业自主经营、自负盈亏、自我发展、自我约束的机制，无疑是一种理想的选择。

（六）有利于遏制总需求膨胀

推行股份制，企业通过发行股票筹资，必然减少向国家申请拨款和向银行申请贷款，能有效地抑制信用膨胀和通货膨胀。二是通过股份制企业经营机制的转换，不断提高经济效益，缩小投入产出的差率，相对节约资金的使用，减少对总需求的压力。三是扩大股份制试点。把一部分现实购买力转移到生产部门，而且作为一种长期性投资存在，可以从根本上减轻市场压力，控制物价上涨。

（七）股票在很多方面优于债券

①股票的购买者（即股东）可以享受多种权益。如企业经营管理参与权、出席股东会议权、选举公司董事监事表决权、盈利和资产分配权、优先认股权、股份转让权等，而债券持有者只有付息还本权。②股票的本金构成公司的股本，属公司的自有财产；债券的本金只构成公司的债务。③股票与公司共存亡，因为它虽可以自由买卖、转让，但不能从公司退出；而债券具有期限性，到期向债权人偿还本金后就结束债券发行者和购买者的关系。④股票的股息和红利是在企业利润中支付，而债息可以进入成本，且固定不变，无论企业能否获得利润，均“旱涝保收”，可见股票持有者和经营者的关系更为密切。⑤债券一般由国家承担风险，而个人购买股票，风险自担。可见，购买股票者的金融意识和风险意识较债券更强。

（八）购买股票引起的储蓄存款“搬家”有好处

有人认为买股票很多是银行资金“搬家”、劳而无功。事实上，股票和储蓄虽也都是筹资方式，但不少方面股票优于储蓄，例如：①股票一经认购就不能退股，而储蓄不管是定期还是活期，均可随时提取，形成对市场的需求；②股票直接进入生产领域，通过企业之间互相兼并、参股、入股，促使生产要素在全社会范围内进行流动和重新组合；而储蓄属间接融资，在目前基本上还是“大锅饭”体制下的信贷软化，很难保证提资的有效性。③发行股票，自己的钱自己管自己用，风险自担；而储蓄虽有其不可低估的作用，但巨额储蓄增长不仅增加了银行资产的成本，同时每年数百亿的利息支出实际上也是放大了今后的消费。④近两年债券和股票发行量与储蓄存款同步上升的现实，充分说明了这种“搬家”，从总量上看，并未削弱银行的作用。

（九）股市投机—市场机制作用的伴生现象

有些同志断言股市投机与社会主义不相容。所谓股市投机是指股票持有人根据自己对预期收益的不同评价寻找市场“空白点”，投股票行市涨落之机。我们认为：它是市场机制作用的伴生现象。这是因为：一方面，在股票市场上，严格区分谁是投机者是不现实的。因为随着影响股市诸因素的复杂变化，人们的预期和意向也随之变化，原打算长期投资的人可能突然决定抛股，而原来打算做短线投机的人决定将所持股票作长期投资。另一方面，正常的股市投机的作用既必要又重要，它增强了股票市场的竞争性，能较准确地反映市场供求均衡关系，有利于稳定股价，又能使股票具有强烈的流动性和生命力。总之，通过这种正常的投机，用较为猛烈的方式向人们指出市场矛盾的真正所在，并提醒政府部门及有关方面去关注产生矛盾的原因并及时寻找解决问题的正确途径。以上分析得出，股票市场作为一种独特的商品市场，投机是整个市场机制的伴生现象，没有投机，就不可能有股票市场的真正存在；若取消这种投机，则无疑是取消股票市场。

从以上九个方面的分析可以得出，股份制确实是一种挡不住的诱惑。尽管它并不是一好百好，但在利多弊少这点上应形成共识，我们一定要大胆地搞，坚决地试。

二、既有热情，又要冷静

（一）股票投资是一种风险投资，须慎重对待

股票投资有两大风险，一是企业经营状况，二是股市价格变动状况。作为一种特殊商品，股票只有在企业经营业绩良好，资产不断增殖，其价格的上涨才是实涨。况且，影响股票的内外因素复杂，从现象看，股票价格的瞬间波动是经常的事，选择不当，就会遭受损失。无论是买卖股票，无论是推行股份制，都得慎重对待，不能仓促和盲目行事。

（二）扭曲的中国股份制需要规范

据统计，到1991年底，我国试行的股份制企业约有1万家。但必须看到，他们离股份

制的本质要求甚远。①财权界定不明确。现有不少股份制企业，自己拥有股权，自己管理自己、不能真正体现所有权和经营权相分离的原则，也谈不上企业经营机制的转换。②股东利益不平等。同股同利是股份制企业必须遵循的原则，但在利润分配上，有些企业个人股分红率高，而国家股则少分红或不分红，导致了国有财产被个人侵吞的现象。③股票债券化。一些企业把发行还本付息的债券也称为发行股票。有些企业对股票作了到期归还本金的具体规定。有不少企业发行的名为债券，但又允许参加企业分红，这种债券化了的股票，已失去了股份集资的应有机能。④股份制机制不健全。在我国，人们买股票投资于企业，往往只有单一的股息收入预期，既不关心企业运转状况，也没有其他获利渠道；既不能获得配股权，也不能得到股份分红；既缺少对企业进行管理和监督的动力，也未尽与企业共同承担风险的义务。这样股东便变成了仅仅依靠股票单纯领取股息的局外人。⑤管理行为不规范。某些企业发行的股票，一部分或全部股息摊入成本，或在税前利润中支出，从而影响国家财政收入。有些企业借口搞自己的特色，用高收益吸引股东，收益率高达百分之十几至百分之二十，高出了企业资金利润率，实际上搞成了福利性和奖励性的股份制。这种扭曲了的股份制，客观上冲淡和削弱了股份经济的应有作用，任其下去，有可能因股份制变形而误入歧途。

（三）股票市场的培育需要有一个过程

①创造适合股份制建立的内外条件。如稳定的政治经济环境，市场机制作用的充分发挥，人们金融意识、竞争意识、风险意识的增强，各种规章和法律制度的制订，一批中介组织如资产评估、会计事务所、评信机构以及证券公司的培育和发展等。②建立一整套股票发行和管理的程序。就股票发行来说：企业一般在什么情况下用发行股票增资；哪些企业应重点地推行股份制；企业发行股票的条件；发行股票应遵循哪些原则；股份制改革试点从何着手；股份制试点必须做好哪些工作；股份制公司设立的基本程序；股票发行前的准备工作；股票发行的方式；哪些单位和个人不能购买股票；股票发行的基本程序；股票的认购；如何印制股票等一系列问题均需顾及。就股票和股份制企业的管理来说：股票发行的管理；规范股票上市的一般程序；股份企业的资产评估；股份企业的财务审核；股份企业的信誉评定；股份企业的分配体制；承包制和股份制的衔接或结合等一揽子事情也均需考虑和安排。③目前证券人才奇缺，真正懂证券特别是股票的人才很少。④我国现行体制大面积推广股份制条件未成熟，特别是政府主导经济是中国股市发展的一大障碍。政府职能不转变，股份制很难解决政企分开和领导体制的问题。

（四）当前“回升”的经济形势需要我们冷静

当前的经济形势，较明显地带有“回升”的特征。进入 1992 年，工业增长速度加快，物价稳中有升，财政困难和效益低下的状况没有明显好转，特别是经济的“回升”以投资的快速增长为先导，是需要引起注意的。多数同志认为：当前的经济“回升”，仅仅表现为总量和速度的上升，所以带有“恢复”的性质，是在非规范的行政推动和利益刺激下“热”起来的，基础并不稳定和巩固。可以预料，如果“经济热”加上“股份热”，间接融资和直接融资一起上，总量失控导致结构失衡的可能是存在的。

必须指出，我们说对当前我国推行股份制，既有热情，也要冷静，但首先是要有热情。在热情的前提下讲冷静，能使我们的热情落到实处，抓出实效，保证股份制试点工作的健康和顺利进行。

注：

①马克思：《政治经济学批判》第48页。

②马克思：《资本论》第3卷，第494、495页。

（原载《中南财经大学学报》1992年第4期，《新华文摘》1992年10月全文转载，湖北省第四届社科论文一等奖）

我国经济增长点的转移与金融对策

一、理论归结——任何形式的经济增长都以制度创新或技术创新为基础，新时期必须把经济增长的基点从制度创新转移到技术创新方面来

在经历了1989年以来的市场疲软严重冲击之后，我国摆脱市场疲软和寻求经济增长，都有其赖以支撑的成长点。从经济增长的动力来考察，劳动力、资本等投入量是增长的动力，经济的持续增长就是以这些投入量的增加为支撑力的，特定的投入就构成了经济特定的成长点。如果对我国经济增长过程做粗略的分析，可以发现，我国经济增长基本上是以生产要素投入的增加为支撑力的。西方经济学家曾对经济增长的因素作了大量的分析，他们认为，总量的均衡、劳动力和资本的增加、技术进步等都是促进经济增长的因素，在他们看来，只要做到了总量的均衡，增加劳动和资本的投入就能使经济增长，技术进步的功能只不过是“节约资本”或“节约劳动”。我们认为，这种分析有它的缺陷。缺陷就在于混淆了技术进步因素与资本、劳动投入量等因素对经济增长的差异性，因为技术进步的功能不仅仅是带来产品的丰富、质量的提高和经济的增长，更重要的还在于技术进步对整个产业结构、社会经济结构现代化与人类文明程度的深远影响。如果我们设想一个农业社会，无论它如何做到总量均衡和增加多少非技术投入量，它始终不会有现代工业结构和现代工业文明，在农业国以“铁牛”取代耕牛的意义也远远不在于生产效率的提高，还在于由此包含的技术进步因素带来的社会经济结构的根本性变化。因此，技术进步与劳动、资本等投入在推动经济增长过程中的功能是有差异的，是具有不同属性的。

如果我们把劳动、资本投入量的增加，总量均衡过程的调节，生产关系、经济体制和政策的转换，利益分配格局及国民经济重大比例关系的调整等作用于经济增长的因素归结为制度创新：把技术革命、技术革新等新技术的商业性应用及扩散而带来的产品质量的提高、产品结构和产业结构的变化、资源的有效利用与效益的提高等归结为技术创新，那么，支撑经济增长的就是两种属性不同的动力——制度创新和技术创新。制度创新功能发挥的两种前提是：①技术创新总体上处于稳定阶段；②促进新的技术创新阶段。制度创新面临的两种经济现象，一是短缺，二是过剩。当技术创新总体上处于相对稳定阶段且面临短缺时，制度创新的功能一方面是进行分配调节，另一方面是发掘经济增长的潜力以扩大社会总供给能力和规模。但是当出现过剩现象时，单纯的制度创新就不可能解决经济增长问题，而只有进一步的技术创新才能有新的增长，这种新的技术创新又有赖于制度创新中有促进技术创新的机制。对于短缺，技术创新具有增加产量的功能；对于过剩，技术创新更具有制度创新所不具有的增加新产品，扩大产品的技术含量，开拓新市场的功能，因而也具有支撑经济继续增长的功

能。对此，我们的表述是：制度创新和技术创新都不是孤立地进行的，在技术创新的过程中，往往有赖于制度创新；在制度创新中，往往包含有促进技术创新的因素。当技术创新处于一种相对成熟和稳定的阶段，较为活跃的应该是制度创新，从而挖掘既定技术创新阶段支撑经济增长的潜力；当既定技术创新阶段不足以支撑经济增长时，则制度创新应以促进技术创新为主要内容而相对稳定，技术创新应成为此时最活跃的因素。尽管事实上制度创新和技术创新都是一种不间断的变量，但客观上也都体现出总体上的相对稳定性。

无论是制度创新，还是技术创新，都是有阶段性的，经济增长的过程实质上是制度创新和技术创新的连续过程。在一定的技术创新阶段上，制度创新的作用就在于挖掘这一阶段经济的潜在增长能力和促进新的技术创新。如果制度创新不能有利于实现新的技术创新，则经济增长就可能陷入停滞的时期。典型的例证是资本主义国家在经历了1929—1933年的大危机之后，通过经济政策的大变更——制度创新促进了经济在一定时期内的增长。而二次世界大战之后又主要靠技术革命——技术创新来支撑新的经济增长。制度创新之所以有效，是因为在当时的技术创新阶段，经济的潜在增长能力并没有挖掘殆尽；制度创新之所以失效，则在于特定的技术创新阶段对经济增长的支撑力发挥到了极限。因而此时的主要任务并不是单纯的制度创新，而是通过制度创新来实现技术创新，使经济增长获得新的支撑力。因此，制度创新对于经济增长的支撑作用是有效的。同时也是有限的，其有限性就在于不能提高国民经济的消化能力；而技术创新作用于经济增长的能力是无限的，其无限性就在于整体经济素质的提高和消化能力的增强，从而能促进经济的良性循环。

二、实证讨论——近40年来，特别是改革开放以来，我国经济成长点在制度创新范围内成功地实现了三次转移，推进以技术进步为特征的第四次转移已迫在眉睫

纵览我国40年经济发展的轨迹，可以发现，由于经济环境的不断改变，不同时期的经济成长点也各不相同。近40年来，我国经济成长点已经历了三次转移。第四次转移已迫在眉睫。

（一）1953—1978年的成长点

以扩张基本建设规模为特征的生产规模扩张的推动——使单一的农业国朝工业化方面迈进了一大步，工业的发展首次成为推动我国经济增长的主导力量。

解放初期，我国基本上是一个农业国，工业基础非常薄弱。1949年466亿元工农业总产值中．农业总产值326亿元，占70%，这种现状对我国经济的起飞非常不利。为改变这种状况，从第一个五年计划起，我国开始推行以156项重点工程为代表的大规模基本建设，仅“一五”和“二五”期间。全国基建投资1797，56亿元，通过基建新增固定资产1354亿元，投产大中型项目1176个。基本建设和生产能力的迅速扩大，为我国工业的发展奠定了基础。同时在一定时期内成为我国经济增长的强大推动力，到“一五”末期，我国工业总产值首次超过农业总产值。在1953年到1978年的25年间，我国经济增长总额之中，77，64%来自工业的贡献。而工业经济的增长基本上得益于基建投资和生产规模的扩大。或者说

得益于外延扩大再生产。

60 年代末以后，由于经济环境已发生了根本性变化，经济成长点在客观上已不能再单一地由外延扩大再生产来承担。但在主观上，我们没有遵循经济成长点转移的客观规律，仍然一如既往地通过基本建设的扩张来维系经济增长，结果造成了经济结构的严重失调，为我国经济的协调稳定增长带来了无尽的后患。

（二）1997—1984 年的经济成长点

农产品供给快速增长的推动——一方面为加工工业提供了充足的原材料，另一方面增加了农民货币收入。从需求方面刺激了国内市场。

1979 年开始推行的农村联产承包责任制。使持续了 30 年的农村“大锅饭”宣告终结。这一历史性变革大大地激发了农民的生产经营积极性，引起了农产品供给的大幅度增长。1979—1984 年全国农业总产值年均递增 8. 9%，是新中国历史上增长最快的时期。农村改革的成功，农产品供给的大幅度增长，为国民经济增长创造了两个方面的有利条件：一是为工业提供了充足的原材料；二是增加了农民货币收入，扩张了市场需求。据匡算，在 1978—1984 年新增加的 1798 亿元社会商品零售额中，约有 65% 以上来自农民，1984 年当年新增全社会购买力中，农民占 52. 5%。在 1979—1984 年社会总产值年均增长的 9 个百分点中，约有 5 ~6 个百分点来自农业发展的贡献。

（三）1984—1990 年的经济成长点

消费需求增长双向拉动——一方面拉动产业结构从生产资料向消费资料倾斜，另一方面也拉动消费资料生产内部从必需品向非必需品倾斜，从而拉动着消费资料和生产资料生产的全面增长。

农村经济潜能的释放是有限度的，1984 年后，经济增长的支撑点再不能放在农产品的高速增长上。那么，改革后 5 年的经济成长点是什么呢？是消费需求拉动。1984 年，在全国推行了城市经济体制改革，将农村改革经验引入城市：一是在企业推行经济效益与职工利益直接挂钩，企业经济效益迅速提高，职工收入也大幅度增长；二是鼓励发展个体经营，允许一部分人先富起来，使一大批城市无业人员货币收入大幅度增加；三是大规模地扩大就业，7 年内安排了 8000 万人员就业，增加了消费支出。此三项措施组合到一起，就使消费需求大幅度增加。从 1984 年到市场开始疲软的 1988 年末，全国消费需求年均递增 22. 2%。

消费需求的增长，从两方面影响着国民经济运行：一是与消费需求增长相适应，必须调整生产资料和消费资料之间的生产比例，广大消费资料生产，过去那种将工业生产建立在生产资料内部自我循环基础上的格局必须打破。1984 年后，我国工业生产资料和消费资料生产的增长发生了明显不同的变化：湖北省 1984—1988 年工业消费资料净产值年均递增 25%；同期工业生产资料净产值年均递增 13. 9%。1984—1988 年，全国工业消费资料净产值年均递增 31. 2%，而 1978—1984 年只平均增长 12%；二是消费需求的增长，消费水平的提高。使人们的消费需求从生活必需品向非必需品转移，这样，就要求调整生产资料内部的生产结构，从必需品向非必需品转移，这样，就要求调整生产资料内部的生产结构，从必需品向非必需品生产倾斜。我国工业消费品生产中，非必需品所占比重由1984年的25%上升到1989年的55%和1990年的58%。改革后5年，经济增长得益于消费资料生产的增长，而消费资料生产的增长又得益于消费需求的增长。在这个意义上也可以说，改革后五年经济增长主要得益于社会消费需求增长。

（四）新时期（90年代）的经济成长点

推进技术进步，把科技进步作为提高生产力的主要推动力一通过扩大产品的技术含量、缩短产品的更新期，来适应新的消费层次的要求。

前40年的经济成长动因，能不能作为新时期的经济成长点？回答是否定的。首先，我国工业生产已达到相当的规模，靠大规模扩大基建投资来扩张生产规模既不可能，也无必要。其次，改革前5年已使农业潜能得到了比较充分的发挥，从1984年以后，农业连续5年徘徊不前，在经济增长中已没有发挥主导作用。所以，企望农业再出现超常增长，也不是单纯的农村经济体制的进一步改革所能做到的。再次，改革后5年需求超正常扩张，已经使供求关系严重失衡，严重的通货膨胀迫使我们不能再以扩张需求的方式来刺激经济增长。

既然前三个经济成长点都不能成为新时期的经济增长动因，而新时期在客观上又必须有一定的经济增长速度，那么，我们就必须寻找新的经济成长点。我们认为，新时期的经济成长点是整个产业的技术进步。在20世纪90年代，我国群众生活将完成从温饱型向富裕型过渡阶段，达到小康水平。适应这个特点，在产业结构上就必须加快从必需品向非必需品生产的转移，非必需品在消费品生产中所占比重将进一步扩大。非必需品与必需品相比，具有三个明显特点：其一，消费弹性大；其二，消费者对产品的技术要求较高；其三，产品的实际使用寿命远低于产品的设计寿命，产品的更新换代期加快。这三点集中到一点，就是非必需品生产的根本性问题是技术进步问题。概而言之，新时期的经济增长取决于非必需品生产的增长．非必需品生产的增长取决于技术进步程度。

结论：新时期经济增长取决于技术进步。

三、对策研究——全方位动员技术改造资金，优化投入结构，选准着力点，完善技改资金融通体制，提高技改资金效益。

从金融方面看，推动技术进步的进程和步骤应当从以下四个方面去展开。

（一）技术进步的资金动员

理清资金来源渠道，摸清可动员的资金总量，是适当、合理安排技术进步的基本前提。根据历史经验、结合现实情况可开辟的渠道有6条：

（1）银行信贷向技改倾斜。从理论上看技术改造贷款属于固定资产投资领域，与一般流动资金货款具有不同的性质。现在的问题是：一方面流动资金中短贷长用现象大量存在。据调查测算，在银行贷放的流动资金总额中，70%已经纳入企业维持简单再生产所必需的最低资金需要；另一方面流动资金贷款与产出和效益已表现出愈加明显的反向运动。长时期的大量的短贷长用说明我国现行银行制度具有向长期固定资产投入的巨大潜力，而货款与产出与效益的下降趋势表明银行信贷的投向必须实现向推进企业技术进步的方向倾斜，因此，从1991年开始，应把增加技术进步投入作为银行信贷总安排的一个重要内容。其具体实现途径有两条：第一，以1990年银行信贷增量中技改资金所占比例为基数，每年提高1个百分点；第二，将每年的邮政储蓄资金，由人民银行总行集中，全部用于对大型企业的技术改造和新布点的国家重点建设。如果按照这两条途径实施，银行推进企业技术进步的格局是：（见表1）

表1　银行支持企业技改资金来源预测表　　单位：亿元

项目＼年份	1991	1992	1993	1994	1995	1996	1997	1998	1999	2000
新投入的技改资金	418.59	507.54	613.76	740.43	591.28	1070.13	1284.15	1537.07	1837.22	2192.83
技改资金累计余额	2664.39	3171.93	3785.69	4526.12	5417.4	6488.13	7772.28	9309	11146.57	13339.40
邮政储蓄年增余额	41.51	53.96	70.15	91.19	118.71	154.11	200.35	260.45	338.59	440.16
邮政储蓄累计余额	179.86	233.82	303.97	395.16	513.71	667.82	868.17	1128.62	1467.21	1907.37
合计	2844.26	3405.75	4089.66	4921.28	5931.11	7155.95	8640.45	10437.97	12613.78	15246.77

注：邮政储蓄年增余额以每年递增30%计算而得

按照表1的模拟计算，从1991年起，全国银行支持企业技术进步的信贷资金投入量可达到244.25亿元，到2000年可达到15246.77亿元。

（2）发行中长期技术改造贴息债券。我国利用发行债券筹集资金近几年来有所发展，但运用得还很不充分。1990年，全国各类债券总额为2476亿元，证券与银行信贷之比不到1%，而经济发达国家这两者之比一般为25.6%，在债券总额中24.67%都是国库券。

影响债券发行的原因，主要来自两个方面，从企业来看，发行债券的成本要大大高于向国家银行取得货款的成本。据对武汉证券公司1990年代理企业发行债券的情况调查统计，发行6个月的债券成本高出银行贷款50.68%，9个月的债券成本高出银行贷款23.19%，1年的债券成本高出银行贷款55.19%，3年的债券成本高出银行贷款32。61%。（见表2）。

表2　发行债券与银行贷款成本之比　　单位：万元

期限	金额	债券成本	银行贷款利息	相对数（%）
6个月	1200	81.37	54.00	50.63
9个月	3000	279.40	226.80	23.19
1年	140	21.90	14.11	55.19
3年	12000	5155.82	3888.00	32.61

注：银行贷款利率按1990年3月21日执行的利率

从债券购买者来看，企业发行债券的最低收益率必须建立在同档次的国库券和金融债券基点上。这与目前我国企业的利润水平和积累能力是矛盾的。不仅如此，对规模较大的技术改造来说，技术改造资金从投入到投产具有周期性，投资收回的分次性和债券偿还的一次性也具有内在的矛盾。为了解决这些问题，可采取的变通措施是：对企业发行债券高出银行贷款成本的利息差额由财政部门进行补贴。这样做的好处是，即使企业进行技术改造在银行信贷之外找到了另一条融资渠道，又大大拓宽了财政资金直接投资的覆盖面。其乘数效应是：如果利息补贴为10%，那么利息补贴就为同额投产的10倍；如果利息补贴为5%，那么利息补贴就为同额投产的20倍。据此，我们可以根据每年财政拿出的贴息总额，计算出企业发行债券可能筹措的资金量，至于债券本金偿还面临的困难，可以采取借新还旧，滚动发行的方式加以解决。

表3　对财政贴息的债券发行乘数效应的模拟表

贴息额度	不同贴息率的乘数效应									
	1%	2%	3%	4%	5%	6%	7%	8%	9%	10%
50亿元	5000	2500	1667	1250	1000	833	714	625	556	500
100亿元	10000	5000	3333	2500	2000	1667	1429	1250	1111	1000
150亿元	15000	7500	5000	3750	3000	2500	2143	1875	1667	1500
200亿元	24000	10000	6667	5000	4000	3333	2857	2500	2222	2000

按表3的模拟，当财政拿出50亿元资金作为贴息额时，以10%贴息计，可筹集500亿元资金。结合我国财政的实际支付能力和社会可吸收的资金量，建议将财政对企业技术改造的资金投入全部改为利息补贴，以推进企业技术改造的更大规模开展。

（3）提高固定资产折旧量。我国企业固定资产折旧存在的问题主要有4条：一是折旧率过低。1988年，我国国营工业固定资产综合折旧率为5.3%，二是折旧率的计算均以原值为基点，忽略了物价上涨因素；三是在过低的折旧率提取后，有相当大的比例被挪作基本建设和福利设施；四是近年来企业承包后，不少企业具有抵制或逃避折旧的倾向。鉴于此，必须从政策上进一步强化对固定资产折旧的制约，并有计划、有步骤地提高折旧率，使之成为企业自身进行技术改创的稳定的资金来源。在现有企业的成本构成中，折旧仅占3%左右，因此，提高机器设备折旧率的回旋余地实际上是相当大的。根据以上分析，固定资产综合折旧率可考虑由5.3%提高到8%，其中机器设备折旧率由7.2%提高到10%。对于科技开发和应用特别快的行业还应当实行特别折旧率。

（4）扩大固定资产投资中技术改造的比重。在改革以来的固定资产投资中，重非生产性投资，轻生产性投资；重基本建设，轻技术改造的现象十分严重。表4是对1981—1989年固定资产投资所进行的分类统计。

表4　1981—1989年全民所有制固定资产投资情况　　单位：亿元

项目 \ 年份	1981	1982	1983	1984	1985	1986	1987	1988	1989
全民固定资产投资	667.51	845.31	951.96	1185.18	1680.51	1978.5	2297.99	2712.80	2535.48

续表

项目 \ 年份	1981	1982	1983	1984	1985	1986	1987	1988	1989
其中：生产性投资所占比重（%）	64.48	63.52	65.68	67.41	66.91	69.53	62.71	63.53	68.67
生产性投资总额	430.38	536.92	625.27	798.97	1124.41	1376.67	1670.93	1994.82	1918.61
其中：技改所占比重（%）	51.73	43.29	47.33	45.04	33.89	30.32	26.24	18.54	16.89

由表4可知，在全部固定资产投产中，生产性投资所占比重最高的年份也只有69.58%，平均仅为65.07%；在生产性投资中，技术改造所占比重平均仅为29%。在实际工作中，即使是技术改造项目，也往往包含了很大的土建工程投入。据估计，目前技术改造中用于购买机器设备与土建工程之比一般为80∶20。据此，我们可以推算，在每100元固定资产投资中，真正投入到机器设备更新的比重仅为16元。这种投资格局，使得固定资产形成总额在逐年扩大，而技术改造投资却不足以补偿已经形成的固定资产损耗。

固定资产投资中用于基本建设或进行技术改造的比重，是根据不同时期产业规模的形成情况而定的。当国民经济骨骼尚未形成时期，基本建设一般都要大于技术改造的比重，而当国民经济体系已经形成，则进行技术改造的比重应当大于基本建设的比重。我国目前正处在传统企业的更新换代时期，机器设备重置任务日趋紧迫，因此，在整个固定资产投资安排中，应当重点向生产性投资倾斜，而生产性投资中，也应集中用于现有企业的技术改造，以扩大技术改造的资金来源。1990年全国固定资产投资总额4451亿元，向技术改造倾斜1亿元，个百分点，就可增加44.51亿元技改投入，倾斜5个百分点，就可增加222.55亿元。而这对于制止大兴土木、重复建设也是大有裨益的。

（5）增加企业技术开发活动经费投入。目前我国企业的技术开发费平均不到销售额的1%，而联邦德国工业企业1985年用于研究与开发的开支为当年营业额的3.2%，美国通用电气公司达6%，日本的日立公司达6%。企业内部资金积累进行技术改造占国内全部投资的比重西方国家一般高达40%。因此，切实抓好企业自身对技术进步的资金投入是不容忽视的重要环节。应当从政策上规定企业按销售额提取技术开发基金的最低比例，争取在近2~3年内将大中型工业企业技术开发经费支出占销售额的比例提高到3%。对于生产发展基金、大修理基金一定要做到专款专用。此外，还应当充分鼓励企业开展厂内职工集资进行革新技术活。

（6）大力引进外资，推进技术改造。改革开放以来，我国引进外资有了较快的发展。今后，应当推进利用外资向深层发展。对于传统企业的技术改造，应当创造与外商直接投资、合资办厂等优惠条件，吸引外资进入我国大型骨干企业。

（二）技术进步的着力点选择

现在，我们面临的技术改造任务是相当繁重的。统计分析表明，在我国已经形成的

12000多亿元固定资产原值中，仅从物质寿命和技术性能两方面衡量，60%已经失去使用价值，考虑到价格上涨和设备技术含量提高，重置这些固定资产就需要14000多亿元，这个数字是1988年我国企业当年固定资产投资金额的5倍，比当年国民生产总值还多出160多亿元。针对技术改造资金需要与可能供给的现实矛盾，结合改革以来技术改造中存在的问题，我们认为应从两个方面着手推动技术改造的进程：

（1）以计划指令性的集中投入为主体，以市场调节的分散投入为辅助，推进技术改造分层次、有步骤地开展。从宏观的角度检查改革以来我国企业技术改造的实践，存在的最大问题之一就是过于分散。我们作为一个社会主义国家，产业集中的程度远不如资本主义国家，从而导致了分散投资下的单项规模过小和结构趋同，严重影响了资源配置效益。表5是中国与日本若干产业集中度的比较：

表5

产业	集中度%	
	中国（1985）	日本（1963）
食品制造业	1.39	65.83
纺织业	1.92	46.40
造纸及纸制品业	7.74	78.40
化学工业	17.43	68.91
石油加工业	47.28	75.00
橡胶制品业	3.70	76.00
建筑材料及非金属矿物制品业	1.90	65.56
黑色金属冶炼及压延工业	31.86	76.44
有色金属冶炼及压延工业	20.03	77.29
机械工业	3.47	63.47
电气机械及器材制造业	3.61	68.53
交通运输设备制造业	11.71	72.57

注：集中度为产业内最大8家企业销售收入合计占全产业销售收入比重。

资料来源：《中国工业经济研究》1991年第5期。

实践证明，现在强调集中绝不是微观经济主体有无自主权的理论问题，而是提高投资效果，合理配置资源的现实的必然选择。从银行信贷来看，集中的方式可作如下考虑：对每年新增的信贷规模实行总额分成管理。根据不同年份的需要，在总行和分行之间核定一个分成比例。由总行集中的部分，根据国家生产力布局、经济结构调整和重大骨干企业技术改造项目，由总行直接贷放资金。

（2）在资金投向的选择上由“短、平、快”向“大、高、新”转变。以主导产业建设和大型企业技术改造为支撑，带动关联产业的技术改造。改革以来，从银行支持企业进行技术改造的进程来看，其初始动机是小改小革和原有企业机器设备的修修补补，后来又发展到支持轻纺工业“短、平、快”项目全面上马。那么，经过10年的发展之后，这种方式已经不能适应新时期经济发展的要求，必须实现由一般项目的“短、平、快”向主导产业和大型骨干企业的“大、高、新”项目转变。从资金投向效益最大化原则出发，单纯着眼原有一般企业平面扩展的修修补补，企业始终难以上规模、上等级。而抓住主导产业的发展和大型骨干企业的技术改造，不仅能够更加巩固国民经济的支撑力量，而且能够带动其他关联产业的发展。像“一五”时期的156项投资项目的上马与建成，30年之后仍处于领先地位。因此，从宏观上看，只要抓住了主导产业和大型骨干企业的建设和技术改造，就抓住了国民经济的主架。而对其余一些辅助的、小型的企业技术进步，则主要留给市场机制的作用和企业的自身行为去完成。

（三）技术进步的资金融通

（1）加强技术市场与金融市场的衔接。现在，科学技术转化为生产力的比重过小，速度太慢。与资金融通有很大关系。发达国家高新技术产业的科研、中试、批量生产的资金投入比一般则为1∶10∶100。而我国对上海7个高技术产业的调查表明这三个环节资金投入比则为1∶1.03∶10.55。很多新科技产品取得专利走向市场，但由于资金不能及时到位而无法中试，批量生产也由于资金供应不足而难以形成规模。加强技术市场与金融市场的衔接，就是改变科技、金融两张皮现象，通过资金拆借、信用担保、票据承兑与贴现、债券发行和转让等灵活方式为科学技术产业化、商业化提供多种服务。

（2）稳步发展风险投资。近年来，我国风险投资业开始起步，在北京、广州、深圳等风险投资公司也相继出现。为了推进风险投资的发展，使之真正成为推动高新技术产业发展的金融杠杆。首先，要广辟风险投资资金来源，创造条件把高收入阶层的私人资金、企业承包后可支配的自留利润、地方财政预算外资金吸引到风险投资上来，以扩大资金实力。其次，配合全国27个高新技术产业开发区的发展和科技转化为生产力的要求，应考虑再设置一批风险投资机构。第三，对风险投资业及其投资对象，财政税收上应采取特殊的优惠政策。

（3）大力开展租赁业务。我国目前面临的现实问题是，一方面全国约有3000多亿元的固定资产白白闲置，另一方面不少企业由于资金不足无力购置。可见，开展租赁业务，把大型国营企业淘汰的机器设备和一些企业单位闲置的固定资产转让给街道小集体企业和乡镇企业，具有广阔的用武之地。然而，我国租赁业务之所以发展缓慢，其主要原因，一是受固定资产规模的限制，二是租赁公司机构偏少和受公司本身资金量的制约。为了推进租赁业务的大力开展，可以设想，赋予银行和租赁公司开展租赁业务支持企业技术改造的特许权。就是把年度固定资产投资规模划出一定额度由银行和租赁公司掌握，从长远计，运用租赁方式支持企业技术改造应当不受固定资产规模的限制。与此同时，除了鼓励成立租赁公司之外，各专业银行和其他金融机构都应当划出一定资金开展租赁业务，并相应制定统一规范的租赁操作办法，使租赁成为推进我国企业技术改造的主要渠道之一。

（4）成立科技开发银行。设置专门性的金融机构，提供科技开发、中试和批量生产全过程的金融服务，是科技与金融相结合的一个重要趋势。但是，直到目前为止，我国仍缺乏专业化的银行机构统揽科技情况，通晓科技对金融的特殊要求，提供全方位的金融服务，使得不少科研成果由于资金问题得不到合理解决而走不出实验室。我们认为设置专业化银行机构为科技转化为生产力提供全方位、全过程服务的要求已非常迫切，应当立即着手进行科技开发银行的设置工作。

（四）技术进步的资金管理

（1）实行固定资产投资立项统一审核制。现在，企业技术改造多头立项，计委、经委、科委都有权审批，存在很多弊端，不利于企业技术改造的有计划、有步骤进行。为减少技改的盲目性，实行立项统一审核制势在必行。建议根据国家进行技术改造的总体部署和进行技术改造所必须具备的条件，由计委或经委统一审核。

（2）加强技改投资评估论证的领导与管理。在以往的固定资产投资评估中，存在着极不严肃的现象，使得本来不应当上马的项目在评估论证后取得了正当的理由，造成资金的极大浪费。科学的论证是技改投资取得预期效果的基本前提，而提高咨询评估的水平和质量，必须在赋予必要权力的同时，赋予连带的经济责任，使评估真正科学、公道、严肃。为此，可考虑由各方面专家组成权威性的技改咨询评估委员会，专门进行评估论证工作。

（3）强化项目的跟踪监督与全过程管理。对项目的实施、用款、验收、决算、贷款回收等每一个环节都应建立具体的考核标准，探索出一套科学的、适用性强的管理办法。

（4）制定技术改造贷款操作规程。从 1979 年银行开办中短期设备贷款算起，银行支持企业技术进步已有 13 个年头，目前，银行已成为企业进行技术改造的重要资金来源，固定资产贷款占银行贷款的比重已经达到 14.81%，迫切需要制定出一套技术改造贷款操作规程，以提高贷款的质量和水平。

（5）注重技改项目建成与流动资金供应的协调。经验表明，固定资产形成与流动资金供应的比例关系一般为 60 ∶ 40，而在现行技术改造工作中，不少项目建成后企业连流动资金 30% 的自筹比例都难以达到，致使先进的项目、先进的设备由于流动资金供应不足而开工不足。因此，注重技改与流动资金供应的衔接配套也是不容忽视的重要环节，应当在安排技改项目上马时把足量的流动资金供应作为必备的考核条件。

（6）加强科技开发的保险工作。相对于一般生产领域而言，科技开发是一个具有极强的开拓性和挑战性的领域，其研究、开发、中试、推广过程的每一个环节都充满着风险，也同时充满着高产出、高收益的希望，对金融活动既要求及时、足额的资金融通，又要求能够对可能出现的风险进行有效的防范。因此，应当促进金融保险向科技领域广泛渗透，以增强科技开发的保障。

（原载《金融研究》1992 年第 4 期，本人为执笔人之一，中国人民银行湖北省分行、武汉市分行金融研究联合课题）

1993 年

论金融性国有资产的管理

我国现有数万亿元计的国有资产，它是国家所有财产和债权的总称，是全体人民创造和积累的巨大财富，也是社会主义制度的物质基础。随着改革开放的实施，建立社会主义市场经济的目标已确立，如何加强国有资产的管理，已成为当前紧迫而重大的问题。做好这一工作，对巩固和完善社会主义的公有制，正确体现国有资产的价值量，保护国有资产所有者、经营者和使用者的合法权益，提高国有资产的运营能力和经济效益，具有决定作用和重要意义。

金融性国有资产是全部国有资产中不可分割的一个部分。必须重视对它的研究，主要因为：①现代商品经济的高度发展必然引出经济生活的货币化、信用化，而它又给商品经济的发展注入了巨大能量，离开整个社会货币资金的融通，忽视金融形态国有资产的管理，就谈不上对整个国有资产的管理。②社会主义商品经济的发展，必然要求价值核算体系的进一步建立和完善。社会资产，也包括国有资产中表现为实物形态的部分，总是以一定的价值量来体现的。由此，整个社会资产和金融性资产的重合面越来越大，金融性国有资产成了国有资产中重要组成部分。③金融业的兴起，特别是现代中央银行制度的建立，其向流通界供应货币量的多少，直接影响国有资产（也包括金融性国有资产）的数量和质量。所以，研究金融性国有资产的管理问题，与整个国有资产的管理问题是密切相关的。当然并不否定金融性国有资产有其独特之处必须加以专门讨论。但问题是，这种讨论应将它置于整个国有资产以至于整个社会资产的管理中加以考察才是全面和现实的。

一、关于金融性国有资产的界定

一般而言，称金融性国有资产为国家所有的金融资产，即金融形态的国有资产。具体说，即国家以债权或股权的形式投入到银行和金融机构的资产以及用其获取收益部分继续投入生产或营运的资产。

从对金融性国有资产的界定中可以看出：①它是资金，但属货币资金。相对于实物形态的国有资产来说，运用货币这个统一尺度，便于管理。②它是整个国有资产的一部分。金融性国有资产并非国有资产的全部，从目前状况分析，它要占我国国有资产的一半。③它是整个金融资产的一部分，因为在整个金融资产中，还包括有集体和个人的资产，显然，这部分并非国有。

具体说，我国金融性国有资产包括的主要内容有：

（1）政府贷款，即中央与地方政府直接发放或者委托金融机构发放给本国企业或外国政府的贷款。这部分贷款，在经济体制改革以前，主要是用财政拨款形式向全民所有制企业供应资金，所以很少。改革以来，随着国家预算内用于生产经营性项目的基本建设投资实行拨改贷，以及各级地方政府利用财政结余委托金融机构发放贷款逐渐增多，政府贷款已成了金融性国有资产中的重要组成部分。

（2）国家银行贷款。它是指国家专业银行，包括国有非银行金融机构，如中国国际信托投资公司等对企事业单位和个人的贷款余额。因为中央银行和国家专业银行之间的存贷关系，属国家金融机构内部的调节和核算，故中央银行发放给国家专业银行的贷款余额不列放金融性国有资产，与此相对应，专业银行在中央银行的存款也不视为国家的负债。国家银行的贷款余额构成金融性国有资产中比重最高、数额最大的部分。1991 年底国家银行贷款余额达 1.7 万多亿元，占整个金融资产的 82.5%。

（3）国家股份，即国家在股份公司中持有的股份。随着股份制度的推广和中外合资企业的增多，国家股份形态的国有金融资产将会不断增加。

（4）外汇占款和黄金储备。前者系国家银行收购外汇所占用的资金，它的比重有增长趋势，主要是经济发展和开放政策所致，但应注意保持其适度。后者即国家收购黄金、白银而占用的资金，它的比重相对下降，1986 年开始占全部金融资产的 0.1%。

（5）在国际金融机构的资产。这是 1980 年我国恢复为国际货币基金组织和世界银行成员国后新增加的资金来源项目。

（6）财政借款和透支。这是财政对中央银行的负债，中央银行直接贷记财政的存款账户，同时增加自己的货币发行，以此作为财政透支的资金来源，其特点是既不能归还也不付利息，实际上不是真正的信用关系。

（7）国家银行持有的企业债券。随着今后金融市场的开拓和发展，银行融通资金的方式趋向多样化，这部分企业债券形态的金融性国有资产有可能逐渐增加。

二、关于金融性国有资产的特征

金融性国有资产虽是整个国有资产中的重要组成部分，但有其本身固有的特征，主要表现在：

（1）对应性。依据信用创造即资产决定负债的原理，依据银行信贷计划表作直观分析，有多少贷款（资产）注入流通，就能相应地引出多少存款和现金（负债）。可见资产和负债是相对而言的，甲的金融资产往往是乙的负债，相反，乙的资产则是甲的负债。由此，与国家银行贷款相对应的，是国家银行的自有资金（包括银行的利润和财政增拨的信贷基金两项）、企事业单位存入的款项、银行结算中的资金占用、在国际金融机构的负债以及流通中的货币等。由这种对应关系推出的结论是：对金融资产的管理，实质上也是对金融负债的管理，甚至从负债方着眼比从资产方分析更直观和清晰。

（2）分离性。即金融性国有资产属所有权和使用权相分离的资产。金融性国有资产属国有，之后，才有可能在资金的循环周转过程中实现其增殖和归流。这种价值的“双重存在”，乃是金融性国有资产所有权和使用权相分离的表现。

（3）增殖性。金融性国有资产一般表现为以偿还并收取一定利息为条件的付出，或者以股权形态存在。这种让渡出去的价值通过其循环周转活动而引起的增殖，可以说它既在流通中但又不在流通中，实际上是在整个资金运动过程中的生产环节上形成的。所以，金融资产虽不是现实社会再生产的要素，但它是媒介各种生产要素实现其流动和重组的必不可少的因素。因此，它也理应参与社会产品价值的分配，其增殖部分的数量化表述一般以社会平均利润率为限。

（4）虚拟性。金融资产以信用货币作为表现形式，从理论和实践上考证，在当今中央银行体制下，是在由基础货币作基础通过存贷交替而不断放大过程中得以体现。但就技术手段处理看，它只不过是简单的簿记过程，即借记某借款人的贷款账户，同时贷记借款人的存款帐户。因此，金融性国有资产或它的转化形态（即负债）实质上是被创造出来的，是法律赋予其代表商品价值、媒介商品交换的资格和权力。但这并不能由此而否认其价值虚拟的性质。在信用大幅度膨胀时，使这种虚拟性得以表面化，不同程度地被社会公众所认识。

（5）依附性。金融性国有资产并非孤立存在，一方面它与现实的产业资金运动紧密相连，它的运用规模和结构要受现实社会再生产状况的制约。因而，它的收益水平取决于社会的平均利润率。可见，它的经营效果为社会经济效益所决定。另一方面，在我国，能否保证金融性国有资产的质量和完整性，还决定于中央银行的独立程度、政府部门的行为、财政收支状况、企业倒逼机制的形成以及银行金融机构信贷硬化程度等因素。

（6）单一性。我国改革以前的1978年，银行贷款占全部金融性国有资产的比重约95%以上，整个资金运用基本上是单一的国家银行贷款形式。改革以来，一方面，政府贷款形态的金融性国有资产迅速增加，国家外汇储备和国家在国际金融机构的资产大幅度增长，以及一些中外合资企业的建立开始有了国家股份等因素，应该说使国家银行贷款占我国金融性国有资产的比重有所降低。但另一方面，原财政银行向社会供应资金的固有格局起了变化，国营企业流动资金划归银行统一管理，国家预算内基本建设逐步由财政拨款改为委托银行贷款等因素，促使国家银行的贷款增长率仍呈现较高水平，1988年突破1万亿元，1989年接近1.2万亿元，1990年达1.6万亿元，因而目前国家银行贷款占金融性国有资产的比重仍在90%左右。

鉴于上述对金融性国有资产的特征分析，可否作以下归纳：它是国家所有的资产，是金融形态的资产，是与金融负债对应的资产，是使用权和所有权相分离的资产，是具有中介和增殖能力的资产，是一种具有虚拟性的资产，是对社会再生产、相关部门以及自身经营状况有依附性的资产，是主要以国家银行贷款形式的单一资产。

三、关于金融性国有资产的完整性问题

金融性国有资产是否完整，是保持其正常发挥作用的前提条件。目前存在的问题主要有：

（1）存量严重流失。金融性国有资产的存量是指一定时期内处于金融资产循环周转过程中的国有资产量。它多属国有流动资金。就留给企业使用的国拨流动资金看，因报废、盘亏、削价、冲销等原因呈现逐年减少的趋势。据1981—1984年材料，全国国营企业以此为理由向国家报销达400多亿元，其中1984年就占153亿元（主要用于处理1980年底前钢材机电产品报废损失），原数为1400多亿元的国拨流动资金，现实数不到700亿元，流失达50%左右。

就现有国家银行对企业贷款的运用情况看，问题也甚严重。“据有关部门统计，全国有

约1000亿元的逾期、呆滞贷款，约占银行总资产的10%左右”[①]；“据山东省1222户国营工业企业调查，存在资金流失现象的有615户，总金额为12.2亿元，占银行贷款的23%流失总额中，挂账损失占20%，有问题产品占30%，财政性占用占40%，投资挪用占10%”[②]；“截止1987年底，全国农行贷款总额中约有30%沦为沉淀”[③]。凡此种种，都直接影响到金融性国有资产的完整性。

（2）财政性蚕食。一是财政透支的转嫁，改革以来，财政补贴1980年为338亿元，1989年为991亿元，1990年达960亿元。改革以来13年，财政赤字已达900多亿元。财政在难以为继的情况下，向银行借款金额连年增长，促使财政借款在银行资产总额中的比重呈现扩大趋势，见表1。

表1　财政借款与银行资产增长比较表

年份	1979	1980	1981	1982	1983	1984	1985	1986	1987	1988	1989
财政借款额（亿元）	90.2	170.2	170.2	170.2	199.6	260.8	275.1	370.1	515	576.5	684
财政借款增长率（%）	100	88.7	0	0	17.1	30.7	5.5	34.5	39.2	11.9	18.8
银行资产总额（亿元）	2162.6	2624.3	3170.8	3618.4	4124.9	3708	6374.5	8111.4	9870.4	11485.4	13562
银行资产总额增长率（%）	15.2	21.4	20.8	14.1	14.0	30.2	18.6	27.3	21.7	16.4	18.1
占比（%）	4.2	6.5	5.4	4.7	4.8	4.9	4.3	4.6	5.2	5.0	5.0

资料来源：《中国金融年鉴1990》。

二是财政国债的转嫁。1981年财政向社会发行国债以来，主要发行额为企事业单位认购。但在目前企业自有资金普遍不足的情况下，实际上很大部分国债为银行垫款认购，见表2。

表2　历年国债单位认购比重及银行垫款情况表

年份	1981	1982	1983	1984	1985	1986	1987	1988	1989
国债发行额（亿）	48.7	43.8	41.6	42.5	60.6	62.5	63.1	92.2	56.3
单位认购比重（%）	99.8	55	50.5	48.1	36	36.6	35.9	37.8	36.7
企业自有资金比率（%）	38.1	36.1	33.5	32.2	28.5	26.4	24.7	20.7	18.2
银行垫款认购额（亿）	30.1	15.4	14	13.9	15.6	16.8	17.1	27.6	16.9
银行垫款认购占银行资产（%）	0.9	0.4	0.3	0.3	0.3	0.2	0.2	0.2	0.1

说明：

1. 资料来源：《中国统计年鉴1990》《中国金融年鉴1990》。
2. 银行垫款认购额 = 国债发行额 × 单位认购比重 ×（1 - 企业自有资金率）
3. 银行垫款认购额占银行资产比率 = 银行垫款认购额 ÷ 银行资产总额

三是财政应弥补企业亏损未弥补的转嫁，见表3。

表3　企业亏损占压银行资产情况表

年份	1979	1980	1981	1982	1983	1984	1985	1986	1987	1988	1989
企业亏损额（亿）	116.8	140.8	126.4	196.9	139.9	199.9	258.9	417.1	481.7	520.6	729.3
财政补亏（亿）	87.8	63	106	151	218	198	245	325	376	446	598
银行垫亏（亿）	29.1	77.8	20.4	45.9	21.9	1.9	13.9	92.1	105.7	74.6	131.3
垫亏占资产比（%）	1：3	3：0	0：6	1：3	0：5	0：4	0：2	1：1	1：1	0：6	1：0

说明：

1. 资料来源：《中国财政统计1950—1988》。
2. 银行垫亏 = 企业亏损额 − 财政亏损补贴支出
3. 银行垫亏占银行资产总额之比 = 银行垫亏 ÷ 银行资产总额

综合表1、表2、表3，可粗略匡算出银行资产财政化的总体情况，见表4。

表4　财政挤占银行资产情况表

年份	1979	1980	1981	1982	1983	1984	1985	1986	1987	1988	1989
财政借款/银行资产	4.2	6.5	5.4	4.7	4.8	4.9	4.3	4.6	5.2	5	5
银行垫款认购国债/银行资产	0	0	0.9	0.4	0.3	0.3	0.3	0.3	0.2	0.2	0.1
银行垫亏/银行资产	1.3	3	0.6	1.3	0.5	0.04	0.2	1.1	1.1	0.6	1
财政挤占/银行资产	5.5	9.5	6.9	6.4	5.6	5.2	4.8	5.9	6.5	5.8	6.1

（3）信用膨胀下不断贬值。据有关资料，1979—1989年我国国民经济指标翻了一番，而同期银行资产却增加了6倍多。十年中，全国共发行货币2132亿元。是1949—1979年发行总量的9.9倍，平均每年增长24%，高出同期经济增长9个百分点。

我国改革以来货币投放出现了四次高峰：一是1984年，国民收入增长13.5%，M_0（现金发行）增长49.52%，二是1988年国民收入增长11.4%，M_0增长46.72%；三是1990年，信贷总规模计划1700亿元、而实际执行结果是2730亿元；四是1992年现金投放预计900亿左右，达历史最高水平。当然，就信贷规划和货币投放的绝对数或相对数作前后比较来衡量货币流通正常与否，因为人为删去一些变动因素（正常的或不正常的）有其一定的局限性，但量的变动特别是大幅度地变动总是能说明一些问题。

可能有人提出，通货膨胀条件下企业产品涨价、库存升值、收入增加，相应地金融性资产不是也会增加吗？答案是否定的，原因是：一是国有资产的实际价值远远高于账面原值，按原值所提的折旧基金根本不能保证资产重置或更新的需要，一些企业虽账面上略有盈利，实际上是虚盈实亏，由此，国有资产的补偿基金实际上不足。二是此时企业购进生产资料和支付工资成本也需要相应增加，所谓企业因涨价得到的“实惠”由此而抵销，许多企业国拨和自有流动资金不足抵补，有相当部分要求靠冲减银行贷款解决；三是此时企业就是有些涨价的“实惠”，也很少考虑增强自己的资金实力，而是大多用于福利基金或奖励基金的支付。很明显，从一个经济发展过程来分析，通货膨胀的后果并不是促使金融资产的“增殖”，而是“贬值”。

以上分析看出，确保金融性国有资产的完整性，关系到国民经济各部门各方面如何配合和协调的问题。解决问题的关键是建立和完善市场调节体制，给企业以动力和压力，增强银行自身的独立性，堵截财政对银行的不合理转嫁，不断提高金融性国有资产的运用效益。

四、关于金融性国有资产运用效益问题

保证金融性国有资产的完整无缺，是实现其运用效益的前提条件。但事实证明，还需要在此基础上做好各方面工作。目前，影响金融性国有资产效益作用发挥的障碍性因素还有：

（1）金融资产品种单一。目前，银行资产中贷款占主要比例，约为75%；在贷款资产项中，信用贷款比重约为90%，其他如担保贷款、抵押贷款和票据贴现等比重很小。这种状况，增大了银行金融资产的风险。

（2）金融资产结构严重失调。主要表现为资产的期限结构不合理。我国1983年以前，银行的长期性存款大于长期性贷款一直在100亿元以上。从1984年以后开始逆转，长期性投资贷款大于长期性存款24.8亿元。到1988年，已出现长期性资金缺口323.2亿元，1990年为540亿元。这种状况的根源在于固定资产贷款比重的直线上升。固定资产贷款额1979年为7.9亿元，1985年为705.3亿元，1989年为1776亿元；固定资产贷款占全部贷款的比重1979年为0.4%，1985年为11.9%，1989年为14.3%。

（3）银行自有资金比率下降。随着资金管理体制的改变，银行信贷范围不断扩大，其分配的资金也逐渐增多，银行自有资金应该相应增加，然而事实恰恰相反，国家银行的自有资金因各方挤压而相对缩小。银行自有资金1919年为471.7亿元，1985年为856.4亿元，1989年为1315.8亿元；银行自行资金占银行资金总额的比率1979年为21.8%，1985年为13.4%，1989年为9.4%。按国际惯例，银行自有资本占资产或负债的比例不得低于20%，而我国自1980年后各年均低于20%，可见，风险贷款已经形成。

（4）金融资产运用效益差。一是占用多。“七五”时期平均每年信贷增长20%左右，大大超过经济增长。二是周转慢。目前全国平均水平信贷资金周转一次需200多天，而我国历史上最好水平是100多天。三是效益低。我国每元工业贷款创造的工业产值，1985年是1.65元，1992年前9个月为1.02元。1991年末我国基建贷款1400亿元，当年收回的只有20亿元，照此计算，周转一次要70年，而且还有大量流动资金用于固定资产，长期占用而周转不灵。

由上述影响金融资产的完整性和效益性诸因素综合作用，我国银行资产收益率呈现下降趋势，根据《中国金融年鉴》1987—1990年所列的各专业银行损益表综合计算，银行资产收益率1986年为2.8%，1987年为2.6%，1988年为2.5%，1989年为1.3%。

如何完善和加强金融性国有资产的管理，确是一个复杂的课题，在此仅提几点原则性建议：

（1）坚持稳定货币的方针，力求金融性国有资产的真实性。保持货币流通的正常化，是实现宏观供求平衡的关键所在。它的基本标志是通过贷款（资产）向流通中注入的货币（负债）有现实的商品作保证。金融资产的真实性，是完善和加强金融性国有资产管理的前提条件。

（2）努力寻找国民经济的成长点，不断提高贷款的经济效益，以增强金融性国有资产的增殖性。新时期经济增长取决于技术进步，适时推进经济的成长点转移到技术创新上来，目前要通过改革，进一步完善金融体制、投资体制、资金管理体制等，全方位动员技术改造资金，选准着力点，恰当调配银行的资产结构，优化金融资产的投入，从提高产品质量和增加产品技术含量着手，保证资金的正常运行，力求较高的经济效益，以增强金融性国有资产的增殖能力。

（3）进一步协调财政与银行、银行与企业的关系，努力减少银行资产的经营风险，维护金融性国有资产的完整性。财政和银行两家，无论从收支、分工和执行政策等方面，都存在有密切关系。银行与企业之间，特别是改革以来资金有偿供应体制建立后，关系更为密切。目前的主要问题是：相当部分的企业由于效益不好而无力归还银行贷款，由于种种原因如行为的短期化和拖欠债务等蚕食银行贷款。这些状况致使信贷资金周转不灵，风险贷款形成和银行大面积亏损。这就要一方面注重将企业推向市场，努力增强企业的竞争能力和自我平衡能力；另一方面银行应深入细致地做好借款人的信用分析，硬化信贷约束能力，建立健全贷款保险制度等，以完善银行与企业风险共担机制。

（4）建立金融性国有资产的监控机构，以保持对其的有效监督。目前情况下，可否考虑建立由国有资产管理局领导，以国家银行为主体，各级政府和有关部门配合的国有金融资产管理组织体系。它的主要职责是：贯彻执行国家有关国有资产管理的方针、政策和法律、法规；对金融性国有资产的运用情况给予了解和监督，实现其保值和增值；负责对现有企业向股份制企业转化中对金融性国有资产的界定和管理，等等。

注：

①《中国金融》1991 年第 4 期。

② 同上，第 9 期。

③《经济研究》1989 年第 8 期。

（原载《中南财经大学学报》1993 年第 2 期，是本人承担的国家社科基金子课题，总课题《国有资产管理研究》1993 年获国家社科基金二等奖。）

1994 年

致力于保持国民经济的活力

——关于日本企业和农户经济行为方式的调研报告

根据中南财经大学与日本国立福岛大学于 1991 年签订的第二次合作课题《中日两国各种经济主体的经济行为的方式比较》计划，我随调研团于 1993 年 10 月 17 日至 10 月 30 日赴日进行了历时十四天的调研。

此次调研以日本企业、农户的经济行为方式为主。在较短的时间内，深入到不同部门、不同类型的企业和农村基层政府、农协以及农户中进行较为详细的调查。以此为主题，同时参观了东京都港湾局，东京都市政府推进总部、东京临海副都合开发公司、日立制作所、佐藤忠株式会社（服装业）、会津坂下町的町政府、农协以及农户、宫城县工业技术振兴中心等地。

此次调研总的感觉是，由于日方对课题合作非常重视、安排周密，所以调研收获不小。依据调研提纲，分企业和农户两大方面作以下报告。

一、关于企业

本次调研日本的企业的行为方式，着重于各种不同类型的工业企业（如中央或地方政府企业、大型企业集团、中小型企业以及第三部门企业等）的组织模式和经营方式。日方安排我们调查以下企业。

（1）旧立制作所。“日立”属大型企业集团，私人股份公司。它建立于 1910 年，现已成长为世界上最大的工业公司之一，拥有 818 家子公司，其中在海外的子公司 219 家，职工计划 33. 1 万人，在世界销售额达 649 亿美元。“日立”在中国有 9 家合资企业。以私人股份形式建立起来的“日立”，股东大会拥有最高权力，其职责主要是董事的选举、资本金的增减、公司事业发展以及财务结算与监督等。总公司和子公司均相对独立，自负盈亏。但子公司的产销计划每年需报总公司，由总公司审查后最后决定。大型产品以订购为主，一般日用家电留有一定库存。总公司内部半年作一次有关订单、人员和销售方面的预算。公司员工一般均采用雇佣制，故公司吸纳员工相当慎重。地方政府对“日立”企业的影响力较小，因为产品生产、价格、生产量、销售路线、产销时间等均有企业自主决定。只有电力、水价等由政府规定，政府对企业提出的要求是：规范企业行为；规定职工工资最低水平；保证产品安全；限制对公共环境的影响等。需要说明的是，随着日本经济的快速发展，“日立”公司也出现企业集团化趋势。日本企业集团的特点是：以相互持股的资产联结为纽带，用承包制的办法，组织专业化协作，集团内部企业互派董事，以建立人事纽带，实行多元化经营和跨国经营。“日立”不仅扶植数目众多的子公司和关联公司进行专业化分工协作，形成了有别于传统的垂直式企业集团，而且实行企业、银行、商界三者之间相互参股，建立相互依托和制约的“利益共同体”。这样做的好处是：①用较短的时间形成经济规模、迅速扩大市场占有率；②依据共同的利益关系，同心协力，联合开发，防止无效益的重复投资；③扩展集团经营领域，因为多元化经营可以相互补充，分担风险，防止市场对单一产品需求发生变化而带来的影响；④通过大小企业的联合，有利于扶植中小企业共同发展和缓和日本经济“双重结构”的矛盾。

（2）东日本旅客铁道株式会社（JR）。JR 原是一个按权责应计制管理的地方政府企业。日本自 1906 年开始。除都市铁路外，实行铁路国有化。1949 年，国营铁路的经营移归由政府全额投资的公共企业——“日本国有铁路”。由于经营者缺乏工资、预算、票价等自主权，员工方面“大锅饭”意识滋长，缺乏劳动积极性，自 1964 年以来，经营恶化、转为赤字，至 1986 年，亏损额为 15.5 万亿日元，借款总额超过 25 万亿日元。期间也进行过多次改革，如提高运费、国铁内部管理合理化、从国家税金中领取补助等，但均未见效，主要原因是具体经营人员不能负责，大家都认为责任在国家。

于是，1983 年成立了国铁再建监理委员会，后向政府提出了国铁民营化的具体方案。其改革的基本框架是：①从国家经营铁路转向按地区、按业务种类相互分离的股份有限公司；②为保证经营健全，旧国铁时期的债务移交给称为国铁清算事业团的国家机关进行处理；③对原旧国铁 27.7 万职员进行分流，其中 80% 以上转入新民营国铁企业。

国铁民营化这一改革的成效是：①公司职员的积极性大大提高，业务量上升，民营化前旅客每年以 0.6% 的幅度递增，民营化后为 5.4%，且人平均运输量增加 2 倍。②在 1990 年度决算中，由长期吃补助金转为向国家提供税收，在未提高票价的前提下，民营化后的 7 家公司盈余达 3880 亿日元，与国铁最糟的 1985 年度 24500 亿日元的赤字额（国家还另支出 6000 亿日元的补助金）相比，真有天壤之别。到 1990 年度，民营化的国铁上交国家税金 1519 亿日元。投资扩大到 5284 亿日元。③民营后的国铁内部管理和现代化水平均有很大提高。日方介绍人、现任经营管理部长的细谷英二说：“所谓民营化，就是指在拥有经营自主的同时必须承担责任，虽并非要每个铁路公司都实行民营化，但事实证明，日本的铁路之所以获得新生，是在于国铁转变私营铁路时广大职工心理的变化。”

（3）佐藤忠株式会社。日本私人中小企业，位于离东京 300 公里的粮川，这里是桑蚕生产地，原以丝绸业为主，后尼龙产业从美国传入，改为针织业，以生产针织服装为主。公司包括 6 个工厂，现有资金 1 亿日元，员工 200 名，年产服装 3 万件销售额 2200 亿日元。由于服装业世界性竞争激烈，1988 年开始经营日趋困难。目前陷入困境，主要问题是：①生产过剩，库存商品增加；②价格大战，产品售价压低；③产品的生命周期缩短；④由于流通领域中批发和零售的力量加强，相应地生产企业的地位下降；⑤工厂内部劳动时间的缩短，这等于提高工资和加大成本；⑥针织品进口增加的压力。据该企业总管铃木先生介绍，佐藤忠与大企业基本上没有什么联系，日本政府对企业有一定的补助金支助，但一般中小企业得不到这一帮助。

在激烈的市场竞争中，企业如何维持下去，佐藤忠采取了一系列应变对策：①采取常设和合资的方式打进低水平国家去生产；②重视生产合理化建设，在硬件方面，运用现代电子技术设计裁剪服装，尽量缩短生产期限，有利于产品更贴近消费者；③在商品质量上下功夫，生产高档次、品种多而数量少的服装产品；④在流通渠道中努力改善与小商店的关系，并开发如通讯买卖、访问买卖等新的销售渠道；⑤注重对国民爱好和心理的研究，使产品适销对路；⑥综合治理，不断提高企业素质和职工的办事效率。铃木先生最后坚定地说："相信佐藤忠一定会走出低谷，因为日本的生产率是其他国家不可比的，当然我们也不能粗心大意。"

（4）宫城县住宅供给公社。它属地方政府所办企业。一般来说，日本的地方政府活动分三种类型：一是一般行政管理；二是地方公营企业；三是地方公社。地方公社是以法律为依据。具有独立法人资格，由地方公共出资建立的企业组织。地方公社一般有住宅供给公社、地方道路公社、土地开发公社等。日本的地方公社产生于1965年经济高速增长时期，后一直急剧增长，其原因一是因地价不断上升情况下为解决财政困境；二是地方行政实行改革，减少一般行政负担；三是民间活力政策所致，要求开发新的领域。据统计资料，全日本各种类型的地方公社计5477个，其中都道府县办的有1700个，占31%；政令指定市办的有315个，占5.8%。；市町村办的有3462个，占63.2%。宫城县住宅供给公社具有法人资格，由地方公共团体出资，但须经自治大臣认可。该住宅供给公社的主要业务是住宅的建设、租赁、管理和转让；其建设计划和资金计划，须经知事认可，建设项目须经建设大臣认可，决算须经监事（一般由出资团体的负责人担任）监查。住宅公社原则上不讲盈利，但为防后患，也有少许盈利作后备。住宅供给对象主要是中等所得者，即年收入600万—1200万日元的居民。因为高所得者一般可自力购房；低所得者住公营住宅，国家可给予无偿补助金。按规定购公社住宅起码要住5年。目前申请住宅人数是供房数的30倍，所以首先考虑自己没有住宅者。住宅公社的利润率约3%左右。主要用于支付工作人员的工资，剩下部分作基金，但偶尔受地价变动的影响也有赤字。

调研团参观访问了以上企业，主要有以下体会：

第一：多种模式——日本企业组织结构的选择方式。日本企业的组织模式从大类分，可分为私营企业、公营企业和公私合营即第三部门的企业。但涉及具体又很复杂：日立制作所是私营企业，但它与其他法人之间相互持股，形成银行、企业、商业等一系列法人之间相互渗透、依赖、辅助与监督的网络，它们结成了一损俱损，一荣俱荣的利益共同体——企业集团，实行多元化经营和跨国经营；东日本旅客铁道株式会社（JR）和宫城县交通局均经营地铁，原都是公营企业。但JR近几年正向民营化的方向发展，并取得了一定成效，而宫城县交通局无论是组织结构和资金筹划等方面仍保持官办的原形；按传统思路如东京临海副都心开发公司这样的公共投资领域应由国家筹资，但现实状况是渗入了私人资本，成为所谓第三部门企业。以上说明，在市场经济条件下企业组织模式的选择并非一种，也并非强制雷同，并且不是固定不变的。

第二：政企协调——日本处理政府与企业关系的有效作法。早在明治初期，日本就以"官营"方式引进近代产业，随后在战争年代，为强化国家对产业的统治，实行了战时的军国主义的经济体制，政府将私人企业置于国家的直接控制与监督之下。进入50年代，国家对企业的直接控制转变为间接控制，对企业的干预主要运用经济和法律手段，实行政企合作制度。例如日本的投资活动主要分政府投资和民间投资两大部分，日本政府对政府投资的管理，基本上采取的是以法律为依据的计划管理方式，有关政府投资的法律迄今有二十多个，以保证政府投资的规范性和连续性。日本政府在制定出每一次中长期经济计划和国土开发计划后，都要拟定新的中长期投资计划，以确定今后的投资方向、投资重点及优先顺序等。以此来协调民间投资，要求两方投资目标的配套。又如土地价格，总的说由市场供求关系决定，但政府不是放任不管，一是通过法律和宣传形式，以公布基准地价，二是运用税收手段。土地作为财产，需要征收财产税或不动产税；土地转让时，需征收个人所得税或法人所得税；对为社会和公共利益所需征用土地，为动员土地所有者出卖土地，控制土地价格上涨，可降低税率。可见日本政府对企业虽不具备命令权，但决非放任自流，注重通过经济、法律、政策手段引导企业行为。必须指出的是，政府对企业控制形式的转变，绝不意味着削弱政府对企业的调节和干预能力，而改变的只是调节和干预的形式，从而能使政府在保证企业自主经营的前提下，对企业活动进行灵活和有效的干预和引导，企业在兼顾国家整体利益的基础上充分发挥其经营能力。

第三：立足竞争——日本企业摆脱困境的基本态度。日本经济近几年一直处于低谷，据日本研究机构预测，日本1993/94财政年度国民生产总值（GNP）将仅增长0.2%，主要表现在企业投资疲软，个人消费支出下降，经济发展失去动力。我们在东京下榻地福岛会馆旁的上野公园、在东京市府大楼前的封闭型长廊里，可以到处看到因生活所迫的失业者和流浪汉。日本政府对此采取了多种办法，如增加投资，多次增拨财政预算款；为刺激个人消费增长，大幅度地减少收入税；裁减员工；努力降低企业固定成本，促进设备更新等。就我们调查的企业来看，虽处于困境，但他们的竞争意识强，普遍对企业的发展充满信心。更重要的是采取一系列切实有效的对策，努力使企业恢复生机。

第四：科技开发——日本企业提高产品质量的重要途径。“科技兴国”，长期以来列为日本的国策。我们参观的所有企业，其巨大的科技投资和先进的科技设备均给人深刻印象。如日立制作所技术开发经费占全部销售总额的10%，计4000亿日元。日立总公司8万人中有2.2万人是搞开发的，有10个研究所，员工中具有硕士学位以上的5000多人，其中博士学位近千人。

二、关于农户

此次关于日本农户的调查，主要是围绕政府与农户的关系、农协及其他合作经济组织与农户的关系以及农户三个方面展开的。根据日方安排，调研团集中在会津坂下町，对该町的政府机构、农委、农协以及农户进行较为详细的调研。

日本政府机构分为都道府县和市町村两级。会津板下町共占地91.65平方公里，共有20135人，计5282户，其中农户2054户。町政府职员共212人，约占总人口数1%，町政府中町长为一町之主，下设总务课、计划课、税务课、居民福利课、保健卫生课、用地对策室、出纳室、水道课、议会、农业委员会、选举管理委员会、监查委员会、固定资产评审委员会以及教育委员会。据反映，町政府面临的困难是：①由于经济的不景气、去年寒冷天气的影响，个人收入有所减少；②由于日元升值，投资疲软；③由于稻米生产不赚钱等原因，农业人口流失较严重，农村后继无人的问题突出。农业委员会是根据法律规定，作为町的一个行政机关，配合町政府工作。农委人员选举方法同选町长，坂下町农委共 23 人，一是依据法律规定选举，计 18 人；二是町的所属县选任，计 5 人。农委的具体事务主要有：①以农地法为基础的必须业务。如有关维持农地的权力问题、土地的周转问题、限制出租土地的范围问题、土地的分合事宜以及处理地租纠纷等。②在法律规定基础上的辅助业务。如农地的利用和改良、振兴农业的有关计划、农业技术的改良、农业经营和农民生活的改善、农业知识的普及和农业信息的传播等。③转达农民意见、建议和申辩等。

农民协会（简称农协 JA），它是由农户组成，为农户服务，保护农民利益，使农业活动顺利进行的一个组织。日本有全国性的农协组织，下设协同组合。会津坂下农业协同组合 1992 年共有组合员 2822 人，职员共 115 人，其中一般职员 102 人，农业经营指导员 12 人，生活指导员 1 人。协同组合下设农机车辆、燃料、生活、原材料、米谷、经营、救济、金融、总务、审计等 10 个课，负责管理 6 个区的工作。这些机构的具体工作是：农业振兴、营农指导、农产品收购、仓库建设管理、选种育苗、冷库事业、生产资料购买、农机车辆、生活指导、信用事业以及农牧活动等。按《农协法》规定，参加农协的条件一是拥有 10 公亩土地，二是一年之内从事农业生产不低于 90 天，所以大部农民都可成为农协会员。农协相当于商社，但不以营利为目的，收购粮食只收少量手续费。农协可以办企业，但必须在《农协法》规定的范围之内。农协拥有的土地、粮仓等均属公有。至于农协和政府之间，肯定是有一定矛盾的。如自由流通大米和政府收购部分之间的矛盾，国内大米价格和政府允许部分大米进口的矛盾；对政府政策不一贯性有意见等。但作为农协，还尽量给予协调，有时还得“流着眼泪”协调。

调研团参观了一日本农户，全家 8 人，实际上只有主人和主妇两人从事农业生产。有水田 3.2 公顷，旱地 10 公亩。年产大米 630 公斤，家庭销售收入 1200 万日元，净收入 500 万日元。该户拥有 25 马力拖拉机一台，塑料棚地 0.4 公顷，与人家共有插秧、收割机各 1 台和拖拉机 2 台，自己拥有小卡车 1 台，作业场 40 平方米。农忙时雇工，互助工按土地面积或劳动时间付费。农户反映：最感头疼的是政府的政策没有连续性，如“猫的眼睛白天晚上不一样”。还有对政府要求转种的办法不适应，过去粮多了要你减少粮食生产，现在粮食少了又要多种粮食。

我们调查了日本的农政、农协和农户，主要有以下两点体会。

（1）保全农业——日本促进农业发展的既定方针。受日本近年来经济不景气的影响，加上气候因素（按日本人说，去年过了一个寒冷的夏季），农业歉收，农民收入下降，农业人口后继无人和老龄化的状况客观存在。但是，日本政府想尽一切办法，保全农业，不伤害农业。具体措施是：①重视农业技术开发，建立各类品种的试验地和现代化的良种场，以提高农产品的产量和质量，增加农民收入。②重视对农业的基本建设，如出资补助建立农业圃地、排水系统、高速公路等。③增加农业生产品种，如鲜花的生产等，以增加农民收入。④给农业者以年金制度。日本的农业年金制度是 1971 年开始实行的，享受农业年金的须具备一定的年龄（60岁）和拥有一定量的耕地（耕作50公亩以上者为当然加入者）。⑤改善农民生活环境，特别是注意为了留住青年人，要增加娱乐场所的设施。⑥创建现代化的粮仓，农户的稻谷由专门的现代化粮仓烘干保存、加工出售。⑦组织生产资料和生活资料的供应，一般由农协组织实施。⑧集中农产品销售，这也由农协负责，目的是为了保障农民利益。

（2）组织保证——日本稳定和组织农业生产的重要措施。町政府机构中的农业委员会，按法律规定与町长并行，不受町长监督。农协是农民自己的组织，全国有农协经济联合会，町一级有农业协同组合。农协在农村经济发展和指导农户方面（如组织农产品产供销及技术推广等）起着重要作用。农协把农民组织成“协同的力”，通过组合运动，提高农民的地位，组织合理化经营，开展农业技术开发，促使农户相互友爱地结集，强化全国性的联合。

（原载《中南财经大学学报》1994年第2期）

1995 年

论推进现代企业制度改革的金融因素

建立现代企业制度是不断深化深圳经济特区改革的一个极其重要的方面。深圳要办成区域性金融中心，金融业将成为特区第三产业的“龙头”。如何运用金融手段加快现代企业制度的建立，这是我们面临的紧迫而繁难的问题。

一、减轻企业负债包袱的金融性思路

建立现代企业制度，一个重要问题是解决企业包袱，否则，实现制度创新和配套改革就没有保障。但目前面临的突出问题是：我国目前企业债务大大超过自身能力，特别是国有企业负债沉重，严重地阻碍了现代企业制度改革的进程。

据有关资料，1994 年对 12.4 万户工商企业资产清查，平均负债率达 74.3%。据 1991 年底的统计数字，全国企业占用的流动资金负债率高达 91.5%，1995 年 3 月止，国有企业的负债额达总资产额的一半以上。1994 年国有工商企业的资本金利润率仅为 7.4%。相应地，据四家专业银行统计，1993 年 9 月底，有问题的贷款占整个信贷资产的 37.8%，其中呆滞呆账贷款占整个信贷资产的 22.7%。相对全国来说，深圳企业的压力不是很重，但近期银行的逾期贷款率也已达到了 14.55%，比正常的逾期贷款率超出 6.55%，银行信贷资产质量明显下降。以上数据说明，国有企业现有债务的相当大部分是无力偿还的。企业的高负债率，一方面缺乏企业进行公司制改制的前提条件；另一方面直接影响企业资金的周转和正常的业务经营。如何减轻企业负债，化解不良贷款，使企业和银行轻装上阵，加快自身改革和配套改革的步伐，已经成为建立现代企业制度不容回避的问题。对此，近期内经济理论界提出不少建议：

一曰政府直接核销。这里的政府，实际上是指代表国家的货币管理当局。这种办法具体说就是用银行的钱冲销企业负债，这在我国过去计划经济年代曾采用过，但我们认为此法用于向市场经济体制渐进的今天，显然是一种倒退！它会破坏银行与企业的信用关系，降低银行资本金的充实度，加剧银行经营风险和使自身改革步履维艰。同时，在目前采用这种方法的可能性不大，因为国家银行自身力量有限，法定用于冲销的只有几十亿元，银行自有资金总共只有几百亿元，而企业不良贷款已达六千亿元，就是同意被核销部分也只属杯水车薪。

二曰用财政补贴向企业注资核销。具体做法是中央银行借款给财政，财政注资给企业，企业还款给中央银行。用此法来解决企业负债，表面看来会实现企业、银行、财政三方债务结构的调整，企业和银行可同时甩掉包袱轻装进入市场。但自改革以来，财政连年赤字，实

属力不从心。在此情况下，这样做很可能会变相增大财政赤字，加重财政负担，加剧财政向银行透支行为，高通货膨胀难以避免。用通货膨胀来解决企业负债问题，由此而带来的不良后果会造成更复杂的矛盾，这已是有“前车之鉴”的。还有，用这种方法解决企业负债，有些企业还会想尽办法逃债、赖债、“移花接木”、“偷梁换柱”，有可能滋长银行和企业再“吃”财政、“赖”财政的倾向。目前看来，这既没有现实的基础，改革以来财政赤字已累计近两千亿元，也与我国十多年经济体制改革中致力于建立市场经济体制的初衷相悖。

三曰将负债企业拍卖、出租或兼并。提出这种观点的同志目的是为了避免有些国有企业长期亏损严重，仍以国家名义为保护伞，维持其“病态运转”或“休克”状态，实际上还在不断消耗国家财富。面对这种可谓少数企业“死”不了，多数企业“活”不好的事实，不如干脆用实质上是破产手段来卸掉部分效益低劣企业的负债包袱。但面对目前我国企业负债面广量多、缺少社会保障、要保持社会稳定等一系列现实状况，此法是很难见之实效和解决问题的。

四曰改不良贷款为银行对企业投资（贷改投），或说国家银行将一部分目前无法收回的债权改变为银行对企业的投资，形成银行在企业的股份。

我认为，相对于前三种做法来说，这一解决企业负债的金融性思路是比较可行的，这是因为：①较为切实地解脱了企业的一部分债务负担，同时也转移了银行部分风险，这对双方来说均有好处。②有利于加强银行与企业的密切联系和合作，因为通过银企双方资产的相互渗透和股份结合，一方面可提高企业的信誉度，重振企业发展后劲，另一方面银行作为一个综合部门和“神经中枢”，通过及时对企业提供信息和监督管理，有助于企业加强经营管理，有利于企业建立资金使用的平衡机制。③在不扩张信用总量和不增加银行负担的前提下，一定程度上硬化了银行原有贷款的约束力。④银行债权转变股权，只是金融资产的一种形式变换，债权、股权都是与贷款相同的资产形式，银行仍然具有这部分资产的所有者身份。而且，这也仅仅是部分资产，不会引起银行作为信用中介组织这一职能的变形。⑤基于我国改革开放以来部分国有企业是在国家没有投入资本金，完全靠国家拨款改成贷款或由专业银行兴建的这种特殊情况，通过“贷改投”方法，在减轻企业偿债负担的同时，也明确了国家对企业的所有权和国家这部分资本金的归属问题。

必须指出，鉴于目前专业银行在转轨过程中还不具备持有大量企业股权的条件，所以在试行“贷改投”的过程中先可在部分企业，特别是国家支柱产业、基础产业以及具有市场潜力和发展前景的企业中试行，并要注意在明确指导思想的前提下，采取切实可行的措施，切忌一哄而起。否则，必然事与愿违，反而会加剧银行贷款的风险和影响社会资金的有效配置增加。

五曰建立社会保险银行。具体操作办法是要求财政每年发行一种社会保障特种基金债券，中央银行每年在新增五、六千亿元的贷款规模中，拿出20%左右约1亿元购买这种债券，财政用这笔资金成立社会保险银行。这样做，一是可解决破产企业职工的社会保障问题，二是专业银行可再不用包这些破产企业的资金供应，实行以市场原则发放贷款，三是为中央银行运用公共市场业务操作提供了条件。

总之，面对企业沉重的负债包袱的复杂情况，总的原则应该是具体分析国有企业的负债结构，对其进行分类排队，针对不同的类别和不同企业的具体情况，分别采取相应的措施。但我总认为，通过对目前企业负债包袱的质和量、造成原因以及解决问题主体的能量等方面进行分析，不难得出“解铃还须系铃人”，着重金融性思路是切实解决当前企业负债问题的主要的和有效的选择。

二、企业经济结构调整中的金融对策

不可否认，造成企业负债包袱沉重的一个很重要的原因是经济结构特别是产业结构和产品结构的不合理，这是我国现代企业建立中的另一个严重障碍。

从总体上分析，当前我国经济结构不合理具体表现在加工工业生产能力过剩；农业、能源、主要原材料和交通、通讯等基础产业的能力严重不足；地区经济因所谓追求“完整体系”而结构趋同；企业组织结构不合理，规模效益差等。这反映在银行信贷上，形成了贷款构成、贷款投向、资金占用、贷款存量的不合理。信贷结构的不合理是经济结构不合理的反映，而现行体制下信贷资金供应软化所造成的银行资产负债的深层危机又往往会加剧经济结构的不合理。总之，这种状况不扭转，推进现代企业制度改革就缺少前提条件。

必须承认，对不合理的经济结构进行调整是一件艰难的工作，不能一跳而就，它涉及观念、体制、方法和一系列实际问题，需要进行综合治理。但已经形成的共识是：对经济结构的调整并促使其合理，归根到底是一个如何实现经济增长的问题。所以寻找我国新时期经济成长基点则是个重要问题。

我们认为，任何形式的经济增长都是以制度创新和技术创新为基础的。如果我们将劳动、资本量的投入、宏观均衡的调节、经济体制的转换、分配格局的变化等因素归纳为制度创新；将技术革命、技术革新而带来产业结构变化和资源有用效益提高等因素归结为技术创新，以此来分析我国走过的几十年经济建设的道路，显而易见，我国改革前的经济增长基本上是以生产要素投入的增加，以基本建设投资增长为特征的生产规模扩张为推动力的。改革后至今的经济增长点虽经历了几次不同形式的转移，也是以制度创新为主要动力。例如：1979—1984年主要的农村联产承包责任制的实行，经济发展受农产品供给快速增长的推动；1984—1990年主要是城市经济体制改革的进展，经济发展受消费需求增长双向拉动；1990年以来至今主要是在投资扩张冲动下经济的快速增长。

以上分析说明，制度的创新在调节总体分配格局、挖掘经济增长潜力、扩大社会供给能力和规模中显示出巨大力量。但经济发展中的问题也告诫我们，经济增长的过程实质上是制度创新和技术创新的连续过程，如果制度创新不完善且不注重或不利于新的技术创新，则经济发展可能会陷入困境，通常表现为停滞或结构的不合理。当然，这种新的技术创新有赖于制度创新中存在促进技术创新的机制。制度创新和技术创新两者并不是孤立进行的，在制度创新过程中，往往包含有促进技术创新的因素；在技术创新过程中，往往有赖于制度创新。它们在此起彼落和相互推进的过程中，都是为了促使社会经济的发展和规模效益的提高。

鉴于上述立论，我们认为在运用金融手段调整经济结构、促进经济增长、推进现代企业制度改革进程中，必须注意制度创新和技术创新的结合运用，不能偏废技术创新在经济结构调整促进经济增长中的重要作用。这是因为，先进的科技装备是以实现新型的产业结构和高质量的产品为目标的。也只有先进的科技投入，才能增加产品的技术含量与增强国内外市场竞争能力，适应我国新时期人民的消费由主要是生活必需品向主要是非必需品的转换。依据我国国情，经济结构调整的最好出路是：以制度创新先行，依赖技术进步，增加科技资金的投入，变资产存量调整为存量优化。从长远看，技术进步是将整个经济推向新一轮良性循环，实现经济再上一个新台阶的主要支撑力量。

依据这一观点，企业经济结构调整促进经济增长的金融对策应该是：

一是完善和加强金融宏观调控机制，实现宏观供求及其均衡的基础上，注重信贷结构即包括整个金融结构、银行资产负债结构、贷款结构以及由此延伸的行业和企业资金结构等的整体效应，制定战略性的信贷资金增长流向和流量指导序列，对企业进行分类排队，确定重点，按国家产业政策的需要出发，重点支持农业、能源、交通和原材料等经济基础行业的发展；支持大中型骨干企业的生产；支持农副产品和外贸出口商品的收购；支持国家计划内的重点固定资产投资项目以及群众生活必需品和市场短缺商品生产，不断优化投入结构。

二是通过实行银行信贷向技改倾斜、发行技改有价证券、提高固定资产折旧率、扩大固定资产投资中技术改造比重、大力引进外资推进技术改造等措施，全方位动员技术改造资金的投入。

三是通过技术市场和金融市场的衔接，建立风险投资和开展租赁、信托、保险等业务，争取成立科技银行以及发展金融财团等方式，组织好促进技术进步的资金融通。

四是通过对技改投资的评估、投资项目的跟踪监督、制定技术改造贷款操作规程、协调技改项目与流动资金的配套供应以及加强科技开发的保险工作等，组织好技改资金的管理。

就深圳经济特区来讲，作为改革开放的产物，经济增长较快，已经形成了一定的经济实力和经济基础。但是，要努力把深圳建成现代化国际性大城市，真正成为我国经济与世界经济接轨的连接点和国际市场物质流、技术流、信息流、资金流的传送基地，同样面临着一个调整经济结构的问题。依据目前状况，深圳应在继续深化现代企业制度改革的同时，充分发挥金融这一第三产业“龙头”的作用，尽早建立高新技术产业基地，更多地发展高新技术产业和第三产业，建立新的优势产业群，形成一批高技术含量、高附加值、外向型的支柱产业。在以市场为导向、以质量为中心、以效益为目标的指导思想下，领先科学技术，优化经济结构，在经济高水平、高速度发展的基础上形成强大的吸引力和辐射力。可以预料，这必然会大大加快现代企业制度改革的进程。

三、必须重视现代企业制度和金融体制的配套改革

事实证明，没有现代企业制度改革的推动，金融体制改革的目标就难以巩固和实现；而没有金融体制改革一系列决策的实施，现代企业制度改革也难以到位。在这方面，我们已经取得了不少经验和教训，例如：

（1）在货币政策的目标选择上一味强调以经济高速发展为主攻方向，这种以牺牲稳定货币作代价来发展经济的做法，由此带来的信贷扩张和通货膨胀，不可能给现代企业制度改革创造一个良好的宏观经济背景，甚至于使众多企业在货币政策扩张和收缩的频繁交替中无所适从和行为扭曲。

（2）企业投资冲动，加上伴随的投资行为趋同化、轻型化和短期化，造成在投资总量扩张下结构的不合理，由此带来企业经济效益和承受能力低下，这既不能给金融体制改革创造一个良好的外部环境，又影响金融机构内部运行机制的构造和货币资金的正常运转。

（3）金融手段主要运用直接的行政方法，企业因缺乏制度创新而缺少活力。在调控主体和客体双重变形下，金融改革的“滞后”成了企业改革和发展的“瓶颈”，促使银企关系不协调而往往产生“离向”作用。

（4）前期的企业制度改革只是在“放权让利”上做文章，不是在“制度创新”和“机制转换”上下功夫，促使长期凝固在原企业制度中的分配、用工、人事等制度无实质变化，企业仍然没有法人财产权，权责利不明确，谈不上真正的自主经营和自负盈亏。由此，金融体制改革所采取的一系列解决企业发展的政策措施，则无法得以实施。

（5）金融秩序混乱（如金融业的计划外社会集资、违章拆借、市场利率紊乱、超权限审批金融机构等），资金市场功能扭曲，加上信贷规模失控等，这在很大程度上诱发和怂恿企业行为非规范化，如高利借贷、资金体外循环、三角债、哄抢物资、不讲信誉等。

如何避免不注重现代企业制度和金融体制配套改革所产生的不良影响？我们认为，关键是把握两者的结合点，建立配套改革的双向制约机制和连动机制。就近期而言，具体应采取以下措施：

（1）在宏观调控上。中央银行在明确货币政策目标的前提下，主要采取经济手段，运用利率、法定存款准备率、贴现率和公开市场业务等货币政策工具，调控货币供求并努力实现其均衡，为现代企业制度改革创造一个良好的融资环境。

（2）在信贷资金使用上。依据市场经济条件下信贷资金使用中的有偿性原则和商品化特征，变资金供给关系为资金的借贷关系。银行应通过资产负债比例管理和信贷资金风险管理，辅之以采用抵押、担保和贷款证以及建立银行呆账准备金等方法，增强信贷资金使用硬度。作为企业，在制度创新过程中应不断增强资金实力和自补能力，建立使用资金的平衡机制，以减少对银行的依赖程度。

（3）在结构调整上。银企双方都应致力于依据市场经济发展的要求，寻找促进经济成长点，注重科技资金的投入，通过增量的积累，逐步改变不合理的存量结构，为现代企业制度和金融体制的配套改革铺平道路。

（4）在所有制构造上。现代企业制度按财产构成方式可以有多种组织形式，股份公司是其中的重要选择，它是产权、管理、生产三个社会化的结合体，偏重于在明确产权关系的基础上解决企业内部经营管理的微观层次问题。股份制的建立也必须依托一个统一、高效、有序、严格管理的金融市场。

（5）在金融业和企业的相互融合上。依据条件许可，采取企业与银行相互渗股，或有选择对某些企业采取“改债权为投资”的做法，这有利于实行金融资产的多元化，有利于强化银企双方管理机制和利益机制的相关度。

（6）在金融产业和产业行为上。事实证明，加强金融监管，有利于整顿金融秩序和企业行为的规范。在改革过程中，金融业和企业都要有法可依，有章可循，金融业要十分注意维护自己的良好信誉，企业要努力树立自己的形象。

（7）在组织体系上。金融体制改革要构建不同性质和规模、门类齐全、服务功能良好的多元化的金融体系，目的是为了适应我国多种经济成分共同发展情况下，适应新的企业制度体系即公司制企业、独资企业、合伙企业、股份合作制企业等并存的局面。总之，现代企业制度改革呼唤金融体制改革，金融体制改革推进现代企业制度改革，如何把握两者的联系面和结合度，产生巨大的合力作用，这的确是应该高度重视和深入探讨的问题。

（原载《特区理论与实践》1995 年 07 期，获深圳市第三届社科论文一等奖，广东省“五个一工程”入选优秀论文奖）

中日两国金融业行为方式比较行为

中国和日本，在两国历史渊源、社会环境和文化背景等诸方面有密切联系和相似之处，特别在经济体制上，两国都曾实行过国家集中管理体制，也先后走向经济高速增长和改革开放的时期。笔者曾于 1992 年 9 月和 1993 年 10 月两次参与中南财经大学课题组到日本就《中日经济主体行为方式比较研究》课题进行考察。本文侧重于“中日两国金融业行为方式”中的金融体系和结构问题进行一些比较研究。

一、关于金融体制改革

日本的金融体制改革过程大体经历了以下几个阶段：

（1）战后经济复兴时期（1945—1954 年），其背景是经济衰退、通胀和失业严重、资本设备和原材料不足。由此，国家经济工作方针的是以治理通货膨胀、治理经济秩序为目标，争取经济自立和解决失业问题。此期间在金融方面，服从于日本经济复兴的应急措施较多，形成了相当系统化的金融制度，这为下一个时期的经济发展打下了较好的基础。

（2）经济高速增长时期（1955 年—70 年代中期），这一时期日本经济出现连续 15 年高速增长，是以金融支持下的设备投资和出口主导型为特征的，金融是支持经济增长的最重要因素。这一时期金融制度的特点是：实行人为的低利率政策，推行金融与产业相结合，建立适应多层次经济发展需要的金融机构，实行长、短期金融分业，银行业和证券业分业，实行以外汇管制为中心的国内外金融市场分割限制，主要运用再贷款政策进行宏观调控，同时辅之以“窗口指导”。

（3）金融自由化时期（70 年代中期至 1996 年底），随着日本经济的快速发展，主要因为日本贸易顺差的持续扩大，企业部门和家庭部门的储蓄不断增长，企业的资金需求矛盾加剧，不仅仅需要国内筹集而且迫切要求向国外寻找出路。同时，在七八十年代美欧推进金融自由化的冲击下，日本也有仿效和着手金融改革的愿望。具体措施有：①取消利率管制；允许银行发行市场利率联动型存单、实行大额存款利率自由化；②废除对金融机构业务领域的限制；银行与证券公司在业务经营上相互渗透、相互交叉，银行、证券公司等机构可以通过设立子公司的方式进入其他业务领域；③金融市场自由化；建立了公开的国债市场，日元债券市场也进一步开放；④日元走向国际化。

但必须指出的是，由于战后日本一直采取为保障提供经济发展需要的资金对金融机构实行保护和扶植的政策，总的还跳不出在政府严密控制之下的“护送船队式”的金融体制。具体说，一是把自由化纳入政府所能控制的范围，有步骤地慢慢放松金融管制，渐进地推进金融自由化；二是十分注重建立起金融自由化后的安全网络，以维持良好的信用秩序。

客观地历史地评价日本金融自由化过程，它在导致日本金融机构的进一步集中、促使日本金融机构和海外金融机构的相互扩张、促进日本金融机构的均衡发展等方面有一定的作用，但总的说，金融改革的步伐异常缓慢，例如在金融业务上，美欧国家的银行、证券公司等可实行广泛的兼营，日本只允许以子公司的方式相互参与，仍带有多种限制和设置“禁区”；股票交易手续费美英两国分别于1975年和1986年实行自由化，但日本在1994年春才决定对交易额超过10亿日元以上的部分实行自由化，10亿日元以下仍然收取固定的手续费等。

与此同时，由于受日本泡沫经济的影响，加上缺乏透明度和应变能力、盲目地扩大金融业务范围和政府对金融体系机构的监管不力，进入1995年的日本金融界相继发生数起恶性事件，日本金融业陷入了前所未有的危机之中。

（4）新的金融改革时期（1996年底开始），日本虽在七八十年代进入金融自由化时期，但开放程度一直较低。特别进入90年代中期，日本经济回升缓慢，许多外国公司纷纷迁出，东京市场面临日益萎缩的局面。为改变这一状况，1996年11月日本首相桥本龙太郎一上任就给大藏大臣和法务大臣发出了对日本进行彻底改革金融体制的指示。

此次日本新的金融改革其目标是实现完全的自由化，日本政府原计划用5年或更长一点时间完成所有的改革。到2001年，将东京建成与美英国家一样高度开放和自由的市场，据有关材料介绍：

日本外汇体制改革包括：取消外汇指定银行；取消对金融机构外汇头寸的限制，取消事先通知及许可制；取消对日本境内居民购改买欧洲日元债券的时间限制（原定为发行90天之后方可购买）；改善外部交易环境，使从事外汇交易业务，如外币买卖、外币调剂、期货和期权等在内的市场参与者都可进行自由、快捷的跨境交易；减轻事后报告的负担，建立简洁、高效的事后报告制度。

资本交易自由化包括：取消对证券交易手续费的限制，实现信托投资业务的窗口交易；改革柜台交易市场，实现股票交易的期权化；取消对养老金投资于未上市股票的限制，运用养老金时，可以自由地选择运用和委托对象；修改新股公开上市时的标价方式，可以许普通银行发行金融债券；允许进行信托投资业务的私募交易，允许将信托投资的资金运用于私募证券；重新调整公司债发行时的登记和结算制度，取消对非银行金融机构资金筹措的限制；除某些工业领域和经济制裁国家外，允许企业和个人进行境外直接投资。

金融机构业务自由化包括实现银行、证券、信托和保险业务的融合、实现财产保险业务和人寿保险业务的融合及解除对银行控股公司的限制。

保险业务的自由化包括财产保险费率的自由化（外国保险公司除外）、经营保险商品自由化、取消对保险公司资产运用的限制和保险商品销售自由化。

日本金融监管体制的改革，主要通过了三项法案：一是确保金融机构稳健经营的法案。引入了建立在资本充足率基础上的“即时纠正行动”，并建立了对信贷合作组织的监督系统，包括外部审计师审计。二是改进金融机构重组和破产程序的法案。目的是保护存款人的利益，防止处置成本的增大，监管局可以对重组和破产的金融机构采取合法的行动。三是对存款保险法《永久性措施》和《临时性措施》的修正法案。

此次改革后，日本将单独设立金融监管部门，财政与金融监管业务分离。将金融监管职能从大藏省分离出去，设立单独的机构。对金融机构的管理方式从规模控制转向各项比率管理；与此同时，修改《日本银行法》，确保日本银行政策委员会的独立性和透明度。公共金融业务将实施民营化改革——涉及邮政储蓄和简易保险业务，发行财政投融资债券、改革税制，即如取消有价证券交易税及改革会计制度等。

中国的金融体制，在1979年改革开放以前基本上是“大一统”（即只有中国人民银行一家）的银行体制，这种体制集银行经营性业务与政策性业务于一身，带有浓厚的部门和区域色彩，银行管理下既有宏观又有微观的二重性质，中央银行从事业务，专业银行只从事存、贷业务。总之，在这种体制下，政府干预强，基层银行既无活力也无动力，“大锅饭”的意识严重，银行负债资产的质量趋于低下。

改革开放以来，金融改革有了一些成效，主要有：①建立了以中央银行为领导、国家专业银行为主体，多种金融机构并存分工协作的金融体系；②扩大了银行业务的范围和领域；③增加了不少信用形式和信用工具；④改革了利息制度和信贷资金管理体制；⑤建立和发展了社会主义的金融市场；⑥逐步完善了外汇和外债管理体制；⑦加强了金融法制建设等。

1993年底由中国国务院颁布的《关于金融体制改革的决定》（称《新方案》），进一步明确了近期金融改革的日标，即建立在国务院领导下，独立执行货币政策的中央银行宏观调控体系；建立政策性金融与商业性金融分离，以国有商业银行为主体、多种金融机构并存的金融组织体系；建立统一开放、有序竞争、严格管理的金融市场体系。《新方案》的基本思路是：首要任务是转换中央银行职能，使中国人民银行成为真正的中央银行；关键是把国有专业银行办成真正的商业银行。新的金融改革的具体操作方向是增加市场取向，不断扩大市场调节的比重。《新方案》的主要内容是：①确定强有力的中央银行宏观调控体系；②建立政策性银行；③把国家专业银行办成真正的国有商业银行；④建立统一开放、有序竞争、严格管理的金融市场；⑤改革外汇管理体制，协调外汇政策和货币政策；⑥正确引导非银行金融机构稳健发展；⑦加强金融业的基础建设，建立现代化的金融管理体系。

近几年按金融改革的新方案实施，中国在以下方一面又有了新的进展；①加强中央银行的宏观调控和监督管理方面；②银行内部机制的转化方面；③银行资产负债管理方面；④利率体制方面；⑤外汇体制改革方面；⑥金融法规方面。总之，整个金融体制随着整个国民经济市场化和商业化进程的加快，也迈出了实质性的步伐。

在经济发达国家中，日本的社会、文化背景有很多地方与中国相接近。在经济体制和金融体制上，政府部门都保有一定程度的干预能力，近期均有向市场化、自由化方向跨步的要求。对目前两国金融体制的比较，可以得出以下启示：

（1）金融体制改革必须适应经济发展的要求。日本推行“金融自由化”有其复杂的历史背景和国内外原因。近几年日本经济长期低迷，1993年下半年起出现景气恢复动向，但回升乏力。经济增长的主要支柱——企业设备投资长期不景气。1996年为经济增长率最高的年度，也不过在2.5%左右。目前房地产市场一片萧条，其坏账愈积愈多，不良贷款达1900亿日元。经济中的散不尽的乌云、加上坏账和不良贷款，严重地困扰日本的金融界。与此同时，企业的自由资金增加、债券市场发达、经济的国有化、电子化水平越来越高，再加上全球经济一体化、自由化的趋势所产生的压力，促使日本不得不开始推行“金融自由化”。可见日本“金融自由化”是日本经济发展到一定阶段的产物。中国改革开放以来，中央政府确定经济发展的市场化趋势，经济增长模式由主要依靠直接调控向主要依靠间接调控转化，金融的市场化自由化则必然是个发展趋势。这是因为，金融体制改革一定要根据经济运行对金融体制提出的客观要求进行。

（2）整个金融自由化过程必须慎重对待、循序渐进。日本政府在采取金融自由化过程中态度极为慎重。一是注意把自由化纳入政府部门能够控制的范围，有步骤地放松金融管制，如利率的管制、业务区域的限制、金融市场的自由化和日元走向国际化等。这有利于金融机构有时间适应变化了的外部环境，从而保证金融秩序的稳定。二是十分注重建立起金融自由化后的安全网络，因为在以自由化代替过去众多限制时，若不顾主客观条件而操之过急，必然会影响良好的信用秩序。在中国当前政治、经济、社会体制背景下，在金融市场化自由化过程中，注意保持适当的速度和审慎的态度，保持在一个时期内间接金融为主，加强中央银行的宏观调控和监督管理作用，也是十分必要和重要的。

（3）坚持金融机构和工具的多元化，以适应多元经济结构融资的需要。从日本经济迅速增长看，日本金融体制改革中的一条重要经验是有一套适合不同经济主体融资要求的金融机构，如围绕产业合理化和振兴出口的要求，创立长期信用银行、专业化的信托银行等民间长期金融机构以及外汇专业银行、日本开发银行、日本输出输入银行等又如为解决失业和产业二元构造即多元经济结构的融资问题、成立相互银行、信用金库等。其宗旨是依据市场要求和发展规律，紧扣不同经济主体的不同融资要求，建立不同类型的金融机构去适应它。这也是日本金融机构体系形成的基本特点。坚持实事求是的灵活的设计原则，是我国建立金融组织体系中值得借鉴的。

（4）坚持市场化自由化趋向，是金融体制改革成败的关键所在。目前日本对金融体制彻底改革，突出的问题是要解决在坚持自由化原则下，建立自由竞争，市场机制优先的原则；建立一个信息公开，公正公平，保护投资者利益、建立一个透明和可信的市场；坚持国际化原则，建立与全球相适应的法律体系、会计体系、税收体制和监管体制。中国金融改革的市场化目标已定，要加快改革的进程，必须注重在每一改革步骤中坚持这一市场取向。

二、关于政策性金融机构

日本的政策性金融机构主要有“日本开发银行”、“日本输出入银行”和十家“金融公库”。

日本开发银行是根据政府 1951 年 3 月颁布的《日本开发银行法》并于当年 4 月成立的长期信贷金融机构。它专门从事为国家的重点产业提供长期资金，以弥补民间金融机构的长期资金不足和提供一般商业银行等不愿贷放的开发资金，是日本最大的政府金融机构。其资金来源主要是向政府借款和向国外借款。向政府借款包括两部分，一部分是国家财政收入，主要是税收，另一部分是“资金运用部门的资金”，主要包括邮局吸收的储蓄和政府办的保险收来的保费。向国外借款包括向世界银行借款和在海外发行外币债券两部分。该银行的开发性贷款的主要对象是电力、煤炭、石油化工、交通运输等重点产业。其职能和业务范围随日本经济政策和经济结构的变化而不断地扩大。

日本输出入银行是根据日本政府1950年12月颁布的《日本输出入银行法》成立的，它是日本政府设立的为进出口和海外投资供应中长期贷款的专业银行，其目的是为了促进日本与外国的以贸易为主的经济交流，补充民间金融机构的进出口贷款和海外投资资金的不足。该银行的资金来源与日本开发银行相同，其资金运用主要是对出口提供信贷、对进口商品贷款、向到国外直接投资的企业提供低息贷款、为日本的其他金融机构提供债务担保等。此类贷款的特点是利率低、期限长、政策性较强，有利于政府发挥其干预和调节经济的作用。

金融公库与前两家政府银行相比，社会政策色彩更浓厚，盈利色彩更淡薄。业务上完全由大藏大臣控制。其资金来源主要来自，一般会计和特别会计的贷款和投资，不吸收存款。其主要业务是向特定领域或部门的发展，特定地区的开发，社会基础设施和福利保健设施的建设以及中小企业等提供各种贷款。该金融机构贷款利率低、期限长、最长达35年。其亏损部分由政府承担。

日本的政策性金融机构其特点：一是由政府来实施；二是其在整个金融体系中占重要地位；三是其资金的来源和运用均有严格的规定；四是在行政上归大藏省监督和管理，业务上一般由大藏省及有关主管省厅共同领导；五是贷款中优先考虑政策目的。

中国目前已经组建的政策性银行有：①国家开发银行。即办理政策性国家重点建设（包括基本建设和技术改造）贷款及贴息业务。其只设总行、不设分支机构，信贷业务由中国人民银行代理。实际上承担原国家计委投资司的业务职能和中国人民建设银行（现更名为中国建设银行）的政策性业务职能。原中国人民建设银行转变为以从事中长期信贷业务为主的国有商业银行。②中国农业发展银行，承担国家粮棉油储备和农副产品合同收购、农业开发等业务中的政策性贷款，代理财政支农资金的拨付及监督使用。它于1994年4月19日组建，其可在若干农业比重大的省、自治区设派出机构（分行或办事处）和县级营业机构。③中国进出口信贷银行，为大型机电成套设备提供买方信贷和卖方信贷，为中国银行的成套机电产品出口信贷办理贴息及出口信用担保，不办理商业银行业务。其只设总行，信贷业务则由中国银行或其他银行代理。它可在个别大城市设派出机构（代表处或办事处）。

比较中日两国的政策性银行组成和业务，其相同之处是：①政策性银行建立是有别于商业银行的。这主要取决于一是商业银行和政策性银行之间存在有性质和地位上的差异，商业银行是以盈利最大化为主要目标的金融企业，且在业务经营上具有微观性和资金运用上的局部性的特征；而政策性银行则是政府创办，不以营利为目的，专门配合政府的社会经济政策的金融机构；二是业务运行机制上的差异。商业银行作为自主经营、自负盈亏、自担风险、自我约束的独立经济法人，必须在价值规律、竞争规律起主导作用的市场法则下，在获利的基础上决定其日常运作；而政策性银行则具有财政“无偿拨付”和金融“有偿借贷”的双重特征，“无偿拨付”的财政性表现为非营利性、低息或无息贷款的贴补性和对风险的硬担保性；“有偿借贷”的金融性则表现为政策贷款的偿还性和效益性。②两国的政策性银行虽是政策性，但不是金库；虽不以营利为目的，但也不能亏损，所以在考虑投资项目时，既要贯彻国家产业政策的要求，也要考虑经济效益和资金的偿还能力，必须将降低成本和提高效率放在重要位置上。③就商业银行和政策性银行的关系来看，都不是隶属关系，而是竞争关系，两行不可替代，但又存在有互补的关系。之所以不可替代，主要是有利于商业银行按商业银行的要求运行，也有利于加强对国家重大建设项目的支持。之所以存在互补，一是投资上的互补，商业银行也参与重点建设投资，以弥补政策性银行的资金缺口；二是资金上的互补，当政策性银行资金不足时，可向商业银行发行金融债券补充；三是业务上的互补，政策性银行要借助于商业银行的机构网点，委托商业银行代理转贷业务。④两国政策性银行均不是临时性机构，而是长期性金融机构。

当然，中日两国政策性银行也存在有差异，具体有：①从机构设置来说，严格地讲，政策性金融机构不是银行，其名称也不应该冠以“银行”字样。日本除了日本开发银行、日本输出入银行两家外，其他均称“××金融公库”，更体现了政策性银行的业务范围和组织机构的政府性和财政性特点。②从资金来源来说，日本的政策性金融机构除了来自国家财政收入外，还来自“资金运用部门的资金”，主要包括邮政储蓄和保险等，同时也包括世界银行借款和向海外发行外币债券等。所以其资金来源比中国的政策性银行要广泛。③就资金运用来说，日本的政策性金融机构对项目贷款遵循的原则是：提供中长期低息贷款，其中有些贷款的利率低于筹资成本；项目单位从其他金融机构得不到资金时，才有条件申请政策性金融机构的贷款；对某些金融机构对政策性项目提供的贷款给予担保、贴息或再融资，从而引导、支持某些金融机构从事政策性融资活动，可见其资金运用较灵活和周到。④就机构下伸情况看，日本的政策性金融机构——农林渔金融公库，到1994年底，下设21家省分行，其总行和各省分行业务自营比重达40%以上。对于中国来说，是一个发展中的农业大国，在粮棉油等大宗农副产品收购、调销、储备、加工和农业综合开发、扶贫等方面客观上存在着大量而又分散的政策性信贷业务，当前尽快建立中国农业发展银行的分支机构，探索具有中国特色的农业政策性金融事业已是当务之急。

三、关于农村合作金融

二次大战以前，日本农业曾长期处于极为落后的地步，这与日本有纯粹封建性的土地占有组织和发达的小农经济有关。这种特有形式的具体体现是：全部土地归封建领主所有，但封建领主没有建立庄园经济，而将领地交给农民进行小农经营，这与旧中国几乎相同。1868年明治维新后，虽取消了旧领主的土地所有制，但整个变革是一场不太彻底的资产阶级革命，客观上扶持了一个新的地主阶级。

二次大战后，日本推行了“农地改革”，使战后的半封建性的农业转化为带有资本主义色彩的以个体自耕农为主体的农业，促使农业得以迅速发展，由此也导致战后日本农村合作经济很快得以发展。在日本政府扶助下，基本上形成了“农业协同组合”（简称“农协”）为代表的农村合社经济体系，并形成了鲜明的特色。具体说：

（1）以“农协”为依托。就历史程序排列看，日本农村合作经济运动最先并非是“农协”，而是由信用合作开始的。早在15世纪，日本的农民和小手工业者就自发地组织过带有相互融通中期资金性质的“银会”，这是日本信用合作社的雏形。

二次大战后，伴随“农地改革”，规定了农协的思想宗旨。同时依据日本的行政区分级划分，相应建立农协的基层单位，其中都道府县是基层农协的各种事业联合体，如信农联

（即都、道、府、县信用农业协同组合联合会）、全共联（即全国共济农业协同组合联合会），负责农业生产的保险、农林中央金库和农村信用业务等。

目前日本的农民协会（简称农协 JA），它是由农户组成，为农户服务，保护农民利益、使农业顺利进行的一个组织。除全国性的农协组织外，下设协同组合。协同组合下设农机车辆、燃料、生活、原材料、米谷、经营、救济、金融、总务、审稽等10个课，这些机构的具体工作是：农业振兴、营农指导、冷库事业、生产资料购买、农机车辆、仓库建设管理、选种育苗、生活指导、信用事业以及农政活动等。可见，农业信用事业也是农协及其下属组织的一个方面。

（2）提供多样化的农村金融服务。日本农协建立有农林中央金库，它是依据有关法律而设置的为农业、渔业、森林合作社组织服务的全国金融机构，其业务包括：从事会员的储蓄和信贷工作；调节不同地区和季节之间信贷资金平衡；为农林水产品加工厂及向相关的生产资料制造厂提供贷款；满足县信贷社的特殊资金需求。据1995年3月底统计数据，农林中央金库拥有贮备金总额高达40万亿日元，其中存款占26万亿日元，农林债券81000亿日元，受委托代付资金2000亿日元，其他占61000亿日元。据1994年5月统计，目前，农林中央金库投资总额达40万亿日元。

日本农协信贷业既是农协从事的主要事业之一，也是它生存、发展和对农户实行农产品委托制的财力的一个主要来源。日本农协的合作信贷业，以接受会员的存款，并向会员贷款为基础，各种存款用于促进会员经济发展的各项事业。农协会员把出售农产品的收入作为现金存入基层农协，除用作周转的资金外，其余资金存入县信用联合会。县信联利用这笔款向资金不足的基层农协和县联合会贷款，剩余部分存入农林中央金库。农协信贷业，存款利息高于一般银行0.1%，贷款利息低于其他银行0.1%。在贷款额中，一般长期贷款在75%左右。

日本农协的保险联合会是全国拥有会员最多、保险金额最大的保险组织。保险分长期和短期，式样繁多。日本的农业保险系统为最大限度地抵御农业风险创造了保障条件。

总之，日本的农业合作金融为日本的农业发展提供了多样化的服务，并建立多样化的服务体系。

（3）在模式上有欧美化倾向。日本农村的信用合作是日本农村合作经济中的一个重要组成部分。因为日本农村信用合作社普遍发展是在1868年明治维新之后，所以它模仿欧美社会制度，在农村信用合作理论的形式上也带有欧美化倾向。

如德国舒尔茨式的信用合作社基本上是城市小手工业者的合作社，在理论和实践上均带有较浓厚的资产阶级民主色彩。当时日本为缩短同先进资本主义国家的差距，建立中央集权，巩固自耕农和上层农民的经济地位，在农村与高利贷做斗争，认为建立和发展舒尔茨式的信用合作社最为理想。当时也有一部分人提出要依据明治维新所提出的“富国强兵和殖产兴业”的国策要求，采取了体现这一精神的德国雷发巽式农业合作社方式，后果然占主导地位。1900年日本政府颁布的《产业组合法》，就是以雷发巽的思想为理论基础、揉进了舒尔茨的思想，以1871年德国的《产业经济合作法》为蓝本制定的。

（4）不以盈利为目标。与日本的金融业实行长、短期分离制相对应，农业金融也划分为以中、短期贷款为主的合作金融和以长期低利贷款为特征的政府金融两部分。合作金融就是农协系统中办理信用事业的部分，资金来源主要是在农村吸收存款，服务对象为在本系统内部作为会员的农户和农业团体。所以，它与政府金融不同，是一种不以营利为目的的互助性质的金融活动。

（5）与行政机构相匹配的管理体系。农协系统的金融机构是日本民间农业金融的专门部门，它分三个层次：①包括基层市、町、村的农协；②都道府县的信用联合会；③中央的农林中央金库和全国信联协会。各基层和都道府县又有农林渔业三种不同行业的协同组合和联合会，但林、渔业信用机构较少，一般只放款而不办理存款，主要以农协会信用机构为代表。

日本农村合作金融的三级组织，即农协、信农联、农林中央金库之间，各自独立核算、自主经营，虽彼此不是领导与被领导关系，但一是目标明确，即一切为了农户的利益；二是联系紧密，即上一级组织对下一级组织负有组织、提供信息和在困难时予以支持的责任。

（6）信用业务与农村经济发展息息相关。如在1945—1955年度，日本农村资金紧缺，主要由财政增拨资金解决，农协系统的贷款是不充分的。在1955—1965年度，农村资金供求趋向平衡，农业和农民收入稳步发展，反映在农协系统的信用业务下也有大幅度增长。1965年以后，农村资金由富裕转向过剩。这是因为农业现代化大量兼业农户的出现，农业贷款的需求减少，造成资金剩余。农协贷款在全国农业贷款中的比重一直保持在80%左右，远远超过了其他金融机构。

以上可见，日本是世界上农业保持程度最高的国家，这种政策对促进农业发展起了巨大的作用。但从近期考察，这种保护政策的副作用也日趋明显。为此，日本方面实施了一系列调整政策，相应地，一些农业金融政策也有所改变。认真吸取日本农村金融业发展的经验和教训，真正按合作制原则规范农村合作金融，显然对我国农村金融业的稳健发展是极为有利的。

（中日课题调研论文，入选《中日企业经济行为比较研究》一书）

1996 年

谈对货币市场认识中的误区

回顾 1995 年的货币市场，在规范中求发展，已初具规模，取得了可喜的进展。归纳起来，①同业拆借市场得到了长足的规范和发展，据报载。截至 1995 年末，同业拆借量比 1994 年增长 85% 左右，且资金的投向、投量和期限基本趋于合理。②原来比较沉闷的票据贴现业务，也较快地恢复其生机。据全国各地初步统计，1995 年企业累计收受银行承兑的商业汇票达 2429 亿元，商业银行对商业汇票累计办理贴现 1412 亿元。人民银行累计办理再贴现 844 亿元。而前几年，仅在上海和深圳有小批量业务。③采取了一系列有力措施和制订了若干条例和规定，促使同业拆借、中介机构、证券回购在清理、整顿中求规范和发展。④货币市场工具由单一趋于较为充分，多种不同交易方式如信用拆借、抵押拆借、票据买卖、证券回购等同时采用。⑤全国统一的拆借市场网络系统于 1996 年 1 月 3 日开通。⑥今年 1 月 1 日出台的《票据法》为今后票据融资提供了保障。

展望 1996 年的货币市场，任重道远，如何更规范更完善，需要有新的思路。本人认为，重要的问题是在提高对货币市场认识的基础上统一思想。这就需要纠正当前对货币市场认识中的若干偏差，本文就此问题谈些个人看法。

一、“先资本市场，后货币市场”的发展思路，实际上贬低了货币市场的基础作用，其后果必然是搞乱金融市场

我国改革开放以来，由于主要是内在于现行体制的扩张机制作用，就金融市场的开拓和建立而言，客观上采取的是“先资本市场、后货币市场”的发展思路。具体说：①从时间顺序上看，1981 年起我国就开始发行国库券（第一期期限 5 年），而同业拆借市场 1986 年才得以开始。②从发展状况来看，应该说，资本市场中的股票市场、期货市场以及国库券市场虽有起有伏，但总的说发展已较充分，但货币市场特别是在 1995 年前则处于相对滞后状态。③从规范化程度看，资本市场，主要是股票市场和债务市场，经过几度春秋，已形成一整套行之有效的规章制度以保证其规范运转。而货币市场进入 1995 年才有些起色。④就两个市场的年交易量看，拆借市场以万亿计，票据市场以千亿计，而资本市场则以千万亿计。

实践证明，“先资本市场，后货币市场”这种颠倒的发展思路，其后果必然会给金融带来震荡，我们已付出了惨重的代价。

危害一：削弱了货币市场的基础作用。无论是同业拆借市场还是票据贴现市场，商业银行均是主要参与者，而作为银行业，从总体上讲，主要是从事短期的资金融通，它通过信用

和利率的双重作用将千万笔社会暂时闲置的货币资金聚集起来，又运用借贷形式将吸收的资金分配给暂时需要资金的企业或个人。可见，由银行业资金来源的性质和构成所决定，主要是满足社会资金临时的短期的需要。当然并不否定银行有较长期的资金来源，如一年以上的定期存款、活期存款的稳定部分以及银行的自有资金等，但银行需留出备用部分以防兑付，可用量也是有限的。事实证明，一个活跃的完善的短期融资市场即货币市场的建立，是银行业务开展的主要依托。同时，也只有短期融资市场发达，促使企业和银行盈利不断增加，才能保证长期融资市场即资本市场的相应发展。所以说，货币市场是资本市场的发展基础。没有规范完善的货币市场，资本市场的建立和发展是不可能的。

危害二：破坏了货币市场和资本市场的协调发展。从理论上讲，货币市场和资本市场相协调的基础应该是金融业（主要是银行）资金来源的总量及其构成。先发展资本市场的思路必然会破坏这种构成。据人行调查，前二年的违章拆借，大多属短期资金的长期占用，即将货币资金演变为资金投资。1995 年各地出现的混乱的证券回购，实际上因违章拆借受到限制转而以证券回购的形式继续支撑规模扩张，其数额之大、期限之长、利率之高严重地扰乱正常的金融秩序。一些金融机构在具体操作中搞假，运用无券或一券多做，甚至开具假单空单，而用这种买空卖空行为取得的资金多数用于炒买股票、搞房地产投资和集资放贷等长期投资。

以上先发展资本市场的做法，由此而造成大量货币市场上的资金向资本市场转移，其后果，一方面使货币市场因资金缺乏而萎缩，甚至连维持简单再生产所需资金都不能满足；另一方面，不断膨胀的资本市场不但挤占了货币市场上的资金，同时又需要更多的货币市场上短期资金与之配套，在一定程度上又拉动了货币市场的膨胀。如此下去，两个市场的矛盾会日趋加剧。

由以上两个危害延伸，“先资本市场，后货币市场”的发展思路，还会直接或间接地对中央银行的宏观调控、利率功能的发挥和金融秩序诸方面产生负效应。总之，货币市场连着货币供应、资本流动、先行货币政策操作以及外汇市场，对它的培育、规范和完善，不只是货币市场本身的问题，而是有关整个经济协调发展和金融改革深化的问题，它的重要地位和重大作用是绝不能忽视的。

二、只注重同业拆借市场解决短期资金需求，忽视了它有利于商业银行业务经营和提高中央银行宏观调控水平的重要功能

就同业拆借而言，它作为短期资金融通的有效场所，不能忽视其为解决地区之间、行业之间和金融机构之间短期资金使用上的不平衡而起到的重要作用。但一些同志，包括企业界和金融部门的同志，误认为同业拆借的功能仅限于此，这是极其片面的。应该还有：

（1）有利于商业银行利润最大化和风险最小化目标的实现。商业银行作为同业拆借市场中的主体，在它的业务经营中，为不断开拓和强化经营管理的内在动力，将追求盈利的目标放在首位是无可非议的。为实现这一目标，一方面要保持其拥有资金的充分流动性，另一方面力求避免经营风险以保证资金的安全。一般情况下，商业银行追求利润的最大化和力避风险的最小化两大目标之间是有矛盾的。如果要扩大高收益的资产规模，就会面临流动性储

备下降和准备金不足的风险；相反，要扩大流动性储备规模，必然会使准备金比例过高而收益减少。而同业拆借可以适时有度地调节商业银行之间准备金的盈余和亏缺，这样，就可以使商业银行无须为了应付提取或兑付（特别是为了满足突发性的提兑要求）而经常保有大量的超额准备金，将其用于高收益的资产规模，这样做既可以节约资金又可避免风险，与此同时可增加银行利润，真可谓“一举多得”。可见，同业拆借为商业银行利润最大化和风险最小化经营目标的实现创造了有利条件。

（2）为中央银行进行货币政策操作提供了可能。同业拆借市场的交易对象涉及同业拆借利率和商业银行的超额准备，这两个指标都是中央银行进行货币政策操作的重要手段。就同业拆借利率而言，在一般情况下。中央银行对宏观经济的调节始于对短期利率的调节，因为短期利率比较及时、真实地反映市场资金供求状况，它的“升”和“降”会直接而灵敏地影响社会资金需求和供给的“紧”和“松”。目前香港的存贷利率是围绕同业拆借利率变动的。因此，一方面将同业拆借利率作为制定利率政策的一个重要参数，另一方面，依据社会经济发展的要求，通过对同业拆借市场利率施加影响，达到调节货币供求总量实现货币供求均衡的目的。

就超额准备而言，前面已经谈到，发达的有规则的同业拆借市场功能的发挥，会促使商业银行的超额准备维持在一个必要的水平，这显然给中央银行实施宏观调控严格控制货币供应量创造一个良好的条件。这是因为，总体观察整个信用创造过程，是由中央银行和商业银行两个行为主体共同作用下完成的，中央银行提供的基础货币与商业银行创造存款货币的关系，实际上是一种源与流的关系。基础货币及其量的增减变化直接决定着商业银行准备金的增减，从而决定着商业银行创造存款货币的能量。所谓基础货币，它通常指起创造存款货币作用的商业银行在中央银行的存款准备金与流通于银行体系之外的通货这两者之和。前者包括商业银行持有的库存现金、在中央银行的法定存款准备金以及超额存款准备金。由此可推测，在规范完善的同业拆借市场引导下，商业银行行为所决定的超额准备有可能确定为一个较为稳定的参数，这无疑对提高中央银行宏观调控的能力和增强货币政策实施的有效性是极为有利的。

与此同时，中央银行还可对同业拆借市场中介机构施加影响来实现其货币政策意向。具体做法是：一方面中央银行运用向资金拆借中介机构进行贷款的方式，对同业拆借市场进行融资，直接吞吐基础货币。例如1993年以来，中央银行只拿出了不足百亿元的基础货币通过融资中心操作，就及时地较大范围地解决了各地一时头寸紧张的状况。另一方面，中央银行还可以运用公开市场业务，通过与同业拆借中介机构的证券交易和票据买卖方式，间接地吞吐基础货币。

三、传统观念将票据市场仅局限于清算，实质上它是中央银行执行货币政策的工具之一，对加速利率市场化进程和提高商业银行资产管理水平也有重要意义

作为短期金融交易的货币市场，这一领域主要包括短期拆借市场、商业票据市场、短期国库券发行和买卖市场及可转让的大额定期存款市场等。票据市场是以商品和劳务的真实交

易为基础的短期融资市场，应该说它也是典型的货币市场。我国票据市场起步较晚，品种单一，规模甚小。1995 年以前，只是在上海和深圳有少许业务。究其原因，当然与整个市场发育程度、体制上的不完善和法规的不健全等方面有关，但本人认为，观念上的陈旧和宣传不力不能不算是个重要原因。

传统观念将票据市场单纯看作是一种清算，一种债务凭证的传递，依据这一观念，票据市场就有一个可有可无的问题，因为代替票据贴现的结算工具和渠道有的是，也正是这种认识上的误区导致票据这种安全、灵活、低成本的投融资工具束之高阁，不受青睐，与此相连的必是票据市场的萎缩。

需要说明的是，票据的基本形态即汇票、本票和支票连着结算，这是毫无疑问的。我国近期的结算制度改革中推行“三票一卡”制度便是最好说明。但结算制度改革不同于票据市场的建设，票据市场的功能也远不限于清算，它还具有一系列其他的功能，主要有：

（1）提供中央银行宏观调控载体的功能。众所周知，再贴现政策是中央银行执行货币政策重要工具之一，中央银行只有通过对商业银行和贴现机构进行再贴现，才能间接地实现对每一个工商企业的贴现，从而达到收缩或扩张信用的目的。这里，无论是贴现和再贴现，都必须依附于票据市场进行。可见，票据市场为中央银行运用货币政策工具（具体说是再贴现政策）提供了一个载体。由此倒推，如果没有票据和票据市场，中央银行的再贴现政策就无法得以实施。当然，中央银行并非只是对票据市场这一“载体”作简单的依从和适应，一方面票据市场的发展在很大程度上取决于中央银行再贴现政策的力度。在一般情况下，中央银行提高再贴现率，会起到收缩票据市场的作用；反之，中央银行降低再贴现率，会造成票据市场扩张的局面。另一方面，中央银行通过票据市场上信息的反馈，适时适度地调整再贴现政策，以求货币政策最终目标的实现。

（2）加速实现利率市场化的功能。我国市场经济的发展和金融改革的深化，客观上要求加速利率市场化的进程。票据价格即贴现率的高低，它主要受制于社会资金的供求变化和付款人的信誉程度。随着票据市场的不断规范、完善和发展，以及票据交易稳定性的增强，会形成一种处于市场均衡状态下随市场规律自由变动的被供求双方均能接受的市场价格，反映在资金的价格上，便是市场利率，它无疑是中央银行制度贴近市场的利率政策的重要参考，并有助于在具体实施中有步骤地推进和加快实现利率市场化进程。

（3）提高商业银行资产流动性和安全性的功能。票据，它既是一种安全、灵活、低成本的融资工具，也是一种流通和支付的手段。企业在商品和劳务的交易中签发和收受票据，一是以商品和劳务为基础，也就是说有实物形态进行抵偿和保证的。二是以信用为基础的直接融资行为，在票据市场上流通和经营的票据应该是规范化的信用凭证，因而使工商企业之间惯用的口头承诺和挂账信用变为合法而规范的信用形式。三是通过票据贴现，使企业之间的商业信用票据化并纳入银行信用的轨道，它有利于从法律上制度上保障贷款的及时结算，有利于银行对企业资金运用的监督和管理。四是通过票据贴现方法，有利于解决企业生产和流通中因供求梗阻而“憋死”的问题，有利于滞销产品的推销和新产品的推广。总而言之，票据市场对提高企业资产流动性和降低企业经营风险度的重要作用也是不能低估的。

一位金融界知名学者曾撰文写道:“没有票据市场,就不会有真正的金融市场;没有发达的票据市场,也不会有完善的银行信用。”“中国票据市场走向成熟之日,也就是中国的信用制度趋于完善之时。”笔者认为这是很有道理的。

(原载《金融研究》1996年第7期,人大报刊复印资料1996年11月全文转载)

1997 年

深港金融合作的做法

金融业为百业之首，是现代市场经济的命脉。香港是著名的国际金融中心。深圳在她的第二次创业中，也正在为实现区域性金融中心而努力。深港两地山水相连，关系密切。深港金融如何合作，这一直是人们关注的焦点之一。

一、深港金融合作的一般认识

（一）深港金融合作的定位

“一国两制”作为解决国家统一和发展的根本方针，已经成为我们国家的一项长期不变的基本国策，这一重要原则已经得到国际社会的接受和认可。由此，“九七”后两地金融关系应是属于一个主权国家内不同社会经济制度下两个区域不同且相对独立的金融体系的关系，这就决定了两地可自行制订货币管理制度和实施金融监督管理。所以这种合作是在“一个国家、两种货币、两种金融制度”界定下的合作。

（二）深港金融合作的基础

金融依托于经济，为经济所决定。金融业对经济反作用的大小也基于社会经济发展水平。所以，两地金融合作以至于整个合作过程，都要致力于经济的稳定和共同繁荣。

（三）深港金融合作的前提

金融产业的市场化经营，是实现资源最佳配置和提高经济效益的最佳选择。香港经济是高度发达的市场经济，深圳金融业也正通过深化体制改革向市场化迈进。双方在体制上的衔接，必然成为两地金融合作的前提条件。这就要求深圳金融业必须依据我国国情加快市场化进程。

（四）深港金融合作的方位

香港已成为国际金融中心，它与 50 多个国家的 500 多家银行、银行代办处和接受存款公司有业务经营活动。香港与内地已互为最大的贸易伙伴，深圳作为一个经济特区和新兴城市，它与香港、内地以至于国际上许多国家的经济金融关系日趋密切。所以，必须把深港两地金融合作放至国际市场这一大背景中去加以考察。这样的方位设置，使深港金融合作不仅为“一国两制”的联结点，而且成为深港与内地以至于国际市场的重要枢纽。

（五）深港金融合作的方式

两地的金融合作不存在谁决定谁或主配角关系，而是优势互补，相互促进，互利共荣，协调发展。如香港既是深圳企业最佳资金筹集地，也是最大的投资者和贸易伙伴。深圳企业股票在港上市既可拓展香港股市狭小的服务腹地，也可改善香港上市企业不多的状况。总之，双方“互补、互利、互惠”满意的合作方式，为巩固香港国际金融中心的地位和筹建深圳区域性金融中心均会起到良好的促进作用。

（六）深港金融合作的天然优势

深圳和香港从历史上看同一个县治，深圳是唯一与香港接壤的城市，也是香港和内地经贸往来最重要的陆路货物转运通道，既是结合部又是集散地。深港两地山水相连、语言相通、习俗相近，人流、物流频繁。京广、京九铁路，广深、深汕高速公路，使香港与闽粤通过深圳联成一体。这些，为深港金融交流和合作提供了得天独厚的天然条件。

二、深港金融合作的做法

（一）金融机构的互设

金融机械的互设及其渗透是两地金融合作的重要步骤，香港作为国际金融中心，有近百家国际大银行在香港设立分支机构，据统计，它囊括了全球最大100家银行中的85家，以外币收支进行的业务约占全部银行业务的70%左右。可见，香港的金融体系是以外资金额机构为主。深圳金融业应加强对外开放的力度，一方面，继续引进外资金融机构在深设立分支机构，另一方面积极鼓励和支持深圳金融机构到香港或通过香港向海外设立分支机构、财务公司、基金管理公司和合资银行等。这样做，有利于深圳建立外向型和国际化的金融产业，同时也有利于香港国际金融中心的巩固和加强。

（二）业务经营的渗透

深港两地金融业务全方位合作的加强，具有深层次的合作潜力。例如深圳要借助香港金融界组织的银团借款、联合贷款、项目贷款等引人资金，通过资金拆借及转让业务、开办外币兑换、进出口押汇、租赁、基金等多种融资业务，实现双方的资金融通。又如开办离岸金融市场业务，这种业务既符合两地金融业的现状又能加固双方互助合作的力度。再如开办和拓展境外人民币业务、创办合资基金管理公司、金融创新工具的互用等等。

（三）支付系统的联通

据对深圳工行、中行、建行、招行和深圳发展银行的不完全统计，1995年上半年，与香港的资金往来达21万笔，金额1030亿港元，可见深港两地货币支付系统的联通，问题迫在眉睫。具体做法：一是在支付方法上力求统一。香港银行业的支付系统有三个重要部分组成，即自动转账系统、支票及中央结算系统。前一段时间香港实行的是隔日支付结算，为符合国际水准，金融管理当局已将这种旧的支付结算系统为“即时金额交收”的先进支付系统，它对香港有效发挥其作为国际金融中心的功能至关重要。为此，深圳和内地的支付方法也应效法香港，亦要建立即时支付及结算系统，使深港两地的银行业支付清算更符合国际市场规范化要求。二是努力实现清算网络的全球化。首先，为密切两地银行间的直接往来关系和加强账户清算合作，应及时建立深港两地的电脑联网，实现现代支付和结算系统的联机操作，保证双方债权债务关系的有效处理，以加快资金周转，提高资金使用效率。同时，美国与中国支付结算系统联网的建立，既有助于香港成为跨境的支付系统中枢，也有利于包括深圳金融业在内的整个中国金融业实现支付和清算业务的全球化。

（四）金融市场的衔接

依据金融市场本身所具有的要素特点，两地金融市场的衔接应该是全方位和相互渗透的。主要有：一是货币市场的衔接。货币市场上运用的金融工具多样，且期限短、风险小、流动性强，两地应尽快接通交易网络、沟通融资渠道，实现双方短期资金的有效融通。二是证券市场的衔接。香港的证券业有逾百年的历史，现时的联交所已成为世界第八大股票市场，它拥有国际认可的上市条例，全员审查、监管措施及完善的法律制度保障。深圳应在现有基础上，学习和借鉴香港的经验。积极创造条件，及时统一 A、B 股市场，实现证券两地互市。三是外汇市场的衔接。1995 年来，香港每日外汇市场交易额约 900 亿美元左右，外汇市场的交易量名列亚洲第三位。由此，深圳应加速外汇体制改革的进程，真正实行以市场供求为基础的，单一的浮动汇率制度，在已实现人民币可兑换的条件下，努力增加外汇交易品种，促使深圳这个全国最大的外汇交易市场和全国唯一能参与国际交易的外汇经纪中心充分发挥其作用。

（五）两种货币的流通

人民币和港币分别作为两地的法定货币，两种货币当然应服从于其所隶属的货币管理当局发行和管理。深港两地密切的交往而造成的货币过界流通和相互兑换，既是货币流通的现实要求，也是两地经济联系日趋加强的自然延伸。据统计，近期在总发行量 500 亿元的港币中，有 200 亿在国内流通，其中 150 亿在深圳流通。因此，允许两种货币的自由流通和相互兑换，不会影响两种货币的法律地位。但必须注意的是，两种货币管理当局应致力于经济的稳定和货币发行的正常；货币政策的高速调整应顾及对两种货币或其中某种货币所产生的负面影响；内地应加快外汇体制改革的步伐，完善人民币的可自由兑换制度，并制订相应的法律或规定，加强对两种货币交易和兑换的监督和管理。

（六）金融监管的合作

目前香港共有 536 家来自 43 个国家和地区的银行及接受存款公司（包括代表处），香港金融业之所以能取得今天的成就，直接得益于银行业较为健全的监管制度。香港银行业的监管，主要由政府所设的金融管理部门负责，同时发挥同业作用，实行以政府部门为主，同业公司配合的两个层次合作的监管体制。香港政府对银行业的监管，其核心是《银行业条例》，并通过政府金融监管部门严格执行，香港银行业监管制度的内容主要包括银行牌照或注册的有关规定、本地和海外分行或办事处、认可机构资料披露、认可机构的所有权及管理、认可机构贷款和投资的限制、资本充足性、流动资金比率，以及对认可机构的查账、审计、接管等多方面的规定。香港对金融衍生工具交易的监管也有一套新的风险识别和量度的新方法，应付金融突发事件的能力也强。总之，香港国际金融业以国际市场为轴心，金融监管按国际惯例运作，并有不少具有竞争力的监管制度相继出台。深圳在这方面应多借鉴香港的经验，加强两地金融监管机关、证交所高层主管的接触，逐步建立起有效的管理信息系统和风险管理系统，并协调两地金融监管的机制。

（原载《特区经济》1997 年 12 月 25 日，获深圳市深港合作征文竞赛一等奖）

试用系统分析法透视金融领域的几个重要问题

一、系统分析法透视金融问题的特殊意义

（一）系统分析法的含义

系统分析法来自系统经济学，它是系统经济学的核心部分。系统经济学作为一门新兴学科，依据其研究的对象和方法，可以定义为：系统经济学是运用现代系统科学的观点，研究整个经济系统的形成和发展，以使系统达到预计目标的学科。

所谓系统，就是由两个或两个以上具有特定功能的、相互间具有有机联系的要素构成的一个集合体。一般情况下，一个复杂的大系统拥有若干个子系统。系统分析法就是要在系统存在的各个阶段，并针对不同的子系统，通过科学的预测和反馈，对与系统相关的重大而复杂的问题进行不断的定性与定量相结合的分析研究，以达到最优设计、最优控制和最优管理的目标。

（二）金融产业的特征

简言之，金融即货币资金的融通。作为经济领域中的主导产业，从系统科学概念出发进行分析，它具有三大明显特征。

（1）庞杂性。金融产业相对于整个国民经济这一庞大系统来说，它只是一个子系统。但金融产业本身无论从其构成要素、组织结构、监控功能以及信息交换等方面看，它仍算得上是一个庞大而复杂系统。金融产业的这种大系统性能，呈现规模庞大、结构复杂、功能综合、因素众多的特点。

（2）渗透性。金融产业通过货币资金融通这一被称之为国民经济的“血液循环”，贯穿于整个经济运行的宏观、微观和市场三个层面，其渗透力涉及国民经济的众多部门、企业以及人民群众经济生活的每个角落。可以断言，没有这种“血液循环”，整个国民经济的运转就会立刻停顿。

（3）相关性。金融产业经营的是称之为特殊商品的货币，货币量的吞吐、投量、投向以及运转状况直接影响着宏观经济的平衡、物价水平的波动、企业的经营成本和人民生活的安定。

随着我国经济体制改革的深化和市场化趋势的发展，金融产业的地位不断提高，以上特征也日趋明显。金融作为现代市场经济的神经中枢，具有“牵一发而动全身”的魔力。正如邓小平同志所说：“金融很重要，是现代经济的核心。金融搞活了，一着棋活，全盘皆

活”。①

（三）系统分析法透视金融问题的特殊意义

上述分析表明：系统分析法以具有系统性质的复杂大型的对象作为研究标的，而金融产业的庞杂特性恰与其相吻合；系统分析法着重研究经济发展过程中多种要素“胶合”时所产生的连锁效应，而金融产业的渗透特性恰与其相吻合；系统分析法偏重于研究诸因素的“关系”，从中探索系统的运行规律，而金融产业的相关特性恰与其相吻合。可见，用系统分析法透视金融问题确实有特殊意义。

二、透视一：从金融机构体系角度

（一）金融机构体系的含义

与现代市场经济相适应的金融机构体系，是一国金融制度的重要组成部分，也是一国金融结构的基本表现形式。所谓金融机构体系是指相互作用和相互依赖的若干金融机构或单位组合而成的、具有一定功能的整体系统。我国现行的金融机构体系的基本框架如图 1 所示。

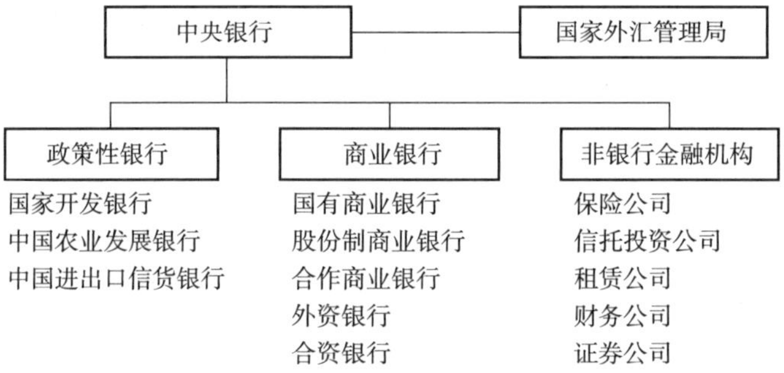

需要说明的是，从纵向分析，金融机构体系中的众多子系统，特别是中央银行、国有商业银行、股份制银行、合作商业银行等，每一子系统又有几个梯阶层次的分支机构，所以金融机构体系实际上是由众多子系统及其分支机构编织起来的庞大复杂的网络结构。

（二）金融机构体系职能分解及相互关系

依据上述金融机构序列图，从各子系统拥有的职能看，中央银行作为国务院领导和管理全国金融事业的国家机关，在我国金融机构体系中处于中枢或主体地位。国家外汇管理局是在中央银行直接领导下统一管理国家外汇的职能机构。政策性银行主要经营政策性信贷业务。商业银行在西方国家亦称存款货币银行，它是对创造存款货币起重要作用、从事存贷等经营业务的营利性银行。非银行金融机构作为银行业的附属和补充也各自有其职责。

作为在一个大系统中的各子系统，虽各司其职，但它们之间存在着紧密的联系。中央银行以“发行的银行”、“银行的银行”、“政府的银行”的身份处在系统的统帅地位，是领导和驾驭整个金融机构系统的龙头。政策性银行和商业银行的分离，目的是解决国有专业银行身兼二任的问题，割断政策性贷款和基础货币的直接联系，确保中央银行调控基础货币的主动权。政策性银行和商业银行虽属两大融资体系，但并不能否认两行在投资、资金和业务上的互补关系。商业银行成为自主经营、自负盈亏、自担风险、具有自我约束机制的金融企业，是实现整个金融产业市场化的基础所在。众多的金融机构参与金融市场活动，作为联系宏观金融和微观金融纽带的金融市场，它的完善、健全和规范，是整个金融机构体系正常和高效运转的必备条件。可见，由各子系统组成的集合体，既呈现“多层递阶”状态，也存在相互促进和“制轮”关系。

（三）用系统分析法评价金融机构体系

以上分析表明，金融机构体系是一个相互作用和相互依赖的若干个金融机构或单位组合而成的各具有规定功能的整体。依据系统科学的观点，不断对系统的设计和更新尤为重要。实行改革以来，我国已形成一个新型的金融机构体系。这里，建立一个能总揽和控制全局的中央银行是关键所在。这样做，有利于协调和处理金融活动过程中产生的各种行为和关系，有利于各金融机构之间的联系和制衡，也有利于对宏观金融的操纵和调控。

当然，中央银行的金融管理还必须依据其他各子系统不同阶段的特征，有区别地加以监管和疏导，如加速实现商业银行的企业化、金融市场的规范化、合作银行的综合化等等。

总之，系统分析法就是运用有效手段，致力于系统的总体协调，实现系统的健全和有机联系，以充分发挥系统的最优化功能。

三、透视二：从货币流通角度

（一）货币流通问题的实质

人们将经济生活中的货币流通比作一条不断流动的货币长河。这条货币长河与国民经济的发展和人民生活息息相关，向来为人们所密切关注；这条货币长河，大体上可分为现金流通和非现金流通（转账结算）两大系统；这条货币长河，主流、支流和大小干渠纵横交错，首尾衔接，相互沟通，贯穿于各部门各企业之间、城乡之间、居民个人之间，编织成互相关联的网络。以个人、企业等经营单位、财政及机关团体、银行等金融机构，对外为中心的五大货币收支运动，构成统一的货币流通系统，银行是这一系统的中心环节；在这条货币长河的千千万万个点上，一方面，它不断地受到外界的作用（直接的作用因素有商品流通、国民经济比例关系、货币流通速度、信贷收支平衡、经济体制变化等）；另一方面，它又反过来，在千千万万个点上作用于外界，推动着经济过程的实现。

由上可见，货币流通问题应该是一个与社会各种经济因素相互联系的牵涉面宽又复杂的问题。一句话，货币流通问题实质上是一个国民经济问题。

（二）通货膨胀成因的剖析

以上对货币长河的简要描述，只是说明货币长河与国民经济的关系。历史证明，这种关系可以是正相关，也可以是负相关。当流通中的货币量符合经济发展需要时，它对经济发展则有促进作用，即正相关；当通货过度膨胀时，它对经济发展则有促退作用，即负相关。不论何种社会制度，只要在商品经济条件下违背货币流通规律的客观要求，从一个经济发展过程分析，货币的超量发行都会引起通货膨胀，这是不以人们意志为转移的。当今世界，差不多所有国家和地区都存在过不同程度的通货膨胀，究其原因，说法甚多。但不管怎样，通货膨胀表面看来确是个货币问题，但归根到底是经济运行中存在问题的综合反映。以我国1984—1988年出现的持续高通货膨胀为例分析，一是因为固定资产投量膨胀，大大超过了国力的承受能力；二是因为消费基金膨胀，个人收入的增长超过了生产的增长。具体见表1：

年份	dk	d－	d/	d	d	年均增长
全社会固定资产增长率	wgw	pg	dg	wOg/	dg－	wkg
国家对个人工资和其他支出增长率	wgw	w/gw	wOg	d/gk	w/g－	wgp
国民收入增长率	dpg－	dvg	gk	gp	ddgk	ddgd
通货膨胀率	vg	g	/gO	gp	dg－	g

注：表中国民收入增长率按可比价格计算，通货膨胀率用全国零售物价上涨指数代替。资料来源：周正庆《中国货币政策研究》，中国金融出版社1993年版第83、84页。

从更深层面分析，出现通货膨胀的原因还在于：由于体制和观念上的痼疾，我国没有认真搞好按比例发展的综合平衡，没有建立起自我约束、自我调节的运行机制，因此，整个经济在总量扩张和结构不合理前提下往往处于一种高投入低产出的状态。

（三）用系统分析法评价货币流通状况

系统分析法要求依据系统的固有特征对系统存在的各个阶段和各方面进行考察和剖析。现实生活中的货币流通渗透到国民经济的每个角落，它既受制于国民经济，又作用于国民经济，归根结底是国民经济的综合反映。事实证明，用系统分析法透视货币流通，一定要与货币流通的相关因素紧密联系才能给予解释，才能得出正确的结论，才能找到切实解决问题的途径。那种惯常就货币论货币、就货币流通论货币流通、就金融论金融的偏向必须纠正。

用系统分析法认识通货膨胀，既然认定其诱因来自多个方面，那么对通货膨胀的治理绝不是银行一家之事，而必须采取“多管齐下，综合治理”的方针，运用经济的、行政的、法律的手段，依靠社会各方面，共同努力，协调配合，才能使通货膨胀得到有效治理。

四、透视三：从货币政策宏观调控角度

（一）货币政策及其与经济活动的内在联系

全面、科学表述货币政策的内涵，应注意到以下三个方面，即货币政策的执行主体、货币政策的传导机制和货币政策的最终目标。依据这一要求，货币政策即是国家货币管理当局（通常指中央银行）在一定时期内通过运用某些工具，变动某些金融变量来作用于整个国民经济，从而实现预期经济目标的行为规范。

货币政策之所以重要，是因为它与经济活动存在着密切的内在联系。货币政策的变化至

少引起以下几方面发生变化：①由币值变动而引起价格的变化；②资本流动及其投向和投量的变化；③社会整个经济结构的变化；④经济发展速度的变化。

（二）货币政策宏观调控机制的组合与分解

货币政策实施的关键是建立有效的货币供应量宏观调控模式。实践证明，我国长期以来采取的直接型调控模式难以克服“一控就死、一放就乱”的弊端，而间接型调控模式能有效地对货币供应量进行适时、适量、有弹性的调控，起到抑制经济波动的作用。因此，由直接调控向间接调控的转化已是历史的必然。

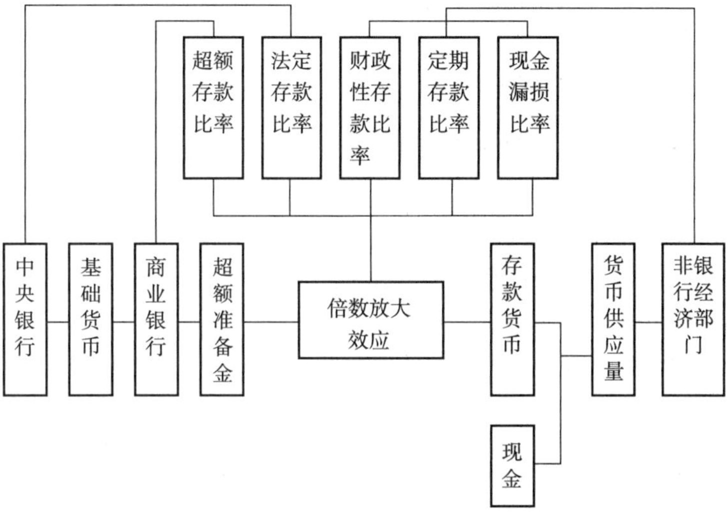

图中：①中央银行、商业银行和非银行经济部门为3个调控主体。具体地说，中央银行被称为发动主体，因为中央银行供应给商业银行基础货币的多少决定整个调控机制的规模。商业银行被称为放大主体，因为中央银行将基础货币贷入商业银行后，通过商业银行系统内的倍数放大效应（货币乘数原理），会创造出多倍于原始存款的派生存款，以提供给非银行的经济部门。非银行经济部门被称为目标主体，因为信用创造货币过程的最终目的是为了向其供应适量的货币。②基础货币和倍数放大效应被称为基本因素，因为整个货币供应量是基础货币和货币乘数的乘积。③法定存款比率、超额存款比率、财政性存款比率、定期存款比率和现金漏损率均为若干金融变量，它们共同作用于倍数放大效应，即货币乘数。

（三）用系统分析法评价我国货币政策宏观调控机制

系统分析法注重以模型为基础，从多因素的关联和制约中把握系统内各种要素的构成和“制轮”关系。上述对宏观调控机制分解表明，整个机制运转的核心问题是向社会供应最适货币量，它由两个基本因素即基础货币和货币乘数所决定。虽然基础货币在总体上能由中央银行控制，但影响倍数放大效应的诸因素（亦称若干金融变量）不全是由中央银行的意向所决定，除法定存款比率由中央银行决定外，超额准备比率由商业银行的经济行为决定，而财政性存款比率、定期存款比率、现金漏出率则由非银行经济部门的经济行为决定。

用系统分析法可以较为清晰地回答长期争议的“银行作用究竟有多大”的问题。我们说，过分地、盲目地夸大银行的作用至少在目前是不切实际的，中央银行的宏观调控能量固然取决于其自身的完善和独立性程度，但客观上还受制于来自多方的制约因素。当然并不排斥中央银行运用必要手段（如利率）作用于这些变量，力求使宏观调控的目标得以实现，但这毕竟是间接的，在体制改革进度迟缓情况下，这种间接作用更是有限的。

总之，要科学回答“银行作用究竟有多大”的问题，可用系统分析法如实地对影响宏观调控的诸因素进行权衡和综合，这样才能给调控的“困难”以正确的估价，从而找出解决问题的途径。

五、透视四：从金融环境角度

（一）金融环境的含义及实质

一般而言，金融环境是指金融领域内外多方所采取的政策、方针、方法、手段的配套协调关系及由此而产生的影响。

金融环境的实质最终可归结为货币总供给和货币总需求的对比状态。因为货币总供给和货币总需求的矛盾大体可演化为社会总需求和社会总供给的矛盾，所以金融环境在整个经济体制改革和金融体制改革中处于举足轻重的地位。

金融环境一般有内外之别，对于金融内部环境，前面的透视已涉及较多，这里试用系统分析法谈谈金融外部环境问题。

（二）影响金融产业的外部环境

（1）现代企业制度与金融我国前期的企业制度改革只在“放权让利”上做文章，而不是在“制度创新”和“机制转换”上下功夫，因此长期凝固在原企业制度中的分配、用工、人事等制度无实质性变化，从而直接影响金融改革的进展。银行和企业命运相连，它们站在同一立场，拥有同一目标，共同关心着信贷资金的周转和经济效益的获取。可以设想，工商企业没有“企业化”，商业银行也无法“企业化”。企业经济效益不佳，银行经营必然受损。“金融活，企业活；金融死，企业死”，这早已是银行和企业的共识。

（2）财政与信贷我国社会产品的总值绝大部分是通过财政和信贷两个渠道进行分配和调剂的。在国民经济正常运行的情况下，财政资金和信贷资金作为社会产品的价值表现，以全额代表相应的物资。但因种种原因，如财政支大于收、财政收支虚假、财政应支未支、财政政策和货币政策的不配套等等，会直接或间接地影响两者的平衡，由此造成财政和信贷再分配杠杆的使用和配合失灵，从而加剧国民经济的失衡。实践证明，如果财政不平衡，信贷就未必能平衡。反过来，如果财政平衡，而信贷不平衡，那么这种财政平衡实际上也是假平衡。

（3）价格与金融物价与币值互为因果：物价涨，币值减；物价落，币值升。价格水平的普遍持续上涨，必然会冲击银行信贷。据有关部门测算，前几年企业的新增贷款中，有30%左右来自于物价的上涨。通货膨胀，一方面促使宏观金融调控失去稳定的基础，另一方面因价格信号的失真而导致信贷投向和投量的错位，进而造成经济结构的扭曲和综合效益的下降。

（4）投资与金融长期以来，由于我国现行经济机制运行中存在扩张因素，加上投资体制的不健全，投资冲动难以抑制。伴随而来的投资行为趋同化、轻型化和短期化，形成了在投资总量扩张下的投资结构不合理，导致企业经济效益的下降和承受能力的低下。这种情况既影响金融机构内部运行机制的构造，又不能为金融改革创造一个良好的环境。其他还有如金融与法制建设、金融与对外开放度、金融与政府职能转变等等，都会对金融产业和金融改革产生影响。

（三）用系统分析法评价金融环境

系统分析法注重从系统的内外关系中寻求解决系统所面临的重大而复杂的问题，设法根据总体协调的需要将系统的内外关系有机联系起来，实现系统的最优化组合。上述分析表明，金融这一系统虽在国民经济这一庞大系统中举足轻重，但并不排斥与其相关系统的正负面影响。这就告诫我们，研究金融问题，一定要将之放在国民经济这一总系统中去考察；论及金融体制改革，一定要结合整个经济体制改革进行探讨。单个系统功能的发挥是不能低估的，但更重要的是发挥诸系统的“合力”作用，以避免在相互牵制中发生内耗而贻误良机。

本文着重用系统分析法透视金融领域中的几个重要问题，目的有二：一是试图通过应用分析，探索系统分析法的科学内涵，进而明确它在系统经济学中的地位和作用；二是试用系统分析观点来寻求金融这一主导产业中几个重大而繁难问题的科学解释。

系统经济学作为一门新兴学科，其生命力在于应用。只有在应用中不断加以总结和丰富，它才能以全新的姿态立足于经济学科之巅。我国系统经济学的发展，必须结合改革实践和本国国情，只有这样，才能对系统经济学所涉及的“具有系统性质的复杂大型的含有大量未知要素的问题”给以科学回答。

（原载《深圳大学学报》1997 年第 1 期，人大报刊复印资料 1997 年 5 期全文转载）

邓小平南方谈话与深圳科教兴市战略

本文在学习和领会邓小平南方谈话精神基础、试对邓小平科教兴国战略的认识和深圳实施科教兴市战略的思路这两个问题谈些看法。

一、对邓小平科教兴国战略的认识

邓小平同志在设计和领导中国现代化建设的过程中用深邃的战略眼光和卓越的科学胆识创造性地提出了。科学技术是第一生产力。这一当今世界重大的科学命题并强调教育到发展科技和经济的基础作用。在他 1992 年初南方谈话中再次作了强调和全面的阐述。

关于“科学技术是第一生产力”，“教育是基础”的理论，是邓小平建设具有中国特色社会主义理论的重要组成部分，也是他思考国际、国内战略问题、提出战略方针、政策的重要依据，深刻认识这一理论的实质和意义。对“科教兴国”战略极为重要。

（一）依靠科技和教育，促使经济发展“快一点”

邓小平同志在南方谈话中指出：“经济发展得快一点，必须依靠教育和科技”。很清楚，这里的“必须”，直截了当地阐明了经济与科技之间的因果关系，即经济的发展，取决于经济与科教的结合以及科教对经济的促进作用。他还强调只有领先科教，经济发展才能“快一点”

依靠科教促使经济发展“快一点”的思想，从世界范围分析，正如邓小平所指出的，是“世界新科技革命蓬勃发展，经济、科技在世界的地位日益突出”这种形势所决定的。当今世界，科学技术新成果层出不穷，科技成果商品化的周期大大缩短，科技进步因素在国民经济增长中居首要地位，在西方发达国家中，其比重达到百分之六十到七十。面对这一汹涌的世界大势，科技真正成了世界各国普遍重视的热点和焦点。正如国际专家预测：20 世纪的经济将是科技和文化的。科教上得快，科教和经济发展结合得好，一国的综合国力和国际地位就高，这已成为不以人们意志为转移的事实。

从历史发展分析，由于种种原因，现实生活中的社会主义是在帝国主义最薄弱的链条上率先诞生、并是在帝国主义众多的殖民地上相继成立起来的，这必然与发达的资本主义国家存在差距，邓小平从战略高度注视中国缩短这一差距的重大意义，他再三告诫全党全国人民：“如果在一个很长历史时期内，社会主义国家生产力发展的速度比资本主义国家要慢”，不仅社会主义的优越性无从体现，而且“我们的社会主义政治制度和经济制度就不能充分巩固”。

邓小平的南方谈话中以其强烈的历史责任感，关注着我国经济发展的“快一点”的问题，他鼓励人们要“大胆地试，大胆地闯”，就是要为经济发展“快一点”增加勇气；他主张“不搞争论”，就是为了争取时间多干一点；他希望“能发展就不要阻挡，有条件的地方“要尽可能搞快一点”，“我国的经济发展总要力争隔几年上一个台阶”；他一再要求“对于我国这个发展中的大国来说，经济要发展得快一点，不可能总是那么平平静静，稳稳当当”。

当然邓小平关于领先科教促使经济发展“快一点”的思想，是基于以下两个前提条件的，一方面是从科教能推动经济发展，特别是现代科技在多方面直接体现生产力从而越来越显示其巨大作用这一事实出发的。正如邓小平的南方谈话中所证实的，“近一二十年来世界科学技术发展多快啊，高科技领域的一个突破，带动一批产业的发展。我们自从这几年离开科学技术能增长得这么快吗?”与此同时，邓小平强调，这种发展要“讲效益、讲质量”而“不是鼓励不切实际的高速度，而是要扎扎实实，讲求效益，稳定协调地发展。”

（二）为使我国“在世界高科技领域占有一席之地”

邓小平在南方谈话中强调指出：“高科技领域，中国也要在世界上占有一席之地”。其实，他对世界新科技革命，特别是高科技领域的动向和发展、一直极为关注。早在 1984 年 10 月 7 日，他亲自主持我国第一个高能加速器—北京正负电子对撞机国家的实验室的奠基典礼。1986 年 3 月 3 日亲自批示王大珩等四位老科学家提出的关于跟踪世界科技发展的建议。遵循邓小平“发展高科技”的战略思想，我国先后实施了“科技攻关”计划、“八六三”计划和“火炬”计划，国家和地方上马了一批高科技项目，国家相继批准建立了一批高新技术产业开发区。

必须指出的是邓小平对世界和我国发展高新技术的关注，其目的不仅仅在于高科技对当今社会经济发展所产生的巨大影响，还在于高科技对提高我国综合国力和国际地位的重大影响。他反复告诫全党，20 世纪将是高科技世纪，一定要充分估计到现代科学的发展趋势，他指出：高科技“这些东西反映一个民族的能力，也是一个民族、一个国家兴旺发达的标志”。可见，邓小平在发展高科技上的远见卓识，是从我国经济和社会发展的战略高度去理解和考虑的他英明预见到今后高科技将是现代生产力和社会经济发展的最主要的促进因素和支撑力量是提高一个国家综合国力和国际地位的重大因素。面对这一世界大势出于对国家与民族的赤诚之爱，他反复阐明：“科学技术不提高，社会生产力不发达，国家的实力得不到加强，人民的物质文化生活得不到改善，那么，我们的社会主义政治制度和经济制度就不能充分巩固我们国家的安全就没有可靠的保障”。

（三）实现经济增长方式转变的需要

历史发展的进程告诉我们，构成一国经济增长的主要源泉，一是来自物质投入，即经济增长主要依靠增加资本等要素投入量来推动它属于粗放型的经济增长方式。二是来自技术进步即经济增长主要依靠科学技术进步的因素来推动它属于集约型的经济增长模式。两种模式相比，后者创造的劳动生产率是前者所无法比拟的。

我国的经济增长模式如何定位，邓小平毫不犹豫地提出了依靠不断推进科学技术进步和提高劳动者素质之路。他在1992年初南方谈话中通过总结改革开放以来我国经济发展取得的成功经验认为当务之急在于充分认识和注意到科学技术和教育的发展，走“科技兴国”之路。他再次强调：“我说科学技术是第一生产力”，“我们自己这几年，离开科学技术能增长得这么快吗？要提倡科学，靠科学才有希望”。

事实证明，要使我国综合国力明显提高，使经济建设再上一个大的台阶，必须实现生产方式的根本转变。新中国成立以来特别是改革开放以来我国经济发展虽取得巨大成就·但经济增长主要还是以高投入作为支撑，通过铺摊子、上项目等方式取得的。由此，我国目前经济生活中出现的许多重大问题，诸如高投入、高耗费、低质量、低效益以及通货膨胀、经济结构不合理等，都直接或间接地源自于这种外延粗放型的经济增长方式。现阶段，我国科技在促进经济增长中所占的比重仅占30%左右，只有发达国家的一半。

邓小平关于生产力方式转变的理论，明确指出解决问题的关键是把经济建设转移到依靠科技进步和提高劳动者素质的轨道上来，努力提高经济增长的质量和效益。这一科学观点，一方面为我国社会主义建设指出了正确的方向，另一方面也为我国确定“科教兴国”战略奠定了坚实的理论基础。

（四）对外开放政策的一个重要组成部分

邓小平关于科学技术是第一生产力的观点，是与我国坚持对外开放的政策紧密相联系的。

世界发展的今天，科学技术的突飞猛进和向更高层次的突破，它所释放出来的巨大生产力进一步冲破了民族和国家的界限，促使国际的联系和分工不断向深度和广度拓展。经济发达国家和地区将一些技术密集型的项目逐步向不发达国家和地区的转移已成了一种必然趋势。这些因素，促使全球经济呈现“一体化”“国际化”的发展态势。与此同时，也使各国之间政治经济关系发生了一系列新的变化。可以这样断言，当今世界任何一个国家和地区的发展，都离不开世界这个整体。不论国家的大小，社会制度异同，要发展经济和提高自己的地位，只有置身于世界这个共同体中，实施对外开放政策，才能真正实现自己的发展目标。

邓小平同志以其战略家的敏锐目光高瞻远瞩地指出，蓬勃发展的世界新技术革命为我国的现代化建设提供了一种新的契机和挑战，他深刻总结我国近代历史，明确表示：中国之所以落后，其重要原因在于中国长期以来一直是闭关自守。由此，他反复告诫全党全国人民，现在的世界是开放的世界，要发展科学技术，要进行现代化建设，关起门来是不能成功的，中国的发展离不开世界，“任何一个民族、一个国家，都需要学习别的民族、别的国家的长处，学习人家的科学技术”。1991年初，他在视察上海时指出“发展经济，不开放是很难搞起来的。世界各国的经济发展都要搞开放西方国家在资金和技术上就是互相融合、交流的”。

在确定对外开放这一坚定不移的基本国策后邓小平同志非常注重并提出要借鉴世界上经济发展较快国家的成功经验，以此作为我们发展的起点。这种借鉴和吸收的对象，不是狭义而是广义的科学技术，他指出“技术问题是科学，生产管理的科学，在任何科学，在任何社会，对任何国家都是有用的”。在1992年初的南方谈话中，他更加明确地指出“社会主义要赢得与资本主义相比较的优势，就必须大胆吸收和借鉴人类社会创造的一切文明成果，吸收和借鉴当今世界各国包括资本主义发达国家的一切反映现代社会化生产规律的先进经营方式、管理方法”。

（五）实现“四个现代化”的关键所在

四个现代化，是指农业、工业、国防和科技的现代化，从广义上讲，还包括所有社会领域的现代化。但各类内涵不同的现代化有个共同点即它们都是以认识价值和高科技发展为特征的。正如邓小平指出的：“四个现代化，关键是科学技术现代化”。他认为：“没有现代科学技术，就不可能建设现代农业、现代国防”。又说：“不抓科学、教育、四个现代化就没有希望，就成为一句空话”。显然，根据以上论断可以得出，科技现代化和其他领域的现代化之间的关系是工业、农业、国防的现代化必须具有现代科学技术的内涵，这是因为：一方面，这些行业需要有科学技术来武装，不然还是传统的工业、农业和国防，不够资格戴上“现代化”的桂冠；另一方面，这些行业的管理者和劳动者必须具有现代科学知识和操作技能。总之，没有科技的现代化就不可能有其他领域的现代化。

当然，现代化的过程又是一个不断发展和创新的过程，人们的认识水平和驾驭能力也应随之提高。邓小平在南方谈话中赞赏特区的发展时再次强调科技作为第一生产力的带动和推动作用，他说：“近一二十年来世界科学技术发展得多快啊！高科技领域的一个突破，带动一批产业的发展”。接着又对大家提出了坚定攻克科技难关为国家多做贡献的殷切希望：“近几十年来我国科技进步不小，希望有几十年代，进步得更快”；“希望大家通力合作、为加快发展我国的科技教育事业本做实事。搞科技，越高越好，越新越好。越高越新，我们也就越高兴。对我们的国家要爱，要让我们的国家发达起来”。这些话既体现了科技知识的不断积累和创新，科学技术的不断进步和扩散，必将推动整个现代化进程向广度和深度扩展，促使现代化的水平走上台阶；同时也体现了老一辈无产阶级革命家爱国强国的一片赤诚之心。

（六）全面提高劳动者素质和知识分子地位的重要措施

邓小平在“南方讲话”中再一次明确提出“科学技术是第一生产力”。这一英明论断，不仅进一步强调科学技术现代化的首要作用，而且表明他极其重视科学技术（包括社会科学在内）的整体——知识分子在社会主义建设中的地位和作用。邓小平“第一生产力”的理论意义在于：它不仅论述了经济发展与科学技术的关系，经济发展与科技和教育的关系，而且还深刻地阐明了科学技术与知识分子的关系，他在全国科学大会开幕式的讲话中指出：“历史上的生产资料，都是同一定的科学技术知识的劳动力相结合”。这说明，科学技术成为现实生产力，在于生产力的两大组成部分即生产资料和劳动者的相互依存和推进，在于具有较高的科学文化水平、丰富的生产经验以及先进的劳动技能的劳动者与作为生产力重要因素的生产资料的有机结合。正是这些“人”的能动作用，才促使科技进步在整个经济增长中的主导地位越来越明显，并不断地适应现代社会的生产过程，越来越朝知识型、智能型转变。

基于以上顺应历史潮流的深刻认识，他在南方谈话中竭力赞扬中国老一辈科学家的奉献精神，他说："我要感谢科技工作者为国家做出的贡献和争得的荣誉。"大家要记住那个年代，并再次指出："知识分子是工人阶级的一部分，还希望所有出国学习的人回来"。不管他们过去的政治态度怎么样，都可以回来，回来后妥善安排。这个政策不能变。这些评价和政策，不仅从政治上肯定了中国知识分子的地位，即他们是劳动者，是工人阶级的一部分，而且也充分肯定了他们在社会主义现代化建设事业中的重要作用及其自身价值。

综合以上六个方面的认识可以得出，邓小平"科学技术是第一生产力"、"教育是基础"的理论，即是他一贯的思想，也是他作为"科教兴国"的一项重大战略提出来的，这项伟大战略的深远意义在于，它不仅限于科教促进经济发展的问题，而且实施这一战略对我国经济增长方式的转换、对外开放政策的实施、政治和国际地位的提高、劳动者整体素质的提高以及贯彻落实党的知识分子政策等方面均有其重大意义。历史的事实证明，只有从这样的高度认识和实施"科教兴国"这一伟大战略才能使我国实现强国之梦、走富国之路，中华民族才能作为一位真正够格有分量的"世界公民"跻身于世界先进民族之林！

二、深圳市实施"科教兴市"战略的思路

遵循邓小平"科教兴国"的战略思想在深圳特区过去16年的建设中，在市委市政府的正确领导下，采取一系列有效措施已取得了举世瞩目的成效，为在第二次创业中取得更加辉煌的成绩。我认为深圳实施"科教兴市"战略应从以下方面努力。

（一）进一步树立科教先行的思想营造发展科技的良好环境

（1）要从思想上观念上进一步认识到发展科技和教育在深圳第二次创业中的极其重要意义。它既是提高深圳人的整体素质的重要内容、又是增创特区新优势的取要。为此"各级领导要像抓好经济工作那样抓好教育工作"。因为抓住科技这一现代经济发展的"支柱"，重视教育这一"基础"作用就能促使产业结构的优化和产业优势的形成；就有资格跻身千世界科技的制高点，有较强的实力参与高层次的国际经济合作和竞争；就能较大幅度地提高劳动生产率以及人民生活的质量、文化水平和社会管理能力；就能为深圳建设现代化的国际性大都市创造必要的条件。

（2）要十分重视技术创新在经济增长和社会发展中的重要作用。经济发展的规律揭示，任何形式的经济增长都是以制度创新和技术为基础的。不可否认·制度创新在社会变革和发展中的基础作用，这已被深圳16年的改革实践所证实。但必须看到，经济发展过程实质上是一个制度创新和技术创新的连续过程，制度创新中存在促进技术创新的因素，技术创新又会推动制度创新的不断深化。如果制度创新不完善或不利于技术创新，则经济发展会暴露问题（如经济过热、经济结构不合理等）、由此会陷入困境；而技术创新跟不上，也必然会限制甚至有损于制度创新。所以两者并非孤立存在，而是在双方不断地交替和推行过程中，实现经济的快速发展和社会经济效益的不断提高。

（3）要充分发挥深圳已经形成的发展科技和教育的优势，包括经济实力优势、体制优势、区位优势和人才优势，深圳已具有推行高新技术产业必备的国际信息交流、技术合作和

资金配套等业务的能力；特区是改革开放的“窗口”、“试验场”，体制上具有率先探索、“大胆地闯”的优先条件；深圳背靠内地，对外与香港和国外联接紧密，可以广泛采纳新技术成果并促其转化为商品向国内外市场辐射；深圳已拥有一批具备高新技术、擅长青理和热衷于教育事业的英才，为深圳科教的振兴积累了足够的力量。

总之，一定要从观念上，认识上、投入上和机制上为深圳科技和教育的发展创造一个良好的环境。

（二）充分发挥科技在优化产业结构和扩大对外开放中的巨大推动作用

深圳市在过去的16年里，经济发展基本走了一条速度与效益相协调的路子。但必须看到，增加投入以支撑经济运行的烙印还比较明显。如在引进外资中深圳中小型的劳动密集型企业较多、承担高科技的大型企业较少、外商实际投入的资金数量在全社会固定资产总额中所占的比重也不大等。这些问题事关深圳经济增长的后劲和今后的发展，必须认真对待，具体措施应该是：

（1）充分运用现代化先进科技，特别是采用先进技术装备和逐步发挥那些现有的科技含量低、劳动力密集型企业，特别是“三来一补”企业的积极性，促使其不断升级换代，使现有的设备、设施的生产能力和生产潜力得以充分释放，焕发其新的生命力。

（2）积极发展高科技产业。在抓好已有大工业主导产业的同时，大力发展未来高科技主导产业，使它们形成深圳高新技术产业的“龙头”，形成新的优势产业群，带动并形成一批高技术含量、高附加值、外向型的支柱产业。

（3）加快高新技术工业村、高新技术园区的建设，尽快掌握和动用现代化信息系统、跟踪世界新技术革命的轨迹扩大先进技术在生产、管理和服务等领域的开发和应用面努力解决交通通讯、金融，商贸及其他社会服务领域中的信息化、现代化的关键技术问题。

（4）高新技术产业需要通过国际范围的大配套、大协作才能得以生存和发展，所以一定要加大对外开放的力度，一方面以更大的气魄、更宽的领域和更高的层次引进更多的资金和技术，重点引进拥有雄厚资金实力和高新技术的跨国公司、企业集团以及引进代表世界先进水平的项目。另一方面要注重引进外资与对外投资并举，引进外资与出口创汇相联系、对外投资与技术出口相配套、劳务出口与商品相衔接。总之，通过扩大对外开放千方百计提高深圳参与国际市场和国际经济合作的程度，加快科技的商品化、国际化进程。

（5）深圳处于国内国际两个市场的交汇点，97香港回归近在眉睫，一定要充分利用这一得天独厚的优势，一方面引进国际高新技术产业发展新成果、新项目并进行消化吸收；另一方面亦可将国内高新技术成果向国际市场转化。特区的这一“桥梁”、“纽带”作用，既为深圳率先开发高新科技产业提供有利条件又使深圳真正成为我国经济与世界经济接轨的连接点和国际市场物质流、技术流、信息流和资金流的传送基地。

（6）充分运用金融产的特有功能，通过加强和完善金融宏观调控、银行信贷向技术改造倾斜、发行技改有价证券、大力通过引进外资来推进技术发展等措施，全方位动员科技资金的投入；通过技术市场和金融市场的衔接、建立风险投资和开展租赁、信托、保险等业务以及发展金融财团等方式，组织好科技资金的融通对投资项目的评估、筛选、制定技改贷款

的操作规程，协调科技资金与其他资金的配套运用以及加强科技开发的保险工作等，组织好技改资金的管理

（三）办好教育、加快深圳人整体素质的提高和科技人才的培养

发展高新技术，关键在于人才。为适应飞速发展的形势要求，必须尽快提高深圳人的业务技能和整体素质，“科教兴市”、“教育强市”已是我们面临的紧迫而重大的课题，具体措施应该是：

（1）全党全民动员，切实将教育放在优先发展的战略地位，把加强教育作为深圳市提高整体素质和建成现代化大都市的首要任务，努力在深圳形成一个“党以重教为先、政以兴教为本、民以支教为荣、师以从教为乐”的良好风尚。

（2）重视增加教育投入，拓宽筹措教育经费的渠道。建立以国家财政拨款为主、多渠道筹措教育经费的投资体制、广筹教育资金，规划教育经费增长的比例，切实解决教育投资短缺的问题，以保证教育经费的稳定来源。

（3）实施深圳人才培训工程。深圳是个移民城市，来自四面八方，知识结构复杂，业务技能差距跨度大实施深圳人才培训工程意义重大。必须在对现有人才进行排队摸底的基础上，充分挖掘潜力，动员各方面力量，采取分级办学和分级管理的管理体制，制定培训规划。其中，要特别重视跨世纪高级科技人才的培养和提拔，各行各业应有学术带头人，并做好后备队伍的补充和选拔，形成梯队，建设一支精干高效的科技队伍，在深圳第二次创业中起“主力军”作用。

（4）加强国际交流和合作扩大教育对外开放·聘请外国专家、学者和外国留学人员来深工作同时创造条件，有计划有目的地组织人员特别是科技和管理人员出国考察访问，以及时跟踪世界科教的新动向，结合实际，为深圳再创辉煌做出新的贡献。

（5）办好深圳大学培养和造就更多的高级科技和管理人才，深圳大学是特区唯一的一所综合性大学，应该成为特区的一个人才基地。深大建校十几年来，已奠定了一定的基础但毕竟是一所新校，还没有形成较为规范合理的学术梯队，在国内还没有形成学科优势。根据深大的现状，深大的发展战略目标应该是：以改革为动力，以学院制为突破口，以学科建设为重点，努力实现教学管理机制的转换，争创一流大学。实现这一战略目标，深大必须在现有专业结构和优化师资队伍的基础上，围绕教学和科研这两个中心，形成学科梯队，着力于建成几个重点学科和重点实验室，并通过教学管理机制、用人机制、分配机制的转换，理顺各方面关系，实现一年一个样，三个大变样，十年创一流、更多更好地为特区和国内培养和输送高质量、高层次的科技和管理人才，以适应特区发展的需要。

（原载《深圳商报》1997 年 3 月 4 日）

全球金融危机：特点、影响与风险防范

自90年代初至今，国际金融市场动荡不宁，金融危机屡屡发生。1992年英国过快过量引进外资，使英镑大幅度贬值，迫使英镑退出欧洲汇率机制，引发了触及全球的金融危机。接着，日本的泡沫经济，于1995年引发了战后最严重的金融危机。1994年12月“墨西哥金融风暴”席卷南北美洲。1995年2月发生了英国巴林银行倒闭事件。1995年3月又接连发生了“法国里昂信贷银行危机”和“意大利那不勒斯银行危机”。1995年8月俄罗斯金融市场发生了“金融市场8月危机”。1997年初，阿尔巴尼亚因实行“金字塔投资”的非法集资计划而酿成了金融危机。接着，东南亚的金融风暴、韩国的金融危机、日本山一证券的破产倒闭等金融事件又震撼整个世界。

所谓金融危机是指在金融市场上，由于金融秩序不完善、交易风险管理水平差、市场机制不健全以及国际游资的冲击等原因而引起的动乱现象。其表现为银根奇紧、股市暴跌、信用破产、银行发生挤兑或停兑、金融机构倒闭等。当今世界所发生的一连串金融危机，虽还只局限于某个国家或某一地区，但已明显地带有全球性特点，它的波及面因全球经济金融一体化进程的加快而越来越大，影响也越来越深，从而引起了世人的极大关注。

专家学者正从不同角度跟踪和研究这些触目惊心的金融危机。当前全球金融体系中是否存在潜在的危机因素。对这个世界性的热点问题，不少国外学者认为可能性极大。法国经济学家阿莱说：“全世界金融市场已经发疯”；法国总统希拉克强调：“世界经济目前所面临的危险存在于世界金融癌症之中”；德国经济学家乔纳丹·泰纳鲍姆指出：“金融艾滋病正在世界范围内蔓延”。我国近期《参考消息》刊载了《匈牙利民族报》的文章《全球金融体系将不可避免地崩溃》，作者是德国席勒研究所所长席勒，他惊呼：“全球金融危机犹如‘一场世界范围的森林大火’，它的火苗已达到所有城市和农村。”

上述国外学者对当前世界金融形势的解说，似有过于悲观之感。笔者认为，目前全球金融体系即刻崩溃的可能性不大，但不能忽视，国际金融市场已经暴露出来的种种迹象表明，个别国家、个别地区或个别领域的金融危机随时会发生，并有可能蔓延。但必须明确，重要的问题还不是推测危机发生的时间和空间，而是如何深刻认识种种金融危机的共同特点，探索其产生的背景和原因，在此基础上采取有效的防范措施。

一、当前全球金融危机的特点

（一）金融性资金交易量巨幅增加

据诺贝尔经济学奖得主法国经济学家毛利斯·阿莱在法国《世界报》上发表的文章表明：全世界每日金融交易与每日实物物品贸易有关系的不超过2%。1995年底德国经济学家乔纳丹·泰纳鲍姆发文指出："目前世界金融交易额的急剧膨胀所形成的金融财富总量及其增长率同实物生产总量及其增长率相互之间的差距越来越大，随着实物基础相对弱小，人们对金融财富的持有信心正在迅速降低。"据有关资料，1996年5月德国经济学家席勒运用了以下3个方面的数据说明金融领域与经济领域的完全脱离：①自1972年8月15日尼克松总统将美元同黄金分开以后，外汇交易额在3年内增长了3倍；到1981年则为1970年的24倍，其增长速度比实物贸易额的增长速度快4倍；到1995年，外汇交易额已上升为世界贸易额的60倍。②1948年，制造业的投资总额为22亿美元，而在不动产和金融方面的投资总额仍然为5.94亿美元；但到1960年，则翻转过来了，在不动产和金融方面的投资已上升到25亿美元，而在制造业方面的投资只有22亿美元。从1984年开始，在不动产和金融领域的投资不仅超过制造业，而且超过全部实际经济领域。③1973年，全世界商品期货交易合约量为2500万个，而当年全世界金融期货交易合约量只有42.5万个，1993年后者已上升到2.16亿个，而有关农业方面签订的合同数量只有5700万个。

必须指出，作为从事货币资金融通的金融产业来说，金融交易量大大超过实物交易量由其本身功能和运行规律所决定，强求两种交易量的一定比例甚至相等，是违背客观经济规律的。但如果出现真正通过实物的金融交易量在整个金融交易量中所占比例极小，这从另一角度可以说明，投机领域所进行的金融交易量不断膨胀，大量相对过剩货币资金骤然出现，造成资产账面价格的直接上升。对这些异常状况，则必须引起足够的警惕。

这是因为，据统计，目前全球每天的外汇交易多达1.5万亿美元，而实现需求至多300亿美元。大量虚拟的金融资本急剧增长，必然表现为金融资产的总量及其增长率大大超过实际生产总量及其增长率。而经济决定金融，即金融必须以经济为基础，具体地说，经济的稳定归根到底是以金融资产能否变成实物为前提的，一旦这个前提发生动摇，人们就会对金融资产丧失信心，金融危机有可能由此而发生。

（二）国际游资横冲直撞

一般而言，游资是指追逐高额利润而经常在各金融市场之间流动的短期资本。它具有投机性强、流动性快、倾向性明显的特征。据国际货币基金组织估计，目前在全球货币市场上以银行短期存款或其他短期存放形式存在的游资至少有7.2万亿美元，相当于全球每年经济总值的2%，即每天有相当于1万亿美元的游资在全球外汇市场上寻找归宿。

巨额游资之所以产生，主要原因在于金融自由化的趋势。具体地说，一是外汇管制的放松，为世界游资乘虚而入开了方便之门；二是由金融创新引起的一系列金融衍生工具的相继出现，大大地加快了货币资金的移动速度。如全球的期货交易量已从1988年的4820亿美元上升到1996年的1.4万亿美元；三是各种专项基金的大量涌现也是游资形成的基础，如1993年在全球流动的3万亿美元的私人资本中，大都来自各国的共同基金和保险基金。另外，国与国之间交流的日趋密切、现代科技的迅猛发展、电子技术的广泛应用，将全球金融市场连成一片，为游资的快速流动创造了有利条件。

应该承认，游资对调节国际的资金余缺和活跃金融市场起到一定的积极作用，但不能不看到，巨额增长的游资也会产生越来越明显的负面影响。世界性游资的横冲直撞，其主要危害有：一是因冲击汇价而引起外汇市场的大起大落，最终会使汇价水平扭曲；二是游资的大量进出，会造成外汇储备的大增大减，推动股市的大升大降；三是游资的迅速移动，往往与各国的货币政策调控呈反向作用，即当一国为抑制通货膨胀而提高利率，特别是在利率提高后高于国际市场利率时，国际游资就往往会大量涌入，迫使该国被动增加货币供应量；反之亦然。这显然会增加各国货币管理当局稳定经济的难度和影响该国宏观调控的预期效果。

（三）全球债务结构日趋恶化

当前全球债务的新特点是发展中国家和发达国家的债务上升趋势同时并存。就发展中国家来看，80年代以前全球债务问题的焦点在拉美国家和非洲国家，而80年代后即全面铺开。据统计材料，世界外债排名前6位的发展中国家在1990年依次为巴西、墨西哥、韩国、委内瑞拉、阿根廷和中国，其外债总量达4636亿美元，比1980年上升了近1倍。1994年排名前6位的则是巴西、墨西哥、中国、印度、印尼和阿根廷，其外债总额达6528亿美元，比1990年增加了1882亿美元；比1980年增加了4178亿美元，上升了近2倍。

据国际清算银行统计的1993年资料，全球对外投资流入发展中国家的资金达742亿美元，比上年增长了36%，占全球对外直接投资总额1950亿美元的38%，其中流入亚洲475亿美元，流入拉美138亿美元，分别占全球对发展中国家全部投资的64%和18.6%。据预测，近几年亚洲投资市场仅建设基础设施一项就需要1万亿美元。这些资金主要是流向经济发展最快的中国和东南亚各国。

亚太地区发展中国家需要引进巨额外资投资于基础设施，以适应快速的经济增长，这仅是一个方面。另一方面，俄罗斯和东欧诸国为了振兴其前几年岌岌可危的经济，更急需资金投入。据哥伦比亚大学估计，这些国家需要吸收的资金至少在5000亿美元以上。

就发达国家而言，他们为了摆脱经济衰退的局面，一反常态，也不遗余力地吸引外国资金，以弥补国内资金的短缺。据美国《新闻周刊》发表的数字，1993年国际资金净流入美国为800亿美元，净流入西欧达1000亿美元。日本原来是世界上最大的资金供应国，1989年3月在海外的债权余额高达2万亿美元，成为世界上最大的债权国。但从90年代起，由于泡沫经济的影响，资金外流造成产业空心化的问题日益严重，从而使其海外的直接投资从1990年度开始连续3年下降，1992年降至172亿美元，比1989年的491亿美元下降了65%。由此导致的后果是，尽管1993年在日元不断升值情况下，其对外直接投资也不过比1992年增加5.5%。德国原来也是国际资金的主要来源国，但实现统一后大量资金需用于东部的重建，也不得不因财政赤字激增而从国外引进资金。以上可见，日本和德国两个最大的国际资金来源国，现在反而急需从国际资本市场抽回资金，这样一进一出，必然引起国际资金的来源不足，在一定程度上增加了发展中国家对国际资金的渴求。

据统计，发达国家的债务近年来迅速上升，主要发达国家的政府总债务 GDP 的比率 1980 年约为34%，而到了 1994 年则达到68%。必须指出的是，最敏感最具有威胁性的债务危机爆发点是美国的债务市场，这一方面取决于美国经济在世界上的影响度，另一方面美国金融市场的高度开放性和债务市场的高度国际化与另一些发达国家（如日、英等国）以及多数新兴工业化国家有紧密的相关度。所以，如果美国的金融业特别是债务市场出现危机，随即会诱发整个国际债务市场的不稳定性和危机性。由此可以断言，世界上最大的债务危机爆发点是美国的债务市场。

在全球债务结构恶化的情况下，一些发展中国家又采取过分依赖外资和国际市场的政策，如到 1995 年底墨西哥吸引外资 1460 亿美元，1996 年韩国引进 7500 亿美元、泰国引进 875 亿美元，分别占墨、韩、泰国内生产总值的 50.1%、34% 和 45%。有朝一日失去这一依托，经济金融危机就很容易出现。

（四）泡沫经济危害甚大

所谓泡沫经济，是指在信用上升阶段出现大量相对过剩资金，这些资金集中涌向个别收益高、见效快的行业如证券业、房地产业等，引起资产账面价格直线上升，又吸引更多资金涌入，从而导致市场中的资产价格严重背离基础因素规定下的基本价格的形成。泡沫经济是现代信用经济的产物，由它形成的价格上涨是虚拟的，价格背离价值由价格运动自身的规律所决定，因为价格相对于价值来说，它所体现的内容和反映的关系更具体和更深刻。但经济规律决定了过度膨胀的价格也必然有一个价格的回归过程，如同肥皂泡膨胀到一定程度会破裂一样。近几年日本经济的泡沫化过程尤为突出，日本 1988 年全部房地产账面价格已上升到美国房地产总价格的 4 倍，而美国的土地面积是日本国土的 25 倍。到 90 年代，泡沫经济破灭，日本房地产价格下跌近 50%。日本大量投资房地产而产生的泡沫经济，造成现今日本银行和金融机构的呆账总额近 70 万～80 万亿日元，其中已属无法归还的“坏账”达 40 万亿日元（约合 4257 亿美元），相当于日本国内生产总值的 10% 或年财政预算的 1/2 以上。

除日本外，从前几年已发生金融危机的国家看，墨西哥的投资绝大部分投入债券、股票和货币交易；阿尔巴尼亚工业一直处于负增长，对工业、农业的投入长期严重不足；泰国多年来投资率保持在 40% 以上，其中房地产贷款占很大比重，1996 年底已积压房屋 85 万套，它是泰国银行 1997 年呆账总额超过 200 亿美元的主要原因。

这种泡沫经济的危害，一是使产业结构严重失衡，由于资金大量流向证券业和房地产，使工农业特别是一些基础产业却因资金不足而缺乏发展后劲。二是引起大量不良资产的产生，因为在泡沫经济期间，股票、房地产业因高额利润吸引金融机构大量投资，而泡沫经济崩溃后，股市和房地产价格暴跌，银行损失惨重。三是金融机构信用下降甚至破产，银行的巨额坏账必然严重威胁其信用能力，这不仅影响企业的设备投资，引起金融市场的紊乱，同时也危及自身的稳定，引发金融机构频频破产。

（五）金融监管力度欠佳

一般而言，各国宏观金融监管的目标主要有 3 个方面：一是提供公平竞争的金融环境；

二是保护存款人和投资者的利益；三是保持金融体系的稳定。随着70年代中期开始的金融国际化、自由化浪潮的冲击，一些国家纷纷放松对金融体系和金融市场的监管，这虽然使金融创新日趋活跃，但也逐步出现了一系列难以回避的问题。

例如英国巴林银行的倒闭，其直接原因虽是该行新加坡分行的交易员里森越权进行日经指数期货交易亏损所致，但根本原因是由于银行内部监管不力而造成的。如果巴林银行内部或新加坡国际金融交易所哪怕是任何一方的金融监管做得好，巴林银行积累了233年的家底也不至于毁于一旦。

不少事实证明，一国中央银行监管不力，缺乏有效的货币政策调控意识和对各金融机构强有力的贷款导向，必然会使其金融风险加大。阿尔巴尼亚中央银行不仅对投资公司以及基金会的设立不严格审批，而且对国内的高息非法集资活动也没有进行有效的管理，甚至放任自流。泰国大部分金融机构，尤其是证券公司和财务公司，多数处于高风险中运行，金融呆账达370亿美元，自然成为泰国金融危机爆发的焦点。韩国大量非银行金融机构采用筹集短期外汇资金投向长期贷款项目的做法，影响外汇供求和平衡。这些国家金融危机的爆发，显然与该国作为货币管理当局的中央银行的监管不力有很大关系。

二、全球金融危机对我国的影响

（一）国际汇市震荡的影响

全球性已爆发和潜伏的金融危机，都会引起国际金融形势的突发变化或骤然恶化。它反映在外汇市场上，必然是汇市的投机盛行和剧烈震荡，以及国际借贷市场的利率波动。这不仅会影响我国的对外贸易和企业直接和间接的经济效益，同时也会波及我国的外汇储备，即汇率不稳，这对我国已经拥有1300亿美元的外汇储备来说是非常不利的。它可能使我国的外汇资产迅速减少，也可能使我国的对外债务负担更加严重，在一定程度上会影响我国的出口竞争能力，亦可能由此引发我国金融的局部危机。

（二）国际游资爆发性冲击的影响

游资又称“热钱”，只要世界上哪个角落有利润追逐，它就会迅速向那里流动。有人比喻“它像一个漂泊不定的幽灵，以光的速度在国际金融市场上冲射”。它的大量进出，必然增加我国宏观调控的难度以及影响宏观调控的效果。

（三）人民币可兑换后可能诱发的问题

在我国已实现人民币经常项目可兑换的情况下，这意味着将很大部分的外汇关系纳入市场目前我国中央银行是外汇最大的买家，它既要调节外汇供求，又要维持汇率的稳定。这种“一身二任”的职能，极容易加大对外汇市场的本币投放，由此可能带来的风险是外汇供求不平衡，再加上资本项目可能隐蔽性地混入经常项目，这将有可能构成相当程度的金融冲击。如果人民币资本项目可兑换过早实施，则有可能诱发更大范围的严重的金融危机。

（四）国际政治事件及金融危机事件的冲击

如果发生此类情况，且这类情况与我国关联密切，则有可能使我国既有的外资大量抽逃，从而使外资急剧减少。对这类恶性金融事件，也须提高警惕以防止由此而引发的我国大范围的金融危机。

必须指出，国际货币资金流动的外部影响及其影响度的大小，主要取决于国内的经济条件和金融状况，因为来自国外和国内的两种因素在很多情况下是互为影响和相互联系的，而非截然分开。就我国目前情况来说，比较突出的问题是我国银行的坏账问题，这与国有企业的过度负债有关。据有关部门对676家国有大中型企业统计，企业资产负债率1993年为70.6%，1994年上升为71.9%。另据国有资产管理局对12.4万家国有企业统计，其资产负债率为75.1%，如扣除企业资产净损失和资产挂账4000多亿元，资产负债率将上升到83.3%。从国际上看，80年代以来，在美国、法国等工业化国家，企业资产负债率却一直呈下降趋势，近年一般在40%～60%之间。我国大多数专家估计，我国四大国有专业银行的3项不良贷款（即逾期贷款、呆滞贷款、呆账贷款）占整个贷款的22%左右。其中呆账贷款有3000亿元人民币，约占银行信贷余额的10%。

另外，我国近几年外债规模的迅速扩大也是引发我国金融危机的一大因素。

1985—1995年我国外债余额表

单位：亿美元

年份	1985	1986	1987	1988	1989	1990	1991	1992	1993	1994	1995
余额	158.28	214.83	302.05	400.03	412.99	525.45	605.6	693.2	835.7	928.06	1065.9

从上表可看出，11年内我国外债增长了5.73倍，年均增长52%；而同期外贸出口增长4.44倍，年均增长40%。据测算，“九五”时期为我国还债高峰，压力甚大，主要靠借新债还旧债，一旦新债来源中断，极易引发债务危机。与此同时，我国利用外资余额已达2400亿美元左右，其中1300亿美元是直接投资，而后者中相当大一部分是港台中资企业的投资，而且大多已成为国内游资，一旦我国贸易外汇收支出现逆差，汇率、利率发生不利变化，它就可能会被立即抽走，这对我国整个金融市场会造成严重冲击。

再有，我国通货膨胀的潜在压力还存在，长期积累的巨额财政赤字难以解决，金融市场以及一些金融衍生工具的运用面临的问题较多，金融监管的力度还不够，对此都不能掉以轻心。

当然也应看到，有些影响是双重的。如东南亚国家的货币贬值，一方面会影响我国的出口商品竞争能力，但另一方面也会促使国际资本特别是日本资本从东南亚转向我国。因此，在中和作用下所形成的对我国冲击，从总体上看还不大。特别是我国近几年来采取了适度从紧的货币政策，宏观调控取得了明显成效，外汇储备充足有余，经济发展势头比较平稳，重于经济结构的调整，这些措施大大增强了抵御和化解全球金融风险的能力。

三、防范金融危机的措施

从以上对全球金融危机特点和影响的分析可以看出，诱发我国金融危机的可能性并非不存在，因此我们必须高度警惕，并要采取有效的防范措施。

（一）着重体制改革和制度建设

从根本上讲，我国目前存在的金融危机的隐患，主要是旧体制下过分依靠行政手段干预经济所造成的。事实证明，要真正拥有抵御金融危机的能力，着重体制改革和制度建设尤为重要。我国金融业要在市场体系化建设上进一步深化改革，就必须加大改革开放的力度，研究和解决货币供应量的形成、运行和调控问题，理顺银行和其他金融机构的关系，从组织形式上确保中央银行职能的转换，从运行和管理机制方面改造现有的国家专业银行向商业银行迈进，加快推进利率市场化的进程，进一步深化外汇和外债管理体制改革，保持汇率政策的稳定性和灵活性，并在法律和制度上加以保证。在此基础上，充分发挥各种货币政策工具的作用，按国际惯例规范商业银行和金融市场的运作方式。事实证明，只有深化改革，真正实现信贷资金的商品化、利率和汇率的市场化、银行及其他金融机构的商业化、宏观调控方式的间接化，才能从根本上奠定预防和抵御来自各个方面的金融危机的基础。

（二）注重经济结构调整，实现经济的稳定健康发展

事实证明，宏观经济运行的大起大落往往是金融危机的诱因，而造成宏观经济运行大起大落的深层原因一般为一国投资的失调和经济结构的失衡。进入20世纪90年代以来，世界经济金融一体化进程加快，不少发展中国家尤其是新兴市场经济国家，其生产的高速增长和国际开放程度的提高，致使经济发展过热（特别表现为金融证券热和房地产热），不良债务剧增，对外贸易逆差扩大，加上经济调控机制的落后，经济失衡的矛盾逐渐显露，甚至爆发了金融市场的风波。以上问题在我国也不同程度地有所存在。因此，我国必须继续坚持贯彻执行“适度从紧”的货币政策，加大经济结构调整的力度，注意结构性投入的合理性，引导企业增加产品尤其是出口产品的技术含量，增强市场竞争能力，为防范和化解金融风险创造有利条件。

（三）强化金融监管，整顿金融秩序

为使金融监管落到实处，有关专家建议必须层层设防。第一道防线是金融制度。只有准确而严格的金融制度，才能为实际金融操作提供根本的保证，否则就会因制度性金融风险引起制度性金融危机。第二道防线是金融政策。政策的制定，既要明确方向性和针对性，又要有灵活性和弹性，具体问题要具体分析，只有对症下药才能收到实效。第三道防线是金融业务。金融业务是金融运行的主体和主题，各种业务之间总是相关的。只有实现金融业务的体系化和有序性，才能增强抵抗金融风险的能力。第四道防线是金融监管。监管要求做到规范化、高效化和国际化三者的统一，这是防范集中性金融风险的必由之路。第五道防线是金融信息。迅速、及时而有效的信息是金融决策的必要条件，金融信息的集中化是金融预警系统形成和发展的支柱。

在加强金融监管的指导思想下，切实整顿金融秩序，有效制止社会非法集资、非法设立机构、乱办金融业务以及证券市场的过度投机等，以达到防范和化解金融风险的目标。

（四）健全风险预警体系

针对我国容易引发金融危机的三大因素（即外债、银行坏账和通货膨胀情况），借鉴国外经验，建立适合我国国情的防止金融风险的安全指标体系。目前，我国在这方面还没有一套较为成型的指标体系。关于预警指标，国际货币基金组织经济学家莫里斯·戈尔茨根据墨西哥 1994 年金融危机的教训列出的 7 个危险信号，可供我们参考：①短期债务与外汇储备比例失调。墨西哥的外汇储备与短期债务之比为 20%。②巨额经常项目逆差。墨西哥的经常项目逆差与国民生产总值之比为 7.8%。③消费比例过大。1991—1994 年墨西哥经常项目逆差的增加额中有 4/5 是储蓄率降低和消费增加的一种反映。④预算赤字。墨西哥财政赤字占国内生产总值的 0.7%。⑤资本流入的组成。墨西哥外债中的 38% 是为了弥补赤字而筹措的短期债务。⑥定值过高的汇率。墨西哥货币高估了约占 5%。⑦货币供应量迅速增加。墨西哥货币供应量比一年前增加 23%。

考虑我国实际情况，国内有些学者认为，除上述 7 个指标外，还可以增加 3 个指标：①企业资产负债率。②银行逾期贷款比率和坏账率。③通货膨胀率。

（五）注意突发性因素的冲击

引起金融的突发性因素犹如地震，它具有难以捉摸的特点，因此必须时刻关注国际金融市场的新动向对我国的影响。如一国的政治形势、国际市场利率和汇率的波动、国际游资的冲击、自然灾害等，这些因素均有可能引发金融危机。为消除这些隐患，应实行稳健的信用总量和结构调节政策，加强对国际金融市场外汇和外债的监测和管理，借鉴国际通用的避险方法，防止或尽量避免一些突发因素给我国金融业带来的不良影响。

（原载《深圳大学学报》1998 年第 1 期，人大报刊复印资料 1998 年 5 月全文转载）

人民币不贬值：利大于弊

东南亚金融危机的影响，加上我国周边国家特别是日元的屡屡贬值，引起人们对我国人民币是否贬值问题的普遍关注。我国领导人和有关部门负责人多次重申，人民币不贬值。如何理解这一重大政策，编辑部也经常接到读者的询问，为此记者专访了深圳大学经济学院院长、金融学博士导师曹龙骐教授，请他就这一问题谈谈看法。

记者：请先谈谈货币贬值是怎么回事？

曹龙骐：货币贬值，也称通货贬值。这它是一个广义货币概念，不仅是指现金，一般公认还应该包括非现金即存款货币在内。货币贬值从其形成原因分析，可分为自然贬值和法定贬值；从其形成的区域分析，可分为对内贬值和对外贬值。各种货币贬值并非孤立存在，它们之间往往是密切联系和互为因果的。无论哪种形态的货币贬值最终都是通过单位货币（我国为人民币元）的购买力的减少表现出来，也就是通过物价上涨得以表现，所以人们通常将货币贬值和物价上涨紧联在一起。货币法定贬值是指政府用法律明文规定降低本国货币的购买力以提高外汇汇率的一项措施。所谓货币危机是指一国货币的对外价值在短期内受到非意愿的剧烈贬值，从而给该国的经济和社会生活带来极大的负面影响。所谓金融危机是指由于一国金融机构出现流动性困难和严重的资不抵债而发生的支付危机，从而导致金融机构倒闭，引发社会波动。东南亚国家的危机就是以货币危机为先，继而出现金融危机并由此涉及整个社会的经济危机。

各国货币的贬值或升值一般是作为调节国际收支不平衡的手段。因为货币贬值会使出口换汇成本下降和进口成本提高，故仅就货币贬值本身对外汇供求平衡的趋势分析，货币贬值特别是初期它具有刺激出口和限制进口的作用，这种奖出限入可以改善外汇的收支状况，缓解贸易逆差和起到恢复经济的作用。

记者：既然人民币贬值有利于出口，并在我国周边国家货币纷纷贬值情况下，为什么我国政府要做出人民币不贬值的承诺？

曹龙骐：应该承认，我国周边国家货币贬值，特别是作为世界第二经济大国和亚洲经济“领头雁”的日本，它的国内生产总值占亚洲区的70%，日元对美元汇价的不断下跌，必然会使人民币汇率受到新的考验。同时，我国的外贸出口产品面临的竞争会有所加剧，在某种情况下有可能挤占我国部分出口市场。

但应该看到，一国一项经济政策特别是事关重大的经济金融政策的出台，应从全局考虑其利弊关系。以此为出发点，人民币如果贬值并非是一项好措施，更不是唯一的选择。

可以预料，如果人民币贬值，将会产生以下负效应：一是会冲击其他国家，尤其是遭受东亚危机的国家的经济利益，反过来会加剧外部环境对我国经济的冲击力，同时会增加中国和其他国家进出口贸易上的摩擦，并有可能带动又一轮的竞争性货币贬值；二是人民币贬值意味着国内通货膨胀和物价上涨，由此而产生的心理预期和连锁反应，有可能影响国内金融市场的正常秩序；三是会恶化我们数年来苦心营造的良好的宏观经济环境，既不利于一般企业特别是金融业的经营，也不利于增强外商投资的信心，至会出现资金外流特别是内部资金的浪潮；四是给香港的经济金融稳定和维护其联系汇率制度带来巨大冲击，给香港的经济转型和调整造成更大的难度；五是境内外投机者可能乘机破坏金融秩序以谋图私利。目前市场不断流传人民币贬值的消息，不外是炒家们打心理战的惯用伎俩。

对于因人民币不贬值对我国出口造成的影响，我国政府已及时采取了一些有效的补救措施，努力将这一影响降至最低限度，例如采取提高出口退税率等手段来支持外贸企业出口、对出口亏损企业进行适度弥补、恢复外商投资项目进口设备减免关税和增值税的优惠制度、

通过调整产品结构和市场结构以增强出口能力等。以上措施已收到实效。

其实，一国货币贬值是否有利，还要依据一国的具体情况作具体分析。我国出口产品中绝大多数为“来料加工”型，进口成本约占进口总值的60%，人民币贬值的“好处”无疑被进口成本的增加抵销；日元贬值虽然增加了我国对日本出口的难度，但同时也降低了我国从日本进口机器设备的费用也即出口产品的生产成本。就东亚国家看，货币贬值的政策的结果令进口成本上升、企业资产缩水、需求进而萎缩，以至于使国内经济陷入紧缩性恶性循环。可见，“货币贬值”增加出口竞争力的愿望也并非能如愿以偿。

以上分析看出，从全局考虑，利弊权衡，人民币不贬值利大弊小。所以，我国政府做出人民币不贬值的承诺是完全正确的。

记者：我国政府多次作出人民币不贬值的承诺，应该如何来理解这一承诺的现实依据和意义呢？

曹龙骐：我国政府的这一承诺是以我国良好的宏观经济背景和经济实力为依据的。从1993年下半年开始，我国就注重了宏观调控。1994年出台的新的金融改革方案，进一步明确了以稳定货币作为货币政策的最终目标。之后，我国政府致力于经济结构的调整，采取了一系列有效措施，如努力稳定通货压低居高不下的通胀率、较大幅度地增加外汇储备、注意审慎地有效地利用外资和加强外债外汇管理、坚持进出口平衡和略有顺差的原则、较为灵活地运用了信贷、利率杠杆等。与此同时为对付亚洲金融危机，防止人民币贬值、我们还采取了一些防御性措施，如不急于在资本项目下实行人民币可兑换、国内外股市暂不建立足够的通道、采取有效措施减缓国际资本的随意出入、注重扩大国内需求等。有学者评价：“在寒流还未到来之前，中国已提前洗了个冷水浴”，是很恰当的。

就今年上半年的经济金融形势看，依据权威部门评述，国内投资、消费需求开始回升，固定资产投资、消费、银行贷款等先行指标已呈稳定增长或加速回升的趋势，外贸企业对严峻的国际市场环境也已逐步适应，国家在信贷、退税等方面的一系列鼓励出口的政策正逐一落实，外贸出口增幅减缓的势头将逐步得到遏制，金融宏观调控又为经济运行提供了较为宽

松的环境。这些，为人民币不贬值创造了基础条件和根本保证。

必须强调的是，在我国经济实力并不雄厚且又面临一定困难的情况下，我国政府决然宣告人民币不贬值，充分展示了中国政府作为世界经济成员的负责态度和足够的勇气和远见。事实已经证明，人民币不贬值，既是我国经济发展的重要支撑，也为处在风雨飘摇的亚洲地区提供了一块稳定的基石。从长远看，随着国际金融市场的全球化、一体化趋势，我国政府的这一承诺，必将对亚洲以至于世界经济产生深远的影响。

记者：前面你说到人民币不贬值对港币的稳定至关重要，能否再详细讲一下这一问题？

曹龙骐：香港实行的是港币对美元的联系汇率制度。在这次东南亚金融危机中，泰国、印尼、马来西亚等国相继放弃了实行多年与美元挂钩的固定汇率制度，转而实行浮动汇率制度，而唯独香港成为东南亚区域内坚持港币仍与美元挂钩的地区，它对稳定港元的汇价、稳定整个金融体系有重要意义。

人民币和港币有天然的联系，如果人民币贬值，则很快波及港元对美元的贬值，这不仅使香港的联系汇率制度难以延续，直接动摇了香港的国际金融中心地位，而且对正在转型中的艰难的香港经济也是沉重打击。

出于上述多重因素的综合考虑，可以定论目前人民币不贬值利大于弊是正确的抉择。

（原载《深圳特区报》1998 年 9 月 1 日第 8 版，该报记者邓自强的采访稿）

对货币供求与均衡理论研究中若干问题的思考

一、货币需求理论研究中的种种困惑

通常讲货币需求实际上是指人们对一般价值形态的需求，信用为货币需求创造了提供效用的条件。货币需求是客观存在的，与之对应的量我们通常用“货币需要量”或“货币必要量”这个名词。这个量是相对于货币流通量而言的。一般的教科书将“货币供应量”看作是“货币流通量”，如果从“凡是金融当局供应出去的货币则就是流通中实际存在的货币”这一推理解释，似乎顺理成章。但从“货币供应量”本意分析，不论是运用直接的或间接的调控手段，其目标显然是要与“货币需要量”或“货币必要量”相联系的。因为货币供应及调控机制的运用目的是要追求“货币需要量”。所以，简单地静态地将货币供应量与货币流通量对等而不与货币需要量挂钩是不全面的。

以上仅仅就有关货币需求的几个概念做文章，在现有的货币需求理论中，较多重要问题至今令人困惑，以下列举几个。

困惑之一：关于货币需要量的存在问题、过去有学者撰文认为货币需要量并不存在，其依据是①商品量和价格总水平（T、P）不是既定的，当联系到货币数量时，它们的关系是双向和多元的②货币流通速度（V）不是稳定的，现实生活中很难找到标准值③决定货币需要量的除T、P等因素外，还有利率等多种变量；④货币供给和需求两者存在相互转化和引导关系，不能完全脱离货币供给来谈绝对意义上的货币需求⑤现实生活中从未有也没有掌握过一种摸得着看得见的需求量数据。既然如此，这些同志认为，要追求什么“最适货币需要量”，这始终是纸上谈兵。相反的意见是，现实经济生活中的货币需要量客观存在的，不存在的观点实质上抽掉了货币供应量确定的客观依据，如果将货币需求量和货币供应量均看作是一个纯主观的东西，那么货币政策的意向和调控手段就无目标可言。事实上，货币领域中终归存在着现实经济活动中也要求有这样一个量，仅仅是我们还未找到而已。

且不议上述两种对立观点谁是谁非，现实生活中的货币需要量确实“难以捉摸”。终究可以这样说，它是客观存在，最终是可以探求的。但既无从回答货币需求的“最适”量，承认其“存在”又有何价值呢?

这一困惑使货币银行学（确切地说是金融学）的理论和实务研究一开始就产生难以摆脱的悲哀，因为对货币问题的量的研究，它会涉及货币流通、信用、金融市场、货币供求均衡、中央银行宏观金融调控等一系列金融学中的重大问题。这一问题不明确，对这些重大问题的研究就往往陷入“一筹莫展”之中。

困惑之二：关于货币需求的界定问题。一般认为，货币需要量是一个具体的数值，而进一步的观点认为这一数值不是一个点，而是一个“值域”。其理由是，货币必要量也具有较大的伸缩性，即扩张和收缩的弹性。这种弹性的存在是有各种产品同价格的升降变动引致的产量相应改变促成的，也即是各类产品供给弹性在社会总产品中相对比重的变化而引起的。

这种对货币需要量新的界定而引出的新的疑惑是：①既然货币需要量是一个“值域”，那么“货币量弹性”这一概念是否存在，如果存在，那么弹性是在货币需要量这一“宽带子”以外上下，还是与其有重合？②就货币量弹性而言，通常解释为在一根中线（其实中线就是承认有一个点）上下两条等距离平行线之间的部分。那么，依据经济状况的变化，是否上下弹性距离必然相等，还是有所差别？③经济发展是一个动态过程，就弹性的上下两条线而言，它是有各个不同时点组成的，既然如此，表示弹性的上下限两条线应该是曲线，而不是直线。对这些问题认识不清，一方面容易将货币需要量这一“值域”和货币量的“弹性限度”。两者相混淆；另一方面货币需要量是一个“值域”的提法，总觉对货币需要量这一概念有使人更模糊不清之感。

困惑之三：关于货币需要量与物价关系问题。价格水平是货币供求均衡的支点，从纯理论角度抽象分析，当货币供应大于货币需求时，价格水平就会上升；当货币供应小于货币需求时，价格水平就会下降。在实践中·货币量和物价虽不存在同比例变动关系和瞬间决定关系，但两者的双向因果关系是很明确的。人们通常将币值变动和物价升降看作是一回事就是源出于此。问题在于，价格水平上升的原因，可能是合理的，如因农副产品价格的调整而形成的物价上涨也可能是不合理的，这主要因通货膨胀所造成的物价上涨。但在现实生活中，“合理的上涨”和“不合理的上涨”混在一起，犹如“真假美猴王”，难以分辨清楚。所以断然说“今年物价上升幅度比去年大，则今年经济状况比去年就差”云云，显然是不科学的。还有就货币需要量本身而言，其本能追求的是符合经济发展的这个量，但这个量又是以现有流通中现实货币量的多少为前提条件的。因为物价带有一定的刚性，上去的价格难以调节到人们预期的水平，所以我们通常测算的计划期货币需要量，实际上难以摆脱已经上升的价格水平。再说明白些，即被迫要认可过去年代因通胀带来的物价上涨是合理的，在此情况下计算的货币需要量必然与提出货币需要量这一概念的初衷相悖。当然绝不是说，为了追求适度的货币需要量、一定要将既定的价格水平人为地压到某一预期水平，这在实际生活中显然是不可能的，因为要保证它的“适度”，必然会遭到已经上升了的价格刚性的抵触，但在计算预期的货币需要量时又必须在一定程度上要屈服这种“刚性”。那么，这样计算出来的货币需要量是不是真正意义上的货币需要量呢？

困惑之四：货币需求的结构问题。货币从其不同的动机出发，可分为交易性货币和贮藏性货币需求两大类，前者指主要作用于商品交易，它流动性强，直接形成购买力，决定于商品交易的范围和数量；后者指用于价值保存，它流动性弱，直接形成人们的资产。决定于人们持有资产的选择。与我国现行货币量层次划分的内容相对应，M1 即现钞加上能作为转账结算的存款，应属交易性货币需求；而 M2 指 M1 加上不能作为转账的存款，由 M2 减去 M1，则等于准货币，它直属贮藏性货币需求。但困难的问题一是我国当前的货币量层次划分还不能充分体现流动性原则，因为组成各层次的诸项目是在传统计划体制下“现金即是货币”理论指导下确定的。二是关于什么是货币贮藏，学术界对此还存在有较大的分歧，矛盾集中在企业存款是否属贮藏性质，如果不承认其具有贮藏性质，也即不能执行贮藏手段职能，此观点与目前比较流行的将货币需求的构成分成交易性货币需求和贮藏账货币需求的观点相比较，两者显然是不相吻合的。

二、如何理解“多存多贷”

关于存贷关系这一国外的研究已不成问题的问题，我国中央银行成立后，理论界一度还为此争论不休。最终符合现状和规律的结论是：现实经济生活中的货币都是信用货币，从宏观上分析，它们都是通过贷款这一渠道注入流通的。但至今对“贷款引出存款”这一命题，一些同志也包括不少搞银行工作的同志感到费解。因为直觉想来，“存款决定贷款”的理由倒很充足。有的同志认为，在我国改革开放后较多长一段时间所实行的信贷资金管理制度下，专业银行基层行在核定的限额内可以“多存多贷”，这明显是存款在前，贷款在后。

确实，就“多存多贷”本身而言，它来源于1979年试行的“差额包干”和1985年“实贷实存”的信贷资金管理制度。两者虽内容有异，但有一个相同的基本点，那就是专业银行实行存贷挂钩，一定范围内吸收存款可以多发放点贷款。对中央银行来说，在“差额包干”体制下主要控制专业银行的存款差额，在“实贷实存”制度下着重控制对专业银行的贷款额。

但必须指出，专业银行这种“多存多贷”的能力并非是“先存后贷”的依据，因为我们现在说贷款引出存款，实质上是指信用初次创造货币，即最初的存款必然是由存款创造的。至于贷款引出存款后，在专业银行体系内，存款可以转为贷款，贷款又转化为存款。如此多次转化，连续伸展。与此同时，还有现金漏损等其他因素的影响。如果仅从某一“节拍”——“存款转化为贷款”——分析，仿佛是存款决定贷款。其实，无论是存款和现金，其原始存在形态都可以归结为由中央银行的贷款活动引起。这说明，分析存货关系必须从存贷转化的全过程出发，才能真正把握问题的实质。

三、如何理解马克思曾经说过的：“对银行来说，具有最重要意义的始终是存款”

一些同志提出疑问，既然是存款来自贷款，那么，马克思为什么说存款“具有最重要意义”呢？我们认为，马克思的这句话，首先要明确：这里的“银行”是指资本主义的商业银行；这里的“存款”是指具有内在价值的金属货币。可见，马克思是针对当时金属货币流通条件下资本主义商业银行主要从事信贷业务这一特点来说的。正因为资本主义商业银行不可能像中央银行那样承担货币发行的任务，所以尽管商业银行可以采用不同形式的信用流通工具（如开出汇票、支票、设立信用账户、发行银行券等）来扩大借贷资本的来源，对顾客提供信用，它就不可避免地要受到存款和现金准备的制约。当这些信用流通工具代表的价值有遭受贬值可能时，顾客就要求商业银行以金属货币兑现。即要求银行以价值本做担保。在此情况下，为免遭风险，资本主义商业银行只有通过尽可能多地吸收存款予以解决，同时也只有在此基础上不断扩大业务，获取更多利润，才能增强竞争能力。可见，马克思正是从这一意义上强调：对商业银行来说，存款始终是最重要的。

我国现行条件下，马克思关于“对银行来说，具有最重要意义的始终是存款”这一原理依然适用。曾记否，改革前期各专业银行之间竞争的焦点是存款。所谓“农业银行要进城，工商银行要下乡，中国银行要开拓国内业务，建设银行要进入流动资金领域”，一场“存款仗”已打得火热。虽然目前的竞争还不能在合理、平等、公正的基础上进行，出现了储蓄网点重复、随意提高利率、不以优质服务为手段等不良状况，但从中也可以看出，各专业银行之所以奋力争存款，都是为了力图扩大自身的经营能力，增加自身的经济利益。因为对一家专业银行来说，每一笔外来的存款（现金存款和他行支票的转存款），都具有原始存款的性质，都能使该行具备进一步扩大贷款能力的可能性。

四、“贷款决定存款”，会不会导致信贷失控

一些同志担心，如果“贷款决定存款”，岂不可以大胆地发放贷款而导致信贷失控。其实，这种担忧虽有些道理但完全没有必要。

从纯技术的角度探讨，存款由贷款引出，贷款制约并决定着存款，那么，就银行整体，意味着有多大的资金运用，在账面上就有多大的资金来源与之相对应，可见，银行扩大信贷的能力是无限的。

其实，在现实生活中信贷的无限扩张是少见的，旧中国通货膨胀达到天文数字（据查，从1937年7月到1949年5月近12年间。国民党政府纸币发行量增加1400多亿倍，同期物价上涨85000多亿倍）算是一例，而信贷的过度扩张倒是常见。回顾历史，在金铸币流通时代，信贷的扩大要受银行体系掌握的金准备状况所制约；金属货币停止流通后，贷款的扩大要受借款需求的限制。但是，信贷的扩张还可以通过其他途径如扩大财政支出和用信贷弥补财政赤字等形成。我国某些时期信贷失控，多数是由于投资过热、消费膨胀、财政赤字、向银行透支等原因。现实状况是贷款的敞口造成流通中货币过多，货币过多又必然引起经济过程的紊乱。

问题是我们不能因噎废食。银行扩大信贷在技术上的无限性只是问题的一个方面，更重要的是它具有客观上的有限性。这个道理很简单：尽管银行可以创造无限多的货币，但货币不是现实再生产的要素，真可谓用它“饥不能食、冷不御寒”。通过银行向企业单位提供和分配信贷资金是价值的分配，这种价值的分配首先是生产条件的分配，而生产条件的分配应当建立在已形成的价值实体的分配基础之上。

总之，由“贷款决定存款”这一观点引出，充分认识银行扩大信贷技术上的无限性和客观上的有限性，其意义在于：①可使我们着眼于全局来判定合理的信贷规模和把握住信贷管理的重心。因为流通中货币量的增减都是通过贷款这一渠道实现的，没有贷款的增加，就不可能有存款和现金的增加。②要求我用采用符合我国国情的货币供应量调节机制。因为贷款的虚实决定了存款的虚实，在中央银行体制下，整个货币供应量的调控是由一整套机制的运转来完成的。③可使我们摆脱一些陈旧的思想束缚，认识现代银行的信用创造能力，运用银行对信贷的可控性，促进经济的正常、健康地发展。

五、如何理解专业银行在信用创造中的作用

有些同志认为，从整个银行来说是贷款决定存款，而单就专业银行来说应该是存款决定贷款。问题的实质是如何评价专业银行在信用创造中的作用。因为单个银行信贷资金运动是整个信贷资金运动的组成部分，但又相对独立。要从总体和局部两个方面加以阐明。从总体上论，中央银行运用创造货币的权力确定货币供应总量和贷款规模，但具体经济过程中的货币投放又是由各专业银行基层机构办理的。从这一意义上说，无论是中央银行还是专业银行，在整个信用创造货币过程中均起作用。但就局部论，即就单个专业银行基层行而言，要完成差额控制计划，首先要争取足够的存款，并在存款量允许的范围内发放贷款。若存款流出区外或存款提现率上升，就会使这个银行的存款减少而影响信贷扩张的程度。从这一意义上说，专业银行基层行在贷款创造存款上又有其本身的特点。

六、组织存款的意义何在

既然结论是“先有贷款，后有存款”，那么，组织存款的意义究竟何在呢？问题是，由贷款引出存款后，存款有其相对独立的运动规律，它对整个资金来源和资金运用有重大影响。例如：①贷款引出存款后，存款可以离开贷款运行的轨迹分解成各种不同的层次（包括现金和各种存款），依据其购买力的活跃程度即流动性划分，有些是“汹涌有波涛”，有些似“潜潜的缓流”，有些却成了“静静的死水”。由此，银行贷款的意向必须受各种不同层次存款货币量的制约。②一笔存款可以多次地媒介社会产品的周转，加速现金的周转速度可以节约使用现金的数量。③将社会上闲散的不易掌握的货币资金聚集在银行，反映在银行账面上，既有利于银行统一安排计划使用，又有利于节约流通中现金的使用。④可以改变资金来源的结构而相应地调节资金运用的结构。如开展储蓄业务，可以把人们手中待用和结余的现金转化为存款，这不仅意味着现实流通的货币量减少，有利于稳定货币流通，而且促使部分消费资金转化为积累资金，从而增加了对生产建设资金的供给。

有一种观点认为，“银行组织存款没有增加资金来源，是劳民伤财”，如储蓄存款·每年还要支付一笔相当数量的利息。这种认识不仅片面而且是错误的。应该承认，现实生活中的货币由贷款引出，但是，绝不能由此而否认组织存款的重要意义。殊不知从动态分析，银行大力组织存款，聚集社会闲散资金能够促进生产要素的合理地迅速地结合，增加有效供给。所以，这种“不变”中的“可变”，是绝对不能忽视的。

组织存款的重要意义是明显的，但如果由此则将“贷款决定存款”。这种关系颠倒，这就使真理向前跨了一步。因为银行经营的不是普通商品而是特殊商品，只有商品首先转化为货币，然后才能转化为存款。如果只就存款的增长来约束贷款的增长，却不了解存款是由贷款派生而来的，这就使控制货币供应的关键——对贷款的控制——被放弃。事实证明，由于信贷规模失控而形成的虚假存款绝不是“利”而是“害”。

七、基础货币是不是货币

从国外学者对基础货币的命名上看，可以分为两类。一是称其为货币，如基础货币、强

力货币和高能货币等；二是不称其为货币，如货币基数、现金基数以及来源基数等。从基础货币的存在形态上看，一是法定存款准备金始终是基础货币的主要内容；二是在中央银行资产负债表上可以找到。那么，基础货币究竟是不是货币，可不可以称为货币呢？前面已经论及，就基础货币的量的规定性论，基础货币应包括法定存款准备金＋公众持有的现金＋商业银行的库存现金＋超额存款准备金。这里，它们虽然都是中央银行负债的一个组成部分，公众持有的现金称为货币似乎更没有疑问，但必须明确，基础货币和货币所反映的关系截然不同。具有一定职能的货币（现金和存款）反映的最基本的关系，是商品买卖双方的关系；而作为银行创造信用基础的基础货币，是反映银行体系创造货币的关系。整个货币创造过程，是在中央银行和商业银行体内共同完成的。它是倍数原理发挥作用的过程，其中，基础货币起着决定性的作用。

由此，我们不能把基础货币片面地单纯地理解为货币，重要的是依据它的功能，将它看作是银行体系创造货币的基础，是货币产生的源泉。

八、为什么将公众手持的现金看作是基础货币

有一种意见认为："不应当按公众手持的现金看作是基础货币"。当然，就现金本身而论，它是不能派生的，但不能因此而否认它的基础货币功能。因为，一方面，我们在论述基础货币时，不能撇开现金和存款能相互转化这种事实。如社会公众持有的现金变动间接地会引起派生存款的变化，从而影响货币量的扩大或缩小。当公众将现金存入银行时，银行就可以按一定的比例（即扣除应交法定存款准备金后）发放贷款。从而在银行体系内会引起一系列存款扩张过程；当公众从银行提取现金时，又会使银行体系内不断进行的派生存款过程部分中止。也就是说，流通中现金量的大小与银行准备金量是此消彼长的，因此，流通中的现金量通过对银行准备金的影响间接地制约着银行创造货币的能力。也正是在这一意义上，人们一般将流通中的货币看作是基础货币。另一方面，从表面上分析，现金很难体现其作为"基础"和"强力"的作用，但我们认为，不能因此而忽视中央银行的手中掌握的现金发行权对控制一定时期货币供应量的重要作用，如中央银行在一定范围内可以通过提高存款准备率，或在法定存款准备率不变的情况下通过贴现政策和公开市场业务来限制商业银行体系的信用扩张能力与此同时，也影响现金的发行。如果由于中央银行货币政策的失误造成了货币供应量失控，就必然会引起存款的虚假和现金的过多。在有效供给不足的情况下，相当部分现金会转化为存款，其中部分以存款准备金的形式上交中央银行，又可以以中央银行为始点进行信用创造。

可见，之所以将流通中的现金纳入基础货币，不是从货币作为商品交换的媒介这一角度，而是从现金与整个货币供应量的关系，即它在信用创造货币中所起的作用这一角度来谈的。

九、财政存款算不算基础货币

这里主要是指财政金库存款。依据我国情况，财政金库存款连同财政性存款一起都是中央银行的负债。一般的说法是：财政支出会引起超额储备的增加，从而会使货币供应量扩

张。由此推断，财政存款有其基础货币的作用。但是必须看到，财政存款和专业银行的存款准备金有极高的替代性，即随着财政存款的增加或减少，相应地会引起专业银行存款准备金的减少或增加，而其本身并不现实地构成专业银行多倍扩张信用的基础。

当然，在财政透支借款的情况下，道理上似乎可算作是基础货币，但是财政透支借款无非是为了支出，支出后仍然会引起专业银行存款准备和流通中现金的等额增加。可见，“财政存款”只是起一个过渡账户的作用，基础货币的净增加固然是由于财政赤字由中央银行垫款所致，但就“财政存款”本身来说不能构成基础货币。

财政存款不能算作基础货币，并不否定财政收支对基础货币的干扰。如财政连续向银行透支借款，短期内容易造成货币量扩张的刚性。又如，在中央银行与中央财政之间融资方式单一情况下，中央银行对财政透支所引起的基础货币变动的回旋余地就小，且可调性低。可见，财政收支对基础货币的变动具有一定的主导作用和操纵力量，这一点是不能忽视的。

以上财政性存款的归属，我们可以看出，我国现行体制下，存款准备金制度仍包含一些计划经济特有的内容。从理论上讲，法定存款准备金的设立是为了预防商业银行流动性不足，保证其清偿能力。其缴存比率主要取决于商业银行存款的稳定程度。这就决定一方面不能强制性地确定某项存款金额上交，另一方面应区分存款的不同期限、不同种类，使法定存款准备金的缴存量真实反映实际需要量。国外通常的做法是三年或三年以上的定期存款不缴法定存款准备金，期限较低的定期存款在美国只缴存3%，活期存款缴存12%。我国的法定存款准备金在缴存的内容上或方法上必须进行改革，也只有这样，才能真正起到有利于商业银行的经营、有利于中央银行的宏观调控的作用。

十、三种类型的货币政策与货币供应量的掌握

我们在实际经济生活中所见到的货币政策不外乎下列三类：①扩大性货币政策；②均衡性货币政策；③紧缩性货币政策。现就如何评价这些货币政策，中央银行应该怎样选择，如何掌握货币供应量等问题，分别作些说明。

扩张性货币政策是指一定时期内的货币供应量较大地超过该期的货币需要量。这种货币政策是好是坏，不能笼统下结论，必须分下列几种情况进行讨论。

（1）在前期货币供应量小于货币需要量，从而社会总需求小于社会总供给，即在社会的总需求不足的情况下，本期采取扩张性的货币政策，增大货币的供应量，这就会促使货币供需均衡，因而是可取的。

（2）在前期货币供应量约等于货币需要量，即在社会总体供需大体平衡的情况下，本期采取扩张性货币政策似乎不足取，但还要作具体分析。①如果前期的总需求与总供给的平衡是在生产潜力还未充分发挥出来的条件下形成的，即在平衡条件下还存在着部分剩余生产能力，那么，本期的扩张性货币政策就会通过刺激有效需求而促进供给增加，使剩余生产能力充分发挥出来，从而形成最高层次的平衡。可见，此时货币供应量的适当扩张是可接受的。②如果前期的平衡是建立在生产能力已经充分发挥出来的基础上，那么，本期扩张性的货币政策就会造成社会总需求膨胀。③如果前期货币供应量与货币需要量在总量上平衡，但结构不平衡，本期货币供应量紧缩一些也是可以的。因为在商品供不应求与商品积压过剩同

时并存、机器超负荷运转与生产开工不足同时并存的结构性膨胀条件下，适度紧缩性货币政策会在一定程度上促进国民经济更加均衡、协调地发展。

（3）在前期货币供应量已经大于需要量，总需求膨胀已经比较严重，同时生产力已超负荷运转的情况下，本期的扩张性货币政策无疑是火上加油，因而不足取。

均衡性货币政策是指一定时期货币供应量大体上等于该时期的货币需求量，它的好与坏也要分下面几种情况讨论。

（1）在前期货币供应量小于货币需要量时，均衡性货币政策无助于改变上期的不平衡状况，因而本期的均衡称不上是积极的货币均衡，它并不是可取的。

（2）在前期货币供需基本平衡的条件下，本期均衡性的货币政策有助于继续维持社会总体供需的均衡。但是，我们必须注意，这种均衡是在什么情况下取得的。如果是在社会生产能力还没有充分发挥的条件下取得的，那么，本期的均衡政策就不可能形成需求的有效拉动力，从而，也就无法通过需求拉动使那部分还没有充分发挥来的潜力释放出来。相反，如果均衡是在社会生产力超负荷运转的条件下（如我国超高速度增长时期）取得的，那么，本期的均衡政策就有可能促使这种状况加剧，最终还会破坏社会总供给的有效增加，导致社会总需求膨胀的发生。

（3）在前期货币供应大于货币需求的条件下，本期的均衡政策无助于解决需求膨胀的问题，因而也不是积极的、可取的。

紧缩性的货币政策是指一定时期的货币供应量过分地小于货币需要量·如果前期的货币供应量已经小于货币需要量，有效需求已显不足，那么，本期的紧缩政策会进一步抑制总需求的增加，造成有效需求的极度疲软，使商品的价值更难实现，从而使生产受到需求的强烈约束，最终会造成社会生产能力的大量闲置和资源的极大浪费。如果前期的货币供需是均衡的，那么，本期的紧缩政策就会制造矛盾。只有在前期的货币供应量大于货币需要量的前提下，本期的紧缩政策才会起到抑制总需求的过猛增长，促使社会总供需均衡的积极作用。

由上述可见，我们不能笼统地说哪种类型货币政策好，哪种类型货币政策不好。每一种类型的货币政策都有其客观的经济背景，必须根据不同的情况做出不同的选择。

（原载本人专著《金融热点探索》第 106 – 121 页）

1999 年

关于扩大内需的几点认识

在九届人大二次会议上，我国政府提出了今年经济增长 7% 的指导性指标，并明确指出，为实现这一指标，必须首先立足于扩大国内需求。

一、扩大内需必须处理好投资需求和消费需求的关系，实现对经济的双向拉动

扩大内需，从其需求的性质划分，可分为投资需求和消费需求、两者又相互影响、互为促进。按经济学理点，有投资才有消费，投资会拉动消费，因此，投资是消费的先行者和启动器。但是，总结我国经济建设的历史经验，由于政府和企业投资行为的不当，不讲效益的盲目投资重复投资往往是经济结构不合理和通货膨胀的总根源。由此，在当前主要实施积极的财政政策增加投资需求的情况下，一定要十分重视投资项目的质量和效益，实现这一目标，取决于是否存既服从全局又切合实际的合理的投资规模和构成。在规模上要把握“稳定经济、稳定货币”这一宗旨，在构成上要在重点安排基础设施建设的前提下，也要兼顾在建项目和支持企业的技术改造。与此同时，应拓宽融资渠道，鼓励社会投资，如社会公众投资办企业、买股票债券和基金等，促使公众收入更多地转化为投资，为引出更多的消费需求创造前提条件。

然而，投资需求的有效性，最终由消费需求得以检验。这是因为一总投资需求仅仅是中间需求，投资需求最终还是由消费需求来实现，从这一意义上说，投资需求拉动不能代替消费需求拉动，只有消费需求才是经济增长的拉动力。二总投资的热点来自消费的热点，也就是要求任何一个投资项目的启动都应面向市场，把握市场需求及其发展趋势。

可见，扩大投资需求要以引导和实现消费需求为最终目标，而消费需求的扩大又反过来规范和刺激投资需求，两者的协调配合，必然形成对经济增长的双向拉动。

二、扩大消费需求应开辟多种渠道，推行消费信贷是积极有效的措施

随着社会经济的发展，人们的消费需来应该是一个无止境的上升过程。据统计，世界上已有 150 多万种商品，而我国能生产的还不足千分之一。如何扩大消费需求？居民的经济承受力是一个重要因素，因为消费总收入的函数，收入是决定消费最根本的变量。当然，从总体上讲，还有个公共消费的问题，但它最终还是要分解为个人的消费。另外，人们的消费观念的转变也不能忽视，再有，依据我国目前人们已进入“住”和“行”为主要内容的消费

结构的特点，在分析不同层次消费群体消费热点的基础上，采取有效的政策措施，开辟以住房为重点的汽车、中高档商品、信息产品、旅游、教育等多种消费渠道，已成为解决当前市场有效需求不足的现实途径。

这里，推行消费信贷这种特殊的消费万天是积极有效的措施，所谓消费信贷简单说就是向银行借钱消费，即将居民目前自我积累型滞后消费转变为由信用支持型适度超前消费。形象地说就是“用自己明天的钱圆今天的梦”。从国际经验分析，当一国消费品从卖方市场转向买方市场时，发展消费信贷是扩大消费需求的重要方式。一般消费信贷业务要占银行业务的20%，而我国还不到1%。消费信贷方式之所以是积极之举，一是在我国目前收入结构不尽合理、大部分人的预期收入相对稳定的情况下，通过消费信贷的调节，促成一部分人解决想消费但眼前缺乏经济承受力的矛盾；二是消费信贷灵活多变，适应多渠道消费和重点消费的要求，让消费者拥有更多的选择；三是消费信贷促使银行贷款和消费者的个人信贷直接相连，这种债权债务关系排除行政干贷资产结构的效果。

由此，消费信贷可以在具备一定条件的地区和个人中试行，在积极稳步推进中，逐步完善消费者信用制度、保险和担保制度，并建立消费信贷的资金供给机制。可以相信，这一在消费领域中的创新，一个巨大的消费信贷市场将会在我国出现。

三、扩大内需是一个系统工程，必须有相应的配套措施

我国目前出现的经济低迷增长和有效需求不足，原因是多方面的。既有投资膨胀重复建设、产业结构不合理因素，也有较大部分人收入偏低、消费观念难以转变而形成消费断档的原因；既有改革过程中各种体制障碍，也是因转轨时期“收入——投资”、“收入——消费”等主要经济流程梗阻所造成。加上减员下岗、农民收入偏低等司题。可见，要实现扩大内需，需要从事多方面努力，采取相互制约相连动的配套措施，主要有：

（1）通过多种渠道增加城乡居民特别是低收入群众的收入。道理很简单，无论是扩大投资需求还是消费需求，都取决于收入的水平。在适度增加职工工资的同时，要特别注重通过了发展农村经济，减轻农民负担，采取适当倾斜的收入分配政策，保证广大农民稳定收入的不断增加。在此基础上，建立和完善相应的社会保障体制。

（2）强化财政调节社会分配，实现社会公平的职能。当前我国存在的城镇失业问题和农村贫困人口问题，都是制约扩大内需的障碍性因素，而现行办法是失业救济归劳动和社会保障部门、贫困救济归民政部门解决。由此，财政没有积极性为失业开征失业保障税，为救济贫困加大征收累进所得税，最多临时性拨点经费加以处置，造成财政调节社会分配的力度有限，对此，必须研究改进。同时，各种费用繁杂，且层层加码，直接增加产品的消费成本，遏制了消费欲望，财政也应出台“费改税”的措施予以解决。

（3）鼓励社会投资和创办企业。事实证明，要扩大内需，需要有众多的中小企业作依托。特别是农村市场的开拓，离不开广大乡镇企业的形成。这就一方面要求金融部门为中小企业的发展提供良好的服务，大力给予它们以信贷支持；另一方面要求国家税务、工商管理部门，采取宽松的政策，鼓励非公有制经济，特别是居民投资办企业。与此同时，通过发展资本市场、放开证券交易为社会投资提供更多的筹资、融资机会。

（4）实现教育投资的社会化、产业化。目前，在社会就业容量不足、劳动者整体素质有待提高、人们求知欲望强烈的情况下，教育呈现强劲的需求。建议放宽包括研究生在内的入学限制，同时规范各类学校和各种层次学生的培养制度，为社会提供更多更好的人才。

（原载《深圳特区报》1999年3月25日理论版）

2000 年

我国利率政策有效性探讨

由于我国目前各种利率（同业拆借利率除外）均由中央银行决定，故利率可视作“政策”范畴。本文通过对我国的利率结构和利率水平的分析，旨在说明利率政策的有效性问题。

一、利率结构的特征及其问题

理论界对于利率问题的研究大多集中在利率水平的高低和利率市场化的实现路径上。实际上，对于利率水平高低的判断是以利率结构的界定为前提的，因为利率水平的高低总是相对于利率体系中的某一特定的利率而言的。因此，对于利率政策的研究要以利率体系的结构性界定为出发点。

目前，中国的利率体系包括再贴现率、再贷款利率、准备金存款利率、存款利率、贷款利率和同业拆借利率等。其结构可用下图来表示：

我国利率体系的内部结构

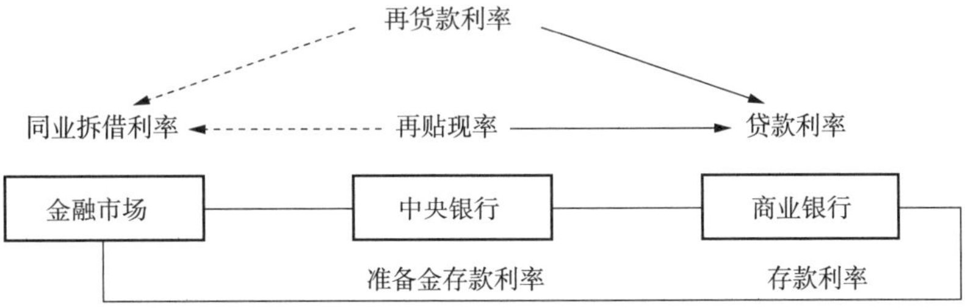

上图中，各个金融主体均有各自的相关利率。中央银行日常使用的有准备金存款利率、再贴现率和再贷款利率，商业银行在经营中使用存、贷款利率，金融市场的供求决定着同业拆借利率水平。连线表示各大金融主体之间的关联。带箭头的实线表示再贷款利率和再贴现率的变动决定着贷款利率的变动，带箭头虚线则表示二者影响同业拆借利率。这样，利率体系内部的相关利率之间存在传导机制，即基准利率决定或影响着利率体系中的其他利率。这一传导机制运行关键在于商业银行的中介作用。

再贴现率、再贷款利率和存款利率代表商业银行负债所使用的利率，它表示商业银行的负债成本。贷款利率和准备金存款利率则是商业银行资产业务所使用的利率，它表示商业银行的资产收益。同业拆借利率既可能代表商业银行的负债成本水平，又可能反映其资产收益水平。对于一个真正以盈利为目标的商业银行来说，它总是在负债成本和资产收益之间寻求获利机会。这样，商业银行存在以下五大“套利”渠道。

商业银行的“套利”渠道

（A）存款 ——→ 贷款
（B）再贴现或再贷款 ——→ 贷款
（C）存款 ——→ 准备金存款
（D）同业拆借 ——→ 贷款或准备金存款
（E）存款、再贴现或再贷款 ——→ 同业拆出

在图中，商业银行把左边的负债运用于右边的资产项目。由于同业拆入和拆出利率的统一（即 CHIBOR），CHIBOR 市场化程度较高且同业拆借市场的成交量较小，“套利”空间比较狭窄。因此，商业银行的“套利”主要通过前三大渠道进行。其中，①“存款→贷款”渠道是商业银行最基本的获利渠道，商业银行在存款人和借款人之间的媒介作用—从而促进储蓄转化为投资的作用—就是通过这一渠道来实现的。但是，商业银行这一作用得以持续发挥的前提就是必须保持在贷款利率和存款利率之间存在一个可观的正利差。②“再贴现或再贷款→贷款”这一渠道通常是在贷款需求旺盛而单靠自身流动性又不能满足时所取的短期融资措施。在正常情况下，再贴现率和再贷款利率既要小于贷款利率，又要大于准备金存款利率，以防商业银行在资金上过分依赖中央银行。③“存款→准备金存款”这一渠道则意味着信贷资金从商业银行向中央银行的回流。1994 年以来出现的巨额“存差”和大面积“惜贷”就是这一渠道的集中表现。在这一渠道中，信贷资金在银行体系中“短路”循环而没有实现“二重使用、二重归流”，从而不可能起到支持实体经济部门的作用。因此，这一渠道是不正常的，它可能由以下两大原因所致：一是因为名义存款利率低于名义准备金存款利率，从而产生显性套利机会。这时，商业银行向中央银行上存资金仍有利可图。例如，在 1996 年 8 月 23 日的降息之后，一年期存款利率为 7.4%，准备金存款利率为 7.92%，套利空间高达 0.45 个百分点。1997 年 10 月 23 日再次降息时，套利空间反而进一步扩大至 1.35 个百分点！二是即使在名义存款利率高于名义准备金存款利率的情况下，仍有可能存在隐性套利机会。这又有两种情形：可能是由部分商业银行的负债结构（以活期存款为主）或费用控制状况（综合费用率控制在较低水平）所决定，其筹资成本水平大大低于一年期的名义存款利率。在这种情况下，即使一年期的名义存款利率高于准备金存款利率，这些银行将在资金上存中央银行时仍有利可图；也可能是由于贷款风险增大，不良资产比率提高，考虑发生坏账损失的概率，将资金上存中央银行比贸然放贷更符合“损失最小化”的原则。

再用上述框架进行分析，就不难发现我国利率体系存在的诸多结构性问题，见表 1。

表 1　1983 年以来我国一年期利率的调整

时期	存款利率	贷款利率	准备金存款利率	再贷款利率
83.12.21	5.76	5.76	3.60	4.32
84.12.1	5.76	5.76	3.60	4.68
85.4.4	6.84	5.76	3.60	4.68

续表

时期	存款利率	贷款利率	准备金存款利率	再贷款利率
85. 8. 1	7. 20	7. 92	3. 60	4. 68
85. 12. 1	7. 20	7. 92	4. 32	4. 68
86. 3. 1	7. 20	7. 92	4. 32	4. 68
86. 8. 1	7. 20	7. 92	5. 76	4. 68
87. 6. 2	7. 20	7. 92	5. 76	6. 48
87. 3. 14	7. 20	7. 92	5. 76	7. 20
88. 9. 1	8. 64	9. 00	6. 48	8. 28
89. 2. 1	11. 34	11. 34	8. 64	10. 44
90. 4. 1	10. 08	10. 08	7. 92	9. 00
90. 8. 2	8. 64	9. 36	6. 48	7. 92
91. 4. 2	7. 65	8. 64	6. 12	7. 20
93. 5. 15	9. 18	9. 36	7. 56	9. 00
93. 7. 11	10. 98	10. 98	9. 18	10. 89
95. 1. 1	10. 98	10. 98	9. 18	10. 98
95. 7. 1	10. 98	12. 06	9. 18	11. 16
96. 5. 1	9. 18	10. 98	8. 82	10. 98
96. 8. 23	7. 47	10. 98	7. 92	10. 62
97. 10. 23	5. 67	8. 64	7. 02	9. 36
98. 3. 25	5. 22	7. 92	5. 22	7. 92
98. 7. 1	4. 77	6. 93	3. 51	5. 67
98. 12. 7	3. 78	6. 93	3. 24	5. 13

资料来源：《中国金融年鉴（1986—1998）》《中国人民银行统计季报》，1998. 2—1999. 1。

上表所做的归纳表明：①在考察期内，商业银行存贷款有近 1/3 的时间处于利差为零甚至利率倒挂状态。在利差构成中国商业银行主要利润来源的情况下，这严重影响了商业银行的经营及信用中介功能的发挥。②有 11% 的时期处于存款利率小于或等于准备金存款利率状态，这又是在 1996 年以后出现“买方市场”、企业经营效益的下降和“通缩”的出现之后发生的，从而加剧了信贷资金向中央银行的逆向回流。这样，银行信贷收缩对近年来经济增长速度的持续下滑反而起到“雪上加霜”的作用。对于中央银行来说，这种收缩是非合意的。③1996 年降息以后的再贷款利率持续地大于或等于贷款利率，使商业银行缺乏从中央银行融资的意愿，这也是近年来中央银行扩张性货币政策得不到商业银行配合的重要原因。

利率结构问题的长期存在就形成了利率的结构刚性。总的来看，这又由利率水平（同业拆借利率除外）由中央银行决定这一制度而决定的。正是因为如此，由利率结构不合理所导致的这种既与商业银行的经营目标相悖、又不利于经济增长的“逆向套利机会”很难通过市场化的套利行为得以消除。

对上表进一步的归纳：中国利率体系的结构性问题如下：

表 2 进一步的归纳：中国利率体系的结构性问题
（1983. 12. 21—1998. 12. 7）

问题类型	出现时期	出现次数（次）	出现时期的覆盖面（%）
（1）存贷款利差为零或出现倒挂	1983. 12. 21—1985. 07. 31 1989. 02. 01—1990. 08. 20 1993. 07. 11—1995. 06. 30	7	32
（2）存款利率小于或等于准备金存款利率	1996. 08. 23—1998. 06. 30	3	11
（3）再贷款利率大于或等于贷款利率	1996. 05. 01—1998. 06. 30	5	14

二、利率水平及其作用的刚性

由利率体系的结构性特征所决定，利率体系存在基准利率向基本利率传导，然后由后者作用于国民经济的过程。也就是说，基本利率与经济关系较为直接，基准利率则相对间接。因此，在研究利率水平时，宜选择作为基本利率的存贷款利率作为研究对象。利率水平的刚性是指存贷款利率基本上不随货币资金供求关系的变动而调整，因为中央银行决定着利率水平的确定及调整。但把利率水平的确定和调整放入政府对利率水平的“公共选择”过程中加以考察，就不难发现，存贷款利率由中央银行决定只是一种形式而已，在这一形式的背后，实质上则是国务院、计委、经贸委、中央银行和财政部等相关政府部门的协商和“博弈”过程。在这一过程中，经济、金融形势的变动固然构成利率水平调整的初始动因，但是，随着上述部门的介入，利率调整对企业成本、商业银行和财政收入的影响被叠加进来成为利率调整的依据，这使得利率水平的调整不得不兼顾各方面的利益，使利率蜕化为一个十分管用的国民收入再分配手段。正如有人坦言：“利率的调整，实际上是各方面利益的调整。”值得注意的是，虽然存款人的利益也被加入考虑，但由于缺乏一个能直接代表其利益的政府部门，因此，它通常被置于次要位置，储蓄存款负利率的长期存在也说明了这一点。

围绕着存贷款利率水平的高低所展开的博弈使得利率政策—在原有外在时滞的基础上—人为地附加了决策过程所需的内在时滞，从而使利率政策的时滞拖长。更为甚者，在形势急迫需要大幅调整时，博弈的难度却往往因此而加大，所需的决定时滞也就更长、这反而妨碍了利率的及时调整。

存贷利率正是在存在上述内在时滞的前提下对消费、储蓄和企业投资行为产生影响的。正如上文分析所示，当前利率的计划决定体制是导致利率与相关经济变量之间弱相关的制度原因。以下分析则进一步给出了这种弱相关性。

表 3 中国社会消费品零售总额名义变动，实际变动与存款利率变动

年度	社会消费品零售总额的名义变动幅度（%）	社会消费品零售总额的实际变动幅度（%）	存款利率变动幅度（%）
1986	15. 06	9. 06	7. 14
1987	16. 94	9. 64	0. 00

续表

年度	社会消费品零售总额的名义变动幅度（%）	社会消费品零售总额的实际变动幅度（%）	存款利率变动幅度（%）
1988	27.75	9.25	6.67
1989	8.26	-9.54	44.79
1990	2.49	0.39	-8.63
1991	13.73	10.83	-21.46
1992	17.70	12.30	-5.26
1993	28.41	15.21	20.77
1994	30.51	8.81	20.26
1995	26.78	11.98	0.00
1996	20.15	14.05	-16.48
1997	9.55	6.75	-20.61
1998	6.80	9.80	-30.36

资料来源：《中国统计年鉴（历年）》《中国金融年鉴（历年）》和《中国人民银行统计季报》，1996.2—1999.1。

（一）存款利率对消费的影响

西方经济学认为，存款利率构成当期消费的机会成本，因而高利率会起到抑制消费的作用，反之亦然。但是，反映居民消费需求总体状况的社会消费品零售总额与利率之间不存在负相关关系（见表3）。在西方国家，发达的消费信贷市场使贷款利率能影响居民的当期支出和预期支出，从而能对居民的消费决策和消费行为产生影响。在中国，由于消费信贷市场不发达，贷款利率缺乏对居民消费产生影响的基础。因此，利率对消费的影响仅局限在存款利率上。

从表3发现，不管存款利率是调高还是调低，社会消费品零售总额均呈持续增长的态势，即使扣除物价上涨因素，也基本上维持了这一态势。这也说明存款利率不是影响社会消费品零售总额的主要因素。

表4　我国存款利率、人均纯收入与人均消费水平的关系

年度	名义存款利率	实际存款利率	人均消费水平	农民人均消费水平	城镇居民人均消费水平	农民人均纯收入	城镇居民人均生活费收入
1984	5.76	2.96	327	265	598	355.3	559.4
1985	6.72	-2.58	437	347	802	397.6	685.3
1986	7.20	0.70	485	376	920	423.8	827.9
1987	7.20	-0.10	550	417	1089	462.6	916
1988	7.68	-11.12	693	508	1431	544.9	1119.4
1989	11.12	-6.88	762	553	1568	601.5	1260.7
1990	10.16	7.06	803	571	1686	686.3	1387.3
1991	7.98	4.58	896	621	1925	708.6	1544.3

续表

年度	名义存款利率	实际存款利率	人均消费水平	农民人均消费水平	城镇居民人均消费水平	农民人均纯收入	城镇居民人均生活费收入
1992	7.56	1.16	1070	718	2356	784	1826.1
1993	9.13	-5.57	1331	855	3027	921.6	2336.5
1994	10.98	-13.12	1781	1138	2979	1221	3179.2
1995	10.98	-6.12	2311	1479	5044	1577.7	3892.9
1996	9.17	0.87	2677	1756	5620	1926.1	4377.2
1997	7.28	4.48	2936	1930	6048	2080	5140
1998	5.07	5.37	—	—	—	2098	5454

注：1984 年的人均消费水平用人均生活费支出代替。资料来源：《中国统计年鉴（历年）》、《中国金融年鉴（历年）》和《中国人民银行统计季报》，1996.2—1999.1。

由于社会消费品零售总额的变动包括了人口增长的因素，为了剔除人口因素的影响，接着用人均消费水平这一指标进行分析（见上表4）。

由表4可知，尽管名义利率经常作调整，人均消费水平刚性增长的态势仍未有改变。因此，消费需求变动对于存款利率变动的弹性也呈不规则频繁波动的特征（见表5）。

消费与利率之间的弱相关性，主要是由以下几个原因所致：第一，因为收入水平对消费的影响力远远大于利率。由于消费是对居民可支配收入的直接扣除，收入水平的高低往往构成消费水平的总量约束，而消费水平总是随着农民人均纯收入和城镇居民人均生活收入的提高而提高（见上表4）。对表4的进一步分析表明，在二元经济的背景下，农民和城镇居民在收入分配中处于不同的地位。农民人均纯收入与城镇居民人均生活费收入由1978年的1∶2.37缩小到1984年的1∶1.57，但在此之后又逐渐扩大至1998年的1∶2.60（见表6）。由于“恩格尔定律”的作用，直到九十年代中期，城镇居民的消费利率弹性仍比农民大得多，这种情况直到1994年之后才有所改观，因为这时城镇居民对“新四件”耐用消费品的需求日益饱和而面临消费结构的升级。随着收入的增加，农民增加了对家电等耐用消费品的购买，从而使其消费—利率弹性有所增强略微超过城镇居民（见表6）。这也从另一个侧面说明了收入对消费的决定性影响。第二，部分消费属于集团消费和公款消费，消费主体主要是企、事业单位而不是个人，消费的目的主要是为了通过变通手段提高集体及其成员的福利，甚至出于“炫耀”的需要。这类消费往往是“单位买单、个人享受”，利率高低对消费者的机会成本影响甚微。第三，消费信贷的严重滞后也使贷款利率缺乏对居民的消费决策产生影响的基础，这在前面已作了分析。

表5　中国居民消费需求对于存款利率变动的弹性系数

年度	存款利率变动率（%）	人均消费水平总体变动率（%）	农民（%）	城镇居民（%）	人均消费—利率弹性	农民	城镇居民
1985	16.67	33.64	30.94	34.11	2.02	1.86	2.05
1986	7.14	10.98	8.36	14.71	1.54	1.17	2.06

续表

年度	存款利率变动率（%）	人均消费水平总体变动率（%）	农民（%）	城镇居民（%）	人均消费—利率弹性	农民	城镇居民
1987	0	13.40	10.90	18.37	n. a	n. a	n. a
1988	6.67	26	21.82	31.40	3.90	3.27	4.71
1989	44.79	9.96	8.86	9.57	0.22	0.20	0.21
1990	-8.63	5.38	3.25	7.53	-0.62	-0.38	-0.87
1991	-21.46	11.58	8.76	14.18	0.54	-0.41	-0.66
1992	-5.26	16.42	15.62	22.39	-3.69	-2.97	-4.26
1993	20.77	24.39	19.08	28.48	1.17	0.92	1.37
1994	20.26	33.81	33.10	31.45	1.67	1.63	1.55
1995	0	29.76	29.96	26.76	12.9	n. a	n. a
1996	-16.48	15.84	18.73	11.42	-0.96	-1.14	-0.69
1997	-20.61	9.30	9.91	7.61	-0.45	-0.48	-0.37
1998	-30.36	—	—	—	—	—	—

资料来源：《中国统计年鉴（历年）》、《中国金融年鉴（历年）》和《中国人民银行统计季报》，1996.2—1999.1。

表6　我国城乡收入水平的对比（1978—1998）

年度	农民人均纯收入（元）	城镇居民人均生活费收入（元）	后者相当于前者的倍数
1978	133.6	316	2.37
1979	n. a	n. a	n. a
1980	191.3	439.4	4.37
1981	223.4	456.8	2.04
1982	270.1	471	1.74
1983	309.8	5050.9	1.63
1984	355.3	559.4	1.57
1985	397.6	685.3	1.72
1986	423.8	827.9	1.95
1987	462.6	916	1.98
1988	544.9	1119.4	2.05
1989	601.5	1260.7	2.1
1990	686.3	1387.3	2.02
1991	708.6	1544.3	2.18
1992	784	1826.3	2.33
1993	921.6	336.5	2.54
1994	1221	179.2	2.6
1995	1577.7	3892.9	2.47
1996	1926.1	4377.2	2.27

续表

年度	农民人均纯收入（元）	城镇居民人均生活费收入（元）	后者相当于前者的倍数
1997	2080	5140	2.47
1998	2098	5454	2.6

资料来源：《中国统计年鉴（历年）》、《中国金融年鉴（历年）》和《中国人民银行统计季报》，1996.2—1999.1。

表7　我国一年期存款利率与居民储蓄存款状况

年度	一年期存款利率（%）	一年期实际存款利率（%）	居民储蓄存款年末余额（亿元）
1984	5.76	2.96	1214.7
1985	6.72	-2.58	1622.6
1986	7.20	0.7	2237.6
1987	7.20	-0.1	3073.3
1988	7.68	-11.12	3801.5
1989	11.12	-6.88	5146.9
1990	10.16	7.06	7034.2
1991	7.98	4.58	9107
1992	7.56	1.16	11545.4
1993	9.13	-5.57	15203.5
1994	10.98	-13.12	21518.8
1995	10.98	-6.12	29662.3
1996	9.17	0.87	38520.8
1997	7.28	4.48	47279.8
1998	5.07	5.37	53407.5

资料来源：《中国统计年鉴（历年）》、《中国金融年鉴（历年）》和《中国人民银行统计季报》，1996.2—1999.1。

（二）存款利率变动对居民储蓄的影响

为了便于分析，表7给出了名义存款利率、实际存款利率和居民储蓄存款余额。

仅从数量关系来看，居民储蓄存款与存款利率之间的弱相关性是不言而喻的。传统的储蓄结构论认为，储蓄存款按动机不同可分为未来消费品购买积攒货币的持币待购、作为以后医疗和教育等预防性开支之用以及获取利息等。储蓄存款对利率的敏感程度则取决于营利性储蓄存款在储蓄存款总额中所占的比重。事实上，这一比重是很小的，这是因为：一是我国人均国民收入仍处于发展中国家水平，收入对消费的约束明显，再加上消费信贷不发达，对大件耐用消费品的购买和消费不得不以储蓄积累为前提；二是城镇居民对“四大件”耐用消费品的排浪式需求得以满足后，“新四件”（私人轿车、私人住宅、私人电脑和私人手提电话）却因其过高的收入门槛而尚未形成新一轮消费热点。在消费结构面临转型的“断档”时期，居民将部分剩余购买力存入银行；三是九十年代中期以来，随着失业下岗的逐年增多以及住房、医疗和社会保障体制改革的推进，居民普遍强化了未来支出预期，弱化了未来收入预期，从而提高了储蓄倾向。

在研究我国的储蓄存款构成时，还要考虑以下三个现实需求：一是经营性储蓄的需求。

按照现行银行账户管理规定，个体工商户和部分私营企业只能在银行开设储蓄存折账户，这种账户属于为日常经营性资金周转服务的交易账户。它直接取决于个体工商户和私营企业的日常收支状况。二是逃避监管的需求。主要是储蓄存款中的“公款私存”部分，估计占储蓄存款总额的1/4～1/3，它是很多企、事业单位“小金库”的资金来源。存款的目的主要是为了偷漏税、应付上级部门的财务监督和检查以及方便奖金和福利的发放而设立。这部分存款的大小既取决于企、事业单位“公款私存”资金来源充裕程度，而财务监管的加强又会提高企、事业单位的“公款私存”倾向，反之亦然。三是隐匿资产的需求。对于部分贪污、挪用、索贿和受贿等“化公为私”渠道所形成的资产来说，一旦暴露或被查处，即有被全额没收的危险。“最好”的办法就是通过“洗钱”将其合法地据为己有。“洗钱”的主要手段有购买工艺品、购买证券、兑成外汇汇出境外和存入银行等。但在具体操作时却要综合考虑安全性和收益性。目前我国的工艺品和证券市场行情不佳、跌多涨少，购买证券的保值性差，兑成外汇汇出又受资本项目管制的限制。相比之下，储蓄存款不仅保值性较好（近三年全为正实际利率），而且安全保密性较高（因为中国最近才准备实行储蓄实名制）、流动性强，可伺机兑换成其他资产。因此，储蓄存款就成为藏匿“不明资产”的最佳方式。

总之，我国的储蓄存款受居民收入水平、消费品结构、收支预期、个体工商户的经营性收支、逃避监管的需求、隐匿资产的需求和利率等多个变量的决定影响，而利率只是其中一个小小的因子。

（三）贷款利率对投资的影响

在预算完全硬约束的情形下，企业投资的数量取决于投资的预期收益率和贷款利率这两个变量之间的对比，即在预期收益一定的情况下，投资应与贷款利率存在反向变动关系。但从1985年以来的情况来看，我国全社会固定资产投资的名义变动、实际变动与贷款利率之间均不存在稳定联系，投资的利率弹性处于不规则的大幅震荡之中（见表8）。在利率与投资缺乏稳定联系的背后，则隐藏着一系列深层原因。

表8　我国社会固定资产增幅及其对贷款利率的弹性

年度	全社会固定资产投资增幅（%）	生产资料价格指数（%）	全社会固定资产投资实际增幅（%）	贷款利率变动（%）	投资的利率弹性
1985	38.8	8.8	30	15.6	2.5
1986	22.7	6	16.7	18.9	1.2
1987	21.5	7.5	14	0	8
1988	25.4	19.6	5.8	4.4	5.8
1989	-7.2	23.9	-31.1	62	-0.1
1990	2.4	7.9	-5.5	-22.8	-0.1
1991	23.9	5.2	18.7	-13.8	-3.2
1992	44.4	8.2	36.2	-3.1	14.3
1993	61.8	25.4	36.4	11.7	5.3

续表

年度	全社会固定资产投资增幅（%）	生产资料价格指数（%）	全社会固定资产投资实际增幅（%）	贷款利率变动（%）	投资的利率弹性
1994	30.4	16.2	14.2	13.8	2.2
1995	17.5	10.6	6.9	4.9	3.6
1996	14.8	1.7	13.1	-4.3	-3.4
1997	10.1	-0.2	10.3	-10	-1

注：1985 年的生产资料价格指数用 RPZ 代替。

资料来源：《中国统计年鉴（历年）》、《中国金融年鉴（历年）》和《中国人民银行统计季报》，1996.2—1999.1。

这些原因有：一是投资变动直接与政府的“调控周期”密切相关。在改革以来投资所需资金仰仗银行信贷的条件下，每一轮的经济扩张均以通过货币信贷的扩张来刺激投资的高速增长为特征。在通胀压力积累到一定程度时，宏观紧缩又通过收紧银根起到抑制投资需求的作用。二是国有企业的预算软约束是形成投资刚性扩张的内在原因。国有企业在取得贷款的权利和还本付息的责任上是非对称的，体现为国有企业取得贷款的便利性程度大大高于非国有企业（因为银行贷款的大部分投向国有企业）。一旦产值上去，地方政府和企业的领导人就有可能有升迁机会，但却很少因为企业的破产而受到惩罚。因此，对于地方政府和企业来说，只有资金可得性的限制，而不存在资金“价格”的约束。三是存款利率从总体上处于负实际利率水平，这实际上形成了不利于居民部门、但有利于企业（特别是国有企业）的信用再分配。据测算，1984—1988 年，中国一年期实际存款利率和实际贷款利率的算术平均值分别为 -1.22% 和 -0.25%，这使得利率水平在总体上既不利于维护存款人的利益，又不能反映资金的供求状况和稀缺程度，从而强化了企业多多用资金的倾向。

总之，存贷款利率对居民消费、储蓄存款和企业投资行为产生影响的低弹性特征决定了利率政策—尽管它在形式上直接受中央银行控制—仍不能有效地对实体经济部门产生影响。

（原载《金融研究》2000 年第 4 期。作者：曹龙骐、郑建明）

中国金融改革八大热点问题评析

中国金融改革20年，成绩巨大，举世瞩目。本文依次对其间的八大热点问题进行评析，总结经验和教训，为今后进一步遵循市场经济运行规律深化改革提供参考。

一、金融改革与经济改革的关系："滞后"、"超前"还是"同步"

中国金融改革从1980年至1986年5月，实际上执行的是滞后于经济发展的战略。当时经济改革的思路依次是"价格—财政—税收—金融"，具体做法是在放权让利、搞活微观经济的基础上进行金融改革，或者说金融改革尾随着整个经济改革稳步进行，即"滞后"论。

从1986年5月起，转为同步战略，提出金融体制改革既不能"超前"，又不能"滞后"，必须与价格、财政、税收等经济改革协调配套进行，即"同步"论。

在此期间，也有人主张"超前"论，认为从实践看，金融改革总是经济体制改革的先行者，无论是经济模式、经济结构、企业机制以及经济调节手段的转换，都离不开建立一个有效调控、顺畅融通的货币资金网络和金融市场。开展竞争，提高经济效益，给企业创造一个平等的竞争条件，必须以金融改革为前提，主要靠货币、信贷和利率的启动。

我们认为，金融改革"超前"还是"滞后"于经济发展，泛泛的讨论很难做出科学的解释。从改革的实践可以看出，两者的关系常常是在"滞后"和"超前"的交替中"同步"进行。即在某些情况下金融改革必须"超前"于经济改革，而在某些情况下金融改革又必须"滞后"于经济改革，既不能偏于一方，也不能一概而论。前者如金融市场的形成，它是投资主体分权化、分散化的基础，只有金融市场的形成，社会资金才能合理流动；只有社会资金的合理流动，企业自主的决策才能变成投资行为。后者如国有专业银行的商业化管理应在价格改革之后，因为只有在价格改革基本完成或在价格体系合理化到相当程度之后，国有专业银行的商业化才具有可行性。

可见，金融改革作为整个经济体制改革的一个重要组成部分，它与其他经济领域应是相互配套基本同步的。金融改革既不能盲目冒进，又不能畏缩不前，而应审时度势，把握住改革各方的结合点，建立双向制约和联动机制。

就目前而言，金融改革滞后于经济体制改革，主要表现在以下几个方面：①金融改革中还明显地带有一系列计划行政的色彩。例如在资本市场的开拓中，还存在轻市场重计划、轻平衡重"大""公"、轻效率重圈钱、轻实效重花样等传统观念障碍。②金融改革还始终难以直面产权明晰这一实质性问题，特别是在四大国有专业银行向国有商业银行转化的过程中，这一重要问题难以有效解决。商业银行未真正成为经营货币的企业法人实体，从根本上讲，就谈不上商业化进程。③对非国有民营经济资金供应的歧视。我国四大国有商业银行仍然采取限制而不是鼓励民营金融机构（包括合作或股份制的银行、信用社和其他形式的金融机构）建立和发展的政策，在整个金融活动中，民营金融机构所占的比重微乎其微。据统计，近几年非国有经济创造的国民收入已占整个国民收入的50%有余，而四大国有商业银行的资金供应对象绝大部分是国有大中型企业，民营金融机构由于发展缓慢而无力对非国有经济给予资金支持。由此形成国有企业和非国有企业在对国家贡献和资金使用上的错位，这在一定程度上影响多种形式所有制的发展和经济结构的战略性调整。④金融人才“滞后”。随着金融的市场化、全球化和证券化趋势，金融深化改革和金融创新的任务越来越繁重和紧迫，一些专门人才，如熟悉金融衍生工具和金融法规、懂得投资项目评估和可行性研究的人才，通晓外语、懂得国际金融、掌握电算化技术的人才等，更是奇缺。人才的这种“滞后”，严重地制约和延缓了金融改革的进程。

二、金融改革突破口的选择：改革的重心究竟在哪里

金融改革前期，为加快改革步伐，突破口问题自然成了争论的热点。突破口在哪里？一曰金融市场，认为开放金融市场可一举改变金融改革不适应经济改革的被动局面，是中国金融制度方面的一次“革命性飞跃”；二曰强化中央银行宏观调控体系，认为金融改革中的最大问题是中央银行控制无力、调控不灵；三曰利率市场化，因为利率是资金的价格，是宏观调控中常用的货币政策中介目标，是金融改革的要害所在；四曰理顺银行机构体系，认为如果金融改革中银行上下左右关系不顺，往往因为它们之间的种种矛盾而削弱了推进改革的合力；五曰银行承包责任制，认为实行对专业银行系统承包，可以切断上下级之间吃大锅饭式的利益联系，促使专业银行自主经营和自我循环，可以不断提高效益；六曰金融改革不能一点突破，因为金融机构是一种胶状体，各个部分之间融合、交叉，相互间存在强烈的“制轮”作用，如果仅从一点突破，往往会引起一系列连锁反应，甚至会产生负效应。

骤然听来，以上观点都有些道理，但仔细考虑，各有偏颇。例如：①当发达的金融市场的基本条件（即资金的流动性、藏资于民的国民收入格局和投资选择动机等）尚未具备，金融市场的建立只能是金融体制不断完善的一个标志，很难成为整个改革的突破口。②在微观经济细胞不灵活且反应迟钝的情况下，很难设想能实现宏观调控的微观化。③在平均利润率和资金供求市场尚未形成、资金价格不合理、利率管理体系不完善等情况下，利率要成为金融改革的突破口，事实上也脱离实际。

突破口究竟在哪里？我们认为，如果仔细考察金融体系内外种种矛盾现象，不难发现，矛盾来自“中央银行—商业银行—企业单位”这3个主体相互之间关系的扭曲。这种扭曲了的关系，从顺向分析，表现为中央银行的宏观决策难以在商业银行奏效，从而也不可能在企业单位产生效应；从逆向分析，由于企业单位缺乏资金使用的自我约束和平衡机制，习惯于躺在国家银行身上吃“大锅饭”，由此又造成商业银行对中央银行的信用冲击力。要矫正这些扭曲关系，当然需要3个主体自身的不断完善，但突破口应该是解决中间环节，即商业银行基层行及其他各种金融业务机构所有制关系的具体化，并在此基础上实行真正的商业化经营。这是因为：①在目前的金融市场上，商业银行既是参加者，又是组织者。只有商业银行基层行以相对独立的身份从事金融业务，金融市场才能真正活跃起来。②改善中央银行的

宏观控制必须以搞活微观为条件，只有对商业银行基层行的微观基础进行再构造，才能实现企业经营机制和行为的真正转变，从而为中央银行进行宏观调控创造良好的条件。③利率改革必须与增强商业银行基层行的活力相结合。不可设想，在基层行没有一定的利率浮动权、利率僵死又无弹性的情况下，利率改革能向前推进和利率杠杆能充分发挥作用。④商业银行基层行真正实现商业化经营后，其内在作用力向左右辐射，必然会使目前的状况大有改观。这样，一方面为中央银行宏观调控机制的建立奠定基础；另一方面强化了银行贷款对企业发展生产和固定资产投资的制约作用，有利于工商企业的企业化经营。⑤建立银行竞争机制的需要。在目前主要有几家特大国有银行超级垄断、基层行缺乏经济利益这一原动力状况下，事实上不可能形成真正的竞争，搞得不好还会形成破坏性竞争，产生负效应。

由上述分析可以得出这样的结论：金融改革的突破口应该是商业银行基层行以及其他各金融机构的商业化经营，即将现有的银行办成真正按市场规律运转的商业化银行。

三、金融组织体系格局：是大银行垄断还是大中小金融机构并存

中国金融改革以来，在金融组织体系方面已有长足的进展，以中央银行为领导、国有商业银行为基础、其他金融机构并存的具有中国特色的金融组织体系已经形成。但国有商业银行比重过大，仍处于垄断地位。与此同时，重点支持地方中小企业和为集体、个体经济服务的金融机构为数还少，在业务开拓方面中小金融机构还受相当多的限制，致使社会资金融通渠道比较单一，许多中小企业难以获得稳定的融资环境，金融业内部也难以形成公平高效的竞争。这种金融组织体系格局适应不了中国建立市场金融体系的要求。

构建科学的符合中国实际的金融组织体系，必须是大中小银行和其他金融机构并存。这是因为：①中小企业已成为促进国民经济持续、快速、健康发展的重要力量，对加快经济结构调整的步伐具有全局性的战略意义，对广泛吸纳安排社会就业也具有举足轻重的作用。②中国现阶段经济发展状况的需要。在市场经济条件下，商业银行等金融企业的规模大小，必须与整个社会经济发展水平相适应。19 世纪美国小银行等金融机构种类繁多，交易量大，是整个金融体系的主体。至今在一些西方发达国家里，中小金融企业仍占大多数。依据中国目前经济发展水平，不同地区的经济发展存在较大差距，具有整体水平低、层次多、地方性强等特点，重视和鼓励发展适合各地区经济发展状况的多层次、多元化和多种所有制形式的中小型金融企业是完全必要的。③中小型金融企业自身的优势所决定。大的金融企业有大的优势，但中小型金融企业也有小的长处。例如，一些中小型金融企业经营机制比较灵活，有利于为各地城乡居民提供良好的服务；同时其机构精简、分散，市场适应性较强，在一定程度上可以补充大金融企业开展有关业务的不足，也可以缓解和分散大金融企业的金融风险。④中国实行以公有制为主体、多种经济成分并存的基本经济制度，对地方性中小金融机构来说，既是赖以生存和发展的基础，也为它创造了广阔的活动舞台。

所以，要建立中国特色的金融组织体系，首先从观念上要有个根本转变，放宽对中小型金融机构设立的限制，充分给予它生存和发展的“国民待遇”，要在资金、业务范围、运作方式等方面加强对它的监督和管理，增强其抵御和防范风险的能力。总之，要按市场规律来整合地方中小金融企业，真正使之在数量上有所增加、质量上得以提高，创建符合国情的大

中小金融机构并存的局面。

四、减轻企业负债包袱：单靠行政手段还是综合治理

国际上认为中国经济潜伏巨大的风险，一个主要原因是中国金融体系存在着巨大的不良资产，据统计有1万多亿，而且还有不断增长的趋势。这些不良资产，主要是由于企业特别是国有企业拖欠银行的贷款所造成。

企业的高负债，就企业而言，使企业缺乏进行公司制改革的前提条件，直接影响企业资金的周转和正常的业务经营。据统计，1994年全预算内国有企业每年支付银行利息就达600亿元，几乎是国有企业盈利的45%。对银行来说，大量不良贷款的形成，必然会影响其信贷资金的正常循环周转，如果继续下去，最终会使银行陷入货币信用危机。当前企业沉重的负债包袱已严重地威胁企业和银行的生存，阻碍改革的深入，必须引起高度重视。

至于企业高负债产生的原因，有一种流行的观点是仅仅归结为所有制问题，这样的认识既简单又片面。有人测算，现有企业的负债：约有1/3是在改革前高度计划经济年代所造成，约有1/3是在1992—1994年经济过热中形成，还有1/3是在1994年以后新增贷款中出现的。由此，单认为“所有制”问题一解决，企业负债就会减少甚至消失，这是偏见。再说，期望企业没有负债也是一种理想的境界，如果真是这样，就没有企业的破产和银行的倒闭，在市场竞争条件下，这也是不现实的。所以，要减轻企业负债，我们认为：①必须运用多种办法。企业的负债形成原因不同，且在改革过程中各个企业具体情况又有异，所以决不能采取“一刀切”的办法。前一段时间，经济理论界提出不少减轻企业负债的建议，如政府直接核销，用财政补贴给企业注资核销，让负债企业拍卖、出租和兼并，改不良贷款为银行对企业投资（即债转股），建立社会保险银行等等，这些建议各有利弊，如果乱用或运用错位，反而会贻误大事。因此，正确的办法应该是：在具体分析各类企业债务形成和负债结构的前提下，对企业进行分类排队，针对不同企业的具体情况，分别采取相应的有效措施。②着重考虑金融性思路。在整个社会资金的运用中，金融性资金和企业资金在其运作轨迹上的重合面愈来愈大。此外，金融市场促使金融性资金与企业资金不断相互渗透和转移，因为金融市场所能提供的，正是由企业所有权派生出来的股权、债权或产权这种价值形态交易的场所。还有，金融业的经济效益必须建立在企业经济效益基础之上，这种双方追求利益目标的趋同性，决定了两者改革的相关度和配套性。从另一角度看，企业负债包袱的形成虽然有企业自身的问题，但与银行信贷软化、利率作用发挥不充分以及金融秩序混乱等也不无关系。所以，我们通过对目前企业高负债的性质和数量、形成原因以及解决问题的主体即金融的巨大能量等方面的综合分析，不难看出侧重于金融性思路即从企业和金融业的关系中考虑解决当前企业负债问题是有效的选择。③主要运用经济手段。一些企业背上负债包袱，指望政府直接核销，财政注资或银行豁免。这种纯行政方法，计划经济年代曾采用过，但在向市场经济体制渐进的今天，仍然依赖此法，显然不适宜。政府核销方法往往会扭曲银行与企业的信用关系，降低银行资本金的充实度，加剧银行经营风险和延缓其改革进程。而且，国家法定用于冲销的只有几十亿元，银行自有资金也只有几百亿元，而企业不良贷款已达上万亿元，即使是同意核销部分，也只属杯水车薪。财政注资给企业，可能会助长某些企业以

“移花接木”、“偷梁换柱”等手法逃债、赖债，银行和企业再“吃”财政、“赖”财政。运用经济手段，能较好地避免上述问题，如用不良贷款为银行对企业投资（即“债转投”），则较为切实地解脱企业的一部分债务负担和转移银行部分风险；同时，在不扩张信用总量和不增加银行负担的前提下，它在一定程度上有利于强化银行原有贷款的约束力。还有，基于中国改革开放以来部分国有企业是在国家没有投入资本金，完全靠国家拨款改为贷款或由专业银行兴建的这种特殊情况，通过“债转股”方法，可在减轻企业偿债负担的同时，也明确了国家对企业的所有权和国家对这部分资本金的归属问题。总之，立足于运用经济手段来减轻企业负债包袱，有利于从根本上建立企业使用资金的自我平衡机制，有利于真正降低银行贷款的风险度。目前国家成立的几家资产管理公司，在这方面起到积极的中介作用。④注意平稳过渡。对于多年积累的企业高负债，解决问题还需要有一个过程，决不能一蹴而就。目前国家为解决国营企业中少数“死”不了、多数“活”不好的现实问题，拍卖、出租或兼并负债企业，当然是必要的。但考虑到目前中国企业负债面广量多，社会保障机制还不完善，必须以保持社会稳定为前提等一系列现实情况，需要谨慎对待，分批进行，平稳过渡。另外，鉴于目前专业银行在向商业银行转轨过程中还不具备持有大量企业股权的条件，在试行过程中，除有些国有企业在改革时期全靠贷款兴建的特殊情况外，可先在部分企业，特别是国家支柱产业、基础产业以及对具有市场潜力和发展前景的企业中试行，切忌一哄而起，全面铺开。⑤建立相应的防范措施。在缓解企业负债的过程中，要注重边整边改，“亡羊补牢”，建立相应的防范措施，以避免旧债刚解决，新债又出现。否则，企业将永远成为银行信贷资金供应的“漏斗”和“无底洞”。

就当前来说，一是企业和银行应共同努力，在优化贷款增量上下功夫。这就要根据产业政策的需要，明确支持重点企业和基础产业；通过企业信用度评估，对企业进行分类排队，做到心中有数；增大科技资金的投入，努力提高产品的科技含量和调整产业结构。二是建立一套有效的管理机制，如实行银行资产负债比例管理和信贷资金风险管理，发放贷款坚持“审、贷、查”分开制度和严格贷款申报等。三是进一步开拓和完善金融市场，实行资产多元化经营，创造条件改信用贷款为抵押贷款，提倡多渠道融资，特别是注重拓展国债投资，以强化银行信贷的约束力。四是健全法规，维护银行和企业各自的合法权益，规范双方的行为，以保证负债问题的切实解决。五是建立呆滞保险制度，企业每年提取1%的呆账比例准备金，逐渐冲销过去的呆账损失，逐步将负债率降到国际银行业的平均水平。

五、塑造新型的银企关系：是依附还是平等

银行与企业的关系是现代市场经济运行中最重要的经济关系之一。企业既是银行资金的供给者，也是银行资金的使用者。银行的资金周转作为现代经济的“血液循环”，企业作为现代经济的“细胞”，两者存在密切的关系。它们站在同一立场、为了同一个目标，通过共同的努力，求得最佳的效益。

银行与企业的亲缘关系主要体现在：一是改革载体的同一性。现代社会中的企业和银行相互融合渗透，其前提条件是它们具有同一性即都具有企业的一般特征。二是改革方向的一致性，即企业和银行都以市场化为改革的现实途径。三是资金运行的重合性，即企业作为资

金供求的主体，银行作为资金筹集和贷款发放的枢纽，特别是中国改革以来企业和银行资金运行的重合面越来越大，客观上要求在改革过程中两者必须同步构造和配套进行。四是追求目标的趋同性。无论是银行还是企业，它们的终极目标都是在不断提高营运效率的前提下，追求成本的最小化和利润的最大化。这一目标的趋同，决定了两者改革的相关度和依存性。总之，银行和企业这种关系上的一致性，从根本上奠定了在市场经济条件下两者合作的基础。

中国改革前和改革期间，对银行和企业的关系的改善曾进行过若干有益探索，如债权转为股权、实行银行干部驻厂制度、抵贷返租、主办银行制等。但是总的讲，银企关系常呈现紧张状态甚至恶化倾向。它集中体现在不少企业特别是国有大中型企业高负债经营状况日趋严重，资产负债比率连年上升，经济效益逐年下降，无力归还银行贷款。这些问题，已成为经济发展的障碍，延缓了改革的进程。

如何塑造新型的银企关系？我们认为：①把握好金融企业与工商企业的平等、守信、互利的原则。在社会主义市场经济中，国有企业和国有商业银行以及其他商业银行都是法人实体，它们之间不是国家与企业的依附关系，而是企业法人之间的平等关系。重塑银企关系，从体制上说，就是要建立法人实体间的使用契约关系。要建立这种体制，一方面需要建立健全的资产经营管理体制，另一方面要建立健全的信用制度。事实证明，只有从强化和规范内部机制着手，才能真正激励银企双方体制创新的改革动力，增大体制创新的改革力度，充分发挥效率叠加的放大效应。②要充分发挥金融对经济的支持作用。塑造新型的银企关系，必须正确处理支持经济发展和防范金融风险的关系。经济决定金融，金融反作用经济。只有经济发展，防范风险，银行和企业才能实现自身的可持续发展。当然，金融对经济的支持，不仅是总量支持和结构调整相结合的支持，而且要坚持银行对贷款企业的信用监督原则。也就是说，金融对经济的支持，不仅是服务，而且是监督。在某种条件下，银行充分发挥其网点多、联系广、信息灵的优势，可决定贷款的投向和投量。③把握好间接金融和直接金融的协调发展。传统的观念是，间接融资效率要高于直接融资效率，因为通过银行融资具有规模经济性、低成本性以及特有的积少成多、化短为长的功能作用。但中国金融改革 20 年的实践证明，通过证券市场特别是股票市场融资将逐渐成为主要融资渠道，它具有强大的生命力和活力，原因在于它通过资金的流动和信息的反馈为社会经济生活提供独特的企业经营机制、融资机制、资源配置机制、调控机制以及反映和导向机制。在塑造新型的银企关系中，必须处理好直接融资和间接融资的关系，坚持以市场为原则，在发展间接融资的同时，努力提高直接融资的比例，从根本上改善企业的负债结构和提高全社会资金的融通效率。

六、金融市场发展战略：是先资本市场还是先货币市场

中国自改革开放以来，主要由于内在于经济体制的扩张机制的作用，金融市场的开拓和建立，客观上采取“先资本市场，后货币市场”的发展思路。具体说：①从时间顺序上看，1981 年起中国开始发行国库券（第一期期限 5 年），而同业拆借市场 1986 年才开始。②以发展状况来看，资本市场中的股票市场、期货市场以及国库券市场虽有起伏，但总的来说发展已较充分，而 1995 年前的货币市场则处于相对滞后状态。③从规范化程度来看，资本市

场主要是股票市场和债券市场，经过几度春秋，已形成一套行之有效的规章制度以保证其规范运转。而货币市场，进入1995年才有些起色。④就两个市场的年交易量来看，拆借市场以万亿计，票据市场以千亿计，而资本市场则以千万亿计。

实践证明："先资本市场，后货币市场"这种颠倒的发展思路，其危害性表现在：①削弱了货币市场的基础作用，因为一个活跃的完善的短期融资市场即货币市场的建立，是商业银行业务开展的主要依托；同时，也只有短期融资市场发达，才能促使企业和银行盈利的不断增加，进而保证长期融资市场即资本市场的相应发展。②破坏了货币市场和资本市场的协调发展。从理论上讲，货币市场和资本市场相协调的基础主要是银行资金来源的总量及其构成。先发展资本市场的思路必然会破坏这种构成，造成大量货币市场上的资金向资本市场转移。其后果，一方面使货币市场因资金缺乏而萎缩，甚至连维持简单再生产所需资金都不能满足；另一方面，不断膨胀的资本市场不但挤占了货币市场上的资金，同时又需要更多货币市场上的短期资金与之配套，在很大程度上拉动货币市场的膨胀，如此下去，两个市场的矛盾会日趋加剧。③由上述两个危害延伸，"先资本市场，后货币市场"的发展战略，还会直接或间接地对中央银行的宏观调控、利率功能的发挥和金融秩序诸方面产生负效应。

采取"先资本市场后货币市场"发展战略的根本原因，主要是由以下两个对货币市场认识上的偏差造成的。①认为同业拆借市场仅解决短期资金需求，忽视了它有利于商业银行业务经营和提高中央银行调控水平的重要功能。其实，货币市场上的同业拆借不仅仅是短期资金融通的有效场所，还具有如下功能：第一，有利于商业银行利润最大化目标的实现，因为通过同业拆借可以适时有度地调节商业银行之间准备金的盈余和亏缺，这样就可以使商业银行无须为了应付提取或兑付而保有大量的超额准备金，可将其用于高收益的资产规模，这样做既可节约资金和避免风险，又可增加银行利润，可谓"一举多得"。第二，为中央银行进行货币政策操作提供了可能。同业拆借市场的交易对象涉及拆借利率和商业银行的超额准备，这两个指标是中央银行进行货币政策操作的重要手段。同业拆借利率是制订利率政策的重要参数，中央银行通过对同业拆借利率施加影响，达到调节货币供应量的目标。就超额准备而言，规范、发达的同业拆借市场功能的发挥，会促使中央银行的超额准备维持在一个必要的水平，这显然给中央银行调控货币供应量创造一个良好的条件。②传统观念认为票据市场仅局限于清算，实质上它是中央银行执行货币政策的工具之一，对加速利率市场化进程和提高商业银行资产管理水平也具有重要意义。货币市场上的票据结算为中央银行提供了宏观调控的载体，而中央银行的货币政策工具之一的再贴现政策，必须在票据市场实施。在一般情况下，中央银行提高再贴现率，会起到收缩票据市场的作用；反之亦然。同时，中央银行通过票据市场上信息的反馈，适时适度地调整再贴现率，通过货币政策中间目标的变动以求货币政策最终目标的实现。另外，随着票据市场的不断完善和发展，票据交易稳定性不断增强，会形成一种处于市场均衡状态下随市场规律自由变动的、供求双方均能接受的市场价格，反映在资金价格上，便是市场利率，它无疑是中央银行制度贴近市场的利率政策的重要参考。再有，票据市场对提高企业资产流动性和降低企业经营风险度的重要作用也是不能低估的。

总之，货币市场与货币供应、资本流动、中央银行货币政策操作联系紧密，对它的培育、规范和完善，是关系到整个经济协调发展和金融改革深化的重大问题。努力开拓和发展资本市场是完全必要的，但它必须以发展和完善货币市场为基础，在这一前提下两个市场才能相互推进，"先发展资本市场，后发展货币市场"的金融市场发展战略是不可取的。

七、证券市场发展的主旋律：在规范中发展还是在发展中规范

中国证券市场随着改革开放政策的实施而飞速发展，股市仅用10年时间就走完了西方发达国家股市几十年乃至近百年的路程。截至1999年8月底，境内上市公司已达920家，另有45家企业分别在香港、纽约、伦敦、新加坡上市；上市公司境内外筹资总额达4072亿元，股票市场市价总值达29655亿元，相当于中国GDP的35%左右；投资者开户数达4298万户，已批10家基金管理公司，发行15只证券投资基金，发行总规模达350亿元。中国证券市场的飞速发展大大推进了改革的速度。

然而，冷静回顾一下中国证券市场发展历程不难发现，所暴露出来的问题是比较严重的。这主要表现在：①观念和、指导思想上有障碍。一是重计划、重规模，轻市场，总想让市场适应我，而不是我去适应市场；二是在筹资主体上，重视大企业、国有企业，轻民营企业、小企业；三是在产业方面上，重传统企业，轻现代企业；四是在筹资机制上，重圈钱，轻效率。试行股份制的最重要目的是转换企业经营机制，有的上市公司筹集到资金后，难以获取效益，一个重要原因就是它的经营机制没有真正转换；五是在产权关系上，政府行政干预较多，法人治理观念薄弱。由于上述种种原因，我国证券市场往往表现为封闭型、残缺型和"迷你"型。②上市公司效益下滑。其表现：一是净资产收益率逐年下降，1993年沪深两地上市公司年均净资产收益高达15%，而1994—1996年分别下滑到14%，11%和10%，1998年只有8.5%左右；二是每股收益呈逐步减少的趋势，1993年沪深两地上市公司每股收益高达0.35元，而1994—1996年分别为0.32元、0.25元和0.23元。1998年0.21元，为历史最低水平；三是上市公司亏损面1995年为5.26%，1996年为5.85%，1997年为5.64%，1998年2月为8.46%。③投资主体残缺。中国目前在金融市场上的投资者以个体投资为主，投资主体结构一直是散兵游勇过多，机构投资者寥若星辰。从理论上讲，所谓机构投资者应是指那些以稳定资金为背景、纯粹投资为目的、主要进行股票投资的专业法人机构，如保险公司基金、养老基金、证券投资基金等。但中国目前机构投资者不是以基金为主体，而是类似信托公司、财务公司、证券商等有自营目的、在相当程度上是借贷融资的机构，这些机构投资期限短、游动性强、不稳定性高，其交易活动在很大程度上超出政策允许的范围，所以不仅起不到对股市的稳定作用，有时反而对股市的起落"推波助澜"。④股市中介服务水平整体偏低。从经营性中介机构看，目前虽有证券公司数百家，营业部2400多个，但规模小，缺乏规模经营的标准。从服务中介机构看，据1998年底统计，有会计师事务所103家，律师事务所322家，资产评估事务所116家，但有一定知名度的为数极少，加上相互间恶性竞争、智能化程度低、效率差，总体服务水平跟不上市场经济发展需要。⑤股市结构不合理，股市供求严重失衡。目前只有占25%的社会公众股参与流通，占71%的公股（国家股和法人股）长期被剥夺在场内流通的权利。这种"性别歧视"不利于吸收闲散社会资金，促使存量资本凝固化趋向萎缩，人为割断公司业绩和形象的联系，无法约束股价

的大幅波动。而严重的多次反复的股市大起大落，造成投资者观念趋于谨慎、股票流通场所越来越窄、股票市场价格与股票市场的收益严重错位，最终促使金融市场效率低下。⑥股市运作不规范。有些上市公司过度包装，财务报表掺杂做假；国企重组时，有些企业故意低估国有资产价值，对债权债务进行不正当置换；习惯用行政办法管理公司，公司法人治理结构形同虚设，出现“内部人控制”现象；信息披露不规范，部分上市公司不能及时、准确披露法律规定必须披露的信息，甚至隐瞒重大事实，严重误导投资者；有的大户用违法违规手段，散布谣言，操纵市场，从事内幕交易等。

以上事实说明，中国证券市场只能在规范中发展，不坚持规范，必定会出现很多难以矫正的问题，造成很多难以克服的后遗症。所以，开拓和发展证券市场，重在规范，规范是发展的基石，规范永远是主旋律。1995 年中国证券市场发展趋势高级研讨会上有人尖锐指出：“中国股份制的发展不会断送在反对搞股份制的人手上，而只会断送在乱搞股份的人手中。”这是非常深刻的警示。

八、抑制通货紧缩：究竟采取何种良策

据统计，到 1999 年 8 月底，我国居民消费价格指数持续 17 个月负增长，商品零售价指数持续 23 个月负增长，生产资料价格指数持续 30 多个月负增长。巴塞尔国际清算银行提出的通货紧缩标准是：一国消费品价格连续两年下降可被视为通货紧缩。按此标准来衡量，我国出现通货紧缩已无疑问。

从理论分析，通货紧缩和通货膨胀都是总供给和总需求严重不平衡引起的，归根到底都是一种货币现象，一种经济病态。过去我们对通货膨胀的治理有一定经验，但对通货紧缩还很陌生。通货紧缩这种由于社会有效需求严重不足而造成投资机会减少和边际收益下降，从而导致经济衰退的经济过程，其危害性绝对不能忽视：一是导致实际利率上升，抑制消费需求和投资需求，需求不足又会加剧通货紧缩，长此下去，形成恶性循环，严重影响国民经济健康发展；二是促使企业利润下降，失业增加，社会矛盾上升；三是企业和个人债务负担加重，银行坏账增多，危及社会信用，加剧金融动荡。

中国经济金融理论界对中国目前是否出现了通货紧缩，看法不一。究其原因，分歧的主要根源在于对通缩的主要标准的理解。有论者认为，衡量的标准应是物价、货币供应量和经济负增长 3 个指标，而后两个指标在中国近几年都是增长的，所以目前无通货紧缩可言。我们认为，这种看法不妥，中国目前存在较为严重的通货紧缩现象。就是用这 3 个标准来衡量通货紧缩存在与否，也不能笼统地下无通缩这一结论，必须做实事求是的分析。

①从目前经济状况看，确实还存在诸多问题，如物价指数的滑落不止、国有大中型企业效益下降、投资拉动效应减弱、市场需求不足、消费缺乏热点、商品出现滞销、配套改革滞后、社会就业压力加大、金融形势严峻等等。分析上述现象，尽管其主要根源是长期以来经济体制的扩张机制造成经济结构不合理，但客观存在的种种现象足以说明通货紧缩的程度。而通货紧缩这种经济病态又往往导致经济杠杆运用的反常，如多次降低利率，通胀反而下降，储蓄存款还是超常增长，股市仍然低迷，消费需求不断下降。又如货币供应量增加，但金融机构存量增大，企业资金仍叫紧、民间投资不旺等，这些反常现象均说明经济生活中有

病态。②以物价作为衡量通货紧缩的主要标准是正确的。随着改革开放政策的实施，市场化货币化程度的不断增强，用物价的变动来反映国民经济状况的透明度越来越大，经济发展和货币供应的真实状况（即不只是名义的，主要是实际的）在较大程度上通过经济发展的中心环节—价格表现出来。③从近几年货币供量看，从1994—1998年的材料分析，M_2的增长率逐年下降，1994年为34.4%，1995年为29.5%，1996年为25.3%，1997年为17.3%，1998年为15.3%。另外，在现代经济中，虚拟经济发展甚快，大量货币脱离实体经济滞留在虚拟资本的循环中，使货币供求关系变得扑朔迷离。若换一个角度采用贷款余额年增长率来反映实体经济领域是比较合适的话，据统计，1995—1998年全部金融机构各项贷款余额年增长率分别为24.1%，21.2%，16.7%和15.5%，也是逐年下降。加上目前银行系统大量“存差”现象的存在，再考虑因货币流通速度减慢必然要求扩大社会货币容纳量等因素，近几年实际货币供应量并非增长。总之，货币问题实质上是一个国民经济问题，必须联系国民经济的状况来加以判断，简单地用绝对数或相对数作比较很容易得出片面的甚至是错误的结论。

承认目前存在通货紧缩，采取何种对策来抑制通货紧缩？我们认为主要应抓住两条：①立足于扩大内需。根据中国国情和当前国内外经济发展态势，应采取调节收入差距、适度扩张货币供应、推行消费信贷、鼓励社会投资和创办企业、实施教育投资社会化产业化等切实有效的措施，致力扩大内需，特别是扩大投资需求。从投向和投量上重视其长远和宏观的经济效益，注重以高科技为先导，努力增加产品科技含量，不断优化产业结构，逐步化解供给相对过剩的矛盾，实现市场的稳定繁荣，进一步启动和开拓市场。②实施积极的财政政策和进一步发挥货币政策的作用。依据西方宏观经济理论，货币政策的主要变量是利息率，在利率弹性较强的情况下，货币政策实施的效果才能充分显示。同时，货币政策的效应还带有滞后性的特点（亦称货币政策“时滞”），它对经济刺激作用的最高点往往要在经济衰退最严重阶段过后才能出现。所以，在一国经济衰退阶段，货币政策就难以奏效。此时，如运用积极的财政政策，通过增发国债加快基础设施建设；采取政府直接投资和技术改造贴息相结合、刺激消费需求与调整收入分配相结合、增加投资和调整税收政策相结合、落实积极财政措施与确保财政预算平衡相结合的方针，直接增加财政支出，创造新的需求，运用乘数原理，较快地达到刺激投资、扩大就业和增加供给的目的。实行积极的财政政策，需要货币政策为之创造必要的条件，目前中国已经启动积极的财政政策，货币政策应在保持对经济增长必要的支持力度的前提下，调整其中中介目标，使M_1的增长率高于M_2的增长率，促使储蓄向消费和投资转化，最终实现经济回升、国内投资和消费需求结构升级、有效需求不断扩大的目标。

（原载《深圳大学学报》2000年2月第1期，
人大复印报刊资料2000年第5期全文转载）

深圳特区银行扩展消费信贷调研报告

统观深圳市工商银行、商业银行、农业银行近期开展消费信贷的状况，具有以下特点：①以住房为主的消费信贷业务起步较早并不断完善，其他业务正逐步展开；②总的讲消费信贷业务虽有进展，但量小，拓展狭窄；③各行依据扩大内需的要求，均在加紧设计新品种，制订新制度、新办法，随之银行之间也进入了一个新的竞争阶段。

（一）当前开展消费信贷的难点

（1）各层次居民收入的不确定性。深圳市的人均收入水平虽然在全国各城市处于前列，但收入的分配差距极大。高收入阶层的消费具有工作性消费的性质，如买得起私车的人有公车坐，有钱作观光旅游的人往往有机会作商务旅游等；中等收入阶层是最具消费信贷潜力的消费者，但受公务员制度改革、国企改革等因素影响，未来收入具有不确定性，购买福利房、微利房挖走了一部分收入，一般耐用品购置则无须贷款也能消费，高档消费品如汽车虽然极具吸引力，但养车费使贷款购车者望而却步；而低收入者为了生存和预防动机，极少考虑进行贷款消费。

（2）未来预期因素的影响。近几年尽管银行利率一降再降，居民储蓄存款增幅却一增再增，而相反，消费增幅却低谷徘徊。住房改革、教育收费制度即将实行，都增加了人们的支出预期，再加上物价不断回落，人们买涨不买跌，持币待购，更不会热衷消费贷款。

（3）消费者资信度难把握。我国目前尚未建立个人信用制度，即没有对自然人进行身份证明；个人账户、收入来源、个人可支配收入、用于抵押的资产以及信用状况记录等，没有相应的评信制度。我国还没有实行存款实名制、家庭财产登记制、个人财产破产制，更没有个人资信状况适用等级的专业信用认定机构，银行花费大量的时间也很难掌握消费者的信用状况。在此情况下，消费信贷必然受到一定的限制。

（4）贷款保证难落实。现阶段尚缺乏个人消费信贷担保制度。各商业银行为了保证资金安全，减少贷款风险，通常要求对申请人实行担保制度。银行一般不向也不敢向无担保的消费者提供消费信贷，消费者在申请消费信贷时很难找到满意和有效的担保形式。

（5）资金流动错位。住房、汽车高额消费信贷业务数额大、期限长、客户分散、利率固定，而商业银行的资金来源主要是短期资金。发达国家一般采用资产证券化来解决流动性问题，对住房金融普遍采取的是抵押资产的证券化。在我国目前信贷资产尚不能实行证券化的条件下，商业银行从自身利益出发开展消费信贷的积极性显然是会受影响的。

（6）相关法规不健全。我国关于信贷方面的法律、法规有《担保法》、《票据法》和《贷款通则》等，这些法律法规是针对生产性贷款而立的，针对消费性贷款的法律法规尚属空白。所以，在消费信贷回收过程中，一旦出现贷款本息回收困难、涉及担保保证的履行、抵押物的处理、质押品的拍卖等问题，缺乏强制性的法律保障，实际操作中极为困难。

（7）人们传统观念陈旧。开展个人消费信贷最大的障碍来自于人们的消费观念。勤俭持家，量入为出，不可“寅吃卯粮”一向被视为中华民族的优良传统。只有当大多数人逐步摆脱植根于国人心中的传统消费观念时，消费信贷才能迎来一个灿烂的春天。

课题组还重点对开办住房按揭业务中碰到的一些问题进行了调研：①商品房价格居高不下，楼市交易清淡。近几年深圳市商品房市场一直处于疲软状态，但新楼盘仍不断推出，房屋空置呈逐年递增态势，价格却始终在高位运行。从统计数据上看，深圳居民的储蓄存款持续增长，显然形成强有力的住房消费有效需求，价格与供求关系发生严重的背驰，说明广大市民住房商品化的外部经济环境并未形成气候。在这种条件下，加大力度开办大量的楼宇按揭业务，银行承担的风险较大。②国家对房地产开发市场的宏观调控薄弱。从近几年深圳房地产开发市场来看，豪华住宅、别墅、高层复式楼盘占了相当大一部分比例，普通住宅楼盘相对较少，房地产信贷资金的配置并不合理，造成了社会资源的巨大浪费。③住房按揭业务抵押物处理困难。根据我国目前的法律和社会环境，按揭申请一旦违约，处理抵押物将成为银行非常棘手的事情。如果违约人与银行合作，可以通过在房地产中介机构挂牌销售和转按揭形式解决，但目前违约人往往不愿采取以上方式，只有通过法院裁定后进行拍卖，以此种方式处理，时间长、拍卖费昂贵、透明度低，银行费时费力，还可能达不到保全资产的目的。④房屋产权交易缺乏渠道。在办理按揭业务中，个别银行遇到开发商在没有缴清地价款的情况下，国土局颁发了预售许可证，销售的住房不能办理房地产证，致使银行不能有效行使抵押权。一般银行在办理二手楼按揭中，也寻找不到一个正常的渠道来进行交易房屋的产权查询，给工作带来很多困难。⑤业主个人收入的调查操作难度较大。第一还款来源是保障信贷资金安全的根本。但在楼宇按揭业务的实际操作中，因目前还没有推出个人资信评估体系，信贷人员很难准确地了解按揭申请人的实际收入，单位出具的收入证明常常大大背离行业的平均水平，使银行无法认定其真实性。⑥不法开发商试图利用虚假按揭套取银行资金，造成银行信贷资产潜在风险。⑦房屋按揭利率偏低，影响了银行开办业务的积极性。人行进一步降息后，楼宇按揭利率低于（至多等同于）同期限档次贷款利率，由于楼宇按揭业务烦琐，牵制了信贷人员的时间和精力，又不允许银行收取合理费用，基层行由于自身考虑，开办业务的积极性不高。

（二）进一步发展消费信贷的机遇与启示

通过对深圳市各阶层的现有消费信贷状况及他们现在与未来对消费信贷的需求、银行选择、信贷项目、利率以及风险控制等进行定向问卷调查分析，在关于消费信贷主体的选定及对消费信贷的认识、关于消费信贷项目的选择、关于贷款额度、利率及信贷工具与手段的选择、关于风险控制手段的选择四个方面二十七个问题进行问卷调查，调查所得的分析结论是：

（1）银行开展消费信贷的空间相当大。消费信贷同储蓄一样本应是现代商业银行的重要业务，提前消费和推迟消费都是消费者从事消费活动的一种正常选择。但长期以来，我国商业银行则仅仅为消费者提供一种选择，即推迟消费，而没有提前消费，这也是我国发展消费信贷所面临的真正困难之一，即得不到消费者的认同和热烈响应。在调查中94%的消费者没有从银行申请消费信贷的经验。

（2）正确认识银行发展消费信贷的风险。从理论上讲，自然人或家庭作为社会的基本细胞，既是社会财富创造的基本因素，也是社会财富消费和拥有的基本主体。这种社会的基本细胞和基本主体，向银行申请消费信贷显然比企业要安全得多，由此银行消费信贷投资风险也小得多，原因是法人企业所负的仅仅是有限责任，而自然人和家庭则是无限责任，自然人或家庭是最具有能力承担法律民事责任的主体。从现实上讲，我国消费者与国外消费者大相径庭，在消费的扩张方面显然要谨慎得多。我国消费者在从事现在消费时一般会仔细盘算，很少有消费者会实行赤字消费；在从事未来消费时，则大都会充分考虑到自己的偿还能力，并留有较大的余地。

（3）银行应该强化对发展消费信贷的宣传力度。在这次问卷调查中，令人吃惊的是，即使在文化层次和个人素养趋高的深圳，对消费信贷有所了解也只占被采访者的20.8%。我国许多消费者由于从未申请过消费信贷，对消费信贷的知识少得可怜。消费者在从事消费活动时往往只从自己的收入范围来从事消费计划，造成我国商业银行开展消费信贷业务经验不足，商业银行发展消费信贷的空间大大受到限制。

（4）深圳消费者有从事消费信贷的冲动和需求。调查中发现，有90%的人表示在现在或将来需要消费信贷，消费者有消费信贷需求，是商业银行发展消费信贷的基础条件，要做的便是如何将这些对消费信贷需求的愿望转化为现实。

（5）简化消费信贷运作程序。消费者普遍感到申请消费信贷的手续十分烦琐。这就要求我国商业银行应该大力借鉴国外经验，真正简化开展消费信贷的申请手续和申请程序，让大多数有偿还能力的消费者感到在条件许可情况下很方便取得消费信贷。

（6）积极拓展消费信贷领域，银行目前开展消费信贷的领域太窄，方法不灵活。消费者的消费领域十分宽广，既有精神消费，例如教育、旅游观光等，也有物质消费，例如住房、汽车、家庭影院、耐用消费品等，消费信贷拓宽领域的空间很大。同时，应改变银行只将消费信贷总额贷给开发商或经济商，再分贷给消费者的做法。

（7）银行应选择有效的消费贷款工具手段。调查中发现，有18.2%的被访者选择“一揽子消费授信贷款”，只有21.8%的消费者选择信贷与消费项目挂钩方式。另有87.8%的被访者首选“信用卡”作为信贷工具，消费者之所以希望选择这些项目，主要原因是我国目前申请消费信贷手续极为复杂，申报时间也很长，所以，采取这些可以节省时间和精力的信贷方式，实际上也是降低消费使用信贷的成本。值得一提的是，消费者选择信贷的这种意愿对银行从事消费贷款也是有利的，既可以节约项目评审的时间和花费，也可以节约技术人力成本和时间，银行所需控制的仅仅是尽量减少风险。

（8）消费信贷的风险控制应多样灵活。调查显示，99%的被访者认为银行控制消费信贷风险是必要的，63%的人表示愿意在银行建立自己的资产信用档案。我们认为，消费信贷在以财产抵押为主的同时，也可有选择性地实施信用等级贷款，以使个人消费信贷风险的控制多样化、灵活化。

（9）努力开发消费信贷的品种。在现有消费信贷项目楼宇按揭、汽车按揭、小额存单抵押贷款、教育贷款、家居装修贷款等的基础上，结合特区居民消费特点，借鉴国际上发达国家消费信贷的发展情况，积极完善和开发二手住房市场抵押贷款、信用卡消费贷款、循环周转贷款、特种消费贷款等。并不断对消费信贷的品种进行创新。

（原载《深圳金融》1998 年第 10 期；《经济学动态》2000 年 1 月全文转载，本报告为深圳大学经济学院与中国银行深圳市分行联合课题，本人为课题负责人）

投资型保险的新概念

——投资连结保险前景分析

中国平安保险公司先拔头筹，于1999年10月23日推出投资连结保险。在上海市场问世一年多来，这一保险产品在上海、北京、南京、杭州、广州、深圳、天津、沈阳、宁波等17个省会城市和中心城市“卖热”。截至今年10月20日，总保费收入已达8亿元，购买人数18.7万人次，销售队伍1.8万人。仅上海一年的保费收入已达5亿元，客户人数12万人，促使平安保险首年保费收入已占据该市市场份额的70%以上。

投资连结保险为什么成为投资型保险的新概念，其发展前景如何，试作以下评析。

一、一种高层次的保险产品

与传统寿险品种相比，投资连结保险的最大特色是兼具保险保障和投资理财的双重功能。具体说，客户购买的保费分成两个部分：小部分用于购买保险保障；大部分划入专门的投资账户，由保险公司的投资机构进行运作。投资收益和亏损全归客户所有。这种保险产品的“高层次”主要体现在：

（1）可以改变保险公司总是跟着银行利率感觉走的被动局面。传统的保险产品采用与银行利率挂钩的设计形态，一方面，由于我国近几年连续七次降息，又加上开征利息税，债券利率又长期偏低，促使保险公司在政府限定的投资范围内，利差损不断增加，仅寿险的利差损就达280亿元左右，这必然对保险业带来严重的偿付危机和经营风险。投资连结保险产品采用独立账户投资回报浮动的设计原理，将客户所需要的风险保障和资产保值增值的需求区分开来，保险公司只承担保障风险，投保人投资账户的投资风险由投保人承担，这在很大程度上避免保险公司业务经营随银行利率起伏而波动的状况，甩掉利差损的包袱，变被动为主动。

（2）促使保险公司的经营理念和管理水平得到提升。投资连结保险这一创新产品的推出，表现出它全新的概念：在投资收益上，投资账户投资收益直接与实际投资表现挂钩，投资收益全部归客户所有，使客户直接分享专家理财和证券市场发展的成果；在市场营销上，从只注重传统险种的单一营销转变为包括整合销售渠道、促销、市场培育在内的多元营销，实行全方位高质量的服务；在销售方式上，从原来的卖费率、卖险种、约访促成到现在卖品牌、卖专业化水平和全过程服务；在销售队伍建设上，从过去只注重数量的“人海战术”转变为培养掌握销售技巧、熟悉保险条款和提高队伍的整体素质；在保险业竞争上，由过去相互间无序争夺转变为各公司整体经营管理水平和服务质量的全方位竞争。

（3）转变客户的保险消费观念和增强其理财意识。投资连结保险集保险与投资为一体，这种创新型的金融产品，改变了过去客户对保险产品的选择主要基于预定银行利率高低的传统保险消费观念。与此同时，一方面满足了客户为开辟投资新领域必须创新保险品种的要求，另一方面也培育了客户的理财和风险意识。

（4）体现保险资金要求增值的强烈要求。传统的保险经营业务偏向资金的流动性和安全性。我国《保险法》规定保险公司资金只限于银行存款、购买国债和金融债券。其实，资金的本性就是要增值，资金也只有投资于生产领域才能实现其增值的强烈要求。可以，保险资金的运用应兼顾“安全性、流动性和营利性”三个原则。投资连结保险这一产品通过保险与投资理财的“嫁接”，才真正体现这三性既对立又统一的辩证关系。

二、一种极具有生命力的保险产品

投资连结保险的“生命力”主要体现在：

（1）将保险业务经营推向市场化的重要一步。投资连结保险的推出，一是大大增加了保险产品经营的复杂性和艰难度，这就要求保险公司具有相应的经营观念、管理水平和竞争能力与之匹配，也只有这样，才能在新的市场竞争中赢得客户的青睐和信任，不被市场所淘汰。二是因为取消了保单的固定利率，保险公司可以充分考虑市场情况的变化，制定更加积极的投资策略，通过对资金的有效组合，使资金发挥更大的效能。三是将保险公司的投资业绩从后台推至前台，直接面对市场和客户，这犹如开放式基金，若投资不当，同样面临赎回和清盘的风险。

（2）有利于证券市场的稳健运行。我国证券市场特别是股票市场的一大弊端是投资主体残缺，即机构投资者寥若星晨。所谓机构投资者是指那些以稳定资金为背景，以纯粹投资为目的，在股市上进行股票投资的专业法人机构。在国外，保险公司属首位，其次是养老基金、证券投资基金等。而我国现行机构投资者主要是生产经营资金、银行信贷资金以及拆借资金，这些大户凭其资金充足、信息灵通、关系畅通等优势进行有恃无恐的短线投机，这无疑在很大程度上导致股价的大起大落和股市的不稳定。投资连结保险实现了保险投资从单一利率产品到资本市场的飞跃，它通过集合投资，给股市带来数量可观的增量资金；它通过组合投资，分散了投资的风险；它通过理性投资，注重投资价值的分析。这些，大大有助于股票市场的稳健运行。

（3）在激烈的竞争中赢得主动权。投资连结保险的推出是中国保险业的一次重要产品创新活动，它的成功不仅仅是一个产品的成功，更重要的是带动了整个行业的产品与服务的创新，也标志着中国保险业不断走向成熟。随着中国加入 WTO 的步伐加快，国外保险业的进入指日可待，保险市场特别是寿险市场的竞争将日益激烈，投资型保险产品的开发，必将增强与国外保险公司的抗衡和竞争能力。

（4）代表寿险业的时代潮流和发展趋势。从国外看，投资连结保险自 80 年代初问世以来，受到普遍青睐，发展迅速，目前已成为欧美国家人寿保险的主流产品。如 1997 年在英国寿险市场上，投资连结保险这一产品占的市场份额为 50%；2000 年第一季度，这一产品占美国寿险市场的份额为 49%，占新加坡寿险市场份额为 74%。目前，保险公司管理着全球 40% 的投资资产，保险投资也成为现代金融保险业得以生存和发展的重要支柱。正如摩根·斯坦利曾说的：投资是保险行业的核心业务，没有投资就等于没有保险行业。

三、一种面临诸多挑战的保险产品

（1）投资收益的不确定性。按照投资规律，高回报必与高风险并存。而风险的发生又来自诸多因素，且具有客观性、不定性、隐蔽性、爆发性等特征。一般来说，客户多寄希望于投资的回报，少考虑投资的风险损失。这就要求保险公司如实地介绍这一保险产品的内容和性能，避免不争实际的承诺和欺骗误导客户的行为，使客户树立投资回报的合理预期，并作好面对和承担风险的心理准备。

（2）保险公司高成本支出负担。投资连结保险的利润来源主要是费差收益，鉴于这一保险产品层次高、有一定复杂性和灵活性大等特点，需要复杂的电脑操作系统支持和昂贵的软硬件投入。另外，销售人员的培训、投资管理、产品维护、信息披露等方面的成本也较高。所以，搞得不好，虽保险公司摆脱了利差损的威胁，但却享受不到费差益的好处，还可能发生入不敷出的亏损局面，从而影响产品的长期性和稳定性。

对以上挑战，保险公司应采取有效措施，如提高投资管理水平、建立高品质高效率的服务体系、放宽保险资金的运用渠道、完善监管体系等对策，以实现这一保险产品的长期、永续、稳健地发展。

（应平安保险公司要求，就投资连结保险问题阐述三点认识）

从最适度货币区看欧元前途

欧元使欧洲人梦想成真，但并非是一个美梦。

据查证，早在公元七世纪查理曼大帝时，曾考虑用统一货币来促进欧洲的商品流通。但长期以来欧洲一直处于分裂、动荡和战争之中，两次世界大战，欧洲都是战争的策源地和主战场，战争的浩劫使欧洲经济面临崩溃，世界地位一落千丈，民族自尊心受到极大打击，加上20世纪五六十年代世界性货币危机使欧洲各国苦不堪言，人们普遍感到沮丧和失望，痛感必须走联合之路，以缓和欧洲大陆民族矛盾，摆脱战争威胁，走上幸福安宁的日子。

一、梦想成真，并非美梦

经过几代人的力争和磨合，想不到，欧元，这一欧洲单一货币的名称，以欧洲货币单位（埃居）作为记账和结算货币，终于在20世纪最后一个年头实现。1999年1月1日，锁定了11个参加国的货币和欧元之间的汇率，而欧元也称为欧洲货币联盟的正式货币。人们称赞这是20世纪末欧洲人在国际金融史上奉献的“一份厚礼”。世界评论：欧元将成为欧洲大厦的“基石”。

可见，欧元的产生绝不是历史的巧合，它具有深刻的政治、经济、文化和历史背景。那么，新的货币将给人们带来什么？全世界都以关注和期待的目光观察着欧元。从欧元启动至今看，可以说“欧元使欧洲人梦想成真，但并非是一个美梦”。近期欧元的进一步疲软，兑美元汇率创历史新低的事实，使人们对欧元产生了困惑。分析其原因，主要一是欧元区国家经济疲软所造成，据统计，1999年欧元区国家贸易状况恶化，贸易顺差比上年减少292亿欧元，全年外流资本达1500亿欧元，今年元月流入资金20亿欧元，而流出资金高达170亿欧元；二是外部环境的影响，特别是美国经济持续较高增长，美元呈强趋势，欧元的市场介入受到限制而相对缓慢，削弱了欧元的经济信心和货币信心；三是欧元本身存在的固有缺陷，各国货币政策统一性和财政政策的分散性，促使各国财政政策和欧洲中央银行的矛盾难以协调，还有欧元与各国经济周期存在有“非同步性”等。

辩证地看，欧元虽不是美梦，但终究圆了欧洲人的梦。全面分析，单就汇率的变化来评价它的作用显然有些片面。欧元的产生对欧共体本身而言，在提高欧盟的政治地位、降低成员国的交易成本、减少外汇风险、促使经济增长步入良性循环等方面不同程度的获益是有目共睹的。对世界经济而言，欧元在实现统一经济格局的“多元化”，改变美元长期性为“巨无霸”的状态，促进国际贸易的发展、给国际货币体系带来生机等方面，也做出了不可否认的贡献。总之，对欧元的成效须作实事求是、多方位分析，不能单就汇率波动论欧元。欧元是欧洲振兴的梦想，是欧洲人几个世纪的愿望。可以断言，欧盟任何一个成员国都不会轻易放弃自己的承诺，所以欧元绝不是“泰坦尼克”号，它不会“沉没”。

二、欧元与“最适度货币区”

所谓“最适度货币区”理论，是指一个区域内国家在货币完全一体化之后拥有一个共同的货币，或保持各国货币刚性的固定汇率制和货币的完全自由兑换，而对区域外汇率实行浮动。这一理论最先的提出者是美国哥伦比亚大学教授罗伯特·A. 蒙代尔（Robert. A. Mundell），他是1999年度诺贝尔经济学奖获得者。“最适度货币区”理论产生于1961年。这一理论对欧洲货币联盟起了重大指导作用，所以人们称蒙代尔为“欧元之父”。

“最适度货币区”理论后经麦金农（R. I. Mckinnon）、英德拉姆（J. C. Ingram）等人加以发展而日趋完善，其核心内容是通过以替代浮动汇率的固定汇率货币或统一货币，建立在一定区域内构建的以努力实现内外均衡的相对稳定的货币区。美国著名经济学家保罗·克鲁格曼编制了“最适度货币区”模型（见附图）。

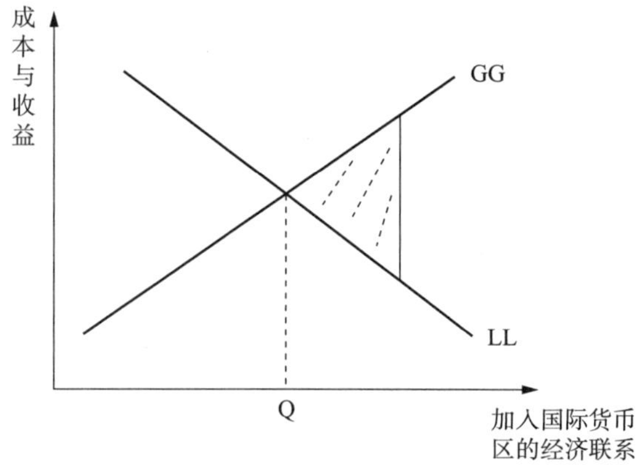

模型中，GG即效率收益，表示一国与货币区的经济联系愈紧密，其获得的收益愈大；LL即经济稳定性损失，表示一国与货币区的经济联系愈紧密，其付出的成本愈小。Q即“最适度货币区”的临界点。阴影部分（G > L），就是“最适度货币区”了。

那么，欧洲货币联盟离“最适度货币区”有多远？需要做实事求是的分析。应该说，它离“最适度货币区”已逐渐接近。这是因为：

（1）构成“最适度货币区”的基本条件已经具备。这些条件是：欧盟国家具有彼此间生产要素高度流动的客观要求，有较高的经济开放度，有多样化的产品生产以及金融市场已实现一体化等；

（2）已具有一系列有关经济指标的约定。1991年欧共体通过了《马斯特里赫特条约》规定了以下内容：一是通货膨胀不超过三个最低国家平均水平的1.5%；二是公共赤字不超过GDP的30%；三是政府累计公共债务余额不超过GDP的60%；四是至少两国汇率波动幅度保持在欧洲货币联系汇率机制所许可的范围内，而且没有对其他任何成员国的货币贬值；五是长期利率不超过三个最佳国家平均水平的2%；六是货币政策的趋向；

（3）在此基础上，为制定和实施统一的货币政策，成立了欧洲中央银行，并实现了欧元区内的各国货币的完全自由兑换，资本交易完全自由化，银行业和其他金融市场的完全一体化。

评价“欧元区”已逐渐接近“最适度货币区”，说明“欧元区”还并非是最佳货币区，这主要表现在欧盟各国在生产要素高度流动上，例如劳动力的内部转移、内部贸易交易的广泛度等方面还远远不够，加上政策一体化方面还存在有一系列制约因素等。但尽管如此，欧元的诞生仍给我们以深刻的启示。

三、欧元的启示

（1）建立“最适度货币区”，必须在有经济一体化的客观内在要求，这些要求是由生产要素的高度流动性、市场的开放性和经济政策一体化做主要支撑力。

（2）建立“最适度货币区”必须有一系列相互制约的经济趋同指标体系，各国共同遵守，以实现在各国经济规范运转基础上的有效合作。

（3）为保证“最适度货币区”的稳定性，必须注意每个成员国本国利益最大化的客观要求，这就要在考虑新增成员时，应以不损害原有成员国的利益为前提条件，这就意味着任何一个国家都拥有对另一个国家加入“货币区”的否决权，当然，这也要以“是否真正损害”为原则。

（4）“最适度货币区”的建立，它是个动态过程。在基本条件满足下可以启动，再不断完善，并非一定要等到所有条件成熟后才能构建。

（5）“最适度货币区”理论强调的是，在固定汇率制下，实行货币联盟。而欧盟采取的是单一货币的货币联盟，这应该是“欧盟区”对这一理论的创新。

从以上的分析可见，欧元不仅是一个经济事件，它将对下一个世纪的世界面貌，产生深刻的影响，正如中国一位资深国际金融学家预言：欧元区“也许正是人类高层次的区域性合作的试验田”。

（原载《信报财经月刊》（香港）2000 年 11 月总第 284 期）

2001 年

深圳、上海、北京三地风险投资环境比较研究

深圳、上海、北京在高科技乃至风险投资上竞争日趋白热化。深圳是最早吃“螃蟹”的城市之一：1990 年，成立了全国第一家风险投资机构—南山创业投资基金；1993 年，就开始对深圳创建风险投资体系进行理论探讨；1997 年开始着手创建深圳风险投资体系；近几年，深圳的风险投资业更是迅猛发展。风险投资市场体系已基本形成，并对本地的高新技术产业发展起到了很大的推动作用。与此同时，北京、上海也纷纷利用自己在科研、人才等方面的优势，在优化创业环境上下功夫，并着手组建风险投资的市场体系。

投资环境是创业者选择的首要条件，也是风险投资家考虑的重要因素。下面笔者对三地的投资环境作系统的考察。

一、政策和法规环境

传统经济学理论认为，市场是完全自主的，自由竞争被奉为保持经济效率和繁荣的圭臬，政府应充当一个“管得越少越好”的“守夜人”。但进入 20 世纪 30 年代以来，市场失灵引起众多经济学家的思考，政府的作用也自然被逐步引入经济运行中。近半个世纪各国经济发展的实践也充分证明，政府在市场经济中绝不是单纯的“守夜人”角色，而应该是一个有力的平衡者、监管者和推动者。

近些年来，三地纷纷出台了一系列鼓励高新技术和风险投资发展的优惠政策和规范风险投资业的地方法规，并通过现场办公、建立信息网络等形式提供综合服务，以解除创业投资者的后顾之忧。具体说来：

（1）从风险投资法规来看，深圳有 1998 年颁布而在 1999 年修订的《关于进一步扶持高新技术产业发展的若干规定》（即“新 22 条”）及 2000 年 10 月颁布的《深圳创业资本投资高新技术产业暂行规定》。据统计自 90 年代以来，深圳先后颁布了 310 多个有关高新技术发展的地方性法规和条例，其中许多有关知识产权的条例，均是在全国率先推出的；上海于 1998 年颁布，2000 年修订《促进高新技术成果转化的若干规定》即（“新 18 条”）；而北京有关风险投资的法规《中关村科技园区条例》则在 2001 年 1 月 1 日起才实施。

（2）从优惠政策来看，深圳市规定：①凡在深圳市注册、对高新技术产业领域的投资额占其总投资额的比重不低于 70% 的，比照执行高新技术企业税收及其他优惠政策（“两免八减半”）。②创业投资机构可按当年总收益的 3% ~5% 提取风险补偿金，用于补偿以前年度和当年投资性亏损；上海市规定：在上海注册的创业投资机构，投资于认定的高新技术成

果转化项目、高新技术企业或政府支持的科技计划及产业化项目的资金，累计超过其对外投资总额70%的，可比照享受高新技术企业地方优惠政策营业税、企业所得税、增值税的地方收入部分三免两减半，拥有自主知识产权的五免三减半；北京市规定：创业投资机构可以享受与高新技术企业相同的待遇。

（3）从政府支持来看：深圳鼓励国内外创业投资人才前来设立创业投资机构，并对外资进入做出了明确规定：鼓励企业、金融机构、个人、外商等各类投资者参与创投事业。上海市政府出资6亿元作为种子资金，专门从事创业投资；鼓励境内外各种资本建立创投机构。北京则鼓励境内外机构在中关村开展创业投资业务；鼓励境内外民间资本在中关村科技园区设立创业关村科技园区设立创业投资机构，一些政府职能部门在中关村开展现场办公，实施“一条龙”服务。

从以上三地的比较可看出，深圳的法规建设在全国处于领先地位，比较完善；上海、北京虽然起步比深圳晚，动作却相当快，尤其是中关村，明确将政府的角色定位在扶持、服务上，为中小高科技企业能在一个公平、公开的市场环境中高效运转提供了充分的保障。另外，虽三地在政策法规上大同小异，且出发点都是为鼓励风险投资，但由于起点和创业环境的不同，深圳比较强调政府的保障职能，致力于创造一个有利于风险投资长远发展的公平的市场环境；上海则较强调政府的扶持职能，具体体现在启动资金的提供和各种优惠政策上；北京以中关村为典型代表，强调政府的服务职能。

二、人才和科研环境

一个地区人才的多少和科研能力的高低是衡量该地区高新技术产业能否发展和可持续发展的关键因素，也是风险投资家首先考察的因素。但“金凤凰落户”不等于科研的产出，人才+资金的机械组合和对硅谷的简单模仿不等于良性循环的科研生态系统的生根落地，为避免橘生淮北变成枳的现象发生，对于人才和科研能力的考察，应从量和质、静态和动态等方面加以比较。

（1）从人才状况来看，至1999年底，深圳市专业技术人才达3.00657万人，其中有4名院士，中级职称9.2393万人，高级职称1.7382万人，全市博士、博士后已逾2000人，年龄45岁以下的科技人才占其总数的82%，而且绝大多数都在企业工作；上海拥有两院院士100余人，90多万科技人才。北京科技人才密集，拥有两院院士500多人，科技人员65万人。

（2）从科研状况来看，深圳拥有市属大专院校两所、博士后工作站近20家（大部分建在如“华为”、“三九”、“中兴”这样的高科技企业）、国内外众多一流院校入驻虚拟大学园，5个国家级工程技术开发中心，3个省级工程技术开发中心，9个市级工程技术开发中心；深圳512家研究开发机构中，477家属于企业，国内150所高校与深圳的企业联姻，深圳的科技成果转化率90%。上海拥有246个科研机构，112个国家级工程技术研究中心，48个大企业集团以及大批科研开发成果和项目，上海拥有高等院校37所，高等职业学院4所；北京拥有以清华、北大为代表的66所高等院校，以中科院为代表的232个研究院所，以北京图书馆为代表的图书资料馆群，每年产生辐射全国的高水平科研成果数千项，具备了科技人才密集、科学仪器设备密集、图书情报密集、科研成果密集四大优势。

（3）从优惠政策来看：深圳对高新技术企业和高新技术项目所需人员在调干调工、毕业生分配、入户等方面给予优先考虑。凡在高新技术企业任职两年以上，具有本科以上学历的专业技术人员，由人事、劳动部门给予入户指标。上海市对高新技术企业和高新技术项目所需人员在调干调工、毕业生分配、入户等方面给予优先考虑。北京规定企业所需录用非北京生源应届大学毕业生，优先纳入区人事局毕业生留京指标申请计划，每年区人事局应届毕业生留京指标的60%以上须用于支持高新技术企业，对企业的业务骨干优先办理进京户口。

（4）从文化优势看，深圳作为移民城市，社会文化富有现代气息，如越来越个性化的创新意识，极具包容性的移民文化、宽容失败善待失败的社会氛围等等；上海则拥有全国最大的传统工业基地和全国最大发展最迅速的高新技术区—浦东，最大的特点是现代和古老的糅合、开放和传统的并存，是一个极具魅力的现代化都市。北京作为全国的政治文化中心和历史悠久的文化名城，能够获取国内外重要的政治、经济、军事和金融信息，并有能力进行加工处理；同时北京作为首都，对于中央影响全局的一些重要决定和决策，在捕捉和获取信息方面，与深沪相比，有“近水楼台”之便利。

可见，深圳与上海、北京相比在人才和科研机构上有较大的差距，缺乏类似硅谷的斯坦福大学和中关村附近的一流大学园，没有形成以基础研究为有力支撑、以知识密集为主要特征的高智力区，这是深圳这个新兴工业城市的最大劣势。

深圳的战略规划者们清醒地认识到自身的弱点，在加大对现有两所高校层次的提升，对原有中专院校的改造的同时，不得不寄希望于虚拟大学园、深圳大学城的构筑和人才的引进。所以，深圳在“避短”的同时后继乏人和科技学术带头人紧缺，十分注意“扬长”，即利用高品质的生活环境和优良的民间创业环境来吸引外来人才。因此，尽管深圳在人才资源上有令人堪忧的地方，但仍是全国最吸引高科技人才落户的城市之一，这一切都是北京、上海难以比拟的。北京、上海拥有全国高精尖人才和众多的一流院校，这些百年名校使它们在学术氛围、基础学科和国际交流上得天独厚，它们应注意发挥自身的优势，切实解决科技创新效率低的问题。

三、金融环境

风险投资机构作为新型的投融资机构，通常面临如何吸收民间的闲置资金和如何实现风险投资的顺利退出的问题。而一个地区金融环境的优劣是风险投资家们考虑的重要因素。

（1）从金融业务来看，据2000年资料，深圳国内金融机构存款余额3169亿元，人民币贷款余额2292.18亿元，居全国大中城市第四位；全市国内金融机构（不含证券公司）实现税前利润69.09亿元，金融系统利润总额继续保持在全国前列。上海金融业总体运行健康稳定，2000年金融机构各类存款余额7771.5亿元；各项贷款余额5959.51亿元，年保费收入127.23亿元。北京2000年市金融机构各项存款（本外币合计）余额9705.0亿元，各项贷款（本外币合计）余额为5944.6亿元。

（2）从金融组织体系来看，深圳国内金融机构46个，外资金融机构50个，初步形成了以银行、证券、保险为主体，其他多种金融机构并存，结构比较合理、功能比较完善的金融组织体系。上海现共有各类金融机构 65 家，农村信用社 230 家，营业性外资金融机构 66 家。北京到 2000 年底，全市外资金融机构代表处为 124 家，其中银行类 110 家；外资银行分行 18 家。

（3）从金融人才来看，深圳现有金融从业人员 5 万多人，从业人员相对于其他行业而言素质最高。上海金融从业人员 10 万余人。北京现有金融从业人员 8 万多人，拥有 6 所财经院校，拥有一大批专职教学人员和教育管理人员，能够培养出大批中高级金融管理人才，是全国金融人才教育、培训、开发和管理中心。

（4）从金融市场来看，深圳年内全市国内金融机构累计资金拆借 1430 亿元；银行累计结售汇总额 131. 07 亿美元，保险公司全年承保总额 8048. 15 亿元，保费收入 35. 17 亿元；深圳证券交易所上市股票全年交易量 3. 2 万亿元。上海全年各类证券成交额 4. 99 万亿元；中国外汇交易中心全年成交 421. 75 亿美元；全国银行间同业市场成交达 2. 31 万亿元。北京市资金融通中心代理中介业务累计金额 31. 65 亿元，累计清收逾期拆借资金 2989 万元；金融市场交易量 14457 亿元。

从上述 3 个城市的比较来看，北京在金融环境上略显逊色。上海近些年在金融业上的发展非常之快，试图恢复新中国成立前作为远东金融中心地位的政策定位，更是给上海金融业带来了新的契机，上海作为金融中心的地位已经明显。深圳金融机构密度居全国之首，金融创新全国发展最快，金融人才最为集中；毗邻香港加上其活跃的民间投资氛围，使深圳能够充分利用香港这个离岸金融中心的资金；二板市场确定在深圳创立对深圳的风险投资和高新技术发展是一最大长期利好。

四、产业配套和城市功能环境

高新技术的发展是减少创业成本、降低创业风险的重要因素。

深圳市大力发展第三产业和高新技术产业，使经济的发展呈现出新的特点：高新技术产业占全市工业总产值的 58%；深圳的三大产业、基础设施迅猛发展，形成鲜明的“深圳”特征，投资环境十分优越。深圳现有两个集装箱港口是我国内地沿海港口集装箱第二大港；深圳机场全年共完成客运量 524. 7 万人次，货运量 15. 47 万吨，并开通 4 条国际货运航线。深圳市园林绿化和美化工作取得新进展，人均公共绿地 37 平方米，居全国之首，有“国际花园城市”之称誉。

上海坚持“优先发展第三产业，调整优化第二产业，稳定提高第一产业”的方针。2000 年，第三产业的增加值 2282. 6 亿元，第三产业占国内生产总值的比重也由 1978 年的 18. 6% 提高到 2000 年的 50. 2%，形成了第二产业和第三产业共同推动上海经济增长的格局。6 大支柱工业一汽车制造业、通讯资讯设备制造业、电站成套设备及大型机电设备制造业、石油化工及精细化工加工、钢铁工业和家用电器制造业在经济中的主导地位已确定，成为近几年上海经济增长的重要支撑。浦东的 4 个开发小区—陆家嘴金融贸易区、张江科技园、金桥出口加工区及外高桥保税区，经过 9 年的发展，GDP 增长了 10 倍，每年平均增长速度皆超过 20%。

北京有比较发达的制造业。它是我国重要的工业基地、商品制造中心和屈指可数的贸易中心，是中国乃至亚太地区高等生产要素相对集中的地方，是当代中国最大的科技、教育和文化中心。无论在科技人才的规模与比例上，还是在科技成果的数量和质量上皆居全国之首。

五、风险投资体系

完整的风险投资体系包括：风险投资的主体（风险资本的供给者、风险投资机构）、风险投资的客体（活跃的项目市场）、风险投资中介机构（监督中介和服务中介）、风险投资的退出市场（各级股权市场）。我们从这个角度来比较三地的风险投资市场体系：

（1）从资产规模来看，深圳的创业资本总规模100多亿元人民币（截至第二次同业公会），已投资的项目超过200个，投资额约28亿元；上海目前超过50亿元人民币，北京约40亿元人民币。

（2）从机构数量来看，深圳有专业性创业投资公司及有关机构122家，其中创业投资公司43家，创业投资管理公司36家，创业投资中介机构23家以及境外机构20家；上海拥有各类创业投资公司及管理公司40多家，北京拥有家各类专业创业投资公司30家。

（3）从组织形式来看，深圳政府出资占19%，企业出资占66%，个人2%，境外资产占13%。受法规所限，成立的风险投资公司大部分为公司制；上海在国内的创投机构中，政府出资占80%，其他（以企业为主）占20%，主要也是公司制；北京创业投资公司可以采取有限合伙形式；有限合伙人以出资额为限承担有限责任，资金管理者作为一般合伙人承担无限责任。

（4）从管理运作模式来看，深圳的创投机构在初期大多采取的是直接控股型，目前大力发展的是基金管理型；上海的创投机构一开始就采取委托基金管理形式即采取招标选择专业投资公司的做法，委托数家投资公司进行选项和项目管理，但是投资决策权和股权管理仍由创业投资公司掌握；北京的创投活动起步较晚，开始也是直接控股模式，后向基金管理模式转变。

（5）在中介机构方面，深圳专业中介交易机构23家，专营担保机构2家，创业孵化中心8家，自律组织1家，同时有与国际接轨的、成熟运作的监督中介配套；上海有部分科技投资企业、中小业担保基金，证券公司，其他中外金融机构；拥有国内外知名会计、审计、法律事务所；北京有各类信用担保机构、科技发展基金、财政有限补偿担保代偿损失制度等。

（6）在退出机制上，深圳拥有香港的创业板、纳斯达克市场、即将设立的二板市场、深圳高新技术产权交易所、深圳产权交易所等；上海拥有境内外资本市场、技术产权交易所、产权交易所；北京拥有境内外资本市场，中关村技术交易中心等。

从上述比较中我们可以看到，三地在完善各自的风险投资市场体系的“军备竞赛”中，深圳由于起步早、市场环境好、开放度高，在很多方面都略胜一筹：①规模最大，尤其民间出资的比例急剧放大，在目前的100多亿中，除原来10多亿启动资金，其余的全部来自民间，这一点充分折射出深圳的创业资本凝聚力最强，创业投资活动极为活跃这一事实。②风险投资公司管理和运作机制日趋成熟，由初期的直接控股、参与管理逐步转向基金管理，实现管理的专门化，并建立了有效的激励和约束机制。③一个包括资金市场、各层次的风险投资主体以及服务中介和监督中介、项目市场这些要素有机组合在内的风险投资市场体系已初步形成，并且门类齐全、功能明确。④在监督中介和服务中介方面，深圳除了依托原有的中介机构以外，还成立了专门为创业投资服务的担保机构和自律组织—深圳创业投资同业公会，应该说这个机构在推动和规范深圳的创投活动上功不可没，如果以此作为创报体系走向完善的标志的话，那么北京、上海在这方面还不成气候。⑤应该说，深圳在退出机制的建设上先人一步：它与境内外资本市场进行了充分的接触并积累了丰富的经验，国外的风险投资家通过香港这个国际金融中心对深圳的产业发展已有了充分的了解并极具信心，深圳活跃的民间投资和良好的创业氛围以及交易活跃的产交所和高交所都有利于退出渠道的畅通。同时，创业板将设在深圳，进一步奠定深圳作为创投重镇的地位，这是决定深圳能否成为高科技创业中心的关键因素。

六、项目市场

对于风险投资家而言，提供优惠不如提供机会。最吸引他们的是充满生机和活力的高新技术企业，一个地区的高新技术企业的发展水平如何是决定该地区风险投资活动是否活跃的内在因素。

据北京统计局网站资料，2000 年深圳的高新技术产业的产值已高达 1064. 45 亿元（绝对数与上海接近，位居全国大中城市第二），约占全市工业总产值的 42. 28%，占广东省全省高新技术产值的 42%，其比例为全国大中城市之最。在高新技术产品中，电子信息产品产值达 953. 16 亿元，占全部高新技术产品产值的比重为 89. 55%，已成为深圳的支柱产业。有自主知识产权的高新技术产品份额过半，产值高达 534. 54 亿元，比上年增长 39. 37%，占全部高新技术产品产值的 50. 22%。深圳的计算机磁头产量已位居世界第三位。以深圳为龙头，珠江三角洲一带已成为亚洲最大的计算机生产基地，并日益成为国际计算机工业硬件制造业的投资热点。

20 世纪 90 年代以来，上海十分注重快速培育和发展高新技术产业，以电子资讯通信业、现代生物与医药、新材料为代表的高新技术产业已初具规模。2000 年，全市高新技术产值 1427 亿元人民币，比上年提高 28. 3 个百分点，占全市工业总产值的比重高达 20. 6%。科技进步贡献率由 1993 年的 34. 08% 提高到 1999 年的 46% 以上，2000 年已达到 50%，科技进步已经成为上海经济发展的主要推动因素之一。上海高新技术产业产值的绝对数值，居全国之首，其发展以计算机与应用、现代生物与医药、新材料三大新兴产业为重点，现已扩张延伸到其他许多领域。计算机与信息产业 2000 年的产值为 860 亿元，与总产值的比例高达 60%，初步形成了硬件制造、软件开发、系统集成和信息服务等较为完善的产业框架。通信设备制造业已确立在国内市场的“龙头”地位。到 2000 年底，上海全市有高新技术企业 761 家，全年用于研究与发展（R&D）经费支出相当于国内生产总值的 1. 62%。至年末，全市已累计建成 23 家国家级企业技术中心和 80 家市级技术中心。全市共有 853 项高新技术成果转化项目获得认定，其中 72% 的项目已实施产业化，累计新增产值 146 亿元。

北京 2000 年的高新技术产品的总产值为 867. 7 亿元，占全市工业总产值的 37. 9%；高新技术销售收入870亿元，占全市工业产品销售收入的37%。从行业类型来看，电子与信息类的企业产值高达618.5亿元，所占比例最大为71.3%；其次是光机电一体化，产值为126.6亿元，占比14.59%；生物医药及新材料、新能源这一年发展的也很快，产值分别为39.6亿元、71.4亿元及11.2亿元。到2000年末，生产高新技术产品的企业共有1500家左右。从经济效益来看，北京的高新技术企业人均利税1.7万元，比全市平均水平高89.2%。从产品出口率来看，高新技术产品出口率为15.8%，高于全市的平均水平7.3%；其中，电子与信息产品出口占86.9%。同时，北京全市的科技贡献率为50%，中关村园区内的科技贡献率为57%。

三地在高新技术产业方面目前已呈现出三足鼎立的态势—深圳高新技术产值的比例占总产值的比例最高，上海高新技术产值的绝对数值在全国仍居首位，北京高新技术产业的发展神速。但是由于三地的经济基础、资源、政策环境的差异，三地在高新技术产业的发展上也呈现出不同的特点：①深圳的高新技术产业发展是以企业为中心，以企业的产权改革为突破口，激发企业的激励机制；上海的高新技术产业化走的是对传统工业进行技术改造和新产品开发并举的两条道路。就目前的发展状况来看，前一项比较成功，在新产品的开发和科技成果的转化率上，比较薄弱；北京的高新技术产业是通过政府兴建科技园区的形式发展而来的，它与北京的传统产业目前呈割裂局面，关联不大。②深圳的高新技术产业以政府资金为引导，外资和民间资金推动为主，在深圳已认定的212家高新技术企业中，60%为外商投资企业；上海的资金则是以政府投入为主。③在技术方面，深圳的高新技术企业仍以引进为主，自主开发能力逐年增强。尽管深圳的研发机构大多都设在企业，但是具有自主知识产权的产品所占的比例只有50.22%（2000年数据），大部分的产品属于引进知识产权，说明还缺乏核心技术支撑；上海和北京也同样缺乏拥有自主知识产权的名牌高科技产品，技术含量低。北京较有规模的中关村被人戏称为“电脑铺子”一条街，是以工贸为主，技术贸易型的企业占多数，非以核心技术取胜。④深圳的高新技术产业脱胎于一般工业，与传统工业之间具有很强的关联性，这一点优于北京和上海。深圳的周边地区各类元器件生产企业星罗棋布，已形成了很强大的配套支持能力。目前，深圳消费类的电子产品的本地配套率在95%以上，计算机通信类产品的本地区配套能力在85%以上，形成了全国其他地区所不具备的强大的产业配套优势。⑤深圳高新技术的市场交易体系逐步完善，市府先后组建了科技成果交易中心、技术市场信息中心、技术经济行、专利代理服务网、高新技术产权交易中心，形成了一个包含交易市场、中介机构、咨询机构在内的多层次的市场体系。在这一方面，上海、北京还有较大的差距，高新技术市场交易体系尚不健全。

七、总体比较

三地在政府行为、法规建设、城市功能等方面存在着一定的趋同性：风险投资和高新技术的发展都是以政府投入为先导，深京沪的城市建设在全国来看皆是数一数二的，风险投资市场体系都亟待完善—尤其是退出机制的建设和综合性人才的缺乏，三地的高新技术产业发展神速，然而拥有自主知识产权的企业比例都偏低。与此同时，由于三地发展起点、经济基础的不同，其创业环境又存在着很大的差异：①2000年，深圳的高新技术产业在新的竞争格局下经受住了考验，仍保持领先地位，拥有自主知识产权的产品比重大幅提高，这一指标远远高于京沪，且发展的动力主要来自于民间。②深圳的风险投资市场体系最为完善、风险资本的规模最大、风险投资活动最为活跃、风险投资人才最集中，这一切都折射出了深圳具有极其优良的创业环境、活跃的民间投资。③深圳有明显的金融优势：金融机构密度最大，金融人才最为集中，资金供给面宽松，金融市场发达。当然，深圳的不足之处也绝不能忽视：深圳的基础科研和高等教育仍然较为薄弱，将使深圳科研能力可持续发展的动力不足，最终影响到深圳高新技术产业发展的“造血机能”和“输血机能”；深圳的政府定位应进一步强化服务职能，在这一点，深圳落后于京沪，也滞后于本地的经济发展。

（原载《深圳大学学报》2001 年 9 月第 5 期，作者：曹龙骐、张艳）

深圳发展风险投资的制约因素与应对措施

经过几年的发展，深圳市风险投资已经初具规模，初步形成了基本的框架体系。到2001年8月止，深圳市风险投资总规模达102亿元，共有投资机构、投资管理机构、创业孵化中心、专营担保机构、咨询顾问机构、研究机构、中介交易机构和境外创业投资公司驻深机构等风险投资机构131家。2000年10月成立了本行业的自律组织——深圳市创业投资同业公会。

每年在深圳举行的“中国国际高新技术成果交易会”，国内、香港甚至美国的资本市场以及深圳的国际高新技术产权交易所，深圳产权交易中心等为风险投资提供了良好的退出渠道。

一、深圳发展风险投资的制约因素

（一）法律法规

健全的法律法规体系是风险投资健康发展的保障。在美国等发达市场经济国家，已经形成一套完善的风险投资法律法规体系，风险投资业也逐渐成为一个独立产业。深圳风险投资有所发展，但配套的法律法规仍不完善，缺乏明确的“游戏规则”，还处于“摸着石头过河”的状况。滞后的法律法规必然影响到风险投资的健康发展。

建立健全有关法律法规是政府为发展风险投资面临和应解决的现实问题。根据发达国家的经验以及风险投资的特点，风险投资业所涉及的法律法规可以分为三类。

（1）规范风险投资机构运作的法律法规。这应是风险投资的基本法，它需对风险投资机构的组织形式、设立、筹资方式、投资组合、风险投资经营及制度、风险资本管理、风险投资者利益保护、风险投资中介机构、行业公会、法律责任等做出明确的规定。目前，我国尚无这方面全国性的成文法规。《风险投资法》虽已列入人大五年立法计划，但由于风险投资实践才刚刚开始，要在短期内出台困难较大，正像《证券法》那样，从80年代后期我国证券市场开始试点到1998年12月29日出台，经历了十多年的时间。因此，《风险投资法》的制定需要充分调动地方积极性，先出台地方性规章，在比较成熟的时机再出台全国性的法规。

《深圳市创业投资资本投资高新技术产业暂行规定》是第一部较全面规范风险投资运作的地方性法规，它对风险投资的组织形式、筹资渠道、设立、经营范围、优惠政策与投资退出渠道等方面做出了规定。这部《暂行规定》是深圳这块“试验场”又一次在全国率先做出的有益“试验”，不过，还有不少需要完善的地方，如尚无法律责任、风险投资者利益保护和中介机构等方面的规定。实际上，法律责任是一部法律法规的重要方面，是“执法必严，违法必究”的重要保障，没有法律责任的规定，在很大程度上会影响法律的权威性。

（2）关于知识产权保护方面的法律法规。它是鼓励创业活动的前提，保障风险投资支持创业并能够获得回报，也是高新技术产业和风险投资业发展的重要保障。硅谷创始人考茨曼斯基指出，知识产权保护制度是高新技术产业和风险投资发展的保护神。目前，我国现有的保护知识产权的法律规范主要有专利法、著作权法、反不正当竞争法及一系列行政法规规章等，深圳市还有《深圳经济特区企业技术秘密保护条例》等地方性规章。总体来说，我国的知识产权保护体系已初步形成。现在的问题主要是，对于高新技术领域内的信息技术、集成电路、生物技术等方面的知识产权保护尚无具体的法律规定，而发达市场经济国家在80年代就已完善，它有力地保障了高新技术产业和风险投资的发展。另一方面，我国历来都存在法律效力低和权威性较差等问题。

（3）其他有关风险资本投资的法规。风险资本投资于高新技术项目或相关企业，组织其经营管理，然后在适当时机撤资回收，这一过程必然涉及目前现存的《公司法》等有关法律法规。但这些法律法规还不到位，不利于风险投资以股权交换的形式进行投资和撤资。例如，《公司法》规定：“公司不得收购本公司的股票，但为减少公司资本而注销股份或者与持有本公司股票的其他公司合并时除外。”显然，根据该规定，风险投资不能以风险企业回购股份的方式退出。另外，《公司法》规定，我国公司采取实收资本制，即公司的注册资本为公司股东实缴的资本，这一规定与风险投资的运作相悖。国外风险投资的一般运作过程是先寻找投资项目，再说服投资者出资，然后将筹集的资金投入所选择的项目。而采取实收资本制使风险投资公司在选择好项目之前必然有大量资本闲置。资本闲置是缺乏效率的，因此这些闲置的资本就会寻找诸如股票市场内的投资机会，风险陡然产生。

（二）政策因素

政府政策特别是税收政策和财政补助政策影响着风险投资的发展。

税收优惠政策对于一个新兴行业具有重要推动作用。美国几十年风险投资发展历程表明，税收政策几乎左右了风险投资的发展。与风险投资有关的税收政策主要有两方面，即对高新技术产业和风险投资业的税收政策。

对于高新技术产业，我国各地都有相应的税收优惠政策，但主要侧重于企业所得税。实际上，高新技术产业的增值税负担比传统产业更重。其原因是，高新技术产品中可抵扣的直接购入成本比重较低，而不可抵扣的研发费用等智力成本比重较高，使得高新技术企业可抵扣的增值税进项税款少，从而增值税负担重。

对于风险投资业，尽管深圳市规定“凡在深圳注册、对我市高新技术产业领域的投资额占其总投资额的比重不低于70%的，比照执行高新技术企业税收及其他优惠政策”（企业所得“二免八减半”）。然而在实际操作中，并未实施。其原因是，70%的比重没有明确由哪个部门认定，同时工商管理和税务等部门还没有充分协调好。

另外，财政补助政策对支持风险投资发展也具有重要作用，尤其是对于起步阶段盈利能力有限的风险投资起到重要作用。许多国家和地区都有风险投资的财政补助政策，如加拿大安大略省对向高技术风险企业投资的个人投资者（即所谓的“天使投资者”）提供投资总额30%的投资补助；新加坡对连续三年亏损的风险投资者提供亏损50%的政府补助等。

深圳市目前尚无类似的补助政策，建议有关部门研究提供类似的补助政策，如对个人投资者、合伙制的风险投资机构给予一定补助。虽然现在深圳目前尚无这类风险投资者，但如果有了这项政策之后，将可能更有力地推动风险投资的发展。

（三）退出机制

流动性是风险投资发展的生命力。从风险投资的运作来看，风险投资的生命力在于流动，它是指被投资的高新技术企业在产权明晰的前提下，风险投资的权益能够得到保护，并能在可预期的时间卖出股权收回投资，然后投资于另一企业，并不断循环下去。要保障风险投资的循环流动，风险投资的退出渠道必须畅通。

风险投资的退出方式主要有公开上市、收购和兼并。如何使这三种方式成为风险投资退出的顺利通道，从而为风险投资的良性循环提供保障，是当前要解决的问题。

（1）公开上市。美国的风险投资30%左右是从被投资的高新技术企业在NASDAQ公开上市中收回投资。我国现行的主板市场即沪深两证券市场主要是为国有大中型企业融资服务，上市门槛高，中小型的和民营的高新技术企业很难在主板上市，风险投资指望被投资的高新技术企业在国内上市中从而收回投资会受到很大制约，当然，有些高新技术企业可以到香港创业板或美国NASDAQ去上市，但是由于种种限制和手续非常繁琐，困难更大。

目前，深圳正准备设立二板市场专门为高新技术企业等高成长性的中小企业服务，这对风险投资发展是非常有益的。但二板市场一再推迟，对我国的高新技术企业和民营经济发展造成很大影响，也制约了风险投资的发展。

（2）企业间的兼并和收购是风险投资回收投资的另一重要途径，美国风险投资的70%左右是通过兼并或收购收回投资，这是建立在美国发达的产权交易市场基础上。美国企业中大约有10%的股份有限公司，其中2%在证券市场上市，另外8%则在场外的产权交易市场进行交易。

我国各地都有自己的地方性产权交易中心，但在管理、法律法规、资产评估和服务对象等方面存在不同程度的问题，使我国的场外产权市场还很不发达，远落后于我国的证券市场。深圳有深圳产权交易中心和国际高新技术产权交易所等场外产权交易市场，但在我国落后的产权交易市场背景下，其规模和交易量却不大。应加快发展完善地方性产权交易市场，这是建立我国多层次资本市场的需要，也是发展高新技术产业和风险投资的需要。

（四）人才因素

风险投资与高新技术企业之间不是简单的债权债务关系，风险投资在承担高新技术企业失败风险的同时，着力于减少这种失败风险，既投入资金，也参与管理。风险投资在决定投资某一高新技术企业之前，既要了解该企业的技术水平，又要分析产品的市场前景，既要考察该企业的管理机制，又要研究企业文化和企业凝聚力，然后在成百上千个项目建议书中仔细筛选出有成功希望的项目，做出投资决策。在投资后，风险投资机构还要参加被投资公司的董事会，进行财务监控，协助企业建立一个强有力的管理核心，最后顺利通过公开上市等退出渠道从企业撤资。从这一过程来看，风险投资机构需要一批既具有较强的技术基础知识，同时又懂企业管理理论，具有金融投资实践和高新技术企业管理实践的“通才”。

深圳市乃至全国的现状是：有经验的从事风险投资的专门人才匮乏；虽有一批从事科技开发方面的人才，但是创新型的、具备高水准的企业经营管理能力同时又有金融实践经验的风险投资人才非常缺乏。这已构成制约深圳市乃至我国风险投资发展的一个重要因素。

深圳发展风险投资与北京、上海等地相比，从地理位置与周边经济来看，它作为珠江三角洲乃至华南地区的主要中心城市，有其独特的优势。从高新技术产业发展现状看，深圳的相对产值（占工业总产值比重）、绝对产值与发展速度等方面，也并不落后。深圳最大的不足是高等院校、科研院所不多，科研基础不扎实，科研积累不丰厚，这与其城市发展的历史有关，但这种状况使深圳的风险投资客观上存在“项目瓶颈”。

（五）中介服务机构

中介服务机构是风险投资业的重要组成部分。风险投资与其他一般投资一样，都需要中介服务机构的参与，但由于风险投资的特殊性，它又需要特殊的中介服务机构。两类中介机构构成风险投资的中介服务体系。第一类提供一般服务的中介机构，包括注册会计事务所、律师事务所、资产评估事务所、投融资咨询机构、信用评级机构和证券公司等。另一类提供特殊服务的中介机构，包括行业协会，标准认证机构，知识产权评估机构，科技项目评估机构和专业性投融资担保机构等。

深圳的一般中介机构体系现已初步建立，注册会计师事务所等中介机构在社会经济生活中发挥着愈来愈大的作用。其中存在的问题是部分中介机构存在道德风险。有些中介机构由于利益关系等原因提供虚假评估报告，使中介机构的可信度、可利用度大打折扣。

特殊中介机构是目前深圳风险投资界比较关心的问题。其一是缺乏科技项目评估机构，由于风险投资与风险企业存在信息不对称，处于各自利益考虑，风险企业往往高估投资项目的价值，而风险投资机构常常不能准确判断投资项目的价值从而低估其价值，结果造成谈判的艰难甚至破裂。其二是创业投资公会的作用还需进一步扩大。由于它成立时间不长，在组织、人员等方面还需改进，如目前深圳风险投资机构之间的背景、专长、规模、经验等都有不同程度的差异，合作与交流就显得尤为重要，希望创业投资公会能在这方面发挥更好的作用。

二、深圳发展风险投资的应对措施

（一）坚持用市场规律引导风险投资

当前深圳的风险投资业已起步，资金规模也较大，如果风险投资机构虽有风险投资之名，而无风险投资之实，那么再大的资产规模也是枉然。

资本是追逐利润的，高风险的资本则追逐高收益和超额利润。当前的关键是使风险投资投入高新技术项目后能实现风险、机会成本与收益的对称，获得超额利润，从而吸引更多的风险投资机构和资本，并引导它们进入高新技术项目。

可以说，深圳的风险投资能否实现以上目标，决定了深圳风险投资业将来发展的命运。这需要企业界、中介公司、科研机构和政府等方面的共同努力。在这方面，政府需加强对有关具有政府背景的风险投资机构进行必要的监督，鼓励这些机构以市场化原则更多地投资于高新技术项目，使它们能够实现风险、机会成本与收益的对称，获得超额利润，从而为其他风险投资机构做出示范效应，带动整个产业的发展。

实际上，风险投资资金的管理与投向涉及风险投资机构的业务范围、行业定位、规范管理和运作机制等各种理论与实践问题，而对此目前业界存在较大争论。只有当大家共同认识到风险投资真正投向高新技术项目是有利可图的时候，这些问题就迎刃而解了。

（二）大力解决深圳风险投资的“项目瓶颈”

（1）继续加强现有高等院校、科研机构的建设与投入。高等院校和科研机构是输送人才、科研成果的根据地。深圳要在有限的时间建设成北京、上海那样的高校群是很困难的，但也要发挥后发优势，奋起直追。另外，还可以利用市场的办法，把深圳建设成我国高校科研成果的转化基地，以及科研机构和企业之间相互交流合作的基地。

（2）积极投资海外留学生所掌握的高新技术项目。我国在海外拥有几十万的留学人员，这些留学人员层次都很高，大都具有或正在攻读博士学位，有些在科研机构或高等院校作研究，有些在高新技术企业任职，他们掌握了大量的高新技术项目。将这些项目引进深圳孵化，将为深圳风险投资提供优质的投资对象。

（3）到内地引进“项目”。风险投资机构不仅要通过虚拟大学园、大学城到内地高等院校、科研院所寻找好项目，而且要亲自到内地高等院校、科研院所去建立业务联系。除了高等院校、科研院所外，还要积极在内地科研实力较强的国有大中型企业中寻求项目，内地许多国有企业尤其是军工企业在航空航天、电子信息和新材料等领域的科技人才、技术水平具有很大优势。这些国有大中型企业由于历史原因，机制上、管理上可能存在种种不足，它们好的项目主观上可能希望与深圳的风险投资机构合作；另一方面，这些企业也存在资金不足，也可能希望获得风险投资机构的资金。

（4）充分利用深圳本地企业创新优势，积极寻求合作的机会。深圳本地的技术创新体系是以企业为主，深圳许多企业都有自己的研发机构，研发创新能力强，2000 年全市重点科技成果 194 项中，企业研发的成果为 137 项，占 70.6%。风险投资机构要借建设高新技术产业带之东风，充分利用优惠政策有重点地投资于重点发展的产业。

（三）修改和完善现有的法律法规

修改《深圳市创业投资资本投资高新技术产业暂行规定》，增加法律责任、风险投资者利益保护等方面的规定。法律责任是一部法律法规的重要方面，是“执法必严，违法必究”的重要保障。没有法律责任的规定，道德风险和违法行为将会制约和影响风险投资的健康发展。风险投资者利益保护是风险投资业发展的源泉。增加这些规定对于规范风险投资的管理以及降低风险投资的业务风险大有裨益。

对于《公司法》制约风险投资的有关规定，可以在有关地方性的规章中如前述的《暂行条例》中合理、合法地规避这些不当规定。这是完全可能的，比如深圳市工商行政管理局 1999 年 6 月颁布的《关于促进高新技术企业发展若干政策登记问题的规定》中规定深圳市高新技术企业的注册可以在两年内分期缴付，这一规定就有效地规避了实收资本制。建议这项规定也适用于风险投资机构。

（四）进一步采取有效政策措施

努力解决高新技术产业增值税负担过重问题。由于地方政府没有增值税修订权，这需要国家来解决。地方税务部门也应研究出切实可行的有关其他减免优惠政策，以抵消其过重的增值税。

切实落实风险投资机构的有关优惠政策，对于“凡在深圳注册、对我市高新技术产业领域的投资额占其总投资额的比重不低于 70% 的，比照执行高新技术企业税收及其他优惠政策”（企业所得“二免八减半”）的规定，应明确哪个部门或委托中介机构来认定这个 70% 比重，同时协调工商管理、税务部门等有关部门配合实施这一优惠政策。

虽然现在深圳目前尚无个人风险投资者和合伙制的风险投资机构，但为促进这类风险投资者，可以借鉴其他国家经验提供一定的财政补贴，这很可能将掀起风险投资的新浪潮。具体可以规定凡个人或合伙企业投资于经认定的高新技术项目，可以获得投资总额一定比例的财政补贴，或者获得一定的贴息贷款。

（五）采取切实措施加强人才建设

（1）积极引进海外留学生来深创业和参与风险投资，充分利用这些人才资源。我国在海外拥有几十万接受了国外先进技术和管理知识熏陶的留学人员，其中有很多在国外高新技术企业和风险投资机构工作，比如在硅谷工作的 20% ~30% 是中国人，其中部分人才的引进必将推动我国风险投资事业的发展，并将在海外产生巨大的带动效应。

（2）引进国外的风险投资家对深圳的风险投资机构进行指导，使深圳的风险投资机构在运作中朝国际惯例方向发展，走规范化发展的道路。同时，引进既懂风险投资运作，又懂高新技术企业经营管理的专家对深圳高新技术企业进行指导，使深圳的高新技术企业能够顺利获得国外风险投资机构的投资。

（3）加强本地人才的培养。国外聘用的专家毕竟有限，而且他们对中国国情了解不多，因此，人才建设还是应该立足于本地人才的培养。其途径可以通过本地风险投资机构加强与国外风险投资机构的合作交流，从中学习总结他们的管理经验，也可以定期或不定期地把深圳有培养前途的年轻人才送到国外学习，或者请来国外专家对他们进行专业培训。

（六）进一步发挥中介机构的作用

加强对注册会计师事务所、律师事务所、资产评估事务所、投融资咨询机构、信用评级机构和证券公司等一般服务中介机构的管理，防止这些中介机构的道德风险，保证中介机构的可信度和可利用度。

组织力量建立专业而权威的高新技术项目评估机构，为风险投资项目的价值和技术评估提供服务，同时为风险投资项目与风险投资机构之间提供其他服务。

进一步改革创业投资公会，扩大其作用。目前创业投资公会只是一个松散的组织，人员配备不足，作用还没有充分发挥，例如不少风险投资机构抱怨创业投资公会提供合作与交流的机会不多，在风险投资业起步阶段，它们之间的合作与交流就显得尤为迫切。

［原载《特区理论与实践》（深圳）2001 年第 11 期，
作者：曹龙骐、陈红泉，人大复印资料 2002 年 1 月全文转载］

入世与深圳经济特区的发展

从“复关”到“入世”，中国经过长达15年的艰苦努力和谈判，终于迈过了WTO的门坎。中国入世，意味着中国加入经济联合国，全面参与世界经济组织，融入世界经济主流；同时也意味着中国将面临全球范围的全面竞争，机遇和挑战并存。因此，中国必须加大改革开放的力度，进行深层次的理念更新。

直面WTO，深圳怎么办？笔者以为，首先应实事求是地分析现状，然后从深圳的实际出发采取相应对策。

一、入世对深圳各行业的影响

（一）工业

工业是深圳经济发展的“领头羊”，2000年全市工业总产值2517.85亿元，经济增长的贡献率达66.5%。

综观20余年的改革与发展，深圳工业以轻型、外向为主，电子信息产业比重较大，它不仅在经济总量、效益等方面已跃居全国大中城市前列，排名第四，而且对结构的调整动手较早，已初步形成了高新技术主导型、产品外向型、门类较齐全、有一定区域特色、有较强国际竞争能力的现代化工业体系。

深圳的轻工业目前年总产值已经达到1000亿元，占全市工业总产值的一半，不少行业如服装、啤酒、塑料制品、自行车、钟表、照相机等，具有传统优势。入世后，深圳的工业特别是机电与服务产业的出口和招商引资网络，有较强的竞争力，可能是机遇大于风险。但深圳工业也面临严峻问题，一是结构调整和产业升级的任务还艰巨，即一方面要继续加快高新技术的发展，另一方面又要加速用高新技术和先进技术改造来提升传统优势产业；二是深圳制造业对外资的依存度大（目前全市实际利用外资累计超过200亿美元，其中制造业利用外资占60%以上），入世后受国际市场和环境的影响会更大；三是电子信息产业已是国内新一轮投资热点，产业趋同性增强，入世后竞争激烈。

以电子信息产业为主的高新技术产业是深圳工业的主导产业，目前已初步形成以信息技术、生物技术、新材料技术为代表的高新技术产业群，高新技术产品产值已经占全市工业总产值的42%强，并且这类企业大多资金在外，市场在外，原材料在外，产品价格偏低，入世后的适应能力较强。但与国内外同行比，深圳一些高新技术产品的技术含量、规模水平、产品性能和品牌影响等还有不同程度的差距，入世后难免受到国内和国外厂商的双重夹击。

（二）金融业

深圳经济的腾飞离不开金融业的支持。2000 年末，全市金融机构各项存款余额 3169 亿元，比年初增加 610.67 亿元，增长 23.95%；全市金融机构各项贷款余额 2292.18 亿元，按可比口径计算，比年初增加 537.16 亿元，增长 28.2%。由《深圳特区报》提供的数据显示：深圳企业的流动资金 80% 来自银行贷款，企业基本建设投资的 36% 来自银行贷款，银行投入的资金占全部建设资金的 56%。截至 2001 年上半年，深圳市本地上市公司已累计在国内证券市场筹资逾 400 亿元。目前金融业创造的增加值占全市 GDP 的 13.5%，金融业的税收从 1995 年的 12.1 亿元增加到 1999 年的 35.5 亿元，年增幅近 35%。金融业还为深圳市提供了 4 万个多层次的就业机会。在全国 200 家外资金融机构中，深圳市外资金融机构的资产总额约占 20%，利润总额却占了约 40%，资产收益稳居全国首位。

与此同时，深圳金融业还出现了不少有影响力的创新类型。就机构创新看，第一家外资银行、第一家股份制上市银行、第一个法人持股的商业银行、第一家股份制保险公司、第一家证券公司、第一家外汇调剂中心、第一家中外合资经营的金融公司、第一家金融电子结算中心等等都始于深圳。就业务创新来看，深圳第一个实现了银行之间业务的全面交叉与竞争、第一个试行信贷资金比例管理、第一个推行金融资产风险管理、第一个组织大型项目的国内银团贷款、第一个涉足离岸金融业务、第一个发行了 B 股和可转换投资债券以及国库券收益凭证、第一个建立银行证券卡等等。可以说，深圳的金融业是在不断创新中发展的，它为参与国内外金融业竞争做了一些前期准备。

中国入世后，深圳金融业将面临 6 大争夺战：①优良客户群体争夺战。入世后，外资金融机构吸收存款和发放贷款的规模和范围逐渐放宽，加上采取各种非价格竞争手段和理财技术的吸引，一些优良客户（主要是指三资企业、跨国企业集团、上市公司、优秀民营企业、个体私人企业和高收入个人等）会成为争夺对象。亚洲开发银行驻中国首席代表布鲁斯·莫利认为，未来 10～15 年，外资银行将可能夺得中国金融市场约 30% 的份额。这种也要“分享一份蛋糕”的强烈要求，会促使中国金融业市场份额减少，造成支付能力和流动性受挫，最终会出现赢利能力的较大幅度下降。②优秀人才和业务骨干争夺战。国外金融机构抢滩中国，会采用人才“本地化”战略。因其具有高薪和工作环境的吸引力，加上我国经济转型期在体制、政策诸方面的不适应，部分具有专门技术的业务骨干会流失。这种“以少胜多”“伤筋动骨”的做法，会影响金融业的发展。③中间业务争夺战。在银行业传统业务开展比较艰难的情况下，中间业务的重要性也愈显现。入世后国际贸易额大量增加，大型跨国企业增多，外资银行遵循国际惯例，不受政府干预，实力雄厚，资产质量优良，经营机制灵活，设备先进，自然将抢占风险小、成本低、利润高的中间业务，把其当成他们登陆的桥头堡。④保险业务争夺战。保险业的开放问题一直是中国入世谈判的焦点，这是因为：一是保险服务业在发达国家对外贸易中日趋重要，甚至已成为某些国家对外贸易顺差的重要基础；二是中国保险业潜力巨大，而发达国家的保险业已处于饱和状态，发展空间已经有限。目前外国保险公司的市场占有率只有 10%，随着入世后对人民币业务寿险、财产险市场的逐步扩大，保险业务的激烈争夺将不可避免；⑤潜在市场争夺战。如中国广大农村市场，开发潜力巨大，但目前我们的注意力往往看重城市市场而忽视农村市场。还有消费信贷市场，目前因为我国存在体制、观念、分配差距等问题，消费信贷占全部银行信贷的比例还不到2%，而国外已达20%左右，且历史长、办法多，优势明显。再如信用卡业务，目前信用卡透支利息换算成年利率高达18%，而我国贷款利率只有6%左右，加上信用卡业务有一套独立于国内银行之外的完整的组织网络，故信用卡业务的争夺战也将激烈；⑥网上业务争夺战。依靠网络是现代经济发展中的一大特色和发展趋势，西方发达国家金融业网上业务已占整个金融业务的10%～20%，计划到2005年，网上业务达50%，银行本身就是个大网络公司，而我国目前的上网业务只占2%左右。

（三）对外贸易

就外贸进出口而言，深圳是“内地—香港—国际市场”经济联系的主要通道，具有发展对外贸易的得天独厚的条件。深圳已经建立起以出口为导向的外向型经济结构，外贸进出口迅速发展。2000年深圳外贸进出口总额639.40亿美元（其中出口总额345.63亿元，进口总额293.77亿美元），名列全国大中城市第一位。这些成绩的取得，得益于深圳外贸体制的开放和改革。从20世纪80年代起，深圳已经逐步形成多元化外贸经营主体以及多种所有制经济成分、多层次、多渠道的外贸经营格局。由此，在1999年深圳外贸进出口额中，外商投资企业进出口额达275.8亿美元，占总值的54.7%。深圳主要工业行业大都具有出口倾向，一些外方投资企业有着广泛的关税优惠政策，有较多跨国公司已经参与深圳的外贸实务运作。深圳在外贸方面具有上述特殊环境和经济结构，入世后关税对深圳外贸进出口的影响程度相对较小，这将有利于为深圳外贸的发展提供更大的市场空间和更多的发展机会。但是，入世后将实行全国普惠政策，对深圳来说最主要的优惠政策包括增值税的“地产地销”政策和所得税的15%优惠率、关税减免和市场准入方面的优惠政策等也将消失，出口补贴的做法受限制，这必将引起激烈的竞争。

（四）商业

深圳在商品领域开放程度较高，商业业态接近香港，商业网点规模超过发达国家的水平，已经经历了一轮外国零售业如美国的沃尔玛、山姆和法国的家乐福等进入的考验，对于入世已经有超前准备。但在目前通货紧缩大环境下，深圳社会商品零售消费增长趋缓，加上批发市场和相关服务领域还存在不少薄弱环节，入世后与国外零售业分割市场份额的竞争也将不可避免。

（五）旅游业

深圳为建成“旅游胜地”已经做了不少努力，目前一个基础设施配套齐全、档次高雅、体系完整、现代性强的旅游业已经展现眼前，旅游业已经成为深圳市国民经济的支柱产业和新的经济增长点。入世对深圳旅游业不会造成不利影响，可能会带来更多的发展机会。但随着国外旅行社的进入，国际先进的旅游经营方式的采用，深圳旅游产品和组织形式也将会受到冲击。

二、对策建议

深圳应以加入 WTO 为契机，以开放促改革，进一步推进制度创新和科技创新，建立更高的发展平台，全面调整经济结构，推进产业结构优化升级，积极营造人才高地，实现跨越式发展，努力发挥示范作用。具体说，深圳还应该切实推进以下几个方面的举措：

（一）构筑高新技术产业发展平台

深圳的高新技术产业中，IT 产业占 90% 以上。深圳的 IT 产业由信息产业、制造业和以计算机及其网络为核心、以传输数据为主的信息服务业组成。发展高新技术产业就是要重点发展 IT 产业。具体说，一是把电子信息产业作为主导产业，重点发展计算机、网络与通信、集成电路、软件、光电子、数字家电等六大主导行业，形成深圳高新技术产业的重心、优势和特色；二是跟踪和研究全球 IT 产业的新动态，抢占高新技术制高点，增强核心技术和重要应用技术的开发和创新，努力形成核心产品的生产配套能力；三是高标准规划建设高新技术产业带，根据市府规划，建设一条由 9 个高新技术产业片区和 1 个大学片区、1 个生态农业高新技术产业片区组成的高新技术产业带，以增强深圳高新技术产业的整体实力和辐射带动能力；四是用高新技术改造和带动传统产业，进一步推进产业结构和经济结构的优化升级。

（二）组建金融控股集团（公司）

面对国内外银行、证券、保险等金融业务所出现的全方位交叉的趋势，深圳应积极推进国有商业银行的股份制改造，促进商业银行与金融同业之间的战略联盟、合并和兼并，以造就与国际大银行相抗衡的金融控股集团。当今世界，随着国际经济一体化的加强，金融业日趋全球化，金融业“做大做强”，向国际市场拓展已是大势所趋。据 1998 年末的数据，世界总资产排名前 200 家的大银行中，境外资产比例超过 30% 的有近 100 家。与此同时，金融业由分业经营转向混业经营已是历史必然，国际商业银行对证券市场的依托性日趋加深，银行与保险业之间的传统界限逐渐缩小，银保联盟方式大有发展。

可见，即将挥师直入的外资金融机构，大都是全副武装、规模超级的金融“巨无霸”，它们作为“金融百货公司”，几乎集商业银行、投资银行、保险、基金、租赁等所有金融服务种类和金融衍生产品于一身，这对我国金融业构成了极大的威胁。

虽然我国目前成立金融控股集团还是一个禁区，但随着国际金融业发展的新潮流，中国金融业为增强自我生存和发展能力，银行、证券、保险业合作已在不断扩展。近几年，银行和券商之间的业务交叉发展迅速，国内已经出现承担综合业务的金融控股集团，如光大集团、中信集团等。目前招商银行也正积极准备上市，民生银行、平安保险等正在考虑发展为金融控股集团。

面对国内外金融业“做大做强”的现状，深圳应在建造金融业“航母”上创新路。这样做意义重大：①能按照市场化条件下资金运动规律的客观要求，克服单一机构经营往往将资金运动限制在狭小范围内的弊端，满足其资金增值的内在要求，通过灵活调度，增强规模经营效率，实现真正的风险和效益的平衡；②通过股份形式，改善法人治理结构，推进金融业的企业化经营；③银行、证券、保险、信托等多行业结合，有利于开拓各自新的业务领域，为满足市场需求和稳定客户获取更大的发展空间，有利于培育新的利润增长点，达到增强自身抗风险能力的目标；④有利于提高金融机构的信息处理能力，冲破人为因素和自然因素形成的市场分割，缩小不同融资工具、技术和服务之间的差别，增大不同金融机构产品和服务之间的可替代性，促使信息对称和信息成本的降低；⑤金融业采用混业经营模式，以减少和避免因为存在事实上的不平等而使中国金融业在激烈的竞争中处于不利境地。

（三）创建现代物流中心

深圳的物流业作为除高新技术产业、金融业之外的第三支柱产业，具有得天独厚的发展条件：一是产业经济基础实力雄厚，产业转型紧跟世界潮流；二是进出口总额超过全国的1/7，进出口贸易连续8年居于全国之首，有充足的货物流、信息流、资金流和人才流；三是毗邻香港这个全球举足轻重的商贸、金融、信息和运输中心，既能借鉴又获双赢。

近几年深圳的物流业正在崛起，发展现代物流业，已经成为深圳人的共识。入世后，深圳应该进一步形成和完善以公路、铁路、水路、航空为主、各种运输方式协调发展的综合运输体系。计算机网络技术、卫星定位技术等智能交通技术作为网络信息平台是现代物流业的信托和命脉，深圳应该建设现代综合运输和网络信息平台，充分发挥海港、空港优势，大力发展以国际物流为重点，以物流配送和电子商务为主体的现代物流，逐步成为以此为基础的、多层次综合性物流中心城市。

（四）加大改革开放力度，推动“外向型经济”向“开放型经济”转变

中国入世，激烈、残酷的竞争不可避免，但要实现“双赢”，“合作”是主流，努力拓宽合作的空间，有利于提高各自的竞争能力。

深圳首先应尽快熟悉国际“游戏规则”，市政府决策层应眼观全球，思考前瞻性问题，切实制定关于特区加入WTO的发展规划，重点围绕政府职能转变、政企关系、发展中介组织、企业信用制度、社会保障体系等，抓紧推进应对入世的各项工作。政府部门应加强对WTO规则的研究，全方位提高政府和企业的应对能力，形成按照国际惯例运作，符合WTO组织规则的体制和机制环境。在巩固和发展现有外贸进出口优势的同时，注重发展技术贸易和服务贸易，拓宽贸易渠道。通过“走出去”、“跨国经营”等办法，拓宽利用外资渠道，进一步开拓国际市场，大力发展“开放型经济”。

开放不仅是对外，也应重视对内开放。应充分利用深圳的地域优势，依托内地，面向海外，连成一片，实现最佳组合。要继续积极推进与港澳地区在金融、物流、商贸、旅游等领域的全方位合作，继续加强与台湾在信息技术等领域的产业衔接，加强在珠三角地区的协作配套，以及通过联营、兼并、参股控股等方式到西部和其他地区投资，推动深圳的生产要素向内地特别是西部地区流动，实现资源的优势互补。

（五）树立全新观念，营造人才高地

人才是事业发展之本，赢得人才，才能赢得竞争。中国入世面临的最大挑战，是人才的培养和使用。

深圳经济特区建立20年，没有名牌大学，也没有大型的科研机构，但经济的发展对人才的需求，特别是对高级人才的需求量却相当大。依据深圳的实际，一方面要依靠机制上的灵活创新，以开放式、社会化的姿态，以“互利、双赢”为目标，建立“利益共同体”，吸引内地和国外的名牌大学、大公司、科研机构来深圳设立研发中心；创造条件吸引海内外优秀人才来深圳发展；努力办好深圳大学城，以提高深圳人的技术水平和文化底蕴。另一方面，应该立足于本土教育，办好深圳大学。深圳大学建校18年来，已经奠定了基础，具有相当的规模，但毕竟是一所新学校，还没有形成规范合理的学术梯队和较强的学科优势。重要的是深圳大学必须针对我国加入WTO后对人才知识结构的要求，调整专业结构和课程设置，围绕教学和科研两个中心，着力于提高学科层次，更好更多地为特区培养懂外语、懂管理、熟悉国际业务的高质量、高层次的科技和管理人才。

（原载《深圳大学学报》2002年1月第1期，
人大报刊复印资料2002年第四期全文转载）

对我国金融市场发展中几个重大战略问题的探讨

一、先“资本市场，后货币市场”的发展思路不可取

自我国改革开放以来，由于原有的计划经济体制以及这种体制中经济扩张机制的作用，金融市场事实上采取的是“先资本市场，后货币市场”的发展思路，具体说：①从时间顺序上看，1981 年起我国就开始发行国库券，而作为货币市场的同业拆借市场 1986 年才开始；②从发展状况看，资本市场中的股票市场、期货市场和国债市场虽有起伏，但发展已较充分，而货币市场则相对滞后；③从规范化程度看，资本市场中的股票市场和国债市场，已经形成了一整套规章制度可循，而货币市场在这方面进入 1995 年才稍有起色；④就两个市场的年交易量看，票据市场以千亿计，拆借市场以万亿计，而资本市场则以千万亿计。我国资本市场的建立和开拓，并不断加快对外开放的步伐，是中国经济发展的内在要求。事实证明，资本市场在为企业提供新的融资工具，强化融资结构和功能、降低融资成本、促进科技进步、防范金融风险和推进经济发展等方面发挥着巨大作用。必须看到，金融市场结构、功能和交易方式的变迁是一个相互制约和互动的过程，不能背离它具有决定意义和长远意义的规则，否则将事与愿违。

“先资本市场，后货币市场”这种颠倒的发展思路，危害性表现在：①削弱了货币市场的基础作用。因为一个活跃、完善的短期融资市场即货币市场的建立，是商业银行业务开展的主要依托。同时，也只有短期融资市场发达，才能有力地促使企业和银行利润不断增加，在此基础上，才能保证长期融资市场即资本市场的相应发展。而相对弱小的货币市场不可能给资本市场的发展提供有效的信息和资金支撑，且往往会造成资本市场运行扭曲；②破坏货币市场和资本市场的协调发展。从理论上讲，货币市场和资本市场相协调的基础应该主要是银行资金来源的总量及其构成，先发展资本市场的思路必然会导致两个市场之间结构关系失衡，最终会造成大量货币市场上的资金向资本市场转移。其后果是：一方面使货币市场因资金缺乏而萎缩，另一方面不断膨胀的资本市场不但挤占了货币市场的资金，同时又需要更多货币市场的短期资金与之相配套，这在很大程度上拉动了货币市场的膨胀，如此下去，两个市场的矛盾会日趋加剧；③由上述两个危害延伸，“先资本市场，后货币市场”的发展战略，还会直接或间接地对中央银行的宏观调控能力、利率功能发挥和金融秩序稳定等诸方面产生负面影响。

采取“先资本市场后货币市场”发展战略的主要原因如下：

（一）忽视货币市场和资本市场之间的互动关系

货币市场和资本市场分别是短期和长期金融工具的交易场所，它们之间的互动关系表现

在：①两个市场交易主体（包括交易载体、货币资金流动价格机制作用、金融工具创新等）的同一性和参与性，决定了两个市场之间的高度融合，首先直接表现为各种金融机构之间大范围的业务交叉，再就是体现在两者之间此起彼落的竞争态势；②货币市场和资本市场关系的背后隐含着银行信贷资金和资本市场的关系，没有发达、稳健的货币市场，资本市场的发展缺乏风险规避和风险流动的调节机制，甚至会出现信用危机；③活跃的资本市场对推进银行部门资产重组和股份制改造至关重要；④提升金融体系竞争力的银证合作趋势，既顺应资本市场和商业银行自身发展的需要，也是实现银行与资本市场资金互动的需要。如货币市场的债券回购市场中银行大部分交易对象是各种中长期国债，而长期国债则是资本市场中重要组成部分。而资产证券化又是资本市场和货币市场的另一个结合点；⑤我国加入 WTO 后，资本国际化和证券化的互动，也为这货币市场和资本市场之间的有机联系和相互推动创造了条件；⑥货币政策对资本市场的作用要通过货币市场来实现，作为制定货币政策重要参数的股市也应纳入货币政策的观测范围。可见，发达稳健的货币市场和规范发展的资本市场，以及两者相互协调是实现货币政策目标和效应的重要保证。

（二）对货币市场的认识偏差

①认为货币市场上的同业拆借市场仅解决短期资金需求，忽视了它有利于商业银行业务经营和提高中央银行调控水平的重要功能。其实，同业拆借不仅仅是短期资金融通的有效场所，其作用还有：一有利于商业银行利润最大化目标的实现。通过同业拆借可以适时有度地调节商业银行之间准备金的盈余和亏缺，使商业银行无须为了应付提取或兑付而保有大量的超额准备金，这既可节约资金使用和避免经营风险，同时又可通过降低银行资金运用成本而增加银行利润，真可谓“一举多得”；二为中央银行进行货币政策操作提供了可能。同业拆借市场的交易对象涉及拆借利率和商业银行的超额准备，这两个指标是中央银行进行货币政策操作的重要手段。同业拆借利率是制订利率政策的重要参数，中央银行通过对同业拆借利率施加影响，达到调节货币供应量的目标；就超额准备而言，规范、发达的同业拆借市场功能的发挥，会给中央银行调控货币供应量创造一个良好的条件；②传统观念将票据市场仅局限于清算，实质上它是中央银行执行货币政策的工具之一，对加速利率市场化进程和提高商业银行资产管理水平也具有重要意义。货币市场上的票据结算为中央银行提供了宏观调控的载体，作为中央银行货币政策工具之一的再贴现政策，必须依附于票据市场才可操作。在一般情况下，中央银行提高再贴现率，会起到收缩票据市场的作用；反之亦然。中央银行依据票据市场上信息的反馈，适时适度地调整再贴现率，通过货币政策中间目标的变动以求货币政策最终目标的实现。另外，随着票据市场的不断完善和发展，票据交易稳定性不断增强，会形成一种处于市场均衡状态下随市场规律自由变动的、供求双方均能接受的市场价格，这便是市场利率形成的基础，它无疑是中央银行制度贴近市场利率政策的重要依据。票据市场对提高企业资产流动性和降低企业经营风险度的重要作用也是不能低估的。

总之，货币市场连着货币供应、资本流动、中央银行货币政策操作等，对它的培育、规范和完善，不只是货币市场本身的问题，而且是关系到整个经济协调发展和金融改革深化的重大问题。所以，努力开拓和发展资本市场是完全必要的，但它必须以发展和完善货币市场为基础，在这一前提下两个市场才能真正产生互动和推进作用。由此可见，“先发展资本市场后发展货币市场”的金融市场发展思路是不可取的。

二、重视企业债券市场的作用

我国资本市场发展明显存在“股市强、债市弱；国债强，企业债弱”的特征，其表现为债券市场本身的不协调、重此轻彼、跛足慢行，以及一级市场筹资额和二级市场的交易额在结构上的明显不合理。

据报载资料：我国2000年A股融资额为1499亿元，国债发行规模为4657亿元，而公司债券发行额只有83亿元，2001年也仅仅144亿。到目前止，只有12个企业债券品种在交易所上市交易，日成交额平均不足5000万元。2001年10月国债余额16047亿元，企业债券余额为879亿元（不包括政策性金融债券），两者的比例为1∶18，可见，企业债券市场，确切地说应是公司债券市场的作用已到了微不足道的地步。

依据国际经验，金融市场化的次序，通常应是债券市场先于和快于股票市场。以美国为例，1999年企业债券发行超过2500亿美元，是同期股票发行量的5.8倍。到2000年，美国有199家企业通过发行股票融资，而1592家企业则通过发行债券融资。该年企业债券融资总额高达5066亿美元，为同期股票融资总额的16倍。当然以上国内外数据对比并不确切，国外的公司债券大多指的是民营企业和私营企业发债，发债主体以自己的资产做担保。我国企业债券多半是国有企业债券。尽管如此，国外重视企业债券市场的作用仍可值得借鉴。如果只是对股市过分关注和热情，对债券市场过分冷漠和忽视，一方面会造成对股市发展寄予过高的期望而施加重压，会产生“欲速则不达”之恶果；另一方面又抑制了债券在经济运行中的应有作用。

为什么有了股票、国债的长足发展，还必须重视企业债券市场的重要作用呢？这是因为：①企业债券这种负债与银行贷款不同，发行人可以在一定期间、一定程度上视它为自有资金加以独立自主运用。可见，企业债券具有长期债务的资本化特征。同时，在长期利率看涨的情况下，发行长期债券将锁定企业的融资成本，有利于减轻企业还款的压力。鉴于企业债券有其独特的优势，所以往往成为企业外部融资首选的方式；②相对于股票来说，企业债券风险较低，相对于银行存款来说，企业债券收益较高。开辟作为资本市场主角的企业债券这一投资渠道，显然有利于完善现有资本市场投资的结构，也有利于社会投资人（包括居民、保险资金、社保基金、金融机构等）根据自己的能力和意向选择投资对象；③鉴于现阶段我国社会诚信机制尚未建立、企业素质和效能普遍较差的状况，加上近期居民边际储蓄倾向提高，存贷比例逐渐降低，银行面临着“借贷”和“付息成本”的双重压力，由此形成了大量信贷资金的积压。据统计，我国1995年银行存差为3000多亿元，而到2001年10月止，存差已达3万亿元以上，比1995年增加了10倍，此项存差的利息损失达2400亿元。可见，拓展企业债券这一融资渠道，会有利于缓解银行的付息成本压力和减轻银行经营风险；④企业债券的发行通常要提供一定资产质量作担保，要有中介机构的咨询评估，所以诚信要求有较好的保障，可较大程度地抑制偿付风险，减少企业外部监督成本和控制资本市场总体管理费用。

总之，企业债券市场在约束企业负债行为，减少银行流动性风险，提高资金使用效率，完善资本市场品种结构，降低银行经营风险和资本市场风险，力避投资人投资的短期性、任意性而影响企业的持续发展，从源头上推动资本市场整体框架的重建和不断完善等方面，都起着不可忽视的作用。

当然，我国企业债券市场的发展还存在来自理念、体制、法规、管理层、企业等多方面的障碍性因素，但目前我国储蓄来源充足、投资人基础的扩大、低水平的市场利率，企业债券市场的发展已具备基本条件和较大的空间，首要的问题是需要我们正视它，那么，困难终究会与解决困难的办法一起产生。

三、“规范中发展”与“发展中规范”

随着中国改革开放政策的实施和深化，中国的证券市场走上了一条高速发展的道路，中国股市仅仅用了10多年的时间，走完了西方发达国家股市几十年乃至近百年的路程。截至2001年底，上市公司已有1160家，境内上市外资股（B股）112家，境外上市公司数（H股）60家，上市公司总股本达到5218亿股，市价总值43522亿元，流通市值14463亿元。2000年底，中国投资者开户数共5773.7万个。据2002年5月7日《中国证券报》调查显示：A股市场现有中小投资者的人数在3360万～3400万人之间，相当于我国1000名居民中，有26人是股票市场投资者。1991—2001年底，我国企业共募集资金7726.84亿元。中国证券市场的飞速发展大大推进了改革的速度和国民经济的发展。

然而，冷静回顾中国证券市场的发展历程，其长期潜伏和所暴露出来的种种问题是比较严重的。其主要表现在：①观念、指导思想上的障碍。一是重计划、重规模，轻市场，总想让市场适应我，而不是我去适应市场；二是在筹资主体上，重视大企业、国有企业，轻民营企业、中小企业；三是在产业方向上，重传统企业，轻现代企业；四是在筹资机制上，重圈钱，轻效率；五是在产权关系上，政府政策干预较多，法治观念薄弱。由于上述种种原因，我国证券市场往往表现为封闭型、残缺型和“迷你”型；②上市公司效益下滑。其表现一是净资产收益率逐年下降，1993年沪深两地上市公司年均净资产收益高达15%，而1994—1996年分别下滑到14%、11%、10%，1998年全年只有8.5左右。2000年为4.16%，2001年为4.07%。二是每股收益呈逐步减少的趋势，1993年沪深两地上市公司每股收益多达0.35元，而1994—1996年分别为0.32元、0.25元、0.23元。1998年为0.21元，2000年为0.1079元，2001年为0.1025元。三是上市公司亏损面呈扩大趋势，1995年为5.26%，1996年为5.85%，1997年为5.64%，1998年2月为8.46%，2001年中期报告为16.52%；③投资主体残缺。中国目前在金融市场上的投资者以个体投资为主，投资主体结构一直是散兵游勇过多，机构投资者寥若星辰。2001年底，中国投资者共开了5773.71万个账户，其中机构账户仅26.04万个，占总数的0.45%。需要说明的是，中国目前极少的机构投资者还不是以基金为主体，而是类似信托公司、财务公司、证券商等有自营目的、在相当程度上是通过借贷融资的机构，这些机构投资期限短、游动性强、不稳定性高，起不到对股市的稳定作用，有时反而对股市的起落“推波助澜”，表现在股市上往往是牛市太短，熊市太长，严重挫伤和抑制股市人气；④股市中介服务水平整体偏低。从经营性中介机构看，目前的证券公司和证券营业部数量多、规模小，经营水平差。从服务中介机构看，会计师事务所、律师事务所、资产评估事务所等有一定知名度的为数极少，加上相互间恶性竞争、智能化程度低、效率差，总体服务水平跟不上证券市场发展的需要；⑤股市结构不合理，股市供求严重失衡。中国目前只有占25%的社会公众股才流通，占71%的公股（国家股和法人股）长期被剥夺了在场内流通的权利。这种“性别歧视”，不利于吸收闲散社会资金，促使存量资本凝固化，人为割断公司业绩和形象的联系，无法约束股价的大幅波动。而严重的多次反复的股市大起大落，熊市过长，客观上造成投资者观念趋于谨慎，股票流通场所越来越窄，股票市场价格与股票市场的收益严重错位，股市效率低下；⑥股市运作不规范。有些上市公司过度包装，财务报表掺杂做假；国企重组时，有些企业故意低估国有资产价值，不正当置换债权债务；公司法人治理结构形同虚设，“一股独大”侵犯中小股东利益事件屡屡发生；信息披露不规范，部分上市公司不能及时、准确披露法律规定必须披露的信息，甚至隐瞒重大事实，严重误导投资者；有的大户用违法违规手段，操纵市场、散布谣言，从事内幕交易等。

对我国证券市场成绩和问题的认识和判断，引起了我国经济金融理论界的激烈争论。所谓“一枝独秀”和“一个赌场”观点的对峙则是典型反映，其实质是对我国证券市场“发展”和“规范”问题的争议。具体说，中国的股市究竟是“在发展中规范”还是“在规范中发展”，对此各抒己见，相持不下。但是，比较一致的意见是：证券市场既要发展又要规范，其分歧的焦点是究竟偏重于规范还是偏重于发展。经过细细推敲和思索，笔者的观点是：①发展和规范是两个既对立又统一的不可分割的方面，并不矛盾，相辅相成。其统一的方面是：没有发展谈不上规范，没有规范，发展也失去其意义；不规范不是真正的发展，甚至造成发展的障碍。其对立的方面是：急于求成不可能有真正的规范，到头来会影响证券市场的发展；发展超越了市场规律的客观要求，必然引起发展的变形和扭曲，使规范无法实施；②规范和发展虽没有先后之分，但它作为一个相对动态平衡的过程，在相互交替和作用中，依据客观情况和具体要求则可以有所侧重。一般而言，在证券市场发展初期和证券市场失衡严重时，应注重“规范”；而在证券市场相对成熟时，则应偏重“发展”；③实践证明，只要证券市场真正在发展，这个市场也就是在规范中发展的市场；而证券市场碰到障碍和阻力，这个市场往往是不规范的市场；④规范的标志是整个市场，不能就市场发展中的个别问题断定这个市场不规范。同样，发展是数量和质量的统一，不能就发展中的一点或一些成绩而断定市场的规范；⑤规范是一个渐进、长期的过程，规范要从体制、法制抓起，任何规则的制定和法制的推行，其关键要看是否为市场营造有利于发展和稳定的环境；⑥从长远看，规范的证券市场是一个投资者自行自律的市场，政府最少干预的市场。

综上所述，我认为：全面地、辩证地认识中国股市规范和发展的关系，应该加上“求”和“重”两个字，即“在规范中求发展，在发展中重规范”。

（原载《深圳大学学报》2002年第9期，
人大复印资料2002年第10期全文转载）

金融监管应有新理念

我国经过了 50 多年的努力，20 多年的改革，作为国民经济先导产业和现代经济核心的金融业已取得举世瞩目的成绩。但中国金融业发展滞后的问题严重存在。

中国金融业发展滞后，分析其原因，应该是多方面的，有体制、观念、机制、环境等，但不能忽视，金融监管的滞后，即传统的合规性监管、过于严格的金融管制、消极监管、事后监管、忽视效率的监管等等，已严重扼制了金融业的创新和发展的有效空间，直接影响金融业整体效率的提高。

如何使我国金融监管水平有一个质的飞跃，探索建立既要遵循市场经济规律和国际惯例，又要符合中国国情的监管体制，切实做到完善监管理念、更新监管方式、提高监管效率，是摆在我们面前的紧迫任务。我认为首要的问题是：金融监管应有新理念。

一、从单纯合规性监管向注重风险性监管转变

所谓合规性监管，就是把监管的重点放在金融机构的审批和业务经营的合规性上。不可否认，合规性监管对维护金融安全具有重要作用，但它仍停留在独立性严重不足条件下的行政式监管阶段，所以它毕竟是一种一般性、浅层次、现场的、静态的金融监管方式。而风险性监管则具有深层次、超前性、动态的特征，它具体表现在：①从风险为本的理念出发，注重建立一整套结合我国银行业具体特点的非现场的风险监管指标体系，如建立银行业清偿能力监察制度、呆账准备金制度、并表监管制度、信息披露制度以及银行信用评级制度等，能真实、充分地反映金融机构的整体风险，防止形成监管“真空”和“漏洞”。②注重构建金融业的安全网，如早期预警体系、存款保险制度、有效的“进入—退出”机制等，变事后监管为事前监管。③风险性监管既要立足于微观金融风险，也要顾及宏观金融风险；既要分析制度性风险，也要致力于研讨道德风险。这样做，有利于宏观货币政策风险和微观金融经营风险的结合；有利于金融体制改革和建立相应的诚信机制相结合。④努力拓展金融监管所涉及的领域和深化金融监管的内容，如传统观点认为，中间业务无风险是最保险的，事实上，中间业务经营中也存在有各种不确定因素，也会碰到各种各样的风险，如违约风险、市场风险、流动性风险、经营风险和法律风险等，处理不当，与贷款风险一样，会使实际收益和预期收益存有偏差而蒙受损失。

建立风险为本的理念，有利于将监管模式与建立风险系统架构相结合，有利于围绕风险确定监管重点、统一监管的标准、有效配置监管资源和真实评价监管的效果，也有利于建立风险性监管和合规性监管相结合的监管制度。

二、从维护金融安全监管提升到既要维护安全又能提高金融业核心竞争力方面转变

金融监管的本质目的，是为金融业的创新和发展营造有利的内部和外部环境。从这一意义上说，为监管而监管，不讲效率的监管，实际上隐含着最大的风险。过去我国在实施合规性监管过程中，往往以牺牲效率为代价来追求所谓的安全，如产生“惜贷”，大量保存“超额准备”等现象，这显然是监管的变形和异化。

金融监管要兼顾安全和效率，也就是要处理好金融发展和规范的关系。对此，理论界颇有争议，有人坚持“发展中规范”，认为没有发展就谈不上规范；也有人坚持“规范中发展”，认为金融业道德风险高、违规收益高、监管必须先行，规范是发展的基石，规范永远是主旋律。其实，发展和规范是不能分离的，最多也就是在监管过程中视不同情况其重点有所侧重。处理好两者关系的总基调应该是：“在发展中重规范，在规范中求发展”。只有这样，才能真正做到金融监管兼顾安全和效率，注重在监管中不断提出解决问题的切实措施，将监管与强化法人治理结构、增减业务种类、建立监管人员准入退出机制、提高服务质量等有机结合起来。总之，金融监管应在维护金融安全的前提下努力提高金融企业的核心竞争力。

三、从注重单一监管方式向全过程、多元化、有重点转变

长期以来，我国金融监管采取直接行政性管理方式，这是一种单向被动、直接管理、带有计划经济痕迹、具有浓重行政色彩的监管方式，显然不适应金融体系市场化、国际化的要求。

所谓全过程的金融监管，即对金融业的准入、金融业的市场运作和退出均要进行监管。事实说明，金融监管是一个过程，全过程中若有一个环节缺位，不仅会影响这一监管环节的成效，而且也必然会影响监管的总体效果。当今世界，金融发展的总趋势是向综合性经营发展，为建立监管部门之间、监管各个环节之间的配合协调关系，需要构筑一个科学、高效和完整的金融监管系统，已是面临的重大问题。

所谓多元化，就是要摒弃我国长期以来实行的单一的合规性监管模式，坚持市场化趋向，坚持多元化管理。具体说，应采用内外结合型的监管模式。长期以来，我国金融业自律监管和自律意识较差，且金融监管信息存在着严重的不对称性，所以偏重于外部监管，但从世界金融监管的大趋势看，越来越多的国家倾向于内外结合型的监管模式，它有利于在监管者与被监管者之间的双向互动，既体现了平等的地位，也加强了金融监管和金融机构经营创新之间的相互促进关系。加强社会监管，如依托社会监管体系、社会舆论监督、聘请金融监察员、建立金融界独立董事制度等。要拓宽监管领域，金融监管不仅限于内债而且还有外债；不仅限于国内，而且包括境内外以及国际金融监管的领域和渠道。

所谓有重点，就是要着重在监管防风险、监管出效率、监管有利于提高金融企业的核心竞争力上多下功夫、多花气力。就我国目前而言，巨额的不良贷款和不规范的证券市场中潜伏着金融业的根本性隐患，应该是金融监管的重点所在。

四、从一般性行政监管向健全法制努力建立信用体系方面转变

与行政性监管存在有主观性、滞后性和非公平性的缺陷相比，法律监管手段则具有强制

性、规范性、稳定性、可预测性、概括性的优点。改革开放以来，金融立法取得了较大的进展，我国相继颁布了《中国人民银行法》、《商业银行法》、《票据法》、《担保法》、《证券法》、《贷款通则》等，这些基本法律是金融监管的法律基础，完善我国金融法律制度体系，是加快金融监管的前提和保障。但是为了使金融监管更程序化、标准化、有针对性和可操作性，还需要制定与此相配套的更多的专业性法规、条例，以及制定具体的监管办法、规定和实施细则。

我国加入世贸5年后，对外资金融机构要实施国民待遇、取消市场准入中的非审慎性限制措施、实行透明度原则等，必须引起重视，如果不及时完善我国金融监管的法律体系，在法律“漏洞”和各种新类型法律案件面前，我们必将处于被动和不利的地位。

与此同时，在推进金融监管法制化的过程中，为切实保证依法行事，建立和健全信用体系，改进和完善社会信用机制，规范金融活动中的信用行为尤为重要。这就要一方面采取有效性措施加强全社会诚信教育，另一方面加大对违法违纪行为查处和打击的力度，以营造一个真正的有法可依、有法必依的信用氛围和法制环境。

五、从传统金融监管的行政性、内部作业向科学化、网络化、增加透明度转变

传统金融监管的行政性特点往往会造成要么使监管者在业绩考核的驱动下盲目追求量的突破而导致监管过度；要么在监管者无独立性、面对金融企业法人治理结构不完善的现实而无法可依或有法不依，甚至产生讲“亲情”、“护短”等。为克服和防止这种金融监管变形的状况，建议建立金融监管信息中心，运用计算机等先进设备，统一开发银行业监管的操作系统，以取代落后的用手工操作的监管工具，以实现统一管理、信息共享、降低监管成本和提高监管效率。加快金融监管的电子网络建设，创造条件实现分支行间联网，实现信贷咨询、外债监测、外汇账户的监管网络化，增强服务功能和提高监管水平。为增加金融监管的透明度，我国应尽快构建银行信息业披露制度的框架。

必须指出，金融监管在理念上，要实现以上转变，塑造良好的金融监管环境也是必要条件。因此要深化体制改革，改变目前金融机构的风险基本上由政府监管、当局担保的状况；全社会要塑造恪守诚信的氛围；要紧紧抓住不断提高金融监管人员素质这项事关重大的基础性建设。

总之，完善金融监管从其广度而言，应是一个包括政府监管、金融机构内部控制、行业自律、社会监管等四个层次组成的体系。从其深度而言，应是一个涉及风险防范、效益获取、法律规范、操作简捷高效的一个系统工程。只有努力完善新的金融监管理念，采用新的金融监管方法，才能收到金融监管的预期效果。也只有这样，才能从我国金融业长远发展出发，从理论和实践的结合上，建立既符合中国国情，又能适应金融现代化要求的中国金融监管体制。

（原载《深圳特区报》2002年8月19日）

2003 年

内地与香港金融合作：观念更新和现实途径

一、观念更新

观念是实践的先导，观念也出生产力。只有全新的理念，才有全新的实践和全新的发展。我认为，两地合作首先是一个观念更新问题。

（一）从全球范围正视香港作为“中介人”的历史地位

仅就内地与香港金融关系而言，应该说无论从地区和产业上都可以看作是局部的。因为两地金融合作，具体从金融机构的互设、金融市场的衔接、业务经营的渗透、支付系统的联通、两种货币的流通、金融监管的合作等方面来看，都体现两地双向互动关系。但实际上，由香港的特殊地位和两地经贸金融关系的性质所决定，更主要的香港是内地和全球的连结点。它起着“内地—香港—世界”的中介人作用，即外国企业要进入内地市场，很大程度上要通过香港，利用香港成熟的金融、贸易和航运业，获取优质的服务支援。内地的物流和资金流也有很大部分通过香港通向全球。据有关资料得知，香港是内地外来直接投资的最大来源，约占总外资投入的一半。香港也是海峡两岸经贸往来的主要中介，有 80% 以上的台商以香港作为投资中介地。内地有 2000 多家企业在香港从事银行、贸易、旅游和分销等业务。香港借内地改革开放之机以及天时、地利、人和的优势，发展为内地市场的国际门户。可见，香港的“中介人”作用是由香港独特的地理、政治和经济条件所决定的。香港政府将香港定位于“背靠内地，面向世界”的经济发展路向，源出于此。

正视香港作为“中介人”的历史地位，其意义在于：①不仅仅就两地合作谈合作，必须联系全球经济社会的现实状况来谈两地合作。这有利于随时顾及世界经济发展的动向，及时采取各种有效的对应措施。②把握好两地金融业各自的发展趋势。我国加入 WTO 后，在内地经济迅猛发展下，对外开放度也将越来越大，这一方面给香港经济带来更多的商机，另一方面也会使香港的贸易、金融领域丧失一些份额，香港作为海外资金进入内地的中介地位受到一定的削弱。香港在经济全球化影响下，外向型经济的开放力度和对外依赖度也将随之扩大，香港各界在重视和加强与内地合作的同时，也会注重与世界各国、特别是东南亚地区国家的互相投资和贸易。当然，从发展看，两地金融业开放所产生的影响则是利大于弊，但两地合作中的这种变化是客观存在的。③从香港作为“中介人”的地位出发谈两地金融合作，有利于依据世界经济一体化的大趋势，分析双方内外条件和环境变化，切实确定双方融合的区域定位，真正建立牢固的经济协作圈，促使双方合作得以双赢，并且不断巩固和发展相互间的合作。

（二）坚持创新是两地金融合作的不竭动力

据经济学家统计，50 年前的世界 500 强，有 70% 已经在现在的 500 强行列中消失。然而，已有 100 多年历史的西门子却能长盛不衰而充满活力，其主打产品西门子手机在全球市场份额中雄居前列。为什么百年老牌的西门子永葆生机呢？其根源就在于坚持与时俱进，不断创新。它带给我们的一个重要启示：发展贵在创新。当今世界经济，抵抗风险冲击的能力显著增强，应对经济周期性变化也显得更富有弹性。深入分析其原因，这种转变无疑可归功于金融创新的帮助。所谓金融创新，实质上是指各种金融要素的重新组合。从某种意义上可以说，金融创新支撑着一个国家、一个地区甚至整个世界的经济。

以内地经济发展速度较快的深圳为例：深圳经济的迅猛发展，离不开金融业的支撑，很重要的一条经验就是深圳金融业敢于创新。就机构创新来看，第一家外资银行、第一家股份制上市银行、第一家法人持股的商业银行、第一家股份制保险公司、第一家证券公司、第一家外汇调剂中心、第一家中外合资经营的金融公司、第一家金融电子结算中心等都诞生在深圳。就业务创新来看，深圳第一个实现了银行之间业务的全面交易与竞争、第一个试行信贷资金比例管理、第一个推行金融资产风险管理、第一个组织大型项目的国内银团贷款、第一个涉足离岸金融业务、第一个发行了 B 股和可转换投资债券，以及国库券收益凭证、第一个建立银行证券卡等等。事实证明，深圳金融业是在不断创新中发展的，它为参与国内外金融业竞争做了前期准备和创造良好的基础。中国加入 WTO 后，面对激烈的竞争压力，应对严峻的挑战，内地金融业在加大创新力度、产品拓展市场、以优质服务赢得客户方面已出现了可喜的局面。

香港在金融创新方面，虽独创性不强，但具有对外来创新的强吸收能力，要比内地高出一个层次。近年来在体制创新方面，香港金融管理局采取了包括放宽撤销利率管制、简化三级发牌制度、成立金融基础设施督导委员会、加强银行内部财务管理和风险控制等措施。在金融机构方面，香港已将原联交所、期交所及 3 家结算公司合并成控股公司，成立香港交易及结算有限公司。在金融业务方面，及时采用如电子支付系统和自动提款机等国外创新技术，近年来还推出网上银行、电话银行和多方位的零售及批发性银行业务（如贸易融资、理财

服务、证券及金银买卖、经纪业务等）。在金融品种方面，在国际市场上运用的金融衍生工具中，有 80% 以上已被香港资本市场所采用。金融创新促使香港金融市场成为成本低、效率高、风险小、监管全球的最高标准、最为活跃的市场。

应该明确树立这样的理念：两地金融业的发展源于创新，两地金融业的生命力在于创新，两地金融业的高水平合作基于创新。

（三）以发展眼光审视上海和香港的国际金融中心地位

内地与香港金融合作中，有一个广泛关注和敏感的问题，即是“国际金融中心地位”

之争。具体说，香港为国际金融中心已是世人共知，近几年上海经济金融的飞速发展，能否成为国际金融中心？如果上海成了国际金融中心，那么香港国际金融中心地位能否保持？是否会变形或消失？

历史发展证明：一个国家或地区的金融发展与经济增长之间，存在着一种“平行关系”，即金融发展有助于促进经济增长，而经济增长又能反作用于金融发展。一个金融中心的建立，首先要以快速、稳健的经济发展作为基础。一个经济不发达的国家（或地区）要建立金融中心，特别是建立国际金融中心，是不可思议的事情。但是，从世界各国的实例分析，并非所有经济发达地区都能建成金融中心，金融中心的建立有其独特的发展规律：除要求高的经济发展条件外，还要依托一系列内外因素如地域位置、信息资讯、人文环境等等。而金融中心又是随着自身发展和这些因素的变化而变化的。

中国改革开放至今，2001 年中国 GDP 规模已达到世界第 6 位。据国务院发展研究中心专家预测，到 2020 年以后，中国的 GDP 总量有望超过日本，达到世界第二。上海银行业的主要经营指标在国内名列前茅，盈利能力一直是国内银行业的排头兵。上海现已发展成内地最大的金融龙头，上海要建立国际金融中心已形成共识，前景可望。在如此巨大规模的经济实力基础上，建立一个具有综合实力的国际金融中心也是历史必然。但要建立一个名副其实的国际金融中心谈何容易，它包括金融集聚、金融创新、金融安全、环境建设等诸方面，是一项十分复杂的系统工程。据专家测算，上海要赶上香港起码还需 15 ~20 年的时间。

香港大学饶余庆教授在《走向未来的香港金融》中对金融中心进行界定：金融中心是一个金融机构和金融市场群集，并进行各种金融活动与交易的都市。金融中心的一般性特征有 3 个：①都市。②金融机构和金融市场群集。③各种金融活动和交易市场兴旺发达。香港之所以能发展成为国际金融中心，因为它具备了按金融中心形成理论分析的 4 个方面的必备条件：一是具备金融中心形成的时区优势，即处于有利的时差位置；二是地点优势，其处于经济高速发展的亚太地区，尤其是背靠经济迅速发展的中国内地；三是具有交通、通讯等发达条件；四是港府的自由经济政策。香港国际金融中心地位能否保持和发展，取决于以上因素作用的发挥程度，而在当今世界金融一体化和金融业竞争加剧的状况下，还要看其在金融体制、金融产品、金融工具、金融监管等方面的创新程度，具有应对内外经济环境变化带来的“挑战”，具有集散和融通货币资金的能力，以及具有在国际金融市场上的综合竞争能力。

作为一个国家来说，有一个还是两个国际金融中心，既无定论，也无争论意义。关键是能否充分发挥自己的竞争力和影响力，国家才能真正起到国际金融中心的作用。从发展眼光看，内地金融业的改革开放，经济的发展和结构的调整，必然有利于内地与香港金融的进一步合作。其作用不仅使两地金融业联系日益加强，而且也有利于内地金融体系借鉴香港经验，尽快与香港金融制度相协调，与国际金融市场接轨。这些均对维护香港国际金融中心地位具有重要意义。

二、现实途径

内地虽地域庞大，经济飞速发展，但经济体制相对滞后；香港虽地域狭小，但“拥有最自由且发达的市场经济环境”。所以，两地应建立相互依存、优势互补、共同发展型的金融合作关系。在增创两地优势的基础上，努力拓宽合作渠道，将两地金融合作提高到一个新的水平。

（一）金融机构的互设

这是两地金融合作的前提条件。香港作为国际金融中心，有100余家大银行在香港设立分支机构。据统计，它囊括了全球100家最大银行中的85家，以外币收支进行的业务约占全部银行业务的70%左右，可见，香港的金融体系是以外资为主。内地应加强对外开放的力度，一方面继续引进外资金融机构设立分支机构，另一方面积极鼓励和支持内地金融机构到香港或通过香港向海外设立分支机构、财务公司、基金管理公司和合资银行等。这样做，有利于内地建立外向型和国际化的金融产业，同时也有利于香港金融中心地位的巩固和加强。

（二）业务经营的渗透

在这方面两地具有全方位、深层次的合作潜力。内地可借助香港金融界组织银团贷款、联合贷款、项目贷款、发行境外债券等引入资金，通过资金拆借及转让业务、开办外币兑换、进出口押汇、租赁、基金等多种融资业务，加速两地货币资金的融通。又如开办离岸金融市场业务，它既符合两地金融业的实际要求，又能巩固双方互助合作的力度。再如开办和拓展境外人民币业务、实施基金企业开放、创办合资基金管理公司以及互用金融创新工具等，有利于两地金融业务的渗透。在保险业务上，特别是再保险业，因香港对离岸再保险征税率比内地低，一般将再保险业务的基地设于香港，内地则设立分公司，负责业务的联系决策和主体处理，有利于降低再保险成本。

（三）支付结算的联通

两地经贸、金融、物流往来的密切和拓展，两地货币资金的支付结算问题迫在眉睫。具体的做法是：①在支付方式上力求统一。香港金融管理当局已将过去实行的隔日支付结算改变为“即时金额交收”的先进支付系统。内地应效法香港，使两地银行业的支付清算更符合国际市场规范化要求。②努力实现清算网络的全球化，密切两地银行间的直接往来关系，构筑“直通车”式的账户清算渠道，实现现代支付和结算系统的联机操作，有效快速地处理双方债权债务关系，提高资金使用效率。

（四）金融市场的衔接

根据金融市场本身具有的要素特点，两地金融市场的衔接应是全方位和相互渗透的。主要有：①货币市场的衔接。货币市场上运用的金融工具多样，且期限短、风险小、流动性强，两地应尽快接通交易网络、沟通融资渠道，实现双方短期资金的有效融通。②证券市场的衔接。香港证券业有逾百年的历史，现时的联交所已成为世界第八大股票市场，它拥有国际认可的上市条例、全员审查、监管措施以及完善的法律制度保障。内地证券市场虽发展迅速，但规范性差，股市结构不合理。所以应学习和借鉴香港证券市场的运作经验，积极创造条件，加大开放力度，积极探索采用收购、兼并、投资基金和证券投资等多种方式，开放 A 股市场，实现 A、B 股统一和两地证券互市。当前还特别应注意利用香港二板市场为内地中小民营企业和高科技产业上市融资提供平台。③外汇市场的衔接。香港的外汇市场交易名列亚洲第三位，内地可利用香港外汇市场进行储备管理，还可以考虑把香港发展为人民币远期市场的中心。这样做既有利于强化香港金融中心的地位，又能利用香港的市场基础来对冲人民币风险。

（五）两种货币的流通

人民币和港币分别作为两地的法定货币，当然应服从于其所隶属的货币管理当局的发行和管理。但由于内地和香港的密切交往关系而造成了货币过界流通和相互兑换，这既是两地货币流通的客观要求，也是两地经济联系日趋加强的自然延伸。据统计，每年有 5200 万人次港人到内地，并在内地消费，内地人也常来香港洽谈贸易、融资交易和观光旅游。据初步统计，两地共形成约 500 亿人民币流通量。基于事实，允许两种货币的自由流通和相互兑换，已不会影响两种货币的法律地位。今后在各自对两种货币交易和兑换的监管前提下，依据中国加入 WTO 后的承诺，可优先考虑两地货币业务的交易问题。

（六）金融监管的合作

香港金融业之所以取得辉煌成就，其原因之一是直接得益于健全的金融监管制度。香港银行业的监管，主要依托由政府部门为主、同业公会配合的高层次合作的监管体制。香港政府对银行业的监管，其核心是《银行业条例》的制订、修订，并通过金融监管部门严格执行。香港银行业监管制度的内容主要包括银行牌照或注册的有关规定，本地和海外分行（或办事处）及认可机构的资料披露，认可机构的所有权及管理，认可机构贷款和投资的限制，资本充足性、流动资金比率以及对认可机构的查账、审计、接管等多方面的规定。香港对金融衍生工具交易的监管也有一套新的风险识别和度量的新方法，应付金融突发事件的能力也较强。内地应多借鉴香港经验、加强两地金融监管机关和证交所高层主管的接触，逐步建立起有效的信息和风险管理系统，积极促进两地金融监管机制的正常运转和部门间的协调配合。

总之，在经济一体化的 21 世纪，内地与香港的金融合作有着势不可挡的广阔前景，这种合作是优势互补的合作，是市场竞争中的合作，也是互利互赢的合作。内地应凭借香港拥有“最自由市场环境”的优势，香港充分利用好“内地因素”，为共求合作、共同促进、共创繁荣做出贡献！

（原载《深圳大学学报》2003 年第 1 期，
人大复印资料 2003 年 6 月全文转载）

加大深圳金融体制创新力度

——访深圳大学中国经济特区研究中心主任曹龙骐教授

经过20多年的发展，金融业已经成为深圳的支柱产业，银行、证券、保险等行业的快速发展为深圳建设区域性金融中心城市奠定了良好基础。在中国日益融入世界经济的大背景下，金融业的发展事关深圳未来的发展前途，而金融体制的创新更受业内专家的高度重视。围绕着深圳应如何在金融体制方面进行创新，记者日前专访了深圳大学中国经济特区研究中心主任、金融学博士导师曹龙骐教授。

作为衡量金融实力的一个标准，深圳市金融机构人民币各项存贷款余额在过去的短短5年时间增长超过一倍，深圳金融业增加值占GDP的比重连续3年超过13%。与高新技术产业、现代物流业一起被列为深圳的三大支柱产业。5年来，金融业在推动经济结构升级，扶持高新技术产业方面发挥了重要作用。据统计，深圳企业流动资金的80%、企业基本建设投资的36%来自银行贷款，银行投入的资金占深圳市全部建设的资金的56%。再肯定成绩的同时，深圳金融业如何在国内外的激烈竞争中实现新的腾飞，成为我们面临的紧迫而重大的课题。曹龙骐教授在谈到金融体制创新时认为，深圳经济特区建立以来，深圳的金融业始终在创新中成长，例如最早设立外汇交易中心，在全国第一个创办股份制银行深圳发展银行和第一家股份制保险公司平安保险公司，最早在发展风险投资方面形成规模，最早实行贷款“切块”下达等等。正是凭借在金融领域的各项创新工作，深圳金融业为全国金融业的改革开放提供了有益的思路和借鉴。

体制创新作为一个重要方面，对于深圳金融业的进一步发展意义重大。曹龙骐认为，从表面上看，深圳乃至全国在金融业的发展上重增量贷款轻存量贷款管理，体制外干预过多导致金融企业内部搞活不足，金融业资本结构和公司治理不完善等，这些问题的出现实质上都与体制创新不足有相当的关系。因此必须将体制创新放到金融业各项创新工作的首要位置。

在体制创新的具体的做法上，曹龙骐认为深圳金融业应在机构、业务、品种创新的基础上，注重从世界金融业的发展演变中探索适应中国转型期国内金融业发展的新路，比如支持国内民营企业、个人及国外机构投资者入股，以促进国有金融企业的股份制改造和优化国有商业银行的股权结构。比如国外金融业“做大做强”的趋势已经被国内某些金融机构所借鉴，国内已经出现承担综合业务的金融控股集团。深圳应在建造金融业“航空母舰”上创新路，克服单一机构往往将资金运用限制在狭小范围内弊端，满足其资金增值的内在要求，增强规模经营效益，实现真正的风险与收益平衡。同时以此为契机，改善法人治理机构，推进金融业企业化经营，重点建设一批金融业内的龙头企业，带动深圳金融业整体水平的上升。

曹龙骐认为金融体制创新的第二个重点是通过货币市场、资本市场的良性互动，促进金融企业的兼并重组进程。他认为与创新的第一个重点相联系，兼并重组的深化是在做大做强的立意之上，一方面购并可以促使金融航母形成并成长，另一方面可以在企业竞争重组中挖掘各自企业的竞争优势，形成各自不同的核心竞争力，适应日益激烈的国际化竞争局面。

创新的第三个重点应放在金融监管的适应性调整上。曹龙骐认为，过于严格的金融管制、消极监管、事后监管、忽视效率的监管等已经严重压缩了金融业创新和发展的有效空间。因此，金融监管在不改变大的监管方向的前提下，应从单纯合规性监管向注重风险性监管转变；从维护金融安全监管提升到既要维护安全又能提高金融业核心竞争力的方面的转变；从注重单一监管方式向全过程、多元化、有重点转变；从一般性行政监管向健全法制、努力建立信用体系方面转变；从传统金融监管的行政性、内部作业向科学化、网络化、增加透明度转变。他认为，完善的金融监管体系应该包括政府监管、金融机构内部控制、行业自律、社会监管等 4 个层次，涉及风险防范、效益获取、法律规范、操作简捷高效等不同的层面。

曹龙骐认为，金融体制的创新还应该结合深圳本地的资源优势，利用毗邻香港的地理位置，通过深港在金融领域合作，推动创新的国际化步伐。随着中国加入 WTO，香港对内地金融业的作用开始弱化，但应该看到，香港金融业由于历史原因形成的优势对深圳的发展仍具有非常重要的作用。香港金融业的制度建设远远走在内地前面，因此借鉴香港金融业的一些成功经验，将有助于深圳发挥地缘优势的积极作用。

曹龙骐表示，无论是深圳还是全国，金融体制的创新都将是一个螺旋式上升的过程。深圳过去 20 年的创新不意味着深圳可以安于现状。深圳过去 10 年所面对的现实是国内各城市奋起直追，发展速度的下降就有可能被别的城市超过。增强金融体制上的创新力度将决定深圳金融业下一个十年在国内金融业的地位，关系到深圳能否继续保持创新活力和建成区域性金融中心城市。曹龙骐强调，金融体制创新先行，重要的是思路一旦确定就要迅速实施，在城市竞争、区域竞争日益加剧的今天，深圳的金融业在创新中发展已经时不我待。

（原载《深圳特区报》2003 年 1 月 25 日，记者王柯真访谈录）

改革金融监管先要打破银行垄断

由于各国金融系统的多样化，监管模式有很大差异。迄今为止，很难说存在一个最佳监管模式，正确的思路是在遵循金融监管有效成本最小化的前提下，依据自身国情，如变化中的金融格局、政治文化背景、相关经济体的理性程度、内部控制状况以及原监管模式延续等诸多因素，最终确定采用某种监管模式，而这种模式又是应诸多因素的变化而有所变化的。

我国现阶段金融监管中存在的冲突和疏漏，其根本原因也不在于监管机构的设置。由此，不宜过快选择统一监管模式，而应采取分步推进的思路，随着市场发育和监管成熟，再考虑建立统一的国家金融监管局。我国目前的金融监管制度属分业经营体制下的分业机构监管。具体说，我国央行仍承担着传统的银行监管职能，证监会和保监会分别负责对证券业和保险业的监督。这种金融监管制度安排与自 1993 年开始推行的分业经营体制是相适应的。当时的金融格局表现为金融结构简单、银行资产在整个金融资产中占绝大部分比例、证券市场和保险市场较为弱小、严格的分业管制、风险特征比较明显等。

近年来，随着金融深化的推进，银、证、保之间边缘业务的合作与创新已有所显现，在一定程度上突破了分业界限。呈现出金融结构多样化和金融风险复杂化的态势。我们认为，在推进金融监管制度改革的过程中，必须坚持监管的有效性，即以保证监管制度安排朝着有利于监管目标实现的方向进行，实现监管组织结构与目标的兼容性；成本最小化，即无论是分业还是统一，监管需要成本，推进监管体制改革本身也需要成本；前瞻性，即要顾及未来金融格局和交易结构的变化。

目前，我国金融监管制度安排的方案较多，具体体现在三个层面上：中央银行的货币政策职能与银行监管职能要分开，理由是央行的货币政策职能与银行监管职能存在冲突，以至于影响监管效率；单独设置银监会，与证监会、保监会并列，暂时保持分业监管的格局以适应目前分业经营的局面；专门成立“国家金融监管局”，与人民银行平级直属于国务院，证监会与保监会等监管机构并入国家金融监管局，成为金融监管的总牵头人，实施统一监管。

对以上三个层面的安排，我们认为：是否将银行监管职能从央行剥离出来，关键取决于中央银行的货币政策与银行监管是否存在利益冲突。从职能上分析，两者目标完全不同，货币政策目标是着眼于实现货币稳定，从而促进经济增长；而银行监管则是为保护存款者利益和确保银行业的稳健经营。当然，由于部门内设，两者存在一定的粘连度可能会产生冲突，表现为货币政策目标在一定情况下可能会优先于监管目标，而监管目标在一定时期同样也会影响货币政策目标，从而影响监管效率。但是，在我国现有国情下，中央银行自身独立性还不强，通过机构外设能解决双方粘连问题吗？能确保银行监管的独立性吗？值得怀疑。加上“另起炉灶”必须要花费监管成本，以及额外产生的“摩擦成本”，很难设想这样做会达到提高监管效率的预期目的。

监管的有效性取决于监管手段和监管目标的兼容性以及监管客体的内控制度，因为外部约束须通过内部控制起作用。从监管主体看，中央银行监管手段滞后对银行的监管仍以合规性监管为主。对已经出现的具有综合风险的金融工具和带有混业色彩的金融交易存在着监管真空的问题。从监管客体看，内控制度不健全是影响监管效率的关键，而我国国有金融机构目前客观存在信贷软约束、利润目标不强、内控失效、政府干预等弊端，显然这与金融监管之间存在冲突。

对于监管模式的选择，果然混业经营的潮流和统一监管的组织模式受到越来越多的重视，如英国、日本及一些北欧国家，它们认为统一监管能够获得“监管规模经济”，有利于更好地建立起信息沟通机制，以避免分业监管容易产生的监管冲突与监管疏漏等问题。但是，仍有一些国家坚持分业监管，最为典型的如美国，认为统一监管机构削弱了不同监管主体之间的竞争力，易诱发权力垄断和极端官僚主义，致使统一监管的潜在优势丧失。所以他们认为，尽管金融机构的全能化发展是大势所趋，不同领域的界限也在逐渐模糊，但在目前甚至在较长时期，银行、证券、保险三业之间业务类别及风险的性质有着显著的差别，统一监管模式在较好地解决一致性和协调性的同时，缺失了金融监管的差异性。

我国目前不宜过快推行统一监管，而应维系分业监管的格局，可通过设置协调方式，包括信息交换上的协调、法规上的协调、日常监督的协调、处理上的协调等来解决目前已存在的监管冲突与监管疏漏问题。这是因为，目前我国仍是分业经营格局，而且短期内难以改变，此时实行统一监管显然无法取得“监管规模经济”，反而容易导致权力的垄断和极端官僚主义的出现。从根本上说，我国目前金融业监管不力、效果不佳并不在于监管机构设置如何，而是在于金融监管理念不清、运作机制落后、立法执法环境不成熟、国有银行垄断局面没有打破等原因。

由此，对于我国金融监管制度安排，应采取分步推进的思路：从近期看：先应着力于打破现有的银行业垄断，引进市场竞争机制，实现银行运作机制的转换，推进产权改革，建立有效的公司治理结构，完善内控制度，生发出市场对银行监管的力量；转变监管理念，努力由合规性、机构性监管向风险性、功能性监管转变，让传递同样风险和收益信号的金融产品、金融服务以及金融市场受到相应的监管，让市场和竞争成为监管取得成功的决定性因素；逐步建立起由央行牵头的监管模式。央行内设协调机构，定期召开金融联席会议，实现银行、证券、保险在信息交换上、法规上、日常监督、处理上的协调；推进银行、证券、保险监管的专业化，加强金融监管职能的独立性，创建一套行之有效的金融监管法律体系及惩罚机制等。

从长期来看，随着市场发育成熟、监管经验积累和金融监管机构独立性加强，可考虑成立统一的国家金融监管局，按金融体系的基本功能来重组监管机构，实施统一监管规则，实现监管政策利于跨产品、跨市场、跨机构的协调，以及监管机构能够对其监管政策的成功与失败负责。

（原载《中国证券报》2003 年 3 月 3 日，作者：曹龙骐、张艳）

论金融功能的变革与深圳区域性金融中心的创建

环视全球，任何一个国家或地区的经济迅速崛起，无不重视金融业的发展和采取“金融先行”的战略方针。从某种意义上说，当代经济是金融经济，当今世界国家之争、地区之争、城市之争也往往集中表现为金融之争。在现代社会，无论是高科技、经贸、物流以及文化、人才等领域的开拓和发展，无不依托金融市场上货币资金流的运转和竞争。可见，金融业在整个社会经济发展中确实处于举足轻重的地位。正如小平同志所说：“金融是现代经济的核心”。我国改革开放进程中，各地在“金融立省、金融立市”的目标下，口号频率之高、花费精力之多，已令人瞩目。深圳市委市政府也明确提出：高新技术产业、金融业和物流业为深圳的 3 大支柱产业，加快深圳区域性金融中心的创建是当务之急。

深圳如何创建区域性金融中心？面对这一有关特区发展的重大紧迫而繁难问题，笔者认为主要应把握好以下两个方面。

一、世纪之交金融功能的重大变革说明，对传统金融的界定已经过时，现代金融业的产业性、先导性、风险性、服务型、知识密集型和资源配置型日趋显露

据考证，世界金融业已有一、二百年的重大变迁历史，从 20 世纪后期始，随着全球经济一体化和金融全球化，以及计算技术和信息技术的飞速发展，特别在一些发达国家，金融功能发生了一系列巨变，主要表现在：

（1）现代金融的战略地位得以极大提升。传统金融功能被简单地局限于“信用中介”，而现代金融的功能已扩张到证券、保险等领域。更引人注目的是，现代金融首先表现为全球战略问题，由金融业所经营的货币资金的同质性和全球经济的一体化、市场化趋势所决定，国与国之间、地区与地区之间的联系，主要依靠马克思称为“第一推动力”和“持续推动力”的货币作为“纽带”来实现。同时，现代金融也是一国的宏观战略问题，在市场经济条件下，一国商品供给决定了一定时期的货币需求，货币需求决定了货币供给，而货币供给又形成了对商品的需求。所以，一国货币供求的平衡大体上可演化为社会总供给和社会总需求的平衡，这一宏观平衡是国民经济健康、协调、持续发展的重要保证。另外，金融安全、金融霸权、金融创新、金融监管、金融市场等，都与现代金融功能的发挥密切相关。

（2）金融与经济相互渗透，互为因果。传统金融强调对经济的从属性、被动性和工具性，单纯认为“经济决定金融，金融反作用经济”。但现代经济作为金融经济，其资产和财

富的形式、各种交易方式和手段，经济关系和理念等，无不体现金融化的特征。金融不仅是经济的“一部分”，更重要的是“核心部分”，正如一位金融专家所说：“离开了金融的经济，已不再是现实的经济；离开了经济的金融，也不再是现实的金融”。所以单纯从“决定”和“被决定”的狭窄思维中去理解经济与金融的双向关系是远远不够了，还需要从不同的角度和方位加以研究考察。例如过去的“政治经济学课程”讲述“经济危机引起金融危机”，而近几十年来的事实证明，多数是“金融危机在先，经济危机在后”。又如我国经济体制改革中，客观上要求较多方面必须金融改革要超前于经济改革。

（3）金融创新层出不穷，金融监管难度加大。从理论上讲，金融创新是指金融领域内各种金融要素的重新组合。具体而言，是指金融机构为生存、发展和迎合客户需要而创造的新的金融体制、新的金融产品、新的金融交易方式、新的金融市场以及新的金融机构等。随着金融功能的变革、科学技术的发展以及金融电子化、工程化、自由化的进展，现代金融创新异军突起、层出不穷。据统计，目前全球金融衍生产品就有一千多种。但事实也告诫我们：作为金融发展动力的金融创新是把“双刃剑”，它既起到加速资本流通、降低金融成本、高效配置资源等作用，同时也造成了金融资产的虚拟化和金融风险的多极化，给金融宏观调控和金融监管增加了难度。

（4）金融体系日趋庞大、复杂。长期以来，传统金融仅指银行业，其业务范围也仅局限于货币信用。现代金融体系已是一个复杂的庞大系统。从组织机构看，有银行、证券、保险三足鼎立；从经营性质看，有经营性金融和政策性金融、间接金融和直接金融、宏观金融和微观金融、国内金融和国际金融之分。从其外延看，金融与政治军事、经济社会、财富资源、价格投资、财政税务、道德法律、科学技术等均存在有紧密的相关度，与此同时，金融企业的合并、兼并和重组风起云涌，各金融主体之间的融合和分裂时起时伏，促使有关权威部门公布的大金融机构的资产和利润排名榜不断刷新。总之，金融虽有其独特的运行规律，但其实质上是一国的国民经济问题和世界经济问题。

从世纪之交金融功能的巨大变革中看出，传统金融的观念和界定已经过时，现代金融的含义已远超越于传统金融，可简要概括为以下几点：

第一，现代金融业是一个先导性产业。现代金融业首先是一个产业，它在 GDP 构成中已有相当的比例和贡献，金融商品的交易量已大大超过了实物商品的交易量，金融业与一般企业一样，是法人治理，也讲成本和收益，同样交纳税收，也要“自负盈亏、自担风险”，所不同的则是其经营的是特殊商品—货币而已。现代金融业又是一个先导产业，这是因为：作为第三产业的金融业，它已向产业化、工程化和信息化为主要特征的龙头产业发展，其先导性在于它已发挥着社会经济的“核心指挥”和“大脑支配”功能，通过货币资金的分配和组合、利率汇率的调整、金融资产的选择、信息工具的提供等，不断拓展新的投融资领域，优化产业结构和产品结构，从整体上促使国民经济的快速、协调和持续发展。

第二，现代金融业是风险性产业。由金融业经营货币这一特殊商品性质以及金融机构的业务特征所决定，一方面要受制于国家货币管理部门的宏观调节和控制，另一方面它主要依托发展负债来增加资产，其必然涉及国民经济各个部门和千家万户。所以，一旦金融管理当局的宏观决策失误或调控失调，金融企业的经营活动失败，必将破坏整个社会信用资金循环的连续，导致局部甚至于整个信用链条的断裂，最终会引发货币信用和金融危机，由此造成整个社会经济的混乱。而且，随着经济金融全球化不断深入，虚拟金融资产的不断扩张和金融创新的层出不穷，金融的整体形态和变化机理都出现了重大变革，由此在金融风险的规模、频率、传导和扩散等方面也呈现一系列新的特征，促使金融风险的诱发因素增强，不确定性程度提高和复杂性增多。据有关资料，1980 年以来，世界上已有 120 个国家发生过严重的金融问题，耗资高达 2500 亿美元。可见，金融安全问题已是现代社会的一个重大现实问题。

第三，现代金融业是一个服务型产业。实践证明，金融业的一切经营活动的宗旨就是向社会公众提供各种金融服务，满足广大人民群众的需要。随着金融创新的深化、金融业务的拓展、金融电子化程度提高、金融服务水平将提升到一个新的层次。通过金融业的优质服务，也实现了金融业自身的价值和求得金融业更快的发展。所以，社会公众不仅是金融业服务的对象和市场，也是金融业生存之本、发展之根和竞争力之源。

第四，现代金融业是知识密集型产业。现代经济是知识经济，具体说是高度智能化、社会化、市场化和高度文明化的经济，知识密集型与技术密集型是先进生产力和现代文明的重要体现。作为现代经济核心的金融业是现代文明的重要组成部分。与其他部门相比，金融业是率先广泛应用计算机技术和网络通信技术等先进科技手段的行业，知识和技术含量高，需要具有相当水平和层次的人才与之相适应。特别是作为推动金融业发展不竭动力的金融创新，更要求金融人才必须以全新的理念和聪慧的头脑去面对现实，寻找有效的发展途径。

第五，现代金融业是优化配置资源的产业。传统金融理论将金融业划归为流通领域范畴，长期以来，连银行工作的同志总认为自己只是从事“收收付付、点点票子”的出纳会计工作，没有充分发挥货币市场、资本市场和保险市场的重大作用。其实，金融业既是一个流通范畴，也是一个分配范畴，从本质上来说更重要的是一个属于分配的范畴。马克思对“分配”的解释是它既是“生产物”的分配，更重要的更大量的是“生产条件”的分配。金融业从经济发展的战略出发，通过信贷、利率、汇率等经济杠杆的运用和金融资产证券化、重组兼并等手段，实现对“生产条件”的有效分配和对金融这种稀缺资源的优化配置。所以说，金融业在相当程度上是指人们从事资产配置的方式，其核心内容所涉及的主要是金融市场上金融产品的定价问题。

二、深圳要创建区域性金融中心，必须正视金融功能的重大变革，从国际化、市场化的视野出发，更新观念，采取一系列切实有效的措施

上述分析可见，现代经济是金融化的经济，它不仅仅表现为交易方式的金融化、经济金融化，而且随着世纪之交金融功能的变革，它还表现为金融业的产业化、工程化和信息化表现为金融工具和金融产品的多样化、个性化和虚拟化，表现为经营方式和手段的混业化、网络化、电子化和全球金融市场的一体化。

由此，深圳要创建区域性金融中心，必须更新理念，站在一个新的高度，努力实现金融运作的市场化、金融业务的国际化、金融操作的现代化。目标应是创建依托珠三角、搞好深港衔接、辐射华南地区的多功能、开放式、区域性金融中心。具体措施应当有：

（1）夯实基础：加快高新技术产业发展，重视经济结构调整，营造优良环境。事实证明，一个金融中心的创建，首先要以快速、稳健的经济发展作为基础。这是因为：一个国家或地区金融发展和经济增长之间，存在着一种“平行”和“促进”的关系，即经济增长促进金融发展，而金融发展又反作用于经济增长。历史证明，只有经济发达的地区或城市，才有可能实现金融机构和金融市场的群集，由此促使各种金融活动和交易市场的兴旺发达。设想一个经济不发达的地区或城市能成为金融中心是不可思议的。深圳在现有经济快速、稳定发展的基础上，必须加快高新技术这一骨干产业的发展，抓紧传统产业的升级换代，完善现有的经济结构，以夯实经济和金融发展的基础。

当然，历史也证明，不是所有的经济发达地区或城市都可以成为金融中心。建立一个名副其实的具有世界影响的金融中心谈何容易，它不仅包括金融集聚、金融创新、金融安全等方面，还包括时区优势、地点优势、交通通讯、环境设施、诚信道德、法律建设、政策自由度等，所以，构建金融中心是一项复杂而艰难的系统工程，切不能忽视营造有利于创建金融中心的优良环境。

（2）明确定位：界定好金融中心的区域定位和城市功能定位。作为一个区域性金融中心，其区域定位尤为重要，而区域定位又决定了作为金融中心的城市功能的发挥。我认为：依据深圳经济、金融发展的现状和趋势，创建金融中心的最强辐射面应是大珠三角经济圈（包括香港和澳门），这是因为：①从历史地理风俗看，粤港深之间地域相连、世代相传、习俗相近、语言相通、人流物流资金流频繁，目前正在形成相互依存、协作配套、日趋融合的都会经济区；②在珠三角都会经济内已拥有结成经济联盟的实力，具有相当的开放度和体制优势；③在金融机构互设、业务经营渗透、支付结算联通、金融市场衔接、两种货币流通、金融监管合作等方面已有相当的合作和发展前景。由此，深圳区域性金融中心的区域定位亦即金融中心城市的功能定位应是立足深圳，依托华南、衔接香港、辐射大珠三角经济圈。

必须指出，金融中心的区域性“界定”或城市功能定位并不是一种区域“限定”，深圳作为区域性金融中心，依据金融全球化的要求和金融业本身的运营特点，它与区域外的地区以至于整个世界经济，必然亦有不可分割的联系。在某种特殊情况下，由于经济上的关联和投融资需要，对区域定位以外的某些地区或城市也具有较强的金融辐射力。从某种意义上说，这样做会有利于进一步拓展区域内的金融业务，有利于加强区域性金融中心的建设和巩固区域性金融中心的地位。

（3）抓好关键：顺应全球金融一体化大趋势，组建金融控股集团公司，努力提高金融企业的核心竞争力。深圳要创建区域性金融中心，决不能离开全球经济、金融一体化这一大背景。特别是现代金融业投融资功能和战略地位的提升，金融业兼并重组风起云涌，各大经济区金融市场的相继形成、扩大和相互贯通，各国金融体制出现趋同化的走势，金融风险加剧和国际经济合作的强化等，加上中国加入 WTO 后面临的挑战和世界金融业由分业经营向混业经营过渡的大趋势，客观上要求我们在创建区域性金融中心进程中，从全球经济一体化、市场化的角度出发，不断更新理念，寻找有效的途径和对策，以适应变化了的新情况和新问题。其中，最关键的问题是如何提高金融企业的竞争力。

近几年，深圳金融业在完善法人治理结构、股份制改造、内部管理体制改革和业务品种创新等方面已做了大量工作，金融企业的竞争力有较大提高。为面对挥师直入、全副武装、超级规模的称为金融“巨无霸”的外资金融机构，紧迫的问题是深圳应在组建金融控股集团公司方面新出新的尝试。

笔者认为：深圳要在建造金融业航空母舰上创新路，可以从3个方面展开：①对现有的独资国有商业银行进行改造。已有的四家国有独资商业银行，应该说已称得上是金融航母，他们早已跻身世界500家银行之列，但必须看到，尚存在许多与现代商业银行运作机制相悖的弊端。如冗员过多，机制过死，资产质量偏低，经营管理水平差等等。为此，要首先树立现代商业银行的运作理念，下大力气引进先进的管理思想、管理方法和管理机制，构造有效的管理流程。在此基础上可以先选定2~3家优质银行作试点，进行产权制度改革，实行股份改造，成为产权多元化的国有控股公司，再创造条件上市成为上市公司：②提升现有优质非国有金融机构，分别在银行业、证券业和保险业内合并、重组几家具有相当规模的商业银行、证券公司和保险公司，“做大做强”，以提升竞争能力；③在现有分业经营体制框架内，加强金融同业之间在业务、技术和组织等方面的合作，通过优化组合达到资源共享、优势互补。总之，当今世界，只有致力于增强金融企业的竞争力，创建金融中心的目标才能成为现实。

（4）创出特色：加大金融创新的力度，办出区域性金融中心的特色。创新是金融业发展的不竭动力，也是金融业改革与发展的主旋律。深圳成立20多年来，在金融创新方面已取得明显成效。在金融机构创新方面，第一家外资银行、第一家股份制上市银行、第一家法人持股的商业银行、第一家股份制保险公司、第一家证券公司、第一家外汇调剂中心、第一家城市商业银行等等；在金融业务创新方面，第一个实现银行之间业务的全面交叉与竞争、第一个实行信贷资金“切块”管理、第一个试行信贷资金比例管理、第一个在银行推行资产风险管理、第一个涉足离岸金融业务、第一个发行了B股、第一个采用个人支付信用卡业务等等。这些，又都与深圳经济特区本身的体制创新有着密切的联系。

总结深圳金融创新的实践经验，笔者认为以下两点必须引起重视：①推进市场化进程，不断为金融创新开拓新的发展空间。从理论上分析，整个金融市场就是一个创新的市场，金融市场的发展过程也就是不断创新的过程。这是因为，创新本身来源于市场化条件下金融市场的需求，所以创新的思想孕育于市场、创新的动力来源于市场、创新的成败也由市场来检验。②以体制创新为先行为基础，推进金融业机构、品种、技术等领域的创新。这是因为，社会的发展过程无非是体制创新和技术创新的相互作用和交替过程，西方发达国家已是进入成熟的市场经济阶段，基本上完成了体制创新的过程，其往往将技术创新（对金融业来说可称资本创新）为重点是不言而喻的。但我国处于经济转换时期，金融业的资本创新只是一个重要前提条件，主要还是体制创新。正如党的十六大报告中指出的：“我们一定要适应实践的发展，以实践来检验一切，自觉地把思想认识从哪些不合时宜的观念、做法和体制的束缚中解放出来。”实践证明，不排除我国改革中的体制障碍，金融创新往往缺乏新的动力。就是在资本创新方面有所尝试，也往往因体制性障碍而形成扭曲和变形，没有能真正达到预期的创新效果。

创新才能发展，创新也才有特色。深圳创建区域性金融中心，一个更高的要求是通过创新如何创出特色。设想在依据深圳一大批高新技术产业和中小型民间企业飞速发展现状，金融业如何在搞好风险投资和二板市场的建设方面；在如何组建金融控股集团方面；在建立为中小企业投融资服务的有效机制方面；在金融业务品种创新方面等等，富有自己的特色，那么，深圳区域性金融中心必然会在不断创新中拥有强大的生命力。

（5）防范风险：转变金融监管理念，防范和化解金融风险，建立金融安全区。金融创新的核心问题是金融风险，而有效防范和化解金融风险的重要举措是强化金融监管。深圳要创建区域性金融中心，着力于建立金融安全区是一个不可回避的重大问题。

金融业是一个高风险产业。创建金融中心的目的果然为投融资创造有利环境和获取最大收益，但更重要的，是为建立强大的金融风险防御体系，求得一方金融安全。现代金融风险具有客观性、不定性、隐蔽性、复杂性等特征，从体制、业务经营、金融创新和诚信道德上防范和化解金融风险，是一个既重大又繁难问题，重要的是要强化金融监管，它既是实现金融安全的重要举措，也是创建区域性金融中心的重要保证。

现阶段我国金融监管的滞后，原因多方面的，但不能忽视的是：传统合规性监管、过于严格的金融管制、消极监管、事后监管、忽视效率的监管等，已严重扼制了金融业的创新和发展空间，直接影响金融业整体效率的提高。要适应现代金融功能变革的态势，金融监管必须有一个新的理念。主要有：①从单纯合规性监管向注重风险性监管转变。不可否定合规性监管的重要作用，但它仍停留在独立性严重不足条件下的行政式监管阶段，所以它毕竟是一种一般性、浅层次、现场的、静态的金融监管方式。而风险性监管则具有深层次、超前性、动态的特征，因为以风险为本的理念，有利于将监管模式与建立风险系统架构相结合：有利于围绕风险确定监管的重点、统一监管的标准、有效配置监管资源和其实评价监管的效果：也有利于建设风险性监管和合规性监管相结合的监管制度；②从单纯维护金融安全监管提升到既维护安全又着力于提高金融业竞争力方面转变。金融监管的根本目的，是通过对风险的防范，为金融业的创新和发展营造有利的内部和外部环境。那种单纯的为监管而监管，不讲效率的监管，实际上隐含着最大的风险。金融监管只有兼顾安全和效率，注重在监管中不断提出解决问题的切实有效的措施，将监管与强化法人治理结构、建立准入退出机制、提供优质服务等有机结合，才能真正达到提高金融业竞争力的目标，而竞争力的提高又是完善监管体制的关键所在；③要明确金融监管是一个庞大体系，是一个系统工程。这是因为：从其广度而言，它是一个包括政府监管、金融机构内部控制、行业自律、社会监管等多层次的庞大体系；从其深度而言，它是一个涉及风险防范、效率获取、诚信道德、法律规范和操作高效率的系统工程。

（6）寻求捷径：充分利用毗邻香港的区位优势，借鉴其创建国际金融中心的成熟经验，加快提升深圳金融业的国际化水平。深圳毗邻香港，近几年香港的经济发展几经起伏，遭受困难，但香港的核心竞争力依然存在，香港仍然是国际金融中心。作为一个国际的金融市场，它不仅是外资银行云集的国际银行中心，而且是全球第五大外汇交易中心、第七大股票交易中心、第五大金融衍生工具交易中心、第四大黄金交易市场、亚太地区最大保险市场和亚洲第二大基金管理中心。

近几年，香港在金融创新方面，虽独创性不强，但具有对外来金融创新的强吸收能力，要比内地高出一个层次。在体制创新方面，香港金融管理局采取了包括放宽撤销利率管治、简化三级发牌制度、成立金融基础设施督导委员会、加强银行内部财务管理和风险控制等措施。在金融机构方面，香港已将原联交所、期交所及3家结算公司合并成控股公司，成立香港交易及结算有限公司。在金融业务方面，及时采用如电子支付系统和自动提款机等国外创新技术，近年来还推出网上银行、电话银行和多方位的零售及批发性银行业务（如贸易融资、理财服务、证券及金银买卖、经纪业务等）。在金融品种方面，在国际市场上运用的金融衍生工具中，有80%以上已被香港资本市场所采用。金融创新促使香港金融市场成为成本低、效率高、最为活跃的市场。

同时，香港银行业也有一整套健全的金融监管制度，香港对金融衍生工具交易的监管也有一套新的风险识别和度量的新方法，对应付金融突发事件的能力也较强。

深圳要创建区域性金融中心，必须充分利用毗邻香港这一独有的区位优势，加强深港金融合作，依借香港拥有“最自由市场环境”的优势，借鉴香港建设国际金融中心的成熟经验，努力提升深圳金融业的国际化、市场化水平，以加快创建深圳区域性金融中心的步伐。

（原载《经济前沿》2004年第1期，人大复印资料2004年4月全文转载）

中国保险业：产权制度缺陷和改革路径选择

一、中国保险业产权制度缺陷分析

产权使用缺乏效率是中国国有产权普遍存在的致命问题。其主要症结就是产权不明晰、治理结构存在缺陷。由于中国保险业的经营主体绝大部分是国有保险公司，国有产权的各种弊端，在中国保险业同样存在，表现在：

（一）产权不明晰

明晰的产权是指产权的所有者是确定的且是唯一的，它具有排他性、完备性、可分割性和可转让性，表现为对财产的所有权、使用权、收益权和转让权的统一，以及权利与义务的统一。反之，就是模糊的产权。模糊的产权由于产权界定不清会导致交易过程的摩擦和障碍，必然会提高保险市场的交易费用，降低保险市场资源配置效率。同时，模糊的产权具有外部性并会产生“搭便车”问题，会降低保险公司生产经营的积极性与创新的主动性。总之，产权不清晰是国有保险公司竞争力不足，经营绩效低下的根本原因。

国有产权具有很强的外部性。因为，国有产权的所有权归国家所有，采取委托代理管理模式，由政府行使国有产权的所有权，但政府是由各职能部门组成，他们实际上属政府的二级代理人，对国有产权的使用以及经营成果的分配并不具有充分的权力。此外，各职能部门及其管理人员都有自身的利益，他们不是最终的风险承担者，因此，在行使国家权利时，为追求个人私利，往往偏离利润最大化目标。由此得出，国有产权具有很强的外部性是导致国有产权资源配置低效的重要原因。

国有保险公司的产权属公共产权，国有产权不具排他性，权利与责任不对等，加之难以产生有效的激励机制与监督机制，其结果必然是公司的经理层人浮于事，工作相互推让、责任相互推诿，也不能激发员工的劳动积极性。模糊的产权导致国有保险公司的低效率运行已被实践证明。

（二）治理结构不完善

公司治理结构是企业产权的具体表现，是一种解决公司内部各种代理问题的机制，是关于公司控制权与剩余索取权如何分配的一整套法律、文化和制度性安排。规范的法人治理结构由股东大会、董事会、监事会、经理层和相应的职能机构组成，其中，股东作为公司产权所有者，拥有投票权；股东大会是公司的最高权力机构，负责制定和修改公司经营方针、公司章程，审批公司年度财务方案、决算方案和收益分配方案等重大事项；股东大会选出董事会，董事会是公司的决策机构，代表全体股东对公司重大经营事项行使决策权；董事会选择公司经理层，经理层是董事会决议的执行机构，依照公司章程和董事会的授权，负责公司具体运作，对公司业务独立行使管理权与代理权；监事会是公司的监督机构，代表股东利益对经理层的经营管理进行监督。公司权力机构、决策机构、执行机构和监督机构之间相互独立，各司其职又相互制约。

发达国家的保险业经过几百年市场经济的发展，已形成相对成熟与完善的公司治理结构。中国保险公司尤其是国有保险公司由于产权制度存在缺陷，加之受到计划经济体制的长期影响，在公司治理结构上还存在诸多问题。国有保险公司还未能按照法人治理结构的要求运作，而治理结构的缺陷将导致国有保险公司内控系统、决策系统和执行系统的长期低效运行。中国原国有独资保险公司经过股份制改造和上市后，虽然股权结构有所改善，初步实现股权多元化，但由于国有产权仍占据控制地位，其他法人或散户投资者无法与之抗衡，仍存在较严重的公司治理结构问题；股份制保险公司虽然较早地实现了产权主体多元化，但主要股东大多是国有企业，起不到分散股权的应有作用，单一的产权结构加之国有股东缺乏对行使其股东权力的积极性，导致股份制保险公司同样存在治理结构的缺陷，表现在：董事长和总经理由一人兼任，不符合公司法人治理结构的要求；董事会、监事会的作用得不到充分发挥；所有者与经营者权、责、利不明，难以形成有效的监督和激励机制等方面。

（三）寻租腐败现象严重

寻租经济学的代表人物之一塔洛克认为，寻租指的是那种利用资源通过政治手段获得特权从而构成对他人利益的损害大于租金获得者收益的行为。寻租是个人或利益集团为了牟取自身经济利益而对政府决策或政府官员施展影响的活动，寻租的结果是增加了个人收益，但却没能提高甚至降低社会生产效率。国有产权不明晰、政企不分，为国有保险公司各级代理人提供了大量设租、寻租的机会。

作为国有保险公司代理人的经理层的目标函数是实现自身利益最大化，国有产权委托人的目标函数是国有资产的保值与增值。二者的目标虽不一致，但通过建立有效的监督与机制激励可以实现二者的统一。国有保险公司经理层的任职以及薪酬与经营业绩脱节，而且通常公司管理人员的所得远远小于其对公司的贡献，由此，当两个目标发生冲突时，国有保险公司由于产权主体虚置，并不能对经理层实施有效的监督与约束，降低寻租的风险或机会成本，客观上鼓励了经理层去追求寻租收益而无视公司效益。偏重于实现自身利益最大化而不是公司利益最大化。而且，当寻租的收益高于寻租的机会成本时，提高经理层报酬，给予股票期权以及个人荣誉等激励都将失去作用。因为租金一般存在于公共领域，公共领域的产权不明晰，产权所有者难以通过建立各种监督与激励机制减少代理人的寻租机会。

二、完善产权制度的改革路径

（一）实现股权结构多元化

解决国有保险公司产权模糊、公司治理结构不完善的根本途径就是实现产权结构多元化，建立现代企业制度。股份制是产权分割最清晰、最完整的公司组织方式，股权多元化是建立有效的公司治理结构的必要条件。著名经济学家吴敬琏认为，股权结构是决定公司治理机制有效性的最重要的因素，因为股权结构决定公司控制权的分布，决定所有者与经营者之间的委托代理关系的性质。发达国家的历史经验证明，公司股权集中度与公司治理有效性之间关系的曲线是倒 U 形，即股权过于分散或过度集中都不利于建立有效的公司治理结构。中国保险业产权制度创新的整体思路是：通过股份制改革和在资本市场上市，实现国内保险公司产权主体多元化，通过构建完善的公司治理结构，建立有效的激励与监督机制，提高保险公司的产权配置效率与经营效率。

（1）增资扩股，引进战略投资者。通过引入战略投资者，特别是民营投资主体与外资投资主体，对合理配置股权、优化股权结构，完善公司治理结构、监督机制与激励机制具有重要意义。由于股东过于分散会产生“搭便车”问题，从而使国有法人股存在产权主体虚置，由此，分散股东与国有法人股东都不能对国有控股方产生有效的牵制力。如果引入民营投资主体与境外投资主体，国家不再拥有国有保险公司的全部股权，既可以减少政府部门对国有保险公司的行政干预，减少政府部门与国有保险公司经理层之间的设租和寻租行为，又可以通过非国有股股东产权的硬预算约束，解决国有产权的软预算约束问题。同时，在产权明晰的情况下，一方面，资本的趋利本性必定驱使保险公司必须以利润最大化和公司价值最大化为经营目标；另一方面，通过股东自身权益的强化，会加强公司委托人与各层代理人之间的监督机制，减少保险公司的内部人控制现象，提高产权的运作效率。此外，通过增资扩股引入战略资本，不仅可以扩大保险公司的资本实力，解决部分保险公司尤其是国有独资保险公司偿付能力不足的问题，增强其市场竞争力，而且带来了新的创新和管理理念，最终带来公司业绩与股东价值的提升。

事实证明，民营资本与外资资本在产权制度上的优势为其入股国有保险公司提供了理论支撑与实践上的可行性，它可以提高国有保险公司的经营效率，而在政府供给主导型制度变迁中，制度变迁的方向、深度、广度、速度和制度创新方式的选择取决于政府的意愿和能力。国家作为一个“经济人”，并不是完全按照制度安排均衡与否以及制度变迁需求的大小来决定是否进行制度变迁，而是在有限理性条件下追求自身效益最大化。可见，在国家效用函数中，这一效率的提高要以国家部分或大部分丧失对国有保险公司的控制力为前提。因此，民营资本与外资资本入股国有保险公司的关键取决于政府对效率与控制力的权衡，取决于政府对国家效用函数中成本与收益的分析。

（2）通过资本市场上市改变股权结构。2000 年 1 月，国务院颁布的《保险公司管理规定》明确提出：“保险股份有限公司向社会发行新股，应当遵守《公司法》及国家证券监管的有关规定”。2000 年 11 月，证监会公布金融企业上市信息披露特别规定，为保险公司上市进一步奠定了制度基础。继中国人民保险股份有限公司与中国人寿保险股份有限公司海外上市后，相信会有越来越多的保险公司在国内或境外上市。在资本市场公开上市将是国有保险公司股份制改革的另一重要途径，其与增资扩股方式的不同之处在于：

其一，资本市场能够帮助保险公司在短期内筹集到足够的资金。资本市场已成为境外保险公司募集资本的最主要渠道之一。根据 Compustat PC Plus 1999 年的统计资料，在美国股票市场上，上市保险公司的市值占整个美国股票市场市值的比重达到27.18%。“9·11”恐怖主义袭击，给世界保险业造成大约400亿美元的损失，由此引发的经济衰退、股市下滑对保险业的打击更是雪上加霜。“9·11”事件后，世界上许多著名的保险公司与再保险公司都陷入了偿付能力的危机。但通过资本市场筹资，德国汉挪威再保险公司增资8亿欧元、美国丘博保险公司增资5.25亿美元，劳合社上市公司2003年的承保能力比2002年提高了36%。资本市场的特有功能促使资本市场成为保险公司筹集资金最有效的途径，可以帮助保险公司迅速恢复偿付能力，保证稳定经营。通过资本市场筹资，不仅可以增强国内保险公司的资本实力，提高其综合竞争力，而且在资本市场上市后，还可以通过送股、配股、发行新股和发行可转让债券等其他资本市场筹资手段进行再融资，为国内保险公司的资本运作提供更广阔、更高效的平台。

其二，股东可以通过资本市场对公司经理层进行监督与激励。保险公司上市后，首先，必须按照资本市场信息披露制度的要求进行信息披露，公司经营运作的透明度增加，公司的一切经营活动都将置于公众监督之下。此外，公司的经营业绩将直接通过股票的股价反映出来，如果股价过低，公司将面临被恶意收购的风险。而且，保险公司上市后，公司股票具有充分的可流动性，如果公司经理层经营管理不善，股东无法得到满意的回报，或者股东无法有效地对公司董事会与经理层进行有效控制时，股东可以通过抛售公司股票或收购公司股份的方式将公司的经营管理权转移给其他能够进行有效经营的经营管理者。所以，通过资本市场给公司经营管理者带来上述种种压力，可以促使上市保险公司的董事会与经理层自觉地按照股东利益最大化的目标从事经营活动，达到有效经营的目的。

（二）有序降低国有股份比例，由国有控股公司转化为非国有控股公司

国有控股保险公司的股权结构虽然优于国有独资保险公司，但在国有控股保险公司中，其他投资方在董事会中只有很少甚至没有董事席位，公司的董事会、监事会以及经理层的大部分人员仍由政府委派，在此情况下，国有控股保险公司很难使保险公司的股权产生实质性变革，也难以改变其约束软化的内部机制和提供公司治理结构有效运作的条件，具体表现在：

（1）由于国有控股公司的最大股东仍是国家，政府必然还要干预公司的经营，而国家产权是由具体的某些政府部门行使，政府有关部门有行使国家产权的权力，却不是最终的风险承担者。可见，政企不分问题仍然存在。

（2）国有控股保险公司的董事会成员与经理层的大部分人员仍由政府任命，政府官员有选择公司董事会成员与经理层人员的权力，却不必为其决定承担责任。因此，在政府官员与保险公司经理层之间的权力寻租现象仍得不到抑制。

（3）运行有效的公司治理结构要求公司控制权与剩余索取权的分配应尽量对等，国有控股保险公司的剩余索取权归国家所有，经理层拥有对公司的控制权却没有剩余索取权。因此，无法形成对公司经理层的有效激励，必然导致经理层的短期行为，内部人控制现象仍得不到解决。

（4）政府具体部门在行使国有产权的权力时，由于既没有剩余索取权的激励，也不必

承担相应的风险，没有足够的激励与约束去监督董事会与经理层的行为，因此监督机制也难以有效地发挥作用，没有监督机制的约束，将加重国有控股保险公司的内部人控制现象。

十五届四中全会通过的《中共中央关于国有企业改革和发展若干重大问题的决定》指出："股权多元化有利于形成规范的公司法人治理结构，除极少数必须由国家垄断经营的企业外，要积极发展多元投资主体的公司。"中共十六大进一步明确，"除极少数必须由国家独资经营的企业外，积极推行股份制，发展混合所有制经济"。我们认为，保险业并不属于关系到国家经济命脉必须由国家垄断经营的行业，因此，对保险公司没有必要一定要国家控股，而是通过产权制度改革引入其他投资主体，形成对控股方的牵制作用，通过其他投资主体的硬预算约束解决国有产权的软预算约束问题。所以，适当降低国有产权的占股比重，实行股权多元化，有助于从总体上提高国有产权主体的人格化程度，保护产权利益方面的积极性与主动性，以达到确保国有资产的保值增值的目标。

（三）完善保险公司的治理结构

公司治理结构分为内部治理结构和外部治理结构两部分，其中，内部治理结构是指以股东利益最大化为目标，由股东大会、董事会、监事会和经理层组成的组织结构；外部治理结构指通过竞争性市场对公司进行间接控制的机制，包括客户市场、资本市场、经理人市场以及相关的市场与法律约束机制。

就完善公司内部治理结构而言，要求保险公司从决策者到经营者各部分各司其职、相互制衡，以减少保险公司多层委托代理关系中的代理成本，减少内部人控制现象，提高公司的经营效率。保险公司股东大会的职能是负责选举董事长与董事会成员和兼并、分设以及发行新股等重大事项。董事会专门负责制定公司的利润目标、长期发展规划和重大经营决策，确保公司的经营符合股东利益最大化的原则与股东资产增值的愿望，但不参加公司具体的经营决策，也不干预公司经营，董事会拥有公司经理层的任免权，并通过建立严格的监督机制与有效的激励机制，使经理层的利益目标函数与公司股东的利益目标函数尽可能保持一致。公司经理层是执行董事会决策的执行机构，是公司的最高管理层，主要解决经营过程中的具体经营管理问题。公司应实行总经理负责制，由总经理按照董事会和最高管理层确立的规则，将决策权分配给公司各层组织单位，总经理通过激励遵守规则的人或惩罚违反规则的人来执行这些规则。为减少"内部人控制"问题，董事会成员构成中必须设有一定比例的外部独立董事，充分利用独立董事独立于股东、独立于经营者、独立于公司利益相关者的独立性和特殊地位，监督和约束公司的董事会和经理层，最大限度地保护股东和公司利益。监事会专门负责监督公司董事会成员与经理层人员是否尽职尽责，监事会要充分发挥自己的监督职能，确保董事会与经理层的经营决策与行为不会侵犯股东的利益。

就建立与完善保险公司的外部治理结构而言，首先，要求建立充分竞争、公平有序的保险市场，政府与监管部门要减少对保险市场的行政干预，促进与维护市场的公平竞争，引导保险市场向垄断竞争的市场结构转化，"如果没有竞争性的市场以形成反映企业的经营绩效的充分信息，经营者侵犯所有者的问题同样得不到解决。无论层次多寡，代理人都可能违背委托人的意愿。而当一个竞争性的市场解决了充分信息问题之后，每个层次的信息是透明的，责任也是明确的，委托一代理关系就不会因为层次不同而有什么差异”（林毅夫，2002）。其次，要建立充分竞争的经理人市场，保险公司的经理层拥有公司日常经营的决策权，但不拥有剩余索取权，也不承担经营风险。他们承担自身的人力资本风险，那些努力经营、以股东利益最大化和公司价值最大化为经营目标、并取得成功的经理人，其经营的成果将通过个人人力资本价格的上升得到奖励。那些以权谋私侵犯股东利益、经营不善的经理人就会受到人力资本价格下降和社会地位下降的惩罚。为在激烈的竞争中实现其自身人力资本价值的最大化，经理层必定会克服道德风险和经营行为的短期化，不断通过市场创新实现公司资产增值与效益的增长。所以，建立充分竞争且发达的经理人市场，将有利于保险公司的长期发展和经营效率提高。最后，必须进一步健全与完善关于规范保险公司股份制改造、上市与经营运作的法律法规体系，既要确保保险公司的股份制改造与上市的顺利进行，也要确保经营失败的保险公司安全退出市场。

（原载《广东金融学院学报》2004 年 10 月第 5 期，
《中国评论》2004 年 11 月号全文转载，作者：曹龙骐、张琳）

重视深圳基金业发展中存在的问题

基金业是金融业的一个重要组成部分，它具有高透明度、高交易效率、组合投资、专业化管理特征。通过创新，促使基金业与银行业、保险业、信托业相互竞争，共同合作，以推动我国整个金融市场的稳健发展。从这一意义上说，基金业创新不仅是自我创新，而且关系到整个金融业的创新和发展。

伴随着深圳经济的快速发展和改革开放的逐步深化，作为深圳经济发展三大支柱产业之一的金融业，已经占据深圳 GDP 比重的 10% 左右。而深圳基金业的发展尤为迅速，目前在深圳的基金管理公司已有 20 多家，已拥有 1500 亿元的基金资产总规模，占全国总量的一半以上份额。深圳市政府在 2002（深圳）基金论坛上明确表示，要将深圳的基金业作为金融业的一个重点，深圳要建成中国的基金中心，政府将努力营造基金业成长壮大的优良环境。

从创新的角度看，应该说基金本身就是一个金融创新品种，而基金业的开放又是基金业体制创新的一个重要方面。目前我国开展的双 Q 制度，即 QFII（合格境外机构投资者）和 QDII（合格境内机构投资者）以及 CDR（存托凭证）等，这些都是我国转轨时期证券市场一种过渡性的基金型金融创新。它的重要意义不只是为我国证券市场增添了增量资金，更重要的是这一金融创新：一是给市场投资以新的理念。QFII 这一重量级机构投资者入市，它所显现的成熟性和市场性，在完善法人治理结构、强化对市场的渗透、规范经营行为、重视和保障中小投资者利益以及提供更直接和自主的市场准入方式等方面，会形成新的价值理念；二是为推进中国证券市场的成熟增添了新的动力。因为它的加入在一定程度上起到减少股市非理性波动的作用，降低股市与宏观经济相背离的程度，从而增加了市场的有效性和稳定性；三是有助于促使中国证券市场进入一个新的阶段，至少会改变长期以来我国股市独立于国际市场之外的状态。

一、存在问题

不可否认，深圳基金业的发展是主流，但具体深入分析，目前还存在不少需要解决的问题。

（1）与目前股票市场一样，基金业同样存在信息不对称的问题，投资人仍难了解基金的行情，加上按规定过去的封闭式基金“一管十年”，这使管理人成了“老大”，而基金投资者很难有说话的权力，终使法人治理机构扭曲，本来理想中“机构投资人”仍然变形，甚至导致连现行的开放式基金投资者也存在有大量“赎回”的现象。

（2）封闭式基金高折价，折价比例长期维持在 30% 左右（西方国家为 15% 左右），使其已陷入穷途没落的境地。

（3）按现行规定，基金管理公司可依据基金发行规模收取1%－1.5%管理费，即使基金做亏了也得收管理费。这一制度客观上形成基金规模越大基金管理公司收益则越多，基金管理公司在“旱涝保收”的“利益至上”驱使下，很容易形成“只关心基金规模，不关心基金效率”的弊端。同时，也造成一定程度上的行业垄断，其后果是一方面使新得基金发不出去，另一方面表现为基金管理水平低下和宏观效益下降。

（4）现在的基金管理公司和证券公司之间存在有“你中有我、我中有你”的事实，共同操作、相互托盘，只讲联合，不讲竞争，这也是与市场发展规律相悖的。

从以上剖析不难看出，其深层原因还是一个因体制性障碍问题所造成的市场化程度过低的问题。由此，解决问题的根本途径应该是：深化改革，构建市场化的新型投资基金管理体制。

二、对策建议

（1）促进原有的封闭式基金向开放型转化，以有利于增加基金投资者的透明度和开放度；

（2）改革现行基金“不管经营好坏，管理费照提，而完全由投资者承担风险和损失”的做法，建议采用与效益挂钩收取管理费的做法。

（3）营造以大众投资者为主要目标的基金市场导向，实行差别化供给策略，在账户管理。产品设计、费率结构和服务模式上要对市场进行细分；

（4）切实转变政府职能，积极探索新的投资基金管理方式，改善投资和融资的环境和条件；

（5）继续实施基金业开放政策，为推进我国基金业市场发展增加新动力、新理念。

从深圳基金业的发展中可以看出，创新是金融业包括基金业发展的不竭动力。但在“创新”的背后，还往往存在由于长期以来形成的“体制性障碍”所带来的“陈旧”。如果不引起重视和坚持深化改革，所谓的“创新”也不过是漂在水面上，终究可能被“陈旧”所吞没，导致传统做法的回归。看来，说改革是一场“革命”，创新是一个不断推进的过程，确是符合实践的真理。

（原载深圳特区报编《领导参阅》2004年11月25日第11期）

2005 年

内地与香港金融合作：以“融”为主以“管”为重

香港回归后，内地和香港的合作，关系到两地的稳定和发展，意义非常重大。

内地与香港如何合作？抽象地说，内地应依借香港拥有的“最自由市场环境”优势，因为香港已具有成熟的市场经济体制，法制健全、开放度大、机制灵活、核心竞争力依然存在。特别是近两年，香港经济展现强劲复苏势头，无论在强度、广度和深度上都进入一个新的发展阶段。而香港则应充分利用好“内地因素”，即中央政府的全力支持、广阔的地域支撑和丰厚的市场资源。

内地与香港合作的重心在何处？随着内地改革开放政策和香港经济转型，两地的合作已逐渐成为互惠互利的紧密关系。由于服务业（包括金融、贸易、物流、旅游等行业）是世界主要国家规模最大的产业，也是中国经济全面开放的重要环节，对有效“整合”制造业和加工业起到先导和带动作用。特别是在 2003 年 6 月实施 CEPA 框架下，服务业的融合已成为两地合作的首要选择。

金融作为现代经济的核心，在世纪之交金融功能发生历史性变革，已从一般的第三产业向产业化、工程化和信息化为主要特征的龙头产业发展。事实证明：内地与香港无论在经贸、物流、资讯，以及人才、文化等方面的合作关系，都离不开货币资金的互动和金融市场的依托。可见，内地与香港的合作重心在服务业，而两地金融的合作是重中之重。几年来的实践证明，如何将两地金融合作推向一个更高的水平，是一个紧迫、繁难而又重大的课题。笔者认为，如何进一步深化内地与香港金融合作，主要从以下两个方面着手。

一、以“融”为主：进一步扩大两地金融合作面，努力创新金融体制和金融产品，创建两地货币资金流通新渠道，在融合中获取双赢

应该说，内地与香港金融的合作在金融机构的互设、业务经营的渗透、支付结算的联通、金融市场的衔接、两种货币的流通等方面已进行了全方位且有成效的合作。但是依据内地和香港经济快速发展的要求，为适应全球经济和国际金融市场的变化，还需将两地的合作推向一个更高的层次。就目前看，主要有以下几个方面：

（一）挖掘金融合作潜力，促进两地业务经营渗透

在这方面，两地具有全方位、深层次的合作途径。一是内地可借助香港金融界组织银团

贷款、联合贷款、项目贷款、发行境外债券等引入资金，也可通过资金拆借及转让业务、开办外币兑换、进出口押汇、租赁、基金等多种业务，加速两地货币资金的融通。二是通过开办离岸业务、设立境外人民币业务、实施基金企业开放、创办合资基金管理公司以及互用金融创新工具等，强化两地金融业务的渗透。三是可在保险业务上，按 CEPA 规定条件，实现香港居民在内地执业、组团进入内地保险市场、参股内地保险公司等。同时，在再保险方面，因香港对离岸再保险征税率比内地低，内地一般将再保险业务的基地设于香港，公司仍设在内地，具体负责业务联系和处理，这有利于降低再保险成本。

（二）建立跨境金融服务系统，提升两地金融服务水平

按习惯做法，跨境金融服务的前提条件是金融机构的互设，即一方面内地加强对外或境外金融机构的引进，另一方面内地金融机构到海外设立金融机构。而在现有 CEPA 框架下，两地服务业可在对方设立公司或分公司，同时香港服务业企业可直接到内地接洽有关公司和业务。这样做，有利于提高两地服务业进入市场的方便度。银行业在服务业中占重要地位，也是受惠最多的行业，但现时香港银行要申请到内地新设或增设分行营业，最快要到 2006 年，要申请经营人民币业务更要等到 2008 年。建立金融跨境服务系统，不仅可以通过“有形”也可通过“无形”通道，快速完成业务交易，有利于提升两地金融服务的水平。

（三）拓展金融市场融合途径，实现两地良性互动

由金融市场所具有的要素特点所决定，两地金融市场的衔接应是全方位和相互渗透的。前几年在货币市场、证券市场和外汇市场上的衔接已做了不少工作，并取得一定成效。目前的重点应该是：①融合两地的债券市场。内地改革开放以来，债券市场基本上是在封闭的环境中发展和成长，尤其是企业债券市场长期处于压抑状态。而香港虽是全球最具有活力的金融中心之一，但其债券市场在全球和亚洲地区优势并不明显。其实，一些发达国家发展资本市场大多以发展债券市场为先导，且其规模亦大。如美国 1999 年企业债券发行超过 2500 亿美元，是同期股票发行量的 5.8 倍。2000 年，美国有 199 家企业通过发行股票融资，有 1592 家企业则通过发行债券融资总额高达 5066 亿美元，为同期股票融资总额的 16 倍。又如日本的债券市场规模是香港的 78 倍。当然，以上国内外数据对比并不确切，国外的公司债券大多指民营企业和私营企业发债，发债主体以自己的资产做担保，我国企业债多半是国有企业债，但尽管如此，国外重视企业债券市场的作用仍值得借鉴。内地政府和国有金融机构可利用香港优良的金融基础设施在香港发行债券，还可通过中央政府发行外币债券；香港方面也可根据自身需要在内地发行债券，还可通过 QFII（合格境外机构投资者）和 QDII（合格境内机构投资者）投资两地的债券市场。这样做对完善两地证券市场结构、提升香港金融竞争力和国际金融中心地位都具有重要的战略意义。②增强内地企业在港创业板上市的吸引力。香港创业板市场于 1999 年 11 月 25 日建立以来，主要是全球科技股市场行情逆转，几经周折，一度市值从最高峰 250 亿美元滑落到 80 亿～90 亿美元。但“风雨过后是彩虹”，香港创业板已面临新的转折。内地现有 800 万家企业，其中全国高新技术开发区的企业有 1.8 万家，具有丰富的创业资源。以民企为主的内地企业在香港创业板上市，不仅有力地支

持香港建立起一个新的融资平台，更重要的是通过这一平台的规范运作，促使内地民企优化企业结构、规范财会制度和加快拓展海外市场。③外汇市场的衔接。香港外汇市场交易名列亚洲第三位，内地可以利用香港优质高效的金融基础设施进行外汇操作，利用香港外汇市场进行外汇储备管理，还可以考虑把香港发展为人民币远期交易市场的“中心”。这样做，既有利于强化香港金融中心的地位，又能利用香港外汇市场进行灵活运作以对冲人民币交易风险。

（四）拓展人民币个人业务，完善人民币回流机制

据初步估算，现时人民币在港一年的流量约达700亿元之多，人民币已成为仅次于港币的第二大交易货币。随着CEPA的实施，内地到香港的人民币流量将大幅增长。到2005年底流量有可能达1500亿元。可见，两地的密切交往关系而造成的货币过界流通和相互兑换，这既是两地货币流通的客观要求，也是两地经济联系日趋加强的自然延伸。根据中国人民银行发布的公告，2004年起开始在香港银行试办理个人人民币业务，其范围包括人民币存款、兑换、汇款和银行卡业务等四类。这一举措不仅开启了内地与香港之间人民币业务通过银行体系流动的新渠道，也将越来越多的在港流通的人民币纳入“体内循环”。更重要的是，对拓展香港银行兑换和存款综合业务的发展空间，促进两地经济金融的进一步融合，巩固香港国际金融中心的地位均具有重要意义。与此同时，随着金融全球化的趋势，各国金融机构从事本国货币之外的其他外币存贷款业务逐渐兴起，一些国家的金融机构成为各种外币存贷款中心，这种活动统称为离岸金融，它是金融市场全球化、国际化的高级形式。当然，开办人民币个人业务不涉及人民币贷款和投融资业务，它与开设人民币离岸中心不是一回事，但至少会提供一些前期性配套性尝试。在香港开设人民币离岸金融业务，使它拥有无穷无尽的源头活水，有利于人民币资金的高效便捷回流，这为内地资金走向国际，为两地的持久融合和发展，将产生重要影响和深远意义。关键问题是，内地应积极为香港创建人民币个人业务回流机制和做好清算安排，创造条件加快人民币在资本项目下的可兑换，那么，在香港开设人民币离岸业务也是水到渠成之事。

（五）疏通两地货币流通渠道，建立“清算高速公路”

事实证明，随着内地和香港两地经贸、金融、物流业的日趋密切和不断拓展，实施有效的支付结算，能使金融产品交易，以稳妥、迅速及具成本效益的方式完成。就大珠三角区域看，粤港之间、深港之间已开通粤深“外币实时支付系统”与香港“港元即时支付系统”，成功实现联网，1月18日起，中国银联开办内地“银联”人民币卡在香港地区使用业务。这意味着粤、深、港之间企业和个人可以通过这条“清算高速公路”，实现港币结算“即时到账”，使粤深港之间形成了票据（支票、汇票）、银行卡和港币实时支付系统三位一体的结算体系。今后还应努力实现清算网络的全球化，建立电子汇兑结算系统，构筑“直通车”式账户清算渠道，实现现代支付结算系统的联机操作，以更有效快速处理双方债权债务关系，提高资金使用效率。

以上5个方面的分析可以得到以下启示：内地与香港金融合作以“融”为主，才能产生规模巨大的和可持续发展的效应。但需要说明的是，在世界经济一体化和金融全球化背景下，由金融业本身具有粘合性、扩散性和连结性的特征，以及香港作为国际金融中心起着“内地—香港—世界”的“中介人”地位所决定，内地与香港的金融合作看来都体现两地双向互动的关系，但实际上也体现与全球经济的密切联系。所以，两地合作决不能就合作谈合作，必须正视香港作为“中介人”的重要地位。在两地金融合作中一定要联系和顾及世界经济金融发展动向和环境变化，及时分析双方合作的内外条件，把握两地金融业发展趋势。事实证明，在此基础上的合作才是符合实际的，因而也是科学的。

二、以“管”为重：正视金融业具有高风险的特征，客观承认两地金融体制和管理水平的差距和差异，切实采取有效的监管措施，实现两地金融合作的稳定发展

香港与内地金融合作以“融”为主，它是两地合作的前提条件。但必须正视金融业特别是现代金融业具有的高风险特征，同时，要确切了解两地的金融体制、业务经营、监管水平以及法律制度等方面既有差距也有差异。如何在“一国两制”框架下，在“管”字上下功夫，确保两地金融合作的稳定和有效，的确是一个不容忽视的大问题。以笔者看，主要有以下几个方面：

（一）借鉴香港监管经验，增强监管理念

香港金融业之所以取得辉煌成就，其重要原因之一是得益于健全的金融监管制度。香港金融监管以法治为根基，分别拟定适用于银行业、证券业、保险业的法律制度，建立两个各司其职的金融监管机构，即金融管理局（金管局）和证券及期货事务监察委员会（证监会）。香港的金融监管，主要依托由政府部门为主、同业公会配合的合作监管体制，以此架构起一个公平、合理、严格、缜密的金融监管体系。香港金融业着重金融基础设施如法律体系、会计制度、审计制度、信息披露机制、交易与结算系统的建设，且根据变化的情况适时进行修订。如近几年由香港立法会通过新修改的《银行业条例》、《证券与期货条例草案》等，体现了港府不断变革创新的高远策略。香港银行业监管制度的主要内容包括银行牌照或注册的有关规定，本地和海外分行（办事处）及认可机构的资料披露，认可机构的所有权及管理，认可机构贷款和投资的限制，资本充足性、流动资金比率，以及对认可机构的查账、审计、接管等规定。香港对金融衍生工具交易的监管也有一套新的风险识别和质量评估方法，对应付金融突发事件的能力也较强。内地应多借鉴香港经验，加强两地金融监管机关和证交所高层主管的接触，逐步建立起有效的信息和风险管理系统，积极推进两地金融监管部门的协调配合和正常运转。

（二）高度重视人民币境内外流通的管理，维护人民币的良好形象

人民币与港币分别作为两地的法定货币、两种货币当然应服从于其所隶属的货币管理当局的发行和管理。香港人民币业务已经开始，人民币在香港市场上的流量也在不断增加。但必须看到，两地利率市场化存有差距，且香港与全球金融市场整合为一，如果两地货币流通

处理不当或产生问题，一方面有可能被大规模套利行为所利用，另一方面会影响中央银行货币政策的独立性、调控力和采取应急措施的有效性。当务之急一是要考虑如何将其纳入金融统计监测的框架，完善货币统计，全面、及时、准确地把握人民币境内通流的流量、存量和渠道变化。二是尽快建立人民币清算体系，以堵截大量人民币经地下钱庄等手段回流内地，以抑制对内地商业银行产生的冲击。三是要进一步加强人民银行与香港金管局在反洗钱和打击人民币假币之间的合作，加强两地钞票印制和防伪性能方面的技术交流，以维护法币的信用和形象，防范腐败分子和不法商人将香港作为侵吞国有资产和公众财产、资本外逃和转嫁风险的“中转站”。

（三）处理好金融开放和金融监管的关系，实现两地货币资金流动的互补和配套

随着内地与香港经济金融的日趋融合，由于两地经济金融体制和管理水平客观存在的差距和差异，两地金融市场对接和货币资金交易中会随时出现一些新情况和新问题。例如：①内地居民赴港炒股问题。随着“个人游”的启动，加上规定内地出境携带现钞和外币标准提高，内地银行又开办“境外消费、境内人民币还款”业务提供方便等，且港股吸引力大，由此，赴港开户炒股的内地居民大有人在。据了解，这些股民大多炒期货，其次是买六合彩，还有的是参与变相赌博等；而港股没有涨跌幅度限制，中长线股票投资“天高皇帝远”，入股风险甚大。就法规来说，内地居民赴港炒股还涉嫌违反外汇管理规定，也有的与洗黑钱、私募基金、地下钱庄等有联系，这又关系到国家金融安全问题。②“地下保单”问题。CEPA 框架下，内地放宽到港旅游，不少内地居民通过“自由行”的方式前往香港购买保险，即所谓“地下保单”，购买者多为有相当经济实力的客户，其种类主要是返还型的投资分红、年金、保障型和医疗型险种，如继续扩大，务必使内地资金大量流失，也会造成洗钱的嫌疑，必然影响两地金融秩序和金融流通的稳定。

由此看出，两地的“融合”果然重要，也会产生双赢的效率。但在“融合”背后，因为两地体制和环境方面的诸多不同，客观上存在有复杂性和困难性，这就要求我们在“一国两制”，理论指引下，在 CEPA 框架下，处理好两地金融合作中的摩擦和问题，共同维护金融体系的稳定。

（四）加强两地金融监管机构的联系，逐步建立起有效的信息和风险管理系统

内地和香港两地金融合作的基本条件，一是要使市场有足够的货币资金流通量，二是要确保市场监管达到国际水准。这两个条件缺一不可，相辅相成。没有流通量的监管，监管就没有必要和失去意义；而没有监管的流通量，必然冒有巨大的风险。香港的经验说明，金融立法、自由流通和严密监管，是成就其国际金融中心的三大法宝。目前重要的是要加强两地监管机关的常规性接触，加强在金融业和金融产品创新方面的交流和合作，加强对市场跟踪监测，逐步建立起有效的信息和风险管理系统，积极促进两地金融监管部门间的协调配合，确保监管机制的正常运转。

（五）创造有效监管的前提条件，营造有效监管的良好环境

实践证明，金融监管理念的转变和金融监管措施的实施，是促进金融业稳健发展的重要

因素，但单靠金融监管是难以达到预期目标的。重要的还要创造有效监管的前提条件，如稳健且可持续的宏观经济政策、完善的公共金融设施、有效的市场约束、高效率解决金融问题的程序，以及提供适当的系统性保护（或公共安全网）机制等。与此同时，营造良好的内外环境也十分重要，如两地金融人才的培训和提高、两地政府的经常接触和协调配合、保持经济发展的稳健态势、重视两地金融法律与制度的对接、建立完善的社会信用体系等。只有这样，监管才能真正有效和达到预定目标。

总之，在全球经济一体化和金融全球化的 21 世纪，内地与香港的合作已显示出势不可挡的广阔前景。这种合作应是优势互补的合作，是在市场竞争中的合作，也是互赢互利的合作。由此，两地的金融合作既要坚持以“融”为主，又要坚持以“管”为重。只有这样，内地与香港才能真正为共求合作、共同促进、共创繁荣做出贡献！

（原载《深圳大学学报》2005 年第 1 期）

改革创新是深圳发展的“根”与“魂”所系

深圳经济特区已经走过了25个年头。从昔日的边陲小镇巨变成欣欣向荣的现代化城市；从“速度效益”奏出的华彩乐章到“和谐深圳”、“效益深圳”步入良性循环；从建立之初主要靠加工贸易培育一个新兴城市到今天以高新技术为主导的工业，以物流、金融为主体的现代服务业，以及商贸交通、旅游、房地产和文化产业的全面发展；从“杀出一条血路”的闯劲、“时间就是金钱、效率就是生命”的特区理念到构划“以人为本”、“自主创新”、“和谐社会”的宏伟蓝图。这一切，实实在在地展示一个无可否定的真理性结论：改革创新永远是深圳经济特区发展的“根”和“魂”，寻觅“根”“魂”是25年来深圳人唯一的最好的选择之路。

一、改革创新是中央赋予特区的历史使命

深圳命运的逆转，起始于1978年12月召开的中共十一届三中全会，这次会议的主题是决定把全党工作重点转移到社会主义现代化建设上来。当时，以邓小平同志为核心的党的第二代领导集体认定，要彻底解放生产力，必须撬动并推开旧体制这块如磐巨石，唯一的出路是实行改革、开放、搞活的政策。为加速这一进程，我国改革开放的总设计师小平同志深谋远虑地提出：“可以划出一块地方，叫作特区。”所以，举办“特区”，就是党的第二代领导人新的思维和勇气的总结和升华。创办特区，本身就是改革创新之举。

由此，经济特区创立之初，中央就明确指出特区要冲破传统体制的束缚，“杀出一条血路”，给深圳的定位是“技术的窗口、管理的窗口、知识的窗口和对外开放的窗口”，并赋予特区一定的试验权。在当时历史状况和环境条件下，为保证深圳特区很好地实现中央的重托，也给予一定的优惠政策，但“体制转换”、“窗口”和“试验场”始终是深圳特区发展的主要定位。在特区跨越式发展时期，江泽民同志代表中央提出“四个不变”，勉励深圳特区“增创新优势，更上一层楼”，“努力形成和发展经济特区的中国特色、中国风格、中国气派”。党的十六大以来，以胡锦涛总书记的党中央高度重视深圳的建设和发展，要求加快发展、率先发展、协调发展，强调特区要在制度创新和对外开放方面继续发挥“试验田”和“示范区”的作用。温家宝总理要求深圳要增创新优势、走出新路子、实现新发展、办出新特色。可见，改革创新是中央赋予特区的历史使命，深圳经济特区本身就是改革创新的产物。特区始终以改革创新为宗旨，融改革创新为一体，改革创新是深圳发展的“根”和“魂”。

二、改革创新是深圳特区发展的基本内涵

遵照中央的重托，特区人不负众望，在特区初创时期，在社会主义市场经济体制方面勇敢地进行了一项又一项的改革试验，如土地有偿转让、劳动用工制度改革、价格管理体制改革、企业股份制改造、行政管理架构和职能改革等等，既创造了举世瞩目的“深圳速度”，也对后来全国建立社会主义市场经济体制框架产生持续和深远的影响。

党的十六大报告指出：要“鼓励经济特区和上海浦东新区在制度创新和扩大开放等方面走在前列”。这几年，虽没有优惠政策了，就深圳看，在制度创新和扩大开放等方面坚持先行先试和勇于创新，取得了不少新的探索和尝试，例如：

（1）在体制创新方面。大型企业的国际招标、完善和规范国有资产营运与监管体制、加大国有资本从一般竞争领域有序退出、大力发展民营经济、政府采购的扩大和提速以及实施新的房改制度、医疗制度、户籍制度等方面已进行了一系列改革，收到了较好的成效。

（2）在“引进来”、“走出去”方面。深圳结合自身的产业升级的需要，着重引进先进技术和完善关键设备、努力改革投资环境，拓宽投资领域，提高引进外资的质量和水平，注重引进海外各类专业人才和智力资源，积极鼓励和支持有比较优势的各种所有制企业对外投资，带动商品和劳务出口，形成一批有实力的跨国公司和著名品牌等方面，也做了不少工作。

（3）在人才选拔方面。在目标模式上从“以人选人”转向“以制度选人”；在遴选方式上从“相马”转向“赛马”；在选拔方法上从“评官”转向“考官”；在决策机制上从“少数人选人”转向“让群众更多地参与”；在监督手段上从“暗箱操作”转向“阳光作业”。

（4）在政策职能上。总体上要求从无限型转为有限型，从管制型转为服务型，从“部门性”转向“公共性”，从制定政策与提供服务不分转向二者相对分离。

（5）在文化管理体制上。从办文化为主转向以管文化为主；从管文化服务机构和文化设施为主转向以管全社会文化为主；以行政手段为主转向以经济和法律手段为主。

（6）在发挥地域优势方面。一是利用深圳毗邻香港的优势，依借香港拥有的“最自由市场环境”，坚持以“融”为主、以“管”为重的原则，努力加强在金融、贸易、物流、旅游等方面的合作。二是深圳作为国内国际跨区域性经济合作的枢纽，正在充分发挥其承外启内和辐射带动作用。三是深圳地处东南亚开放的前沿，注重积极推动中国与东南亚地区的合作，借“中国一东盟自由贸易区”启动之机，为实施跨国区域合作最终走向世界做贡献。

以上这些超前探索，有力说明深圳特区的“窗口”、“前沿”、“辐射”和“示范”作用不仅仅依然存在，而且正在不断地拓展。改革创新是深圳发展的需要，也是深圳发展的“根”“魂”所系。深圳的定位就是改革创新，过去如此，现在如此，将来还是如此。

三、关键要有“特”的本事和能力

实践证明：改革创新的具体体现就是特区要不要“特”、特区能不能“特”、特区如何“特”。总之，如何将“特”字的文章做足。

曾几何时，一些人对深圳要不要“特”产生疑惑，主要原因是中国加入 WTO 后，我国政府已有承诺，不再在经济特区实行有悖于 WTO 原则的政策。这意味着，深圳在政策环境方面与全国其他地区相比不再具有明显优势，由此推测：“特区已不再‘特’了”，“特区没有存在意义了”。其实，优惠政策对特区发展来说固然重要，但事实说明，没有改革创新的勇气和胆量，深圳不可能有如此辉煌和影响力。所以，在当时历史条件下对特区实施一些优惠政策，毕竟是从属的、配套的，从发展眼光看，也不可能伴随特区的始终，所以也不能以此来作为评判“特区存在与否”的唯一标准。实际上，优惠政策取消后的这几年，原来的优惠政策仍起后续作用，另外一些政策优势又在不断增强，特区“体制转换”、“窗口”、“试验场”的作用依然存在。

在目前中华大地万马奔腾你追我赶的改革开放年代，改革创新必然也是他们的必选之路，一些省份和城市成绩卓著，过去相对落后的省份和城市也紧追不舍。后人可以突破前人，别人也可以突破我们，真谓“前有标兵，后有追兵”。由此，也有些人担心：特区就不会有特别的地位了，特区也不“特”了。我们认为，对此不必自暴自弃，面对这一形势，一方面应十分注重吸取先进地区的经验，取其“真经”，博采众长，补己之短。结合特区的实际，既找“差距”又明“差异”，以丰富和充实自己，不断提高特区要“特”的本事和能力。另一方面，坚信事物总不断向前发展的，改革创新无止境，且特区二十多年的发展也拥有了一定优势，特区总有“先”可创、“特”可写。重要的问题是要以“创新之勇、争天下之先”的大无畏精神，坚持不断开拓创新。上述两个方面看来，特区人应深感紧迫性更强、责任更大，任务更重。

当然，特区要“特”、能“特”，并不单纯理解为要独辟蹊径和为“率先”而“率先”。“特”，更要遵循科学发展观。这既是特区的使命所决定，也是特区自身发展所需要。特区是中国的特区，从区域发展来说，它与相关区域存在着多方位密切联系；从发展经济学的角度分析，具有地区之间资源组合和优化配置的问题。所以，特区的发展绝不是孤立的，一定要将她置身于珠三角、泛珠三角、全国甚至于世界这个大环境中加以考察和安排。特区要继续“特”下去，既要充分发挥“内力”的作用，也要借助来自包括港澳台在内的国内诸方面“外力”的作用，由此获取更多的“双赢”和“多赢”，为特区的改革创新提供厚实的基础和拓展更大的空间。

用与时俱进的观点分析，事物总是在不断变化中前进：世界在变、国家在变、特区也在变。形势的发展不断催生特区人新的责任感和使命感，如何在广度和深度上延续改革创新这一根脉，使它提升到一个更高的境界和层次，唯一的出路是坚持改革创新。所以只有持之以恒地在“特”字上下功夫、做文章，不断锤炼特区人敢“特”、能“特”的本事和能力，才能不负众望，再创辉煌！

四、必须有超前的意识和创新理念

真正要做到市委提出的“特别能改革、特别能开放、特别能创新”，必须有超前意识、创新理念和敢闯精神。本人认为，按照科学发展观的要求，结合深圳当前的实际，以下方面应特别关注：

（1）在经济快速发展、资源约束矛盾日益凸显的状况下，如何实现经济发展模式，由粗放型向集约型、数量型向质量型、物质型向知识型、资源型向生态型转变。逐步摆脱“土地空间、能源水资源、人口重负、环境容量”四个“难以为继”的局面。

（2）树立“规划立市”的观念，大力引进先进的规划理念和设计方案，突出规划的方向性、长远性和根本性，充分发挥规划的龙头地位和先导作用，制订好深圳社会发展的“十一五”规划、城市总体规划和其他专题性规划，为实现“和谐深圳”、“效益深圳”提供切实科学可行的“蓝图”和“路线图”。

（3）在打破垄断，市场准入、资金供应、政策法律等方面体现公正、公平的原则，以推进民营企业、私人企业的发展，真正建立以国有企业为主导、民营企业为主体的多元化的所有制结构和社会主义市场经济体系。

（4）继续深化体制创新，构建科学的衡量社会经济发展的指标体系，准确反映经济增长、资源消耗、环境变化和社会发展的实际情况。并在此基础上建立解决实际问题的长效机制，如产业调整政策、社会成果分配体制、进人用人体制、社会保障体制、管理体制、法律体制、评估体制等，真正使深圳走一条绿色、健康、协调发展的道路，成为一座环保生态型城市，知识文化型城市、最适合人居的城市、最适合创业的城市。

（5）在产业布局和结构调整上，深圳如何进一步发挥自身的环境优势、技术优势、产业链优势、企业家群体优势，形成开放的产业结构体系，降低对自然资源依赖的产业发展格局和建立充满活力的产业互动机制。

（6）“以人为本”是科学发展观的核心所在，也是改革创新的主要动力源。具体在如何解决“育才”、“聚才”和“用才”三者的结合上，在如何进一步挖掘人才资源的潜力上，在如何运用科学的人才评估机制、激励机制和淘汰机制上，在加强社会人才集聚的同时如何致力于创办特区自己的名校。

（7）现代化、国际化是一个城市发展的本质和价值体现。深圳如何在城市的实力、能力、活力、潜力和魅力等方面走在前面，加速这一过程的实现。

（8）在政府职能转变方面，如何树立政府管理新理念，寓治理于服务之中，寓监管于协调之中，以民本、法治、责任、效能为衡量标准，完善政府操作流程，塑造服务型政府形象。

（9）充分发挥深圳现代服务业蕴涵的潜能，切实推进一些垄断性行业、公用事业、文卫等社会事业、物流业、金融业、涉外事业的体制创新和技术创新，推动其步入世界体系，以提供更广阔的发展空间和更高层次的合作竞争。

（10）深习“关内”“关外”有“差距”，但也有“差异”。如何在加快推进城市化、一体化基本要求框架下，善于发现各自的优势，在求真、务实、互补中获取“关内”“关外”的全面协调发展。

（11）在深港合作上，两地如何在实施 CEPA 框架下，以服务业为重点，实现全面而有重点的融合，为确保两地合作的稳定和有效，谋求两地合作共同促进共创繁荣。

（12）深圳是一座移民城市，已经形成竞争向上的氛围和灿烂的移民文化，但这是问题的一个方面，绝不能忽视它对营造相互交融、和谐安定的局面带来的一些负面效应。

（13）改革创新即是一项伟大的系统工程，也是一个涉及和调整各方利益的紧迫而繁难的课题。既要防止“改革创新”的背后，还往往有由于长期以来存在的“体制障碍”所带来的“陈旧”，也要允许纠正试错和探索过程中出现的过失。

总之，深圳25年的实践向世人深刻展示：辉煌在于改革创新，希望在于改革创新，出路也在于改革创新。物竞天择，适者生存，面对不进则退的内外形势和艰巨繁难的改革发展任务，深圳只有在不断改革创新中才能超越自我、追求和谐、才能继续前进，永葆“特”的生机和活力。

（在市“改革创新与经济特区使命”研讨会上的发言稿）

谈对商业银行全面风险的认识和防范

又回到母校，备感亲切。感谢大会给我的邀请。我想围绕本次论坛的主题，就商业银行风险及其管理问题谈两点看法：

一、关于对商业银行风险的认识

金融是现代经济的核心，而商业银行体系又是整个金融体系的核心。可见，商业银行的风险管理是整个安全的关键所在。

但是必须认识到：商业银行的风险是生来俱有的，也就是说，商业银行的经营活动只要存在一天，风险就不可能消亡。这是因为：

（1）与一般企业不同，商业银行是作为经营货币的特殊企业，货币所拥有的同质性、流动性、虚拟性等特征，决定了商业银行作为经营风险的特殊企业而存在。

（2）商业银行虽然拥有巨额而丰富的人、财、物质资源，但都是从属的、内部资源，真正给商业银行带来财富的资源是外部的客户资源。所以，从一定意义上说。客户群体的状况决定银行的生存死亡。

（3）银行信贷资金的运动本身就是一个周而复始、循环往复的过程，运作中各个阶段不间断地交替和重合，有可能使某些问题并不直接和马上显露出来。

（4）商业银行的经营会导致更多的“两头”效应：一头是其负债业务结集众多的储蓄者；另一头是其资产业务连着广泛的投资者。储蓄和投资这两个群体既相依存又相对立，即都以对方为生存之源，但时而会产生总量上的“差距”和结构上的“错位”，促使“风险”隐患滋生，甚至突然爆发。

（5）中央银行和商业银行应是整个信用创造中的两个连体，而实际上商业银行是存款货币创造的主要运作机构，并可以通过对中央银行施加压力来实现其预期的信用创造目标，以此强化其资产的扩张性和虚拟化。通过这种信用扩张和货币贬值，实现对非银行体（包括亿万民众）的全面索取求得自身新的平衡，甚至还有可能虚升其额外利润，与此同时也会掩盖其即期和持续发展的问题。

（6）在经济一体化、金融全球化的条件下，银行风险的传染性日趋凸显，由此时常会引起跨行业、跨地区、跨国间连带关系，而这种影响往往使“风险”既难以目测有把握不定。

（7）一些国家特别是发展中国家在经济转型时期，政府的“过度干预”或“特权保护”。往往也使银行风险“暂时过缓”或名义上的“消除”。

如此等等，对银行风险的认识结论应该是：

（1）绝对的“零风险”是不存在的，关键是如何防范和化解风险时刻保持“挑战风险”的准备，决不能采取“漠视”风险的态度。

（2）对商业银行来说，也不要刻意去追求“零倒闭”，重要的是要建立一套切实有效的退出机制。

（3）任何“控制”和消除银行风险的说法都是不现实的，重要的是“防范”和“化解”。

二、关于商业银行风险的防范和化解

通常我们分析银行风险，其成因多关注巨额不良资产、资本市场风险、支付危机、经营性危机和道德危机等，这些，当然是重要的。我觉得可否将观察问题的视野更拓展些，我认为以下几点也必须引起重视。

（1）注重从源头即“以人为本”上下功夫。其实道理很简单，金融稳定的关键是要遵循科学发展观，因为科学发展观的内涵就是要实现经济社会协调、和谐和稳健发展。而科学发展观的核心是“以人为本”，无论是建立金融稳定的长效机制，无论是打造商业银行核心竞争力，人的因素的提高是关键的关键。因为人是制度创新和技术创新的原动力。据统计，近年发生的经济案件，80%出自银行部门，其中80%又出自县级银行行长以上的干部身上。所以，对待银行风险，再不能老是亡“羊”补“羊”了，一定要亡“羊”补“牢”，重视从源头上即“人”的培育上着手，才能真正实现降低和化解风险。

（2）对银行风险要进行结构性分类。过去我们在认识或处置银行风险时，往往过于笼统，要知道就银行风险而言，表面上看来出自银行本身，但背后有多种复杂因素，涉及一个金融内外生态环境问题，据社科院对2001—2002年我国不良资产形成原因调研，由于国有商业银行内部管理原因形成的不良贷款只占全部不良贷款的20%。可见引起银行风险的，可能是由于一国宏观战略调整或体制创新的滞后；可能是国有企业的违约；可能是政府对银行的行政干预或结算性调整，也可能是市场形势变幻而形成，当然也排斥由于银行本身的问题。

但是，如果笼而统之地认识和处置银行风险，不利于我们了解不同类型风险的特征、分清不同类型风险的责任，更重要的是，不利于采取相应和有效的防范和化解银行风险的措施。

（3）重视资源约束对银行稳定的影响。众所周知，资源约束已危及全球经济发展，我国在资源约束和经济增长方式落后并存的状况下，应尤为关注。

以深圳特区为例，2004年GDP跃上3422.8亿元，较特区成立初期增长1800倍，年均增长28%，计算每平方公里创造GDP1.75亿元。但目前资源约束问题已相当严重，具体说是四个“难以为继”：一是土地空间有限，按传统速度模式“难以为继”；二是能源资源“难以为继”；三是城市人口不堪负重“难以为继”；四是环境承载力“难以为继”。所以如何达到经济效益与社会效益、生态效益统一，是一个严峻而重大问题。而现代银行是资源配置的先导性企业，这又必须建立在现实资源存在为基础。很难设想，一个资源匮乏、难以为继的国家或地区能保持持续的金融稳定。

（4）认识时滞与银行稳定。金融学原理告诉我们：货币政策从制定到获取收效，需要经过一段时间，也称货币政策时滞。认识时滞是指从形势变化需要货币当局采取行动到它认识到这种需要的时间距离，它取决于货币当局对经济形势的预见能力。

但是，到目前为止，我国还没有一套科学的评价国民经济状况的指标体系，由此往往对形势难以做出正确的及时的判断。就此次宏观调控而言，理论界给予的信息也是相对混乱的，目前经济是“热”是“冷”把握不定，由此，使货币当局认识时滞的时间距离拉长，影响货币政策的目标、手段和效应的实现。

由此，建议设置一整套有层次的符合实际的科学评估国民经济状况的指标体系。初步设想，所谓“一整套”，即单一指标肯定不能说明国民经济庞大系统中的诸多问题，就是用多种指标，也有一个如何选择的问题。所谓“分层次”，必须主次分明地设立基本指标，辅助指标和潜伏性指标等；所谓“科学的”，即不仅要有静态，还要顾及动态；不仅要有数量指标更要顾及质量指标。

事实证明，对形势的正确判断，一是一国宏观决策的基点和起点，对银行风险的识别和化解具有决定意义。

（5）处理好商业银行创新和资本市场的关系。当今世界，经济一体化和金融全球化，加上以电子计算机技术、通信技术和互联网技术的广泛运用，猛烈地冲击着传统商业银行的生存方式、管理理念和经营战略。随之，商业银行创新既是其生存的需要又是发展的必经之路。通过创新，放松金融管制的条件，改变金融基本要素的配置，提供新的金融业务流程，导致国际金融市场的发展，引发高收益流动资产的产生，增强金融中介机构之间的竞争，大大提高负债对利率的敏感度，引致了新的金融工具，如期权期货、利率互换、掉期等新的金融工具和手段的不断出现。

反过来，当前多层次资本市场的发展，股权分量的建设，资本市场结构的完善和品种的丰富，也会使商业银行以此为契机，实施银行企业的股份制改造，处理好历史遗留的问题，实现商业银行储蓄分流、缓解银行风险。所以说，可见，商业银行创新意义深远，它紧密连着资本市场。事实证明：商业银行创新热，资本市场也热；商业银行创新冷，资本市场也冷。此次论坛以“商业银行创新与资本市场”为主题，我认为筹办者经过精心策划和考虑的，也是很有现实意义的，在此衷心祝愿论坛圆满成功。

（在中南财经政法大学“2005 中国金融与投资论坛”上的发言）

2006 年

中国股市晴雨表功能辨析

近来，人们对“股市是国民经济晴雨表”这一常规性命题提出质疑，甚至有人得出一个简单的结论：股市作为综合反映国民经济晴雨表功能不仅“失灵”而且“丧失”了。如何评价和分析中国股市的晴雨表功能，我们从股票市场与国民经济的相互关系上来理解和认识股市作为晴雨表的功能，并就股市作为国民经济晴雨表这一反应机制中的3个组成部分，即晴雨表、国民经济和股市加以剖析，探讨近几年中国股票市场与经济增长背离的原因，从而提出3个基本观点：一是不能简单否认中国股市晴雨表的功能；二是股市晴雨表具有一定特殊性，而且作为反映体的股市和作为被反映体的国民经济，具有诸多复杂多变的各种因素，三是要使中国股市晴雨表功能全面反映，还需以进一步深化改革为依托。

一、股票市场与国民经济的相互关系

国民经济周期变化决定了股票市场及其上市公司的运行，反过来，股票市场表现也会对国民经济的发展产生影响，这是股市晴雨表功能的理论基础，也是我们正确理解和认识股市作为晴雨表功能的基础。

（一）国民经济状况是股票市场运行的基础

国民经济表现良好，股票市场不可能长期低迷；国民经济不景气，股票价格整体水平也难以持续上涨。国民经济主要通过以下几个方面对股票市场产生影响。

首先，国民经济的周期性变化，对上市公司的经营业绩产生重大影响。业绩是股票市场的基石，经济繁荣时，市场需求旺盛，价格上涨，产品产量、销量增加，许多上市公司的利润出现较大幅度的增长，股票具有投资价值，股票价格在增量资金推动下上升，大量新的企业以较低的成本上市融资；当经济不景气时，市场需求疲软，会使许多上市公司的生产经营出现困难，产品产量、销量减少，造成利润下降，甚至出现亏损，股票不具备投资价值，股票价格必然下跌，即使在投机炒作影响下，短期的股价上升最终会回归下跌，此时新的企业上市融资成本加大而且难以上市。

其次，国民经济的周期性变化，会影响股市的资金供求关系。与其他金融市场一样，股票市场表现受资金供求关系的直接影响：市场资金充足时，可以推动股市上涨，市场资金匮乏时，会造成股市下跌。在国民经济繁荣、停滞、衰退、复苏的不同阶段，股市的资金供应会相应出现不同的松紧变化。经济繁荣时，个人收入增加，银行银根松动，在上市业绩预期

增多情况下，市场入市投资资金充足，造就了股市的繁荣；经济调整时，整个社会的资金供应紧张，可流入股市的资金随之大幅度减少，股市呈下跌的走势。

（二）股票市场反映国民经济的发展变化

首先，股票市场是社会资金由储蓄转化为投资的重要通道，股市筹融资的多寡对国民经济发展具有重要的作用。股票市场的良性发展会降低企业融资的成本，便有更多企业上市融资，必然加速储蓄向投资转化的速度和范围从而加速经济的增长。1997 年至 2000 年前，美国科技企业 85% 的融资来自于处于高涨期的 NASDQ 市场，这对美国经济持续多年高增长低通胀的运行发挥了重要作用。股票市场低迷，企业难以上市融资，融资成本加大，减少了社会资金由储蓄转化投资的数量从而制约了国民经济的增长。自从 2001 年 NASDQ 市场泡沫破裂后，科技企业融资额急剧下降，这是美国经济近几年来进行调整的重要因素。从我国股市 10 多年发展整体来看，股票市场累积筹资额近 8000 亿元，对中国国有企业的改革和国民经济的持续快速发展起到了积极的推动作用。

其次，股票市场具有价格发现和资源配置功能，对国民经济的结构调整起到促进作用。在趋利因素作用下，股票价格变动是投资者挖掘各种市场信息后投资选择变化的反应。所谓股市的基本分析，就是投资者对国民经济的波动、产业结构调整、企业经营等方面基本信息的收集、整理、分析的过程。股市的高度流动性能够立即反映市场的这些基本信息，并引起股票价格的变动尤其是不同股票不同时间此涨彼跌的结构性调整。可见，股市价格变动实际上是一种价格发现机制，通过这种价格发现机制，能够及时向社会反馈信息，给决策者和投资者以导向，有时甚至是警示，促使他们快速调整自己的经营策略和具体做法，这对国民经济而言，又是一个良好的资源重新配置的过程。股市这种资源配置功能，引导资金和相关资源流向发展前景好的行业和公司，对国民经济的结构调整起到促进作用。

再次，股票市场的财富效应也会对国民经济产生重要影响。上市公司良好的业绩促使股价上升，投资者的资产稳定升值，在财富效应的作用下带动整个社会消费的增加，促进经济的增长。股市的繁荣与经济的增长相互促进，形成良性循环。反之，上市公司收益减少，股市下跌，投资者的资产缩水，形成财富负效应，社会消费疲软，从而制约了经济增长。股市涉及国民经济的总体，包括宏观经济政策、企业的经营管理以及广大的投资者。在股市与国民经济相互关系的基础上，由于股市的融资功能和投资交易功能在时间、空间、参与者和涉及面等方面的独特优势，使股市具备能够快速准确国民经济变化的“晴雨表”功能。当然，我们也并不否认股市受行为、心理等因素影响，但这种影响最终或很大部分还是来自基于国民经济发展这一基础性因素。

若换一个角度进行逆向推论，如果股市没有这种“晴雨表”功能，那么我们致力于发展和开拓股市有何意义呢？如果否定股市作为“晴雨表”功能，不仅是对股市本质特征和作用的否定，也是对资本市场本身的全面否定。

二、中国股票市场与经济增长背离的原因

股市的国民经济晴雨表功能是具有理论基础的，但难以理解的是，近年来中国股市行情

确实与我国国民经济良好的内部和外部环境呈现背向趋势。我们认为，这个问题有一定的复杂性，需要从股市作为国民经济晴雨表这一反应机制中的3个组成部分，即晴雨表、国民经济和股市加以剖析。

（一）股市晴雨表具有一定的特殊性

首先，尽管股市表现与国民经济运行有着相当密切的关系，但不能把两者简单划等号，这种“晴雨表”没有量的刻度，是指大致趋势，只是一般的而非精确的反映。

其次，股市晴雨表的时间表现具有多样性，即股市表现与国民经济运行在时间上并不一致，具有3种不同表现形式：一是两者同步，即股市的升跌与经济的发展同步；二是股市领先，即股市运动方向的改变揭示经济未来发展趋势的改变，股市由牛转熊，股价暴跌或持续的下跌预示经济调整的到来，或者股市由熊转牛，股价出现上涨预示新一轮经济景气的到来；三是国民经济领先，即股市表现跟随国民经济变化而变化，经济繁荣时推动股价上涨，经济调整时股市低迷。

再次，由于股市运行规律受体制、投机等诸多因素的影响，股市晴雨表也有可能出现反应不灵敏状况甚至有偏差和错误，即股市表现有时并不反映国民经济的运行状况，但股票价格最终要反映股票基本面，回归投资价值。

（二）国民经济的评价指标不只是GDP增长率

反映国民经济增长情况一般采用GDP增长率，但GDP的增长并没有区分国民经济因为外延扩大和内涵提高的问题，如果GDP的增长仅依靠数量的扩张而不是依靠质量的提高，这种增长则很难表明国民经济运行良好，而且在我国GDP的快速增长背后，确实也存在诸多社会矛盾并日益突出。银行体系巨额不良资产的问题、收入差距扩大问题、失业问题、“三农”问题、通货紧缩问题等，都对我国国民经济运行质量产生严重的不良影响。同时，表现在重大宏观政策如财政政策和货币政策等一些经济杠杆实施效应的不理想状况，也说明我国国民经济运行中还有诸多不健康的因素。GDP的增长常常掩盖了这些深层次的问题和矛盾。可以说，我国还缺乏一套有效的分层次的综合评价国民经济状况的指标体系。因为没有科学的评估体系，任何人都可以根据自己的意向任意选择一组指标来证明形势大好；反之，也可以选择相反的一组指标来说明形势不好。看来，正确评价股市作为综合反映国民经济晴雨表的功能，还不能忽视对国民经济状况的科学评价，因为它直接影响到晴雨表功能的真实性和有效性。

既然国民经济评价指标不能仅由GDP来代表，股市的增长也就不能取决于GDP的增长。众所周知，上市公司业绩增长才是股价上涨的基石，上市公司业绩下滑则是股价下降的最大压力。据粗略统计，近几年来将近80%的上市公司利润增幅与销售额增长不能保持同步，甚至有不少上市公司利润增幅同比还在下降，反映在股价上就表现为这几年股市的下跌。

（三）中国股市仍然是一个不成熟的市场

必须指出，股市作为综合反映国民经济的晴雨表，这一命题的成立是有前提条件的，它需要在规范和成熟和股市条件下才能得以全面反映，而我国股市在现阶段仍然是一个处于经济转型期的不成熟的股市。

首先，中国股市结构不合理是中国股市各种不成熟表现的根本。中国股市自出生就存有“先天不足”和“体制障碍”，即现时的国有股、法人股和公众流通股的股权结构安排以及歧视民营企业、为国有企业改革融资解困的特殊任务。这种特殊性使过去10多年的中国股市运行常常表现不出国民经济运行的晴雨表，更多的是所谓国家有关股市政策的体现，即所谓的“政策市”。虽然这两大特色目前有所改变，股权分置改革进展也比预期顺利，民营企业融资近几年有所增加，但是在长期形成的历史包袱下，中国股市运行规律并不因此很快改变。

其次，中国上市公司整体业绩不良。当初中国股票市场主要定位于为国有企业改革服务，必然对业绩质量这个市场发展基石问题有所忽视。上市公司能够发行股票的条件往往不是真实的经营业绩，而是虚假的包装，结果必然导致上司公司整体业绩普遍不良。因此，中国上市公司业绩不良甚至不断下滑成为困扰中国股市发展的长期问题。从2005年度业绩数据的上市公司来看，估计上市公司整体业绩比2004年下降10%左右，亏损公司方面，首亏公司和续亏公司合计达到181家，超过2004年174家亏损、2003年147家亏损的数字。近几年股市的下跌从这个意义上可以说是上市公司业绩反映的晴雨表。

再次，中国股市规模尚小，民营上市公司数量少，难以表现国民经济。从中国股市的总量上看，虽然我国目前上市公司数量发展很快，但仍然难以代表整个国民经济。根据深圳证券信息有限公司统计，截止到2005年底，沪深两市1380家上市公司总市值为34792亿元，按照2005年182321亿元的GDP总量，我国证券化率（总市值与GDP之比）还不到20%，而一般发达国家的证券化率都在100%以上。从结构上来看，业绩相对低下的国有性质上市公司与增长潜力较大的民营上市公司比例不合理。目前上市公司的主体仍然是国有性质上市公司，由国有企业改制而来的大约有1000多家占80%以上，其中相当一部分业绩较差甚至亏损或严重亏损，2005年已有12家已退市，另外有ST和*ST公司共109家面临退市。另一方面，通过首发上市的民营上市公司（含中小企业板公司）大约为200家，仅为目前上市公司总数的15%左右。这与民营企业在国民经济地位不相称，我国民营经济经过20多年发展已在国民经济中几乎占据半壁江山，根据第一次全国经济普查数据，我国工业企业中私营企业法人单位占总数的65.3%。不能代表中国国民经济重要组成部分的民营企业，是中国股市难以表现国民经济晴雨表的一个重要原因。

最后，中国股市投资者重投机轻投资，使股价往往脱离经济基本面。在上市公司业绩不良和市场总规模供给不大的情况下，投资者难以通过传统的分红获得投资收益，必然产生过度投机和不规范的股市运作行为，由此促使股市本身无规则运行，因而使股市失去了应有的综合反映国民经济晴雨表的作用。从某种意义上说，这也恰恰是对被扭曲和变形的股市的一种“在情理之中”的“真实”反映。

三、结论与政策建议

综上所述：第一，股市具有综合反映国民经济的晴雨表功能，这是客观存在不能随意否定，否定这一规律实际上否定了股市直至资本市场本身的意义和作用；第二，股市晴雨表功能的发挥，不仅要全面、正确理解晴雨表功能的表现形态，更重要的是要明确作为反映体的股市和作为被反映体的国民经济的诸多复杂多变的各方因素，我们需要的是对这些因素分析后所得出的综合反映结果，这才是符合实际的真实结论。第三，我国股市处于转轨时期是一个新兴的市场，股市作为综合反映国民经济晴雨表的功能，主要受体制性障碍因素影响反映不灵敏，这是事实。

如何进一步发挥中国股市国民经济晴雨表功能，我们认为，必需改变目前我国股票市场仍然不成熟的状态，主要通过以下几个方面深化改革。第一，提高上市公司的业绩，坚决实行严格的退市制度淘汰不良存量上市公司，让业绩优良企业尤其是民营企业上市；第二，改进股票发行制度，在保证上市公司业绩质量的前提下，大幅度增加上市公司数量，提高我国证券化率，使我国股市真正能够表现国民经济；第三，切实保护社会公众股东尤其是中小投资者的利益，促使上市公司完善法人治理结构，完善信息披露制度，使投资者过度投机行为转变为价值投资行为；第四，进一步规范中介机构的行为，加强法制建设、监管和执法的力度，努力形成良好的市场信用环境。

（原载《广东金融学院学报》2006 年第 5 期，
人大复印资料 2006 年 9 月全文转载，作者：曹龙骐、陈红泉）

用科学发展观为特区发展定位

一、特区还要不要“特”

中国加入WTO后，我国政府已有承诺，不再在经济特区实行有悖于WTO原则的政策。这意味着，深圳在政策环境方面与全国其他地区相比不再具有明显优势，由此有人认为：“特区已不再‘特’了”，“特区没有存在意义了”。

我认为：以有无优惠政策来认定特区发展的定位，这不仅是一种偏见，而且长久坚持这种观点也不利于特区的发展。

（1）从特区的定位看，主要还不是优惠政策。经济特区创立之初，中央明确指出特区要冲破传统体制的束缚，“杀出一条血路”，给深圳的定位是“技术的窗口、管理的窗口、知识的窗口和对外开放的窗口”，并赋予经济特区一定的试验权。在当时历史状况和环境条件下，为保证深圳特区很好地实现中央的重托，也给予一定的优惠政策但“体制转换”“窗口”和“试验场”始终是深圳特区发展的主要定位。

（2）从优惠政策的作用看。它是在当时条件下为实现特区发展的定位而采取的必要措施。优惠政策固然重要，但它毕竟是从属的、配套的，从发展的眼光看，也不可能伴随特区的始终，更不能以此作为评判“特区存在与否”的唯一标准。如果是这样，目前国家对西部地区、东北地区以及一些贫穷边缘地区也有一些优惠政策，难道这些地区也能称为特区吗？何况目前深圳特区还保留有在金融、法规方面的地方性特殊政策。深圳是全国10个最具有活力城市之一，在全国大中城中，深圳综合竞争力排名第三，文化竞争力名列第一的城市，它已具有不可替代的作用。实际上，优惠政策取消后的这几年，特区之“窗口”“试验场”定位依然存在。原来的优惠政策仍起后续作用，另外一些政策优势也在不断增强。

二、特区能不能“特”

“特区还要不要特”，“特区能不能特”实际上是一个问题的两个方面。党的十六大报告指出：要“鼓励经济特区和上海浦东新区在制度创新和扩大开放等方面走在前列”。这几年，虽没有优惠政策了，就深圳看，在制度创新和扩大开放等方面坚持先行先试和勇于创新，取得了不少新的探索和尝试。如：

（1）在体制创新方面。大型企业的国际招标、完善和规范国有资产营运与监管体制、加大国有资本从一般竞争性领域退出、大力发展民营经济、政府采购的扩大和提速以及实施新的房改制度、医疗制度、户籍制度等方面已进行了一系列改革，收到了较好的成效。

（2）在“引进来”、“走出去”方面。深圳结合自身的产业升级的需要，着重引进先进技术和完善关键设备、努力改善投资环境，拓宽投资领域，提高引进外资的质量和水平，注重引进海外各类专业人才和智力资源，积极鼓励和支持有比较优势的各种所有制企业对外投资，带动商品和劳务出口，形成一批有实力的跨国公司和著名品牌等方面，也做了不少工作。

（3）在人才选拔方面。在目标模式上从“以人选人”转向“以制度选人”；在遴选方式上从“相马”转向“赛马”；在选拔方法上从“评官”转向“考官”；在决策机制上从“少数人选人”转向“让群众更多地参与”；在监督手段上从“暗箱操作”转向“阳光作业”。

（4）在政府职能上。总体上要求从“无限型”转为“有限型”，从“管制型”转为“服务型”，从“部门性”转向“公共性”，从制定政策与提供服务不分转向二者相对分离。

（5）在文化管理体制上。从办文化为主转向以管文化为主；从管文化服务机构和文化设施为主转向以管全社会文化为主；以行政手段为主转向以经济和法律手段为主。

（6）在发挥地域优势方面。一是利用深圳毗邻香港的优势，依借香港拥有的“最自由市场环境”，持以“融”为主、以“管”为重的原则，努力加强在金融、贸易、物流、旅游等方面的合作。二是深圳作为国内国际跨区域性经济合作的枢纽，正在充分发挥其承外启内和辐射带动作用。三是深圳地处东南亚开放的前沿，注重积极推动中国与东南亚地区的合作，借“中国—东盟自由贸易区”启动之机，为实施跨国区域合作最终走向世界做贡献。

以上这些超前探索，有力地说明了深圳特区的“窗口”、“前沿”、“辐射”和“示范”作用不仅依然存在，而且正在不断地拓展。

三、“特”，更要遵循科学发展观

“特”，必须有超前意识、创新理念和敢闯精神，所以更应该遵循科学发展观。我认为，以下方面应特别关注：

（1）科学发展观的核心问题是“以人为本”，深圳在如何解决育人、聚人和用人三者的结合上，如何运用科学的人才评价机制、淘汰机制和激励机制，如何建立一个和谐社会，如何首先致力于创办特区自己名校方面还有待提高。

（2）科学发展观要求全面、协调、可持续发展。深圳在产业布局和结构调整上，如何进一步发挥自身的优势，形成开放的产业结构体系，降低对自然资源依赖的产业发展格局和建立充满活力的产业互动机制方面，还有许多工作要做。

（3）现代化、国际化是一个城市发展的本质和价值体现。深圳如何在城市的实力、能力、活力、潜力和魅力方面走在前面，加速实现这一过程，还需跨过多道门槛。

（4）在“关内”“关外”的城市化、一体化建设中，我认为不能简单地提“关外”向“关内”看齐的口号。关内关外确有差距，但也有差异，依据城市一体化的基本要求，在经济、社会、城市空间与生态环境、法律与制度方面推进特区内外的全面协调发展，这是重要的，也是主要的，但也要善于发现“关内”“关外”的固有差异和各自优势，在求真、务实，互补中实现双赢，这样才能真正加快推进城市化、一体化的进程。

（5）在深港合作上，两地应在实施CEPA框架下，以服务业为重点，实现全面而有重点的融合。与此同时，为确保两地合作的稳定和有效，必须加强监管。总之，两地在谋求合作共同促进共创繁荣中还有很多方面需要深化。

（6）深圳是一座移民城市，已经形成竞争向上的氛围和灿烂的移民文化，但这是问题的一个方面。绝不能忽视它对营造相互交融、和谐安定的局面带来的一些负面效应。

综上，我的观点是：

第一，特区还要“特”；

第二，特区还能“特”；

第三，“特”，更要遵循科学发展观。

（在深圳大学中国经济特区研究中心举办的
《2004年中国经济特区论坛》上的发言）

深圳市南山金融中心区发展战略构想

一、战略目标

（一）近期目标

到2010年，将南山建成深圳较有影响的金融聚集区。为实现这一目标，当务之急是要尽快实现七个突破：一是要实现外资法人金融机构入驻的突破；二是要实现全国性商业银行在南山设立分行的突破；三是要实现法人证券公司入驻的突破；四是要实现法人保险公司入驻的突破；五是要实现法人基金管理公司入驻的突破；六是要实现法人信托投资公司和财务公司入驻的突破；七是要实现金融租赁公司入驻的突破。在七大突破中，重点是要实现本土金融业零的突破。因为法人金融机构未在“本土”生根发芽，以致无法发挥地方金融立足于地方经济、吸纳地方资金资源服务于地方经济建设的功能优势。所以，当务之急是要实现本土金融机构实现零的突破。为促进本土金融机构的早日生根发芽，可借助于产融资本融合的模式。如鼓励区实力雄厚的企业积极通过参股、控股、发起设立等方式引进城市商业银行、证券公司、保险公司、信托投资公司、金融租赁公司、保险代理公司、投资基金公司等不同类型的金融机构。

（二）远期目标

到2020年，将南山建设成为银行、证券、保险、信托、基金、担保、投融资、租赁、中介、咨询等门类比较齐全，国有、股份制、民营、外资多种经济成分共同发展，融通资金规模比较大，金融创新活跃、产品丰富、服务完备、环境优良，具有较强辐射力，集金融产业中心、创新金融中心、物流金融中心、配套服务金融中心为一体的辐射珠三角的综合性区域金融服务中心。为实现这一目标，一是要努力完善金融组织体系。即通过改革、调整、引进、合作等形式，形成一个既有内资也有外资，既有高规格也有低规格，包括银行、证券、保险、基金、财务、信托和融资租赁等在内的种类各异、功能互补的金融机构体系。二是要努力完善金融市场体系。即按照起点高、辐射面广、渗透力强的思路，推进金融市场建设，逐步达到功能健全、筹资迅速、服务广泛的要求，形成统一、开放、竞争、有序、严格管理的由货币市场、外汇市场、黄金市场、证券市场、期货市场、保险市场和风险资本市场等构成的金融市场体系。

二、发展路径

从国际金融中心的形成来看，其发展模式有多种多样，笔者认为，根据目前南山的现实，应实行两个“综合”：

（一）要综合利用经济实力和地理优势构建金融中心区

按金融中心形成的基础，主要有两种模式：一是建立在当地经济发展基础之上而形成的实力型金融中心区。如伦敦、纽约、东京、法兰克福、多伦多等。这些地区经济高度发达，现代化水平高，由此促进了该地区金融中心的形成。二是不完全依赖当地的经济发展水平而形成的服务型金融中心区。如香港、利雅得、开罗、马尼拉、曼谷等。在这类金融中心虽经济发展水平一般，但由于借助优越的地理位置和与周边国家（或地区）的广泛稳固的经济联系，实施优惠宽松的政策，提供高效的金融服务，因而也形成了较有影响力的金融中心。

从南山的情况来看，既有一定的经济实力，也有比较优越的地理位置，金融服务质量也在逐步提高。因此，建设南山金融中心所采用的模式不应是单一的，而应该是兼顾实力型与地理政策型两种模式之所长的综合型模式。

（二）要综合利用自然演进和政府主导两种模式构建金融中心区

按政府在金融中心形成过程中的作用，也有两种模式：一种是自然形成模式。即经济增长自发产生了对金融中心区的需求，而金融中心区为适应这种需求产生相应变化和发展，金融制度与法规也随之完善，从而进一步提高了金融中心区的聚集力、竞争力和辐射力。这种类型的金融中心区的形成大多要经历一个由小到大的漫长发展过程。二是政府主导模式。即经济发展尚未达到特定的水平，但利用自身在地理位置和经济环境等方面的某些优势或抓住了国际金融市场发展调整的某一契机，通过政府部门的主导和推动，实行优惠政策，在较短的时间内实行跨越式发展而形成了金融中心。如新加坡、巴林、巴哈马等从事离岸金融业务的区域性国际金融中心就是其中的典型代表。

根据南山目前自身的特点和优势，应该采用自然形成与政府主导相结合的模式。因为南山金融中心区具有自然形成的基础条件，如有稳定的经济环境、完善的市场经济运行机制、频繁的贸易活动和现代化的通信设施等，金融中心区的形成可以在很大程度上由经济和金融业发展的自然过程决定。但同时，南山与罗湖、福田相比，不论是从金融总量、机构数量、服务层次、开放程度、经营效益，还是从服务于经济的程度等方面综合考察，都具有后发劣势，要想迎头赶上，需要政府大力推动。特别是在金融中心区形成的初期，更需要由政府提供政策优惠和制度环境，以加快金融中心的自然聚集和形成进程。因此，南山金融中心区的形成要靠双轮推动，即既要靠市场推动，也要靠政府推动。

三、推进步骤

基于南山金融业基础相对薄弱这一客观实际，南山金融中心区建设不可能一步到位，只能是分层次、有步骤地逐步推进：

（一）起步阶段（2006—2010 年）

此阶段的工作重点是着力营造有利于金融中心区形成的硬件和软件环境和制定金融中心区发展和基础设施建设的中长期规划。此阶段吸引金融机构入驻的策略是：以吸引低规格的金融机构为主；以吸引非银行金融机构为主；以吸引内资金融机构为主。力争在 2010 年基本确立金融在经济发展中的重要作用，金融业增加值占 GDP 比重在 5% 以上，成为深圳较有影响的金融聚集区。

（二）快速发展阶段（2010—2020 年）

此阶段的工作重点是着力营造金融聚集力。此阶段吸引金融机构入驻的策略是：高规格与低规格金融机构并举；银行与非银行金融机构并举；内资金融机构与外资金融机构并举。吸引金融机构总部、金融机构资产管理公司以及金融研发中心、客户服务中心、人才交流培训中心、金融中介机构等落户南山，形成金融业集聚区。至 2020 年，要实现“四个基本确立”，即基本确立金融在南山的核心作用，金融业增加值占 GDP 比重在 10% 以上；基本确立深圳金融机构主要集聚地之一的地位；基本确立国内体系完善的金融市场中心的功能；基本确立公平公正、公开的金融发展环境。

（三）成熟发展阶段（2020 年以后）

此阶段的工作重点是着力营造金融辐射力，创造更为开放的金融环境。金融业增加值占 GDP 比重在 15% 以上。

此阶段金融发展的主要策略是金融开放和金融深化，包括大力引进外资主报告行；吸引外资金融机构在南山产“子”；大力吸引港资金融机构入驻；利用离岸银行业务试点地区的优势，发展离岸金融业务；充分发挥国际信贷市场的作用，争取国际金融机构贷款、政府间贷款及国际银行组织的专项贷款；进入国际证券市场，利用债券、股票等金融工具筹措资金；积极创建中外合作基金中心、国际保险中心等。

四、内部布局

通力培育四大支柱，让产业金融圈、创新金融圈、物流金融圈和配套服务金融圈形成规模并融为一体。

（一）培育产业金融圈

后海填海区不仅有 15 公里长的海滨沿线，而且有科技园和南山商业文化中心区衬托，既是培育金融核心区的理想之地，也是培育产业金融圈的理想之地。

作为核心金融圈，一是在设计和建设规划上，可效仿纽约曼哈顿和借鉴香港中环的规划设计经验，要突出深圳湾公园主题，将城市与自然连成一体，力图通过构建一个亲水自然的环境，为商务金融业的发展创造良好的氛围和外部空间，增加对金融机构的广泛吸引力。二是在发展定位上要着眼于深圳湾口岸未来物流、人流、信息流、资金流高度集散的趋势，站在为“9 +2”泛珠三角200万平方公里上的4.5亿人经济合作服务的高度和着眼于深港金融合作共生的前景，构建区域金融网络，使之成为舞动泛珠三角区域金融贸易合作的“龙头”。

作为产业金融圈，一是要突出金融的支柱产业地位，实现金融业规模发展与效益发展并重，引进发展与对外辐射发展并重，传统金融业与现代金融业并重，国有金融与多种经济成分金融并重，力争成为各类金融机构的聚集区。二是针对产业金融圈内的产业结构特点，突出金融对产业的服务和支持。在南山金融中心核心区的形成和发展过程中，一定要注重经济，特别是支柱产业对金融中心的支撑和推动作用；要加速在核心区建成商贸中心、旅游中心和信息中心，通过经济发展带来各种资源的集聚，特别是资金的集聚；要更紧密地与科技、教育合作相配合，支持产、学、研结合和科技成果产业化，为一批关键技术、核心技术的创新以及技术创新集成度高、拥有自主知识产权、发展前景看好的产、学、研合作重点项目提供金融支持；要对实行产业化、投资主体明确、有偿还能力的服务业、旅游业、文化和卫生等领域，积极给予信贷支持。

（二）培育创新金融中心圈

即在滨海大道以北至西丽硅谷地带着力打造以高新技术产业为先导的金融创新圈。在该圈内，一是要充分利用圈内高科技产业优势为金融创新提供腾飞的翅膀，如可利用腾讯公司的软件研发、制作和营销总部和研祥智能研发总部的研发力量和技术优势，逐步把该地区打造成中国最大的金融互联网应用服务及移动应用增值服务提供基地；为金融机构提供产品设计、企业形象策划、软件系统开发和维护；发展成为金融电子产品研发中心。二是利用金融创新为科技企业、创业企业发展服务。如酝酿设立创业引导基金，扶持科技型中小企业，以鼓励更多中小企业进入资本市场，促进创投业的发展；设立国家科技发展银行，以股权和债权方式投向中小科技企业；协调国家开发性金融融资支持中小企业；继续推动中小企业上市“路线图计划”，协同有关部门开辟中小企业上市渠道；创通过交易方式的创新，如柜台交易、产权交易、网上银行等为科技企业、创业企业融资服务。

（三）物流金融中心圈

即以西部港区和前海物流园区为依托，建成服务港口、物流业的物流金融圈，以满足物流业对贸易融资、资金结算、账户管理、期货、保险、担保、金融咨询等现代金融业务的需求。

（四）金融配套服务中心圈

将蛇口发展成为金融数据中心、客户服务中心。当务之急要加快金融网络化、电子化建设，加快电子数据交换、电子商务、电子金融和电子货币等信息技术的应用，发展网上银行、网上证券和网上保险等金融信息化服务，倾力打造银行卡资金的清算中心、电子货币流通体系的枢纽和票据交换中心，提供票据清算和账单处理等专业化服务。

五、特色塑造

在与老牌的金融中心区罗湖和金融中心区新贵福田的竞争中，南山要想脱颖而出，就必须刻意树立独特风格，围绕自己的优势和亮点做足文章，必须通过若干个重点环节的率先突破来带动面上的整体推进。

（一）在创新金融上下力气

金融创新的内容有很多，对于南山金融区而言，笔者认为应重点围绕7个方面的内容来展开：

（1）在技术创新上，南山高科技企业，尤其是软件企业，应瞄准金融单位，要致力于推动金融、证券等行业领域IT技术发展，开发银行、证券、基金等多个行业的应用产品和服务项目，为金融机构提供电子自动化技术和服务，直接把金融单位变成了自己的客户。同时，金融也要为南山企业进行金融技术创新提供融资平台，特别是要让数量众多、具有成长性的服务于金融技术创新的优质高科技企业上市，以加强对金融产品关键技术、共性技术的研究。

（2）在机构创新上，南山需要另辟蹊径。如创立证券融资公司；成立金融租赁公司和基金管理公司；建立地方性保险公司，培育和引进多样的保险公司和再保险公司，发展各类保险服务类机构；吸引境内外金融机构等。

（3）在金融业务创新上，要加强与各中央驻深金融监管机构的协调配合，鼓励和支持区内金融机构的各项金融业务创新活动，特别在重点金融业务开展方面有所作为。

（4）在金融产品创新上，BOT项目融资和资产证券化这两类产品创新更加值得关注。

（5）在金融服务创新上，要创新金融服务方式，不断完善现代化支付系统、同城票据交换系统、银行卡网络系统、电子缴税入库系统、企业和个人征信系统等金融基础设施，提高金融业竞争能力和服务水平；要打造更具特色的金融服务品牌，形成服务对象更加细分、与市场需求基本相匹配的金融产品市场。

（6）在金融创新试验区上，要在现有制度框架下，积极探索创建全国金融创新发展试验区，设立金融创新发展基地，设立南山区金融创新奖，对金融产品和服务创新活动成果显著的金融机构及有关人员给予表彰奖励。

（7）在金融机构海内外合作上，要积极探索包括房地产基金在内的多种形式的产业基金，加大发展私募股权投融资力度、打造基金管理中心、发展风险投资基金、开放和发展风险投资基金，将南山建成中国的基金中心。

（二）在创业金融上找出路

即利用南山中小型民营科技企业众多，创业投资机构多，规模大，将南山建成创业的乐土。

（1）大力发展风险投资。南山金融中心区构建可借鉴英国爱丁堡的经验，不与伦敦比金融中心的广度，而比专业化，将自己打造成风险投资中心。为提高创投机构投资南山企业的积极性，应实施创投机构风险补贴和投资跟进政策。同时，为发展和完善风险投资基金，将分散的资金集中起来，为企业提供直接的权益性资本支持，并通过各种投资组合分散风险，除尽快推出创业板形成风险投资的退出机制，解决发展风险投资基金的前提条件外，还要加快与深圳与香港基金业的各种形式的合作，完善基金和基金管理公司自身的治理结构和内控体系，提升基金业自身竞争力水平。

（2）加强资本市场与创业企业的互动和渗透，利用深圳证券交易所这一近水楼台的地缘，让更多的创业企业上市。

（3）发展小额信贷支持创业企业融资。一直以来，南山是中国公认的最具创业氛围的城区，政府也一向鼓励民间创业。但信贷的支持不足，已经成为制约民间创业的主要因素。最近，央行关于小额信贷的推动明显提速，这一政策导向，为小额信贷的发展指明了方向。为此：一方面，南山要争取成为央行在全国选定的小额信贷公司的试点地区；另一方面，要发展社区银行，通过它开办个人创业贷款、动产质押贷款、仓单质押贷款、知识产权质押贷款、出口退税托管账户贷款等新型贷款品种，为社医的中小企业和民营企业服务，加速解决中小企业融资难的问题。

（三）在滨海金融上找思路

即充分利用滨海优势吸引国内外金融机构，将南山建成“海上金融城”。深圳是一个滨海城市，但遗憾的是滨海金融的“元素”并未得到淋漓尽致的发挥，而南山半岛则可以利用三面环海的地理优势，主打“蓝色金融”牌，无论是产业金融、创新金融，还是配套服务金融和物流金融圈的规划，都要从滨海的角度立意，突出滨海的特征，将滨海公园、滨海旅游、滨海生活、滨海体育等，与金融商务办公连接在一起，使整个金融中心医被滨海的氛围所环绕。

（四）在邻港金融上拓展空间

即利用南山邻港的医位优势，融入香港国际金融中心，使南山成为深港金融合作的“桥头堡”，连接两个金融市场的“转换器”。南山金融中心医与深港西部通道近在咫尺，可以借鉴传统的“前店后厂”这一产业合作模式，大力发展金融配套服务，如将会计、审计、律师等中介机构放在南山；将金融产品生产线放在南山；将香港金融业面向内地的谈判、展示等业务吸引到南山；将金融业中的电脑、软件、咨询等辅助环节外包给南山，以降低金融成本。

（五）在做足增量金融上做文章

即要在不主动损害其他方的现有利益，突破银行业、证券业、保险业行政医划的限制，争取“先行先试”的权利，遵循市场规律和现有法规，努力从金融服务的增量中寻求最大的份额。南山要利用国家金融产业布局调整和整合改制的机会，吸引银行，特别是工农中建交五大行，将它们的运营中心，如数据中心、票据中心、研发中心、银行卡中心、清算中心等业务率先移到南山来；要引进符合我国开放条件的证券、基金、咨询服务公司，引进合格的境外机构投资者和风险投资机构；应设法让更多的保险公司将它们的投资中心搬到南山来；抓住金融改革试点的契机，组建中小民营银行，积极引进新兴商业银行设置分支机构，推动已设立办事处的银行升格为营业性机构；要在高科技产业集中的背景下发展产业基金和风险投资市场，鼓励其通过金融市场融资功能不断地做大做强；根据外向型经济较为发达这一实际，要积极开展外币融资和外币结算业务，鼓励外资金融机构进驻。

六、环境营造

金融中心医是地方经济发展的资金供给者，地方是金融中心医发展的条件保证者和环境供给者。政府政策资源是医域经济和金融发展的重要推动力甚至是基本推动力。要想使南山金融中心医的后发劣势变成后发优势，就必须举全医之力，实现“六个最优”。

（一）最优化的规划

为避免让金融中心区建设陷入分散、凌乱、鱼目混珠、效率低下的局面，需要政府从总体布局的战略高度上，统一规划、统一设计、统一开发、统一招商，特别是要对金融布局、功能定位、财税政策、组织体系、行业监管以及交通、通讯、信息、生活等方面进行全面的规划，以强化资金流、信息流、人流、物流等要素资源在空间上的聚集，确保金融中心医功能的有效发挥。我们认为，在规划中应重点突出如下几点：

（1）要加强金融中心医发展战略的前瞻性研究。建议设立金融中心医发展决策咨询委员会，为政府制定金融中心医发展战略出谋划策，结合南山经济发展实际，学习和借鉴国内外经验，提出具有特色的金融中心医建设思路和合理的发展规划，制定科学的金融发展目标，注意研究现代金融中心医形成规律和发展趋势，主要解决如下战略性问题：第一，各类金融机构布点和迁移的规律问题。特别是要研究影响布点和迁移的因素是什么，什么时候要迁移，迁到哪去。第二，金融中心医产业定位问题。金融中心医是南山经济的轮，还是南山经济的翼？第三，金融中心医设计定位问题。是建金融中心医，还是建金融聚集医、金融园医、金融机构总部？第四，金融中心医发展前景问题。是深圳现有金融链的延伸，还深圳未来金融业的新支点？是点燃星星之火，还是着力打造深圳金融圈的中心？第五，金融中心医建设路径问题。是走综合化的道路，还是走特色化、专业化的道路？

（2）要千方百计地筑好引凤的巢。对于任何一个考虑来南山布点的金融机构来说，他们都十分清楚孤掌难鸣的道理，南山金融中心医只有聚集了“成堆”的金融机构才能产生巨大的集聚效应，各类金融机构才能将南山变成金融掘金的宝地和乐园。只有栽好梧桐树，才能引来一个个会下金蛋的“凤凰”。所以，金融中心核心医应集中全医最好的各类资源，公交、地铁应在未来的核心医承担起60%人流的出行，以保证交通畅通无阻；塑造和发展以文化气息和环境意识为特色的写字楼、酒店、购物中心、室外咖啡店、影剧院、海湾景观和生态园林，集购物、休闲娱乐、餐饮等。

（3）要形成“百鸟朝凤”的氛围。金融业作为一个特殊的行业，选址比较注重周边环境，在选址时多希望在闹市医、交易频繁、商业服务配备的地方，同时选址对片医未来规划也有较高要求，看重高档写字楼林立和国内外知名企业、实力商家及跨国公司总部的密集程度，以便于接触，所以，构建金融中心医，特别是构建金融中心核心医，不仅要引进金融机构这类“凤凰”，而且也要引进相关产业链和配套企业，才能形成“百鸟朝凤”的聚集效应。在滨海大道以北至白石洲以南地带，强化“总部经济”的扶持力度，制定有关政策和措施，吸引跨国公司的亚洲或中国总部进驻、国内外知名的一流企业设立地医总部、分支机构、研发中心和采购中心，形成“总部经济”的聚集地。

（二）最优质的服务

按照国际经验，建立金融中心的一个重要条件是地方政府开明。因此，政府要重视金融中心医对经济的巨大促进作用，加强对金融中心医建设工作的领导，主动与金融机构沟通，并帮助解决其发展过程中的难题。

（1）要成立以医长为组长的金融中心医发展领导小组，负责：宏观上向上沟通与协调。如涉及金融方面的政策，可先由金融系统拿出方案，说明对地方的好处，然后由党政主要领导带队，到市和市“一行三局”要政策；中观上做好金融中心区发展统筹规划、政策制定、组织协调、指导推动等工作；微观上敦促工商、税务、人事、劳动、教育、环保等职能部门制定近期、中期、远期引入计划，做好金融企业的相关配套服务。

（2）要成金融中心医服务工作办公室，发挥其协调和服务职能，对属地银行、证券、保险、期货、财务公司、担保、金融租赁等行业，行使组织、协调职能，形成辖医金融机构与政府的沟通、对话机制，建立金融信息、动态报告制度，对新设立的各类金融机构，工商、税务等部门要简化相关手续，为金融机构办理注册登记提供“一站式”服务和“贴身服务”。

（3）建立金融中心医工作联系协调机制，如建立联席会议制度、金融机构与经济部门经济金融形势分析例会制度、金融业运行分析体系和信息通报制度，加强政府与金融部门的信息交流、情况沟通和业务研讨工作，及时研究和反馈经济金融运行中的问题，特别是要重点研究在金融体制发生重大变化的情况下，如何配合支持金融工作、如何努力创造条件争取金融给地方经济发展予以更多的支持，寻找经济和金融的衔接点，实现地方金融中心发展战略与国家金融政策的有效对接。同时，要引导地医内各部门与证监会、券商相互配合，做好拟上市公司改制上市的指导和服务工作。

（4）要成立南山金融家联谊会、南山金融俱乐部，为金融业人士定期举办金融论坛、学术研讨会、金融新产品展示会、金融服务日、座谈会和主题晚会等多种形式的交流活动。

（三）最优惠的政策

金融集聚在提高规模效益的同时，也会带来集聚成本的上升，如地价上涨、工资和办公费用上升、交通拥挤等。从国际经验来看，南山能否建成金融中心医，在相当大的程度上取决于金融交易成本的局低。一般而巨，父易成本与本地经济规模、资源流动和配置的速度及效率呈反比例变化，即如果本经济模大、资源流动和配置的速度快、效率高，则在此地进行金融交易的成本就比较低，反之亦然。在某种程度上说，金融中心医之间的竞争实际上主要就是降低金融交易成本的竞争。构建金融中心医对于地方政府而言，屡试不爽的杀手锏就是制定促进发展南山金融业发展的政策法规，在资源用地上向金融业倾斜，它包括：

（1）土地优惠政策。对新入驻的金融机构需要建设办公场所的，金融机构可按协议地价的方式购买，大楼建成之后，政府还将返还 30% 的地价，政府免征建设配套费。同时，将最好的地块控制起来留给金融机构，在金融机构征地、用地等方面、尽量提供方便，给予优惠支持。对现有金融机构在原地翻建或异地新建办公设施的，优先给予规划定点。对总部设在南山的金融机构，一事一议，扶持力度和优惠程度还可以更大。

（2）税收优惠政策。政府要出台减免税收的一系列优惠政策。对新引进的金融机构实现的营业收入形成南山地方财力部分，给予一定年限补贴。

（3）资金优惠政策。要设立金融中心区发展专项资金。这笔资金将主要用于：鼓励金融机构金融业务创新和增加对南山信贷资金的投资；表彰奖励对南山重点建设项目、重点企业在银行信贷、直接融资、保险等方面给予大力支持的金融企业；鼓励金融机构在南山设立中国总部、地医总部和筹建地方金融机构；建设沪深证券交易所工作协商机制和培育全市重点企业上市等；设立“专项教育基金”，对在金融商务医设立金融机构总部的，除给予经济奖励以外，对金融机构高层管理人员子女就学及就医给予资助。

（4）用电优惠政策。不仅在保证金融机构的电力供应，而且要以最优惠的价格供电。

（四）最优美的环境

环境既是建设金融中心医的重要资源，也是建设金融中心医的重要生产力，金融巨头，特别是国际金融巨头选址除十分看重辖医无可替代的优越医位以外，也十分关注辖医空气环是否良好。对于南山金融中心医而言，自然环境优美可能是其致胜的法宝，但就空气质量而言则是构建金融中心区！心腹大患。要增强南山金融中心医的吸引力，就必须提高空气质量标准，严格管理，把南山的蓝天切实保护好。一是控制机动车尾气污染，全面供应欧Ⅲ油品；提高新车排放标准，实施欧美Ⅲ排放标准；严格禁止黄标车上路，大力发展绿色公交，同时多方宣传，提高能源的使用效率，提高全社会的环保意识。二是控制工业和服务业废气污染，重点是治理影响居民医环境的锅炉、油烟污染。解决全医重油燃气轮机电厂吹灰、冒黑烟的污染问题。同时，还将加大对服务业油烟、废气污染以及居民医锅炉污染的整治力度，通过行政、经济等手段，多方配合，全面削减污染物排放量。

（五）最优异的金融生态

（1）要营造优异的政务环境。首先，要营造良好的行政环境。政府部门要以贯彻实施行政许可法为契机，规范自己的行为，坚持依法行政。积极推进包括政务环境、政策环境、法制环境、市场环境和人文环境在内的软环境建设，完善经济立法体系和行政审批管理程序，提高行政服务意识和办事效率。其次，要营造良好的司法环境。以政府为主导，清理有关阻碍金融生态环境建设的地方性法规，强化司法公正，克服地方保护主义，严厉打击恶意逃废金融企业债务行为，依法维护金融债权。

（2）要营造优异的营商环境。即要营造“守信则荣，失信则耻”的信用环境，深入开展“信用南山”创建活动，举办“诚信经营先进单位”评选，建议由地方政府组织银行、工商、税务、司法、技术监督等部门在南山范围内分别评选出诚实、守信、经营规范的首批百户或千户中小企业，银行对这些企业在办理银行承兑汇票、开具信用证时给予降低保证金比例的优惠措施，在发放贷款时，给予简化手续，可以采用信用贷款形式等鼓励措施，从而树立以诚信为本、守法、规范为重、营造“诚信南山”的良好风气和良好形象。

（3）要建立优异的征信体系。一方面，要大力发展征信机构。社会信用体系的建设应充分发挥信用专业机构的主导作用，形成相对规范的征信业市场化机制。要加强信用体系规划、管理和协调，统一信用体系管理模式，加快企业征信体系和个人征信体系的建设，努力净化经济金融活动赖以生存发展的土壤环境。加强金融机构与企业之间的信息互通，建立信贷客户信息资料库，加强对客户的识别、管理，加强对企业财务状况和经营者行为的调查，寻求对客户最大程度的了解，实现经济与金融良性互动做好企业和个人信用基础数据库建设工作，积极联络相关部门，采集地方非银行信用信息，打造信息共享平台，建立全面系统的个人和企业信用信息数据库，加大非银行信用信息的征集力度，扩大信用信息服务功能。另一方面，要大力发展资信评级机构。引导和鼓励各类资本尤其是民间资本进入评级市场，培育壮大资信评级机构，规范发展企业资信评级市场。积极支持引进大型信用评级机构，形成良好的竞争氛围。

（4）要壮大现有信贷担保机构实力。建立各种类型的担保机构和多元化担保制度，完善对中小企业的担保服务体系。要组建适应地区经济发展的新型担保机构、进一步完善贷款风险担保基金的筹集机制，制定减免税政策，提供政府贴息和建立政府补损机制，鼓励、引导战略投资者、民间资本和社会资本进入担保市场，投资兴办信用担保公司，扩大担保基金的总体规模，建立多组织形式、多层次结构的民营企业担保体系。同时，要引导金融机构创新适应民营企业特点的担保方式，保险公司应试办中小企业贷款保险业务，提高区域整体信用能力。探索组建具备一定规模和实力的再担保机构，完善再担保功能，通过担保能力的不断扩大，为金融发展提供有力保障。

（5）要致力于创建金融安全区。建立以金融企业监管指标体系、风险监测考评体系为主要内容的金融系统风险预警机制，协助监管机构推动金融机构完善内部控制体系、风险防范体系，建立防范和化解系统性金融风险的工作机制和政策措施，完善金融风险应急处理预案，从体制、业务经营、金融创新和诚信道德上防范和化解金融风险，求得一方金融安全。

（六）最优秀的形象

要树立南山金融城区的形象，一是要提高各级政府和各方面对发展金融业的重要性和紧迫性的认识，增强“发展经济，金融先行”的现代金融意识，树立把金融作为产业来抓和“大金融”的观念，加强金融中心区建设重大意义的宣传和金融知识的社会普及工作。二是要定期和不定期召开各种各样的金融会议，创办“金融中心高峰论坛”，荟萃国内外重量级金融专家、金融企业 CEO，就金融中心区建设、金融生态建设与创建金融安全区、WTO 后中外资金融业如何共谋发展等发表真知灼见，既可纵论金融中心区构建方略问题，又可借机提升知名度。

（原载《特区经济》2007 年第 3 期，本文系深圳市南山区人民政府 2006 年研究项目《深圳市南山金融中心区发展战略研究报告》中的主体部分，课题主持人：曹龙骐，首席研究员：郭茂佳，课题组成员：曹龙骐、郭茂佳、汪争平、李选举、陈红泉、李传晓）

深港股市一体化：现实要求、制度比较和路径选择

由金融业所处的地位和作用所决定，深港两地合作应以金融业为先导。而在两地金融业合作中，如何实现两地股市的良性互动、深度融合，并实现股市一体化，对增强深港整体金融市场的高度流动性，提高金融资产定价机制效率，联手打造亚洲最大的国际金融中心并更有效地防范和化解金融风险等，意义十分重大。

一、深港股市一体化的现实要求

股票市场是金融市场的重要组成部分，它的改革和发展通常是各国金融改革的主体和前沿。对股票市场一体化的研究包括对金融市场一体化界定的各个方面。这里所说的金融市场一体化，即是指随着资本及市场管制等各种壁垒的逐步消除，将不同地区金融市场超越地域和时空的限制连为一体。具体应包括：①不同金融市场上的各种制度及市场规则的趋同，如市场结构、市场管理制度、市场信息披露机制、业务经营规范等的趋同；②在各种制度、规则趋同基础上形成的金融法律法规与金融市场监管的协调和统一；③在上述各种因素共同作用下的金融市场实质性一体化，即同类资产在不同市场上收益率的趋同化。从目前深港股市一体化的经济条件和现实基础来看，应该说有着一定的基础和实现的可能。

（一）深港长期以来具有良好的经济合作基础

一方面，由于深圳改革开放政策实施较早，与香港的经济合作很早就已经开始。随着CEPA 的实施，深港获得了更加便利的经贸合作安排，两地的经贸联系变得更加密切和不可分割。据相关数据显示，截至2006 年底，港资企业已占深圳外资企业总数的75%，港商投资占外商在深实际投资总额的65%左右。深圳的进出口总额中，直接和间接通过香港的占了绝大部分，2005 年深港间贸易额占深圳对外贸易总额的比重达到25%，其中对港出口占深圳出口总额的44.4%。另一方面，深港“同城化”趋势已经形成。随着两地交通设施的大力建设和口岸通关政策的放开，两地往返变得十分便利。据深圳到香港两个主要口岸的数据显示，2006 年，罗湖口岸日均通关人数在24 万以上，皇岗口岸日均通关人数在10 万以上。而且近年来，越来越多的港人选择到深圳工作和居住，据统计，目前深圳有近5 万套住房被香港居民买走，港人居深已达5 万多人。2007 年7 月深港西部通道将正式建成通车，两地的“同城化”趋势会进一步加快。

（二）深港金融业合作已经取得实质性进展

香港回归后，深港在金融领域的合作广泛开展，发展至今，特别在清算系统合作和互设金融机构方面已经取得了实质性成果。

（1）在清算系统方面。1998 年香港金管局就与深圳市人民银行联合推出了深港港币及美元双向票据交换安排，2002 年两地又实现了深港港币及美元双向实时支付结算系统联网。这些安排为两地间的外币资金往来提供了高效安全的渠道。资料显示，自 1998 年放开了香港港币支票在深圳自由流动使用后，两地港币票据的交换量以每年 20% 的速度上升，仅 2006 年一年两地港币票据交换业务量就达 250 亿元。同时，2004 年 2 月香港人民币业务开通，香港清算行接入中国现代化支付系统，符合中国人民银行公告要求的人民币资金清算实现实时到账。2006 年 3 月 6 日，香港人民币支票在广东省（包括深圳）流通。目前，两地在支付清算系统方面的合作已涵盖了票据交换和实时支付系统。在支付工具方面包括了港币和美元等外币票据、香港人民币支票、银行卡等，大大方便了两地企业和个人的跨境支付，有力地推动了两地的人员交流和经贸往来，也为下一步两地资金的双向流动奠定了基础。与此同时，香港的人民币业务也不断发展。自 2004 年初在港推出人民币业务，至 2005 年底，在港的人民币存款总额达 226 亿，人民币存款账户超过 42 万个，经营人民币业务的银行已有 38 个，涵盖了香港绝大部分的零售银行。

（2）在互设金融机构方面。主要表现在银行和券商分支机构及业务的两地双向扩张。2004 年，受惠于 CEPA 降低银行准入门槛到 60 亿美元的规定，香港中小银行加快了进入内地的步伐，主要通过在深开设分行或以收购重组的方式开展业务。截至 2006 年 5 月，深圳共有港资银行 25 家，其中开设支行 12 家、分行 10 家、设立法人机构 2 家、代表处 1 家。

在券商机构设置方面，目前内地有 20 多家证券公司设有香港分公司或国际业务部，与香港券商之间进行多个业务领域内的广泛合作。

除上述之外，在金融业务的渗透、金融市场的衔接、两种货币的流通、两地金融的监管等方面目前与香港也有较广泛的合作。

（三）深港城市角色定位决定了两地股市一体化

经过一个半世纪的孕育和培养，香港作为国际金融中心的地位已经牢固确立。但随着世界经济整体水平的不断提高和形势的变化，它也面临新的挑战：一是香港股市缺乏强大的本土经济支持，内地企业已是香港市场最重要的上市资源。截至 2006 年底，内地 231 家企业（主要指 H 股和红筹股）在香港股票交易所上市，其市值约占香港股市总市值的 47.5%。；二是香港本地金融业的高度竞争需要拓展新的腹地。香港金融业竞争激烈，加上高昂的经营成本更使其难以为继。随着内地对金融业的管制政策有所放松，将新的发展空间寄托于内地市场已是香港金融业的必然选择；三是内地金融改革的推行在一定程度上降低了内地经济对香港国际金融中心的依赖。内地的改革开放政策、金融企业的股份制改造、股票和证券市场建设的不断完善、QFII 等市场开放策略的试行、上海经济实力的爆发等因素，促使内地经济对香港国际金融中心的依赖性有所下降。也就是说，如果按照原有的深港合作思路，香港在内地占有的市场份额和内地对香港的金融依存度将面临日趋萎缩的局面。

（四）深圳金融业发展需要走出新路子

深圳特区发展到今日，不能再沉醉于过去政策带来的“特”字上。尤其是由于上海、北京等主要城市在综合实力上与深圳形成了强势竞争的局面，以及中央政策向东西部地区倾斜，特区已面临严峻的挑战。而且深、沪两个证券市场在差距上也日益扩大，截至2006年底，深市共有上市公司579家，上市股票621支，总市值约为17792亿元；而沪市对应数值则分别为842家、886支，71612亿元。可见，沪市总市值已达深市的4倍。由此，深圳金融业的发展方向需重新定位，需要努力在自主创新指导下走出新路子。

深圳要提升其区域性金融中心的地位，其后续的发展战略应该是借助其与香港相邻的特殊区位优势、市场的相对成熟度以及CEPA提供的新机遇，充分整合两地金融市场资源，为香港金融业走进内地提供平台，打造具有新特色的深圳特区金融市场。这个金融市场应当具有双重身份：一是内地金融市场的组成部分；二是香港国际金融中心的延伸区域，即香港国际金融市场的一部分。

（五）香港已把与内地的金融合作放到了战略高度

香港为巩固其国际金融中心地位，必须继续扩大其作为国际和内地之间资金通道的作用，采取“以融为主”的发展战略。在2006年香港经济高峰会上，香港特区行政长官曾荫权就提出了未来策略的五大方针：加强香港金融机构在内地市场的参与能力；便利内地投资者、集资者以及金融机构与国际接轨；把香港发行的金融工具带到内地，并加强两地金融监管方面的合作；扩大香港人民币业务，尤其在贸易支付和人民币发债方面；加强两地支付系统、股票交易所结算系统以及债券结算系统的联系。无论是便利内地金融市场参与者与国际接轨还是香港各类金融工具在内地的试行，都需要一个内地的证券市场作为其实现的基地，深圳无疑是香港首选的合作伙伴。

二、深港股市比较研究

（一）深港股市规模、板块比较

香港证券交易的历史可追溯到1866年，但直至1891年香港经纪协会设立（于1914年更名为香港证券交易所），香港才成立第一个正式的股票市场。历经百余年的艰辛发展，现今的香港证券市场已经成长为亚太地区最重要的国际性金融市场之一。

按市场概念分类，香港股市分为主板和创业板两个市场。主板市场已经相当成熟，而创业板市场于1999年才建立，虽经周折，但发展迅速。截至2006年底，主板市场共有上司公司975家，市值为13万亿港元，排名亚洲第二，全球第八；创业板共有上市公司198家，市值计889亿港元。

而深圳证券市场的建立比香港晚了约一个世纪，1990年深圳证券交易所建立，标志着深圳证券市场正式形成。建立初期得益于深圳经济特区的诸多优惠政策，发展十分迅速，与上海共同成为中国内地的两大金融市场。但目前深圳股市在规模上与香港相比相去甚远，从表1中可以说明：

表1　2006年底深港股市规模比较

模块	比较指标	香港股票市场	深圳股票市场
主板市场	上市公司数量（家）	975	477
	市值①（￥亿元）	133107	15776
创业板市场/中小企业板市场	上市公司数量	198	102

资料来源：根据深交所及港交所网站相关数据整理。

按表1所示，2006年在主板市场上，香港的上市公司数量是深市的2倍，而市值则达到了深市的8倍，两地差异巨大；在不严格区分创业板与中小企业板（下文均称深圳中小企业板为深市创业板）之间的某些差异基础上进行比较，两地创业板市场的差距相对较小，单从数字上看，深市创业板的上市公司数量小于香港，但创造的市值却是香港创业板的2倍还多。应该说，如果单从市值指标上看，深圳创业板似乎还优于香港创业板，但实际上两地创业板还是存在不同之处的。主要表现在：

其一，设立模式不同，进而创业板的独立性大小不同。香港创业板市场属于准独立模式，即拥有和主板同样的交易系统，但两个市场拥有各自独立的市场规则，主板市场和创业板市场的地位实质上是独立和平等的。而深圳创业板则是附属市场模式，即完全附属于主板市场，不仅与主板市场拥有相同的交易系统和交易规则，还与主板市场有相同的监管系统等，不同的只是上市标准的差别。因此，香港创业板较深圳创业板具有更大的独立性。

其二，上市标准虽然都相对宽松，但也有不同。一是在营运记录及盈利方面，深市创业板与香港创业板均没有直接的盈利要求，且营运记录也缩短到了2年。不过深市创业板对主营业务收入净额有更具体的规定。二是在股本规模方面，深市创业板对股本规模要求较香港更低。三是在资产质量方面，香港创业板由于只关注企业上市的审核，因而没有发行前企业资产质量的相关规定。深市创业板在资产负债比率方面，规定企业在申请发行时的资产负债率不高于70%，也就是净资产在总资产中所占比例不低于30%，但没有直接针对无形资产提出任何有关资产结构的要求。

（二）深港证券交易所制度比较

按《证券法》规定，证券交易所是“为证券集中交易提供场所和设施，组织和监督证券交易，实行自律管理的事业法人”。《深圳证券交易所章程》也明确规定：“本所为会员制非营利性的事业法人”。这就肯定了它不以盈利为目的的性质及其会员制的组织形式，也肯定了它不是行政机构或行政机构的附属单位。但事实上，从深交所多年运作的实际经验来看，它却还是一个准政府机构。

香港联合交易所（由原有的香港、远东、金银及九龙四家证券交易所合并而来）成立之初一直是一家牟利性的公司，但后来经多方多次努力，1991 年联交所对其组织大纲和章程进行了修改，确定其性质为非牟利机构，成了一个特殊的公司。2000 年联交所与期交所、清算所合并成香港交易与结算股份有限公司（港交所，HKE）。

目前，从深交所与港交所两个交易所的组织形态来看，有着本质不同。深交所属会员制，而港交所属公司制。会员制交易所是传统证券交易所的典型形态，它通常具有两个本质特征：一是会员所有、会员控制；二是非营利性。一个组织采用会员制，能通过互助合作有效地降低竞争，控制服务价格，因此，会员制的运作方式通常具有自然垄断的特性。会员制交易所在治理结构上具有会员集体决策和自律性的管理特征。但会员资格的强烈排他性，使自律性监管不能完全适应会员制的非赢利性要求，于是常常会引至政府监管的介入。公司制则不同，赢利性和法人地位是公司的本质特征。公司制的交易所是更多地按照企业的治理模式来运作，把交易所当作是一个提供上市、交易、清算服务以及出售价格信息的特殊企业，它是从企业应对市场竞争的角度，从效益与成本的角度来推进交易所的发展变革的。

由于中国证券市场受到严格管制，证券市场相对封闭，所以现在深交所采用的会员制组织模式基本上还可以满足当前市场的运作。但深交所目前所处的阶段还是完全传统的会员制交易所阶段，还是世界各国众多交易所几年前甚至是几十年前的发展阶段。随着中国金融市场的不断开放，很难说这种会员制组织形态是最合适的选择。世界上众多会员制交易所的公司化改制说明，公司制才是今后证券交易所发展的更高级形态。所以，从深港股票市场对接的策略上来考虑，深交所的改制十分必要。

港交所的公司制运作模式目前已经十分巩固。保持深圳与香港两地交易所的运作模式一致将是两地股市深度融合进而达到一体化的必要步骤。鉴于两地在政治制度、监管制度、法律制度等多个方面有重大差异，要实现两个交易所的真正合作和融合，最理想可行的方式是通过股权融合及股权互相渗透来实现。这就要求深交所首先是一个同等的公司法人，也只有在这样的条件下，股票市场的一体化融合才能具有实质性的开端。当然，深交所的改制并非一个政策、一个战略就能够实施的，近期内还不具备相关的条件。不过在战略上应把它作为中期目标来定位并逐步推进。

（三）深港股市发行制度比较

（1）关于股票发行审核制度。1990 年《证券法》实施以前，中国证券市场对股票发行一直实行行政审批制，从 1999 年开始向核准制转变。按照《证券法》要求，证监会于 1999 年组建了新的发行审核委员会，2000 年 3 月，中国证监会颁布了《中国证监会股票发行核准程序》和《股票发行上市辅导工作暂行办法》，废除了原先的股票发行指标管理、行政推荐的办法，开始实行由公司提出申请、主承销商推荐、发行审核委员会审核、证监会核准的发行管理制度。为了进一步完善核准制，强化发行环节中的市场化约束，2003 年 12 月 28 日，中国证监会发布了《证券发行上市保荐制度暂行办法》，正式推出了股票发行上市的保荐制度。保荐制度是对核准制的优化，它强化了各市场主体的责任，进一步落实了参与市场各方各负其责、自担风险的原则。

香港对股票发行的审核一直是实行核准制，由公司提出申请，上市委员会核准，证监会监督管理。但对申请上市公司相关资料的透明度要求比内地更高一些，例如其中上市协议中就规定上市公司必须向所有股东提供“股价敏感性资料”，以便更好地保护小股东的利益。申请上市挂牌的公司，必须符合联交所规定的上市规则和政府颁布的上市条例。对于上市公司股份市值、公众最低持有股份比例等条款则与内地相同。公司通过委托一家专业投资银行统筹所有上市准备工作，按照联交所制定的规则向上市委员会提交上市申请，申请获准后，公司与联交所签署一份“上市协议”，再分配股份给认购者，即可上市。在保荐人制度方面，香港主板一直没有明确的保荐人制度规范，主要是参考财务顾问牌照。香港的财务顾问牌照是香港证监会发放的，有了这个牌照，再加上若干实践经验，才可以做保荐人。而创业板由于没有三年盈利要求，风险较高，所以一开始就采用了保荐人制度。

从内地与香港股票发行审核制度的对比来看，两地都是实行核准制加保荐制的结合。总体上来说，两地的审核制制度是一致的，但从具体的上市规定来看，香港对申请上市公司相关资料的透明度要求更高一些，另外在保荐人的应用范围、保荐人资格等方面略有不同。

（2）关于股票发行方式。证券发行方式按照发行对象可以分为公募（公开发行）和私募（配售）两种。

在内地市场，绝大部分的股票发行都是实行公开发行。我国规定 A 股首次发行禁止私募，另外对其他情况的私募也没有明确的法律规定来进行规范，因此私募发行股票的比例极低，私募发行主要集中在境内上市外资股（B 股）的发行上。

香港的股票发行方式是配售和 IPO（Initial Public Offering）相结合。主板上市的股票是 90% 以配售方式发行，10% 以 IPO 方式发行。90% 配售的部分是向机构及大客户私募，在配售期间，由机构和大客户向承销商申购。认购结束时，由上市公司、主承销商来最终确定客户的分配额度。因此，分配额度的多少与主承销商密切相关。其余的 10% 的股票，向所有投资者公开发售。在创业板市场上市的股票则采用全额配售的方式来发行。

深圳和香港在股票发行方式上最大的差异就在于内地缺乏对私募发行方式的规范和发展。在成熟资本市场，私募是企业获得股本融资的主要来源之一。国际上证券发行的历史也表明，私募的存在要比公募存在的历史更长。私募虽然有流通性差、对象范围小等弱点，但也有其发行成本低、手续简便、成功率高的优点。深圳市场应积极推行私募的发行方式，发展配售市场，平衡私募发行在股票发行中的比例，这是两地股票市场深度融合需要解决的一个关键问题。

（3）关于股票发行定价机制。我国股票发行采取溢价发行，发行价格由发行人与承销商的证券公司协商确定，报国务院证券监督管理机构核准。定价过程应包括四个阶段：尽职调查阶段；资料申报研究阶段；预营销—预路演阶段；路演与定价阶段。从溢价发行的定价技术来看，主要采用证券监管部门监控下的市盈率定价技术，新股发行的价格主要取决于每股税后利润和发行市盈率，其公示可以表示为：

$$发行价 = 每股收益 \times 发行市盈率$$

其中，每股收益的计算是根据业绩情况通过一定的会计方式计算出来的，该数值是可观测的。市盈率的估计则相对主观，它须根据同行业市盈率的水平、公司的发展现状及当时证券市场的发展状况来估计。但在内地市场上，市盈率的确定虽然形式上是由主承销商和发行企业协商决定，实际上却是由发行者的主管部门审批决定，基本上没有考虑上述因素。另外，我国股票市场一直使用市盈率来限制股价。市盈率常常被压低，导致一级市场和二级市场价差过大，投机盛行。同时，市盈率定价法主要适用于处在成熟时期的商业企业，对于发展初期的新兴企业，如金融企业、房地产企业等不太适用。

香港证券市场自1994年后，新股发行就实行累计投标和公开认购混合的发行机制。它的程序包括：一是混合机制的股份分配；二是定价；三是回拨机制；四是超额配售权和后市支持；五是发行。其中混合机制的股份分配表现在把股份分为国际配售与公开发行两部分，两部分的发行方式有所不同。通常，主承销商和发行公司在发行前将根据发行规模以及证券市场的状况等，确定两个部分的发行比例。一般而言，发行量越大，国际配售部分比重越大。定价过程也采取市盈率法，不过香港的市盈率的确定更具有市场性，对行业盈利水平、公司发展前景等因素的考虑都必须严格实行。定价中回拨机制的引入也使定价过程更具有公平和公正性。回拨机制指的是在股票发行时，由机构投资者决定发行价格，由一般投资者决定股票在机构投资者和一般投资者之间的分配比例。

由上述分析可见，在股票定价机制上，深圳与香港两地存在一定的差距。我国的股票定价虽然在原则上是发行企业和承销商根据市场确定的市场化价格，但是证券监管部门为了保证股市的兴旺，压低市盈率，造成了价格的不合理现象。这种过度的政府干预行为不利于股市的发展。而香港股票定价方式采取了累计投标和公开认购的发行机制。累计投标改变了传统的固定价格方式，使发行价格更加符合市场需求。而回拨机制的引入、认购比例的划分使一般投资者和机构投资者的利益得到了均衡，使股价真正趋于市场化，这是内地应该学习和借鉴的。

（四）深港股市监管制度比较

（1）深港资本管制政策比较。资本管制程度是影响证券市场开放性和融资能力的一个重要因素，是影响股票市场发展程度的最重要的宏观政策条件之一。在资本管制措施上，深圳统一在中国内地的资本管制政策下，因此，对深港两地资本管制程度的比较，其实是在整个中国内地和香港特区之间进行比较。

尽管从维护本国金融安全、维持国际收支平衡等角度看，严格的资本管制也有其合理性，但是当前内地严格的资本管制措施无疑已经成为深港两地金融市场上资金自由顺畅流动的最大障碍，两地股票市场一体化要真正能够得以推进，还必须依赖于国家在资本管制政策上的松动和最终解除。

（2）深港股市法律法规体系比较。仅对股票市场进行约束管理的一整套法律法规体系看，深港两地现有的主要法律法规可以从下表概览：

表 2　深港证券法律法规概览

香港	深圳
1. 条例 《证券条例》 《商品交易条例》 《投资者保护条例》 《证券交易所合并条例》 《证券及期货事物监察委员会条例》 《证券（信息披露）条例》 《证券（内幕交易）条例》 《证券及期货（结算所）条例》 《杠杆式外汇买卖条例》 《交易所及结算（合并）条例》 《公司条例》 （2003 年 4 月 1 日生效的《证券及期货条例》将上述除《公司条例》以外的 10 个条例合为一体，成为香港有史以来第一个全面覆盖金融和投资产品、监管证券和期货市场以及保障投资者的法律条例） 2. 规则与守则 《上市规则》（包括主板规则和创业板规则） 《公司收获合并与股票回获守则》 《证券交易规则》 《单位信托和公共基金守则》等	1. 法律 《证券法》 《公司法》 《证券投资基金法》 2. 法规 《股票发行与交易管理暂行条例》 《企业债券管理条例》 3. 规章 《股份有限公司境内上市外资股规定的实施细则》 《证券投资基金管理暂行管理办法》 《证券交易所管理办法》 《证券市场禁入暂行规定》 《禁止证券欺诈行为暂行办法》 4. 自律规则 《深圳证券交易所股票上市规则》 《深圳、上海证券交易所交易规则》 《深圳证券交易所会员管理暂行办法》

从上表可见，两地证券市场法规体系包含的法律法规都可谓数量众多。从内容上看都包含了立法机构的法规条例以及监管机构的自律性规则两个主要部分。但香港证券市场的法律体系由于建设时间久，并经过多次的完善，具有内地法律体系无法比拟的一些优点，如：证券法规条例体系层次分明，各层次条例规则之间相辅相诚，互相补充，不会产生歧义和冲突；法例指引详略得当，不会因为法例制定得过细无法实施，也不会因为法例制订得过粗糙成执法漏洞；制订法例的过程中重视实际执行程序，杜绝了法例执行的随意性；在法例的制定过程中，能广泛征询业界意见，有效地提高了法例的公信力等等。内地证券法律体系相对于香港还落后很多，并且与现在市场上所存在的问题相比，现有证券市场法规无论数量还是涉及的范围都还远远不够，需要进一步完善。

（3）两地监管机构设置比较。香港和内地在监管机构的设置上都采用了把机构监管和自律监管结合起来的模式。内地市场的行政性监管机构主要是：国务院、中国证监会及证监会派出机构；自律性监管机构是中国证券业协会及深圳交易所。香港市场的行政性监管机构包括香港特区政府和香港证监会，自律性机构包括香港证券经纪业协会和香港交易所。

深港证券监管机构的职能都有不同层次的划分，但两地行政性监管的各机构之间的关系有所不同。两地不同监管部门都肩负着不同的监管职责，交易所直接对证券市场实施着一线管理的职责，主要对上市公司、证券交易活动等进行及时有效的管理。证监会实施更高层次上的综合监管，负有证券市场上最主要的监管责任。

内地的行政性监管机构中三类机构之间是具有行政直属关系的，中国证监会直接直属于国务院，证监会派出机构则直属于中国证监会。中国证监会是我国证券市场的主管部门，按照国务院授权履行行政管理职能，依照相关法律、法规对全国证券市场进行集中统一的管理，各地的派出机构则在证监会授权的范围内行使监管职权。而在香港，证监会是独立于公务员架构之外的法定机构。香港特区政府不负责日常的监管职能，但它负责不断检讨监管框架，尽量杜绝市场失当行为，加强公众对市场的信心。香港证监会可以独立履行其监管职责，无须就其职权的日常行使向政府报告。

（4）两地证监会和交易所监管职能的比较。两地证监会的主要监管职责基本上相同，主要包括：起草及修订证券市场相关法律法规；管理各类市场参与者及其行为；监督管理证券市场上各类证券的发行、交易及清算活动；规范和监督市场上各类信息的披露；依法对证券市场上的各类违规行为进行调查及处罚；加强证券市场的对外合作事务等等。两地交易所职能也大体上相同，主要是负责证券市场日常监管、一线监管。不过最明显的一个区别是，香港联交所拥有对公司上市的核准权，而深交所不具有这种管理权力。

由于内地现有的经济体制，尽管在名义和形式上深交所被界定为自律管理机构，但迄今为止尚未担负实质性的自律职能，深圳市场的自律监管职责大部分被证监会所替代，例如，本由深交所负责的上市规则、交易规则和会员规则的修改，现已由证监会主持进行；交易活动中的涨跌幅限制、异常交易等也是由证监会提出，交易所实施上市公司的暂停、恢复上市等，也完全是以证监会的批复为准。在很多方面证监会都在一定程度上取代了深交所的一线监管职能，使一线监管的优势无法得以发挥，降低了监管系统运作的效率。而香港则不同，虽然《证券及期货条例》赋予了证监会监管证券市场的大部分职责，但是证监会却通过与港交所签订谅解备忘录的形式，把公司上市的审批和对上市公司的监管等权力赋予港交所，证监会则把主要精力放在宏观管理上，比如市场的风险管理、执行法律法规，监管港交所等。这样，香港的自律监管机构独立性较强，且监管权力相对也大。

综合上述四个主要方面的比较分析，可以看到，两地股市在管理制度的基础框架层面上大致相同，但是具体到实践运作上还存在很大差距和差异，可以概述如下：

（1）证券交易所组织形式具有本质不同，香港开放的公司制对保有传统特色的内地会员制提出了挑战。

（2）对股票上市审核都采用了核准制与保荐制相结合的形式，但两地股市审核机构及核准条件有差异：香港对上市公司的相关资料的透明度要求更高；对股票发行都采用了公募与配售相结合的方式，但深市配售发行的比例远远低于香港。

（3）两地股市监管制度的主体构成基本相同，都主要包括了政策监管、法律监管和机构监管三个部分。但内地股市发展受到较多体制、政策因素的影响，各个层次的监管职能在分工上不够合理，自律性监管机构的作用不明显。而香港对股市发展的政策限制较少，其自律性监管机构拥有较大的监管权力，能够实施有效的一线监管。

（4）香港健全的证券法律体系和有效的法律规范渗透到股市方方面面，形成了良好的市场监管环境。而深圳在证券法制建设方面还有很长的路要走。

综上所述，从股市管理制度上来比较，深港股市的一体化程度还很低，深圳还需要付出大量的努力，学习和借鉴香港经验，以完善股市管理制度建设。

三、深港股市一体化的路径选择

由于深港两地是在两种制度、两种货币流通、两个金融管理当局的背景下实现融合，且两地经济、金融业又存在明显的差距和差异，所以整个的融合过程必然是一个伴随着不断创新、求同存异、稳步推进的动态过程，需要采取新的有效对策。

（1）进一步完善两地支付和结算系统的联网。深港两地股票市场的融合依赖的最基础条件是保证两地有充足的资金流并与之相配套的一个快捷、高效、安全的通道，即要有完善的支付、结算系统。在这个方面，香港金管局和深圳市人民银行做出了很大的努力，已经取得了一定成果。但是，当前深港的支付结算系统主要涵盖的是大额支付和票据交换，处理方式采取的是逐笔处理、全额清算，能进行批量资金清算的电子批量支付系统还没有建立。随着两地日益频繁的资金往来，必须尽快推进小额电子批量支付系统的建设。同时，现行的外币实时全额支付系统需要进一步完善，从收费价格和系统功能方面提升竞争能力。

另外，在支付工具方面，应该积极推动深港小额支付卡的跨境应用，例如两地的交通卡（深圳通和八达通）互联互通应该着手实施。同时，在人民币支票单向跨境使用的基础上，要积极推进两地多种人民币票据的双向跨境使用，尽可能地减少两地在资金往来方面的障碍。

（2）通过政策松绑推进证券机构合作。虽然当前两地券商之间在互设机构方面已有一定基础，并展开了一定的业务合作，但是受制于内地市场相关政策的束缚，两地券商之间的合作并未出现突破性进展。当前香港券商在内地只能进行顾问及投资银行业务，没有资格进行经纪业务，这使得大部分香港券商放缓了进驻内地市场的脚步。从深港股市融合发展的战略高度出发，如果以深圳市场作为试点，适当放宽香港券商在深圳的业务经营范围，从合作学习而非纯粹竞争的角度来促进两地券商共同发展，一定能够推动两地股票市场的深度融合。在券商互设机构发展成熟的条件下，再进一步争取实现深港资金自由流动，把两个地区合成一个资金流动的特区，为两地股市同步交易创造条件，为建成统一的资本市场和金融中心创立条件。当然，政策松绑在很大程度上还取决于中央的统一安排，但深圳地方政府应积极向中央争取把深圳作为证券市场政策松绑的实验地和试点城市，以试点出成效，以成效赢得中央的支持。

（3）实施深圳证券交易所的公司化改制。交易所是组织证券市场运行的核心，两地股市一体化，首先必须从交易所的融合开始。当前深港两地交易所组织模式上的本质差异是最大障碍。深交所是采用会员制运作的独立法人，实际上是一个准政府机构，它不以营利为目的，并因其会员资格的限制，是一个相对封闭的组织。而香港交易所是一个营利性的上市公司和所有权开放的组织。从两个交易所现有的组织模式看，并不具备直接合作的基础。同时，香港交易所一直拥有十分不错的营利收入，其本身也缺乏动力来推动两地交易所的融合。因此，只有深交所通过公司化改制，转变为和港交所一样的公司法人，才能使双方合作有基础。从当前世界范围内兴起的证券交易所公司化改制的趋势看，公司制运作的证券交易所是更加符合市场规律、更加有效的组织形式。如果深交所改制成了公司制的法人，那么深港两个交易所就可以通过互相参股、持股的方式来完成融合，形成两个证券市场的统一运作管理。

我们认为，深圳证券交易若要改制成股份公司，它的股权结构应该由以下几类股东组成：

（1）政府。鉴于我国特殊的政治经济条件，实现了公司化改制的深交所也同样需要保证国家对它的管理权以及它对公众利益的代表权，这就需要把政府转变为深交所的大股东，通过其行使股东权力来实现。从国际经验看，政府及其控制下的机构参股交易所，是国家以资本方式合理控制交易所的有效安排。目前，瑞典、新加坡和芬兰等国的交易所都是政府参股的公司制交易所，且运作良好。从深圳市场的情况来看，深交所的政府股权可以由国家国资委和深圳国资委共同持有。

（2）原来的会员公司和部分上市公司。会员公司是原来交易所最主要的客户群体，从战略角度出发，原有会员对交易所持股、参与交易所运作并分担交易所的收益和风险是对市场发展有益的。另外，上市公司也是与证券交易所利益连接比较紧密的一个群体。目前，我国已经由很多上市公司出于投资多元化的需要，参股了证券公司等金融机构，若改制的深交所向上市公司募股，让上市公司共享资本市场高速发展的成果，应该会得到较好的支持。

（3）机构投资者。因为机构投资者资金实力雄厚，为了增加其投资回报或者降低风险，他们通常有较大的对外投资需求，更多地进行跨国界、跨市场的投资，对交易所资金的流动性造成较大的影响，因此机构投资者也需要在交易所中增加自己的话语权。随着国内法律管制的放宽，专业化投资理念的不断深入以及机构投资者的发展和成熟，引入养老基金、社保基金这样的大型机构投资者作股东，将是交易所公司制改革的必然选择。

（4）其他金融机构。从世界实行公司制模式的交易所的股东结构来看，证券交易所的股东还包括银行、保险公司以及证券交易所同业机构等金融机构，深交所的股东构成也可以参考外国经验，吸纳各类金融机构加入。

（四）推进两地创业板的深度融合

深港两地主板市场发展时间有10多倍之差，而两地创业板创建时间却差异不大。从目前两地创业板的发展规模和总体制度安排来看，也十分接近，这就决定了深港股市的一体化可先从创业板开始。创业板融合的具体操作可以按照部分专家提出的“一板两市”的方案来试行。即：一家公司经过一个审批程序后，可同时在港深两地的创业板分别以港元及人民币买卖。这就有利于实现“一种资源，两地共享，既吸引了国际资金，又吸引了国内资金”的设想。

（五）加强两地证券从业及监管人员的交流培养

因为当前两地证券市场上各项制度安排存在差异，致使两地市场的融合难以展开。要填平这些差异之间的沟壑，首先要求合作双方对互相的制度安排有充分、深入的了解。

在证券从业人员方面，2005年推行的内地与香港证券从业人员资格互认是一个良好的开端，两地从业人员之间的全面交流也应进一步展开。深圳证券业应该积极选派业务骨干到香港学习交流和业务培训，全面学习香港证券市场的建设经验。

在证券市场监管人员的交流合作方面，建议两地建立定期会晤制度，就两地证券市场运行情况、监管合作框架的设立等方面展开交流。同时，还可以通过举办合作论坛、报告会等多种形式促进两地证券同业之间的相互学习和沟通。

（六）强化证券市场法律监管制度建设

两个市场最终能够融合的根本基础在于两地有协调一致的法律制度。因为法律制度决定了一个证券市场的方方面面，它提供了市场规范运作的约束和标准，直接构成证券市场运行和证券市场监管的基础。只有法律制度对市场的约束和监管实现了一体化的标准，真正的股票市场一体化才有可能实现。就当前的实际情况而言，两地法律制度的趋同是一个长期而艰巨的整体性工程，涉及整个内地法律制度与香港法律制度的调和，它不是仅仅在深港两地的合作框架下就能够完成的。对于证券市场法律制度的建设和完善，国家有高层次的整体考虑，在证券立法方面深圳没有绝对的发言权。所幸的是，国家新证券法的出台再次强调和明确了证券交易所的自律性质与地位，有助于提高交易所自律管理的法律效力，增强自律管理的权威性。

就深圳市场单方面而言，我们可以从深圳证券交易所的自律性规则的完善方面来努力。针对证券交易事务中可能存在风险的地方，深交所可以订立更加细致的业务管理规则对其进行约束和引导。同时交易所处在市场监管的第一线，在监督上市公司进行信息披露方面更有优势，所以深交所还应该加强对信息披露行为的管理和引导，着力于培养市场参与者在信息披露方面的自律要求。

此外，为了防止交易所的自律监管规则和证监会的监管要求出现分歧，深交所可以借鉴香港的做法，争取与中国证监会签署《谅解备忘录》，妥善处理中国证监会与证券交易所的监管职责，明确各方合作监管关系和各自在自律建规方面的订立权限，以避免监管漏洞。

需要说明的是，深港两地股市的融合，关键在于交易所体制、法规制度能否实现对接以及两地股市资产价格的趋同。对于后者，因限于篇幅，加上资产价格的趋同化有较复杂的计算过程，这里只是提及，没有展开论述和实证，待今后另作专题研究。

注：

1. 此处为了方便直观比较，按国家外汇管理局公布的2006年12月29日港币对人民币汇率HK＄100 = ＄100.467，将香港的数字转换成人民币金额。

2. 详细指标可参考IMF Annual Report 2003。

3. 股权结构设置参考了《证券交易所组织形态和法人治理》（吴卓，2006）中的理论知识，并结合深圳具体情况进行设计。

（原载《深圳大学学报》2007年第4期，作者：曹龙骐、张渝敏，2007年6月人大报刊复印全文转载）

宏观调控政策中的浓重一笔

——对近期财政部发行 1.55 万亿元特别国债的剖析

2007 年 6 月 27 日，经十届全国人大常委会第 28 次会议审议，通过了财政部发行 1.55 万亿元特别国债用以购买外汇以及调整 2007 年国债余额限额的议案，这是国家继 1998 年发行 2700 亿元特别国债注资银行后再次运用这一方式解决经济金融问题的重大举措。这一调控措施引起了社会广泛关注，本文试对此给予简要的解剖和分析。

一、何谓“特别国债”

要弄清楚什么是“特别国债”，首先得明白其本源性要素即“国债”的含义。所谓国债，顾名思义，是国家（实际上一般有它的附属机构即财政部门承担）向社会公众（包括国内或国外的个人、企业、单位和金融机构等）发行的债券，它是国家信用的主要形式。最先的国债是伴随着政府财政赤字的发生而产生，随着市场经济的发展，特别是凯恩斯的《通论》发表以来，国债的自身功能也不断拓展，发行国债不仅仅是为了弥补财政赤字、筹集建设资金，更重要的是国家利用国债实施对经济的宏观调控，从而达到干预经济活动的既必要又重要的手段。

伴随着国债的产生，在其发行和偿还、作为债权债务的交易和对社会资金的调节中，必然会形成一个国债市场，也只有通过市场，国债的功能才能得到充分体现，它不仅是弥补、筹措和平衡社会资金的调节器，而且国债利率又是金融体系和投资组合中的基准利率的参照物。更重要的，在现代经济条件下，国债又是货币市场和资本市场的连接器，以及国家财政政策和货币政策操作的调节器。

在此基础上，我们来探讨何谓“特别国债”。应该说，它首先是国债，具有上述国债的一些基本功能，这是无疑的。但是之所以称它“特别”国债，因为其甚至在本质上不同于一般普通国债，归纳起来有以下几点：①发行目的有异。本次发行的 1.55 万亿元特别国债，属财政购买外汇发行的国债，用于正在筹建的国家外汇投资公司资本金来源，拨付给它直接经营，以提高其经营收益，属金融资产，不是对预算赤字的融资；②发行方式有异。本次发行特别国债采取市场化方式，发行的国债为流通记账式国债，期限结构确定为 10 年及以上，且根据市场确定利率，以利于特别国债期限结构的实施、货币政策操作和缓解市场流动性的需要；③发行对象有异。本次特别国债发行严格按照有关法律法规，不是直接向央行定向发行，而是发行特别国债购买外汇后，通过采取一定方式，增加央行持有的国债，为央行公开市场业务操作提供更多更有效的载体，以增强央行实施货币政策调控的力度；④管理方法有异。尽管此次特别国债发行通过购买外汇发债无须通过预算安排还本付息，但仍属政府债务，按照国债金融管理办法，应列入年末国债余额限额；⑤与上次发行有异。与1998年财政部曾向四大国有商业银行发行的2700亿元特别国债相比，此次发行的特别国债数量较大，是1998年的5.74倍。且发行目的、方式、对象等均有不同。

二、发行特别国债意义何在

此次发行1.55万亿元特别国债，从以上阐述的有别于一般国债的特征看，可以预见，其意义更为深远。

（一）有利于抑制我国目前客观存在的严重的流动性过剩，提高货币资金的利用效率

所谓流动性，简单地说就是指某种资产转换为支付清偿手段的难易程度。所谓流动性过剩，则是指市场上或宏观层面上的流动性已经超出了实际需要的现象。全球流动性过剩主要来自发达国家长期执行较为宽松的货币政策和金融自由化体系下信用创造货币能力的明显增强。而中国的流动性过剩，应该是2003年至今以来的现象，近几年主要表现为外贸顺差的综合症，单就量上看，即是银行存款大于贷款的部分。大量的信贷资金用不出去，日积月累，它必然会造成对信贷和资金价格的膨胀压力，最终会冲击国民经济的运行和金融体系的安全。国内外的流动性过剩虽是两个既相同又有不同的问题，但绝不能忽视其中存在有深刻的内在联系。特别是近两年来，人民币不断加速升值，股票指数、房产价格、贸易顺差以及外汇储备的不断上涨，情况非常严峻。据有关资料统计：人民币总体升值已达7%左右；2007年5、6两个月信贷增长达万亿元；贸易顺差创历史同期新高；CPI今年5月底上涨达4.4%，超过了通胀3%的警戒线。由此可见，缓解流动性过剩已成为当前宏观调控中的重要内容。为解决这一系列严重问题，央行曾通过提高准备金率和超额准备金率、发行央行票据和控制监管商业银行信贷等方式来化解流动性过剩。特别是近期，央行宣布从3月18日起，既上调银行基准利率，又上调一年期的存款和贷款利率，可谓“三管齐下”，应该说这次“全面调整”也是“预料之中”，对抑制经济强势发展中某些行业的过热，引导货币信贷和投资的合理增长，维护物价总水平的基本稳定，实现金融体系的稳健经营，人民币对外升值和国内货币价值趋于一致等方面均有所影响，但面对目前几万亿新增的流动性过剩，仅从加息的角度考虑问题其作用是有限的，而且效果也在日益弱化。此次发行特别国债一项，就可能实现几个月的央行所可能产生的“消化”效应，可见，它对缓解流动性过剩的力度要大得多。且发行特别国债可长期限定地锁住外汇占款，这对稳定金融市场也大有裨益。

（二）有利于拓展央行实施公开市场业务操作空间，提高货币政策操作的有效性

一般而言，货币政策的有效性表现为对货币稳定和经济推动两个方面，其实这也是货币政策最终目标实现的具体体现。但是，其有效性的实现主要是通过运用货币政策工具作用于货币政策的中介目标（货币供应量和利率等）来实现的。可见，货币政策工具至关重要，它对整个货币政策操作的有效性，既具有始发性也具有推动性的特征。而在三大传统货币政策工具即公开市场业务、法定存款准备率和再贴现中，公开市场业务又以其具有公开性、灵活性和主动性的优点位于这“三大法宝”之首。当然也不能由此而否认和忽视公开市场业

务要与其他货币政策工具的配合运用。但不管这样，公开市场业务的具体操作，主要是央行通过对各类有价证券（主要是国债）买卖方式来调节流动中的货币供应量，因为国债作为国家债券，它信誉高、偿还能力强、风险小、发行广，且通过央行操作还可将一部分非盈利的现金准备变成债券准备，既不妨碍随时变现，又可获取稳定收益。可见，公开市场业务的作用力和影响度是其他货币政策工具难以比拟的。此次财政部发行的1.55万亿元特别国债购买外汇后，将增加央行所持有的国债规模，也就是为央行实施公开市场业务提供并增加了吞吐有价证券的必要的和充分的载体，扩大了央行公开市场操作的更大空间。在具体操作中，当流动性偏多时，央行可以通过卖出国债回笼货币，以缓解流动性过剩；当流动性不足时，央行则可以买入国债释放货币，以增加流动性。这种做法既灵活又见效，不像调整法定存款准备那样既是一贴“烈药”，又带有“一刀切”的偏向。

还需要说明的是，财政发行特别国债购买外汇，有别于央行通过投放货币购买外汇的做法。央行运用特别国债替代部分央行票据，会减轻对冲压力，可以减缓货币供应量过快增长，也有利于缓解当前存在的严重流动性过剩。

（三）有利于促进财政政策和货币政策的协调配合，增强两大政策宏观调控的合力

财政政策和货币政策是现代市场经济条件下国家进行宏观经济调控的两大基本工具，两大基本工具的合理选择和灵活运用，以及两者之间的协调配合，是现代经济高效、顺畅运行的前提和重要保障。对我国来说，两大政策的协调配合，是由两大政策本身不同的特点要求形成合力所决定。这是因为，财政政策与货币政策在实施过程中的效应有明显不同，财政投资可以直接对总需求发生作用，政策时滞短，见效快；而货币政策通常通过调节利率和货币供应量对总需求发生作用，政策时滞长，见效慢。更重要的是，财政货币两大政策的协调配合，也是在我国实施开放经济和处于转型期背景下的客观要求，因为国内外形势的变化和原有体制的障碍性因素存在，直面处于社会主义初级阶段客观存在的经济结构不合理、经济增长方式落后，国际收支不平衡以及流动性过剩等问题，运用货币政策包括调整准备金率、加息、发行央行票据和进行“窗口指导”等一系列措施，事实证明，对以上问题，只能在一定程度上给予缓解作用有限，并不能从根本上解决其失衡的问题。由此，在继续坚持稳健货币政策的基础上，进一步强化财政政策的结构性调控作用，增强两大政策的协调配合，从而形成合力尤为重要。此次财政部发行的特别国债，数额较大，应该说这是我国宏观调控政策中的浓重一笔，它既抑制了货币流动性过剩，也缓解了外汇储备过快增长。从长远看，特别国债对改善资本市场特别是债市的结构以及完善外汇储备管理机制等，意义尤为重大。而且，两大政策协调配合下所产生的辐射作用和推进可持续发展，其影响的力度和深度更不可低估。

（四）有利于缓解外汇储备的过快增长，改善和提高外汇储备的管理水平

目前，中国外汇储备已破万亿美元大关，成了世界上外汇储备最多的国家。全面地看待外汇储备的增长，一方面，它对维护一国的国际收支平衡、拓展国际贸易领域、增强国外投资者信心，应对突发事件等均是有利的；但另一方面，过多的外汇储备，会造成降低资金使

用效率、增加依存美元带来的风险，增大央行调控难度，加剧人民币升值压力等，这些也绝不能忽视。可见，面对我国高外汇储备，既有一个金融安全问题，也有一个外汇储备的成本收益问题，两者必须兼顾。合理又高效的外汇储备应该是我们追求的基本原则，完善我国目前的外汇管理体系是实现这一追求的根本途径。借鉴国际经验和新加坡的做法，央行正着手筹建成立外汇投资公司。今后，除央行保留的大部分外汇储备发挥管理功能外，划出部分外汇储备专由一家外汇投资公司管理发挥其投资功能，以追求尽可能高的收益。这次发行的巨额特别国债购买的外汇资金，作为外汇投资公司的资本金来源，既有利于外汇投资公司开展业务经营，因为通过其进行境外实业投资和金融产品的组合投资，获取高于特别国债利率的收益，应该说这也是利国利民的事情。同时，外汇投资公司直属国务院、属于国家层面的公司，财政部代表国家将购买的外汇作为其资金来源，理顺了外汇投资公司的管理体制。这样做，在主观和客观上创造条件，抑制外汇储备过快增长，改革现有外汇储备管理体制，改善外汇储备组成结构和提高外汇储备资金的使用效益，这无疑是一个带有突破性的举措。

三、对特别国债发行和运作中的几点建议

（一）必须提高对此次发行特别国债的认识

与1998年财政部曾向四家国有商业银行发行的2700亿元特别国债相比，此次发行1.55万亿元特别国债在量上看后者是前者的5.74倍。据有人测算，此次特别国债的发行相当于提高10次法定存款准备金率的“消化”力。可见，其数量和作用力之大是前所未有的。同时，特别国债在发行的目的、方式、对象及运作方法等方面均有其独特之处。更应引起注意的是，此次特别国债的发行是在我国经济出现过热、流动性过剩、股价陡升、房价攀高、人民币升值预期、通胀抬头等诸多复杂因素相互交叉的背景下发行的，由此产生认识上的一些顾虑和偏向也属正常。例如，发行特别国债会不会冲击股市？会不会引起通胀？会不会影响外汇储备规模等等，这些必须加以澄清。其实，财政发债购汇仅相当于用特别国债替换央行的票据，不管发行的期限和方式如何，并没有影响市场货币供应量。这与以前央行为保持人民币的稳定，因巨额外贸顺差而吸纳大量外汇，通过增加基础货币引起货币供应量的扩张，进而又被迫发行央行票据给予冲销的做法有根本的不同。前者不会引起货币总量的增加而产生通胀，而后者引发通胀的可能性是存在的。还必须认清，此次发行特别国债的意义既有短期的，如缓解流动性过剩、抑制某些项目投资过热等。但重要的还在长期效应，主要是通过增强财政货币两大政策协调配合的有效性，改善和提高宏观调控的水平，以及通过部分外汇储备的市场化和公司化运作，有利于完善外汇储备管理机制及其提高外汇储备的运用效率。可见，发行特别国债的综合效应不仅是治标还在于治本，不仅在于短期，更是注重于长期，预计它的作用力将日趋明显。

（二）采取有效措施，真正实现外汇储备和基础货币的双减少

此次用财政部发行特种国债置换央行持有的外汇储备，这是利用财政部的特殊地位，实

现人民币和外汇特殊形式的置换，改变或增加了央行储备的投向，原来由央行承担的风险现由财政部承担下来，从本质上说并未减少央行对基础货币的投放和目前客观存在的流动性过剩问题。如何同时实现外汇储备和基础货币的双减少，比较有效的办法一是无论是财政发行特种债券和财政部把部分外汇储备交给即将新成立的外汇投资公司，按目前设想都应在利率优惠条件下限定较长期限（最少10年），并规定不准进入二级市场交易或向央行贴现；二是由外汇投资公司运用外汇原则上用于海外投资（参股和收购）或购买战略物资，若用于国内投资企业，原则上不能将外汇换成人民币使用。

（三）借特别国债发行之际，积极构建公开市场业务操作的微观基础发挥作用

我国公开市场业务操作准备始于1993年，以1996年4月9日中国人民银行回购2.9亿元无纸化短期国债为标志，公开市场业务由此启动，至今已具有相当规模并显示其积极作用。此次财政发行1.55万亿元特别国债用以购买外汇后，增加央行所持的国债规模，从而拓展了央行开展公开市场操作的空间。但这一举措的最终成效还不全决定上层的宏观意图，因为公开市场业务操作的最大特点，是通过市场将央行实施货币政策与商业银行及其他金融机构的资金经营和资产合理配置融合在一起，它要求具备相对齐整、行为规范的微观金融主体与之匹配，否则，中央的宏观调控意向与微观金融主体经营行为之间的矛盾就相继产生，甚至对公开市场业务这一货币政策工具产生冲击。当前，应在特别国债发行之际，注重在继续深化商业银行的股份制改革的同时，一是要加快推进微观金融主体治理结构和内部管理机制的完善，以使微观金融主体在公开市场上正确灵敏地接收央行货币政策信号，使央行的宏观调控微观化。二是注重国债发行与交易的配合，既要注意国债的发行总量与公开市场业务的适度规模相适应，又要在国债的期限结构和运作方法上与公开市场业务操作的具体要求相吻合。

（四）全角度、多层面地调整宏观调控的手段和策略，努力提高宏观调控水平

近期财政部发行1.55万亿元特别国债，这确是我国宏观调控政策中的浓重一笔，但是面临我国社会主义初级阶段的客观现状和改革开放中的诸多问题，仅此一笔还是远不够的，必须从多角度、多层面的角度，实现宏观调控手段和策略的转变。为充分发挥其“自动稳定器”功能，就财政政策来说：一是要通过对贫困、落后地区和低收入层的转移支持，提高这一群体的福利水平和消费需求；二是要增加财政对基础设施项目的投资和贴息支出；三是调整税收结构，加强征管，要注重抑制出口，鼓励进口，促进资源节约；四是要强化财政调节社会分配的、实现社会公平的职能。就货币政策来说：一是要以稳定货币为主要目标，努力促使物价保持在正常水平；二是加大信贷投放力度，支持产业结构的调整，对有市场、有效益的项目优先给予支持，控制信贷资金流入低水平盲目扩张的行业和污染环境、高耗能、产能严重过剩的投资项目；三是运用好货币政策的主要变量即利息率，充分发挥利率对经济的调节作用；四是努力促使储蓄向消费和投资转化，最终实现经济回升、投资和消费结构升级、有效需求不断扩大的目标。

需要强调的是，在综合运用财税和金融手段的同时，还缺不了与产业、外贸、资本市

场、社会福利等政策的协调配合，事实证明，只有宏观经济部门加强功能互补和信息共享，力求做到宏观调控的主动性、前瞻性和有效性，才能真正提高宏观调控在经济发展和市场运行中预期的水平。

（原载《深圳金融》2007年第10期）

2008年

人民币升值过程中“新货币现象”剖析

人民币逐步升值，至今已是一个不争的事实。从2005年7月21日人民币汇率一次性上调2.1%开始，到2007年10月24日止，人民币已升值接近7.6%，相对人民币汇率改革以来的8.11元/美元，目前已降到7.4938元/美元，且人民币升值的预期和空间还客观存在。本文现就人民币升值过程中的“新货币现象”作一剖析，以期对这一新现象的成因及其应对策略有进一步的认识。

一、何谓“新货币现象”

与一国国内的物价水平呈反向相关关系。货币升值和货币贬值都是货币价值的表现形态，但具有各自的特点。具体说：①币值升降的方向不同。两者虽然都是货币价值的波动，但升值表现为货币价值的提高；而贬值则表现为货币价值的下降。②变动的依存性不同。货币升值主要表现为货币对外的兑换能力，通常用汇率得以表现；而货币贬值则是通过其对国内购买商品和劳务的能力予以表现。③表现形式不同。撇开两者都有潜伏性过程不谈，货币一旦升值，则比较透明，一般由政府通过媒体给予公告；而货币贬值则比较隐蔽，先前往往难以察觉，因为通胀是一种“无形的税收”，一旦感到，因通胀等原因引起的物价上涨已到相当严重的程度。同时，从货币供给量的增加到物价上涨，这一过程中既有货币运动的“时差”，还有物价上涨的“惯性”。④影响面不同。货币升值的影响偏重于国有财产、某些行业以及部分关系人；而货币贬值的影响偏重于国内社会各不同阶层以及社会的各个方面。⑤生成源有异。货币升值和货币贬值的产生均可归于内外原因，且都有“预期”存在，但论其直接原因，货币升值侧重于国要解释“新货币现象”，首先要弄清楚货币升值和货币贬值的含义及其两者之间的关系。

依据《金融学》理论，所谓货币升值，就是货币对外价值的提高，通常通过汇率来表示，说明一国货币对外的兑换能力。如人民币兑换的外币越多，说明对外价值越高；反之则越低。所谓货币贬值，则是货币升值的对称，它是指货币对内价值的降低。因为货币的价值不能自我表现，货币的对内价值一般用其购买力，即单位货币所能购买的商品和劳务来决定，它外货币因素如美元所引起；而货币贬值侧重于国内货币通胀因素所致。当然，并不否定国内外成因间的互动和交叉。

一般人们往往认为，货币值钱总比货币不值钱好，由此推理，货币升值优于货币贬值。但实践证明这样的结论并不正确。根据经济运行规律，货币升值和货币贬值都是经济金融领域中的常态。在某种情况下，货币的升值和贬值可能是经济发展的客观需要，但也有个“度”的问题。在更多的情况下货币升值恰恰是经济病态的一种反映。货币升值虽然表现为货币更值钱，但事实上在很多情况下却是由于经济运行中种种负面因素造成的货币不稳定所致。依据货币“一价定律”，某一时期同种货币的对内价值和对外价值会趋于一致，这主要是由货币作为特殊商品的同质性和流动性所决定。不管是早期金属货币流通年代的“劣币驱逐良币规律”，还是当今世界纸币流通条件下人们倾向于多持有具有升值前景的“良币”而放弃面临贬值风险的“劣币”，都体现了货币对外价值和对内价值必定趋同的要求和特征。

然而，从此次人民币汇率改革以来在人民币一路升值且有加快趋势的状况下，人民币的对内价值却有不断贬值的迹象，特别是一些上游产品主要是一些生产资料商品物价上涨幅度较大，一般的消费品虽存在结构性过剩，政府对基础资源类物品价格给予一定的管制，但近期的物价指数仍然接近甚至超过了3%的警戒点。这种在人民币升值过程中人民币对外升值和对内贬值并存，且两者的差异呈不断扩大趋势的现象，即是人们所称的“新货币现象”。

二、“新货币现象”的成因

（一）中国国内经济运行中的体制性障碍引起

对人民币升值过程中客观存在的“新货币现象”，需要从中国经济运行过程中一些关键“结点”上进行剖析，才能找到真正的“症结”所在。

“结点”1：投资过热。中国是一个发展中国家，投资和资本积累成为其经济增长重要动力。由于中国投资环境好，资源丰富，劳动力成本低，就业潜力巨大，投资在一定程度上又能拉动扩大内需，长期以来中国将GDP增长作为衡量各级政府的重要指标，多少年来投资膨胀已成了内在于中国经济体制内的重要和持续推动力，种种因素促使投资需要旺盛。据2007年十个月固定资产投资的数据，中央项目投资同此增长13.8%，地方项目投资增长达28.6%。

“结点”2：消费需求不足。从数据资料看，这些年中国人的消费增长基本稳定在8～10%左右，应该说不算低。但这一数据仅以中国长期以来特别是改革前消费水平过低作基点，还没有顾及近80%低收入阶层（特别是农民）造成的消费结构不合理。加上由于收入分配差距的不断扩大而对有效消费倾向的抑制，以及体制改革过程中消费预期的增大和通货膨胀等因素的影响，所以相对说来，中国人消费水平（特别是人均水平）还是较低的。

“结点”3：出口导向。过热的投资与实际上萎缩的消费并存，必然会加大出口和出口依存度。加上中国持续地引进巨额外资，造成事实上大量的工业用品及材料、机器设备装配等只是由中国加工制造，不过在最后一道工序贴上“中国制造”的标签而已。

“结点”4：双顺差带来的巨额外汇储备。由于出口导向型经济的强势增长，促使经常项目和资本项目持续顺差，造成万亿美元的外汇储备居高不下，创世界第一，实际上国际收支顺差就是一种总体经济的失衡。

“结点”5：M2的扩张。由于超万亿美元的外汇储备不能在国内流通，又受国家现行的汇率管制、资本流动管制和利率市场化受阻的制约，大部分只能通过购买美国国债的办法“栖息”于国外外汇市场。相应地，国内只能通过央行增发基础货币，再经过信贷创造货币渠道派生货币供应量给予弥补。

“结点”6：流动性过剩。在基础货币增长导致 M2 扩张的同时，由于世界经济不平衡条件下“美元因素”等的影响，因美元贬值兑人民币的弱势凸显，加大了人民币升值压力，由此造成的国内信贷的上升和外资的多渠道涌入，进而加剧了人民币升值的预期和中国国内通货膨胀的压力。

“结点”7：货币政策有效性减弱。超万亿美元的外汇储备由中央银行通过发行定向央票和特别国债，以及连续采取上调存款准备金率、超额准备金率和存贷款利率等手段实施流动性管理，但这些本质上是治标的手段，实质是“扬汤止沸”。过多的流动性货币又会使货币政策中间目标界定模糊和货币政策的传导机制梗阻，由此导致货币政策宏观调控的有效性减弱。

“结点”8：投资过热加剧和消费需求萎缩。由上述 7 个“结点”所组成的经济运链其结果必然是国内资产流失、国内产能过剩、商品价格上涨、消费萎缩和资产泡沫的产生。而挽救这一危机的手段往往又进入新一轮的投资加热和伴随的消费萎缩。

将上述中国经济运行一个周期中的“结点”连接起来加以考察，可以用这样的“链”来表示：

“始点”：投资过热和消费需求不足——出口导向——巨额外汇储备——货币供应量扩张——流动性过剩——货币政策有效性减弱——“终点”：投资过热加剧和消费需求萎缩。

应该说，如果按着这样一个“经济运行链”循环周转，那只能是一方面既有矛盾的加深，同时预期目标也无法实现。

（二）全球经济出现严重的不平衡所致

当前全球经济的不平衡，主要表现在以美国为首的一些发达国家（包括西班牙、英国、澳大利亚和法国等）经常项目的逆差和中国、日本、俄罗斯和其他石油生产国大量经常项目顺差之间的矛盾。美国经常项目逆差 2005 年达 7258 亿美元，2006 年为 8690 亿美元。而中国 2006 年经常项目顺差为 1840 亿美元，预计 2007 年全年贸易顺差可能达到 2500 ~ 3000 亿美元。据中国方面统计，2006 年在中国高达 9691 亿美元的出口总额中，第一出口目的地为美国，达到 2035 亿美元，占出口总额的 21%，高于整个欧盟 1820 亿美元的出口总额；而在美国 2006 年高达 8690 亿美元的贸易逆差中，第一逆差来源于中国，占其逆差总额的 30% 多，也高于对整个欧盟的逆差。可见，在全球经济不平衡背景下，中美贸易矛盾尤为突出。

不可否认，全球经济的失衡来源于各国本身经济失衡带来的国与国之间的失衡，应该说，这种失衡通过调整和协商应该能够得以缓解。但从目前看来，这种失衡还在不断加剧：一是全球经济失衡的集中度大幅提高，全球前五大贸易逆差国的逆差由 1980 年 615 亿美元（占全球逆差比重为 26%，占全球 GDP 的 0.5%）到 2006 年已超过了 1 万亿美元（占全球逆差比重达 82%，占全球 GDP 的 2.3%）。与此同时，全球前五大逆差国的顺差总额从 1980 年的 842 亿美元（占全球顺差 73%，占全球 GDP 的 0.7%）上升到 2006 年的 6000 多亿美元（占全球顺差53%，占全球GDP1.4%）。二是美国国际收支账户的净支出项目发生了前所未有的赤字。2005年底美国的净负债为2.5万亿美元，相当于美国GDP的20%。2006年始随着利率的不断上升，美国为其负债所支付的利息也随之攀升，导致2006年度出现了前所未有的赤字。三是全球流动性急剧增加。从货币发行增长看，过去十年全球广义货币M2与GDP的比率增长了至少约55%。同时，全球流动性结构也有很大变化。在过去20年里，银行业、债券市场、股票市场以及金融衍生品市场的金融资产在数倍地增长，据中国银行2006年统计资料，M2占全球GDP比重的122%，占全球流动性比重只有11%；证券化债权占全球GDP比重142%，占全球流动性比重只有13%；而金融衍生产品占GDP的比重达到802%，提供了75%的流动性。四全球资源性商品价格飙升。以石油为例，2002年最低时25美分/桶上涨到2006年最高时的78美元/桶，其他如铜从2002年最低的1800美元/吨达到了2006年8000美元/吨，橡胶价格也升到了26年以来的最高点，是2001年12月价格水平的5.6倍。

全球经济的失衡在不断加剧，当然原因是多方面的，但决不能忽视全球经济失衡中的“美元因素”。众所周知，当今世界美元客观上充当着唯一世界货币角色。根据美联储报告，60%的美元钞票在美国之外流通，50%以上的美元政府资产由外国人持有。这种对美国来讲是一个软约束的“国际货币本位”体制，实际上赋予美国这样一个“特权”，即可以采取任意发行不断贬值的手段来“稀释”和“缩减”单位美元所代表的实际价值，说更直接些，实质上是可以通过美元的膨胀政策来占取更多的世界资源。

美国从2001年初开始到2004年6月，其间共连续11次调低联邦储备利率，从原6.5%降低到1%，这为美国历史上自1959年以来的最低利率水平。从2004年6月开始美国才连续升息17次，到2006年6月达到5.25%的利率中性水平。美国这长达4年的低利率政策，其释放了大量的美元流动性泛滥，这不仅使国内克林顿政府后期1280亿美元的财政结余变成财政赤字（2005年达3190亿美元），2005年和2006年贸易逆差分别达7258亿美元和8690亿美元。特别引人关注的是，以上赤字和逆差两项还存在有加剧的趋势。值得强调的是，被“稀释”的美元直接影响中国，增强了人民币升值的压力，但有些人甚至不符合实际地说美国国内的经济失衡应归罪于中国，说中国为保持人民币汇率稳定“向世界输出通货膨胀”，这是没有道理的。事实恰恰相反，正由于美元的滥发，向中国注入了大量流动性，加快中国房价和股价的暴涨，造成资产价格泡沫风险的凸现。对拥有万亿且近70%以美国国债的形式存在的中国外汇储备来说，美元在一定程度上的人为贬值必然会引起其“缩水”而使中国蒙受巨大损失，由此还会引发国内经济的非正常运行。

可见，分析世界经济不平衡的根源及其影响，透视人民币升值过程中“新货币现象”的产生和扩大，实质上可以发现这是一个在美元长期被高估背景下随着美国近年经济衰退因而出现巨额逆差所造成的美元要贬值的问题，也是一个人民币所面临的不公平的“美元本位”的国际货币体系问题。

因此，我们从国内外两方面的分析表明，一国的货币供应主要由内源性货币和外源性货币构成。内源性货币主要通过国内信用创造货币即货币创造的形成机制、派生机制、决定机制和调控机制生成；外源性货币是由一国外汇储备的积累，通过国内增加基础货币而产生相对应的国内货币，两种货币的价值理应趋同。但目前我国之所以出现“新货币现象”，主要是因为在人民币还没有完全可兑换情况下，加上现行外汇、资本、利率等管制上的“封闭”因素，这等于在内、外源货币流动之间构筑了一堵墙，它为内、外源货币的趋同设置了障碍。然而，当今中国毕竟已步入开放经济社会，这堵墙难免有“漏洞”和“缺口”，种种原因会造成大量外源货币向内源货币渗入或转移，因而会促使内源性货币加剧膨胀。可以设想，既定的国内物质和资产，对应着过多的流动性货币，这必然会引起国内的通货膨胀和物价上涨。

三、正视“新货币现象”的对策

正视和研究当前我国存在的“新货币现象”，从根源上消除它所带来的负面影响，具有深刻的理论和实践意义。为此，建议采取如下对策。

（一）进一步实行“扩大内需”的基本国策

扩大内需，即是要立足国内扩大需求，努力开拓国内市场。这一国策既符合中国人多地广、潜力巨大的特点，也与当今世界经济发展的态势相适应。经济发展规律表明：一方面，一国过分地强调以出口为导向，必然加大该国对外的依存度，长此下去，必然会不断削弱本国的自主创新能力，加剧本国产业结构的“洋化”，这对中国这样一个内需潜力很大的大国来说既是不相匹配也是不能持续的。另一方面，国内需求的扩大也必然会推动国外需求的开拓，两者具有相互促进的关系。

扩大内需包括投资需求和消费需求两个方面，因此要处理好这两者之间的关系。投资是经济增长的源泉，没有投资的增长就不可能保持经济的活力。

同时，有投资才有消费，投资会拉动消费，因此投资又必然是消费的先行者和启动器。可以肯定，投资需求在我国相当长的时期内仍然是总需求的重要组成部分，关键是要取决于有没有既服从于全局又切合实际的合理的投资规模和投资构成，取决于投资需求的有效性能不能经得起消费需求的检验。所以扩大投资需求应以引导和实现消费需求为最终目标；消费需求的扩大反过来又要规范和刺激投资需求，两者协调配合才会形成对经济增长的双向拉动。

当前在我国投资出现偏热的状态下，如何致力于提高民众的收入水平，保持合理的收入差距，完善社会保障和福利制度？应该说，高度重视就业工程建设，扩大消费信贷市场以及实施各种配套措施，充分发挥消费需求对立足自主创新，优化本国产业产品结构等的推动和促进作用，已显得十分重要。

（二）从本源入手，运用综合手段治理和抑制流动性过剩

所谓流动性过剩，一般解释为经济运行中的货币存量超过经济增长所必需。也有学者索性将流动性过剩谓之银行存贷之差额。笔者认为，当前我国的流动性过剩，不管如何定义，不能忽视全球流动性过剩的大背景。因此建议采取综合治理流动性过剩的手段。第一，必须要进一步发挥资本市场的作用。我国资本市场在摆脱了连续4年的低迷状态后，近两年发展

快速，举世瞩目。目前股票市场流动市值达3.5万亿元，其中机构（指基金、保险和QFII）持有1.69万亿元，散户约1.8万亿元。由于过多的流动性货币往资本市场方向“宣泄”，因而一能改变长期以来我国资本市场因容量狭小而缺少活力的烦难；二能改善整体金融结构，力促储蓄向投资转化，使间接融资向直接融资的转化；三能改进资本优化组合顺序，从而提高资本的配置效率。这“三改”既能舒缓我国目前存在的流动性过剩的压力，又能把握流动性过剩这一契机趋利避害，提高货币资金的使用效率。第二，要努力调整产业结构，着力转变经济发展方式，如积极优化出口商品的结构，努力将出口企业引入自主创新、优胜劣汰的竞争机制；鼓励低污染、低能耗、低资源消耗的产业发展，大力发展高附加值的非加工贸易等，目的是促进贸易结构的优化调整，缓解由于贸易顺差过大而带来的突出矛盾。第三，就要是加强货币政策与财政政策、产业政策的协调配合，优化投资结构，扩大国内消费需求，加快经济结构调整，促进国际收支平衡。总之，只有从本源入手，运用综合手段，标本兼治，长短结合，才能收到实效。

（三）加快汇率体制改革，努力推进人民币国际化进程

根据历史经验，一个经济高速增长、通货膨胀又较低的国家，本币升值有其必然性。人民币要升值，已是一个不争的事实。但如何把握好这个“度”尤为重要，至少一是要考虑中国生产企业主要是出口企业在自主创新和产业升级前提下的生存和发展；二是要主要考虑中美两国的利率差异，以抑制因人民币升值所获取的投机欲望；三是要有利于真正减少经常项目和资本项目的“双顺差”，达到减少投机和缓解人民币升值压力的目的。[6]

必须强调，人民币升值只是人民币汇率机制改革中的一个重要部分而不是全部，这并不是否认它与整个汇率体制以至于整个经济体制存有关系。人民币的汇率体制改革，包括汇率体制改革的目标模式、人民币可兑换制度、结售汇制度，以及人民币汇率的确定、与国内利率的关系和外汇储备的科学管理等一整套内容。汇率机制的转换才是汇率体制改革的核心所在。目前存在的“新货币现象”，实质上正是我国汇率体制不完善的反映。

汇率体制改革的最终目标是实现人民币的自由兑换和自由浮动，即人民币的国际化。所谓人民币国际化就是人民币成为国际本位币。届时，我国人民币通过持有全球化分工的顶端权力，就可将中国国内的强大生产力和创新精神通过全球化释放出来。实现人民币国际化，人民银行将成为全球性的发钞银行；将全面减少中国对外经济的汇率风险；将大幅降低外汇储备持有量；将有效地降低企业的融资成本和贸易成本；将建立中国的逆差融资能力以高效平衡国际收支；将通过全球范围内的广泛投资和金融机构的全球化扩张获取丰厚的金融收益；将极大地提高中国的货币管理能力。

（原载《深圳大学学报》2008年第1期）

深港金融合作要有新理念新路径

深港之间，地相邻、人相近、习相通，两地的连结架起了内地和世界之间的天然“桥梁”，成了经贸、物流、资讯、交通、人才以及文化教育等方面交流的“枢纽”。至今，其规模之大、频率之高，已举世瞩目。而这些，又都离不开货币资金的互动和以金融市场为依托。可见，以金融业为主导产业的深港两地合作，它不仅关系到深港两地的繁荣和稳定，而且从国家战略层面看，还关系到我国深化改革，扩大开放，创建深港国际大都会，打造深港世界级金融中心和保障我国经济金融安全的重大而紧迫问题。

一、深港金融合作空间巨大

不可否认，香港回归11年来，深港金融合作在金融机构互设、业务经营渗透、支付结算联通、金融市场衔接、两种货币流通和金融监管合作等方面已取得了显著成效。特别是近年来，内地企业纷纷在港上市、香港人民币业务的开展、内地居民“香港游”的不断扩大、国家开发银行和进出口银行相继赴港发行相当规模的人民币债券、通过QFII和QDII形式推进两地财富管理等方面，不断推动深港金融合作向纵深发展。

然而，从全球视角看，从国家的战略要求和深港所肩负的历史使命而言，深港金融合作的潜能和辐射力还远没有充分发挥，还存有巨大空间，主要表现在：①深港两地金融业经营层面合作规模偏小。在深的港资银行总资产折合人民币465亿元，仅占目前深圳金融机构总资产1.21万亿元的4%，存贷款余额分别占深圳银行业的0.5%和1%。②深港两地资本市场整合度偏低。两个证券交易所自成体系，独立运作。深圳企业和金融业在香港主板、二板上市的数量虽不断增加但相对有限；相反，香港企业和金融业在内地再融资比重更小。③如果再考虑到自主创新力、市场自由度、法规法制建设、金融基础设施、总部经济规模、金融监管水平以及员工业务素质等，两地的合作存在相当的差距。

如何正视现实，创新未来，力促深港金融合作再上新台阶？我认为，关键的问题一是在理念更新上有新突破；二是在路径选择上有新举措。

二、在理念更新上有新突破，共建世界级金融中心

理念指导实践，理念也产出生产力。只有全新的理念，才有全新的实践和全新的发展。目前我们讲理念更新，就是要在新一轮解放思想热潮的推动下，突破传统思维障碍，用立意高远的发展战略审视世界，坚持改革开放，勇于开拓创新，敢于先行先试，明确自己定位，努力创建深港国际大都会和世界级金融中心，加快推进深圳特区的市场化、国际化进程。

(1) 要顺应深港创建“大都会”的良机，树立深港金融业联手打造世界级金融中心的

理念。实践证明，突破地区界限形成一体化市场，是充分发挥区域优势和提高经济效益的必然趋势。为此，构建深港“都市圈”已写入了深圳“十一五”规划，香港已将通过两地全方位的融合创建国际大都会的设想提到发展战略的高度。这为深港金融合作并在此基础上打造世界级金融中心提供了前提条件和可靠保证。从现状看，香港已是处于成熟市场经济条件下的国际金融中心。深圳特区经过28年建设，伴随着经济体制的转型，也已形成了多种金融机构并存、金融结构合理、金融功能完备的现代金融体系。可见，两地金融业的融合已具备了一定的基础性条件。可以预料，只有用世界发展的视野，在经济全球化的坐标中找准深港两地金融业发展的位置，联手打造世界级金融中心，两地再创奇迹、再现辉煌的美好明天定能实现。

（2）要以深港合作为契机，树立继续发扬敢于开拓创新的理念。创新是金融业发展的不竭动力，创新也是金融改革与发展的主旋律。可以断言，整个金融市场就是一个创新的市场。这是因为，金融创新本身来源于在市场化条件下对金融市场的需求。由此，创新的思想孕育于市场、创新的动力来源于市场，创新的成效也由市场来检验。深圳特区建立28年来，在金融体制、金融机构、金融品种以及金融科技等方面的创新已取得显著成效；香港对外来的金融创新具有极强的吸收能力，通过创新形成自己的特色，用创新占据现代高端服务业的制高点。可见，在创新中才能谋求突破，在创新中才能发挥最大的竞争优势从而形成自己的特色，在创新中才能通过市场拓展优化配置资源的空间和提高资源配置的效率。总之，深港金融业的合作源于创新，合作的生命力在于创新，两地金融业高水平的合作也决定于创新。从这一意义上说，创新决定深港金融合作的未来。

（3）明确深港两地的差距，树立“向香港学习，为香港服务”的理念。香港经过近百年的打造，已是一个国际大都市和国际金融中心，拥有“最自由的市场环境优势”。香港作为一个国际金融市场，不仅外资银行云集，而且是全球第五大外汇交易中心、第七大股票交易中心、第五大金融衍生工具交易中心、第四大黄金交易市场、亚太地区最大的保险市场和亚洲第二大基金管理中心，而且香港在财富管理和金融监管方面也已创造了一整套成功的经验。深圳在改革开放的28年中，虽取得举世瞩目的业绩，成为我国改革开放的“试验场”和“排头兵”，但应当清醒地看到，深圳在经济转型时期向市场化、国际化推进过程中，与香港相比，还有差距。特别是香港的“软资源”，即包括城市管理、政府运作、社会建设、环境治理以及市民素质等方面，更是深圳学习取经的重要方面。服务香港，重要的也是通过服务向香港更直观更有效地学习。在大珠三角地区，深港的联系最紧密，由此两地合作的合力和辐射力应是最强。深港两地这种“你应我合”的合作，必是最佳的“黄金搭档”。所以，对深圳来说，一定要抓住良机，牢固树立“学习香港、服务香港”的理念，“取其之长，补己之短”，加快缩小与香港的差距，为双方通过合作建立国际金融平台夯实牢固基础。

（4）要明确深港合作的背景，树立两地合作是属“优势互补的合作、市场竞争中的合作、互赢互利的合作”的理念。深港合作是在“一国两制”框架下以市场经济为背景的合作。实践证明，只要坚持改革开放，坚持走市场化、国际化之路，市场之手对优化资源配置的巨大潜能即刻显现，成为两地在交流融合过程中经济要素最优化对接的重要推动力。实践也证明，运用市场之手，一是有利于双方冲破具体运作中的条条框框，发挥各自的优势。二是以市场为原则坚持合作的公平性和公正性，有利于通过民主协商解决问题，使合作变得更加和谐、有效和持久。三是有利于转变政府职能，事实证明，遵循市场规律，政府在两地合作中的推力必将起到事半功倍的效果。可见，两地金融合作中树立“互助、互动、互利”的理念，是促使两地合作取得预期成效的重要保证。

三、在路径选择上有新举措，推动两地金融合作向高层次发展

深港金融合作是一个庞大的系统工程，必须在现有基础上，遵循科学发展观，选准切入点和重心，兼顾全局，分步实施，以“融”为主，以“管”为重，积极推动两地金融合作向高层次发展。

（1）实现两地资本市场的融合。资本市场特别是股票市场具有优化资源配置、聚集货币资金、完善企业治理和市场价格发现等独特功能，是我国经济、金融体制改革的重要选择和必经之路。就深港两地股市在规模和板块、证交所体制、发行制度以及监管制度等主要方面进行比较研究，虽有差距和差异，但也有较多趋同之处。如何探索两地在一定程度上的融合，确是一个繁难又现实的课题。

对深圳来说，目前不仅要着力于股票市场的多层次，如主板、中小企业板、创业板、柜台交易市场等的建设，还要大力发展基金市场、债券市场、金融衍生产品市场等。同时，深圳作为毗邻香港并站在国际市场前端的开放型城市，还要注重充分利用和发挥香港这一国际性资本平台的中介功能，通过在国外股票上市、向国际型投资者发行债券、买卖基金等方式，建立多层次的跨境市场交易平台体系，实现证券交易的国际化。

可以设想，深港两地多层次资本市场的对接，对增强两地整体金融市场的高度流动性，提高金融资产定价机构效率，联手打造世界级金融中心，更有效地防范和化解金融风险等，意义十分重大。

（2）以金融创新为主线，全方位提供深港金融合作的运作载体。一个社会的发展，总是伴随着制度创新和技术创新的交替互补而不断向前推进。深港金融合作以创新为主线，也只有通过创新，才有无尽的合作内容和无穷的合作前景。就目前看，在金融机构合作方面，深圳和香港金融业可以通过股权合作、收购重组等方法，组成具有一流竞争力的合作伙伴。两地也可在 CEPA 框架下，各自在对方设立分支机构，实施跨境服务，这不仅通过“有形”也可通过“无形”通道，快速完成业务交易，提升金融服务水平；在支付手段连通方面，在现有基础上，继续创新支付结算品种，完善两地证券交易的基础设施，以加速货币资金的双向自由流动。并创造条件实现“八达通”和“深圳通”的互联互通，以便利两地往来人员的小额支付需求，促进两地经贸的融合；在金融业务品种方面，运用同业拆借、票据承兑贴现、应收账款融资、国际保理、设备抵押贷款、资信调查以及发展人民币离岸业务等，提供跨境银行服务。另外，可针对性地拓展银行卡、代客理财、消费信贷和财富管理等个人金融业务。通过上述以金融创新为全方位、多角度的金融合作，不断增强两地金融合作的“广度”和“深度”。

（3）积极发展总部经济，形成集聚效应，夯实深港金融合作的根基。近几年来，伴随

着经济全球化、信息网络技术的迅速发展和中国经济市场化程度的不断加深，出现了“总部”与“生产制造”环节在空间上分离现象。由此，形成了一种新的经济形态——总部经济，它统帅和经营本部企业的购销调存和相应的资金配置。事实证明，促进深港金融业进一步合作，吸引香港金融机构进入深圳，实现深港股票市场一体化等，都需要深圳有这样一批大体量的企业。目前深圳企业中来料加工、进口来料加工型企业达到1.5万家，加上深圳银行30%以上的贷款已经投向市外，促使深圳对货币资金整体需求量不断扩大。而港资银行进入后，其资金往往又缺乏有效的投放对象，也缺乏通过深圳投向内地的通道。所以深圳要像上海那样拥有较多较大规模的总部经济，创造条件吸引大量分支机构在内地的总部型企业和在港金融机构总部和地区总部来深。总部经济的发展，有利于形成巨大的货币资金融通场所，又可疏通境外和内地金融机构联结的通道，这不仅是深圳发展和金融业生存的需要，也是夯实深港金融合作基础的重要对策。

（4）积极创建“深圳市金融产业服务基地”，为香港提供高质量的金融后台服务。随着现代信息技术的迅猛发展，全球金融业呈现出前台业务与后台业务分离的趋势，目前香港一些金融机构如中银（香港）、南洋商业银行、渣打银行都在深圳设立后台业务中心，产品研发中心、客户服务中心、金融业务及数据备份中心等。渣打银行还在深圳设立了个人理财中心、数据处理中心、电脑中心等服务性机构。中银（香港）的后台业务每天要处理30－40万张从香港前台传过来的票据。

香港金融业面临的现实挑战是办公场所有限和工资成本较高，在一定程度上加大了金融运行成本，降低了利润的增长。深圳具有劳动力、土地等资源成本相对要低，应主动成为香港金融业的后台服务基地。深圳市政府已决定在龙岗区平湖街道建设“金融产业服务基地”，在数据处理、备份中心、电话业务、支付结算、产品研发、职工培训等方面，为香港提供全方位高质量的金融后台服务。为此，两地应共同协商，解决有关基础设施的合作，以实现金融数据、信息资料的跨境流动和结算，以便促进金融业合理布局，有效保障深港两地金融数据的安全和提高金融机构运营效率。

（5）努力营造良好的金融生态环境，为深港金融合作注入强有力的动力源。所谓金融生态环境，实际上是研究金融主体（包括银行、证券、保险等）与金融业外延涉及的诸方面（包括政治、经济、文化、法治等基本环境要素）彼此依存、相互影响和共同发展的问题。它包括促进金融发展的内部因素和外部因素。内部因素主要指金融区的集聚、金融业的规模效应、金融法律法规、金融人才等。外部因素主要包括支持环境、法制环境、信用环境、社会综合环境等，而这些内外因素，从直接和间接的角度，产生相互影响和相互制约的效应。所以，金融问题实际上是一个国民经济问题，深港金融合作问题更是牵涉到两地的方方面面。

金融生态环境的建设是一个系统工程，就目前在深港金融合作进程中，比较突出的：①政府职能转变的问题。深圳市政府已拟订措施，为推进深港合作，以服务型政府的姿态，在深港创新圈、高端服务业、创新金融、跨境基础设施、河套开发、城市发展战略、社会管理等七大领域全面推进，并以创新金融为主要目标。②加强金融监管问题。香港的经验说明，金融立法、自由流通和严密监管，是成就其国际金融中心的三大法宝。事实也证明，深港金融合作的基本条件，一是要使市场有足够的货币资金流通量；二是要确保市场监管达到国际水准。两者缺一不可，相辅相成。从目前发展趋势看，货币资金的流量正呈现不断增长趋势，重要的是要进一步加强两地监管机构的常规性接触，加强两地金融业的信息交流和金融产品创新方面的合作，逐步建立有效的金融风险管理系统和强化对市场的跟踪监测，积极促进两地金融监管部门的协调配套，实现监管机制的正常运转，以实现两地金融业务的畅通和确保金融安全。③两地金融人才的培养问题。金融人才是实现金融业发展的基础。虽然人才的流动有一定的区域限制，但作为金融业本源性要素的货币资金流动是无边界的，高素质的金融人才是实现货币资金充分流动和优化配置的重要推动力。深圳应充分利用和发挥香港作为全球第三大金融人才集聚中心的作用、良好的金融教育和培训水准，实施人才专业资格互认制度。另外，深港两地政府应努力营造两地金融人才的融合环境，建立联合研究机构，共同研究深港金融业发展战略、策略和现实路径，利用深圳毗邻香港的优势，创造两地金融人才的便捷往返条件，活跃两地金融业务和学术交流活动，共同积极为培育金融人才而努力。

（原载《管理世界》2008 年 10 月增刊版）

2009 年

美国次贷危机蔓延为全球金融海啸：路径剖析与对策选择

当前，一场全球性金融海啸铺天盖地，原美联储主席格林斯潘将这次危机的异常喻为“百年一遇”。金融大鳄索罗斯断言：“由次贷掀起的这场危机，将结束60年来的超级繁荣”。人们用“金融海啸”一词替代惯用的“金融风暴”，表述这场金融危机在广度和深度上的扩展和提升。这场“海啸”的严重性不仅表现在虚似经济领域的掀天波涛，实际上愈来愈挫伤实体经济这一根基。更难以摆脱的是，公众因危机摧残而无奈滋生的“预期”和“信心”受到压抑且难以扭转。因此，用冷静、务实的心态，梳理美国次贷危机蔓延为全球金融海啸的演进过程，并对此进行逻辑剖析，正视教训，进而寻求缓解途径是我们面临紧迫而重大的课题。

一，迷雾重重　深不可测

直面这场始于美国次贷危机、肆虐于全球的金融海啸，人们感到迷惑以至于困惑的诸多问题接踵而来：

（1）为什么美国次贷发放总量区区6000亿美元，竟会撬动全球经济？

（2）为什么次贷危机能在金融市场最发达、最成熟、最严密的美国发生，并在全球蔓延？

（3）为什么次贷危机会造成全球股市下跌，几万亿美元财富灰飞烟灭？

（4）为什么陷入次贷危机的都是西方国家的顶级金融机构？

（5）为什么次级抵押贷款摇身一变转型为次级债券？美国次贷传播放大机理和传递机制究竟是什么？

（6）美国次贷危机给全球，特别是发展中国家带来什么“警示”？

（7）由美国次贷危机引发的全球金融海啸，为什么“没完没了”，目前态势是“接近尾声”，还只是“冰山一角”？

（8）在美国和有关国家的政府采取看似有力的“救市”政策下，为什么经济仍走下坡路？特别是股市、房市难见起色？

（9）中国如何应对由“次贷危机”和“金融海啸”带来的挑战？具体说在人民币升值问题上究竟是“一步到位”还是“小步快跑”？在利率问题上是“升”还是“降”？在货币政策上是“紧”还是“松”？政府应出面“救市”还是顺从市场这只“看不见的手”？

如此等等，问题之多，人们仿佛陷入重重迷雾之中。若从另一角度分析，在美国次贷危机向全球金融海啸演进过程中，可以说，它不仅涉及几乎所有金融问题，还关系到体制、道德、法律等问题。为清晰起见，用图表 1 演示。

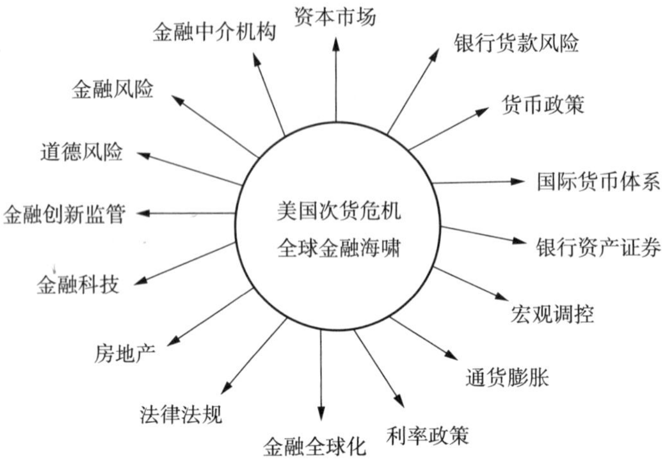

图表 1

图 1 中可见，与“次贷”和“海啸”有关的经济金融问题，有宏观也有微观；有金融体制创新也有金融技术手段运用；有金融创新层面也有与其关系密切的金融监管问题；有金融方面也有非金融方面如社会中介、道德、法规等问题；有资本市场（包括金融衍生品）也有货币市场；有市场层面也有政府调控等等问题。

由此可以推断，谁真正理解由次贷向全球蔓延过程并在此基础上进行科学的逻辑分析，谁就可以成为一名金融家。一年前，美国国会众议院以决议形式把次贷危机爆发的 4 月确定为每年的“金融普及月”或称“金融扫盲月”。白宫人士告诫说：“且排除放贷机构贪污以及金融解释误导因素，这场危机的根源在于金融文盲存在于广泛层面上”。

从美国次贷危机到全球金融海啸，已浮出水面的影响是：全球经济走势下降，股市房市迅速下挫，投资疲软，失业率上升，全球降息浪潮一浪高过一浪，金融机构步履艰难且纷纷倒闭，通货膨胀居高不下等等。可见，全球经济衰退和金融市场振荡已成现实。有人断言：“任何‘理性’都无法战胜‘恐惧’，‘此次危机’堪比 1929 年的由美国波及全球的经济大萧条”。有专家认为“这场危机将持续到 2009 年下半年”。也有学者断言：“金融海啸对于中国的影响基本已至谷底”。而摩根大通公司的研究人员预测：“这场危机对金融市场结构及定价的影响将持续至少 10 年”。如此看来，对这场危机的发展态势和前景预测，不确定因素甚多，真可谓一片迷茫、深不可测！

二、厘清脉络　究其根本

表面上看，从美国次贷危机演进到全球金融海啸，其过程和动因复杂多变，涉及面广，杂乱无章，难以把握。但若抓住问题的根本，透过现象看本质，进行科学的逻辑剖析，应该是清晰可见的。就次贷危机而言，大体可分为以下几个阶段：

（一）风险积聚——盲目放宽贷款条件，放贷机构恶性竞争，埋下危机隐患

所谓次贷，即次级抵押贷款的简称，是指贷款人信用等级相对较差的房屋贷款合同。这里的“较差”，一是指收入状况不稳定；二是指还贷信用记录不太好。从1994—2006年，由超过900万户美国家庭购买了新的住房，其中约20%家庭借助于次贷。从2001年开始，美联储在两年半内，基准利率从6.5%下降到1.00%，经济也随之恢复。从2002年起，美房价每年胀幅10%。2005年，房价上涨了17%。2003—2006年4年间美平均房价涨幅超过5%。与此同时，一些放贷发放机构推出“零首付”、“零文件”等住房贷款优惠方式，甚至编造虚假信贷为诱惑，造成当时买房者的理念是：在房价上涨和利息下调情况下，次贷交不起，大不了卖掉房子抵偿。此举造成表面繁荣假象，而实际上埋下了危机的隐患。

（二）风险扩大——大量金融衍生品的创造，使“次贷”变成“次债”，其价值难以计算、神秘莫测

住房抵押贷款发放之后，为避免风险和保障收益，放贷机构通常不会自己持有这些债券，将房贷打包进入二级按揭市场，推向投资者持有。而高风险的CDO（债务抵押债券）在对冲基金手中又重复向银行抵押，经过层层打包，“次贷”摇身一变成了“次债”，从而演化成无现金投入只承担风险并能获得现金流的金融衍生品。这种结构复杂且虚拟化的金融衍生品事实上无足够数据和资料来评估其所购证券的内在价值和风险。投资者只能依据证券信用评级机构的说法，因“次贷”发放银行和中介机构交易有一种利益的共同性，这种做法显然很容易存在有侵害投资者的道德风险。

（三）风险暴露——利率持续走高，房地产一再贬值，促使次贷客户破产，次贷危机显现

由于利率的回归性和为收缩金融资产的流动性，从2001年1月——2007年6月美联储持续17个月加息，基准利率由原来的1.00%又调高到5.25%。高利率必然造成既定的房地产泡沫破裂，引发市场低迷。至2007年4月止，美国成屋销售量降至近4年来最低水平，有四分之一的房屋所有者资产在过去一年中出现贬值。

（四）风险释放——利率上升，房价下跌，房贷违约率上升，美国运用美元贬值这一“特权”，将危机波及和转嫁到全球

利率不断上升，房价不断下跌，越来越多的次贷者不堪重负。然而，由于“次贷”已由“次债”替代，所以“次贷风险”开始从货币市场传导到资本市场，从一级市场推向二级市场，其风险也由美国主要通过商品贸易和货币交换传导到相关国家和地区。而传导这种风险最简易最迅速最有效的办法是，美国充分运用美元作为世界交易和储备货币的“特权”，通过美元贬值，将风险释放和转嫁到全球，这种影响的后果还不仅仅限于次债，同时会扩散到全球特别是发展中国家的经济社会肌体。

由此可见，美国次贷危机是由4个环环相扣的风险链条组成，在风险传递过程中，由小到大、由实到虚、有浅到深：一是房地产业的人造繁荣，导致抵押贷款标准放松和抵押贷款产品创新；二是“资产证券化”导致信用风险由房地产金融机构向资本市场传递；三是基准利率提高和房地产市场疲软成为危机爆发的导火索；四是在美国经济下滑和资本市场陷入困境时，运用美元贬值而导致的系统性风险波及全球。

其实，尽管目前美联储和财政部多次采取“救市”措施，搞得沸沸扬扬、跌宕起伏，但是美元贬值这一“杀手锏”，并非仅用于本次次贷危机过程之中，这应该是美国解决自身经济社会发展中问题的一贯“陋习”。在全球经济发展不平衡和美国国内经济金融危机四伏的背景下，更是如此。自20世纪80年代中期开始，美国就成为世界上最大的债务国。2007年对外净债务为1.73万亿美元，然而美国却一直保有真正的净投资收益。如表1，2000年以前，美国净投资收益仅在百亿美元左右，随其债务的不断增加，但到2007年，净收益反而攀升至888亿美元。

表1　2001—2007年美国净投资收益　　单位：亿美元

年份	2001	2002	2003	2004	2005	2006	2007
净投资收益	369	330	510	734	788	638	888

表1中所反映的数据背后：一是美元贬值。从2002年开始美元长达6年多的贬值，使他国的资产严重缩水；二是增持海外资产。据美国经济分析局统计，美历年增持总和达19.46万亿美元（其中2007年就增持了3.56万亿美元，为历年之最），这说明美联储注入的流动性并非留在美国，而是大量投向海外，三是巨额债务消失（见表2）。

表2　2001—2007年美国对外债权债务及其变动情况　　单位：亿美元

年份	2001年	2002年	2003年	2004年	2005年	2006年	2007年
对外债权债务总额	-22889	-24043	-23357	-23558	-18509	-18493	-17275
债权债务变动额	-7585	-1154	1186	-700	5049	16	1218
国际收支差额	-3860	-4627	-5269	-6274	-7330	-7920	-7331
对外债务消失额	-3725	3473	6455	5574	12379	7936	8549

表2中，2007年美国国际逆差为7331亿美元，按常理对外净债务应同等规模增加，事实上却不增反减，2007年比2006年减少1218亿美元。众所周知，美国的债务不会无故消失，其背后就是在美元贬值条件下他国财富的消失，说得直白一点，就是通过美元贬值手段掠夺他国财富。在美元贬值成为在现实的状况下，“美国人实现了胜利大逃亡”，“次贷是美国的，但次贷危机的损失是世界的”。

需要进一步说明的是，美国拥有的金融霸权和习惯于运用美元贬值方式掠夺他国财富的行径，受害最深的是拥有此次缩水最大的美国债券投资的发展中国家。以中国为例，截至2007年底，对外金融资产共计22881亿美元，而证券投资2395亿美元，占18%。这还没有计算由美国次贷危机释放的流动性风险造成的损失。据统计，国际私人资本流入新兴市场由2006年的2557亿美元增至2007年的6288亿美元。这种释放往往引起发展中国家经济过热和强制承受输入型通胀之苦。

当然，以上分析不能简单得出美国可以为所欲为采用“美元贬值”政策的结论，其还需顾及经济一体化和金融全球化条件下的各种利益关系，特别是美元霸权也正是美国长期利益所在。所以，美元也不会和不可能永远贬值下去。

上述对次贷危机蔓延为全球金融海啸的剖析，简明的结论是：在经济金融全球化背景下，为追求风险最小化和利益最大化，美国金融资本的恶性竞争和趋利欲望，造成了创新和监管、自由化和法制化关系失调和行为扭曲，由此而爆发的难以收拾的系统性金融风险，是这场金融海啸的根源所在。而次贷危机只是开辟了一个新的掠夺他国财富的途径而已，“美元特权”才是一个关键和现实手段。通过美元贬值以实现风险转移，至少是过去和当今美国既可行又可兑现的终极目标。

三、启示与对策

选择辛乔利、孙兆东在最近出版的《次贷危机》一书中指出：“次贷危机是世界上最成熟与最强大的经济体使用最精巧与最复杂的金融工具放大和表现出来的人性弱点”。粗看，似觉模糊；然而细细品味，却感深刻。从美国次贷危机蔓延到全球金融海啸，究竟得到哪些启示可以给出我们解决现实问题的路径呢?

（一）必须处理好金融创新和金融监管的关系

金融创新是指金融领域各种要素的重新优化组合和各种资源的重新配置，它是金融业发展的不竭动力。但它又是一把“双刃剑”，既有助于金融体系的稳定和安全，也可能带来金融风险。在美国次贷危机的形成和爆发过程中，金融创新扮演了重要角色，由“次贷”转化为“次债”这种“资产证券化”，实际操作过程是房地产金融机构将住房抵押贷款的违约风险转移给资本市场。“资产证券化”算得上是20世纪最重要的金融创新，但创新的实现并非只是想象，而是要有必要的前提条件和实施环境。由于金融创新只是成为金融资本趋利性的唯一手段，完全依赖偏高的信用评价和非理性追捧，与此同时，金融监管的不配套或不能及时跟上，促使金融创新难以实施和无法奏效。可见，与日俱增的金融创新绝不能脱离严格的金融监管这一金融运行的基石。

（二）必须正视虚拟经济和实体经济的关系

当今世界，通过金融业、虚拟经济和实体经济的互动和促进，带来了全球经济数十年的快速发展。一个经济体的实际增长率等于其潜在增长率，那么经济发展就处于最佳状态——实现了资源的最佳配置下的成本最小化和效益的最大化。如果前者低于后者，表现为发展不足；反之，高于后者，则呈现发展过度。近几年，以金融衍生产品为主的虚拟经济呈几何级数递增，据国际清算银行2008年3月公布的资料，全球金融衍生产品的总值从2002年的100万亿美元到2007年末已达516万亿美元，为同期全球GDP总额48万亿美元的10多倍。这种依靠高杠杆率过度发展起来的、实际价值难测且信息披露不足的金融衍生产品，不仅造成货币“边界”模糊，而且扭曲了货币政策传导路径，由此形成长长的泡沫链日趋复杂，如同建立在沙滩上的楼阁，最终会被海浪冲塌。可见，整个衍生产品市场要审慎渐进，要建立在“实体经济”为标的和依托的市场基础上，没有基础的衍生品市场必然是一个危机四伏的市场。由此，切实把握好主要依附于实体经济的、处于当今虚拟经济领域的广义货币必要量这个“度”，对实现实体经济和虚拟经济的互动和互促非常重要，特别要防范因虚拟经济过于庞大而造成的金融泡沫对实体经济的不利影响。

（三）进一步实行“扩大内需”的基本国策

所谓扩大内需，即要立足国内扩大需求，努力开拓国内市场。这一国策既符合中国人多地广、市场潜力巨大的特点，也与当今世界经济发展在金融危机冲击下相对恶化的态势相适应。经济发展规律表明：一国过分地强调以出口为导向，必然会加大该国对外的依存度，长此下去，会不断削弱本国的自主创新能力，加剧本国产业结构的“洋化”，这对中国这样一个内需潜力很大的大国来说是不相匹配的。另一方面，国内需求的扩大也必然会推动国外需求的开拓，两者具有既相互消长又相互促进的关系。

扩大内需包括投资需求和消费需求两个方面，投资是经济增长的源泉，没有投资的增长就不可能保持经济活力。同时，有投资才有消费，投资拉动消费，因此投资必然是消费的先行者和启动器。可以肯定，投资需求在我国相当长的时期内仍是总需求的重要组成部分，关键取决于有无既服从于全局又切合实际的、合理的投资规模和投资构成，取决于投资需求的有效性能否经得起消费需求的检验。所以，扩大投资需求应以引导和实现消费需求为最终目标，而消费需求的扩大反过来又要规范和刺激投资需求，两者协调配合才会形成对经济增长的双向拉动。

在当前情况下要扩大内需，积极的财政政策和适度放宽的货币政策的协调配套尤为重要。在财政政策方面，主要措施有：加大基础建设力度，实施一系列惠民惠农政策，实施减税政策措施，加快文教事业发展，加强生态环境建设，完善社会保障和福利制度，扩大国债发行规模和开拓市政债券市场等。在货币政策方面，主要措施有：在适度宽松的货币政策要求下，切实解决中小企业融资难问题以拉动就业和消费，放宽信贷限度支持各项投资和经营活动，努力扩大消费信贷等。总之，应将民生作为扩大内需的基础和根本。

（四）创建与扩大国际金融合作和交流平台

针对当前全球金融海啸中暴露出来的世界经济和金融体系的种种弊端，创建适应21世纪经济金融新秩序的国际平台已是当务之急。美国财长保尔森认为，“目前的金融体系已不能反映今天的世界经济形势”。欧盟委员会主席巴罗佐强调，“我们需要一个新的全球金融新体系”。法国总统萨科齐则建议“建立一个全新的布雷顿森林体系”。世界银行行长佐立克指出，“由西方发达国家组成的七国集团（G7）体系已经过时，必须组建包括新兴经济体内的国际新体系来应对当前的危机”，他构想建立“包括西方7国与中国、巴西、印度、墨西哥、俄罗斯、沙特阿拉伯和南非在内的14国集体（G14）或范围更大的新集团（G20）”。

在创建国际金融合作平台的同时，对中国而言，应密切关注与此联系的两件大事：一是美元贬值对世界和中国的影响。早在美国尼克松政府期间，财长约翰·康纳利告诉欧洲同行：“虽然美元是我们的货币，但其错配及其造成的全球不平衡，可是你们的问题”。美元作为世界性交易和储备的国际本位货币，对美国人来讲是一个软约束的货币体系，可以利用这一“特权”发票子，在全世界买东西，从而占有更多的世界资源。特别是由中美两国的经济地位和经济关系所决定，不能忽视由美元贬值直接和间接对中国的经济影响，所以如何建立公正、合理的国际货币体系，应是国际金融合作平台必须研究的重要课题。二是如何推进人民币的国际化。所谓人民币国际化就是人民币成为国际本位币。届时，人民币通过持有全球化分工的顶端权力，就可将国内强大的生产力和创新精神通过全球化释放出来。实现人民币国际化可以：全面减少中国对外经济的汇率风险；大幅降低外汇储备持有量；有效地降低企业的融资成本和贸易成本；建立中国的逆差融资能力以高效平衡国际收支；通过全球范围内的广泛投资和金融机构的全球化扩张获取丰厚的金融收益；极大地提高中国的货币管理能力。人民币的国际化既是一个中长期系统工程，也是人民币区域化的自然延伸，但相信它终究是一个水到渠成的过程。

（五）齐心协力应对全球金融海啸，坚持改革开放不动摇

直面这场由美国次贷危机引发的、历史上罕见、冲击力强大、席卷全球的金融危机，中国作为一个负责任的大国，更需要坚定信心，协力同心，共渡难关。

一是坚持市场化改革方向。当前出现的这场全球金融危机，并非是市场本身的罪过，也不是创新本身的结果，从某种意义上说，恰恰是没有把握住市场发展和运作规律所致。市场经济从本质上说，是调动和发挥社会资源最佳配置的一种最有效、最适于创新的经济模式，其核心是最少的政府干预、金融自由化和贸易自由化。但必须看到，市场经济本身会不可避免地出现周期性波动、经济发展的脆弱性、一定程度的盲目性和人们心理预期的偏差等，这需要政府的有形之手在遵循市场规律的前提下进行科学的宏观调控和监督管理。此间，掌握好“有形之手”和“无形之手”结合的度尤为重要。这里，特别需要政府具有及时把握、统筹安排、重点突破、“该出手时就出手”的治理能力。

二是努力提高改革开放水平。改革开放永远是推动中国经济发展和民生质量提高的法宝，绝不能因为全球金融海啸的负面影响而放松和降低了改革开放的力度和深度。改革开放的实践证明：过去之所以出现的种种问题，主要均可归结为改革开放的不到位，而目前面临的诸多问题也只有通过改革开放政策的进一步实施才能得以真正解决，任何“恐惧病”、“封闭症”、“市场失效症”都是有害全局的。关键是要以冷静、务实的心态，认真总结经验，坚持科学发展观，努力提高前瞻性研究水平，着力从体制建设上下功夫，开拓更科学、更开放、更有效的应对金融危机的现实和有效路径。

（原载《深圳大学学报》2009 年第 1 期）

2010 年

充分发挥金融作用　再续特区金色辉煌

2010 年 9 月 6 日，是深圳经济特区成立 30 年纪念日，隆重而务实的庆典与中国最高级别的出席者，引起了世界瞩目和全民关注。在庆典大会上，胡锦涛总书记殷切希望："经济特区不仅应该继续办下去，而且应该办得更好。中央将一如既往支持经济特区大胆探索，先行先试，发挥作用。"

30 年的勇锐改革创新让深圳一跃成为全国举足轻重的金融重镇。如今，在特区转型期快速发展的道路上，金融将继续发挥现代经济的核心作用，助推特区经济社会"又好又快"地发展，再续特区金色辉煌。

一、经济发展方式转变的主力军

虽然深圳特区经历 30 年的奋斗，已形成了区域性金融、物流、商贸、高新技术为主的经济结构，且经济总量已超过全国半数以上省份。但必须看到，深圳 30 年前期，主要采取廉价土地、劳动力、资源要素以及外来加工型经济贸易等传统粗放式生产方式，造成深圳在诸多方面出现复杂的局面，如人口总量近 1300 万，人口密度排名全国第一；原市内陆域面积已消耗殆尽；生态环境处于第 3 级，属中等质量水平；被列为严重缺水城市；海洋生态赤潮现象总体上升等等。从外部环境来看，由于世界经济形势不景气、不平衡，国内扩大内需战略决策的实施等，决定深圳特区经济发展方式的转变已迫在眉睫。

在诸多转型中，产业结构的转型应是重中之重。深圳市委日前已提出产业结构优化升级的总体目标：以产业多元化促进产业高级化，以高新技术产业、先进制造业为基础，以现代服务业为支撑，建立适应国际化城市功能的高技术化、高服务化的新型产业体系。具体说，这几年为抢占产业发展的制高点，在寻找切合深圳实际且具有深圳特色的现代产业体系中，已认定新能源、互联网、生物科技、新材料、金融、物流、创意文化等为主要目标。

显然，现代金融业是支撑现代产业形成和发展从而推进经济发展方式根本性转变的主力。金融业的核心作用，单从状态性能分析，表现为无论是经贸、物流、资讯、交通、人才以及文化教育等方面的交流，都离不开以整个金融市场为依托的货币资金的互动。据统计，深圳市基本建设投资的 1/3、企业 80% 以上的流动资金是由金融业供给的。截至 2009 年 12 月底，深圳金融业总资产达 3. 29 万亿元，纳税总额超过 310 亿元，在深交所上市公司共 830 家，市价总值 5. 93 万亿元，会员达到 114 家，投资者队伍超过 8576 万人，上市公司累计筹集资金超过 7500 亿元。目前，有创投机构 250 多家，约占全国的三分之一；基金管理公司

17 家；在深注册的证券公司 17 家。

深圳特区 30 年的实践证明，金融功能的历史性变革，使现代金融的战略地位极大提升；金融体系日趋庞大、复杂；金融与经济相互渗透，互为因果；金融创新层出不穷，不确定因素时而显现。由此，现代金融业的定位已不只是一般的投融资产业或服务性行业，更重要的，它是一个发挥着社会经济“核心指挥”和“大脑支配”作用的优化配置社会资源的产业、不断开拓创新的投融资领域、优化产业结构和产品结构的先导性产业，同时也是一个积聚风险和防范风险的产业。可见，现代金融业在社会经济发展中的作用巨大。

在建设现代金融产业方面，特区发展的后 30 年，深圳金融业面对金融危机的挑战和金融全球化的大趋势，金融业必须重视以下方面：营造良好投资环境，为转变经济发展方式“练内功”、“做文章”、“下功夫”；以体制创新为基础、促进体制创新和技术创新良性互动；依据一大批高新技术产业和中小型民间企业飞速发展现状，搞好风险投资、中小企业板和二板市场建设；面对全副武装、挥师直入、超级规模的称为“金融巨无霸”的外资金融机构挑战，通过资产合理组合和理性规模开拓，优化组建“又大又强”的金融控股集团；建立为中小企业投融资服务的长效机制；建立国家保险业改革开放试验区；转变金融监管理念，防范和化解金融风险，建立金融安全区；充分利用毗邻香港的区位优势，进一步推进深港金融合作，加快提升深圳金融业的现代化、国际化水平；应用金融手段，积极支持现代企业“走出去”，在国际市场上占有“一席之地”等等，这些方面，深圳金融业都应站在国家战略的高度和切实联系深圳的实际做好做实。

二、建立“市场为导向，企业为主体”的创新体系

30 年的历史经验证明：创新是金融业发展的不竭动力和命脉所系，是金融改革开放发展的主旋律。深圳特区 1980 年成立以来，伴随着金融改革的进程，一系列金融创新如雨后春笋般诞生并推广至全国，如第一个外汇调剂中心，国内第一台 ATM 机，第一只银行股票，第一家证券公司，首家证券交易所试运营等等接连破土而出。据不完全统计，至少有 120 多项现代金融工程创新始发于深圳。30 年间深圳市政府先后颁布了《深圳市支持金融业发展若干规定》、《关于加快深圳金融业改革创新发展的若干意见》等多项政策法规。从 2005 年开始，一年一度的金融创新奖评选活动中，已有上百个金融创新项目获奖，政府奖金达 5000 多万元。2009 年深圳按照国务院批准的配套改革方案要求，着手建立金融改革创新综合试验区，拟从创业板、本外币债券市场、期货交易、金融品种和经营模式、资产证券化、金融后台服务基地、投资基金、股权基金、中小企业融资体系以及金融监管和防范化解风险等九个方面全面出击，重点突破，为国家金融改革先行先试，充分发挥其“窗口”和“示范”作用。

回顾 30 年深圳经济特区金融创新的历程，我们体会其主要经验：首先，将开拓创新与市场转型有机结合起来。从改革层面上讲，成立特区的使命就是要加快由计划经济向市场经济的转型，伴随着这一转型，金融市场的建立和开拓显然是一个重要方面。而金融市场本身就是一个创新的市场，金融创新本身来源于在市场化条件下对金融市场的需求。由此，创新的理念孕育于市场，创新的动力来源于市场，创新的成效也由市场来检验。

其次，将开拓创新与企业发展有机结合起来。开拓创新对于企业来说，既是圆梦之路，也是动力之源，这已被深圳几十家国内外知名企业的成长过程充分证明。然而，特别使企业感恩的是，在其创造财富神话的征途中，金融业充足的资金支持及其造就的金融环境，为深圳的创业者特别是一大批高新技术企业注入了创新的源动力，从而使财富增长“神话”梦想成真。据统计，深圳的创新项目70%以上来自企业，所获的国际专利总量中90%来自企业的自主创新。

下一个10年，深圳市委已非常明确：“坚定不移地把提高自主创新能力作为转变经济发展方式的核心环节和主要驱动力量”。特区人也深刻体会到，深圳正处在一个新的发展节点上，要实现下一步的发展目标，提高自主创新能力才是转变经济发展方式，实现科学发展的根本保证。

三、力促深港金融合作迈上新台阶

是香港与内地唯一接壤的城市。深港之间，地相邻，人相近，习相通。30年来，深港合作先从民间自发互动开始，到一般技术层面，进而走到了制度、体制层面。2004年两地拟订了《加强深港合作备忘录》，2007年制订了《深港创新圈合作协议》。一年一度召开的“深港合作会议”和“深港论坛”，已成了两地政界和社科界交流的例会。

成立30年来，深圳创造了举世惊叹的“深圳速度”，成为我国改革开放的试验田和先行者，为中国体制转型开拓了道路、积累了经验，起到了带动和示范作用。然而，特区人深深体会，香港因素功不可没。一方面，香港拥有最成熟的市场经济体制和环境。深港经贸合作的拓展、港资的自由进入，先进技术和管理的引进，对形成特区的市场化理念、启动深圳工业化进程、提高技术和管理水平，影响极大。另一方面，实现了香港自身的产业转移和明确分工，由此为夯实香港的国际金融中心、国际贸易中心、国际物流中心和全球商贸服务中心的地位，进一步确立其在国际社会中的影响力和竞争力，起到重大作用。

就金融领域而言，特别是香港回归十多年来，深港金融合作在金融机构互设、业务经营渗透、支付结算联通、金融市场衔接、两种货币流通和金融监管的合作方面已取得显著成效。特别是近几年，内地企业纷纷在港上市，香港人民币业务特别是人民币跨境贸易结算的拓展，内地居民“香港游”的不断扩大，相当规模人民币债券的在港发行，不断推动深港金融合作向纵深发展。

然而，从全球金融一体化的视角看，从国家的战略要求和深港所肩负的历史使命而言，深港金融合作的潜能和辐射力还远没有充分发挥，还存在有很大空间，主要表现在：深港两地金融业经营层面合作规模偏小。依据2008年的有关资料，在深的港资银行总资产折合人民币465亿元，仅占目前深圳金融机构总资产1.21万亿元的4%，存贷款余额分别占深圳银行业的0.5%和1%。深港两地资本市场整合度偏低。两个证券交易所自成体系，独立运作。深圳企业和金融业在香港主板、二板上市的数量虽不断增加但相对有限；相反，香港企业和金融业在内地再融资比重更小。另外，如果再考虑到自主创新力、市场自由度、法规法制建设、金融基础设施、总部经济规模、金融监管水平以及员工业务素质等，两地的合作还存在有相当的差距。

如何正视现实，创新未来，力促深港金融合作再上新台阶？首先，要创造条件实现两地资本市场的深度融合。可以设想，深港两地多层次资本市场的对接和股市一体化的实现，对增强两地整体金融市场的高度流动，提高金融资产定价机构效率，联手打造世界级金融中心，更有效地防范和化解金融风险等，意义十分重大。其次，以产业互补为突破口，促进经济一体和社会共融。设想深港合作开发前海，建立以金融业为中心的现代服务业重要基地，香港高层要求将前海建成“特区中的特区”，要求前海借鉴香港低税制做法，实施特殊政策对接香港，以达到扩大市场、提升水平的目标；两地共同开发河套地区，建立以教育为主的研发中心，有利于引进先进的教育体制、机制和方法；创建“深圳市金融产业服务基地”，为香港提供高质量的金融后台服务；积极发展总部经济，形成集聚效应，夯实深港金融合作的根基。另外，以金融创新为主线，全方位提供深港合作的运作载体。这是因为，深港金融业合作源于创新，合作的生命力在于创新，两地金融业高水平的合作也决定于创新。从一定意义上说，创新决定了深港金融合作的未来。此外，在深港两地开展人民币业务、拓展跨境贸易人民币结算、加快金融市场一体化进程、建立人民币离岸金融中心、完善人民币清算和回流机制等，这不仅是人民币区域化国际化的最好“试验区”，而且对充分发挥香港在人民币国际化进程中的地位和作用意义重大。最后，努力营造良好的金融生态环境，为深港金融合作注入强有力的动力源，重点突破是政府职能的转变，加强金融监管，两地金融人才的培养等。

当然，深港两地金融合作，必须是在“一国两制”框架下的合作，是在市场经济背景下理性竞争的合作，是双方优势互补、互赢互利的合作！

30 年前，邓小平同志审时度势，以非凡的智慧和远见，提出了创建经济特区的战略构想。30 年来，深圳不辱使命，“敢闯敢试”，做出了举世瞩目的历史性贡献。我们坚信：未来的 30 年，更是一个激情燃烧、干事创业的时代。特区的金融业伴随着深圳现代化、国际化先进城市的建设进程，必将会再续金色辉煌，特区的明天一定会更美好！

（原载《中国金融家》2010 年第 9 期）

深圳证券市场形成背景和发展主线研究

在改革开放以前，要在我国建立社会主义的证券市场，这是一个不可想象的事情。但深圳经济特区经过近三十年的艰难曲折，突破了体制、理念、地域上的局限，我们终于实现了。特别是 1990 年 12 月 1 日深圳证券交易所的诞生，激扬的开市钟声敲响了中国企业产权变革的前奏。如今，以深圳证券市场和上海证券市场领头的我国证券市场已经成为亚洲主要证券市场之一，也是全球最具有活动和潜力的证券市场之一。历史证明，在中国建立和开拓证券市场，它既要有极大的勇气突破传统观念和理论禁区，也需要有依据中国特色的实事求是基础上的创新精神。

伴随着深圳经济特区的改革开放历程，深圳证券市场在发展和规范过程中不断向前推进。截至 2009 年 12 月，在深圳交易所上市公司共 830 家，市价总值 .593 万亿元，会员总数达到 114 家；投资者队伍超过 8576 万人；市场交易量由 1991 年的 36 亿元增加到 18. 94 万亿元；上市公司在深圳市场累计筹集资金超过 7500 亿元、2009 年创业板市场的开业到目前止，总部设在深圳的证券公司有 17 家，总资产约 4800 亿元、占全国近 30%。全国 60 家证券投资基金管理公司中有 17 家在深圳注册设。一大批在主板、中小板和创业板的上市公司，他们既是获得快速发展、资产质量优异，居行业前沿地位的“领头羊”，也是现代企业制度的“先行者”。

本文就深圳证券市场的形成背景和发展主线两个方面进行论述，以求对深圳改革开放三十年中的一个重要方面即深圳证券市场的发展、规范和创新从理论和实践的结合上有一个全面、深刻的认识。

一、深圳证券市场形成背景考辨

回顾深圳改革开放 30 年的历史，今天的成就实在来之不易。就深圳证券市场而言，在三十年前地处广东沿海的一个边睡小镇、没有什么经济基础、金融业十分薄弱、通信条件非常落后、各方人才特别是金融人才非常匮乏的状况下，在特区人敢闯、敢干的精神激励下，破土而出，并在快速发展中重规范，在规范中求发展，在规范和发展中不断得以完善和深化。深圳证券市场之所以有今天的成就，离不开党和政府对证券市场发展和规范的领导和支持；离不开各类投资者和经营者的理性思维和协调配合；离不开一支在证券市场发展和规范过程中不断锤炼和造就的高素质、有战斗力的管理团队；离不开特区人敢闯、敢干、敢于面对困难曲折和勇于开拓创新的革命精神。正是来自方方面面的不懈努力奋斗，凝结了人们探索中国证券市场的智慧和心血。特区人深深体会到，归根到底，这是伟大、正确的邓小平理论、“三个代表”重要思想和科学发展观的指引。

对深圳证券市场形成背景，以求阐明我国证券市场形成过程中的指导思想、理论基础、理念更新、体制建设和科学管理等方面具有极其重要意义。具体试从以下六个方面进行考辨：

（一）党的十一届三中全会为我国证券市场的创建和发展指引方向

1978年2月召开的中国共产党十一届三中全会，是我国历史上一次极其重要的会议，是一个伟大的转折点和里程碑。这次会议在推进我国改革开放和社会主义现代化建设中发挥了极其重要的作用，其历史意义永世长存。

这次会议，一是明确了新时期党的主要任务是"以社会主义现代化建设为中心"。这一伟大纲领，既符合我国国情，也是我国发展繁荣的必经之路，更是我国的一个经济大国成为世界强国的前途所在。二是明确了新时期党的思想路线。这次会议从根本上冲破了长期以来"左"倾错误的严重束缚，提出"解放思想，实事求是，团结一致向前看"的指导方针，为我国证券市场的建立和开拓提供了正确的理论依据和打开了通道。三是提出了政体改革的战略主张。会议认为，现在我国经济管理体制的一个严重缺点是权力过于集中，应该让地方和企业拥有更多的经营管理自主权，应该让其解决政企不分、以党代政、以政代企的现象等。这样，以市场取向为我国经济体制改革目标得以逐步明确，由此加快了资本、信用、要素市场、股票、债券、期货等经济范畴引入到经济建设实践中的步伐。四是首次提出对外开放的方针。这为建立社会主义市场体制，为实现通过资本市场运作发挥社会资源的最优配置起到重大的指导意义和实践作用。五是提出了发展经济特区的思想。这为特区证券市场的建立和发展奠定了坚实的思想基础和经济基础。

（二）社会主义初级阶段理论是我国证券市场形成的基石

党的十三大全面完整地提出这一理论，实际是继十一届三中全会重要精神后对中国国情再认识的成果和总结。这一理论的伟大意义：一是有利于深刻认识我国的基本国情，坚定了集中力量搞现代化建设的信心。二是牢固树立充分发挥商品经济的思想。三是坚持全面改革、对外开放的总方针。可见，社会主义初级阶段理论对建立和开拓具有符合中国国情和具有中国特色的证券市场显然起着基石作用，也是在改革开放这一总方针指引下实现货币资金流的潜能、活力和创新力的重要条件和良好环境。

（三）社会主义市场经济体制是我国证券市场形成的重要依托

党的十四大明确指出："我国要建立社会主义市场经济体制，就是要使市场在社会主义国家宏观调控下对资源配置起基础性作用"。这一目标模式的确定，既是以十一届三中全会以后十多年经济体制改革实践发展为基础，也是以对马克思主义经济学的理论创新为前提。邓小平同志以开辟社会主义建设新道路的政治勇气和开拓马克思主义新境界的理论勇气，在这一理论创新中做出了重大贡献。

市场经济是一种经济运行机制，也是一种社会经济活动的组织方式，它主要借助市场交易活动来达到人类进行经济活动的目的，获取社会资源的优化配置。这一体系一般包括三个要素：独立的行为主体（个人或企业）；实现自由交易的市场；建立在平行基础上的法律体系。资本市场特别是其中的证券市场是现代市场经济体系的基本要素，对社会资源配置起着关键性作用。可见，发展证券市场和构建市场经济体系是两个密切相关、相辅相成的经济范畴。

社会主义市场经济理论，为深圳经济特区的思想解放、观念更新和创新实践提供了强大的精神动力。与此同时，特区在改革开放的实践中不断印证和丰富邓小平同志提出的这一理论，其主要体现在：一是从认识上方面看，如在经济特区姓“社”姓“资”这一问题上；在对外开放中勇于吸收和借鉴一切优秀文明成果为我所用上；在坚持“以市场为取向”的改革目标上，都创造性地把社会主义基本制度与市场经济有机结合起来。

从实践中看：在建立现代市场体系方面，深圳一开始就将市场竞争因素大胆引入到基建体制、实行招标制和择优承包制度；在计划、物资、流通、工资、劳动、土地、财税、金融等管理体制进行全面改革，积极培育商品市场和生产要素市场；最早打破单一的所有制结构，为多种所有制经济的共同发展创造公平竞争的良好环境；勇于打破计划经济体制下的政府管理模式，形成了以市场为基础的、以间接调控为主的经济管理新本制；较早探索按劳分配和按生产要素结合的分配模式；在发展高新技术产业中坚持以企业为主体、以市场需求为导向、面向市场进行科技开发和成果交易；最早推行企业产权转让、有偿转让国有土地使用权、建立外汇调剂中心、发行股票债券并开放证券市场等等。

深圳特区发展的实践证明：要开拓发展证券市场，必须以市场经济为依托，两者紧密相连，不可分割。因为在证券市场的运作机制完善、目标确定、创新效用、交易方式、工具设置等等，无不体现着市场化的要求。反过来，证券市场的发展和开拓，又为市场经济增添无限活力、潜力和生命力。所以，市场经济作为一种优化社会资源的最佳经济运行模式，必然是证券市场形成的重要依托和载体。

（四）建立在证券市场基础上的股份制经济已成为历史发展的必然

股份制虽发端于资本主义社会，但从其产生和发展过程看，它植根于商品经济和社会化大生产，是商品经济发展到一定阶段的产物。股份制作为人类发展迄今为止一种有效的企业组织形式，最先的基本动因在于筹资，但发展至今，股份制不仅是随社会化大生产发展突破个人资本限制的客观要求，

也是经济体制改革这一特定因素给经济生活带来种种变化所产生的要求，更是为通过股份制转换企业经营机制以提高经济效益的要求。股份制客观要求利益主体的产权归属明确，不然市场运作和竞争就会停滞，这就需要将企业的资本划分为等分，且实现产权归属明确下的所有权和经营权的分离，个人和公司享有的权利和义务。显然，股份制这种形式是有利于筹资、经营机制转换和促进商品经济社会化快速发展的。

深圳股份制整体发展在1987—1990年，初创期的股份制发展主要一是为了向社会筹集资金，因为特区发展不可能依靠国家财政的支持；二是特区投资主体的多元化，股份制能较好地组织、协调各投资主体的利益需要；三是特区紧邻香港、澳门，较容易接受股份制这种在港澳普遍存在的企业组织形式。当然，初创期深圳的股份制在发展目标上（主要为了筹资和集资）、在规范性上、在组织形式上是不成熟的。

进入21世纪，深圳经济特区在计划体制、流通体制、外贸体制、外汇体制、金融体制、价格体系、劳动制度、住房制度和政府管理体制等方面都进行了改革，在所有制结构、企业经营机制、市场体系等方面进行了积极探索和创新。特别在所有制方面，深圳坚持允许多种经济成分并存，深圳原有的国营企业很少，这使它一开始就始终把股份制作为最主要的企业改革方向，有计划、有重点地对国营企业实行股份制改造，把国有资产搞活、鼓励发展国家控股下的多种经济主体和多种资金相融合的158股份制企业。

至今，股份经济已成了我国企业体制改革的重要选择，也是我国公有经济中的主要形式。一大批国有企业（包括金融业）由过去长期以来计划经济条件下的“一大二公”转换成股份合作制的形式，并在改革开放中不断涌现。股份证企业如雨后春笋，破土而出，它既是建立现代企业制度的必经之路，也是建立社会主义市场经济的重要内容。事实证明，建立在证券市场基础上的股份制经济已是历史发展的必然，股份制经济的创建，既是证券市场发展的重要载体，同时也离不开证券市场发展和完善的推动。

（五）创建经济特区的思路是开拓和发展深圳证券市场的强大推动力

创办和建设经济特区，是邓小平建设有中国特色社会主义理论的重要组成部分，是党中央、国务院实施对外开放战略的伟大创举。从功能上说，特区是我国改革开放和现代化建设的窗口；从特征上看，特区是我国采取特殊政策和灵活措施吸收外部资金进行开发建设的特殊区域。但特区的创办，还不仅其自身取得了举世瞩目的辉煌成就，而且对全国的改革开放和现代化建设发挥了巨大的辐射、示范和带动作用。历史证明：创建经济特区的思路是开拓和发展深圳证券市场的强大推动力。

创建特区对深圳证券市场的推动，主要表现在三个方面：一是特区的经济体制模式的推动。特区成立一开始就定性为与国际经济运行的主导体制即市场经济体制接轨，在改革开放政策的实施下，在市场经济体制的形成、政府职能的转换、收入分配体制的完善、社会保障制度的建立等方面都达到了前所未有的效果。在以上前提下，为越来越多的境外投资者所认同和支持。二是特区的开放性、外向性战略的推动。特区在邓小平对外开放政策思想指引下，从特区创办始，就利用了政策和毗邻港澳的优势，通过中外合资、外商独资、“三来一补”等形式，揭开了我国从未有过的大规模吸引利用外资的序幕。与此同时，也注重引进国外境外的各种先进设备、技术和管理经验，又注重将它向内地起到了示范、辐射和带动作用。三是特区在改革开放中发挥的“试验”、“探索”作用的推动。深圳经济特区创办以来，就勇于探索，敢于创新，率先进行市场为取向的经济体制改革和试验，从而率先建立起社会主义市场体制的基本框架。正是因为特区人始终抓住经济建设这个中心不放，紧紧坚持改革开放不动摇；正因为特区人敢于触犯不合时宜的政策法规的“禁区”，敢于闯前人未曾涉足的“盲区”，敢于闯矛盾错综复杂令人望而却步的“难区”，这种在“试验”和“探索”中敢闯敢干的精神，所以特区一次次闯出了持续发展的新路子，获取举世瞩目的新成就。

总之，由于特区的开放性、外向性战略的实施，促使“面向世界、面向未来”成了现实，这给深圳证券市场注入了无限的生命力和创新力。也正是以上种种因素所决定，证券市场特别是股票市场的优先发展和证券交易所的率先创办非深圳莫属。

（六）邓小平理论、“三个代表”重要思想和科学发展观是我国证券市场建立和发展的指导思想

作为毛泽东思想的继承和发展的邓小平理论是当代中国的马克思主义，是马克思主义在中国发展的新阶段。邓小平同志既是中国改革开放和现代化建设的总设计师，也是中国金融体制改革的引路人。我国金融体制改革特别是证券市场的建立和发展，是邓小平理论中的一个重要部分。

对股票和股份制的试行，小平同志强调并主张不要去争论，先实践，该做的去做，不要先争论再去做。1992 年小平同志到南方视察时明确指出：“证券、股市，这些东西究竟好不好，有没有危险，是不是资本主义独有的东西，社会主义能不能用？允许看，但要坚决地试。看对了，搞一两年，对了，放开；错了，纠正，关了就是了。关也可以快关，也可以慢关，也可以留一点尾巴。怕什么，坚持这种态度就不要紧，就不会犯大错误。”

邓小平同志对发展证券市场的理论，其重大意义在于，不仅在对证券市场发展争论最大、运作最困难时提出要“坚决地试”，以此来鼓舞人民群众的信心和勇气。更重要的，明确指出中国要走社会主义市场经济之路，因为金融是现代经济的核心，而资本市场又是金融的核心，中国的改革开放必定要走构建资本市场之路。由此看出，邓小平同志是将“市场经济—资本市场—证券市场”连成一体的，作为一个系统工程来设计社会主义经济体制改革这一宏大蓝图的。

遵循邓小平理论关于开拓发展和不断完善资本市场的论述，早在江泽民同志任上海市委书记时，就对此十分关注，亲自主持对股份制试点企业的调查研究。并与理论和从事实际工作的同志进行多次研讨，并决定选择一些国营大中型企业继续进行试点。

1990 年春，深圳股市出现热潮，引起社会上不同的议论和反应，形势十分严峻，江总书记定下的股票市场继续搞试点后，上海和深圳两个交易所也成立了，股票市场有了进一步发展。以江泽民同志为首的党中央，遵循邓小平理论，在党的十五大报告中，正式明确了公有制的多种形式。报告指出：“股份制是现代企业的一种资本组织形式，有利于所有权和经营权的分离，有利提高企业和资本的运作效率，资本主义可以用，社会主义也可以用”。十五大报告终于冲破了在中国股票市场发展中的意识形态的障碍，为加快推进国有企业改革，坚持建立现代企业制度的方向，充分发挥市场对资源配置的基础性作用指明了方向和创造坚实的条件，这对当时中国证券市场的发展辅之以巨大的推动力。

科学发展观是以胡锦涛同志为总书记的党中央对党的三代中央领导集体关于发展重要思想的继承和发展，是马克思主义关于发展的世界观和方法论的集中体现，是我国经济社会发展的重要指导方针，是发展中国特色社会主义必须坚持和贯彻的重大战略思想。

依据科学发展观的要求，以胡锦涛为总书记的党中央审时度势、积极推进。中央领导关注股市的发展，更关注股市的健康发展，目标是要建立一个成熟的资本市场。并明确指出，建立一个成熟的资本市场，这就是需要：第一，提高上市公司的质量；第二，建立一个公开、公正、透明的市场体系；第三，加强资本市场的监管，特别是完善法制；最后，要加强股市信息的及时披露，使股民增强防范风险的意识。

在党中央的直接领导和关怀支持下，在中国证监会的具体部署下，制订了一系列有关证

券市场法规制度和运作方略，实施了一大批国有企业（包括国有银行）的股份制改革，有步骤地推进国有股减持工作，适时推出中小企业板和创业板，建立并完善多层次资本市场等等，这一切，标志着我国资本市场在发展和规范中不断探索创新，已发展到一个崭新的阶段。

二、深圳证券市场发展主线定位

资本市场特别是证券市场作为人类社会经济发展中的创新成果，它体现了对文明社会的巨大贡献。资本市场具有筹集社会资金和转换企业经营机制，通过信息披露获取价格发展的独特功能，它对经济社会体制的转换、提高社会资本的使用效率、现代企业制度的建立都具有巨大的推动作用。然而，在我国社会主义建设的很长一段时间里，由于我国客观上存在有僵化的体制和呆板的理念，这一人类长期在实践中创造的文明没有得以利用，甚至还视为资本主义社会的附属物和社会风险的根源所在。邓小平同志从全球视野，立志高远地提出了关于股票市场要“坚决要试”的指示，促使人们驱散思想迷雾，对创立和开拓证券市场充满满信心。

然而，发展的道路并不平坦，就深圳证券市场来说，一开始，它虽然给予巨大的诱惑，但1992160年发生的“8·10”风波和原野事件，一度引起人们对证券市场的疑惑；1994和1995两年深圳证券市场的持续低迷几乎滑到了崩溃的边缘，引起了人们的困惑；2000年以后创业板筹建近10年迟迟未出台，新股暂停发行，又是面临的一场严峻考验。但事实是，深圳证券市场发展过程中虽困难重重，跌宕起伏，但特区人勇于面对，在困难中坚持；设法应对，善于在曲折中奋起。正是将多次的曲折作为磨炼和提升的最好机遇，为深圳证券市场的发展不断注入了创新的动力，才迎来了一个又一个新一轮的发展机遇。正如时任深圳证券交易所总经理、现任上海证券交易所总经理的张育军先生所说的：“深圳证券市场能够取得现在的成就，前后凝聚了一批批有志之士为之奋斗的心血。透过字里行间，我们依稀看到他们草路褴褛、以启山林的身影，看到他们布满血丝与智慧的眼睛。值得他们欣慰的是，经过他们持之以恒的努力和耕耘，深圳证券市场正日积月累、一步步地走上更高的台阶。”

如今，历史的发展也已证明，很多人也已理解：我们已经进入了一个资本市场时代。这一全新的时代，是一个财富通过证券化变资本的时代；是一个资本充分融资获取最佳效益的时代；是一个全民投资意识和风险意识得以极大提高的时代；是一个通过投资融资和资产的证券化促使市场机制重塑的时代。总之，通过这一个市场，资本的意志得以充分体现；资本的力量得以充分放大；资本的潜能得以充分释放；资本运作机制得以充分发挥。有专家预计，到2020年，沪深两地股票市值将有达到100万亿，届时，我国将在新的22世纪到来之际成为世界金融中心，此对中国也经济大国变为世界名副其实的金融大国。

为纪念深圳经济特区创建三十周年，我们历时数年，就深圳特区证券市场这一至关重大课题进行调查、收集资料和切磋研讨，试编著《深圳证券市场发展、规范和创新》一书。有人说：“写一部书难，写好一部研究型的史书更难”，但出于我们对深圳经济特区的敬仰和爱慕之心，出于我们的专业积累和工作责任，虽自感心有余而力不足，但我们思虑再三，还是有勇气在各种困难的条件下着力去圆满这一意愿。在收集和分析繁多资料中发现，深圳证券市场的建立和开拓是有其深刻的形成背景，在此基础上紧紧围绕“发展、规范和创新”这一条主线展开的。

关于发展和规范的关系，我们的观点是：①发展和规范是既对立又统一的不可分割的两个方面，并不矛盾，相辅相成。其统一的方面是：没有发展，就谈不上规范；没有发展，规范也就失去其意义。而不规范不是真正的发展，甚至造成发展的障碍。其对立的方面是：脱离实际的陈规戒律不是真正的规范，它会抑制证券市场的发展；而发展超越了市场规律的客观要求，同时也会引起发展的变形和扭曲，使规范无法实施。②规范和发展虽没有先后之分，但它作为一个相对动态平衡的过程，在相互的交替和作用中，依据客观情况则可以有所侧重。一般而言，在证券市场发展初期，发展的需求要大于规范；但不能忽视在证券市场失衡时，应注重于规范；而在证券市场相对成熟时，则往往又偏重于发展。③实践证明，只要证券市场真正在发展，这个市场也就是在规范中发展的市场；而证券市场屡屡有碰到障碍和阻力，这个市场往往是既不规范又难以发展的市场。④规范的标点是整个市场，不能就市场发展中的个别问题断定这个市场不规范。同样，发展是数量和质量的统一，不能就发展中的一时进展或一点成绩而断定市场的规范。⑤规范是一个渐进、长期、繁难的过程，规范要从体制、法制抓起。任何规则的制定和法制的推行，甚至是政府的干预，其关键要看能否为市场营造有利于证券市场发展和稳定的环境。⑥从长远看，发展和规范的证券市场是政府最少干预的市场。从深圳证券市场的发展和规范的历程分析，在处理和把握发展和规范关系上是有成效的，具体体现在“重”和“求”两个字以及“探索创新”上，即“在发展中重规范，在规范中求发展”，且“是一个在探索中不断创新的过程”。

依据深圳证券市场“发展规范”、“探索创新”这一发展主线和对“规范、发展和创新”关系的理解，深圳证券市场的全过程或称发展主线应分解为四大部分：

（一）形成背景

对其可细分为历史背景、实践背景和理论背景三大块。历史背景可从党的十一届三中全会为证券市场创建和发展指引方向，社会主义初级阶段理论是证券市场形成的基石和创建经济特区是深圳证券市场的强大推动力三个方面论述。实践背景可从转换企业经营机制、提高货币资金使用效率的现实要求和建立在证券市场基础上的股份制经济已成为历史发展的必然两个方面论述。理论背景可从社会主义市场经济体制是我国证券市场形成的重要依托以及邓小平理论、“三个代表”重要思想和科学发展观是我国证券市场建立和发展的指导思想两个方面论述。之所以将形成背景作为深圳证券市场创建和发展研究的一个不可缺少部分，其重要性在于，这些背景是深圳证券市场产生和发展的必要条件，尽管其作用好似在证券市场发展前期较为明显，但实际上是贯串于证券市场发展全过程（包括今后发展的趋势和方向）的。尽管深圳成立初期也有证券市场初发的萌芽，但这还是“自然王国”，或说是自发的、稚嫩的。实践证明，只有在特定的历史背景、实践背景和理论背景下形成的深圳证券市场，才是“必然王国”，具有真正的抗险性和生命力。

（二）萌发初创期（1978年12月—1995年10月）

这一时期从总体上看，以发展为主，但在发展中注重规范深圳证券市场。其又可细分为萌发和初创两个时间段。萌发期开始可追溯到党的十一届三中全会召开，主要是因为这次会议如阳光普照、春风化雨，为我国证券市场的创建和发展打开通道。之所以到1995 年 10 月止，是因为此时集中统一的深圳证券市场监管体系正式形成。由此，这一时期的内容主要包括股市和债市的形成，股价波动因素交杂繁多，债券期货市场风雨飘摇，监管机构从分散的地方性到集中统一的全国性转换。这一时期的主要启示：一是在实践中认识到公开、公平、公正是证券市场的核心；二是建立集中统一的全国性证券监督管理机构的紧迫性；三是处理市场和政府干预关系的重要性；四是优秀上市公司是证券市场健康发展的基石。

（三）调整发展期（1995 年 11 月—2000 年 8 月）

这一时期从总体上看以规范为主，在规范中力求发展。之所以到 2000 年 8 月止，因为此时从上到下的监管体系更成熟更有组织性，在此基础上逐渐走上在发展和规范的交替互动中不断探索创新之路，为建立多层次资本市场创造条件并有所建树。谓“规范中求发展的深圳证券市场”。由此，这一时期的主要内容包括不断健全的监管体系，不断发展的深圳股市、债市和基金市场，不断趋好的上市公司，不断壮大的投资者队伍，不断完善的中介机构，不断升级的市场交易技术，不断优化的市场服务等方面加以论述。这一时期的主要启示：一是规范的证券市场运行体制是防范风险的根本所在；二是制度创新是证券市场发展规范的基础所在；三是制定和完善证券法是深圳证券市场发展规范的牢固基石所在。

（四）探索创新期（2000 年 9 月—至今）

这一时期从总体上看处于“在发展和规范中不断深化的深圳证券市场”，其内容重点围绕着特区建立多层次资本市场的必要性和重要性，探索路径，面临挑战以及构建策略等诸方面加以论述，特别是对如何改革主板市场、完善创业板市场、激活三板市场和整合产权交易市场等方面提出合理有效的建议。这一时期的主要启示：一是认清深圳腾飞的引擎非多层次资本市场莫属；二是如何从理念上更能厘清深圳建立多层次资本市场的思路；三是如何分层次完善深圳资本市场体系的策略。

有专家评论：从 1996 年—2006 年，这是中国资本市场的“第一个黄金成长期”，从 2007 年到 2016 年，它将从“金融僻壤”到“金融资本强国”。从当代发达国家金融产业的发展现状及其演变趋势看，一个发达国家的金融体系应当是银行、证券和保险（指狭义保险）三大金融子产业的均衡结构和合理布局，三者比大致应当为 1 ∶ 1 ∶ 1，而证券市场上证券市值总额一般要占到 GDP 的 100% 至 200%。可见，高度发达的证券市场，是优化社会资源配置和提高国家综合竞争力的重要渠道之一。中国要成为世界屈指可数的真正的强经济体，拥有以现代资本市场为核心的高度发达的成熟的现代金融业，是一个关键。还有专家估算，如果中国资本市场到 2016 年证券市值达到 74 ~ 90 万亿元的话，则目前每年需要增长 .65 万亿元至 8 万亿元的股票市值，届时我们才有可能达到“会当凌绝顶，一览众山头”的境界。

总之，尽管中国证券市场发展过程中存在有诱惑、困惑和迷惑，也碰到许多障碍性因素，甚至经历过超级大熊市、投资者的巨大损失和全球金融海啸的冲击，但正如一位伟人说过："每一次历史的倒退都会以一次更大的进步为补偿"。近几年来，资本市场实施的一系列体制性变革就是得到"历史性补偿"的见证，如股权分置改革的实施、上市公司质量的提升、市场信心得到恢复、产品创新的涌现、市场基础的夯实、多层资本市场的推进等等。这一系列最有力的印证可见，只要我们把握"改革开放"和"科学发展观"的整体方略，坚持"实事求是"、"与时俱进"的思想路线，自觉地把思想认识从那些不合时宜的观念、做法和体制的束缚中解放出来，客观评价取得的成效，积极妥善处理出现的问题，勇于应对各式各样的严峻挑战，那么可以肯定，未来中国的证券市场一定是一个富有创新、充满活力的市场，其前景将一定是非常美好的。

（原载《深圳大学学报》2010 年第 2 期，后收入专著《深圳证券市场发展、规范和创新研究》，人民出版社 2010 年 8 月版）

人民币由区域化到国际化：理念与路径

2008 年下半年以来爆发的全球金融危机，充分暴露了以美元为主权货币的现行国际货币体系的弊端，各国要求改革的呼声四起，人们渴望建立一个公平、公正和有效的新的国际货币体系。与此同时，也提出了不少强烈和有益的建议，由此，借鉴 21 世纪初建立的“欧洲货币联盟”的做法及其经验，亚洲货币区域化国际化问题自然地提到议事日程。

亚洲各国如何正视现实，创新未来，以大局为重，真诚合作，促成亚洲货币合作以及人民币区域化国际化的实现，并在此基础上构建新的多元国际货币体系，已是亚洲以至于世界各国面临的重大和紧迫课题。笔者认为：一是在认识理念上要有新的提升；二是在路径选择上要有新的举措。

一、在认识理念上要有新的提升

经验证明，正确的认识和理念能指导并推动实践并达到预期效果。所以从一定意义上说，认识和理念也是生产力。在以构建多元国际货币体系为目标、稳步推进人民币区域化国际化及亚洲货币合作进程中，认识理念的提升尤为重要。具体包括如下方面：

（一）如何看待人民币区域化国际化的利益问题

对于这个问题，存在有各种不同的看法。其中正方意见有：

（1）人民币区域化国际化是中国长远利益和核心利益所在，也是中国拥有强大软实力的标志之一。理由是：中国是一个出口大国，投资大、出口多、拥有高外汇储备额，存入美联储的负债也可观。如果人民币不能在相应的区域范围内乃至在国际上发挥其计价、交易和储备功能，中国就难以成为一个名副其实的经济大国，就不可能真正拥有国际经济的话语权和决策权。这对中国这样一个人口多、发展快、资源少、出口依赖性大的大国来说显然是不相适应的。

（2）人民币区域化国际化是维护国家金融安全的重要战略。历史严峻地告诫我们：现代战争的主要形式实质上是通过汇率大战而表现为一场没有硝烟的货币战争。由美国次贷危机引发和蔓延成的全球金融海啸，据权威研究机构估计，全球财富损失超过 45 万亿美元，相当于 2007 年美国 GDP 的 3 倍，中国 GDP 的 10 倍。其祸根之一，正是美国拥有世界主权货币—美元的发行“特权”、超强的国际储备货币地位，以及通过华尔街强大的金融“魔法”，吸引境外美元支撑其巨额的贸易赤字和超前消费，最终让全球特别是发展中国家为其

"埋单"，实现"胜利大逃亡"。当然，不可否认，美元问题应该是美国对外政策及其全球诚信度的一个重要方面，但现行美元独大的国际货币体系至少为其敢冒风险和对缓解风险的不负责任甚至损人利己行为提供了有恃无恐的良机。由此，改革以美元为主导的国际货币体系已成了一个不可逆转的趋势，对此，中国也不能"袖手旁观"。在某种意义上说，人民币的区域化国际化也承担着有利于抑制美元霸权和推动国际货币体系改革的重大责任。

反方意见是：

（1）认为中国在现阶段推行国际化的时机尚未成熟。理由是：从历史上看，国际货币不仅是"大国"的货币，而且是"富国"的货币。据测算，中国达到中等收入国家人均收入水平还需要 17 年，达到高收入国家水平则需要 33.8 年，按照国际货币的历史经验分析，中国需要在 17 年后开始推行人民币国际化，33 年后人民币将获得更大的市场份额。

（2）认为中国探讨人民币国际化的问题没有多大的实际价值。因为一国货币国际化包括三个方面的好处，即通过多发货币而向境外居民征收铸币税；增强流动性进而减少其筹资成本和通过货币贬值强征境外居民的通货膨胀税。以美元为例，若从铸币税和流动性角度分析，其收益均可能在美国 GDP 的 0.25% 至 0.5% 之间。至于征收通货膨胀税，实际上存在一定操作和计算困难的问题。以此，将人民币 10 年内在国际储备货币中的构成比重为 10% 估算，中国从中可以获得的好处是2200 亿元的1/6，大概是360 亿元，认为这算不了什么大钱，还要承受货币国际化的约束和风险。由此认为，对人民币国际化的好处需要有现实和清楚的评估。上述正反两种观点虽然都有各自的道理，但笔者倾向认同正方的观点。这是因为：将人民币区域化国际化问题提到我国发展战略的层面上已经非常必要。金融是现代经济的核心和命脉，金融风险甚至可能危及国家的生死存亡。所以，对人民币国际化问题决不能"消极坐视"或"单算收支账"，而必须立意高远，把它看作是一国的经济、政治和社会民生安全的迫不及待的大事。这次全球金融危机所暴露的方方面面恶果及其长远影响，就应该是一个深刻的教训。

（二）弄清什么是货币区域化以及它的意义

依据中国国情以及发展趋势分析，人民币的国际化应该是一个长期、复杂、动态的过程。从地域角度分析，先在本地区成为结算货币，再在本区域成为结算货币、投资货币和储备货币，逐渐地超越到全球范围内能自由兑换、交易和流通，最终成为国际货币。简单说，人民币的演进有一个"周边化—区域化—国际化"程式。

所谓货币区域化，即是指一种货币在特定的区域内逐渐国际化，并成为区域性国际货币的过程。据中国人民银行研究资料，它可以分为对称型和非对称型两种形式。对称型区域化是指区域内各国放弃本国货币及其货币主权，采用由超国家的中央银行统一发行的共同货币作为主要的计量单位、交换媒介和价值储蓄手段，如 2001 年初正式启用的"欧元货币区"。非对称型区域化即是居于非主导地位的国家放弃本国货币（发行和使用）或盯住主导货币形成固定汇率，并以主权国家的货币储备为基础，如"美元货币区"就是这种形式。

货币区域化是介于货币周边化和货币国际化之间的一个重要中间环节。就涉及范围和运作深度而言，货币区域化指在一定区域范围内不仅要有市场需求的支持，还要有政府的审时度势和制度安排，特别是在推行货币国际贸易计价结算、实行货币自由兑换、促进离岸金融业务、建立货币清算和回流机制等方面采取积极、有效的措施。货币周边化只是对周边国家的使用范围和跨境流动规模予以关注和监控，对市场的需求顺其自然，不采取积极推进的措施。严格说来，货币周边化也是货币区域化的初期阶段。

而货币国际化则是更高层次，意味着该国货币在计价、结算、投资、借贷、发行债券和储备等业务中占有相当的比重，这一目标也只能依次通过货币周边化进而货币区域化后最终得以实现。可见，货币周边化是货币区域化的前期准备，货币国际化是货币区域化在地域和功能上的扩张和延伸。因此，货币区域化既是货币周边化的自然演进，也是促使货币国际化实现的重要中间环节。它之所以重要，也正是源出于此，必须引起高度重视。

当然，历史也证实，因社会发展过程中的种种因素所决定，货币国际化的路径并非都要经历货币区域化这一过程，如美元和日元。美元是在二战后依靠自身的经济政治实力和国际合作协议逐渐取代英镑的国际货币地位的；而日元则是在日本经济迅速发展、国际经济贸易骤升而成为国际货币的。所以，是否一定需要货币的区域化，主要还得依据该区域的客观需求，并非一定强求一个固定的模式。

（1）充分认识货币区域化国际化已是亚洲国家的必要需求。

经济的互动和发展是货币合作的基础，反过来，通过货币的合作又促进了经济的持续发展，这已被现代资本主义产生以及各历史时期主导性世界强国（如荷兰、英国、美国等）发展过程中形成的世界主权货币所证明。进入 20 世纪以来，亚洲各国特别是中国、日本、韩国、印度等国的经济发展速度远远超过了全球绝大多数国家的水平。以中国为例，近十多年来 GDP 年均增长达 9% 左右，GDP 总量目前已占世界第 2 位，仅次于美国；中国已拥有 2 万多亿美元的外汇储备额，为全球之最；中国在海外的企业遍及五大洲 120 多个国家和地区，海外总资产达 2 万多亿人民币。而且，中国经济的持续成长性和抗风险能力，以及中国强调经济发展方式向技术、资本密集和劳动密集共存的多层次、多元化的现代产业结构转变，这对亚洲区域经济持续发展和金融稳定起到了举足轻重的作用。显然，这些业绩与亚洲国家之间互动互利下的货币合作是分不开的。

必须看到亚洲货币区域合作的重要意义：一是可以降低和制约作为世界主权货币美元的霸权地位和不利影响；二是建立亚洲各国货币汇率联系机制，以降低区域内货币运行成本和实现汇率的稳定性；三是有利于稳定货币物价，维护经济的稳定；四是增强超国家货币政策对各国的执行力度和有效性。可见，亚洲地区客观存在对该区域共同货币（如亚元）的现实需求。这种需求既是市场经济条件下经济金融市场化运作的载体，也是亚洲区域金融创新的动力所在。

从长远看，仅仅是人民币区域化还是不够的。亚洲货币区域化的目标最终是进而获得世界范围的普遍认可后成为国际货币，将现行以美元为主导的单一的国际货币体系改造成以美元、欧元、亚元等为主体、并具有风险控制能力的公平、公正的多元国际货币体系。当然，由于亚洲各国经济发展的不平衡以及在政治经济体制上客观存在有差距和差异，亚洲货币区域化的实现并非易事，它是一个涉及方方面面的长期、复杂、繁难的系统工程。但我们坚信，为顺应亚洲国家的客观需求，只要亚洲各国的不懈努力，求同存异和真诚合作，建立在亚洲国家互信互利基础上的全新的“亚洲货币区”终究会出现在世人面前，并履行其应尽的权利和义务。

（2）弄清货币的区域化国际化与货币自由兑换的关系。

人们往往错误地将货币区域化国际化与货币自由兑换这两者等同起来，认为货币区域化国际化的过程也是“货币经常项目有条件可兑换→货币经常项目可兑换→资本项目有条件可兑换→资本项目完全自由兑换→国际货币”的过程。由此得出的结论是：货币自由兑换程度决定货币国际化的推进层次，国际货币必须与自由兑换货币“同节拍”。

从理论上讲，货币的自由兑换是指政府不对各种货币资产的国际国内转移和兑换设置任何限制。但根据国际货币基金组织（IMF）规定，还有一个具体实施的标准，即除了对经常项目自由兑换专指取消对经常项目外汇支付和转移汇兑限制的明确规定外，对资本项目可兑换并没有做出类似的明确定义，且在IMF的《基金协议》书中规定：与经常项目交易的国际支付必须是“自由的”不同，对资本项目下资本转移的方式，在必要时成员国可以有条件地实施对资本流动的管制。这说明，货币的国际化并不要求资本项目下的可兑换完全重合。

历史发展证明，一国货币的区域化国际化的具体内容归根结底与一国经济的跨越发展、放松金融管制特别是放松外汇管制有直接关系。纵观世界，在20世纪获得国际货币宝座的英镑，最终在美国的强势下被美元所替代；当今世界，完全的或基本的自由兑换货币约有20多种，但能作为国际货币的只有7－8种，这就是最好的例证。目前，人民币虽没有实现完全的可兑换，但在亚洲地区已在较大规模和以多元形式实现流通和使用。所以说，区域货币的产生（如欧元等）或一国货币的国际化（如美元、日元等），主要依靠的应是一个区域或国家的综合竞争力、金融市场的开放度和币值稳定的公信力，以及能否适应当时当地的实际需要等因素。

当然，我们也不能摒弃货币的可兑换程度来空谈货币区域化国际化的实现。需要弄清楚的是，两者不一定强求“同步”，货币的可兑换只是为货币区域化国际化提供必要条件，而并非是充分条件。

二、在路径选择上应有新举措

要实现亚洲货币区域化国际化这一庞大复杂的系统工程，重要的是要选准切入点和重心，借鉴欧元模式，吸取美元和日元国际化的经验，有步骤、有效率地不断向前推进。对中国来讲，基本思路应该是：在目前积极参与和重新审视现行国际货币体系提出有价值的改革方案的同时，应加快推进人民币周边化区域化进程，并不断提升人民币国际化水平。在可能的条件下，与“日元”合作，为推行“亚元”作努力。届时，为建立以美元、欧元、亚元等为主体的多元国际货币体系做贡献。为此，在路径选择上主要应把握以下几个方面：

（一）进一步加强亚洲国家内部的金融支持、产业合作和信息共享

金融是现代经济的核心，各国和地区之间的经贸、物流、资信、交通、人才以及文化教育等，均要通过货币资金融通和金融市场运作得以实现。历史证明，如果没有高度专业化国

际化的金融机构、没有高度发达和门类齐全的金融市场以及功能完善的金融体系，那么，金融企业的市场化改革、金融产品价格的市场化导向、资本市场体系的完善、国际金融中心作用的充分发挥等也就无从谈起。

其实，就亚洲国家内部相互的金融支持和合作来看，已经取得了长足进展。例如：1997年末，日本曾提出建立亚洲货币基金的设想，并曾承诺为此提供巨额的基金；韩国也曾建议建立中日韩三国共同基金；2000年5月《清迈协议》的达成以及随后“10+3”框架下的货币互换协议的签订；2006年6月，亚洲开发银行发布亚洲货币单位（ACU）；近几年，由于人民币的坚挺，已获得了越南、蒙古、缅甸、巴基斯坦等国发挥人民币储蓄功能以及与周边国家的货币互换和不断扩展人民币跨境贸易结算等。

与各国之间金融支持密切相关的是产业合作和信息共享。产业是整个社会发展的基础，产业结构是一国经济结构的核心，产业结构也反映了一国和一个地区的发展水平，反映了一个区域内的经济结构是否合理和发展是否均衡。事实证明，两国产业结构差异下的错位发展，往往是形成产业贸易逆差的主要根源。这就需要亚洲各国依据自身的需求和周边的环境特点，一方面，要坚持在经济方式转型中推进产业结构的优化升级，着重建设高技术化、高服务化的现代产业体系，形成优势和特色；另一方面，要通过产业合作、信息共享以推动区域内的资源优化组合，达到互助互利和共赢共荣的目的。在这其中，作为现代服务业体系中“领头羊”的金融业，通过货币合作而产生巨大功能给予的支撑显然是不可缺少的。总之，亚洲货币区域化的最根本条件就是要在金融支持、产业合作和信息共享中成为一个实力雄厚、有相当竞争力、在国际上享有声誉的强经济体，这既是货币区域化国际化的先决条件，也是货币区域化应具有的市场基础和制度基础。正如中国一位著名金融学家所说，货币区域化“确是人类智慧的创造，但重要的是经济的发展”。

（二）亚洲各国应遵循“以内为本”的方针，在增强综合国力和完善现行体制上下功夫

二十世纪50年代，在筹办“欧洲货币联盟”孕育初创时期，德、法等6国签订的“罗马条约”就要求各成员国的经济政策、汇率政策和货币政策“趋同化”，即“要大家当作共同关心的事情”。当初规定加入“欧盟货币共同体”成员国的基本条件是：①财政赤字不超过国内生产总值的3%，国家债务总额不超过本国国内生产总值的60%；②通胀率不能高于三个通胀率最低成员国平均水平的1.5%；③本国货币汇率至少有两年保持在允许的正常范围内；④长期利率不能高于成员国中三个最低利率平均水平的2%。

这说明，为了促进“亚洲货币区”的建成，在这之前，亚洲国家也都应有一个“辅导期”，确保入会后各国站在“同一起跑线”上，执行共同的货币政策意向和调控目标，以避免区域货币成员国之间的矛盾凸现而相互牵扯。显然，这就要求各国应贯彻“以内为本”的方针，致力于增强本国的综合竞争力和积极理顺本国经济金融的运行体制。

依据这一方针，对中国来说，一是在增强国力上应坚持改革开放不动摇，以市场为导向，实现经济发展方式的转变，强化金融宏观调控能力，提高金融监管水平，完善金融产品的价格形成机制，不断开拓人民币业务（包括跨境贸易结算、建立人民币离岸中心、拓宽人民币债券业务等），不断提高社会财富水平和人的综合素质，以夯实人民币区域化国际化

的市场化基础；二是在区域发展次序上，首先要优先整合两岸四地，创造条件使人民币在四地范围内流通，成为港澳台地区的“货币锚”；三是要借助于区域性合作组织，如中日韩和东盟的10+3机制，稳步推进人民币成为区域金融稳定的本位货币；四是待人民币在区域内和国际上达到一定接受程度后，与“日元”合作，争取亚洲各国认同，共同推出“亚元”作为亚洲地区的主导货币；五是由区域货币向国际货币延伸和扩张，使“亚元”逐步成为可以与美元并列的国际主导货币之一。

可见，人民币区域化国际化之路，充分体现出它是一个“以内为本、兼顾周边、真诚合作、不断推进”的长期复杂过程，既不能急于求成，也不可被动等待。

（三）处理好亚洲三大具有影响力的货币即美元、日元和人民币之间的关系

当今，在亚洲具有影响力的货币是美元、日元和人民币。美元已是世界公认的国际货币，且有其独立发行的特权，无论在对外贸易和国际储备方面都处于主导地位。尽管全球金融危机后美国经济遭受沦丧而进入复苏期，但现阶段在亚洲要以日元和人民币为主导货币的背景下构建“亚洲货币区”，不可避免地要与美元竞争。日元和美元均早就是国际货币，且两国相互有战略同盟的关系。而中国改革开放以来经济的崛起和加入WTO后，中美双方贸易发展迅猛，美国已成为中国商品出口的最大市场，这种格局对中国来说，一方面强化了对美元的依附，另一方面又难以摆脱伴随而来的对美元因素的约束。可见，在“亚元化”路径中如何处理好与美元的关系既重要又有难度，需要慎重对待。

显然，在推进“亚洲货币区域化”进程中，日元和人民币的合作尤为重要。日本经历了20多年的经济衰退和几次金融危机的冲击，促使日元国际化进程步履维艰，日本也已深感要借助东亚整体实力来恢复日元的“元气”。而中国与日本相比，是一个发展中的大国，发展速度令世界瞩目，但市场化水平不高，经济金融体制还不完善，人民币国际化程度较低。鉴此，日元和人民币的精诚合作应是推进亚洲货币区域化的关键。具体做法：一方面，在推进东亚货币合作中不断提高中日两国货币的国际化地位；另一方面，两国应本着对亚洲全局负责的态度，创造条件发挥本国货币在汇率安排和流动性支持等方面的强势，乃至寻求“亚元”的可能性和现实性。其实，这种合作在自1997年开始每年的东盟“10+3”非正式首脑会议以及东盟“10+3”的各种层次和方式会议上，已预示中日等国之间的货币合作会进入一个崭新的阶段。

应该认识到，推进亚洲货币区域化，关系到亚洲国家的长远利益。它对亚洲各国来说，既是综合国力提升的反映，也是赢得国际社会良好信誉的标志所在，又是防范和化解金融风险的重要举措。

（四）借鉴欧元模式，有步骤地构建亚洲货币合作平台

从美元、日元、欧元和德国马克等货币的国际化路径看，美元主要是依赖全球性汇率制度的安排；日元依赖的是实体经济的发展与金融深化的政策；欧元依赖的是货币主权联邦制的区域性制度安排；德国马克主要依赖强有力的出口和国际直接投资。可见，从根本上说，货币的区域化国际化是一种国际市场选择的行为，当然不能否定政府的政策推动起到的支持

和加速作用。

如何建立亚洲货币区？笔者认为，总的来说：一是可借鉴欧元模式；二是吸取美元和日元的国际化经验；三是结合亚洲区域特点，消除偏见，注重自主创新，在具体推进中努力做到现实有效。

之所以要借鉴欧元模式，从“欧元”产生和发展过程看，尽管它还存在有不少问题和矛盾，但至少给我们有以下启示：①欧洲货币同盟的建立是近二个世纪以来欧洲人要摆脱长期处于分裂、动荡和战争的共同的强烈愿望；②必须有经济一体化的内在客观要求，这些要求主要有生产要素的高度流动性、市场的开放性和经济政策的一体化作支撑；③必须有一系列相互制约的经济状况趋同的指标体系；④必须注意每个成员国本国利益最大化的客观要求，同时以不损害原有成员国的利益为前提条件；⑤“最适度货币区”的建立是一个动态推进过程，在基本条件满足下即可启动，并非一定等到一切条件就绪；⑥欧盟采取的是单一货币的货币联盟，并非是“最适货币区”理论所强调的只能在固定汇率制下实行，就这一点来，欧元的试验也有创新[5]。

上述启示，对亚洲货币区域化来说都是值得借鉴的地方。正如中国一位资深的国际金融专家预言：“‘欧元区’也许正是人类高层次的货币区域性合作的‘试验田’”。

借鉴欧洲货币联盟的运作路径，吸取美日等国货币国际化的经验，结合亚洲国家具体特点，我们认为，亚元的诞生起码要经历以下三个阶段：

第一阶段为萌发初创期。由主要发起国拟定共同体有关条约，成立“亚元”咨询委员会，建立亚元联盟的内部统一市场，加快推进亚洲国家之间资本流动的自由化，强化亚洲各国内政、司法事务和经济政策的协调与合作。

第二阶段为发展运作期。亚洲各国根据共同体所要求的“趋同标准”相互靠近，拟定的成员国中央银行均须保持独立地位，设立亚洲货币局，确定和统一各国货币运作的时间表，建立新的货币兑换机制，确立亚元的法律地位及建立新货币的利率机制和汇率机制，并成立“亚元理事会”。

第三阶段为规范创新期。宣布亚元正式诞生，成立超国家主权的中央银行，各业务银行间大额结算开始使用亚元，各金融市场以亚元进行结算，同时企业和个人也可以使用亚元，最后以亚元取代区域内各国货币，实现亚洲货币区域化。

欧元诞生时，欧洲人欢呼：“对欧洲来说，这是重要的一天，开始了一个新的时代”。《世界评论》说：“欧元将成为‘欧洲大厦的基石’”。

我们坚信：建立在亚洲国家和世界各国不懈努力和真诚合作的基础上，全新的“亚洲货币区”和一个真正代表世界人民利益的多元国际货币体系终究会出现在世人面前！

三、几点结论

第一，人民币区域化国际化是一个长期复杂的过程，它既是中国长期利益所在，也是维护国家金融安全的重要举措，必须提升到国家战略的高度，决不能等闲视之。

第二，货币的区域化是指在特定区域内逐渐国际化，并成为区域性国际货币的过程，它介于货币周边化和货币国际化的一个中间环节，起到承上启下的重要作用。依据亚洲国家目前的货币需求和国际化条件，人民币区域化以至于致力于推进“亚元货币区”的诞生，这既是中国经济社会发展的客观要求，也是亚洲国家利益所在，更是构建多元国际货币体系的现实需要。这取决于亚洲国家直至世界各国的不懈努力和真诚合作。

第三，一国或一个区域的货币国际化水平取决于雄厚的经济实力、发达的金融市场和国际社会的公信力。亚洲各国应遵循“以内为本”的方针，在增强综合竞争力和完善现行体制上下功夫。与此同时，要进一步加强亚洲国家之间内部的金融支持、产业合作和信息共享。

第四，亚洲货币的区域化国际化，从历史背景和推进程序来分析，“欧元货币区”的模式值得借鉴，同时要吸取美元、日元国际化的有益经验。但一国或一个区域货币的国际化，终究是国际市场的选择。由此，从多个方面适时、有效、长期地获得国际市场的认可，是面临的重大和繁难问题。

第五，货币区域化国际化虽有客观标准，但没有固定模式。对中国来说，在积极参与和重新审视现行以美元为主导的国际货币体系的同时，应加快推进人民币的周边化区域化，并不断提升国际化水平。在可能的条件下，为推行“亚元”做努力，届时，为构建以美元、欧元、亚元等为主体的多元国际货币体系做贡献！

（原载《深圳大学学报》2011 年第 1 期，
人大报刊复印资料 2011 年第 6 期全文转载）

"转型"：后危机时期深圳经济特区科学发展的主题词

30年前，邓小平同志审时度势，以非凡的智慧和远见，提出了创建经济特区的战略构想。30年来，特区的建设者们不辱使命，敢闯敢干，做出了震惊世界的历史性贡献。未来的30年，我们坚信，更是一个激情燃烧、干事创业的时代。总结特区发展的经验和教训，回顾本轮全球金融危机的袭击和蔓延，应该说，当今中华大地，上至中央下至地方，"遵循科学发展规律，转变经济发展方式"已形成共识。但必须看到的现实状况是，在具体实施中的深度、速度和力度还远不够，收效不太显著。于是乎常会引起人们对这种"转型"的艰巨性和复杂性的更多思考。归纳起来，主要有三点：一是为什么要"转型"？二是朝哪个方向"转型"？三是如何"转型"？这些，都是关乎我国经济社会科学发展和国家长治久安的重大问题。

一、为什么要"转型"？

这一问题关系到"转型"的背景和现实需求，也即"转型"的根源和必要性所在。

（一）要转"危"为"机"，必须确立"转型"的新思路

最近看到一本书，名为《改变未来的金融危机》（朱民著），书的序言中写道："我们为一个又一个金融王国的轰然倒塌而震惊，为一个又一个事件中人性道德的缺失而沮丧，为一次又一次制度的缺陷而惊讶，为一批又一批财富的烟消云散而惋惜，为一次又一次出现的人类的短视而痛苦。我们在观察中思考，在困惑中体会，在斑斑事件中寻找历史，在层层硝烟中探寻明天。"这里，作者既不讳言对本轮全球金融危机感到"震惊"、"沮丧"、"惊讶"、"惋惜"和"痛苦"，更重要的，作者呼吁的是要"思考"、"体会"和"探寻"。作者坚信："金融危机会改变未来"。

后金融危机时期的到来，人们对中国未来经济发展的估计和分析常有差异。有的说主要是经济总量增长中的结构不平衡问题；有的认为主要是结构问题，具体可归纳为包括需求结构、收入分配结构、三个产业结构、国土开发空间结构和外贸结构等；有人认为是后危机时代经济回升基础的不稳定、不巩固、不平衡所造成的结构失衡问题；再有较多的学者认为，当前主要表现为外需减少后的消费水平不足即是高储蓄、低消费的结构问题。对上述种种观点的分析，可以得出："结构调整—转变经济发展方式—扩大内需"是"三位一体"；而遵循科学发展规律，把握好这三者的关系，增强中间环节即转变经济发展方式向左方（结构调整）和右方（扩大内需）的辐射力，这既是具体实施的根本所在，也是其得以实现的重要保证。简言之，"转型"是后金融危机时期我国当前也是经济特区科学发展的主题词。

其实，中国人对“转型”这个词并不陌生，具体说就是要实现“经济发展方式转变”。在20世纪70年代至90年代，大家通用实现“经济发展模式的转变”。粗看起来，似乎是个“老问题”。进入21世纪，特别是2008年爆发全球金融危机后，不仅将这个词提到了“重中之重”的地位，而且已与整个社会经济如何科学发展紧密联系起来。事实证明，要突破这些障碍，唯一的选择是在坚持改革开放不动摇和遵循科学发展观的前提下，实现经济发展方式“转型”。通过“转型”，转“危”为“机”；通过“转型”，变抓“速度”为重“质量”；通过“转型”，变重“总量冲动”为“结构调整”。可见，从发展的眼光看，危机乃是粗放增长结构扭曲之“危”，是经济发展方式转型之“机”。

（二）世情、国情和市情在变，要求树立“转型”的新理念

依据经济社会发展规律，客观上始终存在一个“因势而变”的问题，由此而延伸的一个词就是“与时俱进”。因为世情、国情、市情在变，人的认识、理念和行动也必然要随之而变。

就世情而言，近几年全球经济遭受金融危机的冲击，产生了剧烈的动荡，至今人们仿佛还深陷迷惑和恐惧之中。可以肯定的是，这场“海啸”的严重性不仅表现在虚拟经济领域的掀天波涛，实际上还愈来愈挫伤实体经济这一根基。当今世界，随着货币、信用和资本的急剧膨胀，全球经济已进入了一个虚拟经济的新领域。由此，形形色色金融产品和金融工具的运用、巨额的金融交易和国际资本的流动、金融创新过度下泡沫经济的形成、双重价格体系对资源配置的误导等，大大增加了经济运行的不确定性和风险。于是，全球经济走势下降，结构性矛盾不断加深，股市房市迅速下挫，投资疲软，失业率时有上升，全球降息一浪高过一浪，通货膨胀居高不下，大规模大范围的货币战争和汇率风暴如火如荼。这些，严重影响着各国社会经济的发展安全和稳定。

就国情而言，中国在近年的全球金融危机中，虽独善其身，且能准确判断、果断决策、坚定信心、共克时艰，并取得明显成效和宝贵经验，但面对这场“百年一遇”金融危机的挑战，重新审定自己走过的路，为适应当前世情的变化，也必须用公平与可持续的科学发展理念予以面对，而“转型”则是一个重要的选择。例如：如何由一个长期实施“外向型经济”向立足于“扩大内需的内向型经济”或“内外平衡型经济”“转型”；如何由以“投资主导”向包括消费总量、消费环境、消费方式在内的“消费主导”格局“转型”；如何由传统的“工业化主导”向今后的“城镇化”主导“转型”等等，这都是我们面临的重大而繁难的课题。

就市情而言，30年来，不可否认，深圳特区由一个边陲小镇建设成了一个功能完备、环境优美、法制健全、综合实力位居全国大城市前列的现代化城市，创造了世界工业化、现代化和城市化发展史上的奇迹。与此同时，更重要的是成功探索了改革和创新的新路子。但也应看到，特区前30年在以“速度”和“数量”为主的经济发展中，已凸现诸多难题，如土地空间、能源、水资源、人口负重和环境容量承载力等均难以为继。在目前的经济发展中，还凸现外向型经济发展模式遇到严重挑战、创业就业难度加大、产业结构调整升级滞缓、基础研究和自主创新能力有待增强、资本市场欠发达以及市民综合素质有待提高等问

题。可见，这些问题为特区经济体制的完善和发展方式的转变设置了新的障碍。

总之，我国已进入了一个历史性“转型”的重要时代，只有“因势而变”，重在“经济发展方式的转变”，才能应对来自全球金融危机的挑战，创造更多的发展空间和机遇，防范和化解可能发生的各种风险，真正实现公平和持续的科学发展目标。

（三）开拓创新，为“转型”注入主要驱动力

“创新”一词，最早在1912年由美籍奥地利经济学家熊彼特提出，他将创新定义为：“把一种从来没有过的新组合引入生产体系”，也即不断进行生产要素“方式”的“新组合”，其目的是要实现利润的最大化。熊彼特在百年前提出的“创新”理论，其核心就是“有破坏才有创新”或是一个“创造性的破坏过程”。用现在时髦的话即是“实现生产方式的变革”。创新之所以称为是一个国家和一个民族的“灵魂”，正源出于此。

深圳特区发展的历史经验证明，创新是社会经济发展的不竭动力和命脉所系。伴随着特区改革开放的进程，一系列创新如雨后春笋般诞生并推广至全国。就金融这一先导性产业而言，如第一个外汇调剂中心、国内第一台ATM机、第一只银行股票、第一家证券公司、首家证券交易所试运营等接连破土而出。据不完全统计，至少有120多项现代金融工程创新始发于深圳。从2005年开始，已有上百个金融创新项目获金融创新奖，政府奖金达5000多万元。2009年深圳按照国务院批准的配套改革方案要求，着手建立金融改革创新综合试验区，拟从创业板、本外币债券市场、期货交易、金融品种和经营模式、资产证券化、金融后台服务基地、投资基金、股权基金、中小企业融资体系以及金融监管和防范化解风险等九个方面全面出击且重点突破，为国家金融改革先行先试，充分发挥其“窗口”和“示范”作用。

总结深圳特区开拓创新的主要经验，主要体现在三个方面。一是将特区发展中的技术创新和制度创新不可分割地统一起来。深圳不仅创造了占其GDP总量32%以上的高科技型产品，数以万项的具有国际水平的专利，甚至造就了一座举世瞩目的新兴的现代化国际化城市。与此同时，更重要的是以制度创新为基础，先后在价格、流通、外贸、金融、外汇和土地等领域实施了一系列重大改革，成功探索了计划经济向市场经济转换的新路径，并率先建立了社会主义市场经济体制。这显然与特区发展中一贯强调以“制度创新”为基础，充分界定“产权”、“技术变迁”、“技术竞争和利益激励机制”的制度安排有密切关系。二是将开拓创新与市场转型有机结合起来。从改革层面上讲，成立特区本身就是一个“创新”，其使命就是要加快由计划经济向市场经济的转型过程，随着这一“转型”，市场的建立和开拓显然是一个重要方面。招商银行的宣传广告上常用“因您而变”四个字，以我看应有两个层次的理解：一是从需求面看，创新的主动性来自依“您”而变；二是从供给面看，创新的主动性来自要“您”而变。实际上，金融市场本身就是一个创新的市场，因为创新本身来源于在市场化条件下对金融市场的需求。应该说创新的理念孕育于市场，创新的动力来源于市场，创新的成效也由市场来检验。三是将开拓创新与企业发展有机结合起来。开拓创新对于企业来说，既是圆梦之路，也是动力之源，这已被深圳几十家国内外知名企业的成长过程充分证明。然而，特别使企业感恩的是，在其创造财富神话的征途中，政府造就的自主创新环境和金融业充足的资金支持，为深圳的创业者特别是一大批高新技术企业注入了创新的

原动力，从而使财富增长“神话”梦想成真。据统计，深圳的创新项目70%以上和所获得国际专利总量中90%来自企业。

下一个10年，深圳市委已非常明确：“坚定不移地把提高自主创新能力作为转变经济发展方式的核心环节和主要驱动力量”。特区人也深刻体会到，深圳正处在一个新的发展节点上，要实现下一步的发展目标，提高自主创新能力才是转变经济发展方式、实现科学发展的根本保证。

二、往哪个方向“转型”？

这一问题，它既是前一个“为什么‘转型’”问题的延伸，也是后一个问题即“究竟如何‘转型’”的理论依据和实践据证，也关系到我国宏观战略的定位问题。

应该说，特区前30年发展的一条重要经验，就是坚持计划经济向市场经济“转型”的理念和路径，不可否认，取得了举世瞩目的伟大业绩。然而，2008年全球金融危机发生并持续扩散和蔓延，使世界经济险象环生，不仅是泡沫经济的激剧膨胀，而且在经济严重衰退下愈来愈挫伤实体经济这一根基，更难以扭转和摆脱的是社会公众对此产生的困惑和所谓的“预期”。

与此同时，令人不解的是，本轮危机发生于市场经济最成熟、金融市场最发达、经济实力最强大、金融监管最严密的美国，不仅表现在危机前期和中期才去所谓“积极”地采取经济干预政策和制定相应的法律制度，甚至在危机后期强制实施所谓“救市”和“宽松货币政策”等等，这不得不引起国内外的热议和评论：市场经济模式管不管用？换言之，能否创立甚至向国外输出“中国模式”？我们认为这种理念是值得商榷的。

（一）对这场金融危机的成因和本质认识有误

笔者认为，本轮全球金融危机的成因，一是在全球经济超速发展背景下过度的经济泡沫形成和结构失衡所造成；二是由于“美元霸权”对其他国家特别是发展中国家的直接或间接掠夺所导致；三是由于各国金融体制不完善条件下金融创新无制约产生；四是过分依赖消费或出口而积累的负面影响所致；五是一场人性的扭曲和变形以至于法律道德沦丧的危机。总之，这场“百年一遇”的危机是美国市场经济治理理念和模式不到位的危机，是有关国家市场改革的需求和供给发生偏差的危机。可见恰恰不是市场经济本身的罪过，更不是金融创新造成的结果。

（二）缺乏对“市场经济”这一概念的科学理解

从本质上说，市场经济是调动和发挥社会资源最佳配置的一种最有效、最适于创新的基础性经济模式，其核心是金融和贸易的自由化以及最少的政府干预。这些，在历史的实践中已形成了共识。

但必须看到，市场经济本身会不可避免地出现周期性波动、经济发展的脆弱性、一定程度的盲目性和人们心理预期的偏差等，这需要政府的“有形之手”在遵循市场规律的前提下进行科学的宏观调控和监督管理。政府为熨平由危机带来的巨大震动所采取的“救市”

行动，这只是在特殊情况下所采取的即时强制性"补救"他政策。市场失灵和政府失灵存在着一个共同特征和互动关系，但它们之间也客观存在着排它性，所以均存在着一个适"度"的问题。

同时，市场经济本身也有个"与时俱进"的问题。例如，传统的最为基础的市场有效理论以及竞争模型往往是有经典假设的，即需要信息的充分流动和信息的对称性，但本次危机表明信息流动既不充分也不完全对称。市场本身也不是完全理性的，古典市场理论假设各个市场是不相关的，而现代金融市场相关性很强，特别是网络的产业化应用大大改变了经济增长要素流动的时间和空间，甚至若干个不相关的因素组合起来对冲后形成市场的正相关；还有，危机中出现的极端的"羊群效应"表明，金融市场的行为并不符合理性人的假设而更多地趋向行为金融学所做的解释。传统的金融危机理论都认为金融危机主要是货币危机，是由财政收支失衡所引起，而本次全球金融危机主要是由公司的微观层面引起的。

由此，如何对"市场"和"市场经济"在肯定其本质内涵基础上给予新的定义，这是市场危机催生的再思考、新理论和新突破，而决不能得出要否定"市场经济"及其规律或创造一个中国式的"新模式"的结论。

（三）市场经济与改革开放紧密相连，否定市场经济就是否定改革开放的方向

改革开放永远是推动中国经济发展和民生质量提高的法宝。特区人深刻体会到：加大改革开放力度，以改革开放促发展是我们的不二选择。过去的成就靠的是改革开放，今后的发展仍要靠改革开放。许多改革中出现的问题，归根到底还是改革开放不到位所造成。总之，打好"改革开放牌"，才能吃好"改革开放饭"。

有人认为，我国的市场经济是加上"社会主义"的帽子的，与西方国家有本质不同。对"社会主义市场经济"的含义，我国知名学者秦晓有精辟论述，他说，所谓"社会主义市场经济"，市场经济是"底色"，社会主义是"特色"。在这个意义上讲"社会主义市场经济"就是更加注重公平、正义和和谐的市场经济。但"中国模式"的主张者，要么将"底色"和"特色"混淆，要么将"底色"和"特色"对立，去片面理解"中国社会主义市场经济"，并提出所谓新的"中国模式"，这必然会误导我国转型期的改革方向，甚至进入倒退和歧途。

由此，不仅"市场经济模式"不等于"中国模式"，而且"社会主义市场经济模式"也不等于"中国模式"。当前"转型"的方向和目标应该是：充分遵循市场经济规律，紧密结合中国特色，坚持改革开放和科学发展。

三、如何"转型"？

这个问题关乎"转型"的手段和内容。不可否认，"转型"是一个国家宏观战略问题。但宏观和微观是一个经济体内密不可分的两个方面，宏观战略必然引导微观经济的发展，而微观发展的综合效能终究要在宏观范畴中加以显现。

历史的经验证明，经济发展的途径一是依靠总量扩张，主要依赖资本增量拉动下的GDP追求；二是经济发展方式的转变，即主要通过经济结构调整来实现资源的优化组合。

长期以来，由于内在于我国体制内的扩张性因素起作用，形成了传统的发展道路和格局，即总量扩张方式。其后果，特别在这次全球金融危机中得以充分暴露。它不仅令人震惊，更启发人们深刻领悟：一是总量扩张型是“以物为本”而不是“以人为本”，最终有碍于人的积极性发挥；二是盲目崇拜和追求 GDP，伴之以“虚假、重复、短命”的做法，既花费巨大成本又牺牲了环境，难以推进持续发展；三是促使经济的发展进入了一个怪圈，从经济运行的一个周期分析，其始点总是“投资过热和消费需求不足”，其中间过程是“出口导向—巨额外汇储备—货币供应扩张—流动性过剩—货币政策有效性减弱”，其终点还是“投资的进一步膨胀和消费需求的萎缩”，且周而复始，越陷越深，其后果必然影响民生；四是直接影响扩大内需的基本国策和对外开放政策的实施。

如何由“危”转“机”，首先应要有新的理念：一是不能用常规思路试图化解由传统发展路径所带来的诸多负面影响；二是必须深刻认识此次“转型”是贯彻落实中央提出的“遵循科学发展”的重要方面，它是国家长治久安的重要战略步骤；三是根据中国的国情，不要将发展的希望过于寄托在外向型经济，要立足于“扩大内需”的策略；四是不能将调控的手段单纯依靠注入流动性而忽视直接影响民生的通货膨胀；五是不要将“转型”看作是一个快速和立竿见影的过程，而忽视它的艰巨性和反复性。

就深圳经济特区而言，要实现经济发展方式的“转型”，笔者认为，重要的需实施以下五大战略：

（一）产业结构调整战略

特区在前 30 年，改革开放的实施成就了一大批优秀企业脱颖而出，这主要是在完善经济关系和做大经济总量背景下取得的，但今后 30 年，特别是未来 5 ~ 10 年，主要应是改变经济结构，坚持以扩大内需为主的基本国策，实现公平与可持续的科学发展。

从历史经验看，在诸多“转型”中，产业结构的转型应是重中之重。这是因为社会资本、劳动要素的优化配置，对推进经济增长和创造新的经济增长点非常重要，这既是产业结构调整的实质内容，也是与经济方式的“转型”存在有密切关系。深圳市日前已提出产业结构优化升级的总体目标：以产业多元化促进产业高级化，以高新技术产业、先进制造业为基础，以现代服务业为支撑，建立适应国际化城市功能的高技术化、高服务化的新型产业体系。具体说，这几年为抢占产业发展的制高点，在寻找切合深圳实际且具有深圳特色的现代产业体系中，已认定新能源、互联网、生物科技、新材料、金融、物流、创意文化等为主要目标。

（二）金融发挥主力战略

现代金融业是支撑现代产业形成和发展从而推进经济发展方式根本性转变的主力。金融业的核心作用，单从状态性能分析，表现为无论是经贸、物流、资讯、交通、人才以及文化教育等方面的运作，都离不开以整个金融市场为依托和货币资金的互动。据统计，深圳市基本建设投资的 1/3、企业 80% 以上的流动资金是由金融业供给的。

深圳特区 30 年的实践证明：金融功能的历史性变革，使现代金融的战略地位极大提升；

金融体系日趋庞大、复杂；金融与经济相互渗透，互为因果；金融创新层出不穷，不确定因素时而显现。由此，现代金融业的定位已不只是一般的投融资产业或服务性行业，更重要的，它是一个发挥着社会经济"核心指挥"和"大脑支配"作用的优化配置社会资源的产业，不断开拓创新的投融资领域、优化产业结构和产品结构的先导性产业，同时也是一个积聚风险和防范风险的产业。可见，现代金融业在社会经济发展中的作用相当巨大。

在建设现代金融产业方面，特区发展的后30年，深圳金融业面对金融危机的挑战和金融全球化的大趋势，金融业必须重视以下方面：一是营造良好投资环境，着力为转变经济发展方式"练内功"、"做文章"、"下功夫"；二是以体制创新为基础，促进体制创新和技术创新良好互动；三是依据一大批高新技术产业和中小型民间企业飞速发展现状，搞好风险投资、中小企业板和二板市场建设；四是面对全副武装、挥师直入、超级规模的称为"金融巨无霸"的外资金融机构挑战，通过资产合理组合和理性规模开拓，优化组建"又大又强"的金融控股集团；五是建立为中小企业投融资服务的长效机制；六是建立国家保险业改革开放试验区；七是建立理财服务中心，营造良好的理财氛围；八是转变金融监管理念，防范和化解金融风险，建立金融安全区；九是充分利用毗邻香港的区位优势，进一步推进深港金融合作，不断提升深圳金融业的现代化、国际化水平；十是应用金融手段，积极支持现代企业"走出去"，在国际市场上占有"一席之地"等等，这些方面，深圳金融业都应站在国家战略的高度和切实联系深圳的实际做好做实。

（三）城市功能主导战略

我国由过去的工业化主导向城市主导化"转型"，已作为国家战略写入了"十二五"规划。对深圳特区来说，关内关外一体化和农民工市民化的未来城市发展格局已定。这种城市主导化趋势，必然会打破地区封锁，促进要素流动，这对促进产业结构调整和企业的转型升级具有重大意义。与此同时，实施国内外和地区间的互动互赢，有利于分层次的重点开发，也为特区特别是一大批高端和新兴企业的拓展提供了前所未有的宽广空间。深圳特区城市主导化功能的发挥，还应由此延伸至深港和深莞惠，甚至整个珠三角地区和泛珠三角地区一体化问题。还有，投资的质量提高和结构合理，也促使各类生产型、中介型、消费型现代服务业以及文化、娱乐等生活型服务业的加速发展，这必然又为整个战略"转型"拓展了广阔的空间和提供了强大、持续的推动力。

（四）民生工程到位战略

要实现发展方式的转变，不能忽视民生工程这一基础性工作，它也是"转型"的最终动力源所在，即由我国过去的投资主导型转向民众消费主导型格局。在某种意义上说，投资果然可以拉动消费，但投资的总量和结构最先还是要由消费来决定。事实证明，中国要形成以消费主导的基本态势，与实施伟大的民生工程息息相关，这又是一项艰巨而繁杂的系统工程，它涉及民众的收入分配、社会福利保障、投资消费渠道、房地产业、消费价格指数、个人和总体的素质提高以至于社会生态环境等一系列问题。深圳经济特区所面临的诸多问题中，如何加快改善民生的生活水准、缓解并缩小收入分配差距；如何确立并实施民富优先的改革发展导向；如何进一步开创民营经济发展空间；如何加大对国有垄断行业的收租分红力度；如何提倡绿色转型和绿色增长，为战略性新兴产业创造发展条件；政府如何进一步承担社会责任等等问题，尤为突出。

（五）政府职能转变战略

事实证明，要实现上述产业结构调整、金融主力发挥、城市功能主导和民生工程等战略，重要的是要推进政府职能的转变。因为只有这样，才能真正做到社会资源的重新和有效组合，实现由投资主导向消费主导“转型”、由工业化主导向城市化主导“转型”、在分配方式上从国富向民富“转型”，以把握社会经济公平和持续发展的方向；另一方面，政府职能转型的重要标志是由传统体制下以行政管理为主向以公共服务为主“转型”，这样也才能真正做到改“速度型粗放式”为“质量型精细化”管理，为社会经济的发展和民生工程的实施、为众多优秀支柱产业创造和提供适宜的政策环境和制度环境。事实也证明，只有这样，才能真正实现整个战略“转型”的配套协调和收到实效。

（原载《深圳大学学报》2011 年第 6 期）

重视从全球视野和深港视角的结合上探索人民币国际化问题

近年，中国政府一直力推人民币国际化。据权威机构预测，人民币国际化很可能成为未来十年世界经济的重大发展趋势，对此进行研究迫在眉睫、意义重大。本文从全球视野这一个“面”和深港视角这一个“点”的结合上，提出要抓住“区域化—离岸化—国际化”这一人民币国际化的运行路线，走出一条适应全球形势和适合本国国情的人民币国际化新路径，逐步推进人民币国际化的进程。

一、何谓人民币国际化，它有何重要意义

人民币国际化是指实现人民币在世界范围内可以自由兑换，成为国际上普遍认可的计价结算，交易媒介及储备货币的过程。简言之，就是人民币要走出国门，成为跨境贸易投融资的计价货币、结算货币和国际储备货币并发挥其独特的作用。人民币国际化的重大意义在于：

（一）人民币国际化是中国综合国力提升的反映

人民币国际化不仅能够获得铸币税，而且为减少交易成本和汇率风险等带来多种好处，更重要的是，对中国经济、金融、贸易、产业结构调整以及区域经济发展都具有极为重要的意义。这些都有助于中国综合实力的提升。当然，与此同时，人民币国际化也可能引发一些风险，比如防范“热钱”的防火墙消失，会加大中国货币政策的制定和调控难度等。

（二）人民币国际化是中国的长远利益所在

从中国现状看，中国是一个出口大国，外汇储备多，特别是美元储备占比约为80%左右。如果美方惯用所谓量化宽松货币政策下的美元贬值，长此以往，则必然会导致中国遭受难以估量的巨大损失。可以说，人民币没有国际计价、结算和货币储备地位，就不可能真正拥有国际经济的决策权，拥有巨大的需求却没有市场的定价权，不时遭受美元甚至欧元货币政策的干扰，中国就很难成为一个名副其实的经济大国。从经济发展角度分析，中国人口多资源少，外需依赖性大，人民币国际化后人民币成为国际储备货币，这对中国购买国外资源产品，缓解经济、人口和环境的压力具有重大作用。

（三）人民币国际化有利于中国金融市场国际化水平极大提升

在人民币国际化条件下，人民币资本项目可自由兑换也将循序渐进地展开，由此将导致

国内人民币金融市场的巨大发展，国内金融业也将迎来包括 QF11 在内的越来越多的外国投资者，其结果不仅有助于国内金融市场国际化程度极大的提高，而且也促使国内金融市场获得巨大的发展，特别是促使上海和香港的国际金融中心地位不断提升。

二、为什么要重视从全球视野和深港视角的结合上探索人民币国际化

（一）有助于深刻认识和沉着应对当今世界社会经济发展的客观形势

2008 年下半年，由美国次贷危机所爆发的金融海啸，虽然有世界经济发展不平衡、经济结构扭曲、金融创新过度、金融道德水准下降和人性扭曲等原因，但一个深层次的问题就是美国掌管美元作为世界主权货币的发行，支撑其巨额的贸易逆差和超前消费所造成。而在金融危机发生之后，美国又热衷于所谓。量化宽松的货币政策来填补其巨额财政赤字，实质是向全球转嫁金融危机所带来的危险，特别是要发展中国家为其“埋单”。由此，这也充分暴露了以美元为世界主权货币的国际货币体系的弊端，各国要求改革的呼声四起，构建一个公平、公正、多元的国际货币体系已是众人所望。与此同时，在应对全球金融危机的挑战中，人民币影响扩大、信誉上升和持续走强，无论对抑制美元的霸权地位，还是对保持和增强中国经济的内在实力和活力，都起到重大而深远的意义。当今，中国作为世界第二大经济体，中国庞大的贸易体系与增长潜力已促使人民币日渐嵌入全球贸易结算体系；资本项目管制正在稳步放松；离岸人民币市场基本形成；人民币交易、互换以及人民币债券发行和流通等业务活动已得到了很大拓展等，这些已见证了人民币国际化的“破冰之旅”，并向世人展示了它今后的发展前景。

总之，在众多正能量的推动下，人民币国际化问题自然地上升到国家战略层面。

（二）有助于正确把握和努力实现人民币国际化的现实目标

历史发展证明，现行的国际货币体系是长期以来美国凭借其政治经济实力采取垄断手段且以美元作为主权货币所形成的，也称为牙买加体系，是 1971 年布雷顿森林体系崩溃的产物。虽几经改革，起过某些积极作用，但至今仍存在多种根本性和系统性的缺陷，需要进行不懈的共同努力和不断推进改革创新才能得以解决。实践证明，因为存在缺陷越深，所面临的难度必然越大。需要对现行以美元为世界主权货币的国际货币体系的治理结构进行根本性改革，要改革国际货币基金组织的贷款职能和监督职能。同时，对中国而言，应直面全球形势，采取有理有节的中国策略：一是要力争应有的话语权和份额，保证在国际货币体中的应有地位；二是要注重在改革现行国际货币体系中不断推进人民币的区域化、国际化进程。其实，以上两方面存在有密切联系和相互联动并实现共同效应的关系。可见，立足于从全球视野和深港视角的结合上探索人民币国际化的双重目标，这既是符合实际又是有效的。

（三）有助于在“面”和“点”的结合上，厘清和理顺人民币国际化的路径依赖

这是因为一方面，货币国际化顾名思义是该主权国家的货币获得全球至少是大部分国家和地区的认可，愿意用它来发挥计价、结算和储藏功能。由此，研究和探索人民币国际化的

全过程必须要有全球视野，注重全面掌握和不断拓展世界各国对人民币的实际需求，这既是货币国际化的本质体现，也是货币国际化的现实要求。另一方面，人民币要实现国际化，一定要致力于“立足本国”，夯实人民币国际化的根基，特别注重在提升经济实力、完善制度建设和拥有良好信誉上下功夫。否则，货币国际化只能是纸上谈兵和空中楼阁。需说明的是，货币的国际化客观上又是一国的目标意向和战略安排，这自然就离不开该国的实际，即必须结合该国或该地区的经济、政治、文化来确定总目标下的具体策略。从英镑开始，到美元、马克、日元等十几种货币的国际化看，由于各国的经济政治状况有异，在货币国际化进程中的情况和方法上也有差异。因此，科学研究货币国际化问题既要拥有全球视野，又要立足本国或局部地区的实际，以明确货币国际化的现实和有效路径。

三、如何从全球视野和深港视角的结合上加快推进人民币国际化

（一）前提：树立新的理念

理念是实践的先导，只有全新的理念，才有全新的发展。必须明确：①人民币国际化是中国的长远利益和核心利益所在，它关系到国家金融安全和持续发展的重大问题，由此必须从国家战略高度加以考量。②要充分认识世界经济全球化、多极化、区域化的形势，人民币国际化已是全球众多国家和地区的现实需求。③对中国来说，要实现人民币国际化，必须在增强综合国力和完善现行经济体制上下功夫。④要弄清楚货币国际化与货币自由兑换的关系，货币自由兑换应该是货币国际化的必要条件但并非充分条件。⑤要深刻认识人民币国际化是一个长期复杂的系统工程，人民币国际化既要顾及已有的国际化货币体系的存在，也要选择“天时、地利、人和”的中国路径。⑥要正确认识和处理好在推进人民币国际化过程中市场和政府的关系等问题。面对人民币国际化问题，决不能“消极坐视”和“单算收支账”，而必须立意高远，将它看作有关中国经济政治和社会民生安全的迫不及待的大事。

（二）关键：选择有全球视野并符合中国国情的路径

分析人民币国际化的运行路径，从不同角度或层面分析可以得出不同的回答。但不管怎样，明晰一国货币国际化的科学路径，是一个非常现实和重大的问题。英镑、美元、马克和日元的国际化发展路径代表两种典型的货币国际化发展模式。一种是以英镑和美元为代表的市场竞争导向模式；另一种是以马克和日元为代表的市场竞争和政府推动相结合的模式。但历史表明，不管何种模式，一国货币成长为国际货币，根本上取决于该国的经济实力。因为经济实力决定了该国货币的竞争能力强弱和生命周期的长短，其显著表现为在国与国之间商品交易中，客观存在“使用劳动生产率较高国家货币会抛弃使用劳动力生产率较低国家货币的倾向”，这从美元替代英镑的现实可足以说明。

人民币国际化应采取怎样的发展路径呢？笔者认为，针对目前美元还在施行世界主权货币和中国现状，一方面应致力于与世界各国要求改革现行国际货币体系的声音相呼应，在充分暴露美元为世界主权货币的国际货币体系存在的严重弊端的前提下，为努力构建一个公

平、公正、多元的国际货币体系，为调整和增加各国特别是发展中的新兴国家的应有份额和话语权做出贡献；另一方面，中国应在坚持改革开放、坚持走中国特色社会主义市场经济道路的前提下，积极创造支撑人民币国际化的有利条件，立足亚洲、面向世界，走出一条适应全球形势和适合本国国情的人民币国际化新路径，即具体牢牢抓住“区域化—离岸化—国际化”这一人民币国际化的运行路径，为早日实现人民币国际化这一重大战略目标作不懈努力。

（三）基础：夯实人民币国际化的动力源

人民币国际化根本上取决于该国的综合经济实力。就中国而言，经济实力与人民币国际化是紧密相连的，反映其综合经济实力的正能量，主要体现在三大动力源：①增强贸易合作。它是人民币国际化的根基所在，从全球金融竞争与产业变迁趋势看，中国要实现由贸易与制造大国向资本与产业强国转变，必须由人民币深度嵌入全球金融与贸易分工作为价值链的载体来承担。②扩大对外投资。它是人民币国际化的助推利器，扩大对外投资的稳定上升说明中国进入资本稳定输出阶段，必然有利于经济的持续、稳定上升和企业竞争力的提高。③完善金融市场。它是人民币国际化的强大引擎，金融市场中资本账户开放、利率市场化和汇率市场化，从很大程度上决定人民币单位价格的变动，直接有利于决定人民币自身的作用力和公信度。

从总体上看，中国改革开放三十多年来，前两个因素对人民币国际化的推力是比较良好的。但第三个因素，即完善金融市场，看来还有一个长期和艰巨的过程。如何通过进一步深化改革开放，实现生产方式的转型，既充分又有重点地发挥这三大动力源的作用，是加快推进和努力实现人民币国际化战略目标的关键所在。

（四）突破口：积极推进跨境人民币业务

人民币国际化的根本要求是要通过相应的流通渠道将人民币推出国门，走向世界，使其在有这一需求的国家和地区发挥计价、结算和储藏的功能，以获取更多的经济效益和加强国与国之间的密切联系，共同为世界人民创造福祉。人民币要在世界货币史的长河中掀起“汹涌波涛”，来自无穷无尽的“源头活水”则是本源。近几年，中国试行并越来越拓展的跨境人民币业务，则是创造这一“源头活水”的主要缘由所在。

（五）连接纽带：开拓深港乃至全球的离岸金融市场

所谓离岸金融市场，它是特指那些经营非居民之间的融资业务，即外国投资者和外国筹资者之间的资金借贷业务而形成的金融市场，俗称“两头在外”。它是人民币“区域化一离岸化一国际化”的连接纽带。随着跨境人民币业务的相应拓展，这既加快了人民币通过香港这一天然通道的“速度”，又拓宽了香港离岸金融市场的“空间”。当今世界，已建立的离岸金融市场已有60多个，它已成为当代国际金融的核心。人民币国际化要在一个较高的水平上运作并发挥作用，如果没有相应规模的离岸金融市场作为依托和支撑，这是难以想象的。为此，中国“十二五”规划明确提出要支持香港成为离岸人民币业务中心。如何依据深港金融合作和香港作为国际金融中心的背景和特征，创建以香港人民币离岸金融市场为中心的多种市场并存的离岸金融市场体系，以充分发挥作为人民币区域化和国际化连接纽带的离岸金融市场的应有作用，为加快推进人民币国际化做出贡献，这已是深港之间必须研究的重大课题。

（六）切入点：加强深港合作，创建人民币国际化的“试验场”

人民币国际化作为一项长期、艰巨的系统工程，它既需要有无畏的勇气，更要求有科学的总体设计。具体说：既要有近期规划，也要有一个中长期远景设想。所以，要实现这一宏大目标，迫切需要在国内设有一个或几个具备相当条件“试验场”。目前，中国已经在上海、广东、天津、厦门等地设立了多个“试验场”。深圳前海就是其中一例，它毗邻香港，得天独厚。如何以深港金融合作为“切入点”在分析两地金融合作的必要性和必然性的基础上，进而以人民币国际化为主题，紧跟世界金融业和其他现代服务业发展潮流，论证其路径的现实条件和具体设想，以充分发挥这一“试验场”的辐射和示范作用，这是一项推进和实现人民币国际化的伟大实践。笔者认为，以上所列加快人民币国际化的策略，无论是从研究问题的“归宿点”还是从“出发点”分析，注重从全球视野这一个“面”和深港视角这一个“点”的结合上，牢牢抓住“区域化—离岸化—国际化”这一人民币国际化的运行线，去考察、去调研、去实施。在中国目前大好形势下，这应是一条既实际又有效的人民币国际化路径。

（原载《深圳金融》2015 年第 10 期）

曹龙骐金融文集

FINANCIAL COLLECTION OF CAOLONGQI

下　卷

曹龙骐◎著

中国经济出版社
CHINA ECONOMIC PUBLISHING HOUSE
·北京·

图书在版编目（CIP）数据

曹龙骐金融文集：全二册/曹龙骐著．
北京：中国经济出版社，2017.10
ISBN 978 －7 －5136 －4847 －9
Ⅰ．①曹…　Ⅱ．①曹…　Ⅲ．①金融—文集　Ⅳ．①F83 －53
中国版本图书馆 CIP 数据核字（2017）第 215599 号

责任编辑　丁　楠
责任印制　马小宾
封面设计　任燕飞

出版发行　中国经济出版社
印 刷 者　北京科信印刷有限公司
经 销 者　各地新华书店
开　　本　787mm×1092mm　1/16
印　　张　19.5
字　　数　367 千字
版　　次　2017 年 10 月第 1 版
印　　次　2017 年 10 月第 1 次
定　　价　135.00 元（上下卷）
广告经营许可证　京西工商广字第 8179 号

中国经济出版社 **网址** www.economyph.com **社址** 北京市西城区百万庄北街 3 号 **邮编** 100037
本版图书如存在印装质量问题，请与本社发行中心联系调换（联系电话：010 －68330607）

2014 年春摄于南京梅园

目 录

CONTENTS

下卷

二、著作（共7部）

《货币供应概论》 …… 1
《金融热点探索》 …… 9
《跨世纪中国货币政策有效性研究》 …… 12
《金融问题前沿》 …… 18
《中日经济社会问题研究》 …… 25
《深圳证券市场的发展、规范和创新研究》 …… 31
《人民币国际化路径研究》 …… 67

三、辞书（共2部）

《财经大辞典》（第一版） …… 106
《股份制与证券市场大辞典》 …… 106

四、主要金融思想和学术观点归综（共13项）

货币供求与均衡说 …… 107
分层次设置衡量货币流通正常与否指标体系说 …… 109
金融性国有资产管理说 …… 110
中国股份经济说 …… 112
完善金融体系的决策选择 …… 114
推进现代企业制度改革的金融因素 …… 115
必须纠正货币市场认识中的误区说 …… 117
扩大内需是我国经济发展的基本立足点说 …… 118
我国利率政策有效性说 …… 119

中国股市晴雨表功能说 …… 120
深港金融合作说 …… 121
深圳证券市场发展主线和定位说 …… 123
人民币国际化路径说 …… 125

五、教材集（共7本）

《财政与金融》 …… 128
《货币银行学》 …… 129
《金融管理学》 …… 130
《中央银行概论（修订本）》 …… 134
《商业银行业务经营与管理（二版）》 …… 137
《金融学教程》 …… 138
《金融学》（第五版） …… 179

六、教学与学术报告课件选（共13件）

苦心天不负　有志事竟成 …… 198
必须重视对投资项目的经济评价 …… 201
虚拟经济：一个虚幻而重大的课题 …… 208
货币供给的四大机制 …… 214
深圳特区经济发展与产业结构转型 …… 223
关于通货膨胀和物价上涨的8个问题 …… 233
关于人民币升值的10个问题 …… 238
美国次贷危机蔓延为全球金融海啸：路径剖析和对策选择 …… 242
港澳人民币市场发展：问题与对策 …… 257
关于重构我国央行货币政策宏观调控机制的若干建议 …… 263
互联网金融：金融变革和金融创新中的新业态 …… 267
用“互联网+”创新思维开拓缓解中小微企业融资难新路径——对深圳特区两个实例的剖析 …… 275
用心游世界——出国访问考察杂感 …… 281

七、附录

记者采访 …… 283
弟子名录（主要指直接负责指导论文的学生） …… 307

二、著作(共7部)

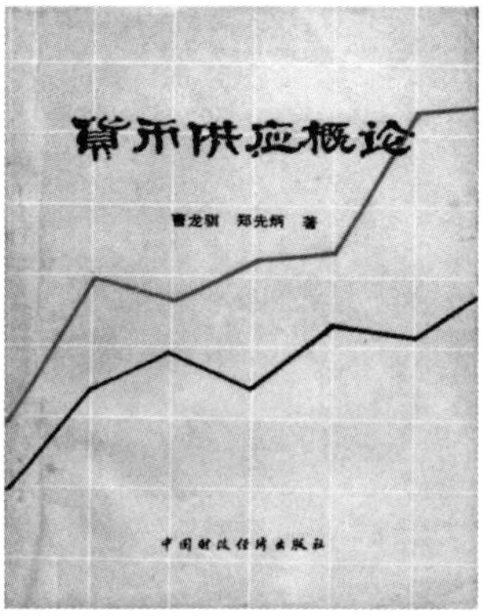

《货币供应概论》

曹龙骐　郑先炳　著

中国财政经济出版社　1989年10月第1版

前　　言

对货币供应理论的研究，在我国起步甚晚。随着我国改革、开放政策的实施和有计划商品经济的发展，主要由直接控制向间接控制过渡，建立遵循价值规律要求的社会主义经济调节体系已成为历史的必然。实践证明，货币供应量的宏观调节和控制是社会主义经济调节体系中的一个重要组成部分。对此，近几年经济金融理论界已作了不少艰苦和有益的探讨。为推进和深化这一研究，我们经过两年多时间的努力，终成此书。

本书以马列主义为指导，以信用创造理论为依据，借鉴国内外在货币理论方面的有益研究和具体做法，紧密结合我国社会主义初级阶段的实际，就货币供应理论的起源和发展、货币供应度量及其层次、货币供应量的形成机制、最适货币供应量的确定、货币供应量的调控机制、货币供应与货币政策、货币供应与经济发展、货币供应与各种货币收支、货币均衡等一系列货币供应理论的重大问题作系统和简要阐述，书中力求做到理论联系实际，定性、定量分析相结合，重点突出，图文并茂，简明易懂。

此书能够出版，与我们的导师周骏教授多年的传授和教诲是分不开的。中国财经出版社王林甡编审、湖北省科学技术委员会、中国人民银行湖北省分行、中国农业银行湖北省分行、中南财经大学科研处、中南财经大学成人教育学院罗才荣同志，对本书的出版都给予了很大的支持和帮助。在此，一并致以谢意。

我们深感对货币供应理论这门新学科的研究，涉及甚浅，力不从心，错误缺点难免，真诚希望读者惠与批评和指正。

作　者

国庆40周年于中南财经大学

目　录

绪论　必须重视对货币供应理论的研究…… 1

一门新学科…… 1

商品经济发展的必然产物…… 2

制约社会总需求的关键所在…… 3

货币政策实施的理论基础…… 4

基本框架…… 5

第一章　货币供应理论的起源与发展…… 7

两大分支…… 7

货币供应理论的滞后性…… 8

货币需求理论派别种种…… 9

伴随于中央银行制度…… 12

萌芽期…… 16

成长期的代表…… 18

一般模型…… 23

货币供应理论在中国…… 24

第二章　货币供应度量及其层次…… 25

“货币”的量的规定性…… 25

马克思关于货币定义的论述…… 28

我国传统货币观念及它的片面性…… 31

必须从“大货币流通”出发…… 33

货币量相含层次指标系列…… 36

流动性——系列划分的基本原则…… 37

相含层次中的控制重点…… 39

第三章　货币供应量的形成机制…… 43

货币出自银行…… 43

两点修正…… 45

出自银行的货币都是信用货币…… 47

我国货币的绝大部分都是由银行通过贷款注入流通的…… 49

对“存款＋现金＝贷款”等式的再剖析…… 50

银行通过其他方式供应货币的渠道…… 54

对“贷款引出存款”质疑的解析…… 56

组织存款的意义何在…… 60

第四章　货币供应量的运行机制…… 62

现金运行机制…… 62

原始存款和派生存款 …… 64
不受任何约束的存款派生过程 …… 66
引进现金漏损率后的存款派生过程 …… 68
引进法定存款准备率之后的存款派生过程 …… 72
引进信贷资金闲置系数后的存款派生过程 …… 77
引进存款派生次数后的存款派生过程 …… 80
派生存款与信用膨胀 …… 86

第五章　货币供应量的决定机制 …… 88

由存款派生引出的货币供应计量模型 …… 88
基础货币质的规定性 …… 89
基础货币量的规定性 …… 92
对基础货币的再探讨 …… 94
影响基础货币变动的因素 …… 98
中央银行对基础货币的控制 …… 101
货币乘数原理 …… 103
货币乘数的计算 …… 106

第六章　最适货币供应量的确定 …… 110

权变法——西方国家确定方法之一 …… 110
规则法——西方国家确定方法之二 …… 111
“权变法”对“规则法”的反击 …… 116
“权变法”与“规则法”的比较 …… 120
定额法——我国传统的确定方法之一 …… 121
三项挂钩法——我国新的确定方法之一 …… 124
单项挂钩法——我国新的确定方法之二 …… 127

第七章　货币供应量的调控机制 …… 136

中央银行宏观调控模式的转换 …… 136
货币供应量调控机制的组成 …… 138
货币供应量调控机制在我国现阶段的运用 …… 142
法定存款准备率水平的确定 …… 144
法定存款准备率的结构 …… 148
法定存款准备率的计缴范围和方法 …… 153
我国的存款准备金制度 …… 156
公开市场业务 …… 158
利率 …… 161
再贷款 …… 165
直接控制手段 …… 167

第八章　货币供应与货币政策 …… 169
货币政策的内涵 …… 169
货币政策最终目标的选择 …… 170
最终目标之间的矛盾及其协调 …… 173
作为货币政策中间目标的货币供应量 …… 177
三种类型的货币政策与货币供应量的掌握 …… 182
我国货币政策的效应 …… 184
货币政策的时差 …… 187
第九章　货币供应与经济发展 …… 191
经济发展决定货币供应 …… 191
货币供应作用不同观点的概述 …… 195
对货币作用示意图的分析 …… 197
货币供应与经济结构优化 …… 204
银行不仅能调节总量还能调节结构 …… 207
关于“货币供应超前增长”问题 …… 211
通货膨胀与经济增长的搭配关系及其分析 …… 215
第十章　货币供应与各种货币收支 …… 220
货币供应与居民货币收支 …… 220
货币供应与企业货币收支 …… 226
货币供应与财政收支 …… 231
货币供应与外汇收支 …… 238
货币供应与金融市场 …… 242
第十一章　货币均衡 …… 248
货币均衡及其在国民经济宏观平衡中的地位 …… 248
货币供应在货币均衡中的地位 …… 250
货币失衡的原因剖析 …… 253
从货币失衡到货币均衡的调整 …… 257
货币均衡的标志 …… 260
运用金融手段实现货币均衡 …… 263

绪　论

必须重视对货币供应理论的研究

一门新学科　货币供应理论，是研究货币供应量由哪些因素所决定，以及如何决定的理论，也是分析货币量流动、利率、价格、货币收支变化之间关系的理论。它属于宏观经济范畴。在很长一段历史时期里，西方货币学者往往重视货币需求理论，而忽视对货币供应理论的研究。其实，货币需求和货币供应虽然都是旨在分析和说明现实的货币流通，都是中央银行制定和执行货币政策、控制和调节宏观经济的理论依据，但两者的含义、决定机制及其运转过程、调控的方法等都是相对独立和自成体系的。所以既不能偏废，也不能混淆。

自20世纪60年代以后，随着西方金融制度的发展，资产阶级国家对经济的干预加强和货币主义的兴起，西方国家已开始注重对货币供应理论的研究。在我国。过去长期以来仿造苏联模式，采取高度集中型的经济管理方式，整个货币资金的流通都是在既定的轨道中进行，客观上不可能也用不着从货币供应与国民经济各方面的关系中探求货币供应量的决定因素以及它是如何决定的问题。所以，相对于西方国家，我国对货币供应理论的研究起步更晚，算起来也只有几年时间。

但，仅在这短短的几年里，我国金融理论界以及经济理论界对货币供应理论已做了大量有益的探索。更可贵的是，我国《“七五”计划建议》中已引入了“货币供应量”的概念，党的十三大报告又作了进一步强调。这标志着由长期以来只着眼控制现金转向运用各种金融调节手段和经济杠杆来调控货币供应量，已成为历史的必然。可以预料，随着我国有计划商品经济的发展、经济体制模式的转换和中央银行货币政策观念的强化，对货币供应理论这门崭新学科的研究，将会不断深化，并在实践中显示其旺盛的生命力。

商品经济发展的必然产物　实践证明，商品经济的发展必将货币供应理论推向前沿。我国的社会主义经济，正如党的十二届三中全会通过的《中共中央关于经济体制改革的决定》中指出的，“是在公有制基础上的有计划的商品经济。商品经济的充分发展，是社会经济发展不可逾越的阶段，是实现我国经济现代化的必要条件。”

依据马克思关于商品货币的理论，由产品经济过渡到商品经济，这是在生产的社会分工和劳动产品归不同所有者占有条件下的客观要求。在商品经济社会，商品生产又都必须表现为价值的生产。货币是价值的独立体现者，因而，一切商品经济首先都表现为货币经济，并通过货币的媒介作用，使商品的交换过程得以实现。

在商品经济高度发展的今天，正如马克思所预示的，这种社会化的商品经济，应该既是社会分工高度发达的商品经济，又是为卖而买的商品经济。必须明确，这里的“为卖而买”，与在一般商品交换条件下货币仅仅是作为一种媒介品相比较，要复杂得多。这是因为，第一，这时商品的买卖和货币的支付在时间上发生了不一致，货币可以作为交换价值的独立存在而进行单方面的转移，即可以先于或后于那些要通过货币来实现其价值的商品运动；第二，货币作为支付的这种职能还可超越商品流通的范围，纯表现为货币的借贷，货币成了契约上的一般商品。总之，货币不仅是商品交换的媒介，而且成了补充交换的一个环节和实现生产条件分配的一个重要因素。

可见，发达的商品经济主要依赖于信用事业，是一种信用经济。经济生活中现实流通的货币量，实际上都是通过信用渠道投放的信用货币。这种信用货币，从都是价值符号、都可作为购买手段和支付手段、都是合法货币等方面来看，它与狭义的纸币有共同之点，但是，从发行的性质、反映的关系、流通的性质等方面来看，两者又有区别。当然必须明确，从商品经济到货币经济，再从货币经济到信用经济，这一渐进过程绝不是信用经济对商品经济的否定，而是合乎规律和逻辑的发展。

商品经济的高度发展必然引出经济生活的信用化，这仅仅是一个方面。另一个方面，信用化又给商品经济的发展注入了巨大的能量，主要有：①融合单个生产者为整个国民经济的统一体，把千百万个微观活动点纳入了宏观决策意向，并产生了宏观经济活动；②聚集和分配货币资金，催化生产要素的迅速结合和最佳配置，在分化、改组、离合的基础上不断改进和更新产业结构，以能动地调节经济发展的比例关系；③向流通界供应最适货币量，以保持币值的相对稳定和国民经济匀速、协调和健康地发展。

由上述分析可见，社会化的商品经济发展为信用经济，客观上要求应从货币供应的总体概念出发考虑对国民经济这一庞大系统的控制和调节。由此断定，对货币供应理论的研究也决非可有可无。

制约社会总需求的关键所在　历史的经验证明，保持国民经济发展的正常化，其前提条件是实现宏观供求平衡，即社会总供给和社会总需求的平衡。依据我国国情，社会总供给是指一定时期生产出的社会净产品（社会总产品扣除物质消耗后的部分）再加上社会劳务产品。这些社会产品的价值大体上需要通过货币来表现、衡量并实现，所以，社会的总供给又构成了对货币的总需求。社会的总需求应是指同一时期内由于国民收入的分配和再分配而形成的积累需求和消费需求的总和，它决定于货币的总供给。因此，社会总供给和总需求的平衡，可演化为货币总需求和货币总供应的平衡。

在经济有计划按比例发展的条件下，总供给和总需求应大体是平衡的，与其相对应的货币总需求和货币总供应也大体平衡。但我国多年来的现实状况是：宏观供求失衡时而发生，而且主要表现为总需求超过总供应，也即货币的供应量超过了经济发展的客观界限。其原因是多方面的：经济建设中的“投资过热”和“消费膨胀”时有存在；“大锅饭”的资金管理体制和低廉的资金“价格”；新旧经济体制交替时期制约企业行为的机制和法规尚未完善；计划、政策的失误以及市场、心理等因素的影响。凡此种种，都从不同程度和不同方面造成对总需求也即整个货币供应的冲击波和内压强度。

当社会总需求大于社会总供给时，为了维持其基本平衡，一是可以采取抑制总需求的方式，二是可以采取增加总供给的方式。事实证明，增加总供给需要增量货币给予推动，这在近期内很难立竿见影，而如果过分地抑制总需求又往往限制了已经被使用的生产要素的作用。所以，通常采用总量控制、结构调整的办法较为适宜。而这一办法的实施又必须通过控制和调节货币供应量来实现。可见，控制和调节货币供应量是制约社会总需求的关键所在。

货币政策实施的理论基础　组织好总供给和总需求的平衡，中央银行的货币政策至关重要。因为，社会总需求从价值量上看是 MV（M 为货币供应量，V 为货币流通速度）。可见，调节和控制货币供应量，对总需求来说是一个“总闸门”。中央银行如能依据社会总产品或国民收入的增长，确定并控制住货币供应量，实际上就能控制住社会总需求。所以，中央银行货币政策的终极目标是发展经济和稳定货币，但终极目标的实现，必须主要以货币供应量这一中间目标为传导机制，而中间目标的效应又要以若干金融变量作为控制和调节的标志及信息反馈的工具。

中央银行体制建立后，为适应从直接控制为主向间接控制为主的转变以及宏观金融管住、管好，微观金融放开、搞活的要求，中央银行和专业银行之间的关系发生了根本的变化，长期以来形成的资金分配和供给关系已转化为各自独立的借贷关系。中央银行要拥有一定的权力，必须掌握以下好两项：一是几家专业银行按规定上交中央银行的存款准备金；二是中央银行的现金发行数量。这两项合起来就是基础货币。整个货币供应量的变化决定于基础货币和货币乘数（即专业银行存款派生的倍数）的变动。如果货币乘数为常数，则货币供应量的变动就不过是基础货币变动的反映，换句话说，对基础货币的控制也就是对货币供应量的控制。专业银行要搞活，必须多存多贷，而只要中央银行注重通过控制基础货币来达到控制整个货币供应量的目标，专业银行就不可能因为多存多贷而造成信贷失控。

由上述分析可见，货币政策的实施离不开货币供应理论，或者说，货币供应理论是中央银行货币政策实施的理论基础。

基本框架　从货币供应理论这门学科的性质和研究的对象出发，借鉴西方已有的宏观调控货币流通的经验，结合我国国情，其内容应包括：

（1）货币供应理论的起源和发展。从货币需求理论和货币供应理论的关系出发，阐述货币供应理论的发展过程及其近几年在我国的进展。

（2）货币供应的度量及其层次。从理论和实践的结合上，阐述必须正确确定货币的量的规定性，在此基础上的度量方法及其意义；货币供应量相含层次指标系列的划分原则、方法以及控制重点。

（3）货币供应量的形成机制。阐述货币出自银行，现实经济生活中的货币主要由贷款注入的理论。

（4）货币供应量的运行机制。阐述现金和存款货币的运行规律，特别是存款派生的过程。

（5）货币供应量的决定机制。阐述基础货币质和量的规定性、货币乘数原理以及在此基础上建立的货币供应模型。

（6）最适货币供应量的确定。阐述西方国家最适货币供应量的主要方法和比较，以及我国最适货币供应量的传统确定方法和新的确定方法。

（7）货币供应量的调控机制。阐述中央银行调控机制的类型、组成及其在我国现阶段的运用，以及存款准备率、公开市场业务、利率、再贷款和直接控制手段等调控工具的具体掌握和运用。

（8）货币供应与货币政策。阐述货币政策的含义和构成要素，我国货币政策的战略目标，货币政策中间目标的选择以及货币政策效应。

（9）货币供应与经济发展。阐述经济发展决定货币供应，对货币作用程度的分析，货币供应与经济发展速度和经济结构优化的关系，货币供应超前增长问题以及通货膨胀与经济发展的关系等。

（10）货币供应与货币收支。阐述货币供应与居民货币收支、企业财务收支、国家财政收支、外汇收支等的关系以及货币收支与资金市场的关系。

（11）货币均衡。阐述货币均衡的含义、条件和标志，货币的供应失衡后的解决途径以及如何运用金融手段实现货币均衡等。

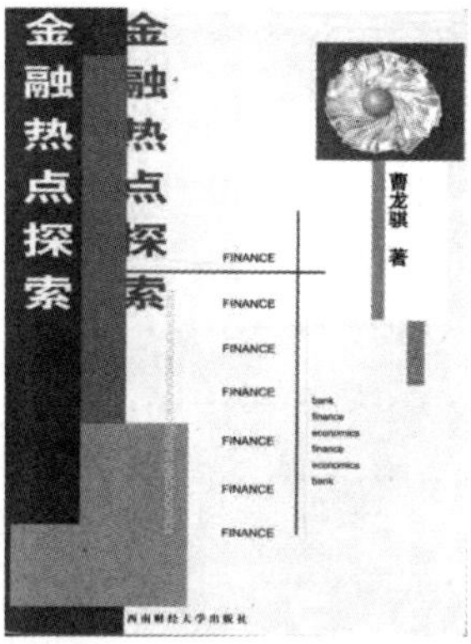

《金融热点探索》

曹龙骐　著

西南财经大学出版社　1998 年 5 月第 1 版

目　录

1. 金融改革篇

1.1　论推进现代企业制度改革的金融因素 …… 1

1.2　人民币实行自由兑换中应注意的问题和对策 …… 16

1.3　关于股票、股份制、股份经济的话题 …… 27

1.4　我国利率一市场化的实施步骤 …… 47

1.5　深化我国金融体制改革的战略思考 …… 58

1.6　我国金融创新的现状及选择 …… 65

1.7　我国转轨时期的宏观金融效率 …… 80

1.8　论金融性国有资产的管理 …… 91

1.9　对货币供求与均衡理论中若干问题的思考 …… 106

1.10　深港金融合作：原则、优势和做法 …… 121

1.11　关于构建中国金融学科体系的几个问题 …… 129

2. 金融形势篇

2.12　对金融改革中“三高”现象的探讨 …… 138

2.13　谈对策货币市场认识的误区 …… 154

2.14　论货币政策在促进技术进步的宏观效应及其障碍性因素 …… 162

2.15　对我国货币政策效应的探讨 …… 170

2.16　关于我国通货膨胀探讨中的若干方法问题 …… 177

2.17　谈衡量货币流通正常的标志 …… 186

2.18　试用系统分析法透视我国金融领域的几个重要问题 …… 193

2.19　我国资信评估业的现状、发展趋势及其难点剖析 …… 205

3. 金融风险篇

3.20　金融风险：分类及成因剖析 …… 214

3.21 金融风险管理的内容和方法 …… 220
3.22 银行贷款的风险度管理 …… 227
3.23 遵循信贷资金运动规律，实现贷款经济效益 …… 233
3.24 企业信用评估和贷款风险管理 …… 241
3.25 我国信托业的风险特征及其防范措施 …… 247
3.26 我国银行证券投资的风险管理 …… 254
3.27 我国银行国际业务的风险管理 …… 259
3.28 全球金融危机：特点、影响及防范 …… 270
3.29 国际金融监管的新措施及其借鉴 …… 285

4. 调研学习篇

4.30 一个地区货币供应量失控原因分析 …… 299
4.31 经济评价法：世界银行评价投资项目的有效方法 …… 305
4.32 日本企业和农户经济行为方式的调查报告 …… 313
4.33 邓小平南方谈话与深圳科教兴市战略 …… 324
4.34 解放思想　突破陈规 …… 327
4.35 政府职能转变的新思路 …… 344
4.36 附录：成才之路 …… 350
4.36.1 作者简介 …… 350
4.36.2 走向成才之路 …… 351
4.36.3 奋斗正未有穷期 …… 354
4.36.4 拼搏·追求·奉献 …… 356

序

我与金融这门学科有缘。1962 年考入上海财经学院（现上海财经大学），学金融专业，文革后期毕业，分配在湖北宜昌，搞过几年银行工作，1978 年考入湖北财经学院（现中南财经大学），攻读货币银行学专业硕士生，1981 年毕业后留校以及 1995 年初调入深圳大学后，一直从事金融专业的教学和研究工作。屈指算来，在金融这一领域里耕耘已有三十多年。再说，我的家庭是个金融世家，爱人长期从事银行会计、审计工作，大儿子搞保险，小儿子搞证券，渐渐地，我爱我家和爱金融这一专业融为一体。

回忆 36 年前刚接到大学录取通知书时，金融专业究竟学些什么，竟全然无知。听人介绍说这一专业是专门“打算盘”的，天哪，这对中学阶段酷爱文学并向往有朝一日在这方面有所建树的我来说，这是多么的不公平！

现在想来，当时的无知实在令人可笑，我庆幸读上了金融专业，这倒不是搞这一专业有出路能赚钱之类，因为今天我仍然是个一般教师且以“教师”这一职业为荣，而是我经常向学生宣传的：金融专业是一个大有研究的专业，是一个大有前途的专业。说实话，这样的思维定式并非一朝一夕形成。记得大学阶段从基础理论到基本技能，研究生时期对金融在认识上有所深化，以后在留校教学的十几年中，为了给学生“一瓢水”，逼着自己去准备“一桶水”，渐渐地在日积月累苦苦思索中形成了自己的一些思路，有些写成了论文，有些汇集成著述、教材等，还参加了十几项课题研究，前后也获得了二十几项科研成果奖励。可见，我热爱专业之心，是在不断和专业知识的接触中形成的，而这种热爱又是最好的老师，反过来又增加了我为此而拼搏进取的决心和信心。

金融专业涉及领域之大，有时使您感到渺茫无存，犹如浩瀚大海中的一叶孤舟；金融专业探求理论之深，实在使你望而生畏，仿佛掉入深渊不可测试；金融专业接触问题之新，确实使您有迅雷不及掩耳、目不暇接和无所适从之感。本文主要就当前金融改革和实务中的部分热点、难点问题进行论述，这既是我近年来潜心研究和奋力进取的心血凝结，也是我试图大胆开拓和执意创新的引玉之砖。

全书分四篇，即金融改革篇、金融形势篇、金融风险篇和调研学习篇，共有 35 篇论文和 4 篇记述性文章组成。论文大部分是近期之作，有几篇写的时间较前，但总觉得至今仍然有所启示，故也编入其中。金融改革篇中有三篇文章即 1.4，1.6，1.7 分别是我指导的首届毕业的博士生黄孝武、彭小泉、杨德勇之作，特此说明。

书稿出版过程中，得到了西南财经大学出版社的大力支持。我的 97 级博士生郑建明多次为本书作了校对工作。多年来，我的妻子王进一如既往默默地为家庭操劳和无微不至的体贴，为我赢得了许多宝贵时间。在此向他们深表谢意。

本书的写成，是我在繁忙的政务和教学工作中做出的初步努力，纰漏、错误和不当之处难免、真诚希望同行惠予批评指正。

作　者

1998 年春节于鹏城

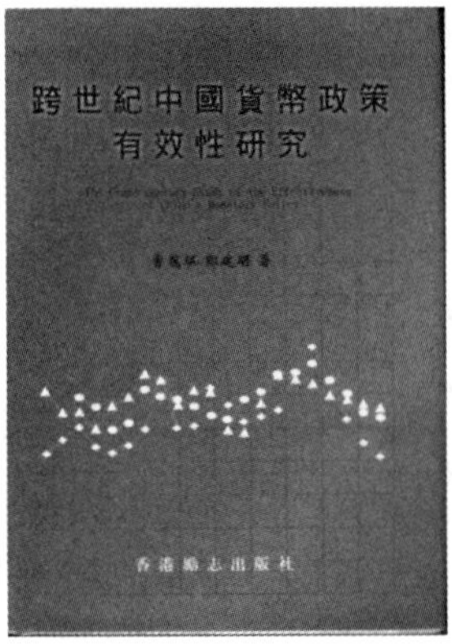

《跨世纪中国货币政策有效性研究》

曹龙骐　郑建明　著

香港励志出版社　1999 年 11 月第 1 版

目　　录

序 …… 1

1　导论 …… 1

　1－1　货币政策概述 …… 1

　1－2　转轨时期的界定 …… 9

2　货币政策有效性的一般问题 …… 12

　2－1　货币政策有效性的界定 …… 12

　2－2　货币政策有效性的度量 …… 15

　2－3　货币政策有效性的相关范畴 …… 23

　2－4　西方经济学对货币政策有效性的相关论述 …… 27

3　货币政策目标的有效性评析 …… 43

　3－1　最终目标的确定和调整及其有效性分析 …… 43

　3－2　中介目标的选择及其有效性评析 …… 48

　3－3　操作目标的遴选 …… 53

4　货币政策工具的有效性分析 …… 71

　4－1　信贷规模的运用及其有效性 …… 71

　4－2　法定存款准备金比率与再贷款的有效性 …… 73

　4－3　再贴现的有效性 …… 80

　4－4　利率政策的有效性 …… 86

　4－5　公开市场业务的有效性 …… 100

5　货币政策有效性的决定因素 …… 110

　5－1　货币控制有效性的决定因素 …… 110

　5－2　货币作用有效性的决定因素 …… 120

6 货币政策有效性的影响因素 …… 126

6－1 货币政策有效性的影响因素（Ⅰ）——政策性因素 …… 126

6－2 货币政策有效性的影响因素（Ⅱ）——非政策性因素 …… 141

7 对中国 1984—1998 年货币政策有效性的实证分析 …… 173

7－1 对 1984 年以来货币政策有效性的基本评价 …… 173

7－2 基础货币、货币乘数与货币供应量的关系 …… 178

7－3 货币供应量与产出和价格之间的相关性分析 …… 186

7－4 超额货币的“残差”分析 …… 188

8 提高货币政策有效性的最优路径和思路探讨 …… 195

8－1 货币政策的“作用边界”问题 …… 195

8－2 货币政策的自我完善和制度配套 …… 198

8－3 政策协调和非政策性因素的改善 …… 205

9 提高货币政策有效性的若干建议 …… 212

9－1 积极推进公开市场业务操作 …… 212

9－2 稳步实施再贴现政策 …… 217

9－3 完善存款准备金制度 …… 221

9－4 建立有效的货币政策传导机制 …… 224

9－5 中国当前通货紧缩下的政策建议 …… 227

序

改革开放以来，中国的社会资金格局逐步完成了从财政资金主导型向信用资金主导型的转换，经济运行主要由直接控制向间接控制过渡。与此同时，货币资金的调控形式由长期以来主要运用间接融资向主要运用直接融资转化。在这一背景下，货币政策已成为最主要的宏观经济政策。对于货币政策有效性的研究由此而成为金融领域研究的前沿课题之一。

从总体安排上，本书分导论、货币政策有效性的一般问题、货币政策目标的有效性评析、货币政策工具的有效性评析、货币政策有效性的决定因素、货币政策有效性的影响因素、货币政策有效性的实证分析、提高货币政策有效性的最优路径和思路探讨以及提高货币政策有效性的若干建议等九大部分（章）。

第一章 导论。它为本书的铺垫，只是为对货币政策基本内容不甚了解者作一简要解释，主要分货币政策概述和中国转轨时期的界定两个部分。

第二章 即货币政策有效性的一般问题。它为本书得以展开的基础该章分为四节，依次包括：货币政策有效性的界定、度量及相关范畴以及西方经济学对货币政策有效性的相关论述。

第一节界定了货币政策有效性的内涵和外延，认为货币政策有效性是指货币政策在稳定货币和促进经济增长这两方面的作用大小和有效程度。

第二节提出了货币政策的度量指标体系，并把经济增长指数和消费价格指数的比值作为衡量有效性大小的基本指标。

第三节还提出了中性与非中性、外生货币与内生货币、单一主体与多元主体、间接融资与直接融资、金融监管有效性与货币政策有效性等与货币政策有效性相关的五对范畴。

第四节依次对新古典主义、凯恩斯主义、新剑桥学派、新古典综合派、货币主义、理性预期学派和新凯恩斯主义等主要流派一一做了归纳。总的来看，西方经济学对货币控制的认识逐渐由外生转向内生，对货币政策的认识则从中性转向非中性。

第三章　依次从货币政策的最终目标、中介目标、操作目标对转轨时期货币政策目标的有效性作了论证。

第一节对最终目标的可行性作了分析。最终目标运行的“大框架”是理论界、中央银行以及地方、部门和企业各有“自己”的最终目标。由于“双重目标”存在成本与收益之间的非对称，地方、部门和企业偏好于“经济增长”目标。中央银行的稳定货币目标却易行难施。

第二节对现行的货币供应量和信用总量这两大中介目标作了理论分析。在各层次货币供应量中，M_1的相关性最强，可控性也较强。而信用总量在可控性和相关性上均不具备作为中介目标的条件。

第三节对现行的操作目标作了分析。目前正在使用的操作目标有同业拆借利率和备付金比率。理论界还建议把基础货币、汇率和国有商业银行信用作为操作目标。在近期内，国有商业银行信用是相对有效的目标，而在长期内，随着金融市场的发展，它将被基础货币所取代。

第四章　考察货币政策工具的有效性。

第一节分析中国在转轨时期，信贷规范日趋失效并淡出工具体系。再贷款和法定存款准备金比率在从“双高”到“双低”的规模之后，作用力度有所削弱。第二节阐述利率虽然在受中央银行直接控制，但由于缺乏反应灵敏的企业作为其微观基础而不具备相关性。

第三节阐述再贴现业务由于票据市场不发达而难以开展。

第四节阐述公开市场业务则受国债发行、中央银行国债持有、商业银行国债持有以及交易商参与交易这四个方面的约束。因此存在政策工具上的“真空”。

第三、四章旨在说明从货币政策自身来看，政策目标和政策工具的弱效特征或定位不准是导致货币政策有效性不强的技术性原因。

第五章　则从货币控制和货币作用这两大角度对货币政策有效性展开分析。

第一节分析了货币控制的有效性。直观地看，它取决于基础货币和货币乘数这两大直接因素。这两大直接因素各自包括若干二级变量。。

理论分析发现，中央银行所有资产负债项目均可通过其与商业银行之间的互动从而对后者的存款派生产生影响。因此，基础货币应该包括中央银行的所有资产负债项目在内。尽管基础货币从形式上构成中央银行的资产或负债，但仍然具有多元主体特征，中央银行只能相对控制它。

根据模型推导，货币乘数 K_1 的决定因素，包括现金比率 c，活期存款比率 d，法定存款准备金比率 r，备付金比率 e，财政存款比率 f 和中央银行其他负债比率 lo。进一步而言，c 与经济发展水平正比，与金融网络与信用制度的发达程度成反比。D 与企业现金流量和居民在国民收入中所得份额成正比。r 由中央银行直接控制。E 是和存款增长和再贷款的数量的正函数，是贷款需求和法定存款准备金比率的反函数。f 是经济增长率、财政收入、国债发行和财政透支与借款的正函数，是财政支出的反函数。Lo 的大小则主要与邮政储蓄存款的增长和中央银行的利润留存制度有关。

第二节首先构建了货币作用的计量模型，为以后的实证分析提供了框架。在此基础上则分析了货币作用的“路径”问题。研究显示，货币既能直接影响产出和价格，又通过产品商品化比率、金融相关比率和宏观货币流通速度对产出和价格产生间接影响。

第六章 将影响货币政策有效性的因素分为政策性因素和非政策性因素两类。前者包括财政政策、信贷政策和产业政策的影响。后者依次包括国际收支、金融市场发展、金融风险、企业制度、国民收入分配和公众预期对有效性的影响。

第一节论述了三大政策性因素对有效性的影响。

财政政策不仅通过财政透支与借款对货币控制形成扩张压力，而且财政对政策性银行资本金、贴息和政策性亏损拨补不足，最后只能靠再贷款的刚性投放来维持。另外，隐性赤字和信用财政化对基础货币的潜在扩张效应也不容忽视。

信贷政策对有效性的影响因不同时期而异，在 1985—1995 年，商业的信贷膨胀偏好具有“倒逼”货币扩张的效应，但由于存在不利于非国有企业的信贷配给，资金的配置效率低下。在 1996—1998 年，由于实体经济部门经济风险的加大和商业银行体制改革的推进，商业银行开始抑制由企业亏损和道德损害行为所产生的非正常资金需求，“惜贷”虽然阻碍了扩张性货币政策的推行，但却促进了资金微观配置的优化。

产业政策对有效性的影响表现在：一是在产业结构政策缺乏前瞻性，结构调整滞后、被动。而是对高技术产业支持不够，技术升级对经济增长贡献有限。三是垄断行业未引入竞争机制的产业组织政策限制了经济活力和效率。这些方面均不利于货币政策有效性的提高。

第二节论述了六大非政策性因素对有效性的影响。

（1）企业制度对有效性的影响。从产权制度来看，国有企业所有权与经营权的不统一恰恰是导致非利润驱动和道德损害的根本原因。在治理结构上，内部控制机制的缺失也是导致国有企业微观效率低下的重要原因。政府的不适当干预则使企业行为偏离利润目标和市场标准，从而不利于微观效率的提高。

（2）金融市场发展对有效性的影响。金融市场的发展虽然给货币控制提供了一个良好的缓冲渠道，减缓了货币供应量波动对产出的冲击，但由于证券市场的目标异化衍生出上市公司质量、股权非统一、发行上市额度控制、上市遴选机制和退出机制的缺失等一系列问题，结果，证券发行和流通只起到分流超额货币的作用，而资金的配置效率并无显著提高。

（3）金融风险对有效性的影响。金融风险对货币控制的影响体现为商业银行逾期贷款或短存长贷所产生的“流动性缺口”、企业经营失败产生的“亏损缺口”和企业蓄意侵蚀贷款等道德损害行为所产生的“挤占缺口”对中央银行再贷款形成扩张压力。这也导致部分资金的“沉淀”和货币作用的低弱。

(4) 国际收支状况对有效性的影响。我国的国际收支持续出现巨额顺差。顺差既通过中央银行基础货币的增加而起到扩张货币的作用，又通过净出口和外商直接投资对本国经济增长起促进作用。

(5) 国民收入分配状况对有效性的影响。新剑桥经济增长模型以高储蓄转化为高投资为前提。而中国的收入分配具有非规范特征，高收入阶层存在收入隐瞒和收入转移动机。因此，高储蓄不能现实地转化为高投资。

(6) 预期对有效性的影响。根据影响方式的不同，预期可分为两类，一类是周期性预期，它在短期内加剧了产生和价格的波动，但在长期内却是“中性”的；另一类是制度和结构预期，它强化了居民的未来支出预期并弱化其收入预期，抑制了有效需求的扩张。

第七章 对与货币政策有效性相关的问题作了实证分析。

第一节根据对量化指标的实证描述给出了有效性的弱效特征。而且，各年有效性大小与通胀率直接相关，从而说明了以稳定货币作为单一目标的必要性。

第二节首先分析了基础货币的可控性结构，发现基础货币可控性的下降主要与国外净资产的增加有关。然后对货币数量影响因素的变动作了趋势性描述。在中央银行成立以来的十五年中，现金比率 c、法定存款准备金比率 r、活期存款比率 d，财政性存款比率 f 的下降和备付金比率 e 的波动使货币乘数 K_1 从总体上呈下降趋势。由于对货币乘数的调控能力相对弱于基础货币，中央银行的货币供应主要依靠基础货币的刚性投放来实现。

第三节对货币供应量与产出和价格之作了分析间的相关性，由于 M_1 的实证相关性大大高于 M_2，因此，M_1 成为最理想的中介目标。

第四节则在第三节的基础上对金融市场对超额货币的吸收和宏观货币流通速度 V 的变动作了定量描述。从长期来看，分布于实体经济部门的货币供应量 M_1 却主要受证券发行量的影响。产品商品化比率 W 和金融相关比率 FLR 的提高有利于超额货币的分流。宏观货币流通速度的缓慢上升却是阻碍超额货币分流的因素。

第八章 探讨了提高有效性的最优路径和思路。

第一节认为，提高有效性的前提，就是要让货币政策在其自身能力范围内发挥作用。现实地看，货币政策在失业、地区差异和结构调整等领域的作为均很有限。提高有效性有治表与治本这两大思路，治表思路，无非是货币政策的自我完善；企业制度和金融制度的建立健全则是治本思路之所在。此外，还要缓解政策性和非政策性外围因素对有效性的外部制约。

第二节提出货币政策的自我完善表现在政策目标和政策工具的改进上，即把货币稳定作为单一的最终目标，以 M_1 为中介目标，以国有商业银行信用为操作目标，并且尽快实行法定存款的准备金比率和再贷款的“两低”规范，防止出现政策工具的“真空”。

第三节论述了两大制度的配套问题，即要对国有企业和国有经济实行战略性收缩，同时调整融资结构、鼓励金融机构的创新或对国有商业银行实行存量收缩。在制度配套中，政府应起推动作用，而不是干预其进程。

第四节探讨了政策性因素和非政策性外围因素的改善。体现在：①对财政收支结构和投资体制进行改革，使财政政策的实施不再对货币控制产生刚性扩张效应。②中央银行应放弃对信贷政策的规定和掌握，以使商业银行通过信贷管理的“正向选择”效应来优化资金的微观配量。③产业结构政策的调整必须以国际市场需求变动为依据。还要通过资本市场，R&D 投入和技术引进等措施促进技术升级。同时要调整产业组织政策，促进有效竞争。④通过扩大对外投资和减少对外债务来加强国际收支与国内经济的协调。⑤规范证券市场运作，提高上市公司的质量水平。⑥通过经济结构的优化和预警、监管机制的健全来消解产生金融风险的各类因素。⑦实行均等化、规范化的国民收入分配政策。⑧建立社会保险制度，稳定公众的收支预期。

第九章 阐述提高货币政策有效性的若干建议。

这些措施包括：积极推进公开市场业务操作；稳步实施再贴现政策；完善存款准备金制度；建立有效的货币政策传导机制；中国当前通货紧缩下的政策建议等。

货币政策作为一国货币管理当局（通常为中央银行），在一定时期内通过运用某些金融工具，变动某一金融变量来作用于整个国民经济，从而实现预期经济目标的行为规范，它的有效运用，对经济和社会的稳定、健康和快速发展关系极大。

对货币政策有效性的研究，在国内则刚刚起步，本书力求做到理论和实证相结合、定性分析和定量分析相结合、历史与现实相结合，对这一具有重大意义的前沿课题作一大胆尝试，以起到抛砖引玉之作用。

本书由曹龙骐教授（金融学博士生导师）拟定框架，具体一、九章由曹龙骐撰写，二至七章由郑建明博士撰写，最后由曹龙骐教授总纂和审定。

对货币政策有效性这一既紧迫又繁难问题进行论证，作者自感心有余而力不足，错误和缺点难免，真诚希望同行惠予批评指正。

作　者

1999 年 10 月

《金融问题前沿》

曹龙骐　等著

广东经济出版社　2002 年 3 月版

前　　言

金融学科是一门大有研究大有前途的学问，我曾在自己的一本专著的序言中这样描述过：“金融学科涉及领域之广，有时使您感到渺茫无存，犹如浩瀚大海中的一叶孤舟；金融学科探求理论之深，实在使你望而生畏，仿佛掉入深渊不可测试；金融专业接触问题之新，确实使您有迅雷不及掩耳、目不暇接和无所适从之感。”这是我 30 多年来一直在这块“土地”上苦苦“耕耘”的深切体会；也是我在教学过程中经常告诫学生“要充分认识金融学科‘之广’、‘之深’、‘之新’，只有持之以恒，注重开拓创新，才能真正领悟其真谛”的殷切之言。

本书著作者中除我以外，几乎全是我的博士和硕士。在教学过程中，我拟一些题目并拟订提纲，学生们分组研讨后分头撰写。在此基础上经多次切磋、思考，修改成文，最后汇成著述，这可算是师生共同之作。细细品味，确有教学相长、密切情感之功效。

本书针对当前我国金融理论和实务中的热点、难点、疑点和重点问题加以较为深入的阐述和剖析。全书约 35 万字，共分四篇。第一篇金融改革走势，主要就金融改革中的一系列重大问题，如金融改革突破口选择、金融体系的设置、银企关系、金融市场规范、利率市场化、国有商业银行股份制改造、金融创新以及金融业经营模式的选择等问题加以探讨。第二篇金融宏观调控，主要就中央银行货币政策和金融监管的制度选择、利率政策和货币政策的有效性、当前通货紧缩条件下扩大内需以及中国入世后国际收支平衡等问题加以分析。第三篇金融市场研究，主要就当前我国金融市场中的若干重大问题，如国债市场、上市公司的股利分配和资本结构、开放式基金、国有股减持、资产证券化、股票期权等进行深入研究。第四篇风险投资探索，主要在剖析风险投资与培养高新技术产业的关系、国际风险投资主要模式、国内风险投资的组织形式和运作因素以及环境比较的基础上，结合深圳的实际，探索开拓风险投资与培养高新技术产业的新路子。

本书的特点：一是紧紧抓住金融理论和实务中的新问题，富有前瞻性；二是重点突出，选择金融改革中的重大繁难问题加以剖析；三是理论联系实际，既有论述深度，也有一定的参考价值和可操作性。本书的出版，既为进一步深化金融改革提供了一本难得的参考书，也为促进我国金融理论和实务研究不断深化抛出一块引玉之砖。本书对从事经济、金融理论研究工作者和从业人员，以及经济类专业的本科生和研究生们来说都是一本好教材。

对本书缺点和错误之处，真诚希望同行惠予批评指正。

曹龙骐

2001 年 12 月

目　录

前言 …… 1

第一篇　金融改革走势

第一章　中国金融改革八大热点问题评析 …… 1

一、金融改革与经济改革的关系："滞后"、"超前"还是"同步" …… 2

二、金融改革突破口的选择：改革的重心究竟在哪里 …… 3

三、金融组织体系格局：是大银行垄断还是大中小金融机构并存 …… 5

四、减轻企业负债包袱：单靠行政手段还是综合治理 …… 7

五、塑造新型的银企关系：是依附还是平等 …… 10

六、金融市场发展战略：是先资本市场还是先货币市场 …… 12

七、证券市场发展的主旋律：在规范中发展还是在发展中规范 …… 14

八、抑制通货紧缩：究竟采取何种良策 …… 17

第二章　利率市场化：实施环境与步骤 …… 20

一、利率市场化的内涵 …… 21

二、当前我国利率市场的环境因素分析 …… 23

三、我国利率市场化的步骤 …… 27

第三章　国有商业银行改革与发展的策略性思考利率市场化的内涵 …… 31

一、高度重视对战略规划的研究与论证，从战略管理上增强国有商业银行对国际竞争环境的应变能力 …… 33

二、认真抓好系统网络建设，构建强大的技术竞争平台 …… 35

三、强力推进体制变革，为国有商业银行的有序发展创造一个良好的环境 …… 37

四、努力转换经营机制，确保国有商业银行的有效发展 …… 38

五、全面进行金融创新，培育国有商业银行的长期综合竞争能力 …… 41

六、切实加强员工培训，为实现国有商业银行的可持续发展储备人才，为建立学习型组织奠定基础 …… 43

第四章　股份制改造：国有商业银行的必由之路 …… 45

一、国有商业银行股份制改造意义 …… 45

二、国有商业银行股本结构的设置 …… 47
三、国有商业银行组织体系改造方案 …… 50
四、国有商业银行的上市步骤 …… 52
五、国有商业银行股份制改造的风险防范 …… 53
第五章　加入 WTO 后中国商业银行的金融创新 …… 56
一、我国金融创新的现状及缺陷 …… 56
二、加入 WTO 对中国银行业的冲击 …… 61
三、入世后我国的金融创新 …… 63
第六章　中国金融业：从分业经营走向混业经营 …… 70
一、金融业分业、混业经营的历史沿革 …… 71
二、关于金融业分业与混业的争论 …… 75
三、分业经营没落的主要原因 …… 76
四、过渡时期的选择—有限制的全能银行制 …… 80
五、我国金融业何去何从 …… 82
第七章　投资型保险的新概念—投资连结保险前景分析 …… 85
一、一种高层次的保险产品 …… 85
二、一种极具有生命力的保险产品 …… 87
三、一种面临诸多挑战的保险产品 …… 88
第二篇　金融宏观调控
第一章　中国中央银行货币政策和金融监管的制度选择 …… 90
一、国外中央银行功能深化历程：货币政策与金融监管兼容与分离的三个阶段 …… 91
二、各国中央银行“两项职能”相分离的非一致性：现阶段西方发达国家中央银行“两项职能”的制度模式和主要特点 …… 93
三、大多数工业化国家中央银行兼容“两项职能”阶段：20 世纪 30 年代至 80 年代经济金融环境特征及基础条件分析 …… 95
四、部分西方国家中央银行分离“两项职能”阶段：20 世纪 80 年代以后经济金融环境特征及基础条件分析 …… 96
五、我国中央银行“两项职能”的结合：经济特征、金融生态环境、微观基础和货币政策的特殊性所决定 …… 99
六、中央银行“两项职能”：内在联动运作机理和金融效率考察 …… 104
第二章　传统货币政策工具在中国运用的有效性分析 …… 107
一、法定存款准备金制度的有效性 …… 107
二、再贴现的有效性 …… 112
三、公开市场业务的有效性 …… 118
第三章　论影响中国货币政策有效性的政策性因素 …… 127
一、财政政策对货币政策有效性的影响 …… 128

二、信贷政策对货币政策有效性的影响…… 133
三、产业政策对货币政策有效性的影响…… 139
第四章　中国利率政策有效性探讨…… 145
一、利率结构的特征及其问题…… 145
二、利率水平及其作用的刚性…… 150
第五章　通货紧缩：21 世纪世界性难题 …… 161
一、通货紧缩及其判定标准…… 161
二、通货紧缩的影响…… 163
三、通货紧缩的成因…… 166
四、通货紧缩的治理…… 169
第六章　扩大内需：当前中国经济发展的基本立足点…… 176
一、当前我国经济发展的基本立足点…… 176
二、处理好投资需求与消费需求的关系…… 177
三、消费信贷是扩大需求的有效措施…… 178
四、扩大内需的相应配套措施…… 180
第七章　加入 WTO 后的国际收支平衡与人民币自由兑换…… 183
一、开放进程中我国的国际收支平衡…… 183
二、人民币自由兑换的必然趋势…… 187
三、金融开放下的开放市场…… 188
第三篇　金融市场热点
第一章　转型期中国证券市场的结构性失调与功能变异…… 193
一、我国证券市场的结构性失调…… 194
二、结构失调的制度原因…… 199
三、结构性失调产生的功能变异…… 202
第二章　中国上市公司股利分配行为分析…… 206
一、我国上市公司的股利分配现状…… 207
二、股利分配的行为分析…… 213
三、股利分配现状形成的原因…… 216
第三章　国债市场：金融市场体系均衡发展的基础…… 221
一、国债及国债市场地位和作用的回顾…… 221
二、对国债市场地位和作用的重新认识…… 223
三、我国国债市场发展中的几个基本问题…… 228
第四章　中国股市资本结构影响因素探析…… 237
一、相关的理论研究和西方现代的企业资本结构情况…… 237

二、国内有关上市公司资本结构影响因素的研究综述…………………………………… 242
三、资本结构影响因素的进一步探讨……………………………………………………………… 243
第五章　股份制与股份经济新探……………………………………………………………… 249
一、股权结构………………………………………………………………………………………… 249
二、信息披露………………………………………………………………………………………… 251
三、国有股流通……………………………………………………………………………………… 252
四、中介机构………………………………………………………………………………………… 253
五、法人治理结构…………………………………………………………………………………… 255
第六章　开放式基金：中国证券投资基金发展之路……………………………………… 258
一、封闭式与开放式证券投资基金的比较……………………………………………………… 258
二、证券投资基金的功能缺陷及其防范………………………………………………………… 259
三、我国封闭式证券投资基金的简要回顾及其存在问题…………………………………… 263
四、开放式基金带来的若干影响及存在问题…………………………………………………… 266
第七章　国有股减持：证券市场牵一发而动全身的大问题………………………………… 272
一、国有股减持的意义……………………………………………………………………………… 272
二、国有股减持流通的总体对策………………………………………………………………… 275
三、国有股减持流通方案分析……………………………………………………………………… 281
四、关于国有股减持流通的讨论………………………………………………………………… 286
第八章　资产证券化：运作和现实条件………………………………………………………… 289
一、资产证券化概述………………………………………………………………………………… 289
二、资产证券化的运作……………………………………………………………………………… 290
三、我国开展资产证券化的战略意义…………………………………………………………… 293
四、我国开展资产证券化的现实情况分析……………………………………………………… 296
五、我国推行资辛券化的切入点分析…………………………………………………………… 298
第九章　股票期权：一种有效的激励机制……………………………………………………… 304
一、股票期权计划的产生和发展………………………………………………………………… 304
二、股票期权计划的理论基础……………………………………………………………………… 306
三、股票期权计划的基本内涵及其市场基础…………………………………………………… 309
四、股票期权计划的基本要素构成及需要注意的几个问题………………………………… 311
五、在我国推行股票期权的障碍性因素分析…………………………………………………… 315

第四篇　风险投资探索

第一章　对风险投资与培育高新技术产业的分析与评价………………………………… 317
一、风险投资与风险投资管理……………………………………………………………………… 319
二、美国风险投资业的发展史……………………………………………………………………… 323
三、高科技产业的总体分析………………………………………………………………………… 327

第二章　国际风险投资运作主体模式研究 …… 342
一、风险资本的进入机制 …… 345
二、风险投资机构的组织模式 …… 349
三、风险投资退出路径的选择 …… 354
第三章　风险投资组织形式的实践与借鉴 …… 358
一、有关风险投资机构组织形式的基本理论问题 …… 358
二、风险投资机构组织形式：公司制、有限合伙制和信托基金制 …… 361
三、我国的借鉴：台湾及内地风险投资组织形式 …… 368
第四章　风险投资成功运作的因素分析 …… 375
一、风险投资的内涵 …… 375
二、风险投资运作的步骤分析 …… 377
三、风险投资成功运作的微观因素 …… 378
四、风险投资成功运作的宏观因素 …… 381
五、我国风险投资运作的因素分析 …… 384
第五章　深圳风险投资的发展现状、制约因素与对策 …… 389
一、深圳风险投资发展现状 …… 389
二、深圳风险投资的制约因素 …… 391
三、深圳风险投资的对策 …… 400
第六章　深圳、上海、北京三地风险投资环境比较研究 …… 405
一、政策和法规环境 …… 406
二、人才和科研环境 …… 408
三、金融环境 …… 410
四、产业配套和城市功能环境 …… 412
五、风险投资体系 …… 413
六、项目市场 …… 415
七、总体比较 …… 418
后记 …… 419

后　记

本书由曹龙骐教授拟定提纲，负责总纂和审定。

参加本书具体研讨和撰写的人员有：

第一篇：曹龙骐、邱汇平、刘桂平、匡欣、宁哲敏、潘世伟、王婷、张颖。

第二篇：汤小青、曹龙骐、郑建明、李辛白、胥雯。

第三篇：熊长江、刘庆云、姚贤跃、毛建涛、雷斌、李长春、林宇、鲁国强、杨建兴。

第四篇：曹龙骐、郑建明、袁易明、姚贤跃、胡浩、陈红泉、张艳。

每篇论文的主要撰写者具名在该文之后。

在本书的编辑过程中，深圳大学编辑出版中心的苏卫平老师做了大量的耐心细致的工作。姚贤跃、陈红泉、刘庆云、熊长江、毛建涛、匡欣等6位1999级金融专业硕士生为书稿的整理做了不少努力。在此，一并向他们表示衷心感谢！

《中日经济社会问题研究》

深圳大学中国经济特区研究中心、日本熊本学园大学附属海外事情研究所联合课题组

曹龙骐为课题组中方主持人

社会科学文献出版社　2007 年 10 月版

中方致辞

今天，呈现在我们面前的是一本非同寻常的著作，它既是国际学术交流与合作的成果，也是中日两国学者两年来的心血凝结。两年前，中国深圳大学和日本熊本学园大学的一批教授，成立“中日经济社会问题研究”课题组，着重从两国的金融体制、产业结构、社会保障和政治制度四个方面，在各自深入调研的基础上写出研究报告，然后中日双方对口调研和交流，最后形成本书，分别在两国出版。本书的内容既有重点又有一定的代表性。①在金融体制方面，双方回顾改革的进程、总结改革经验，提出需要解决的问题，如金融宏观调控、金融市场结构、金融不良资产、金融系统效率等，在此基础上，提出了深化金融改革的思路。②在产业结构方面，中方主要以深圳为例，阐述产业结构的演进、调整和发展战略；日方注重日本产业效率、制造业的回归和产业国际化问题等方面的介绍和研究。③在社会保障方面，中方主要以深圳为例，对深圳的社会保障制度，特别是养老和医疗保险制度进行深入研究；日方主要就社会福利、老年人保障制度、医疗保险和诊疗保险制度等给予阐述。④在政治制度方面，中方就政治体制、基层民主直选等给予论述；日方主要就地方分权的改革动向进行论证。

本书的特点和创新之处是：内容新颖、跨国题材、重点突出、紧密联系本国的实际，采取“有比较、有鉴别”的方法，层次清楚、资料翔实、图文并茂，较好地展示了中日两国在经济和政治方面的改革实践，对两国深化政治经济体制的改革，提供了理论和实践的有益参考。它是一个难得的跨国学术交流成果，具有较强前瞻性和针对性。

需要强调说明的是，本书虽是近期的一个科研成果，但它反映的是 20 年来中日学者学术交流的追溯和情缘的延续。早在 20 年前，即 1987 年，为促进中日双方永久友好和亲善关系，推进两所大学之间的学术交流，在平等互惠的原则基础上，当时的深圳大学特区经济研究所与日本熊本学园大学附属海外事情研究所缔结了“学术交流协议书”。协议书具体商定：①共同推进彼此的学术交流；②彼此交换研究资料和刊物；③就共同关心的学术领域和课题进行共同研究、调查；④共同调查的研究成果，由双方发表、出版。

之后的 20 年中，双方来往频繁。1988 年、1989 年、1990 年、1991 年、1992 年、1993

年、1995 年、1996 年、1997 年、1998 年、2002 年、2003 年、2005 年、2006 年这 14 年均有活动，且得益甚丰。其间，特别是从 2003 年下半年开始，当时任深圳大学中国经济特区研究中心主任的我，与多年的朋友—日本熊本学园大学附属海外事情研究所所长香川正俊一起，探索开展跨国共同科研项目的可能性。经双方反复论证和商议，决定设立“中日经济社会问题研究”课题项目，拟定政治、金融、产业、社会保障四个子课题，分别由双方的专家教授承担，其中中方 9 人，日方 9 人，共 18 人组成。此事一经拟定，就立即得到两校校长的热情关怀和大力支持。日本熊本学园大学校长坂本正先生即将协议草案交董事会讨论，并来专信告之“同意”，坚信“合作会更有成效”。深圳大学章必功校长即批复中方先组织调研组赴日调研考察。

值得一提的重大活动是，2006 年 9 月中方一行 9 人访问熊本学园大学，期间开展了多次非常活跃和热烈的讨论。之后，按各子课题组成专门小组分别参观了日本共产党熊本县委员会、日本银行熊本支行、熊本县健康福利部以及商工观光劳动部、熊本市社会福利部、公众意见课等部门，并对其进行了调研，拜访了熊本市市长。在此之后，日方于同年 11 月一行 10 人赴深圳开展了同样的交流活动，各子课题对口调查了月亮湾片区人大代表工作站、深圳市盐田区政府及社会保障局、招商银行总行、奥林巴斯工业有限公司等部门，还与中国共产党深圳市宣传部副部长进行了恳谈。

中国与日本，一衣带水，在绵延两千多年的交往中，生息相通，世代相传，源远流长。两国人民在相互交流、学习和借鉴中，建立了密切友好的亲邻关系，结下了深厚的友谊。第二次世界大战战后 60 多年来，中日关系的发展道路虽艰难曲折，但是在克服了一个又一个困难的过程中向前发展着。反省历史，中日两国人民都深刻体会到：两国的“和平共处，世代友好，互利合作、共同发展”关系到两个国家的命运和人民的福祉，培育两国人民的亲近感情对巩固中日友好的根基意义重大。正是本着这一宗旨，我们两校积极组织、精心策划、协作交流，最终形成这一丰硕成果。

今年是中日邦交正常化 35 周年。对我们来说，还是中国深圳大学和日本熊本学园大学结缔“学术交流协议书”20 周年。借此机会，谨以中方课题组主持人的身份向以熊本学园大学附属海外事情研究所的香川正俊所长为代表的日方 9 位课题组成员，向深圳大学中国经济特区研究中心和深圳大学当代政治研究所的 9 位课题组成员，对他们在课题实施过程中付出的辛勤劳动表示深深的敬意。并对日本熊本学园大学坂本正校长和深圳大学章必功校长的殷切关怀和大力支持以及相关工作人员的热情协助表示最衷心的感谢。

愿今后我们友谊长存，进一步加强合作，继续为两国的学术交流做出贡献！

“中日经济社会问题研究”课题组中方主持人

深圳大学中国经济特区研究中心前主任、教授、博士生导师

曹龙骐

2007 年 4 月 29 日

日方致辞

2007年，熊本学园大学附属海外事情研究所迎来了与深圳大学中国经济特区研究中心（当时：特区经济研究所）签署学术交流协定（1987年6月）20周年。在此值得纪念的时刻，两家研究所之间第一个共同项目的成果在日中两国以出版书籍的形式面世，这对于今后进一步发展双方交流有着深远的意义。

20年来，在两家研究所之间的学术交流中，除了参观访问和研究成员之间小规模的共同调查等活动之外，仅仅局限于对各位研究成员提供研究资助以及参加研讨会、研究会的程度。

本次共同项目是研究所之间正式的学术交流，得到各大学及相关机构的全面支持，研究经费充足，双方参加者认识充分，可谓是通过调查和热烈的讨论进行的首项研究工作。

2008年北京将举办奥运会，同时也是中日和平友好条约签订30周年纪念。2007年2月末源自上海证券交易所股票的下跌给全球股价带来的冲击，展示了中国对世界的强大影响力。另外在中国，国内城市与农村地区差距拉大，贪污腐败、社会保障问题等各种矛盾亟待解决。而在日本，经济长期不景气，正在推进的新自由主义政策，虽然强调了效率和营利性，但安全性受到影响，拉大了社会差距。中国和日本在经济和政治上有着密切的联系，今后双方必须加强经验交流，进一步紧密地合作。特别是九州与中国在地理位置上距离比较近，投资活动也比较多。因此，熊本学园大学附属海外事情研究所与签订了协定的深圳大学中国经济特区研究中心共同协作，以一些重要领域为对象开展中日比较研究，这不仅对于两家研究所而言有利，对于地区的国际化也非常有利。共同项目研究正是以上述背景为前提推动开展。

本人以前就希望双方能开展一些共同项目，从2003年后半年开始，本人与多年的朋友、即当时的中国经济特区研究中心主任曹龙骐教授一起，探索开展共同项目的可能性。2004年以后，在新所长选举中，我将此作为一项“承诺”，在就任所长后，为了解决双方之间悬而未决的事项，在2005年9月访华期间对1987年的“学术交流协议书”进行了修改，解决了几个前提条件。之后，与包括本人的好友、也即现任副主任袁易明在内的相关人员共同推进项目的相关进展，2005年4月开始进行为期2年的共同研究。共同议题是“中日经济社会问题研究”，分为双方均关注的政治、金融、产业、社会保障四个方面，由各个领域的专家构成。中方参加人员包括后来成了本人好友的深圳大学当代政治研究所的黄卫平所长等，最终定为9人；日方参加人员包括本校校长在内，共9人。另外还进行了责任分担，中方进行与中国相关的研究，日方进行与日本或与中国以外的其他国家及地区相关的研究；在各年度计划方面，2005年进行调查、研究，2006年双方共同发表成果，进行评论和讨论，在修改之后完成最终稿。

其中值得一提的重大活动是，2006年9月中方来访熊本，其间进行了积极活跃的研究交流和热烈的讨论。之后，分别参观了日本共产党熊本县委员会、日本银行熊本支行、熊本县健康福利部以及商工观光劳动部、熊本市社会福利部、公众意见课，进行了调查，拜访了市长。在此之后，日方于同年11月，在深圳市分别进行了研究交流，同样展开了热烈的讨论。调查地点包括月亮湾片区人大代表工作站、深圳市盐田区政府及社会保障局、招商银行总行、奥林巴斯工业有限公司等，与中国共产党深圳市宣传部副部长进行了恳谈。

当前，中日关系发展必须实现向新阶段的跳跃。虽然两国间的政治、文化鸿沟还很大，在这种情况下，开展促进学术交流的活动非常重要。日本和中国的大学、研究所之间的交流增多，日本国内出版物中也不乏能见到包含着中国学者在内的事例。但是，共同项目的实施不仅是单纯的距离上的问题，由于文化差异的障碍，还存在着各种各样的问题。因此，持续数年的共同研究并非易事，而发表的成果在两国出版的事例也并不多见。尽管我们的研究成果尚微不足道，但是今后我们将致力开展更深入的共同研究。而最为重要的是在这种友情的基础上保持相互信任与热情。希望我们的共同研究能在学术交流形态上引起反响。

最后，谨代表参加本次项目的海外事情研究所的优秀研究工作者，向以曹龙骐教授和袁易明副主任、黄卫平所长为代表的各位中方研究者表示敬意。并对两所大学、校长以及相关工作人员的协助表示衷心感谢，同时对为共同研究活动花费了宝贵时间的行政部门和企业表示感谢。

日本熊本学园大学附属海外事情研究所所长

香川正俊

2007 年 4 月 30 日

目　录

中国金融体制改革：回顾与前瞻 …… 1

第一节　中国金融体制改革的历程 …… 1

第二节　中国金融体制改革的成就 …… 5

第三节　中国金融体制改革的经验 …… 7

第四节　中国金融体制改革需要解决的问题 …… 9

第五节　金融体制改革面临的挑战 …… 12

第六节　未来中国深化金融体制改革的思路 …… 15

中国发达地区产业发展与结构调整研究 …… 25

第一节　前言：中国改革开放以来的产业结构调整 …… 26

第二节　深圳产业结构演进与评价 …… 29

第三节　深圳产业结构的有效性分析 …… 49

第四节　深圳产业结构选择与未来发展 …… 57

深圳社会保险制度研究 …… 72

内容提要 …… 72

第一节　深圳社会保险制度 …… 75

第二节　深圳养老保险制度现状研究 …… 78

第三节　深圳医疗保险制度现状研究 …… 84
当前中国行政区划体制改革评析 …… 93
第一节　中国行政区划变革的简要回顾 …… 94
第二节　中国现行行政区划体制以及改革的焦点问题 …… 96
第三节　当前中国行政区划改革态势 …… 102
第四节　中国行政区划改革的走向 …… 107
市场规律与不良债权问题 …… 112
第一节　金融改革与全球化 …… 112
第二节　金融改革与金融行政 …… 113
第三节　市场规律与政府注资问题 …… 128
第四节　金融危机与金融行政的强化 …… 131
现代日本地方制度改革的动向 …… 134
序 …… 134
第一节　国家与地方职责分担的现状 …… 135
第二节　市町村合并 …… 140
第三节　道州制 …… 149
结束语 …… 155
日本制造业回归之探讨 …… 156
序言 …… 156
第一节　日本回归现象 …… 157
第二节　日本回归现象的原因 …… 159
第三节　关于日本回归的理论分析 …… 162
第四节　从中国角度看日本回归的现实可能性 …… 169
结束语 …… 174
日本经济增长、发展及各产业间差距 …… 176
第一节　战后日本经济的增长及发展 …… 176
第二节　经济增长、发展的主要原因 …… 177
第三节　产业结构的变化及其特征 …… 179
第四节　日本产业间的差距：要因及推定 …… 184
第五节　日本产业中经济增长、衰退的要因分析 …… 186
第六节　作为结构问题的“扭曲的资源分配问题” …… 192
第七节　新增长及经济政策课题：对经济政策的启示及总结 …… 195
日本地方自治体的会计改革 …… 199
第一节　夕张市破产暴露的问题 …… 199
第二节　云南市财政状况的说明 …… 200

第三节　根据资产负债表进行的分析…………………………………………………… 201
第四节　资产负债表的必要性……………………………………………………………… 203
第五节　现金流量表及行政成本报表的作用………………………………………… 205
第六节　地方财政的危机即自治体会计系统的危机……………………………… 209
第七节　未解决的问题……………………………………………………………………… 210
第八节　地方会计改革的课题—引入“四大财务报表”　……………………… 214
中国加入 WTO 与国际市场结构 ……………………………………………………… 217
前言……………………………………………………………………………………………… 217
第一节　里根经济政策的失败与美国主导的货币、通商改革……………………… 219
第二节　对 1984 年《通商、关税法》中第三篇“国际贸易、投资法”的认识与政策逻辑…………………………………………………………………………… 221
第三节　GATT/乌拉圭圆桌会议与世界贸易组织 ……………………………………… 222
第四节　中国的加盟对 WTO 的意义—脱离国际规律的“WTO 追加”条件　……… 224
第五节　加入 WTO 对中国的影响—当代国际市场结构与中国贸易　…………… 228
结束语…………………………………………………………………………………………… 233
中国深圳市地区福利的现状与问题……………………………………………………… 234
序………………………………………………………………………………………………… 234
第一节　深圳经济特区的现状……………………………………………………………… 235
第二节　盐田地区的社区居民委员会……………………………………………………… 236
今后的问题……………………………………………………………………………………… 240
东亚老年人养老保障制度开展的特质及问题…………………………………………… 241
第一节　问题提出……………………………………………………………………………… 241
第二节　福利国家论中的东亚……………………………………………………………… 242
第三节　三个对象的护理保障制度、措施实施与特征及问题…………………………… 243
结束语…………………………………………………………………………………………… 253
医疗保险及诊疗报酬制度………………………………………………………………… 255
第一节　医疗保险……………………………………………………………………………… 255
第二节　诊疗报酬……………………………………………………………………………… 262

《深圳证券市场的发展、规范与创新研究》

（深圳改革开放研究丛书）

曹龙骐　郭茂佳　李辛白　周伍阳　编著

人民出版社　2010 年 8 月第 1 版

目　　录

前言 …… 1

第一篇　深圳证券市场的形成背景

第一章　深圳证券市场形成的历史背景 …… 3
　第一节　党的十一届三中全会为我国证券市场的创建和发展指引了方向 …… 3
　　一、党的十一届三中全会精神如阳光普照、春风化雨 …… 3
　　二、党的十一届三中全会为我国证券市场的创建和发展打开了通道 …… 4
　第二节　社会主义初级阶段理论是我国证券市场形成的基石 …… 6
　　一、社会主义初级阶段理论是对社会主义和中国国情的再认识 …… 6
　　二、社会主义初级阶段理论为创建和开拓中国证券市场奠定了基础 …… 7
　第三节　创建经济特区的思路是开拓和发展深圳证券市场的强大推动力 …… 9
　　一、经济特区建立市场经济体制模式对深圳证券市场的推动 …… 9
　　二、经济特区的开放性、外向性战略对深圳证券市场的推动 …… 10
　　三、经济特区在改革开放中发挥“试验”“探路”作用对深圳证券市场的推动 …… 11
第二章　深圳证券市场形成的实践背景 …… 13
　第一节　转换企业经营机制、提高货币资金使用效率是我国证券市场形成的现实要求 …… 13
　　一、资本增值是资本运动本身的强烈要求 …… 13
　　二、改革开放条件下金融资产迅速集聚和融资渠道单一的矛盾凸显 …… 14
　　三、横向经济联合为货币资金的横向融通提出了要求和创造了条件 …… 18
　第二节　建立在证券市场基础上的股份制经济已成为历史发展的必然 …… 20
　　一、我国早期股份制经济及其发展 …… 20
　　二、深圳股份制经济的发展 …… 24

三、深圳股份制经济发展的必然性和特殊性 …… 27
四、在发展中不断规范的股份制经济是证券市场发展的重要载体 …… 28
第三章 深圳证券市场形成的理论背景 …… 31
第一节 社会主义市场经济体制是我国证券市场形成的重要依托 …… 31
一、我国社会主义市场经济体制的确立 …… 31
二、社会主义市场经济体制是特区证券市场形成的重要依托 …… 34
第二节 邓小平理论、“三个代表”重要思想和科学发展观是我国证券市场建立和发展的指导思想 …… 35
一、邓小平理论与我国的证券市场 …… 35
二、“三个代表”重要思想与我国的证券市场 …… 37
三、科学发展观与我国的证券市场 …… 38
第二篇 发展中重规范的深圳证券市场—萌发初创期（1978 年 12 月—1995 年 10 月）
第四章 萌发期的深圳证券市场 …… 47
第一节 萌发期的深圳股票发行市场 …… 47
一、股票发行市场 …… 47
二、股票交易市场 …… 50
三、股票市场行情走势 …… 52
第二节 萌发期的深圳债券市场 …… 60
一、国债市场 …… 60
二、企业债券市场 …… 61
第三节 萌发期的深圳证券机构 …… 62
一、深圳证券经营机构的设立及其运作 …… 63
二、深圳证券登记公司的设立及其运作 …… 66
三、深圳证券交易所的设立及其运作 …… 69
第四节 萌发期的深圳证券市场主体 …… 78
一、快速起步的上市公司 …… 78
二、上市公司运作中的几个问题 …… 79
三、迅速壮大的证券投资者 …… 83
四、证券投资者与上市公司和证券投资基金 …… 87
第五节 萌发期的深圳证券市场管理 …… 91
一、深圳证券市场的管理架构 …… 92
二、深圳证券市场的法规建设 …… 96
三、深圳证券市场的政府管理 …… 98
第六节 萌发期的深圳证券市场在发展中重规范的阶段性总结和启示 …… 100
一、萌发期的深圳证券市场取得的成就及其意义 …… 101
二、萌发期的深圳证券市场存在的问题及其启示 …… 108

第五章　初创期的深圳证券市场…… 115
第一节　初创期的深圳股票发行市场…… 115
一、股票发行市场概况…… 115
二、股票发行方式不断创新…… 117
三、股票发行实行严格额度管理制度…… 121
四、股票发行导致股份公司股权机构人为分割…… 122
五、股票发行定价机制与新股炒作问题突出…… 123
第二节　初创期的深圳股票交易市场…… 123
一、股票交易市场概况…… 123
二、股票交易市场投机性强、股价波动大…… 124
三、股票交易市场的基础—上市公司的整体结构仍不尽合理，上市公司质量还有待提高…… 126
第三节　初创期的深圳债券市场…… 135
一、债券现货市场破足前行…… 135
二、债券期货市场风雨飘摇…… 137
第四节　初创期的深圳证券市场主体…… 139
一、集中统一的证券监管机构和市场监管…… 139
二、深圳证券交易所的软硬件建设和效率提升…… 141
三、证券经营机构的发展与规范…… 143
四、“老基金”机构投资者的设立和成长…… 146
第五节　初创期的深圳证券市场发展的阶段性思考…… 148
一、“公开、公平、公正是证券市场的核心，建立集中统一的全国性证券监督管理机构刻不容缓”——1992 年深圳“8·10”事件的深刻教训…… 148
二、“三分业务、七分政治”——1994 年“三大政策”的深入思考…… 150
三、“优秀的上市公司是证券市场健康发展的基石”—深圳“原野事件”的思考和启示…… 152
第三篇　规范中求发展的深圳证券市场—发展调整期（1995 年 10 月—2000 年 8 月）
第六章　发展调整期的深圳证券市场的监管体系…… 157
第一节　发展调整期的深圳证券市场的监管架构…… 157
一、迈向规范的深圳证券市场监管体系…… 157
二、集中统一的深圳证券市场监管体系正式形成…… 162
第二节　深圳证券市场监管法规体系在规范中不断健全…… 167
一、中央证券管理部门颁布了一系列规范性法规…… 167
二、深圳证券交易所颁布了一系列配套性监管规章…… 169
第七章　发展调整期的深圳股市、债市和基金市场…… 173
第一节　在规范中不断发展的深圳股票市场…… 173

一、股票发行市场在规范中不断扩张…………………………………………………… 173
二、股票发行制度在规范中不断完善…………………………………………………… 180
三、股票交易市场规模在规范中不断壮大……………………………………………… 189
第二节　在规范中不断发展的深圳债券市场…………………………………………… 200
一、国债市场在规范中稳步前行………………………………………………………… 200
二、企业债券市场的规范发展…………………………………………………………… 209
第三节　在规范中不断发展的深圳基金市场…………………………………………… 216
一、基金市场在规范中的发展历程……………………………………………………… 216
二、规范的基金市场基本形成…………………………………………………………… 218
第八章　发展调整期的深圳证券市场主体……………………………………………… 221
第一节　在规范中不断发展的上市公司………………………………………………… 221
一、上市公司在规范中的发展历程……………………………………………………… 221
二、上市公司规范发展的特征分析……………………………………………………… 225
三、上市公司规范中发展的主要问题分析……………………………………………… 226
第二节　在规范中不断壮大的投资者队伍……………………………………………… 230
一、投资者队伍在规范中的发展历程…………………………………………………… 230
二、机构投资者在规范中的发展历程…………………………………………………… 232
第三节　发展调整期的证券中介机构…………………………………………………… 234
一、在规范中不断发展的证券经营机构………………………………………………… 234
二、在规范中不断发展的深圳证券交易所……………………………………………… 240
三、在规范中不断发展的深圳证券登记公司…………………………………………… 243
四、在规范中不断发展的其他中介机构………………………………………………… 244
第九章　发展调整期的深圳证券市场的交易技术与服务……………………………… 246
第一节　在规范中不断升级的市场交易技术…………………………………………… 246
一、交易结算系统不断优化……………………………………………………………… 247
二、交易通信网络升级扩容……………………………………………………………… 247
第二节　在规范中不断优化的市场服务………………………………………………… 249
一、市场成本不断降低…………………………………………………………………… 249
二、市场服务不断创新…………………………………………………………………… 250
三、理论研究先行一步…………………………………………………………………… 251
第十章　深圳证券市场在规范中求发展的阶段性思考………………………………… 252
第一节　深圳证券市场规范发展的特征分析…………………………………………… 252
一、深沪证券市场平衡发展格局逐步形成……………………………………………… 252
二、市场运行体制不断走向规范………………………………………………………… 253
三、市场风险防范建设大大加强………………………………………………………… 255
四、成为服务国有企业改革的重要平台………………………………………………… 256

五、深圳市高新技术板块构建思路明晰…………………………………… 257
第二节　深圳证券市场规范发展的原因分析………………………………… 258
一、正确处理好市场规范和发展的辩证关系…………………………… 258
二、制度创新是市场规范发展的基础所在……………………………… 260
三、政府对证券市场理念的战略性转变………………………………… 262
四、“八字方针”成为深市规范发展的指引 …………………………… 263
五、证券法成为深圳市规范发展的牢固基石…………………………… 264
第三节　世纪之交的深圳证券交易市场……………………………………… 265
一、1999 年深市进入规范发展新阶段 ………………………………… 265
二、规范的深圳证券市场在新千年会有更大的发展…………………… 266

第四篇　发展和规范中不断深化的深圳证券市场—多层次资本市场探索创新期

第十一章　深圳构建多层次资本市场的历史背景…………………………… 275
第一节　“经济特区”已再难承载深圳继续腾飞的重任 ………………… 275
一、“经济特区”等于优惠政策的时代已一去不复返了 ……………… 275
二、“经济特区”的稀缺性程度大大降低 ……………………………… 276
三、设立“经济特区”的原有目的已开始转向 ………………………… 276
四、“经济特区”的发展前途受到新的制约 …………………………… 277
第二节　多层次资本市场为深圳特区发展插上了腾飞的翅膀……………… 277
一、拥有多层次资本市场的深圳可以收到比过去特区更特的功效……… 278
二、多层次资本市场可以帮助深圳解决经济腾飞中所面临的一系列现实问题…… 279
三、多层次资本市场是深圳经济总量的重要组成部分…………………… 281
第十二章　深圳多层次资本市场探索的过程………………………………… 283
第一节　深圳资本市场走向多层次化的曲折历程…………………………… 283
一、深圳资本市场的单层次时代………………………………………… 283
二、深圳资本市场的多层次雏形时代…………………………………… 285
第二节　深圳多层次资本市场建设为何进展缓慢…………………………… 292
一、受制于认识层面的干扰……………………………………………… 292
二、受制于计划经济思想的影响………………………………………… 293
三、受制于狭窄的资本市场功能定位…………………………………… 293
四、受制于众多的行政壁垒……………………………………………… 294
五、受制于对多层次资本市场风险的顾忌……………………………… 295
六、受制于法律法规的缺失……………………………………………… 296
七、受制于逆世界潮流而动的资本市场发展路径……………………… 298
第十三章　深圳构建多层次资本市场面临的挑战…………………………… 299
第一节　深圳构建多层次资本市场的切入点亟待厘清……………………… 299
一、资本市场的概念亟须重新梳理……………………………………… 299

二、多层次资本市场的内涵亟待澄清…………………………………………………… 302
三、度量资本市场层次的尺度亟待选定………………………………………………… 306
第二节　深圳构建多层次资本市场的分级方法亟待达成共识……………………… 314
一、多层次资本市场分级方法扫描…………………………………………………… 314
二、深圳多层次资本市场分级方法的确立…………………………………………… 317
第三节　深圳构建多层次资本市场的思路亟待跳出迷局…………………………… 323
一、是尊重历史，还是面向未来……………………………………………………… 323
二、是走向分割，还是走向统一……………………………………………………… 330
三、是着眼于条条，还是着眼于条块结合…………………………………………… 334
四、是发展重于稳定，还是稳定重于发展…………………………………………… 338
五、是偏重模仿，还是勇于创新……………………………………………………… 339
第十四章　分层次完善深圳资本市场体系的策略………………………………… 347
第一节　改革主板市场………………………………………………………………… 347
一、规模要走向集中化………………………………………………………………… 348
二、模仿重心要走向制度化…………………………………………………………… 355
三、组织形式要走向公司化…………………………………………………………… 355
四、经营管理要走向商业化…………………………………………………………… 358
五、交易方式和交易品种要走向多样化……………………………………………… 359
六、监管职责要走向单一化…………………………………………………………… 360
七、场内交易要走向虚拟化…………………………………………………………… 361
八、法律定位要明晰化………………………………………………………………… 363
九、市场范围要迈向国际化…………………………………………………………… 363
第二节　完善创业板市场……………………………………………………………… 366
一、打消对创业板市场的种种顾虑…………………………………………………… 366
二、完善创业板市场亟待理清的思路………………………………………………… 369
第三节　激活三板市场………………………………………………………………… 375
一、激活三板市场面临着重要的机遇………………………………………………… 375
二、激活三板市场的重要举措………………………………………………………… 378
第四节　整合产权交易市场…………………………………………………………… 383
一、产权交易市场是深圳多层次资本市场的必要环节　…………………………… 383
二、产权交易市场既面临着发展的大好契机，也面临着许多难题………………… 386
三、整合产权交易市场的若干思路…………………………………………………… 389
主要参考文献…………………………………………………………………………… 398
附录　深圳证券市场大事记…………………………………………………………… 405

前　言

在改革开放以前，要在我国建立社会主义的证券市场，是一个不可想象的事情。但深圳经济特区经过30年的艰难曲折探索，突破了体制、理念、地域上的局限，终于实现了这一目标。特别是1990年12月1日深圳证券交易所的诞生，激扬的开市钟声敲响了中国企业产权变革的前奏。如今，以深圳证券市场和上海证券市场为代表的我国证券市场已经成为亚洲主要证券市场之一，也是全球最具有活力和潜力的证券市场之一。历史证明，在中国建立和开拓证券市场，它既要有极大的勇气突破传统观念和理论禁区，也需要有依据中国特色的实事求是基础上的创新精神。

伴随着深圳经济特区的改革开放历程，深圳证券市场在发展和规范过程中不断成长壮大，取得了举世瞩目的业绩。截至2009年12月31日，在深圳交易所上市公司共830家，市价总值5.93万亿元，会员达到114家；投资者队伍超过8576万人；市场交易额由1991年的36亿元增加到18.94万亿元；上市公司在深圳市场累计筹集资金超过7500亿元。2009年创业板市场在深圳开业。目前，总部设在深圳的证券公司有17家，总资产约4800亿元，占全国近30%；全国60家证券投资基金管理公司中有17家在深圳注册设立。一大批在深圳主板、中小板和创业板上市的上市公司，它们既是获得快速发展、资产质量优异、居行业前沿地位的“领头羊”，也是现代企业制度的“先行者”。

回顾往事，今天的成就实在来之不易。就深圳证券市场而言，在30年前地处广东沿海的一个边睡小镇、没有什么经济基础、金融业十分薄弱、通信条件非常落后、各方人才特别是金融人才非常匮乏的状况下，在特区人敢闯、敢干的精神激励下，直面诸多障碍和严峻挑战，破土而出，并在快速发展中重规范，在规范中求发展，在规范和发展中不断得以完善和深化。回顾发展历程，深圳证券市场之所以有今天的成就，离不开党和政府对证券市场发展和规范的领导和支持；离不开各类投资者和经营者的理性思维和协调配合；离不开一支在证券市场发展和规范过程中不断锤炼和造就的高素质、有战斗力的管理团队；离不开特区人敢闯、敢干、敢于面对困难曲折和勇于开拓创新的精神。正是来自方方面面的不懈努力奋斗，凝结了人们探索中国证券市场的智慧和心血，克服了一个个困难，取得了令人震惊的业绩。特区人深深体会到，归根到底，这得益于邓小平理论、“三个代表”重要思想和科学发展观的指引。不然，就不可能有深圳证券市场的存在，也就根本谈不上深圳证券市场的发展、规范、创新和深化。

资本市场特别是证券市场作为人类社会经济发展中的创新成果，它体现了对文明社会的巨大贡献。资本市场具有筹集社会资金和转换企业经营机制，通过信息披露获取价格发现的独特功能，它对经济社会体制的转换、提高社会资本的使用效率、现代企业制度的建立都具有巨大的推动作用。然而，在我国社会主义建设的很长一段时间里，由于我国客观上存在的僵化的体制和呆板的理念，这一人类在长期实践中创造的文明成果没有得到利用，甚至还被视为资本主义社会的附属物和社会风险的根源所在。邓小平同志从全球视野，立志高远地提出了关于股票市场要“坚决地试”的指示，促使人们驱散思想迷雾，对创立和开拓证券市场充满信心。

然而，发展的道路并不平坦。就深圳证券市场来说，1992 年发生的“8·10”风波和原野事件，一度引起人们对证券市场的疑惑；1994 年和 1995 年两年，深圳证券市场因持续低迷而几乎滑到了崩溃的边缘，引起了人们的困惑；2000 年以后创业板筹建近十年迟迟未出台，新股暂停发行，又是一场严峻的考验。但事实是，深圳证券市场发展过程中虽困难重重，跌宕起伏，但特区人勇于面对，在困难中坚持；设法应对，善于在曲折中奋起。正是将多次的曲折作为磨炼和提升的最好机遇，为深圳证券市场的发展不断注入了创新的动力，才迎来了一个又一个新的发展机遇。正如时任深圳证券交易所总经理、现任上海证券交易所总经理的张育军先生所说：“深圳证券市场能够取得现在的成就，前后凝聚了一批批有志之士为之奋斗的心血。透过字里行间，我们依稀看到他们筚路蓝缕、以启山林的身影，看到他们布满血丝与智慧的眼睛。值得他们欣慰的是，经过他们持之以恒的努力和耕耘，深圳证券市场正日积月累、一步步地走上更高的台阶。”

如今，历史的发展也已证明，很多人也已理解：我们已经进入了一个资本市场时代，这一全新的时代，是一个财富通过证券化变成资本的时代；是一个资本充分融通获取最佳效益的时代；是一个全民投资意识和风险意识得以极大提高的时代；是一个通过投资融资和资产的证券化促使市场机制重塑的时代。总之，通过这一市场，资本的意志得以充分体现；资本的力量得以充分放大；资本的潜能得以充分释放；资本运作机制得以充分发挥。有专家预计，到 2020 年，沪深两地股票市值将会达到 100 万亿，届时，我国将在“十四五”到来之际成为世界金融中心，并使中国由经济大国变为名副其实的世界金融大国。

为纪念深圳经济特区创建 30 周年，我们历时数年，就深圳特区证券市场这一重大课题进行调查、收集资料和切磋研讨。有人说：“写一部书难，写好一部研究型的史书更难”，但出于我们对深圳经济特区的敬仰和爱慕之心，出于我们的专业积累和工作责任，虽自感心有余而力不足，但我们思虑再三，还是鼓起勇气在各种困难的条件下着力去完成这一意愿。

本书由长期从事金融理论和实务研究四十多年的金融学博士生导师曹龙骐承担全书框架设计和写作主线定位。我们在收集和分析繁多资料中发现，深圳证券市场的建立和开拓是有其深刻的形成背景的，在此基础上，我们紧紧围绕“发展、规范和创新”这一条主线展开研究。从 1978 年 12 月党的十一届三中全会算起，至 1995 年 10 月萌发初创期的 17 年中，总体上看，以发展为主，但在发展中注重规范；从 1995 年 10 月至 2000 年 8 月的发展调整期共 5 年，以规范为主，但在规范中力求发展；近十年即从 2000 年至今，属于在发展和规范的交替互动中不断深化的探索创新期，并已初步形成多层次资本市场的格局。

关于发展和规范的关系，我们的观点是：①发展和规范是两个既对立又统一的不可分割的两个方面，并不矛盾，相辅相成。其统一体现在：没有发展，就谈不上规范；没有发展，规范也就失去其意义。而不规范不是真正的发展，甚至造成发展的障碍。其对立体现在：脱离实际的陈规戒律不是真正的规范，它会抑制证券市场的发展；而发展超越了市场规律的客观要求，也会引起发展的变形和扭曲，使规范无法实施。②规范和发展虽没有先后之分，但它作为一个相对动态平衡的过程，在相互的交替和作用中，依据客观情况则可以有所侧重。一般而言，在证券市场发展初期，发展的需求要大于规范；但不能忽视在证券市场失衡时，应注重于规范；而在证券市场相对成熟时，则往往又偏重于发展。③实践证明，只要证券市场真正在发展，这个市场也就是在规范中发展的市场；而证券市场屡屡碰到障碍和阻力，这个市场往往是既不规范又难以发展的市场。④规范的对象是整个市场，不能就市场发展中的个别问题断定这个市场不规范。同样，发展是数量和质量的统一，不能就发展中的一时进展或一点问题而断定市场是否规范。⑤规范是一个渐进、长期、繁难的过程，规范要从体制、法制抓起。任何规则的制定和法制的推行，甚至是政府的干预，其关键要看能否为市场营造有利于证券市场发展和稳定的环境。⑥从长远看，发展和规范的证券市场是政府最少干预的市场。从深圳证券市场发展和规范的历程分析，在处理和把握发展和规范的关系上是有成效的，具体体现在“重”和“求”两个字以及“探索创新”上，即“在发展中重规范，在规范中求发展”，且“是一个在探索中不断创新的过程”。

依据深圳证券市场“发展规范”、“探索创新”这条主线，本书分四大篇共十四章。第一篇为“深圳证券市场的形成背景”，对其可细分为历史背景、实践背景和理论背景三大块。历史背景可从党的十一届三中全会为证券市场创建和发展指引方向、社会主义初级阶段理论是证券市场形成的基石和创建经济特区是深圳证券市场的强大推动力三个方面论述。实践背景可从转换企业经营机制、提高货币资金使用效率的现实要求和建立在证券市场基础上的股份制经济已成为历史发展的必然两个方面论述。理论背景可从社会主义市场经济体制是我国证券市场形成的重要依托以及邓小平理论、“三个代表”重要思想和科学发展观是我国证券市场建立和发展的指导思想两个方面论述。之所以将形成背景作为深圳证券市场创建和发展研究的一个不可缺少部分，其重要性在于，这些背景是深圳证券市场产生和发展的必要条件，尽管其作用好像只是在证券市场发展前期体现得较为明显，但实际上是贯穿于证券市场发展全过程（包括今后发展的趋势和方向）的。尽管深圳成立初期也有证券市场初发的萌芽，但这还是“自然王国”，或说是自发的、稚嫩的。实践证明，只有在特定的历史背景、实践背景和理论背景下形成的深圳证券市场，才是“必然王国”，具有真正的抗险性和生命力。第一篇由曹龙骐教授编写。

第二篇为萌发初创期（1978 年 12 月—1995 年 10 月），这一时期从总体上看，以发展为主，但在发展中注重规范深圳证券市场。其又可细分为萌发和初创两个时间段。萌发期可追溯到党的十一届三中全会召开，主要是因为这次会议如阳光普照、春风化雨，为我国证券市场的创建和发展打开通道。萌发初创期之所以到 1995 年 10 月为止，是因为此时集中统一的深圳证券市场监管体系正式形成。由此，这一时期的内容主要包括股市和债市的形成，股价波动因素交杂繁多，债券期货市场风雨飘摇，监管机构从分散的地方性到集中统一的全国性转换。这一时期的主要启示：一是在实践中认识到公开、公平、公正是证券市场的核心；二是建立集中统一的全国性证券监督管理机构的紧迫性；三是处理市场和政府干预关系的重要性；四是优秀上市公司是证券市场健康发展的基石。这一时期可称为“发展中重规范的深圳证券市场”。该篇由李辛白硕士编写。

第三篇为调整发展期（1995 年 11 月—2000 年 8 月），这一时期从总体上看以规范为主，在规范中力求发展。调整发展期之所以到 2000 年 8 月为止，因为此时从上到下的监管体系更成熟更有组织性，在此基础上深圳证券市场逐渐走上在发展和规范的交替互动中不断探索创新之路，为建立多层次资本市场创造条件并有所建树，形成所谓“规范中求发展的深圳证券市场”。由此，这一时期的主要内容包括不断健全的监管体系，不断发展的深圳股市、债市和基金市场，不断趋好的上市公司，不断壮大的投资者队伍，不断完善的中介机构，不断升级的市场交易技术，不断优化的市场服务等方面加以论述。这一时期的主要启示：一是规范的证券市场运行体制是防范风险的根本所在；二是制度创新是证券市场发展规范的基础所在；三是制定和完善证券法是深圳证券市场发展规范的牢固基石所在。该篇由周伍阳博士生编写。

第四篇探索创新期（2000 年 9 月至今），这一时期从总体上看处于“在发展和规范中不断深化的深圳证券市场”，其内容重点围绕着特区建立多层次资本市场的必要性和重要性、探索路径、面临的挑战以及构建策略等诸方面加以论述，特别是对如何改革主板市场、完善创业板市场、激活三板市场和整合产权交易市场等方面提出合理有效的建议。这一时期的主要启示：一是认清深圳腾飞的引擎非多层次资本市场莫属；二是如何从理念上厘清深圳建立多层次资本市场的思路；三是如何探寻分层次完善深圳资本市场体系的策略。由此，这一时期也可称为“在发展和规范中坚持探索创新的深圳证券市场”。另附有“深圳证券市场大事记”，由郭茂佳教授编写。

以上四个部分初稿写成后，由曹龙骐教授负责第二、四篇，郭茂佳教授负责第三篇的内容组合和修订补充。最后，由曹龙骐教授撰写前言和总纂定稿。

本书的主要创新点表现在：①思路明确，主线清晰。依据深圳证券市场发展全过程，将全书内容分为既紧密联系、又层层递进的 4 篇 14 章 42 节，全书遵循邓小平理论、“三个代表”重要思想、科学发展观为指导思想，坚持以社会主义市场经济理论、社会主义初级阶段理论、现代企业制度理论为论述基础，紧紧围绕“发展中重规范、规范中求发展、坚持探索创新”这一主线展开：②史实和研究相结合。在反映历史、尊重历史的前提下，对每个时期深圳证券市场的发展和运作进行较为深入的评论，包括总结、启示、思考等，并提出一些建议性观点和应对策略，以增强本书的研究性和应用性，提升其理论和实践价值。③立足特区、辐射国内外。全书内容立足深圳经济特区证券市场的创建和发展，从一个重要侧面反映中国特区模式在由计划经济向市场经济转型中的路径依赖和制度设计，总结在这一转型期的历史经验和展示预期的科学发展。但不就深圳论深圳，就特区论特区，也注重联系国内（特别是上海、香港）和全球（特别是全球金融危机）的实际，揭示其在发展创新过程中的客观需要，以扩大本书的视野和深化本书的内容。④内容完整，重点突出。全书内容较完整，就证券市场而言，不仅是介绍股市、债市及其走势，还包括证券机构、市场监管、投资主体等方面的论述，并列有“大事记”和“参考书目”。但为了简明扼要，行文中也注重突出重点，以更好把握问题实质和解决问题的路径选择。

有专家评论：从 1996 年至 2006 年，这是中国资本市场的“第一个黄金成长期”，从 2007 年到 2016 年，中国将从“金融僻壤”到“金融资本强国”。从当代发达国家金融产业的发展现状及其演变趋势看，一个发达国家的金融体系应当是银行、证券和保险（指狭义保险）三大金融子产业形成均衡结构和合理布局，三者的比例大致应当为 1∶1∶1，而证券市场上证券市值总额一般要占到 GDP 的 100% 至 200%。可见，高度发达的证券市场，是优化社会资源配置和提高国家综合竞争力的重要渠道之一。中国要成为世界上真正的强经济体，拥有以现代资本市场为核心的高度发达的成熟的现代金融业，是一个关键因素。还有专家估算，如果中国资本市场到2016年证券市值达到74万亿元—90万亿元的话，则目前每年需要增长6.5万亿元至8万亿元的股票市值，届时我们才有可能达到“会当凌绝顶，一览众山小”的境界。

总之，尽管中国资本市场发展过程中存在有诱惑、困惑和迷惑，也碰到许多障碍性因素，甚至经历过超级大熊市、投资者的巨大损失和全球金融海啸的冲击，但正如一位伟人说过：“每一次历史的倒退都会以一次更大的进步为补偿”。近几年来，资本市场实施的一系列体制性变革就是得到“历史性补偿”的见证，如股权分置改革的实施、上市公司质量的提升、市场信心得到恢复、产品创新的涌现、市场基础的夯实、多层次资本市场的推进等、这一系列变革也表明有力的印证，只要我们把握“改革开放”和“科学发展”的整体方略，坚持“实事求是”、“与时俱进”的思想路线，自觉地把思想认识从那些不合时宜的观念、做法和体制的束缚中解放出来，客观评价取得的成效，积极妥善处理出现的问题，勇于应对各式各样的严峻挑战，那么可以肯定，未来中国的资本市场一定是一个富有创新、充满活力的市场，其前景将一定是非常美好的。

编著者

2009年12月31日

第二章 深圳证券市场形成的实践背景

第一节 转换企业经营机制、提高货币资金使用效率是我国证券市场形成的现实要求

一、资本增值是资本运动本身的强烈要求

对于“资本”这个词，传统的观点是指只在资本主义社会存在的、与资本家天然地联系在一起的概念，所谓“资本就是资本家的化身”。我国改革开放前一段很长时期，对“资本市场”概念的表述，通常只能提“资本市场”或“金融市场”这两个词，直至党的十四大三中全会文件中才首次正式提出“资本市场”这一概念。显然，“资本”和“资金”从含义上说没有什么本质的差别，目前两者普遍的通用已是司空见惯。

当然，就资金和货币而言，两者既有联系也有区别。它们之间的相异主要表现在：货币是一般等价物，但资金是在生产过程中不断循环周转的有专门用途的能够增值的一定的价值量。可见，货币和资金两者在表现形态和需要量上均有所不同。货币只是货币形态，而作为资金，可能是货币形态的资金，也可能是实物形态的用货币表述的一定价值量（如生产资金、商品资金等）。

货币和资金两者之间的相同主要表现在：无论是货币或资金它们都表现为一定的价值

量，也就是说都可以用货币来表示。假如你问一位企业家有多少资金，他回答说两个亿，实际上他是指企业所拥有的货币（现金+存款+金融资产）和大量实物（机器、厂房、原燃料等）形态用货币标价的总和。

作为货币资金，从本性上说有一个强烈增值的要求，当然，这种增值的实现，要靠活劳动和物化劳动的优化组合来推动。正因为如此，企业家特别注重货币资金的周转和运用，以提高它的赢利水平。作为中介机构的银行，极力组织大量的社会闲置资金，形成巨大的力量，贷给那些急需要资金的企业或个人，在资金的不断循环周转中实现增值的愿望。反之，资金不流动就不可能实现其增值的要求，也等于没有资金。

按照马克思的论述：资金的增值，可能在简单再生产情况下实现。但资金的这种增值冲动并不限于此，而是要求在资本利润的不断积累基础上实现扩大再生产，即在更宽的领域以更快的周转速度实现其增值。当今世界，已跨入虚拟经济时代，在金融创新的背景下，货币资金的价值在多种信用工具特别是衍生金融工具的运用和演变中不断膨胀，资金增值性已扩大到一个主要依靠资本运营来全面推动的境界，其主要表现为资产证券化状况下依靠证券市场的运作来实现。

由此看来，资本市场作为一种生产要素，它具有增值的强烈要求，而这一要求又是依靠“简单的生产运行—扩大的生产运行—资本运营”这样一个由高级到低级的演变运行过程来实现。当然，这一过程的顺利进行，还得靠制度演变和技术进步双方在互动中不断向前推进，以达到一个预期的境界。

二、改革开放条件下金融资产迅速集聚和融资渠道单一的矛盾凸显

在我国传统的计划经济体制下，财政实施统收统支的集中型资金的管理方式，企业的资金来源以财政无偿拨款为主，以银行有偿贷款为辅，企业的资金来源和赢利分配绝大部分由财政部门一手包办。据1979年年末国家统计局的统计数据表明，在全民所有制企业中，固定资产投资几乎全部是财政拨款，流动资金中财政拨款也占40%，两者相加总共占财政拨款的70%。20世纪80年代初以来，两次“利改税”和承包制使企业留利额显著增加，地方和企业自有资金逐年增加，企业拥有较多的、可供自己自由支配的资金。从1978年到1988年，我国国有企业留利额从27.5亿元大幅增加到700.6亿元。另外，改革开放以来，国家适当调整了积累与消费的比例的关系，增加职工的收入水平。与此同时，农村实行承包责任制后农民收入也有所增加。随着社会各阶层收入的增加，人们的储蓄存款量以及手持现金量也有一定的幅度的增加，社会闲散资金逐年增多。1978年全国居民储蓄存款为210.6亿元，占GDP的5.81%；到1985年，全国居民储蓄存款达1622亿元，占GDP的22.36%；1990年全国居民储蓄存款已达7119.8亿元，占GDP的38.9%。由此，我国储蓄主体由政府逐步转为企业和居民。1978年我国储蓄结构中居民仅占14.9%，企业占11.8%，政府占73.3%；到1985年，居民占40.1%，企业占38.9%，政府部门大幅下降为21.0%。企业留利额和居民收入的增长为股份制成长提供了一定的物质基础，因为企业和居民手中财富得增加为企业采用股份制形式集资扩大再生产提供了可能，这也使20世纪80年代股份制进入萌芽期且初步发展起来。在1984年到1986年这3年间，我国社会资本集资每年约有100亿

元，集资的主要形式有：股份制、合伙经营、集资联营和以资代劳等。

从1979年至1983年，中国农业银行、中国银行、中国人民银行和中国工商银行相继成立，在我国投资主体和储蓄主体日益分离的情况下，承担了吸收社会储蓄并向外贷款的金融中介业务。这样，以“拨改贷”为标志的企业融资结构，实现了从以财政无偿补贴为主向以银行有偿信贷为主的金融支持变迁，这是我国投融资制度的一项重大变革。但我国银行融资制度发展于我国经济市场化不成熟、理论认识也相对肤浅的20世纪80年代前期，其象征意义大于实际含义，并且诸多问题很快暴露。如在新的制度安排下，银行部门仍然受制于政府意志，给予某些特定的经济主体和经济领域以各种形式的利益补贴；在一段时间内，银行仍然代理财政向国企划拨基本建设和技术改造等各项资金；银行的贷款计划和利率水平继续受政府的严格控制，在财政和银行的关系上，财政应支未支、应拨未拨、应补未补而转嫁给银行的情况时有存在等，这些显然与财政直接拨款并没有多大区别，而受到严格监管的单一融资渠道严重地扭曲社会资源的优化配置效应。20世纪80年代后期银行贷款息差很大，民间借贷利率高达40%，而信贷规模又受到控制，大量居民储蓄资金不能有效转化为投资。更为严重的是，带有沉重计划经济烙印的银行融资体制主要融资对象是国有企业，较多效率低下的国有企业逼迫银行不断增加对它的融资，形成“国有企业资金陷阱”，国有银行在积累起庞大坏账和债务的同时也积累起金融风险。在这种形势下，开辟新的融资渠道势在必行。

1988年、1989年两年我国经济出现较大的波动，突出的表现在物价上涨率过高和企业经营困难。据国家统计局披露的数据，1988年我国物价总水平上涨18.5%，1989年上涨17.8%。过高的物价上涨引发了一定程度的社会问题。1989年开始，我国实行治理整顿的宏观经济政策，经济增长速度有所回落，GNP增长率由1987年、1988年的平均11%下降到1989年、1990年的平均4.5%。到1991年，经过3年的治理整顿，形式有所好转。1990年我国物价上涨下降为2.1%，1991年维持在2.9%的低水平。经济增长率在经历了一段时间的低谷运行和不均衡地缓慢回升之后，1991年以恢复到6.7%。

虽然经济形势向进一步好转的方向发展，但经济生活中的一些层次问题并没有根本解决。当时最主要的矛盾是：经济增长的推动力发生了变化，而经济体制和经济结构不能适应这种变化。经过多年的高速增长，我国经济当时正面临从量的扩张式经济增长向质的提高型经济增长转变，居民消费也出现了多样化的趋势，促使社会需求者对产品的质量和结构都提出了新的要求，已经开始用挑剔的眼光对待供给了，传统的供给结构不再能满足日益变化的居民消费需要。另外，社会经济受消费的驱动越来越大，居民消费心理对市场冷热变化的影响凸显。总之，市场变化开始主导经济发展的方向和程度，但传统的经济运行机制和经济管理模式不能顺应这些变化，制度变迁累积着越来越大的需求。

当时，还有两个重要问题是传统体制无法解决的：一是作为经济发展主力的国营企业后劲严重不足。有很大一部分企业，特别是一些国营大中型企业，面对迅速的市场环境，受体制束缚，应变能力严重不足，不少企业只能维持“病态运行”。企业发展也主要靠负债进行，靠银行贷款支撑，企业自有资金严重不足。二是居民金融资产的迅速聚集聚和融资渠道的单一给国民经济发展带来了新的课题。根据《中国统计年鉴（1991）》的统计数据，治理整顿前的1988年，我国城乡居民储蓄存款为3801.6亿元，到1991年迅速上升为9110.3亿元，在短时间内翻了一番有余，这是经济发展的必然结果，也是人们生活迈向小康的重要标志。但是们如何引导这些宝贵资源有效地发挥作用仍成为一个中心问题，当时主要通过间接融资手段，由银行将储蓄贷出去进入生产领域，但低效率的银行体系不仅加大了企业使用居民金融资产的成本，也成为引发供给波动的巨大压力。

总之，我国计划经济条件下传统的资金供给体制，随着社会主义市场经济目标的确立和改革开放政策的实施，促使大量原由政府掌控的资金分散到企业拥有，与此同时矛盾自然凸显，集聚在银行的资金不断增加，单靠间接融资的银行融资渠道已难以为继，多渠道融资体系的建立既是客观要求也是大势所趋，特别是建立在直接融资基础上的证券市场融资必然是重要的选择。

就深圳证券市场分析，它的创建有一定的基础。从证券发现市场看，早在1982年至1984年期间，深圳就先后出现了宝安投资（联合）总公司、深圳银湖旅游中心及宝安县一些集体企业公开发行股票筹集资金、走企业股份制道路的事例。当然，当时的股票不是真正意义上的股票，企业也不是真正意义上的股份公司。1987年3月，深圳发展银行率先进行股份制改革，成为中国首家拥有个人股份的银行。随后，金田、万科、安达、原野等公司也相继发行股票。

从证券市场看，1988年4月，全国第一家专业性证券公司－深圳经济特区证券公司开张经营股票柜台交易。随后其规模逐步扩大，1990年全国股票总成交额达18亿元，而深圳就占17.65亿元，证券商也从3家4个点发展到12家15个点。[①] 随着1990年12月1日深圳交易所的诞生，促使深圳的证券市场迅速实现由分散的柜台交易走向集中交易，由原先的现金交易走向非现金交易，由实物股票交易走向无纸交割交易，由手工操作走向电脑自动撮合，由市场内申报走向远程报盘，最终有一个区域性的证券市场迅速发展成辐射海内外的全国性证券市场。

三、横向经济联合为货币资金的横向融通提出了要求和创造了条件

20世纪80年代初，我国出现的横向经济联合，是指国民经济各部门、企业、单位之间，打破地区封顶和条块界限，实行多层次、多形式、多方位和多渠道的经济活动联合方式。这种联合方式既有紧密型，也有松散型；既有单项性的协作，也有综合性的配套；既有实体性的公司，也有服务性组织。这种联合形成了城乡一体、互为依托、你中有我、我中有你的经济格局。

横向经济联合实际上是高层次的经济联系。所谓横向经济联系，指的是在社会分工和商品交换条件下形成的一般社会经济联系。在我国，进入20世纪80年代，多渠道、多层次、多形式的横向经济联系已在逐步形成。决定这种经济联系的主要有两个因素：一是商品经济发展水平。可想而知，在简单商品经济条件下，横向经济联系是很少的。随着商品经济的发展，客观上要求生产组织形式向复杂的、高级协作阶段过渡，由此形成紧密程度不同的各种

① 王喜义著．深圳市的崛起与运作．中国金融出版社1992年版。

社会经济联系。二是经济体制的状况。回顾我国在高度集中型的僵化的经济体制模式下，人为地搞条块分割，地区封锁，显然不可能有横向经济联系的发展。

而横向经济联合，正是商品经济充分发展的要求下，从本企业的实际出发，“扬长避短”，采取“形式多样”的方法，达到“互利互惠、共同发展”的目的。这是对长期以来旧的经济体制的冲击，对条块分割的挑战。可见，这种横向的经济联合，不单是一般意义上的商品交换和协作关系，而是突破了地区、部门和所有制的界限，打破了企业“大而全”、“小而全”的组织结构，逐步形成的一种新的企业群体和企业集团。其优越性体现在：一是有利于企业实现生产要素的优化组合，充分挖掘现有企业的潜力；二是推动了企业技术进步，加速产品升级换代，在提高产品质量中增强企业的竞争力；三是促进了企业组织结构的合理化，为企业由长期的封闭型转变为开放型开辟了一条新途径；四是促成商品、资金、技术、人才和信息的合理流动，加速社会主义统一市场体系的形成，市场调节和引导作用日趋加强；五是促进了政府管理经济职能的转变，增加了城市经济的辐射功能。总而言之，横向经济联合能够带来企业经济效益和社会经济效益的普遍提高。

横向经济联合之所以形成并发发展，根本原因在于商品经济运动规律的客观要求。因为，商品经济的发展必须借助于市场机制，与此相联系，企业之间的联系只有通过市场直接发生，所以，整个社会经济的运行机制应该是一种横向的运行机制。一句话，横向经济联合是商品经济的基本特征。

横向经济联合的大趋势必然要求资金的横向融通。因为由横向经济联合所引起的物资、技术、劳务等生产要素的横向流动，必然要求以资金的横向融通为前提。可以设想，资金作为物资运动的“集结点”和“推动力”，如果不能依据横向经济发展的需要自由流动，就会使联合经济出现断裂和阻塞，影响联合的向前推进。可下这样的结论：横向经济联合是横向资金融通的基础，而横向资金融通又是横向经济联合的前提条件。

但是，当时的横向经济联合仍然是受到体制性因素的障碍，具体说：一是产品经济的“纵向调节型”运行方式还没有转轨到的“横向调节型”运行方式上来。二是条块分割和狭隘的地区、部门利益、限制了企业联合的要求和资金、物资的相互流动。三是资金分配上的大锅饭，从根本上损害了银行与企业进行资金横向融通的动力和压力。四是各专业银行自成体系，一统到底，“纵向调拨”的资金管理体制限制了横向资金融通。五是还谈不上资本市场特别是证券市场的建立拓展。

由此，虽然当时的经济联合体大多采用企业股份制的方式，但离成熟的股份制企业还有很大距离。它们主要是在计划体制下商品市场不十分发达、流通渠道不畅通的状况下生产企业与流通企业的联合，大量涌现的是工商企业、农工商企业之间的联合，带有一定程度的盲目性和不规范型。

为适应横向经济联合，搞好横向资金融通，当时的措施一是突破现行纵向调节资金的管理体制，改资金纵向管理为纵横交织融通；二是努力塑造促使横向资金融通的有利环境；三是建立和完善社会主义的市场机制，有步骤地开拓和建立资本市场，特别是以股份制为基础的证券市场。

改革开放以来，随着企业自主权的逐步扩大，一些企业在自身发展的基础上，萌动了向外拓展的愿望。这些企业冲破地区、部门、行业和所有制的界限，按照经济发展的要求，集合各方面的优势，组建了一些经济联合体。后来，这些经济联合体进一步发展，由单纯的生产协作发展到以生产要素互相投资入股，形成相互融资的发展态势，企业的组织形式也随之发生了很大变化，1986 年，国务院颁布了《关于进一步推动横向经济联合体若干问题的规定》之后，横向经济联合体在全国蓬勃发展起来，已会聚成一股潮流，势不可挡，并日益显示其优越性和生命力。

今天看来，“有计划的商品经济模式—计划和市场相结合模式—以市场为主计划为辅的模式—横向经济联合模式—社会主义市场经济模式”，这就是在改革开放条件下中国经济体制发展的路径描述。在社会主义市场经济模式下，要求社会货币资金运行由间接融资向直接融资转变，建立和开拓具有社会主义特色的证券市场也是必由之路。

第二节　建立在证券市场基础上的股份制经济已成为历史发展的必然

一、我国早期股份制经济及其发展

股份制作为人类发展迄今为止一种有效的企业组织形式，它是适应经济发展和社会化大生产的。股份制产生的基本动因在于筹资，但其实质性意义不仅限于此，而是希望通过股份制实现企业运行机制的转换。回顾改革开放以来中国出现的股份制，它不仅仅是随社会大生产发展突破单个资本限制的客观要求，也是经济体制改革这一特定因素给经济生活带来种种变化所生产的要求，更是通过股份制转换企业经营机制以提高效率的要求。

股份制虽然发端于资本主义社会，但从产生和发展的过程看，股份制主要是植根于商品经济，植根于社会化大生产，是商品经济发展到一定阶段的产物。在商品经济不发达时，企业作为独立的生产单位，生产规模小，资本需求量较少，可以通过自我积累或在小范围内合资的形式来组织和经营。当商品经济发展到一定阶段时，由于个别企业原有的资本满足不了生产发展的需要，就必须广泛向社会筹集资金，其中的形式之一就是通过发行股票或债券筹资，从而产生了股份有限公司这种企业组织形式，由此也为证券市场的出现创造了基本条件和依附载体。

商品经济要求利益主体和产权归属明确，各微观主体不单只是市场主体，还应当是产权主体。没有财产所有权的明确，就没有市场主体，也就没有市场竞争，商品经济的存在和发展会就此停滞。历史证明，我国计划经济时期国有企业的组织制度、资产组成和治理结构已经完全不适应形势的发展，短暂实行的承包制由于在产权制度上没有突破而面临困境。而股份制企业的重要特点是所有权和经营权的分离以及财产权的独立，个人和公司产权相互分开，公司能以独立法人的身份从事经营企业的活动并享有权利和承担义务。应该说，这种经济模式符合国有企业经营机制的转换和发展需要，也有利于促进商品经济社会化的快速发展。

20 世纪 70 年代末我国开始实施改革开放之后，实行“有计划的商品经济”，从而商品经济得以迅速发展。在农业方面，由过去自给自足的小生产逐步向较大规模商品化生产转化，由单一经营向多元经营转换。然而，农村缺乏银行资金来源，经营方式相对落后，人才素质要求差距较大，而采取股份合作方式是改变经营机制和组织优化生产的最佳选择。在工业方面，体制改革后各种不同所有制的企业已经是独立的或相对独立的商品生产者，微观主体的利益动机逐渐趋于强烈，但我国当时处于资金紧缺状态，企业的自有资金和内部资金积累难以满足企业发展生产和提高技术水平的需要，它们必须通过向外筹资增大其可供支配的资金规模，增强自我发展的能力，同时，通过有限公司形式，在公司治理结构上也有一个根本性转变。可见，为解决以上问题，走股份制道路既是筹集社会资金，也是转换经营机制和通过资本运营获取最佳效益的理想选择。

根据郑振龙所编著《中国证券发展简史》第三章第三节的论述（经济科学出版社 2000 年版），从全国看，从 1978 年至 1990 年股份制企业的发展大致经历了以下四个阶段。

（一）萌芽阶段（1978—1984 年）

我国现代股份制发端于农村股份合作制，是家庭联产承包责任制的产物，出现在 20 世纪 70 年代末，到 80 年代初开始较为普遍，它主要起源于浙江、山东、广东等沿海地区的农村，带有自发性的特点。最初是几家农户或个体户在自愿的前提下，通过以资带劳或以劳带资等形式，各投入一定资金合伙办企业。这时的股份制合作经济无论是数量还是规模都很小，基本上处于萌芽状态。

农村股份制的思路在该阶段也蔓延到城市中。1983 年，广东、福建、江苏、上海等地开始出现农村股份制企业到城市发展的趋势。1984 年 4 月，国家体改委在常州召开城市经济体制改革试点工作会议，提出对城市集体企业和国营小企业“允许职工投资入股，年终分红”。于是，城市中开始出现一些集体企业、街道小厂和国营小企业的股份制试点。

股票的发行也出现了实验性质的案例。1980 年，中国人民银行抚顺支行代理企业发行了不到 11 万元股票；1983 年深圳宝安县联合投资公司在深圳公开招股，当时的股票具有债券的性质。

（二）初步试点阶段（1984—1986 年）

1984 年 10 月中共中央发布了《关于经济体制改革的决定》，经济体制改革的重点由农村转向城市，股份制开始在国有大中型企业中进行初步的试点。1984 年—1986 年期间，北京、广州、上海等城市选择了少数国有企业进行股份制试点。

1984 年 7 月，北京天桥百货公司向社会公开发行定期 3 年的股票，本市和其他省市的企事业单位和个人均可认购该店及其分店的资产折股。改制后，由天桥商场资产形成的国家股占 50.97%，银行股占 25.89%，企业参股 19.69%，职工个人入股占 3.46%。1984 年上海飞乐音响公司组建成上海第一家股份制试点企业，并于 11 月向社会公开发行（不偿还）股票，首期 50 万元，每股面值为 50 元。1985 年，上海延中实业股份公司向社会公开发行股票。这时期所成立的各种股份公司向职工发行的股票十分不规范，如允许职工入股自愿、退股自由、保本保息、赢利分红等，多数更多的具有债券性质。

1985 年第四季度，从探讨所有权和经营权分离、改革企业经营方式、促进横向经济联合的动机出发，在广州市第三家中小型企业进行了股份制试点。沈阳市先从集体所有制企业开始试点，在积累了一定的经验后再在小型国营企业中试点。其他一些地方也先后出现了全民所有制企业和集体所有制企业联合投资形式的股份制企业。到1986年，在股份制试点最早的两个城市，广州试行股份制的全民工业企业有12家，占全市工业企业总数的0.29%，占全民所有制企业总数的1%；沈阳市试行股份制的工业企业70家，占全市工业企业总数的0.57%。

（三）初步发展阶段（1987—1989年）

这一阶段的特点是在全民所有制的大型企业中开始实行股份制试点。20世纪80年代中期开始，股份制作为一种企业制度获得了理论界和国务院领导的重视。1986年8月，著名经济学家童大林在《人民日报》发表《股份制是社会主义企业的一个新基点》，将股份制提到了相当的高度。1986年12月，国务院《关于深化企业改革、增强企业活力的若干规定》中第一次允许各地可以选择少数有条件的全民所有制大中型企业进行股份制试点。1987年1月，上海真空电子器件公司向社会公开发行4000多万元股票；1987年5月，深圳发展银行联合了6家城市信用社改组为区域性股份制银行，向社会公开发行股票39.65万股；1988年5月，沈阳金杯汽车股份有限公司成立，它是第一家面向全国发行股票和当时最大的一家股份公司。这一阶段从股份公司的建立到股票的发行都有了很大的进步。

这一阶段出现了股票的柜台交易。1986年9月26日起中国工商银行上海市静安信托公司证券业务部开始“飞乐”和“延中”两种股票的交易。1988年4月22日深圳发展银行的股票开始在深圳经济特区证券公司的柜台进行交易。

（四）调整阶段（1989—1990年）

1989年下半年，一方面由于政治原因，另一方面国家开始对过热的经济进行严厉的治理整顿，股份制发展面临着严峻考验。除了深圳、上海两地继续试点、总结经验外，其他地区的股份制试点工作基本停止。1990年年初，随着整个社会政治经济生活逐渐稳定，在深圳发展银行业绩突出、投资回报明显的带动下，从三、四月份开始，股市逐步升温，股份制改革的调整阶段结束，股份制企业改革再一次谨慎地开展起来。到1990年，我国共有4750家企业发行了各种形式的股票，共筹集资金24.62亿元，其中公开发行股票筹集资金17.39亿元，占41.39%。

在我国股份制经济发展的早期，由于人们对股份制这种现代企业制度的认识不够成熟，思想上仍然受到一些教条理论的束缚，实践中又多是仅从筹资的角度出发建立股份制企业，以致在股份制试点和推广过程中留下不少隐患，成为当时我国证券市场发展的一些障碍性因素。

二、深圳股份制经济的发展

深圳股份制经济的起步大致在1978年至1986年。1982年，胡耀邦同志来到中国对外开放的窗口深圳视察，恰逢宝安恢复县级市，新县城建设仅征地一项急需600万～700万元，而当时县政府手中握有的全部资金不到1000万元。县政府把这个困难向胡耀邦同志提了出来。经调查了解，胡耀邦同志指出："现在国家财力有限，而经过几年经济改革，群众手中的钱多起来了，我看可以发动人们集资办事业，一方面你们办事业缺乏资金，另一方面老百姓手里头有钱了，两者结合不好吗？怎样集资呢？一河之隔的香港地区给了人们启示。香港股份制公司那么多，那么大，那么多人投资买股票，为什么中国就不行呢？引进西方通行并且富有成效的经营管理和运作方法，这对社会主义经济是有利的。"之后，为解决经济建设中的资金紧张问题，通过借鉴香港的经验，筹建股份制经济的思路也提了出来。1983 年 7 月，宝安县联合投资公司（目前为深圳证券交易所上市公司、中国宝安集团股份有限公司）以县财政为担保对外发行股票集资、首期集资 1300 万元，其中国家股 200 万元，法人股 160 万元，个人股 940 万元。发行股票时在《深圳特区报》刊登了《招股公告》，股东遍及全国加多个省市及港澳地区。这次招股因为其公开性而被视为中国股市发展的起点，参照境外股份制企业的运作方式，宝安联合投资公司建立了董事会和股东大会制度，每年根据经营情况分红派息。虽然从其性质上看，深圳宝安县联合投资公司仍然是一个农村股份合作性质的企业，但它无疑是股份制企业的萌芽。1983 年至 1985 年两年期间，深圳银湖旅游中心和宝安县的一些集体企业也公开发行股票筹集资金，走上企业股份化之路。

从 1985 年下半年到 1986 年上半年在我国部分城市中首次出现了股份制热。当时出现股份制热的主要原因是国家采取了紧缩政策，收紧银根，很多企业流动资金匮乏，从而将发行股票作为一种筹集资金的手段，并没有将企业经营机制的转换作为企业组织形式变化的主要目的，因而问题不断出现，如企业滥发股息红利、将集资收益任意扩大职工福利基金等。为了加强管理，深圳市于 1986 年 10 月制定了《深圳经济特区国营企业股份制试点的暂行规定》。这个地方法规比较系统明确地界定了股票、股份有限公司、股东等规范股份制企业的基本概念，并对股票的发行、股份有限公司的组织结构、股份有限公司的劳动人事制度、税收和分配以及国营企业股份制改造的程序等作了详细的说明和规定。例如，该《暂行规定》规定，国营企业股份制"系指将国营企业的净资产折股作为国有股权，向其他企业和个人出让一部分国有股权或吸收国家、其他企业和个人加入新股，把原企业改造成由国家、其他企业和个人参股的股份有限公司"；"股份有限公司股票的持有人为公司股东。股东是公司的所有者，享有领取应得的股息、参与公司管理和监督、分配公司剩余资产等权利"等。这个地方法规推动了深圳股份制经济的规范发展，奠定了中央后来选择深圳作为全国两个股份制试点城市的基础。

深圳股份制经济整体发展大致在 1987 至 1990 年。1987 年 3 月，深圳市政府决定在原有农村信用合作社的基础上筹建一家股份制商业银行；同年 5 月 10 日深圳发展银行以自由认购的形式向社会公开发行每股面值 20 元人民币的普通股票，计划发行 79.5 万股，实际发行 39.65 万股，实收股金 793 万元。1987 年 12 月 28 日，深圳发展银行正式成立后，公开发行股票标志着深圳股份制规范化发展阶段的到来。深圳发展银行所发行的规范化股票与早期发行的股票相比，不能保证支付股息，也不能退股或还本付息。但由于当时人们的认识局限，它的发行并非很成功，尽管有市领导本着对新生事物的支持而带头认购，实际发行数量也仅是计划发行量的 49.9%。

应该说，在 1990 年以前，深圳的股份制发展在全国并不突出。到 1988 年年底，深圳共公开发行股票5642万元，规模比内地许多省市都小，但相对而言比较规范。1986年，深圳市政府选定了10家国营企业进行了股份制试点，按照规范化要求：试点企业必须组建董事会、监事会；由投资管理公司委派董事长；坚持总经理负责制；企业必须自主经营、自负盈亏等。

1990年5月，国务院批转国家体改委关于《在治理整顿中深化企业改革的意见》，其中提出向社会公开发行股票的股份制只在上海和深圳两地进行配套改革的试点。这个意见加速了深圳股份制经济发展的进程，据统计，截至1990年年底，深圳公开发行股票2.74亿元，次于上海的8.69亿元；非公开发行股票3022万元；累计发行股票3.04亿元，在全国仅次于上海和四川（四川不规范的非公开发行量很大）。到1990年9月，以股票形式出现的股份有限公司共有83家，其中13家属企业股份制改造，70家属新建股份公司；83家中注册资本在1000万元以上的6家，300万元以上的21家，300万元以下的62家；基本以中小企业为主。从所有制结构看，国有资产参股41家，纯私营参股4家，其他为混合参股。到1991年年底深圳股份制经济进一步发展，共有规范的股份有限公司136家，其中企业股份制改组的有45家，新建公司91家。①

深圳实际上从20世纪80年代初就开始出现股票，但当时股票的发行量很小，且不规范。1987年5月，深圳发展银行首次以自由认购的形式，向社会公开发售人民币普通股，后又增发三次。继后，在1988年至1990年期间，深圳万科企业股份有限公司、金田实业股份有限公司、蛇口安达运输股份有限公司、原野实业股份有限公司四家企业相继向社会公开发行了股票。早期深圳买股票的人少，主要原因是市场未形成、整体规模小、没能引人注意。到1990年春天，深圳开始出现股票热，其原因一是深圳毗邻香港，当地人了解股市、信息传递较快；二是有些银行如深圳发展银行送股较多分红较高。种种因素促使股市一下热起来，本地、内地、境外人一哄而上，有些人一夜暴富，身价几十万、上百万，引起社会上不少人的困惑和疑惑。

深圳经济特区自1980年创办到20世纪80年代末，已经取得令人瞩目的成就。1989年与1979年相比，国内生产总值由1.9亿元增加到93亿元，增长46.4倍，年递增47%。这一成就的取得与特区各项改革起步较早、涉及领域不断拓展、不少方面在全国先行一步不无关系。②

到20世纪90年代初，深圳已初步形成开放、灵活和以市场调节为主的经济管理体制，率先在全国建立了计划指导下市场调节为主的经济运行机制，97.4%的商品价格由市场调节，并建立了劳务市场、房地产市场、生产资料市场、技术市场、信息市场和资金市场，基本形成了商品经济市场体系。

进入21世纪，深圳经济特区在计划体制、流通体制、外贸体制、外汇体制、金融体制、价格体系、劳动制度、住房制度和政府管理体制等方面都进行了改革，在所有制结构、企业经营机制、市场体系等方面进行了积极探索和创新。特别在所有制方面，深圳坚持允许多种

① 王喜义著．深圳股市的崛起与运作．中国金融出版社1992年版。

② 王喜义著．深圳股市的崛起与运作．中国金融出版社1992年版．

经济成分并存，深圳原有的国营企业很少，这使它一开始就把股份制作为最主要的企业改革方向，有计划、有重点地对国营企业实行股份制改造，把国有资产搞活、鼓励发展国家控股下的多种经济主体和多种资金相融合的股份制企业。

三、深圳股份制经济发展的必然性和特殊性

回顾深圳股份制在深圳的优先发展，其必然性表现为：

第一，建设经济特区的第一条就是不能依靠国家财政支持，主要靠自主能力向特区内外筹集资金。1980 年到 1989 年的 10 年间，深圳建设资金来源中，国家在深圳的直接投资不到2%，直接利用外资占 20.95%，国内贷款占 19.31%，中央和各省市内联投资占 11.23%，深圳地方财政和企业自己积累起来的资金占 51.19%，其中外资和内联外引投资起了重要作用。特别是内资，它不仅是深圳特区经济发展的启动器和加速器，更对外资起了示范和带动作用。

第二，特区投资主体多元化，而股份制能够较好地组织、协调各种投资主体的利益需要。深圳原有的国营企业基础薄弱，在它们的发展过程中必须广泛参与同内地企业的横向联合。在深圳企业的投资主体中，既有国家各部委、各地区投资，也有国外金融集团、企业集团投资；既有法人股东，也有私人人股。由于投资主体多元化，为更好体现不同投资者的权益，在企业组织形式上，当时普遍采取有限责任公司的形式。在投资主体较早已呈现多元化的情况下，将有限责任公司改造成股份制公司相对比较容易。特区国有资产管理部门在全国率先改造成市投资管理公司，作为国有资产所有者的代表对国有企业进行投资，已具备所有者和经营者分离的股份制企业股东的性质，在这种机制基础上，国有企业股份制改造更容易顺利实现。

第三，特区紧邻香港、澳门，与股份制公司接触较多，容易接受股份制这种在港澳普遍存在的企业组织形式。

1990 年年底率先在深交所上市的有 5 家股份有限公司（俗称“老五股”）是深圳发展银行、万科企业有限公司、深圳市金田实业股份有限公司、深圳蛇口安达运输股份有限公司和深圳原野实业股份有限公司。上述 5 家股份有限公司经政府有关部门批准后首先在场内柜台上市交易，是深圳证券市场最早上市的 5 家公司，它们的发展主要有以下特点：

第一，先按照较规范的做法进行内部改制，然后用发行股票形式吸收社会闲散资金，集资扩大生产规模或补充企业流动资金。它们都是由国营企业作为发起人创办的新企业，全部资产来源明确，产权关系较为清晰，企业经营自主权比较充分，根据公司章程，法人治理结构相对而言较为合理。

第二，这些公司都是混合所有制的股份有限公司。通常的做法是先将国有资产存量部分折算成一定资本金，再折算成一定股份，随后再向本企业集体或职工和社会公开发行股票，所筹集的资金作为资产增量部分，最终形成以公有制为主体的股份制企业。

第三，部分企业采取类似现在的“分拆上市”的做法，把原来行政性公司下属的企业分割出来组成一个股份有限公司。

第四，当时发展股份制的目的不是十分明确。企业发行股票基本被当做企业筹资和融资

的一种手段，没有将股份制放在建立现代企业制度的角度去理解。

第五，具有明显的不规范性。深发展用股份制形式吸收外资人股，深原野以自然人作为企业发起人（实际情况如此），这些都具有明显的不规范性。当然，这些当时看来好似大胆的创新实际上产生了失误。后来，主管机关调查表明，“原野”在股份制改造的过程中存在有重大问题。

四、在发展中不断规范的股份制经济是证券市场发展的重要载体

针对当时股份制经济发展的现状，党中央及时把握时机，运筹帷幄，采取立意高远的战略决策，中央十四届三中全会通过《关于建立社会主义市场经济体制的若干问题的决定》（以下简称《决定》），进一步勾画了建立和发展社会主义市场经济体制的基本框架，其中进一步明确了国有企业通过股份合作制的道路建立现代企业制度这一具有制度创新意义的改革思路。

建立现代企业制度，发展以股份制为主要形式的混合所有制企业，这都是社会主义市场经济体制的必然要求。完善社会主义市场经济体制，要求建立政企分开、产权独立、能承担独立法律责任的社会经济活动基本元素—企业，而只有以公司制为基础的现代企业组织能够满足这种需要。

现代企业制度改革方向的确立，破除了过去许多混乱认识，将股份制改革从停留在试点和理论争论阶段一举推向更广泛的实践领域。特别是邓小平同志 1992 年在视察南方后，极大激发了全国各地进行股份制改革的热情。据统计，仅在 1992 年 1—7 月，全国批准的股份制企业就有 360 家，上市公开发行股票的 34 家，集资 92 亿元。1992 年年初全国有各类股份制企业 3700 多家，之后不久又新增加 1000 多家。1993 年年初起，我国股票发行试点由深沪两地向全国推进，股份制试点向纵深发展。股份制改革不再仅限于中小企业和集体企业，国有大中型企业也开始实行股份制改制。到 1993 年年底，我国大中型国有企业中约三分之一进行了股份制改造。

与此同时，股份制改革在党中央主导下进入规范化、法制化建设时期。1992 年年底召开的十四大明确要求尽快颁布关于股份制的法规，促使股份制按规范化要求加速成长。国务院有关部门从 1992 年 5 月起就陆续颁布了有关股份制企业组建、试点等方面的政策法规，形成由巧个文件构成的一整套政策体系。1992 年 5 月 15 日，财政部和国家体改委、国家计委、财政部、中国人民银行、国务院生产办联合发布了《股份制企业试点办法》，该办法对股份制企业试点的目的和原则，股份制企业的组织形式、股权的设置、企业内部职工持股、股份制企业试点的范围、股份制企业的组建及审批程序和政府对股份制企业的管理等方面作了明确的规定。同日，国家体改委还下发了《股份有限公司规范意见》和《有限责任公司规范意见》，对股份公司的设立，股份的划分和股票发行，股东和股东会、董事会、经理、监事会各自的权利和责任义务，股份公司会计和审计制度，章程的修改，公司的合并与分立、终止和清算等问题都做了较为详细的规定。这两个《意见》下发不久，国家国有资产管理局又下发了《股份制试点企业国有资产管理暂行规定》，该规定对股份制试点企业设立时国有股的管理、国有股股权和股权代表的管理、国有股权的收入、转让和清算等问题做出

了详细规定。1992 年 5 月 23 日，财政部和国家体改委联合下发了《股份制试点企业会计制度》、《股份制试点企业财务管理若干问题的暂行规定》；6 月 12 日，国家税务局和体改委下发了《股份制试点企业有关税收问题的暂行规定》等文件和法规。

1993 年 12 月，全国人大常委会颁布了《中华人民共和国公司法》，由此，我国的股份制法规达到了比较完备的程度，为股份制向规范化方向发展提供了现实和法律依据。

至今，股份制经济已成了我国企业体制改革的重要选择，也是我国公有经济中的主要形式。一大批国有企业（包括金融业）由过去长期以来计划经济条件下的“一大二公”转换成股份合作制的形式，并在改革开放中不断涌现。股份制企业已如雨后春笋，破土而出，发展股份制经济既是建立现代企业制度的理想选择，也是建立社会主义市场经济的重要内容。事实证明，建立在证券市场基础上的股份制经济已是历史发展的必然，股份制经济的创建，既是证券市场发展的重要载体，同时也离不开证券市场发展和完善的推动。

（以上第二章第一、二节由曹龙骐教授编写）

第十四章　分层次完善深圳资本市场体系的策略

第一节　改革主板市场

迄今为止的深圳资本市场改革，矛头大多是指向筹资者、投资者和券商、会计师事务所、律师事务所等市场中介，而很少触及证券交易场所。这倒不是因为现有的深圳证券交易所体制已先进到了没有改革的必要，而是因为经济理论界和实际部门误以为证券交易所是一个纯粹的交易场所，其交易技术的创新重于体制的创新。实践证明，这种只重视技术创新而轻视体制创新的思路至少存在着两大不足：一是无法提高证券交易所服务质量。要提高证券交易所的服务质量，就必须对现有的证券交易所运行体制进行彻底的改造，只有这样，才能将证券交易所服务工作做深做细。二是无法提高证券交易场所的运行效率。现有的深圳证券交易所内无动力，外无压力，只有通过改革，才能增强其竞争意识。那么，如何才能提高证券交易所的服务质量和增强证券交易所的竞争意识？我们认为，“九化”是深圳证券交易所未来改革的必经之路。具体来说就是：

一、规模要走向集中化

（一）主张主板市场走向分散化的各种观点

近年来，理论界不少学者从不同角度提出主板市场分散化的观点。如有人从经济多层次角度（企业大小、现代传统、东西部），论证了在我国天津、武汉、沈阳、成都、重庆等地建立第三家证券交易所、第四家证券交易所乃至多家证券交易所的必要性。有人从打破股票交易所垄断的角度论证了摆脱“千军万马过独木桥”和改变假货、赝品充斥“精品店”的被动局面必要性。有人从投资者本地化、股票本地化、监管本地化、交易本地化和参加股东大会的方便性角度考虑，认为建区域性交易所比全国胜交易所更有必要。还有人认为，建立分散化的区域性证券交易所是世界资本市场大国的普遍做法，如美国有十几家地方性和区域性证券交易所、日本和英国分别有7家区域性证券交易所、印度有21家区域性证券交易所，[①] 发挥了地方政府和当地投资者的积极性，促进了区域经济的协调发展，中国幅员辽阔，仅两家全国性证券交易所远远不能满足区域经济发展的需要，也需要建立若干区域性证券交易所，以促进区域经济发展和满足当地投资者方便投资周边企业的愿望。

（二）主板市场走向分散化的观点不足取

第一，证券交易所多层次化与证券交易市场多层次化是两个不同的概念。证券交易市场多层次化是无可非议的，而从全球证券交易所来看，集中化的呼声和行动已远远超过了分散化的呼声和行动。为了争夺全球最大、成交最活跃、网络最发达的首要证券交易所的地位，世界各国不仅对国内原有的分散的证券交易所加以归并，而且还运用竞争和合作这两大武器，试图对证券交易所进行全球范围的整合。我国证券交易所要想应付未来的挑战，并在未来的全球竞争中赢得一席之地，所应采取的正确对策非但不是四处出击，设立多家证券交易所，反而应该是控制证券交易所的数量，尽快将上海与深圳两家证券交易所做大做强，以提高我国证券交易所的整体竞争能力。

第二，交易所的集中化并不意味着没竞争，而是提升了竞争的水平和档次，将竞争的眼光由国内引向了国外。至于试图通过建立区域性证券交易所这种筛选机制来提高企业竞争力的想法更是难以成立的。因为企业竞争不仅仅是上市竞争，更重要的是它本身的产业竞争。企业强大的立足点在产业竞争上。在区域性证券交易所监管难以到位的情形下，它对上市公司的制约更少，因为企业通过上市可以廉价地掠夺公众资源。

第三，以IT、网络为主要特征的新经济的到来，为大股东以外的公司治理主体参与公司治理提供了更为广阔的空间。信息技术的迅速发展，为这些主体更为便利地参与到公司治理中提供了可能性，比如小股东的治理问题。在传统情况下，小股东由于其参与治理的成本很高，只能放弃自己的权利或者进行权利委托；而在新经济下，现代通信手段的发展，使得小股东完全可以通过电视会议、网上投票等形式参与到对公司重大决策的表决中。随着社会经济和技术的发展，公司通过先进的通信手段在网上召开股东大会必将变得越来越普遍；而由于网络的普及，其参与者将远远不再是主要的大股东。就是区域证券交易所最发达的印度，投资者也不可能完全投资自己身边的公司，更何况，在证券市场国际化的背景下，“隔山买牛”是一个普遍问题，而不是中国特有的现象。

第四，中国幅员辽阔不假，但真正符合主板上市标准的企业并不多。并且，地方政府的区域透明度不够，监管能力也跟不上，会出现严重的内幕交易。因为主板市场有特定要求，比如，很高的透明度，要求很好的监管能力以及风险管理的处理能力，如果到处开花，未来可能会出现很大的危机。比较典型的教训就是，我国的期货市场曾经存在13个交易市场，

---

① 参见徐洪才：《借鉴印度多层次资本市场的经验》，《中国证券报》2006年4月3日。

而现在则只剩3个了。当年13个交易市场实际上是疯狂赌博的市场，我们不能因为局部地区的局部利益，而满足这样的要求。

（三）主板市场走向集中化是未来的发展潮流

（1）主板市场由分散走向集中化的趋势已露端倪。

传统的证券交易所是一个高度分割的行业，表现在以下三个方面：一是产品市场分割。在大多数国家或地区，交易产品被分为现货和衍生品两大类，现货交易一般在股票交易所进行，而衍生品交易通常在期货、期权交易所进行。二是地区分割。在一个国家有多个交易所时，市场无疑是分割的。而且，即使一个国家只有一个交易所，从全球范围看，市场也是高度分割的。三是交易过程的分割。交易过程被划分为交易、结算、存管等不同的运作环节，并由交易所、清算公司和存管结算公司等不同的机构提供相关服务。这种市场分割使交易所依托本地市场，成为自然的垄断者。然而，20世纪90年代后期以来，国际资本市场的传统格局和结构已被彻底打破。全球交易所掀起了购并和整合的浪潮。表现在：

第一，国内交易所的横向（各交易所之间）合并。如美国场外交易系统NASDAQ与美国证券交易所合并成为NASDAQ－AMEX公司（1998）；加拿大多伦多证券交易所、蒙特利尔证券交易所、温哥华证券交易所和阿尔伯特证券交易所之间的合并重组（1999）；东京证券交易所兼并广岛和新潟两家证券交易所（2000）；大阪证券交易所合并京都证券交易所（2001）；澳大利亚交易所收购悉尼期货交易所（2006）；纽约交易所收购电子股票交易商Archipelago，并实现了借壳上市（2006）；纳斯达克收购电子交易与经纪商Instinet集团公司的Inet平台等。通过整合不同的交易产品和交易环境，吸引更多的投资者，以此形成衍生产品市场和现货市场互相促进、共同发展的局面。

第二，国内交易所纵向（现货市场与衍生品市场、交易市场与结算公司之间）合并。如法兰克福证券交易所和德国期货交易所、德国清算公司合并成立了德意志证券交易所（1994）；斯德哥尔摩证券交易所和瑞典衍生品交易所合并（1998）；新加坡证券交易所和国际金融交易所合并（1999）；香港联合交易所、期货交易所、中央结算所有限公司、联合交易所期权结算所以及期货交易结算公司合并成立新的控股公司香港交易及结算所有限公司，并于当年6月在香港联交所挂牌上市（2000）；伦敦证券交易所、伦敦清算所和Crest公司的合并（2001）等。其目的是为了提供更综合的交易流程和服务价值链，并降低整个市场的交易成本和运行风险。

第三，国际的横向整合。纽约交易所自2000年以来，曾和多伦多、墨西哥、智利圣地亚哥证券交易所进行过并购谈判，与香港联交所和东京证券交易所也有过非正式接触。2007年3月27日，纽约证券交易所宣布买下了泛欧证交所91.42%的股份以及92.22%的表决权，并购金额高达110亿美元，并购后的“纽约证券交易所—泛欧证交所公司”的股票于2007年4月4日在纽约和巴黎同时开始进行交易。2007年1月，纽约证券交易所与印度国家证券交易所达成最终协议，以1.15亿美元收购后者5%的股份。同时，纽约证券交易所和东京证交所达成合作协议，将在公司股票上市、产品和电脑系统等方面进行整合，并最终可能进行交叉持股、逐步实现合并。

在国际扩张方面，纳斯达克也毫不逊色。2001 年，纳斯达克在日本成立了“纳斯达克日本”（该市场因运作成本过高，3 年后关闭），并控股了一家名为 Easdaq 的泛欧高科技股票市场，积极拓展欧洲业务。2006 年 1 月，纳斯达克发出收购伦敦交易所的意向，分别提出了两次报价。在第一次报价被拒绝后，纳斯达克通过收购伦敦交易所大股东的股票，持股已达 28.75%，成为第一大股东。2007 年 5 月，纳斯达克证券交易所并购北欧证券交易商瑞典 OMX 集团，并购后的新集团命名为纳斯达—OMX 集团（NASDAQ OMX Group）。

德国交易所一直通过并购活动不断扩大影响，1998 年，首次对伦敦交易所提出联盟提议；2000 年，再次试图与伦敦交易所进行合并；2002 年年初，动用 16 亿欧元收购了证券清算存托公司 Clear - stream 的全部股份；2004 年 8 月，将目光投向瑞士股票及衍生工具交易集团 SWX，未获成功；2004 年 12 月，向伦敦交易所提出了 26 亿美元的收购要约，伦敦交易所认为报价过低而加以拒绝。随后，德国交易所开始和欧洲联合股市讨论合并问题，但最近德国交易所宣布退出对欧洲联合股市的收购竞争。与此同时，德国交易所又和意大利交易所探讨合并的可能。

2000 年，巴黎、阿姆斯特丹和布鲁塞尔三个交易所正式宣布合并，形成全球第一个跨国境的、单一货币的股票和衍生交易市场，即泛欧交易所（Euro next）。2003 年，泛欧交易所合并了里斯本交易所，并收购了伦敦国际金融期货交易所（LIFFE），将势力范围扩大到伦敦，成为拥有大型衍生金融产品交易所的金融机构。

（2）主板市场走向集中化为何成了一个不可抗拒的潮流，从外部动因分析：

一是受客户需求的影响。对于世界上 2000 多家具有全球影响的公司而言，它们希望自己的股票在全球各地 24 小时都能交易，从而有助于在世界各地以较低成本筹集资金。对于进行多元化投资的机构投资者来说，它们希望获得整体性交易服务和全球性投资机会，以便能快捷、低成本地管理各种复杂的交易和投资策略。

二是受外部竞争压力的影响。交易服务提供者（大型投资银行）、另类交易体系和数据服务商等不断以更低的成本“分食”交易所的交易业务。交易商也要求交易所调低收费。这些因素使得传统的证券交易所担心，如果它们不能使全球证券交易运作更便捷、收费更低廉，那么，上市公司、银行可证券公司、养老基金等原本属于证券交易所的大客户群，将会加人另类交易系统（ATS），或者这些客户群自己投资开设另类交易系统，从而使交易所的成交量和流动性受到损害。很多交易所不得不积极寻找出路。交易所并购被视为一项较为现实的选择。交易所的合并在短期内可以减掉昂贵的交易系统的维护费用，同时在交易量、流动性及发现价格能力方面都会有所提高。例如，纽约交易所并购欧洲联合股市，可以获得以伦敦为基地的衍生产品交易市场；而纳斯达克收购伦敦交易所，则可以将市场从高科技企业扩大到蓝筹企业。

三是受政治因素的影响。交易所跨国并购是国家利益和国家竞争的必然产物。英美等国经济发展的历史证明，资本市场充分发挥资源配置功能对国民经济发展有巨大支持作用，尤其是当代高科技企业的发展，在很大程度上是依赖于资本市场而发展壮大的，因此，资本市场已是大国竞争的重要舞台。对交易所的争夺既是大国之间在资本市场方面的争夺，也是对经济资源的争夺。

从内部动因分析，有几大冲动刺激了证券交易所走向集中：

一是节约成本的需要。如纽约泛欧交易所集团首席执行官邓肯·尼德奥尔指出，纽约证券交易所兼并泛欧交易所，新交易所的交易平台将由原来的3个整合为单一的交易平台，原有的10个数据中心缩减至4个，由此将大量降低运行成本，估计在2007—2009年期间节约3.75亿美元资金。再如，德国交易所其衍生市场和现货市场的全程运作成本（从报单到交易到清算结算）在完成整合后均下降了50%多。[①]

二是形成庞大网络的需要。交易所（或交易系统）与通信网络相类似，具有网络外部性的经济特征。集中化的证券交易所可以为筹资者、投资者和中介创造更大的市场容量，使得参与者有机会接触到更广泛的主体。从企业的角度分析，它们会主动地选择上市公司数量众多、投资者交易活跃和中介机构能提供高品质服务的交易所挂牌上市；从投资者的角度分析，随着组合多元化和风险管理活动的日益发展，投资者更乐意选择金融产品齐全、投资者数量众多、流动性高的交易所进行交易活动；从中介机构的角度分析，其自然愿意在上市公司数量众多、投资者交易活跃的交易所从事金融服务。而交易所的跨国购并与整合正是为了显著扩大市场规模和投资者基础，增强市场的网络外部性。如泛欧交易所由于合并了三家交易所市场，2001年间泛欧交易所的交易规模呈现大幅成长并超越德国，2003年成为欧洲第二、全球第五大证券市场，其衍生性商品交易量也居全球第三。

三是获得新的利润增长机会的需要。由于一国或一个地区市场的发展容量总是有限的，因此，国际主要交易所纷纷将目光投向国外，希望通过并购来获得新的业务发展机会。同时，上市后的证券交易所其在资本市场上的筹资能力可以得到明显地增强，根据世界交易所联合会2009年年底的统计，全球所有上市证券交易所的平均市盈率在30倍左右，远高于其他传统行业20倍的平均市盈率，这就为战略购并提供了强大的资本动力。从被并购对象分析，由于全球大部分交易所已经公司化并上市，可被并购的选择对象大大增加。

四是逃避监管的需要。在安然、世通等一系列公司财务丑闻爆发之后，美国于2002年推行了公司改革法，加强了对企业的金融监管力度，抬高了公司在美国上市融资的门槛。在这种情况下，纽约证券交易所吸引全球优质企业上市的能力受到影响。如纽约证券交易所与泛欧证交所并购的重要好处之一就是可以规避美国证监会的监管。纽约证券交易所成功并购泛欧证交所后，那些因美国监管要求过于严格而不愿在纽约证券交易所上市的企业，则可以选择在NYSEEuronext上市，从而规避美国监管环境所带来的较高法律风险和成本。因为在原有两家交易所上市的公司将遵循“属地原则”，在欧洲上市的公司可以规避美国严厉的《萨一奥法》的约束。

五是延长交易时间的需要。纽约证券交易所成功兼并泛欧交易所，意味着世界上第一家真正意义上的全球性的跨大西洋的交易所的诞生，实现了欧元和美元这两大货币资本市场的融合，形成了连接纽约、巴黎、布鲁塞尔、阿姆斯特丹、里斯本和伦敦6大金融市场的证券交易平台，同一只股票首次可以在两个大陆每日12小时进行交易。

① 参见杨丽琳：《论交易所产业整合的动机及其影响》，《商业时代》2007年3月30日。

（3）主板市场走向集中化的有利条件

一是交易所的公司制组织形式使收购更简便可行。在传统的会员制形式下，要成功收购，必须经过目标交易所会员大会同意，程序复杂，成功的可能性大大降低。而实行公司制的交易所则具有开放性的股权结构，收购者只要获得足够多的股份，就可以控制目标交易所。二是信息技术的飞速发展为筹资者和投资者打破时间和空间的限制在全球范围内投融资愿望的实现提供了技术上的可能。三是经济一体化为证券交易所一体化提供了内在动力。欧元的诞生促进了欧盟内部商品和服务市场的统一，一体化的欧盟经济需要一体化的资本市场予以配合，这将会促进资本产出和劳动生产率的提高。这一转变为欧洲证券市场的跨国并购和整合提供了外部的推动力。正因为如此，目前欧洲证券市场的整合程度远远高于全球其他地区。

应该承认，受国家壁垒、规则之争、货币差异、汇率问题、交易技术水平和交易时间不同、所有权之争障碍等众多因素的影响，目前深圳证券交易所被国外证券交易所吞并的几率还比较小，但在可预见的将来，全球资本市场必将出现这样的趋势：同一地区内的不同交易所进行合并，形成洲际交易所，而洲际交易所之间则建立联网关系，使投资者从各自的界面分别进入不同的交易系统，从而形成一个全球性的交易网络。如果深圳证券交易所不主动强身健体参与国际化的浪潮，躲在国家壁垒后面以求得一隅之安，其最终命运只能是或被彻底边缘化，或在国家壁垒倒下后成为洲际交易所的俎上肉。因此，着眼于未来全球证券交易所发展大势，我国的主板市场不应该走向分散化，更不应该走向区域化，而应该是走向集中化、全球化，这种集中化并不意味着消除了竞争，而是提升了竞争的档次，把竞争的对象由国内转向国外。

二、模仿重心要走向制度化

多年来，我们把大量的精力倾注在资本市场技术元素的完善上，例如，建设豪华的证券交易大厦、引进世界上最先进的电脑交易系统、推行独立董事制、引进保荐人制、发展机构投资者、IPO 询价制等。可以肯定地说，一个专注于技术模仿而不致力于制度变革和创新的市场，即使可以短期内使某些硬指标有迅速的改进，但是随着时间坐标向前推移，后发劣势的症状无可避免。因为技术性因素对资本市场的影响是有限的、非持续的。在制度性障碍没有消除之前，资本市场的技术创新甚至会导致风险的进一步放大，如在制度性问题没有解决之前，让保险资金和社保资金大举进人股票市场，无疑会把资本市场的风险传递到更广的金融领域。同时，技术模仿比较容易，而制度模仿比较困难，如果专注于技术模仿，虽然可以在短期内收到立竿见影的效果，但会留下许多隐患，甚至最终导致整个资本市场体系构建的推倒重来。美国和英国资本市场被世人公认为全球最好的市场，美国的秘诀在于法制，英国的秘诀在于诚信。这是美国和英国资本市场能够称雄世界、决胜千里的制度武器。深圳资本市场要踩着华尔街和伦敦“法制”和“诚信”的脚印，从专业技术的学习转向管理制度的建构。

三、组织形式要走向公司化

传统的交易所在成立时普遍采取非营利的互助组织形式，其原因主要有两个：一是在交易所经营处于垄断地位下，会员制的组织方式对市场参与者的交易成本最小，会员可通过互助组织控制服务价格；二是会员制交易所适应了交易非自动化的需要，由于交易大厅空间有限，不可能将交易权给予所有投资者，因此，须对进人市场的资格加以限制，将交易资格分配给固定的会员或席位。的确，在20世纪90年代以前的几百年里，会员制凭借其行会式自律管理和较低的决策成本，有效地解决了交易所的治理问题，并创造了纽约交易所式的辉煌。然而，20世纪90年代以来，信息技术的发展使证券交易并不需要诸如场地、交易大厅、会员等传统的外部条件。

并且，证券交易所与证券交易所、证券交易所与交易商、经纪商、证券交易所与其他交易系统之间的多重竞争，使证券交易所传统的互助组织失去了存在的基础：一是竞争挑战会员制存在的垄断基础。首先，会员制存在的垄断基础不复存在，证券市场上交易所之间不断激烈的竞争使金融中介控制交易所服务价格的需要和能力下降；其次，激烈的竞争迫使交易所采取以获得竞争优势为导向的商业治理结构，否则，就会面临失败的危险。二是交易自动化使交易所失去采取会员制的必要。会员制是技术不发达的产物，适应了交易大厅的需要。在自动化的市场，进入市场没有任何技术障碍，投资者以打破时空的局限性在任何地方买卖任何一家交易所的股票，投资者直接交易的成本较低，从而减少了对金融中介的需求。三是会员制交易所筹资成本高，不适应交易所发展需要。为对抗另类交易系统的竞争，交易所对技术设备的投入越来越大，如纽约证券交易所在1999—2008年的10年中，对技术投资超过20亿美元，纳斯达克计划2008—2013年的6年中对技术投资6亿美元。因此，证券交易所需要借助资本市场进行融资和持续性再融资。而会员制不能通过发行普通股，进行股权与交易权脱钩的股票融资。四是会员日益多元化，导致会员之间利益冲突增加，集体决策的成本上升，会员制成了落后和保守的代名词。五是会员制成为投资者进人的壁垒，限制了市场接人能力和交易量的扩大。

比较而言，公司制的证券交易所的优势越来越明显：一是有助于建立完善的治理结构。首先是所有权分散，除向原有会员配售股票外，其余的股票将发售给新投资者，使交易所的所有权和治理结构能充分反映更广泛的市场使用者的利益。其次是分离所有权和交易权，任何符合资金和能力标准要求的国内外机构均能直接进入交易系统，从而使交易所所有者和市场使用者之间的利益正式分离。最后是挂牌上市，一方面使交易所的所有权进一步分散化，另一方面又可利用资本市场的资源，便利筹集资金，同时提高交易所运营的透明性。二是通过公司这种组织结构可以促使证券交易所建立高度清晰的战略导向。由于外部股东投资于交易所的主要目的就是获取利润，因此，交易所的经营形式已趋于营利导向，而交易所管理层的主要财务目标就是赚取高于资金成本的利润，从而使证券交易所转变成为为股东创造价值的经济实体。三是通过公司制的组织结构有助于证券交易所培育核心的商业竞争力。如纽约证交所集团（NYSE Group）收购电子交易商群岛公司（Archipela - go）后共裁员逾1450人，占该集团总人数的35 %，从而大大提高了纽约证交所集团的人均创利水平。四是它可以发行股票并上市，通过引进外部股东进行融资，其筹资成本较低。

正因为如此，近年来证券交易所股份化改革浪潮席卷全球，如表14 - 1所示。

表 14－1　全球公司化证券交易所统计表

交易所名称	公司化年份	交易所名称	公司化年份
瑞典斯德哥尔摩证券交易所	1993	布鲁塞尔交易所	2000
丹麦哥本哈根证券交易所	1996	里斯本交易所	2000
阿姆斯特丹证券交易所	1997	纳斯达克市场	2000
意大利证券交易所	1997	墨西哥证券交易所	2000
澳大利亚证券交易所	1998	加拿大蒙特利尔证券交易所	2000
美国证券交易所	1998	日本东京证券交易所	2001
巴黎证券交易所	1999	日本大阪证券交易所	2001
冰岛证券交易所	1999	菲律宾证券交易所	2002
奥地利维也纳交易所	1999	匈牙利布达佩斯证券交易所	2002
希腊雅典证券交易所	1999	瑞士交易所	2002
智利圣地亚哥交易所	2000	新西兰证券交易所	2002
新加坡证券交易所	2000	秘鲁利马证券交易所	2003
香港联合证券交易所	2000	西班牙交易所	2003
加拿大多伦多证券交易所	2000	马来西亚证券交易所集团	2004
英国伦敦证券交易所	2000	纽约证券交易所	2005
德国证券交易所	2000		

资料来源：世界交易所联合会网站（www. world－exchanges. org）及各交易所网站。

表 14－1 的统计结果表明，截至 2005 年年底，全球主要的交易所几乎都已经实现了公司化改制，且其中的大部分已挂牌上市。

目前，深圳证券交易所既不是真正意义上的会员制组织，也不是股份公司制组织。从法律上看，证券交易所是不以营利为目的的法人，但事实上，深圳证券交易所没有自主利益的载体，因而也不是自律性管理的独立法人，这很大程度上导致了深圳资本市场创新难、产品结构单薄、服务单一、一线监管力度波动大等问题。面对全球证券交易所的公司化浪潮，我们不应无动于衷，更不能逆潮流而动。为建立高度清晰的战略导向和培养深圳证券交易所的核心竞争力，也必须将深圳证券交易所的组织结构股份化提到重要的议事日程，引入战略投资者对证券交易所进行改造，力争在三五年内完成深圳证券交易所的股份制改造和上市计划。

四、经营管理要走向商业化

在长达 20 年的发展历程中，深圳证券交易所始终未能把建立商业精神和增强商业竞争力作为工作的重心。对比海外证券交易所在我国境内咄咄逼人的上门营销活动，我们可以更加深切地体会到深圳证券交易所由于明显的机关化、官僚化所带来的竞争力明显下降的后果。证券交易所应当成为股市投融资活动的基础平台，而不应如同目前这样仅仅退化为一个“一线监管单位”和一个股票挂牌的“技术支持系统”。我们应当通过稳步的改革，把深圳证券交易所逐步建设成为真正的商业化机构，使之成为满足资本市场交易需要和资本市场创新需要的基础平台。随着证券交易所性质的变化，证券交易所传统的不以追求利润最大化为经营目标的经营理念也必将发生相应的改变。而要实现利润最大化，深圳证券交易所必须在如下两个方面多下多下功夫：

第一，要突破传统的服务对象。即深圳证券交易所应通过自身在金融界的影响力、市场价值以及个性化服务，来组织并创造一个证券虚拟社区，使自身和投资者、券商、电子网站等参与者进行直接联系，发展成为虚拟社区的信息枢纽和知识中心。把未来的服务对象由形形色色的投资者、经纪商、上市公司扩大到银行、信息供应商、金融网站等。

第二，要大力开拓新的增值业务。深圳证券交易所可通过与电子通信网络、金融网站、网上经纪商等机构结成联盟，建立一个综合性的信息及交易网站，以支持不同市场参与者的投资业务。或通过在网上发布信息和发送电子邮件，快速地向客户提供各种个性化的信息产品和服务；或通过建立网上数据库为客户提供各种信息检索服务；或通过扩大结算交收业务提高服务收入在交易所收入中所占比例；或通过技术设施和交易系统的销售，拓宽证券交易所收入的来源渠道。

五、交易方式和交易品种要走向多样化

一个交易方式和交易品种过于单一的股票市场至少存在着两大不足：一是无法分散市场风险。根据美国股票市场的统计，一个机构投资者至少要持有50种以上的股票才能有效地降低股票的个别风险。二是无法活跃市场。一个交易品种单一化的市场，必然是一个投资者与筹资者单一的市场、交易方式单一的市场、投资目的单一的市场，这样的市场必然是一个呆滞的市场。因此，无论是从组合投资的角度考虑，还是从活跃市场的角度分析都要丰富证券交易所的交易品种。近年来，西方发达国家证券交易所的品种创新已达到了令人惊叹的地步，如美国证券交易所（AMEX）在1993年推出标准·普尔指数存托凭证（SPDR）的基础上，又相继推出了道·琼斯指数存托凭证、纳斯达克100指数存托凭证以及全球股市基数指数凭证等，这些新产品的交易量要占该交易所交易量的2/3。据美国期货行业协会统计，在2006—2007年，全球期货和期权交易增长了11%，而仅在美国市场的金融衍生品交易就同比增长了22%。又如法兰克福、新加坡等交易所开发出了买卖以国外股市指数和上市公司为标的物的期货、期权等衍生产品。

根据我国现时条件，我们认为，深交所至少可以在三个方面进行大胆地创新：

一是大力开拓信用交易。从国外的情况看，融资融券制度有益于增加股票市场的流通性、活跃交易。这一点已经在美日等股票市场上得到了充分的证明。根据Hardouvelis的研究，美日信用交易规模占证券交易金额的比重达到了16%～20%。如果我们按照15%推算，以2009年深市日均约800亿元的成交金额为基数，该制度推出后，深市日均成交金额将提高120亿元。对于信用交易可能出现的疯狂投机和暴涨暴跌的风险，我们完全可以通过从严规定融资融券的对象、融资融券的期限、融资融券的额度、保证金比率、利率水平等措施予以控制。

二是尽快做大股票指数期货交易。股票指数期货是20世纪80年代发展起来的新型投资工具，具有，价格发现、规避风险和资产配置等功能，能够有效完善证券市场的功能与机

制，有利于我国股票市场参与国际金融衍生市场分工与合作，为国内外金融机构提供更好的金融服务，提高我国证券市场的流动性与透明度，提高我国股票市场的风险监管能力。2010年4月，我国正式推出了股指期货交易。

三是丰富基金产品。在百年一遇的全球金融风暴中，以次级债为代表的场外衍生品市场受到重挫，而以期货为代表的场内衍生品市场成为市场避险工具，交易出现了繁荣的景象；无独有偶，场外交易的开放式基金整体遭遇了大幅赎回，而场内交易的ETF却始终表现为明显的资金净申购。因此，基金产品场内化、金融产品交易所化正在成为当前资本市场的一种发展趋势。在推出融资融券和股指期货后，也需要交易所交易的基金作为其对冲风险的重要金融标的。所以，深圳主板要着力从国际化、指数化、结构化三个方向推动基金在交易所平台的发展。一方面要加强跨市场领域的产品合作。如推动石油ETF、黄金ETF以及REITs发展等。另一方面要全力推动跨境指数ETF与LOF发展，利用LOF平台发展境外指数ETF产品（QDII型的海外指数型LOF）。再有就是要继续推动分级型基金产品的创新。如完善创新型结构化基金和连接基金等。

六、监管职责要走向单一化

深圳证券交易所作为政府控制型的典型代表，虽然建立有19年了，但始终未能关注建立商业精神和增强商业竞争力。交易所的公司化，意味着以利润最大化为目标，其内在赢利性和监管者角色的冲突，如何协调？我们认为，这种利益冲突并非必然发生。为避免赢利导向和自律监管之间的矛盾冲突，特别是为避免证券交易所为增加赢利而放松监管现象的出现，有必要在发挥公共监管在股票市场监管中的主导作用的同时，将证券交易所原来所承担的部分自律监管的职责移交给法定监管机构——证监会。在此问题上，股份制改造后的伦敦证券交易所已先行一步，正逐渐将其上市监管功能移交给英国金融服务局（FSA）。同样的思路可见之于美国，全美证券交易商协会是纳斯达克资本市场的母公司，但现在已演化为一个中立化组织，不再从事证券交易，从事着对包括纳斯达克在内美国境内所有小型券商的监管。可以说目前大多数西方国家证监会和交易所权力是截然分开的，市场建设和发展、新股上市节奏的控制是由交易所负责的。交易所直接代表股市各个参与主体的利益，不可能被政府的短期目标所左右，也不可能去偏袒参与市场的某一方。因为交易所的理事会是由股市参与各方的代表组成（一些证交所本身就是上市公司），同时各主要证券交易所都已经纳入了世界市场体系，不能执行“三公”原则，就必然导致资金外流、自身受损。而证监会的任务相对简单，其职责就是按照证券法规去监管包括交易所在内的各股市参与者能否依法行事。将证监会与交易所职能分开，前者依据法律法规对包括交易所在内的所有市场参与者实行监管；后者负责在不违法违规的前提下，推动创新，发展市场。证监会对交易所、证券公司、投资基金等机构负责人只审查资格，不负责任命。交易所主要负责人由市场参与各方代表组成的理事会任命。

七、场内交易要走向虚拟化

由于受通信和网络技术的限制，迄今为止，深圳证券交易所的交易仍不得不在一个真实的环境中进行，与此相适应，券商不得不花巨资建立宽敞、安静、舒适的证券营业网点。但随着互联网日益成为证券交易所的神经中枢系统，电子门户网站、电子商务公司、软件供应商、电子通道（ISP、移动、有线网）等不断渗透到证券业，使证券交易所日益脱离物质的范畴，成为一种信息流的集合。同时，证券营业部也相应实现虚拟化，即利用网络接收实时行情，利用 Internet/Intranet 双向功能解决股票发行、交易及个人咨询等问题，利用银行服务网络解决股民异地存取款问题，使传统的交易大厅成为历史的陈迹。但就目前而言，至少有两大障碍限制着场内交易走向虚拟化的进程：

一是交易模式分散化。这主要可以从以下几个方面考察：第一，从深圳证券交易所来看，虽然时下所使用的交易及清算系统在全球交易所中应属较先进的系统、但它充其量也只能称得上是网络时代的雏形。第二，从券商来看，目前我国大多数证券公司所采用的是分散经营、分散管理的经营模式，基本上是以营业部为单位单兵作战。第三，从投资者来看，散户为主的投资者结构，使许多投资者既缺乏采用集中化网络交易的经济实力，也缺乏集中化网络交易所必备的电脑网络知识，从而强化了分散化交易模式。

二是技术设施陈旧化。比较明显地表现在：第一，缺少大规模计算机公司和计算机设备，使网络化、集中化交易推进的步履十分缓慢。第二，通信基础设施发展相对滞后。目前中国电信网络与互联网络的建设还正在进行，通信的可靠性保障程度较低，即便是电话线甚至 DDN 等都时常发生断线，客观上限制了证券业的集中化和规模化交易。第三，安全性和稳定性缺乏保证。由于集中化交易模式需要券商、ISP、银行等多个电脑系统的相互配合，因而对网络安全技术的要求相对较高，我国现有的软件开发商虽然对单个系统的安全性控制显得游刃有余，但对整个网络安全性的把握则缺少必要的经验和实践。虽然截至 2009 年年底我国的网民数已突破了 3.4 亿，但是网上交易的比例并不太高，究其原因，主要是对网络安全性的担心。由于对网络技术缺乏全面地了解，加之媒体对网络黑客的渲染，使人们误认为网上交易的风险大于传统交易方式。

针对上述两点不足，我们认为，推动场内交易走向虚拟化至少要在技术上进行两点创新：

（1）用集中交易模式取代分散交易模式。

即在股票市场中广泛采用网络技术和网络交易。互联网正在快速渗透到世界的每个角落，集中化的网上交易也必将成为时代发展的大趋势。之所以如此，是因为网上交易有三大优势：第一，可以打破时空的限制。理论上说，券商只要拥有一个网址就可以无限扩大自己的客户群体，使任何一个区域性市场成为全国性市场；投资者可以在家中、办公室或全球任何一个具备通信条件的地方不受上班时间限制地完成股票市场投资活动，而不必拘泥于营业大厅中。第二，可以节约费用。假如从接受订单开始直到交易完成均借助网络进行，可以节约的费用有：租用、装修更多办公室的费用；营业员、调查员的费用；分支机构开设、运营费用等。同时，企业可以不通过证券公司进行直接的公募活动，可以节约相关的发行费用。第三，可以扩大服务功能。券商通过在网上发布信息和电子邮件发送，可以快速地向客户提供各种信息服务。对股民来说，不仅能够分享网上买卖股票的便利，而且可以享受功能强大的信息资讯服务，查阅丰富的金融信息和掌握全面的背景资料。

（2）用先进的技术设施取代陈旧的技术设施。

第一，要广泛采用大容量的计算机。由于网络化涉及客户、券商、交易所、开户行等多个环节，只有大容量的计算机才能满足股票市场扩容和升级的需要；同时经济的飞速发展和信息化进程的加快，也只有大容量的计算机才能满足证券业追求规模效应、形成行业优势的要求。第二，要加快电信行业的发展。由于网上交易对电信市场有较大的依赖，且网上资费太高也是制约网上交易发展的一个重要因素，因此，只有加快电信行业的发展，扩大电信市场的竞争，才能缩小电信行业对网上交易的瓶颈约束。第三，要提高网络系统的安全性和稳定性。尽管深交所现时的股票交易速度并不比西方逊色多少，有些券商已经实现了客户在下单之后3秒钟以内就能得到回报，但在网络安全、网络设备、网络稳定性和网络信息服务方面还没有跟上国外的步伐。为缩小这方面的差距，一方面要提高计算机系统的安全性、稳定性、可靠性和防病毒能力；另一方面要不断改进软件的可靠性（如提供接收和发送数据双方的身份认证）、保密性（如加密传输数据，防止敏感信息被窃取）、完整性（如通过数字签名防止数据被篡改）、不可抵赖性（即防止发送者否认发送信息，接收者否认收到信息）等。

八、法律定位要明晰化

我国的《证券法》、《公司法》等基本法律虽然为多层次资本市场的发展提供了法律空间，但仍未能明确深圳证券交易所的职能定位。它与上海证券交易所之间究竟是分工关系，还是竞争关系，还是以分工为主、竞争为辅，或是以竞争为主、分工为辅？二者在企业上市环节，究竟是市场导向，还是政策驱动，究竟是行政强制，还是双向选择？是继续满足融资需求，还是满足股东交易的需求。要使市场长久健康的发展，市场的基本功能应回到股市最初形成的机理—满足股东交易需求上去。这样具体的问题在基本法层面是解决不了的，应该在国务院或证监会的行政法规和规章中对此予以明确，只有清晰地界定集中交易市场的职能和分工，才能从根本上明晰我国多层次市场体系的基本架构。

九、市场范围要迈向国际化

深圳证券交易所完整意义上的国际化至少应该包括上市资源国际化、投资者国际化以及员国际化三方面。其中，最重要的内容是上市资源或筹资主体的国际化。因为上市资源或筹资主体的国际化不仅难度更大，而且它对投资者国际化和会员国际化有较大程度的影响，甚至发挥着决定性的作用。

近年来，随着QFII的引入，深圳证券交易所投资者国际化工作已取得了阶段性的成果，下一阶段的任务主要是完善现有的QFII制度，特别是要允许境外人民币以人民币QFII的形式进入深圳股票市场。目前，就中央政府而言，增强人民币的国际贸易结算货币功能，规避美元汇率风险是一种现实的选择。人民币作为跨境贸易结算货币是有市场需求的，而这个需求能得以实现必须要增加人民币的投资渠道。目前，与东盟各国的贸易之间，东盟各国是顺差国，而我国是逆差，东盟各国手中有大量的人民币头寸。允许境外金融机构、外国央行作为合格投资人投资于深圳债券市场，允许境外人民币以人民币QFII的形式进入深圳股票市场。而 QFII 的额度由监管部门控制，因此风险可控。

同时，未来一个较长的时间内深圳证券交易所应该把国际化的工作重心转移到上市资源或筹资主体的国际化上来。所谓上市资源或筹资主体国际化就是要在深交所建立国际板，即让境外企业在深圳证券交易所发行上市。在深圳证券交易所成功推出创业板市场之后，或许是为了缓解竞争的压力，或许是寻求高层政策支持上的某种平衡，上海证券交易所快速做出了反应，提出了创设国际板的意愿。时下，理论界和实际部门都把期待的眼光投向了上海证券交易所，以至于认定：中国的国际板非上海莫属，中国的国际板就是特指上海证券交易所的国际板。我们认为，构建国际板不仅是未来上海证券交易所的重要任务之一，也是未来深圳证券交易所的重要发展目标。理由是：

第一，迈向国际化深交所同样需要创设国际板。深圳证券交易所与上海证券交易所一样，其目标都是建设成国际一流的证券交易平台，国际板是不可或缺的一部分。因为对外国公司开放资本市场，将刺激金融服务业的成长，从而提高深圳证券交易所在国际金融市场的地位。所以，推出国际板是扩大资本市场在世界上的影响力的最好手段。

第二，优化深交所上市公司结构同样需要创设国际板。深圳证券交易所只有创设国际板，才能吸引海外优质企业来深市上市，才能优化上市资源，才能为国内投资者提供一站式的服务，给投资者更多的投资选择。同时，和境外优质企业“同台竞技”，还能让深市上市公司增加竞争的压力，推动其内部管理的规范。

第三，助力深圳国际金融中心建设深交所同样需要创设国际板。深圳有领先和开放的市场经济而没有领先和开放的资本市场，这不合逻辑。只有开放的资本市场才能与开放的市场经济相匹配。

第四，增加境内金融资产定价权深交所同样需要创设国际板。如果包括世界 500 强企业在内的一批大型跨国企业的股份或一大批具有成长性和科技含量的中小企业都在深圳证券交易所采用人民币定价、交易，无论是在深圳证券交易所的主板，还是在深圳证券交易所的创业板开办国际板，都有助于境内形成全球资产定价中心，掌握定价权，借此提升中国在国际市场上的影响力。

第五，为外汇储备管理体制改革积累经验同样需要深交所推出国际板。深圳证券交易所上市资源或筹资主体国际化，可以增加藏汇于民、全民外汇投资的形式，改变境内资金走出去投资遇到的风险和尴尬，提高外汇资金使用效率，改变贸易顺差在境内、利润在境外的模式，将以股权投资方式更多地分享世界经济增长的利益。同时，对人民币而言，没有定价与投资功能，人民币国际化永远是纸上谈兵，如果包括一批大型跨国企业股份都采用人民币定价、交易，势必大幅提高人民币的国际地位，加速人民币国际化步伐，减少国际货币体系对美元的依赖，为人民币成为国际货币奠定基础，并可减少中国对外投资中的汇率风险。

第六，改善深圳经济结构深交所同样需要创设国际板。通过创设国际板让外国企业在深圳发行股票或存托凭证，将大幅带动深圳金融业和相关服务业的需求，给投行（股票承销）、交易（证券经纪）、银行存管、投资管理、审计、税务、法律顾问等行业创造大量就业机会。金融业作为高附加值、低污染的行业，其增长将给深圳的经济结构带来有益变化。

更何况，深圳证券交易所也同样具备了推出国际板的备件。

首先，从技术条件分析，深圳证券交易所现有交易系统的处理能力和安全性已居世界前列，推出国际板已不存在技术障碍。同时，技术接口方便未来国际国内各类参与者接人，为深圳证券交易所国际化业务的拓展打下了坚实的基础。

其次，从吸引力分析，深圳作为中国经济改革的窗口和排头兵，一直是全球关注的焦点，而经过此次国际金融危机之后，深圳股市的发展更加吸引外资企业与投资者关注。加之，随着人民币跨境贸易结算的推进，人民币国际化迈出了第一步，也为深圳证券交易所推出国际板提供了便利。

再次，从市场条件分析，截至 2009 年 12 月 31 日，深圳股市上市公司的总市值接近 8700 亿美元，深圳证券交易所具备推出国际板的市场容量。同时，在经济处于低谷和复苏时，推出国际板，投资者面临的估值风险相对较小。此外，中国拥有巨额外汇储备，国际收支双顺差，有条件承受一定量的资本流出。

况且，对于上市资源或筹资主体国际化可能带来的冲击，我们完全可以通过规则的限制来避免。所以，我们现在需要重点讨论的已不再是深圳证券交易所有没有推出国际板的必要性和可行性的问题，而是需要重点研究深圳证券交易所推出国际板的路径问题。

基于目前的条件，我们主张，深圳证券交易所应把上市资源或筹资主体国际化的重点放在三类企业上：一是香港红筹股企业，特别是作为行业龙头的红筹公司，包括中国移动、中国海油、联想集团、华润创业等。二是在内地拥有大量业务、不但将内地作为其最大的一个生产基地，甚至以中国为主要市场，且对人民币有很大需求的外国公司，包括家乐福、沃尔玛、宝洁、可口可乐、联合利华以及从事制造业的大众汽车、西门子、通用电器、IBM 等。三是香港的蓝筹股公司，包括汇丰控股、长江实业、东亚银行、九龙仓、富士康等。这类公司已在内地有很多投资，对人民币同样有着很大需求。

（第十四章第一节由郭茂佳教授编写）

全球视野　深港视角

《人民币国际化路径研究》

曹龙骐　陈红泉　李艳丰　杨文　著

中国金融出版社　2014 年 11 月版

序

据权威机构预测，人民币国际化很可能成为未来十年世界经济的重大发展趋势。因此，这一问题也已上升到中国发展战略层面。可见，对此进行研究迫在眉睫、意义重大。

一国货币的国际化是指该国本币的国际化，具体指该国的主权货币，如美国的美元、英国的英镑、德国的马克、日本的日元、欧元区的欧元等，被普遍用于国际经济贸易和金融活动之中，并成为国际储备货币或世界货币。

作为世界货币，一般都具有相互联系、层次交叉和不断递进的三种功能：①计价功能。这一功能依托于货币的价值尺度职能，即作为商品和劳务及其交易的计价工具。②投融资的结算功能。这一功能依附于金融市场，因为世界货币作为价值的承担者，广泛用于个人和各种机构作为国际金融市场的投融资支付和结算工具。③由上述两种功能滋生出的世界货币功能具有国际通行的价值储藏功能，它也可作为国家、各种机构和个人的一般价值储藏手段。

关于货币国际化，进一步分析，还可以从不同角度加以定义：①就货币“质”的规定性加以分析，它是指作为一般等价物的一国货币，越出国境发挥其应有的作用。②就货币职能的角度分析，因为货币职能是货币本质的具体体现，越出国境即发挥计价（依托货币的价值尺度职能）、结算（依托货币的流通手段和支付手段职能）和当作国际储备货币（依托货币的世界货币职能），由此得出，货币国际化是指走出国门的货币能成为国际贸易和国际投融资的计价结算货币以及国际储备货币。③就货币国际化的状态而言，从静态角度看，它表现为某国货币在对外经济交往中越来越多地发挥上述国际货币的三大功能，并得到国际社会普遍承认，因而可在世界范围内自由兑换的一种结果。从动态角度看，一国货币国际化涉及由窄到宽、由浅入深的过程，在这一过程中的某一时段，不能自称已“国际化”了，因为可能存在“倒退”的危险。可见，货币国际化的这一过程的“一切”是为了“结果”的最终实现，它是一个“过程”，也是一个市场行为。即使“结果”实现了，种种情况也可能回归到“结果”前“过程”中的某一时段，甚至在客观上已不发挥国际货币的独特作用。这可从货币发展史上得以证明，例如，英镑一时施行贸易霸权夺得货币国际化地位，随后因经济衰落被美元依托政治经济的强势地位而替代；日元虽依靠实行放开外汇管制发挥单一功能使其走上国际化道路，但在20世纪初开始终究不能正常把握升值之度，加上坚持出口导向型经济政策等原因，使其日益走向衰败。

由上述分析，科学简练地表述货币国际化的定义：货币国际化是指一国货币在世界范围内可以自由兑换、成为国际上普遍认可的计价结算、交易媒介及储备货币的过程。简言之，就是一国货币要走出国门，成为跨境贸易计价结算货币、投融资货币和国际储备货币而发挥其独特的作用。

2008年下半年爆发的全球金融危机，充分暴露了以美元为世界主权货币的国际货币体系的弊端，各国要求改革的呼声四起，构建一个公平、公正、多元的国际货币体系已是众人所望。与此同时，人民币的“区域化—离岸化—国际化”，也已取得了举世瞩目的进展。事实证明，人民币的扩大影响和持续走强，无论对抑制美元的霸权地位，还是对保持和增强我国经济的内在实力和活力，都有重大而深远的意义。当今，中国作为世界第二大经济体，国际地位也日趋上升，特别是近几年，我们在深化改革开放政策之际，满足世界各国和中国交往过程中对人民币的客观需求，中国庞大的贸易体系与增长潜力促使人民币日渐嵌入全球贸易结算体系。资本项目管制正在稳步放松，离岸人民币市场基本形成，加上相互间拓展的人民币交易、互换以及人民币债券发行和流通等业务活动，已见证了人民币国际化的破冰之旅，并向世人展示了它今后的发展前景。总之，在众多正能量的推动下，人民币国际化问题自然地上升到国家战略层面，成为近十年世界经济发展的重大趋势。

本书从全球视野和深港视角这一“面”和“点”的结合上，紧扣人民币国际化“路径”这一关键词展开讨论。本书涉及货币国际化的理论依据和历史经验；人民币国际化的风险和以美元为主权货币的现行国际货币体系的改革；人民币国际化的动力源、战略构想和应树立的新理念；中国实施扩大境外贸易结算、创建离岸市场以及搞好深港金融合作这一人民币国际化的“试验场”等。在此基础上，试图走出一条适应全球形势和符合本国国情的人民币国际化切实有效的新路径，要求：一方面，要重新审视和积极推进现行国际货币体系的改革，中国力争获取相应的话语权和份额，以确立其应有的地位；另一方面，要牢牢抓住“区域化—离岸化—国际化”的运行线，以深港合作为切入点，以创建“深圳前海—香港”这一现代经贸和服务业合作区，充分利用深港合作优势，为加快推进人民币国际化进程而努力。

在写作过程中，我们在广泛吸取前人和同行研究成果的基础上，反复思考，认为在探索人民币国际化路径问题上，以下问题值得高度重视：

（1）研究人民币国际化问题，既要放眼全球，又要立足本国来加以考察，这有利于在从宏观和局部的结合上厘清人民币国际化的脉络走向和发现其真谛所在。这是因为：一方面，货币国际化顾名思义是该主权国家的货币获得全球至少是大部分国家和地区的认可，愿意用它来发挥计价、结算和储藏功能。由此，研究人民币国际化的全过程必须要有全球视野，全面掌握和不断拓展世界各国对人民币的实际需求，这既是人民币国际化的客观要求，也是货币“国际化”的本质体现。另一方面，人民币要实现“国际化”，一定要致力于“立足本国”创建货币国际化的基础性也即根本性条件，特别注重在经济实力、制度建设和良好信誉上下功夫。否则，货币国际化只是纸上谈兵和空中楼阁。还有，不能忽视的是，货币的国际化客观上又是一国或多国组成的一个目标意向和战略安排，这自然就离不开该国的实际，即必须结合该国或该地区的经济、政治、文化等来确定在总目标下的具体策略。从英镑开始，到美元、马克、日元等十几种货币的国际化进程来看，各国的经济政治制度不同，在实现货币国际化过程中的情况和方法上有差异，但都经历过兴衰成败。因此，科学研究货币国际化问题既要拥有全球视野，又要立足本国或局部地区，这两者存在相辅相成、彼此互动的关系。

（2）注重理论联系实际。要从理论和实践结合的基础上，剖析货币国际化的理论基础、研究现状以及主要国家货币国际化发展的路径。理论指导实践，跨境贸易计价货币选择理论、货币替代理论、最优货币区理论和金融深化理论等对货币国际化有重要的指导意义。坚持以科学的货币理论指导人民币国际化的全过程，是确保国家这一重大战略实现的重要保证。与此同时，一个多世纪以来，在有关货币国际化条件、过程和特征等方面人们已做了详尽的研究。特别是从2011年以来，人民币国际化问题引起了全球的关注，国内外对人民币国际化的机遇与挑战、重大意义、路径选择、发展现状、难点所在等方面也做了较为充分的研究和分析。人们常说回顾往事、展望未来，才能心领神会、坚定信心。可见，只有通过对货币国际化理论和实践的回顾总结，才能为人民币国际化问题的研究提供借鉴和参考。

（3）注重历史与现实相结合。事实证明，通过剖析美元作为主权货币弊端和风险，以新的思维重新审视和积极推进现行国际货币体系的改革，才能真正确立人民币国际化的策略。从全球视野看，美元既在国内配置资源，又在其他储备货币国家配置资源，这种实际上的不平等往往使储备国家的经济利益向主权货币发行国单方面转移。因此，这一机制客观上造成主权货币发行国敢于冒特大风险，而其可通过运用国际储备货币地位，以及美国惯用的在转型时期采取的美元量化宽松货币政策和华尔街强大的金融“魔法”，吸引境外美元支撑其巨额的贸易赤字和超前消费，最终让全球特别是发展中国家为其“埋单”，将风险转移出去，自己却实现“胜利大逃亡”。中国作为一个承受风险的大国，对此绝不能等闲视之。

（4）紧扣“理念”和“路径”两个关键点。探索人民币由区域化到国际化这一长期复杂的发展进程，事实证明，要实现这一宏伟的战略目标，首先在理念上要有所提升，如对人民币国际化上升到国家战略层面的利益所在；人民币“从区域化到国际化”之间的互相关系及其意义；人民币区域化国际化与人民币自由兑换的互动关系；世界各国对人民币区域化国际化的现实要求等问题厘清认识，以注入深化改革开放的思想动力。在此基础上，应选择的人民币“由区域化到国际化”现实路径是：一方面，应重新审视和积极推进现行以美元为主权货币的国际货币体系改革，参与构建一个公平、公正和多元的国际货币体系做努力，实现中国在现行国际货币体系中的“一席之地”；另一方面，致力于深化改革开放，立足以“以内为本”，在增强综合国力和完善体制上下功夫，注重加强世界各国之间的金融支持、产业合作和信息共享，加快推进人民币“由区域化到国际化”的进程。其实，这两个方面是相互联系和互为推动的，都是为了创建一条既适应全球形势又适合中国国情的人民币国际化新路径，以加快实现人民币国际化这一宏伟的战略目标。

（5）本书在结构布局上，注重宏观和局部相结合，理念和实践相联系，坚持深化改革开放和立足“以内为本”相融合。这样做，既为了顾及现行国际货币体系，又利于选择适合中国国情的“区域化—离岸化—国际化”路径。对身临特区的我们来说，特别要注重将深港合作中拓展跨境人民币业务看作是人民币国际化的重要“突破口”，将创建人民币离岸金融市场看作是人民币“区域化—离岸化—国际化”的中间连接纽带。努力为巩固深港全球国际金融中心做贡献，期望在人民币国际化进程中，形成以美元、欧元、人民币为主体的公平、公正、多元的国际货币体系。书中这样的结构布局，明显地体现了“一个目标（人民币国际化）、两个相连（区域化—国际化）、点面结合（多层次、全方位）”的论证格局。

本书的写作目的是：人民币国际化是一个全新和长期而复杂的系统工程。近几年，我们虽连续研究了几个与此相关的课题，但对这一工程而言，仍只是刚刚起步。之所以要这样做，我们的心愿只是期望在总结前期认识的基础上，能为未来的研究提供一些参考性资料和思路，力求为全面推进人民币国际化的研究贡献一点微薄之力。

作　者

2014 年 6 月

于荔园深大文科楼

目　　录

第 1 章　导论 …… 1

1.1　本书主要内容 …… 1

1.2　主要观点及其学术价值 …… 5

1.2.1　货币国际化的理论与实践 …… 5

1.2.2　人民币国际化的意义 …… 8

1.2.3　国际货币体系改革 …… 8

1.2.4　人民币国际化的路径 …… 10

1.2.5　跨境贸易人民币结算和离岸金融市场 …… 12

1.2.6　深港金融合作中的人民币国际化 …… 13

1.3　创新之处和待研究的问题 …… 14

1.3.1　创新之处 …… 14

1.3.2　待研究的问题 …… 15

1.4　关于人民币国际化的若干对策建议 …… 16

第 2 章　理论基础与文献综述 …… 19

2.1　理论基础 …… 19

2.1.1　跨境贸易计价货币选择理论 …… 19

2.1.2　货币替代理论 …… 21

2.1.3　最优货币区理论 …… 22

2.1.4　金融深化理论 …… 25

2.1.5 坚持以科学的货币理论为指导 …… 27
2.2 文献综述 …… 29
2.2.1 货币国际化文献综述 …… 29
2.2.2 人民币国际化文献综述 …… 32
2.2.3 人民币国际化路径研究文献综述 …… 37
2.2.4 文献评述 …… 39
第3章 主要国际化货币发展路径剖析 …… 41
3.1 英镑：贸易霸权实现货币国际化 …… 41
3.1.1 英镑国际化的推进因素 …… 42
3.1.2 英镑国际地位的衰落 …… 46
3.2 美元：国家货币独自发展成国际货币 …… 47
3.2.1 美元国际化的推进因素 …… 47
3.2.2 后布雷顿森林体系时代的美元本位 …… 50
3.3 德国马克：区域化货币迈向国际化的典范 …… 57
3.3.1 德国马克国际化的推进因素 …… 57
3.3.2 德国马克到欧元：欧洲货币的统一 …… 60
3.4 日元：单一功能性货币国际化道路 …… 61
3.4.1 日元国际化的推进因素 …… 62
3.4.2 日元国际化受阻原因剖析 …… 67
3.5 主要货币国际化发展路径启示 …… 68
第4章 美元作为主权货币的存在和风险所在 …… 72
4.1 美元作为主权货币的存在和弊端 …… 72
4.1.1 美元作为主权货币的存在与发展 …… 72
4.1.2 美元霸权的弊端 …… 76
4.2 现阶段美元作为国际货币的风险 …… 79
4.2.1 美元充当计价和结算货币的风险 …… 79
4.2.2 美元充当储备货币的风险 …… 83
第5章 重新审视和积极推进现行国际货币体系的改革 …… 91
5.1 力促现行国际货币体系改革 …… 91
5.1.1 现行国际货币体系的缺陷 …… 91
5.1.2 现行国际货币体系的改革方向 …… 95
5.2 现行国际货币体系的缺陷与其改革 …… 98
5.2.1 现行国际货币体系的缺陷 …… 99
5.2.2 现行国际货币体系的改革措施 …… 102
5.3 确立改革国际货币体系中的中国策略 …… 105
5.3.1 力争人民币在现行国际货币体系中的应有地位 …… 105

5.3.2 注重在改革国际货币体系中不断推进人民币国际化 …… 106
第6章 人民币国际化的历史机遇、发展现状与战略构想 …… 108
6.1 人民币国际化的历史机遇 …… 108
6.1.1 中国经济实力不断加强，夯实了人民币国际化的基础 …… 108
6.1.2 美元霸权的动摇，提升了人民币国际化的地位 …… 109
6.1.3 区域经济合作的不断扩大和深化，拓展了人民币国际化的空间 …… 110
6.1.4 人民币币值相对稳定，坚定了人们持有人民币的信心 …… 110
6.1.5 中国金融市场的不断深化，给予人民币国际化有力支撑 …… 112
6.2 人民币国际化的发展现状 …… 113
6.2.1 人民币国际货币职能的执行和作用 …… 113
6.2.2 人民币国际化存在的问题与不足 …… 115
6.2.3 人民币国际化的难点所在 …… 117
6.3 人民币国际化的战略构想 …… 123
6.3.1 实施经济“稳定增长”战略 …… 124
6.3.2 实现经济发展方式的转型 …… 125
6.3.3 改革人民币汇率的形成机制 …… 126
6.3.4 推进人民币国际化积极有序地发展 …… 127
第7章 人民币国际化的三大动力源 …… 131
7.1 动力源之一：增强贸易合作 …… 131
7.1.1 增强贸易合作是人民币国际化的根基所在 …… 131
7.1.2 增强贸易合作对人民币国际化的推动 …… 142
7.2 动力源之二：扩大对外投资 …… 144
7.2.1 扩大对外投资是实现人民币国际化的助推利器 …… 144
7.2.2 扩大对外投资对人民币国际化的推动作用 …… 154
7.3 动力源之三：完善金融市场 …… 156
7.3.1 完善金融市场是推进人民币国际化的强大引擎 …… 157
7.3.2 完善金融市场对人民币国际化的推动 …… 164
第8章 树立新的理念：人民币国际化的重要前提 …… 168
8.1 必须明确人民币国际化的利益所在 …… 168
8.1.1 正反方意见的比较 …… 168
8.1.2 必须从国家战略高度加以考量 …… 170
8.2 弄清楚货币国际化与货币自由兑换的关系 …… 170
8.2.1 不能简单将货币国际化与货币自由兑换看作是一回事 …… 170
8.2.2 货币自由兑换是货币国际化的必要条件但非充分条件 …… 171
8.3 充分认识人民币国际化已是全球众多国家的客观需求 …… 171
8.3.1 经济的互动与发展是货币运作的依托所在 …… 171

8.3.2 不断增强的国际金融合作是人民币国际化的市场基础 …… 172
8.4 人民币国际化是一个长期复杂的系统工程 …… 173
8.4.1 人民币国际化要顾及已有国际货币体系的存在 …… 173
8.4.2 人民币国际化是一个长期复杂的系统工程 …… 174
8.4.3 人民币国际化的路径选择要考虑“天时、地利、人和” …… 175
8.4.4 人民币国际化过程中需处理好市场和政府的关系 …… 176
第9章 选择有全球视野并适合中国国情的人民币国际化路径 …… 177
9.1 人民币国际化的基本原则 …… 177
9.1.1 市场演进，政府推动 …… 177
9.1.2 循序渐进，务实求稳 …… 178
9.1.3 立足和服务于实体经济 …… 178
9.1.4 注重防范人民币国际化中的风险 …… 178
9.2 “区域化—离岸化—国际化”：人民币国际化的现实路径 …… 179
9.2.1 因势而变，确立符合中国国情的人民币国际化新路径 …… 179
9.2.2 对“有”“无”资本管制下的人民币国际化剖析 …… 180
9.2.3 人民币区域化与离岸化、国际化的关系 …… 184
第10章 跨境人民币业务：人民币国际化的重要突破口 …… 190
10.1 跨境人民币业务的背景与意义 …… 190
10.1.1 开展跨境人民币业务的背景 …… 190
10.1.2 实施跨境人民币业务的意义 …… 192
10.2 跨境人民币业务的发展 …… 194
10.2.1 跨境人民币业务的政策概述 …… 194
10.2.2 跨境人民币业务的运行 …… 195
10.2.3 制约跨境人民币业务发展的原因分析 …… 198
10.2.4 跨境人民币业务失衡的后果 …… 201
10.3 跨境人民币业务对港澳地区人民币业务发展的影响 …… 202
10.3.1 跨境人民币业务对港澳地区人民币业务的意义 …… 202
10.3.2 港澳地区人民币业务的发展 …… 204
10.3.3 人民币在港澳地区货币供应量的变化分析 …… 206
10.3.4 人民币在港澳地区流动性弱的原因 …… 209
10.4 完善和扩大跨境人民币业务的对策建议 …… 210
10.4.1 增强汇率制度弹性，改变人民币单边升值预期 …… 211
10.4.2 优化出口商品贸易结构，提高出口企业的定价权 …… 211
10.4.3 加快发展香港人民币离岸市场 …… 212
10.4.4 推进中资银行业“走出去”步伐及境外银行业开展人民币资产业务 …… 212
10.4.5 加强金融监管，防范金融风险 …… 213

第 11 章　离岸金融市场：人民币“区域化—离岸化—国际化”的连接纽带 …………… 215
11.1　离岸金融市场概述 ……………… 215
11.1.1　什么是离岸金融市场 ……………… 215
11.1.2　离岸金融市场的类型 ……………… 219
11.1.3　离岸金融市场的作用 ……………… 222
11.2　深港离岸金融合作之必然 ……………… 224
11.2.1　从世界发展趋势看，国际离岸业务日趋集中化 ……………… 224
11.2.2　从世界范围看，呈现三大区域集团鼎立的局面 ……………… 225
11.2.3　在金融区域定位看，香港是连接中国与世界的最佳渠道 ……………… 226
11.2.4　从国际环境看，人民币离岸金融市场形成已成定局 ……………… 227
11.3　香港人民币离岸金融市场的创建 ……………… 228
11.3.1　离岸人民币结算中心 ……………… 229
11.3.2　离岸人民币融资中心 ……………… 233
11.3.3　其他类型资产交易市场 ……………… 235
11.4　香港人民币离岸金融市场流动性影响因素剖析 ……………… 237
11.4.1　流动性内涵和流动性供给理论及其启示 ……………… 237
11.4.2　香港人民币离岸金融市场流动性的影响因素 ……………… 239
11.4.3　人民币离岸金融市场流动性前景分析 ……………… 243
第 12 章　深港金融合作：人民币国际化的“试验场” ……………… 245
12.1　深港金融合作对人民币国际化的意义 ……………… 245
12.1.1　有利于循序渐进推进中国金融改革开放 ……………… 245
12.1.2　有利于深港两地优势互补获取双赢 ……………… 247
12.1.3　有利于巩固香港国际金融中心和创建深港全球金融中心 ……………… 249
12.2　深化深港金融合作的路径探析 ……………… 251
12.2.1　深港两地应就金融合作的目标和策略达成共识 ……………… 251
12.2.2　加快推进金融体系基础性层面的合作 ……………… 252
12.2.3　深化深港两地证券交易所的合作 ……………… 253
12.2.4　优化深港两地金融生态环境 ……………… 255
12.2.5　开展跨境人民币业务合作 ……………… 256
12.3　以深港金融合作为“切入点”，创建前海人民币国际化“试验场” ……………… 257
12.3.1　前海人民币跨境自由流动的实验 ……………… 257
12.3.2　前海人民币创新试验场的由来 ……………… 260
12.3.3　前海人民币创新试验场的蓝图构想 ……………… 261
12.3.4　深圳和上海两个“自贸区”的比较研究 ……………… 262
参考文献 ……………… 267
后记 ……………… 285

第1章 导论

本书试从全球视野（从“面”的角度）和深港视角（从“点”的角度）出发，在这一“面”和“点”的结合上，注重理论联系实际，紧扣人民币国际化的“路径”这个关键问题展开论述。本书坚持既顾及现行国际货币体系的存在，选择适合当今世界以美元为主的国际货币体系发展态势，又要选择符合中国国情的人民币国际化现实路径，立足于“以内为本”和“深化改革开放”相融合，充分发挥深港合作作为“试验场”的作用，确立“一个目标”（人民币国际化）、“双重策略”（一是积极推进现行国际货币体系的改革，二是牢牢抓住“区域化—离岸化—国际化”这条立足中国国情的人民币国际化“运行线”），为加快实现人民币国际化这一“立志高远”的宏伟战略目标做贡献！

一、本书主要内容

本书共分12章，具体内容安排如下：

第1章：导论。围绕人民币国际化“路径”这一主题词，简要介绍本书的主要内容、主要观点及其学术价值、创新之处和待研究的问题以及就有关人民币国际化提出若干政策建议。本章以导论形式，概括地对本书做较为全面、简要地介绍。

第2章：理论基础与文献综述。关于理论基础，本书有针对性地选择对国际货币化有直接作用和现实意义的相关理论进行分析，主要有跨境贸易计价货币选择理论、货币替代理论、最优货币区理论、金融深化理论等，目的是尝试运用货币国际化的理论真谛来指导人民币国际化的全过程。

关于文献综述，以马克思关于世界货币的论述为理论基础，从对18世纪以来国际货币几大职能入手，论证国际货币及其形成过程，进而有针对性地收集并分析人民币国际化、离岸化和区域化的联系，人民币国际化的收益与成本，人民币国际化的条件、现实路径（包括全球化的和区域化的路径）等文献并加以评述。

第3章：主要国际化货币发展路径剖析。为在推进人民币国际化过程中更好地吸取经验和教训，本章就英镑、美元、马克、日元四种货币的国际化过程进行了陈述和剖析。其各自的主要特点是：英镑国际化是以贸易霸权为后盾发展起来的；美元国际化是因为美国雄厚的政治经济强势地位使美元得以取代英镑国际地位；马克国际化是积极参与区域经济和货币金融合作迈向货币国际化的典范；日元国际化主要是通过放开外汇管制发挥单一功能而实现的。通过对上述主要国家货币国际化经验借鉴和历史教训的分析，试图探索一条人民币国际化成功之路。

第4章：美元作为主权货币的存在和风险所在。当今世界，是以美元为主权货币在国际货币体系中称“王”的时代，这是人民币国际化进程中首先要碰到的一个现实难题和严峻挑战。本章通过分析美元作为主权货币的存在和发展，进而提出美元霸权所产生的弊端及对其他国家特别是发展中国家的影响，由此而产生的美元充当计价货币、结算货币和储藏货币的风险所在，以及由美元储备货币风险表现出来的通胀风险、汇率风险、铸币税流失风险和投资风险等。本章目的不单是暴露美元作为主权货币所存在的风险，更重要的是为论证在实施人民币国际化进程中必然会涉及两个关联的双重目标，即一方面通过改革现行国际货币体系，增加人民币的份额和投票权，为建立一个公平、公正、多元的国际货币体系而努力；另一方面通过“区域化一离岸化一国际化”这一运行线，以深港合作为“切入点”，以创建“深圳前海一香港”这一服务业合作区为试验场，加快推进人民币国际化进程。值得注意的是，这两个目标只是在推动人民币国际化进程中的具体分类而言，实际上在现实运作中相互影响、共同推进，向实现同一目标即人民币国际化这一目标而努力。

第5章：重新审视和积极推进现行国际货币体系的改革。历史的发展证明，现行的国际货币体系是长期以来美国凭借其政治经济实力采取垄断手段且以美元作为主权货币所形成的，也称为牙买加体系，是1971年布雷顿森林体系崩溃的产物。虽几经改革，起过某些积极作用，但至今仍存在多种根本性和系统性的缺陷，需要进行不‘解的共同努力和不断推进改革创新才能得以解决。但是事实证明，因为存在缺陷之深，所面临的难度必然越大，主要体现在：①需要对国际货币基金组织的治理结构进行根本性改革；②改革国际货币基金组织的贷款职能；③改革国际货币基金组织的监督职能。对中国而言，应确立改革国际货币体系的中国策略：①要力争应有的话语权和份额，保证在国际货币体系中的应有地位；②注重在改革现行国际货币体系中不断推进人民币区域化国际化。其实，这两方面是有密切联系和相互联动的关系，所以也称为双轨齐下，对推进人民币国际化会产生共同效应。

第6章：人民币国际化的历史机遇、发展现状与战略构想。本章的目的是通过对人民币国际化机遇、发展、战略三个紧密关联问题的剖析，引申出人民币国际化过程中可能碰到的各种挑战和需要采取的应对策略，即既要看到中国目前在人民币国际化道路上存在“天时、地利、人和”的良好环境，又要正视诸多客观存在的问题。在战略思路上看，努力探索既要应对世界发展潮流，又要符合中国国情的人民币国际化路径，并促其梦想成真。

第7章：人民币国际化的三大动力源。人民币国际化根本上取决于该国的综合经济实力。就中国而言，经济实力与人民币国际化是紧密相连的，反映其综合经济实力的正能量，主要有三大动力源：①增强贸易合作，它是人民币国际化的根基所在；②扩大对外投资，它是人民币国际化的助推利器；③完善金融市场，它是人民币国际化的强大引擎。从总体上看，中国改革开放三十多年来，前两个因素对人民币国际化的推力是比较良好的。但第三个因素，即完善金融市场，看来还有一个长期和艰巨的过程。本章分析主要通过进一步深化改革开放，实现生产方式的转型，既充分又有重点地发挥这三大动力源的作用，以加快推进和努力实现人民币国际化的战略目标。

第8章：树立新的理念：人民币国际化的重要前提。历史发展的经验证明：理念是实践的先导，只有全新的理念，才有全新的发展。必须明确，人民币国际化是中国的长远利益和核心利益所在，它关系到国家金融安全和持续发展的重大问题，由此必须从国家战略高度加以考量。具体重要方面是：①要充分认识人民币国际化已是部分国家和地区的现实需求；②对中国来说，要实现人民币国际化，必须在增强综合国力和完善现行经济体制上下功夫；③要弄清楚货币国际化与货币自由兑换的关系，货币自由兑换应该是货币国际化的必要条件但并非充分条件；④要深刻认识人民币国际化是一个长期复杂的系统工程；⑤要正确认识和处理好在推进人民币国际化过程中市场和政府的关系等问题。本章就以上一些重要认识问题逐一加以阐述和分析。

第9章：选择有全球视野并适合中国国情的人民币国际化路径。本章从遵循人民币国际化基本原则和剖析在“有”、“无”资本管制下的人民币国际化表现形态的基础上，集中就“区域化—离岸化—国际化”的人民币国际化现实路径进行了全方位、有层次、全过程的剖析，同时引出拓展跨境贸易人民币结算业务和创建深港人民币离岸金融市场是实现这一路径的两个重要环节，以求寻找适应全球发展形势和符合中国国情的人民币国际化新路径。

第10章：跨境人民币业务：人民币国际化的重要突破口。人民币国际化的根本要求是要通过相应的流通渠道将人民币推出国门，走向世界，使其在有这一需求的国家和地区发挥计价、结算和储藏的功能，以获取更多的经济效益和加强国与国之间的密切联系，共同为世界人民创造福社。人民币要在世界货币史的长河中掀起“汹涌波涛”，来自无穷无尽的“源头活水”则是关键。近几年，中国试行并越来越拓展的跨境人民币业务，则是创造这一“源头活水”的主要缘由所在。本章将顺着这一思路，先从中国实施跨境人民币业务的背景和意义、发展和存在的问题加以阐述。在此基础上，提出了完善和扩大跨境人民币业务的若干建议。

第11章：离岸金融市场：人民币“区域化一离岸化一国际化”的连接纽带。跨境人民币业务的相应拓展，既加快了人民币通过香港这一天然通道的速度，又拓宽了香港离岸金融市场的空间。由此，人民币“由区域化到国际化”的这一连接纽带，即深港离岸金融市场的创建已成为紧迫而重大课题。当今世界，已建立的离岸金融市场已有60多个，它已成为当代国际金融的核心。人民币国际化要在一个较高的水平上运作并发挥作用，如果没有相应规模的离岸金融市场作为依托和支撑，这是难以想象的。中国“十二五”规划明确提出要支持香港成为离岸人民币业务中心。本章重点探讨依据深港金融合作和香港作为国际金融中心的背景和特征，提出了创建香港人民币离岸金融市场为中心的多市场并存的离岸金融市场体系，以充分发挥作为人民币区域化和国际化连接纽带的离岸金融市场的应有作用，为加快推进人民币国际化做出贡献！

第12章：深港金融合作：人民币国际化的“试验场”。人民币国际化作为一项长期、艰巨的系统工程，它既需要有无畏的勇气，更要求有科学的总体设计；既要有近期的规划，也要有一个中长期的远景设想。所以，要实现这一宏大目标，迫切需要在国内设有一个或几个具备相当条件的“试验场”，如深圳前海就是一例，它毗邻香港，得天独厚，又如已创建的中国（上海）自由贸易试验区应该说都是最理想的选择。本章主要从深港金融合作为“切入点”，分析两地金融合作的必要性和必然性，进而以人民币国际化为主题，紧跟世界金融业和其他现代服务业发展的足迹，论证其路径的现实条件和具体设想，以充分发挥这一“试验场”的辐射和示范作用。

以上涉及的共十二章内容，都紧紧围绕人民币国际化“路径”这一主题，如图1－1所示：

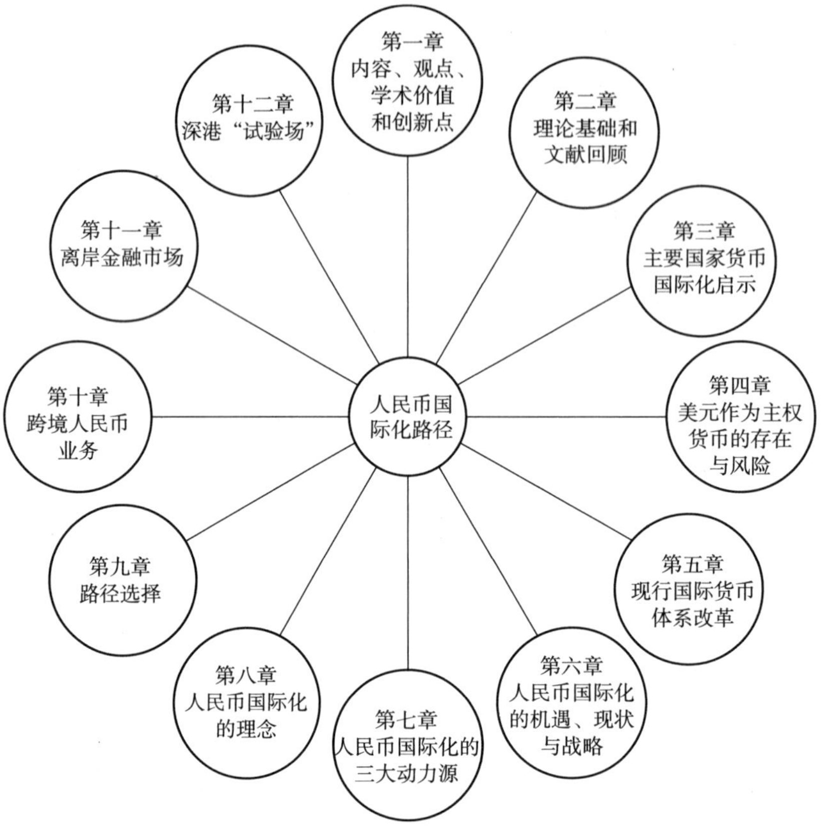

图1-1　本书内容结构图

二、主要观点及其学术价值

（一）货币国际化的理论与实践

（1）货币战争是现代战争的重要形式之一。由美国次贷危机引发的全球金融海啸，据权威研究机构估计，全球财富损失超过45万亿美元，相当于2007年美国GDP的3倍，中国GDP的10倍。其祸根之一，正是美国拥有美元发行特权和超强的国际储备货币地位，通过华尔街强大的金融功能，吸引境外美元支撑美国创纪录的贸易逆差和超前消费，最终让全球为其埋单，实现所谓的“胜利大逃亡”。可见，货币战争已是当今世界的一个重要特征，以美元为主权货币潜伏着巨大的风险，应引起高度重视。

（2）人民币国际化问题已上升到国家战略层面。人民币国际化问题早在20世纪80年代末就提出，2008年以来的全球金融海啸，凸显了国际货币体系的不合理性，特别是美元霸权，再次激发了对人民币国际化问题的研究，2009年4月胡锦涛总书记参加G20峰会提出美元因素对世界经济的影响。中国人民银行行长周小川也连发数文，倡议改革现行国际货币体系等，我国与韩国等国签署货币互换协议，跨境人民币业务从试点扩展到全国，从经常项目扩展到部分资本项目。这些标志着人民币国际化已进入一个全新的阶段。

（3）货币国际化是国际市场的选择。亚洲货币要实现区域化国际化，从历史背景和推进程序来分析，“欧元货币区”的模式值得借鉴，同时要吸取美元、日元国际化的有益经验。但一国或一个区域货币的国际化，终究是国际市场的选择。由此，从多个方面适时、有效、长期地获得国际市场的认可，是面临的重大和繁难问题，只能因势利导，逐步推进。

（4）科学的货币理论为人民币国际化提供理论基础。例如：①跨境贸易计价货币选择理论，指一国货币充当贸易的记账单位而形成货币国际化的市场选择机制。贸易计价货币功能作为国际化货币的微观基础，代表人民币在贸易往来中的市场需求，推进并深化人民币国际化在投资以及价值储藏中的影响力。②货币替代是开放经济条件下所特有的一种货币扰动，在货币自由兑换的前提下，外币在价值尺度、交易媒介和价值储藏等方面全部或者部分地取代本币。跨境贸易人民币结算的实质是人民币在计价结算功能方面从进出口方“双向”地替代美元。与此同时，在人民币外汇市场和人民币债权和股权市场发展为市场主体提供风险对冲的同时，也使人民币金融资产成为资产组合选择，发挥人民币的价值尺度、交易媒介和价值储藏的功能，并有利于解决中国作为高额外汇储备国家的货币错配问题。③最优货币区理论则为区域货币合作提供理论指南。欧元区的发展，是最优货币区理论的实践蓝本，它从加入货币区该国所需要支付的成本和获得收益来综合衡量这一决策。④人民币国际化的最终实现包含人民币的完全可兑换，这依赖于金融市场的深化。金融市场深化从价格指标来看，主要包含利率和汇率的市场化。利率市场化为商业银行提高风险经营能力创造外部条件，汇率的市场化则为实现人民币的自由可兑换性提供条件。人民币资金价格的市场化和商业银行竞争力的形成是人民币可兑换的前提条件，也是人民币良好信誉的保障。人民币离岸金融市场形成的市场化汇率和利率对在岸金融市场反馈效应，能推进在岸金融市场的自由化。

（5）科学货币理论对人民币国际化全过程实行指导。亨利·基辛格曾经说过：“控制了货币，你就控制了整个世界。”一国货币在全球金融市场中的影响力对该国参与世界经济利益格局的分配以及自身核心利益的维护有着举足轻重的作用。人民币国际化伴随着中国经济市场化进程，同时也与中国实施的经济发展模式转型、对外贸易合作战略、金融市场开放以及离岸市场的建设等紧密联系在一起。现有的货币理论源自于发达国家货币国际化实践，中国作为发展中国家，在运用已有理论的同时需要充分考虑中国贸易、金融以及离岸金融市场国内外差异，结合中国经济具体条件，实现经济货币理论的本土化适应和创新。只有以科学的经济和货币理论，对人民币国际化进行全过程指导，才能真正实现人民币成为国际货币。

（6）通过对国内外关于货币国际化文献进行综述认为，国外学者在货币国际化内涵、层次和存在条件等；国内学者对人民币国际化含义、收益和成本、区域化路径的研究（包括区域化路径、分阶段路径和全球化路径等）均已取得了大量的研究成果。但是，国内外学者对货币国际化和人民币国际化问题的研究存在着三个方面的不足：一是主要以发达国家货币作为研究对象，对发展中国家货币国际化问题关注不够；二是片面地将资本账户可兑换与人民币实现国际化等同起来；三是人民币国际化路径研究忽略人民币国际化是一个系统工程和系统内各变量的动态变化，各种新的因素之间又呈现相互促进，动态耦合的关系。

（7）从发展路径的角度对英镑、美元、马克和日元国际化进行剖析；英镑走的是依托世界贸易霸权实现货币国际化的发展路径；美元实现货币国际化主要是依靠经济和金融强综合优势，并且通过布雷顿森林体系的制度性安排固化美元的主导地位，走的是市场竞争为主政府推动为辅的货币国际化发展路径；马克国际化是通过良好货币信誉成为欧洲货币体系关键货币，创造性借助于欧洲货币一体化制度安排实现了国际化的发展路径；日元实行单一功能性的直接国际化发展路径，是贸易大国不断金融深化和资本账户的开放，使日元成为国际经济活动中普遍使用的货币。通过剖析英镑、美元、欧元、日元等主要国际货币的经验及其对人民币国际化给予的启示是：国际化货币的具体路径虽然不一，但其背后反映的是该国经济、金融、科技、教育、制度等综合国力水平。可见，一国货币的国际化既是一国经济实力的显示，也是一国政治“软实力”的反映。

（二）人民币国际化的意义

（1）人民币国际化是我国综合国力提升的反映，反过来也有助于我国综合国力的提升。它不仅能够获得铸币税、减少交易成本和汇率风险等种种好处，而且对我国经济、金融、贸易、产业结构调整以及区域经济发展都具有极为重要的意义。当然，与此同时，人民币国际化也可能引发一些风险，比如防范“热钱”的防火墙消失、会加大我国货币政策的制定和调控难度等。

（2）人民币区域化国际化是一个长期复杂过程，它既是中国长期利益所在，也是维护国家金融安全的重要举措，必须提升到国家战略高度，绝不能等闲视之。

（3）人民币国际化是中国的长远利益所在。从中国现状看，中国是一个出口大国，外汇储备多，特别是美元储备占比大约为 80%。如果美方采取所谓量化宽松货币政策下的美元贬值，则必然会导致我国遭受难以估量的巨大损失。如果人民币没有国际货币储备地位，中国就很难成为一个名副其实的经济大国，不可能真正拥有国际经济的决策权，拥有巨大的需求却没有市场的定价权，不时遭受美元、甚至欧元货币政策的干扰。从经济发展角度分析，中国人口多资源少，外需依赖性大，人民币国际化以及人民币成为国际储备货币，这对中国购买国外资源产品，缓解经济、人口和环境的压力意义重大。

（4）要树立新的理念，一是要明确人民币国际化的战略意义，充分认识货币国际化已是世界各国的必要需求；二是要弄清货币国际化与货币自由兑换的关系，两者既不是一回事，但又是密切相连在互动中不断推进的过程；三是要把握住人民币国际化过程中市场和政府的关系，既要遵循市场规律的作用，而政府也应顺势而为并辅以推动力。

（5）在人民币国际化战略下，人民币资本项目可自由兑换也将循序渐进展开，由此将导致国内人民币金融市场的巨大发展，国内金融业将迎来包括 QFII 在内的越来越多的外国投资者，其结果不仅有助于国内金融市场国际化程度极大的提高，而且也促使国内金融业获得巨大的发展，特别是促使上海和深港的国际金融中心地位的不断提升。

（三）国际货币体系改革

（1）国际货币体系又称国际货币制度，是世界各国在国际经济交往中为满足对国际货币的需求在国际支付原则和储备货币的选择、汇率制度以及国际收支调节机制而做的制度性安排。具体而言，国际货币体系包含四个基本要素：一是规定用于国际贸易、投资的计价和结算货币的币材、来源和数量等的制度安排；二是各国用于应付国际支付等需要的储备货币的币材、构成及其数量；三是确定不同国家之间的货币的比价、调整以及波动幅度；四是当一国出现国际收支失衡时，如何进行调节来促进国际收支平衡并促进全球经济的协调发展。

（2）2008 年爆发的全球金融危机，充分暴露了以美元为世界主权货币的国际货币体系的弊端。以美元为主权货币充当国际储备货币的风险主要表现为：一是通货膨胀风险，它包括可测性贬值风险和不可测性贬值风险两种情况；二是汇率风险，它包括宏观层面和微观层面两种表现；三是铸币税风险，它是储备货币国际化外汇需求的一种必然；四是投资风险，即指资产投资于实体经济或在购买金融资产发生投资损失的可能性。

（3）本次全球金融海啸的发生和蔓延，虽然有世界经济发展的不平衡，经济结构的扭曲，金融创新的过度，金融道德水准的下降和人性的扭曲等原因，但一个重要原因就是美国滥用美元作为国际储备货币的发行权，支撑其巨额的贸易逆差和超前消费。而在金融危机之后，又通过巨额财政赤字滥发美元，向全球转嫁金融危机，让全世界特别是发展中国家为其埋单。

（4）国际货币体系改革已是一个不可逆转的趋势。国际货币体系改革的实质是扭转美元独大的局面，通过多元化来分散国际货币波动的风险。早在 20 世纪初，国际社会舆论就认为：21 世纪国际货币体系将形成美元、欧元和日元三足鼎立的格局，但随后发生的国际金融动荡，加上美元的霸权地位并未撼动，加上中国、印度、巴西、俄罗斯等国的迅速崛起，特别是这次全球金融海啸中美国暴露出来的不负责任、损人利己行为，客观上要求这些国家的货币国际化，以降低美元在国际储备体系中的比重。因此，深化改革现代国际货币体系也是面临的一个紧迫而重要课题。目前，应确立的中国策略：一是力争应有的话语权和份额，保证在现行国际货币体系中的应有地位；二是注重在改革现行国际货币中不断推进人民币国际化；这样做的目的是要产生所谓国内外双轨齐下的共同效应，以加快推进人民币国际化的进程。

（5）改革现行国际货币体系，必然涉及不同国家间特别是发达国家和发展中国家之间利益的重新调整，这就必然触犯某些国家的既得利益（如美国、欧盟等主要储备货币发行国的利益），导致改革难以推进或者收效甚微。因此，改革国际货币体系必须有新的理念，并采取富有针对性的改革措施，才可能构建起一个相对稳定的新型国际货币体系。

（四）人民币国际化的路径

（1）由社会发展过程中种种因素所决定，货币国际化路径并非都要明显地经历相同的过程，如美元是第二次世界大战后依靠自己的经济政治势力和国际合作协议取代英镑国际地位的，而日元则是在日本经济迅速发展、国际经济贸易地位骤升而成为国际货币的。可见，各国货币国际化过程中，经济发展是硬道理，但并非是固定的模式。

（2）人民币区域化国际化是一个长期复杂过程，它既是中国长期利益和核心利益所在，是中国拥有强大“软实力”的标志所在，也是维护国家金融安全的重要战略。由此，必须提升到国家战略高度，绝不能等闲视之。那种认为中国在现阶段推行人民币国际化的时机尚未成熟的观点和认为中国探索人民币国际化问题没有多大实际利益的观点，显然是片面的，也是错误的。

（3）人民币国际化发展路径是一个综合性的研究课题，它涉及外贸计价货币选择、货币替代理论、贸易全球化和经济全球化基础上的最优货币区理论以及金融深化理论等。本书在总结已有研究成果基础上，剖析主要国际化货币发展的路径，进而联系中国实际，通过分析经济（人民币经济循环）和金融（人民币金融循环）的内在联系以及离岸市场在现阶段的补充或者部分替代境内金融市场以发挥人民币可完全兑换性功能，提出人民币国际化的最优现实路径选择应该为“区域化—离岸化—国际化”。

（4）人民币国际化的最终实现建立在产品和要素市场化完成的基础之上。要素市场作为市场化改革的重点以及经济增长的推动力，人民币国际化依赖于金融要素市场的金融深化、利率和汇率的市场化机制形成、开放的资本市场和人民币可自由兑换的实现。因此，人民币国际化实际上是中国金融市场在广度和深度上外延和拓展，是中国政府逐步放开市场，减少行政干预的过程，是中国经济实力在世界经济版图中扩张的有利表现。

（5）货币的区域化是指在特定区域内逐渐国际化并成为区域性国际货币的过程，它介于货币周边化和货币国际化的一个中间环节，起到承上启下的重要作用。依据亚洲国家目前的货币需求和国际化条件，人民币区域化致力于推进亚元货币区的诞生，这既是中国经济社会发展的客观要求，也是亚洲国家利益所在，更是构建多元国际货币体系的现实需要。但这要取决于亚洲国家特别是中国、日本、韩国直至世界各国的不懈努力和真诚合作。

（6）我国正处于人民币周边化区域化阶段，已构建离岸金融中心为主的人民币离岸化是实现人民币区域化到国际化的关键性步骤。应该说，支撑这一过程进展的则是货币国际化的必要条件：国家经济的发展和稳定、拥有一个成熟的金融市场和赢得国际社会的公信力。而这三个条件在中国金融市场功能的发挥不可小视。这是因为它既是经济发展和稳定的明显标志，又是国际信誉的直接来源和推力。

（7）人民币的“区域化—离岸化—国际化”是三个相互紧密联系的统一过程。它对深港两地金融市场的一体化、人民币跨境贸易结算的扩展、人民币离岸市场的构建以及完善人民币清算和回流机制等方面，有一定的针对性和代表性。要注重在这些试验中不断总结经验，这对充分发挥香港作为国际金融中心的重要地位和作用，在防范风险的前提下确保金融安全，助推并加快人民币的区域化国际化进程意义重大。由此，应该构建深港两地金融合作这一试验田，力推人民币由“区域化—离岸化—国际化”这一过程加快实现。

（8）一国或一个区域的货币国际化水平取决于雄厚的经济实力、发达的金融市场和国际社会的公信力，应遵循“以内为本”的方针，在增强综合竞争力和完善现行体制上下功夫。与此同时，要进一步加强世界各国之间内部的金融支持、产业合作和信息共享。

（9）要明确推进人民币国际化的三大动力源：即增强贸易合作、扩大对外投资和完善金融市场对推动人民币国际化的重要作用。具体地说，增强贸易合作是人民币国际化的根基所在，这是因为从全球金融竞争与产业变迁趋势看，中国要实现由贸易与制造大国向资本与产业强国转变，必须由人民币深度嵌入全球金融与贸易分工作为价值链的载体来承担。扩大对外投资是实现人民币国际化的助推利器，因为扩大对外投资的稳定上升说明中国进入资本稳定输出阶段，必然有利于经济的持续稳定上升和企业竞争力的提高。完善金融市场是推进人民币国际化的强大引擎，因为金融市场中的资本账户的开放、利率的市场化、汇率市场化，从很大程度上决定人民币单位价格的变动，由此决定人民币自身的作用力和公信度。

（10）通过对主要国际化货币的发展路径的总结，可以得出实现国际化的基本条件应该是一致的。但也必须看到，实现国际化可以有不同的模式，由此也可以有不同的发展路径。发展路径主要有市场竞争导向和市场竞争与政府推动相结合两种，前者主要以英镑为代表，后者主要有马克和日元。结合中国实际情况，人民币国际化需要采取市场竞争和政府推动相结合的发展路径为妥，并对货币国际化的历史经验采取科学借鉴的态度。

（五）跨境贸易人民币结算和离岸金融市场

（1）扩大跨境贸易人民币结算对推进人民币区域化、国际化，提升我国外贸企业国际竞争力等方面具有重要意义。跨境贸易人民币结算开展以来实现了跨越式发展，但仍然存在规模小、结构失衡等问题，其直接原因在于境外企业人民币计价结算意愿弱，更重要的是境外人民币离岸市场发展滞后等。为进一步扩大跨境贸易人民币结算，以助推人民币区域化国际化的实现，必须借助香港国际金融中心平台，加快发展香港人民币离岸市场，积极推进境外银行业开展人民币资产业务，壮大境外银行业人民币资产规模，同时须加快推进中资银行业“走出去”的步伐。

（2）注重建立、开拓和不断完善中国的金融市场。历史的经验证明，如果没有一个涵盖货币市场、资本市场、外汇市场和金融衍生品市场的功能齐全的金融市场体系，没有丰富的金融产品，就很难满足境外不同主体对人民币交易、投资和风险管理的需求，就不能夯实人民币国际化的根基，至少在人民币国际化的范围上受到一定的制约，这一切需要体制改革，特别是金融体制的改革和技术创新。

（3）事实证明，增强贸易合作，扩大对外投资和完善金融市场，是人民币国际化的动力源所在。可以设想：如果中国无法成长为贸易强国，就不可能在贸易计价结算中具备应有的地位，也就难以履行人民币作为国际货币的计价、结算、储备的职能；如果中国不能充分利用国内外两种资源、两个平台，实现在自主创新中计价结构调整和产业、技术的不断升级，人民币国际化就缺乏现实的基础；如果对外贸易和对外投资为人民币区域化离岸化国际化提供原动力基础，它有利于在亚洲地区和金砖国家等新兴市场积极、稳妥、有序地推动人民币区域化、国际化发展。与此同时，如果金融体制改革力度低、效率差，不能使人民币国际化与利率汇率和资本账户有序开放紧密结合，也难以解决人民币国际化过程中实际存在的金融制度障碍，必然会降低人民币在国际领域中的吸引力和竞争力。

（4）事实证明，贸易基础和对外直接投资成为人民币区域化离岸化国际化提供强有力的支撑。中国贸易商品在保持原有劳动密集型产品竞争力的同时，资本密集型和技术密集型产品有较好的竞争力。中国贸易地区结构特征显示，中国替代美国和日本成为亚洲地区“市场提供者”并且与金砖国家为代表的新兴市场经济体贸易往来密切，这能够推进人民币在亚洲和金砖国家的贸易结算中的使用同时，中国对外投资流量居前的46个国家，以中国直接投资流量和流量占投资国FDI的比重看，显示中国对外直接投资主要投向邻国和亚洲经济体。另外，中国也成为非洲吸引外商直接投资的最主要来源国之一。

（5）人民币国际化与香港人民币离岸金融中心的关系紧密。人民币国际化的一个重要特征是人民币成为国际储备货币，对于持有人民币的外国货币当局来讲，需要有满足其流动性、安全性和收益性的人民币金融市场，在这方面，香港建立和发展人民币离岸金融市场既有先天条件也具有重大意义。

（6）从人民币离岸市场的现实条件分析，深港两地是构建这一市场并助力人民币区域化国际化的理想之地。香港完全有条件建成具有国际影响力的内外一体型人民币离岸中心，成为人民币区域化国际化的桥头堡；而深圳可以与香港合理分工，利用自身优势拓展对外人民币业务，打造有特色的内外分离型境内人民币离岸清算市场，防范人民币在“走出去”进程中的风险和真正起到“防火墙”作用。深港人民币离岸市场必将开辟人民币境外流动与使用的新渠道，丰富境外人民币产品，促进对外金融开放，为实现人民币区域化国际化目标创造难得的有利条件。

（六）深港金融合作中的人民币国际化

（1）深港人民币国际化有着学习机制、协同机制、金融创新机制和服务机制四个方面合作机制。“深圳前海—香港”人民币循环机制的建立，在于探索人民币跨境业务的金融创新，为建设香港人民币离岸金融市场这一人民币国际化枢纽奠定基础。同时，通过资本账户局部开放的先行试点，既在中国境内与境外市场之间形成一个有效的“防火墙”，又为向全国推广积累经验，通过“深圳前海—香港”的合作推动人民币国际化。深圳前海人民币创新“试验场”的蓝图具体构想是：一方面，深圳前海可发展成为中国境内人民币离岸市场；另一方面，发挥金融对产业升级的推动力，提高中国企业“走出去”的竞争力。

（2）立足于深港研究人民币国际化有其特殊意义。深港是大陆走向世界的“桥梁”。深港两地金融业的合作从起步到不断深化，两地金融业的资金、信息、人才流动日益频密，各个领域的合作全面开花，已经为在人民币国际化背景下进一步加强深港金融合作建立了良好的基础。人民币国际化对深港的实际意义在于：与深港两地建立全球金融中心、统筹规划和衔接配套珠三角地区的发展规划、在香港拓展跨境人民币业务、实施两地资本市场的一体化、探索深港离岸金融中心的建立等重大事项均密不可分。

（3）在人民币国际化进程中，作为国际金融中心的上海、香港和深圳的竞争会日益激烈，同时三地合作共赢也会越来越紧密。特别是促使港深金融合作将更上一个台阶，如何加快推进人民币国际化，将是面临深港的一个重大和紧迫的课题。

三、创新之处和待研究的问题

（一）创新之处

（1）理念是生产力。在人民币国际化问题上，重要的首先必须厘清若干认识，提升新的理念，例如，人民币国际化这一长期复杂的系统工程的国际化战略意义和利益所在；人民币国际化不仅是中国自身也是世界许多国家的现实需求；人民币国际化与人民币可兑换两者存在互动推进的关系，但不一定强求“同步”，人民币可兑换只是为货币国际化提供必要条件，而并非充分条件等。通过理念的提升，不断注入改革开放条件下积极推进人民币国际化的思想动力，这是人民币国际化的重要前提。

（2）人民币“区域化—离岸化—国际化”三者之间“依次相连、动态耦合、缺一不可”。书中关于选择有全球视野并适合中国国情的人民币国际化路径、关于跨境人民币业务是人民币国际化的重要“突破口”、关于创建深港离岸金融市场是人民币区域化和国际化之间的一个重要“连接器”、关于深港金融合作是人民币国际化的“试验场”的论述以及分别提出的一系列对策建议有一定的现实意义和参考价值。

（3）人民币国际化要切实在“化”字上下功夫。“化”的关键就是解决路径依赖问题。实现人民币国际化固然要有基础条件，如综合国力水平、经济金融成熟度和开放度、人民币公信力等，但各国具体的现实路径并不雷同。就人民币国际化而言：一方面，积极参与和重新审视现行国际货币体系的改革，加大中国的话语权和份额，构建一个公平公正的国际货币体系；另一方面，走出一条符合中国国情的“区域化—离岸化—国际化”的发展道路。这里，货币区域化是人民币周边化的自然演进和在特定区域内逐步国际化进而成为区域性国际货币的过程。离岸化是在区域化基础上的促进人民币国际化目标实现的中间连接环节，起到承上启下的重要作用。以上两个方面“双管齐下”，最终目标都是为了加快推进人民币国际化进程。

（4）在本书结构和布局上，注重宏观和局部相结合，理念和实践相联系，坚持深化改革开放和立足“以内为本”相融合。人民币国际化既要顾及现行货币体系的存在，又要选择适合中国国情的“区域化—国际化”路径，更好充分发挥深港金融合作作为“试验场”的作用。期望在人民币国际化进程中，形成以美元、欧元、人民币（或亚元）为主体的公平、公正、多元的国际货币体系；形成“一个目标、多个层次、全方位”的论证格局。

（二）待研究的问题

（1）人民币国际化指数（RII）是指从国际货币职能角度出发，融合人民币各项职能的全球占比，它是客观、动态、科学地描述人民币国际化程度的指标数据。因为编制宗旨、原则、方法要求科学综合，数据的来源和处理以及指数模型的确定的权威性和复杂性，所以综合编制必须由官方和权威研究机构共同完成。但作为研究人民币国际化的研究人员，这一指数有关评判人民币国际化水平，如何通过纵向和横向的比较，发现市场运作中对其的认可程度，发现政策或制度设计上的不足或缺陷，并提出有关改进的意见，这对人民币国际化研究也是不可缺少的一部分。

（2）书中涉及贸易合作和对外直接投资角度分析人民币“区域化—离岸化—国际化”的基础所在，同时也分析了人民币在亚洲和金砖国家等新兴市场经济体有着区域化的潜力。书中侧重于选择有市场基础的国家和区域在促进人民币在双边贸易和投资中的计价结算作用，依托离岸市场提供的境外金融平台实现人民币国际化的三大货币职能，而对于选择区域间货币合作或者仍然以市场推进的形式来实现人民币区域化这一目标，书中并没有具体涉及和深入分析。在以后的研究工作中，应该对人民币区域化问题展开更详尽研究，以有利于对人民币“人民币—离岸化—国际化”的科学剖析。

（3）随着中国对外贸易和对外投资发展和变化，其规模和地区分布也必然会发生相应变动，如果采用动态分析方法，对人民币在贸易和投资中的实际状况随时进行相应调整，则会更具有现实性和科学性。

（4）书中在阐述推进人民币“区域化—离岸化—国际化”的原动力的前两大因素（增强贸易合作和扩大对外投资）时，主要从一国经济实力的角度出发。如果换成资本账户人民币输出，那么，则除对外直接投资外，实际上还包含对外援助、贷款和证券投资等。结合中国对外援助或者对外贷款等实际情况，以后的研究应考虑包括政策性金融机构和商业性金融机构在内的分析，以阐明人民币输出对人民币“区域化一离岸化一国际化”的推动作用。

（5）人民币离岸金融市场研究需要进一步深化。离岸金融市场在不断发展壮大过程中，随着人民币离岸市场流动性的增加，对在岸金融市场的深化作用将进一步显现，如何解释离岸金融对在岸金融价格的传递和影响，或者在岸金融对离岸金融的货币政策溢出效应，以及离岸金融市场在环境变化中自身的发展等都有待进一步深入研究。

（6）继续对深圳前海作为人民币国际化试验场进行跟踪研究。深圳前海是人民币国际化创新的试验场，同时也是在努力探索离岸资金的回流和在岸资金输出、为资本账户渐进开放实现人民币国际化最终目标提供最前沿的理论和实践的经济学素材。在今后的学术研究中，应继续关注深圳前海的人民币跨境业务的创新以及现代服务业的经济转型、新型商业模式等重大问题，以不断深化已有的研究内容。

四、关于人民币国际化的若干对策建议

（1）面对世情、国情的变化和现行的国际货币体系的存在，关于人民币国际化的路径选择应该是：一方面应继续为努力构建一个公平、公正、多元的国际货币体系做出应有的贡献；另一方面中国应在坚持改革开放前提下，创出一条适应全球形势和适合本国国情的人民币国际化新路径，即牢牢抓住“区域化一离岸化一国际化”的运行线，在实施过程中以深港金融合作为“切入点”，创建“深圳前海一香港”现代经贸和服务业合作区，并以此作为“试验场”，充分利用深港优势，加快推进人民币国际化进程，为确保国家战略的实现做出应有的贡献。

（2）必须十分注重深港合作中的离岸金融市场。离岸金融市场是特指那些经营非居民之间的融资业务，即外国（或境外）投资者与外国（或境外）筹资者之间的资金借贷业务形成的金融业务。最形象和简单的说法就是“两头在外”。

离岸金融市场已成为当代国际金融的核心部分。它不仅具有市场范围广阔、需求巨大、资金雄厚、市场相对独立等特征，而且缩小了各国金融市场的时空距离，疏通国际的投融资渠道，为国际贸易提供了种种便利。由此它以强烈的市场化规则促进货币资金在全球范围内的最优配置，提高资金使用效率，推动国际贸易和跨国投资的发展，有利于国际收支平衡，促进金融市场的全球一体化，培育金融创新环境以及加快推进人民币国际化进程等方面均具有重大意义。

（3）发展人民币离岸市场的关键在于在短期内加快聚集和扩大人民币境外存款规模。事实证明：依靠贸易逆差，规模小而分散，最有效的渠道一是依靠内地国有或股份制银行直

接扩大人民币对外贷款规模，二是可以通过政府、国有企业和民营企业运用证券市场在境外发行债券方式来实现。

（4）实施人民币国际化战略是我国经济、金融、外贸发展的必然要求。人民币国际化是我国国力提升的反映。加快这一进程，要依据目前世界经济发展现状和我国开放经济条件下的特点，转变现行经济发展方式，实现由出口导向型向稳定出口增加进口转型；由制造业为主的经济结构向以现代服务业、高附加值出口产品转型；由以投资驱动为主导向确立以消费为主导、立足扩大内需为主转型。资本项目对外开放是人民币国际化的必要条件。但是人民币国际化的过程却不必等到资本项目实现完全可兑换后才进行，我国放松资本项目的管制必定是一个循序渐进的过程，从这个角度上说，人民币国际化也应是循序渐进的过程。但不能以此为拖延人民币国际化进程的理由，要注重发挥人民币国际化和人民币可兑换相互之间的互动作用，以积极的心态，加快人民币国际化战略目标的早日实现。

（5）货币区域化国际化虽有客观标准，但没有固定模式，也是一个复杂繁难的长期过程。对中国来说，在积极参与和重新审视现行以美元为主导的国际货币体系的同时，一是要致力于在调整生产方式的前提下发展经济，扩大国内外贸易，夯实本国实现人民币国际化的根基；二是要坚持深化改革开放，以科学发展观为指导，设想以深港金融合作为“试验田”摸索经验，稳步推进；三是要以上述为基础加快人民币完全可兑换的过程，为人民币国际化创造必要条件；四是应加快推进人民币的周边化区域化，并不断提升国际化水平及其在全球范围的公信力。总之，为构建以美元、欧元、人民币等为主体的多元国际货币体系而努力！

（6）世界主要国家货币国际化的发展经验表明，人民币国际化不可能一蹴而就，要经历数十年甚至更长时间的推进。人民币国际化不仅是一个系统工程，也是个逐步推进的过程。面对全球金融海啸，中国应抓住百年一遇的机会，从货币国际化的一般性条件和规律出发，探索人民币区域化的具体路径，不断扩大人民币计价结算的范围；处理好人民币资本项目可兑换和人民币国际化的关系，防范和降低人民币国际化过程中的风险；设想建立人民币远期交易市场，以及人民币境内业务和境外业务既严格划分又适度相连的离岸金融市场；不断完善建立跨国境的、与其他国家清算系统相互衔接的人民币清算系统等，在开拓创新中不断推进人民币国际化进程。

（7）就目前来说，深圳前海发展对深化深港合作意义重大，两地通过机制创新、基础设施对接和人才教育合作，不仅将深港合作提升到一个新的水平，而且为进一步促进两地经济的共同发展与繁荣，从而在此基础上为实现人民币“区域化一离岸化一国际化”起到举足轻重的作用。

（8）事实证明，转变经济发展模式为人民币国际化提供持续发展动力。中国经济发展三十年来持续高速增长，为人民币创造了强劲了境外需求，为人民币国际化创造一定基础。而现有的经济发展模式建立在对出口的依赖，如何由贸易大国向贸易强国转变，必须注重的问题应是：通过转变经济发展模式进行结构调整和优化出口商品贸易结构以提高出口企业的定价权。总之，人民币国际化最大的长期挑战来自实体经济，中国能否抓住未来科技创新和产业革命的新周期，形成产业竞争力，将是人民币国际化能否成功的根本关键。

（9）努力完善国内金融市场的配套改革。要提高人民币使用的广度和深度，应与完善的人民币金融市场相匹配。人民币作为计价结算工具满足支付手段需求的同时，还需要实现人民币作为交易媒介和价值储藏两大功能，而后者需要金融市场提供投资工具选择和投资便利。如果没有人民币的金融市场，人民币的可获得性和可兑换性无法实现，会降低非居民交易人民币的积极性。因此，必须要在完善金融市场上下力气，特别需注重对国内金融市场利率、债券市场、汇率的深化改革。

（10）审慎资本项目开放。灵活的利率和汇率是开启资本自由流动按钮的必要条件，是人民币真正走向国际化必须跨越的一步。不这样做，人民币没有机会成为真正的储备货币。长期而言，资本账户开放有利于经济发展，而资本管制会扭曲市场行为。资本账户开放是中国经济崛起与经济金融全球化的大势所趋。在资本项目开放方面，需进一步放宽跨境资本流动限制，健全资本流出流入均衡管理体制，完善对外债权债务管理，稳妥有序推进人民币资本项目可兑换，要促进直接投资便利化、加快利率市场化、完善汇率运行机制、加快提高证券投资可兑换程度、实施跨境融资便利化、不断扩大个人用汇自主权等。

第十二章　深港金融合作：人民币国际化的“试验场”

就地域来说，深圳毗邻香港是大陆通向香港以至于世界天然的也是唯一的通道。出于立志高远的战略构想，中国第一个经济特区就建在与香港相连的深圳。三十多年的发展证明，深港两地合作既是市场竞争中的合作，也是互助互利的合作。在人民币国际化已上升到国家的战略层面的今天，香港作为一个市场经济相当成熟的大都市，深圳作为改革开放的前沿阵地，在一国两制框架下，内地与香港的进一步合作将会迈出更大更快的步伐。本章围绕人民币国际化问题对深港两地进一步加强合作的深层原因、运行路径进行探析，并重点对作为人民币国际化“试验田”的深圳前海的创立和发展蓝图作一构想。

一、深港金融合作对人民币国际化的意义

深港两地金融合作从1982年香港南洋商业银行在深圳投资开始，经过30多年的发展，尤其是香港回归后，深港两地金融业的合作从起步到不断深化，金融合作生态环境不断优化，各个领域的合作全面开花。从最初的两地支付结算系统连通，到深港两地互设金融机构、两地证券交易所的合作、深港离岸金融合作等，两地金融业的资金、信息、人才流动日益频密。在人民币国际化战略的新形势下，继续深化深港金融合作对巩固原有基础和展示未来的辉煌具有重要意义。

（一）有利于循序渐进推进中国金融改革开放

党的十八大报告明确提出：“深化金融体制改革，……稳步推进利率和汇率市场化改革，逐步实现人民币资本项目可兑换，……维护金融稳定。”我国金融业的改革开放应当遵循“主动性、可控性和渐进性”原则，是一个循序渐进的过程，防范金融风险、保障金融安全与金融发展同等重要。

当前国际金融规模不断扩大，在现代信息科技支持下经济波动更加频繁，风险巨大，这

使得人民币资本项目可兑换和人民币国际化面临着比以往更复杂和风险更大的国际环境。香港作为“一国两制”的特别行政区域，深圳作为我国的经济特区，两地在中国的改革开放过程中，都发挥着巨大的作用，在人民币国际化的新形势下，将继续发挥重要作用。

（1）深圳是香港和大陆唯一的陆运通道，深港联结好似架起了中国与世界的“桥梁”。它对于中国渐进的金融改革开放和人民币国际化的重要战略意义体现在：①可以进一步发挥深圳经济特区先行先试的试验场作用，深化特区功能，为我国金融业的整体开放探索有益的经验；②可以利用深港金融的局部金融合作，在深圳建立起我国防范国际金融风险向整体蔓延的“防火墙”；③能够有序引导我国日益增长的财富资本走向国际，在全球配置资产资源，分享世界经济发展带来的利益，并缓和我国货币流动性过剩的困境；④扩大香港人民币业务，加强香港人民币离岸业务中心建设、直接与深港两地建立全球金融中心、统筹珠三角地区发展规划、推进两地资本市场的一体化等均密不可分，有利于积极探索人民币国际化以及资本项目的开放路径。

（2）深圳是内地改革开放的窗口，香港拥有成熟的发展市场经济经验和优势。深港两地在经济总量上有趋同趋势，深圳拥有发达的制造业和现代服务业与香港的国际金融中心形成优势互补效应。加大两地合作的力度，依托珠江三角洲，辐射华南地区，已获得这一地区投融资的主动权，充分发挥筹集资金、融通资金、传导金融信息的功能。可以预见，金融中心地位以及地理位置上的相互毗邻为深港两地提供了无可替代的共建人民币离岸市场优势。总之，深港两地从整体上来看，金融业的发达为提升制造业和现代服务业的竞争力提供了良好环境，这同样为加快推进人民币国际化提供了有利条件。

（3）深圳是中国大陆最早允许经营离岸金融业务的城市，当时离岸业务经营的货币主要是美元，这为离岸业务经营模式以及金融监管累积了丰富的经验，为深港人民币离岸市场的创建造就了人才条件。香港建立和发展人民币离岸金融市场也具备天然条件：一方面，在“一国两制”框架下香港作为一个特别行政区拥有自己的法定货币，与内地相对隔离，这是国际离岸金融发展当中所独有的条件，充分利用这一条件既可以通过内联于“一国”的紧密关系管理人民币离岸金融市场的发展，又可以通过外形上的“两制”的单独经济运行环境最小化，避免对人民币国际化的不利影响。另一方面，香港人民币离岸市场枢纽已经形成，人民币资金池规模已经达到6000亿元左右，人民币有着迫切回流境内金融市场和服务境内实体经济的需求。

（4）现阶段境内人民币输出主要依靠经常账户以及资本账户下的对外直接投资，不管是人民币资金回流还是输出，两者均要求资本账户开放。为了避免资金的进出对中国经济形成冲击会给经济发展带来负面影响，则必须遵循循序渐进的原则，选择合适的区域满足人民币资金循环流动的市场需求。在深港两地范围内，既能实现人民币循环流动，同时又能将可能面临的风险控制在有限的范围内，这是得天独厚的优越之地。

（5）香港完全有条件建成具有国际影响力的内外一体型人民币离岸中心，成为人民币区域化国际化的“桥头堡”；而深圳可以与香港合理分工合作，利用自身优势拓展对外人民币业务，打造有特色的内外分离型境内人民币离岸清算市场，发挥人民币“走出去”过程中的风险“防火墙”作用。深港离岸金融市场的试验必将开辟人民币境外流动与使用的新渠道，丰富人民币产品，促进对外金融开放以及实现人民币“区域化—离岸化—国际化”目标创造有利条件。

（二）有利于深港两地优势互补获取双赢

香港是全球排名第三的国际金融中心，而深圳是中国内地重要的四大“一线城市”之一和重要的资本市场运作地。深港两地唇齿相依且都有着很好的金融业发展基础，在“一国两制”的体制下，深港两地之间具备良好的经济金融合作基础。

2012 年底香港银行业总资产超过 16.89 万亿港元，持牌银行有 155 家，在全球最大的 100 家银行中，约有 70 多家在香港设有分支机构，香港银行业存款中，约有 1/3 为外币存款。截至 2012 年底的数据显示，香港主板和创业板的总市值突破 22 万亿港元。香港市场的金融产品除了股票外，还有股指期货期权、股票期货期权、衍生权证等，其上市公司来源和资金来源多元化，国际化程度方面有明显优势。根据 2012 年伦敦城市大学卡斯商学院所设立的环球金融中心指数显示香港是仅次于伦敦和纽约的全球第三大国际金融中心，是国际性银行最集中的城市之一，也是全球第四大股票 IPO 市场以及第六大外汇交易中心。①

深圳金融业的综合实力和竞争力位居全国前列，在全国大城市中，经济总量居第四，城市综合竞争力居第三。截至 2012 年底，深圳金融总资产 5.11 万亿元，在全国大中城市中位居第三，2012 年深圳金融业占 GDP 达到 14%；深圳是全国的多层次资本市场中心，2012 深圳证券市场市值为 7.17 万亿元，深圳证券交易所是我国确立唯一发展多层次资本市场的证券交易所，目前深圳证券交易所已经开设主板市场、中小板市场和创业板市场，同时全国的股权代办转让系统试点也放在深圳证券交易所；深圳有着良好的金融创新条件和氛围，“创新是深圳的根、深圳的魂”，深圳特区成立以来，深圳创下了全国金融界 100 多项“第一”；深圳目前是全国最大的财富管理中心，深圳的证券基金规模在 2006 年就已经占据全国基金总规模的半壁江山。

在金融范畴的定位上，香港既是国际金融中心，也是中国与世界连接的最佳渠道，而与香港一江之隔的深圳不可能独自发展成为一个国际性金融中心甚至是全国性金融中心，深圳金融建设的目标宜定位于区域性金融中心，与香港的定位互补、形成共存共进的关系，形成全球级别的国际金融中心，也顺理成章成为内地与香港对接的窗口。

尽管深圳作为特区的政策及体制优势正在淡化甚至逐渐丧失，但有一点是深圳相对内地城市所得天独厚的：它离资本主义体制最近，离国际市场最近，离香港最近。当然，近期呼声很高的“深港同城化”难度较大、为期尚远，但两种不同的社会制度不可能完全捏合在一起，两地分开发展也不符合形势发展所需，深圳虽与香港有差距，但也有其作为改革开放试验场的特征和锐意创新、勇于开拓的精神，深港虽“一国两制”，但共生的制度基础是“市场经济”，深圳不可能也不必另起炉灶，单独成立一个国际金融中心，在不改变根本制度下的互相合作利用才是正道，深圳依附香港，深圳学习香港，深圳帮助香港。

---

① 根据国际清算银行三年一度的全球外汇交易的调查结果，香港外汇交易中心的排名已由 2010 年的第六升到第五。

香港作为真正全球性的国际金融中心，它具有最成熟的市场经济环境优势，但香港明显的不足是规模狭小，辐射腹地较小，受制于房地产业及高昂的营运成本，面对国际和内地金融业纷纷进驻香港的现实，很难在更大的空间内增强其拓展功能和辐射能力，且中央银行的缺失造成金融业的脆弱性和敏感性，易受国际政局及经济环境变化的影响和受“中国因素”的影响而波动。

金融业是香港绝对不能失去的一块领地，深港离岸金融合作使香港国际离岸金融中心向内地延伸，给香港国际金融中心提供更广更深的腹地。而深圳可依托香港离岸金融市场，与香港共生互补，取得双赢。作为中国内地和香港之间的过渡区和桥头堡，同时作为香港拓展内地业务的首站和辐射平台，深圳可发挥与香港相互补充优势，利用与香港国际金融中心的地缘优势，主动接受香港金融辐射，积极承接内迁的香港金融业务，共同巩固两地在亚太离岸金融中心的地位，并借鉴香港金融多年的操作经验、现有优势以及完善的金融中介服务，可以预料，在双方共同合作的基础上，一方面进一步巩固香港的国际金融中心地位，另一方面以香港为“桥”促使深圳的金融业加快走向国际。

（三）有利于巩固香港国际金融中心和创建深港全球金融中心

在当今世界金融体系中，无论从金融机构、金融市场规模还是从金融业产出角度，伦敦和纽约都明显是全球金融体系的两大核心，掌握着全球大部分金融资源。亚洲地区，中国、印度经济快速发展，在可预见的未来，亚洲将呈现中国、日本和印度三个经济大国鼎足的局面，亚洲经济规模将超过世界经济总规模的50%，人口将达到全球总量的60%，亚洲需要一个与经济规模相适应的，与伦敦、纽约相看齐的世界级金融中心。

根据2012年伦敦城市大学卡斯商学院所设立的环球金融中心指数来看，香港是仅次于伦敦和纽约的第三大国际金融中心。优越的地理位置、成熟的法制和自由的商业环境、适当而有效的监管体制、优惠的税收条件、良好的语言文化底蕴、中国内地强大经济支持等因素，是香港超越东京成为亚洲金融核心地位的优势所在。

但香港作为一个小型的经济体，发展金融也有着先天弱势，与伦敦和纽约相比，香港的差距还十分明显。从市场规模来看，香港资本市场还不够庞大，截至2012年底，香港股票总市值约3万亿美元，只有纽约股票市场市值12万亿美元的1/4左右，债券市场规模差距更大，大约只有纽约的1%。从本地金融机构发展看，香港无论在银行、证券或保险方面都没有可以排名全球前列的本地金融机构。从创新能力来看，香港的金融产品还不够丰富。可见，香港如果仅靠自身力量，较难成为世界级的国际金融中心，其根本原因在于香港的经济腹地不足。

香港要成为世界级国际金融中心应该继续加强与中国内地的金融合作，特别是与深圳的金融合作：①深港两地已经达成“共建深港都会”的良好共识，深港金融合作是建设深港都会的重要前提和内容，深港都会的形成，有利于香港国际金融中心地位的进一步提高；②香港可以通过深圳的桥头堡作用，与内地经济有机结合，提高对内地经济的金融辐射力；③深圳作为中国的两大资本市场交易地之一，有着相当的经济规模和金融市场规模，通过深港金融合作，可以有效弥补香港在金融市场规模方面的不足。

从深圳来讲，深圳传统经济发展的粗放型、外延型的发展模式和增长方式因受制于土地、资源、人口和生态环境已难以为继，还面临社会治安、城市管理、人口管理和社会事业建设等方面的极限挑战。深圳必须尽快转变增长方式，实现更高水平的发展，大力发展以金融业为代表的高端服务业。

根据世界城市发展的经验，当人均 GDP 达到 6000 ~ 8000 美元后，一个城市产业结构中的服务业在 GDP 中的比例越来越高，其中高端金融服务业的加速增长，是一个显著的标志和特征。2012 年深圳人均 GDP 已达到 2 万亿美元，对高端化产业的需要非常迫切，从产业结构看，第三产业对 GDP 的贡献逐年上升，从 2010 年的 52.7% 到 2011 年的 53.5%，再到 2012 年的 55.7%。

深圳与周边市场如中国香港、新加坡及土地面积大体相当的卢森堡相比，存在不小差距，以产业结构向高端金融服务业调整是深圳面临的一项重要任务。2012 年深圳实现金融业增加值 1819.2 亿元，占 GDP 比重达到 14%，在全国位居前列，但仍低于土地面积相当的香港（20 世纪 90 年代初达 20.9%），新加坡（1960 年为 14.4%，2005 年上升为 23.4%）和卢森堡（20%）。2010 年全球竞争力年度排名，新加坡、中国香港和卢森堡分别列第一、第二和第二十。卢森堡是全球最大的金融中心之一，截至 2012 年 6 月，在卢森堡注册的银行为 142 家，雇员 2.4 万人。卢森堡也是仅次于美国的世界第二、欧洲最大的基金管理中心。截至 2012 年 6 月，共管理基金 3867 只，总额近 2.22 万亿欧元。

目前，在国家政策安排上，北京是我国的金融政策和决策中心，上海要建设成为中国内地的国际金融中心是既定的国家战略；而在金融企业、金融业务、金融市场和金融开放等方面的重大改革，原则上安排在天津滨海新区先行先试；深圳虽然提出了“区域金融中心”的定位，但这一定位并没有得到国家政策的正式认可，也没有明确的内涵，深圳证券交易所曾被停发新股三年之久，中国黄金交易所从深圳的迁出等事件一定程度说明深圳在国家整体金融布局中地位趋降。

“巩固香港国际金融中心地位，保持香港长期持续繁荣稳定”是“一国两制”的重要内容，支持香港发展也是深圳经济特区的一项重要任务。深化深港金融合作，共同建设世界级国际金融中心，这符合国家利益，也有益于香港国际金融中心地位的提高。同时，也有利于在国家层面提升深圳的金融地位，更好地推动深圳金融业发展，促进深圳产业转型和升级。

香港加上深圳的土地面积总和 3200 平方公里、人口总和超过 2000 万，经济总量相当于上海的两倍，已经成为中国中心城市的第一经济增长核，在当前世界三大区域集团鼎立的局面下，深港离岸金融合作的重大意义在于有能力代表崛起的中国作为区域单位参与经济的全球化竞争，形成一个与伦敦、纽约相看齐的世界级国际金融中心，巩固和提升香港国际金融中心的地位，平衡世界金融布局和金融资源配置的格局，促进亚洲和中国经济的更快发展。

二、深化深港金融合作的路径探析

深港金融合作尽管取得了诸多成绩，但毕竟两地隶属两个不同的金融体系，适用各自的金融制度，深化深港金融合作客观上面临诸多困难和障碍，其主要表现在：两地管辖权的不一致限制了两地在金融市场、机构和人才等方面的深层交流与合作；人民币资本项下不能自由兑换的限制导致两地在资本市场上的合作难以深入展开；深港金融合作两地政府在主观上的策略和重视程度也有待统一和加强等。

（一）深港两地应就金融合作的目标和策略达成共识

目前，有关实现深港金融合作的终极目标不清晰，较多地注重具体的合作内容和层次上，而对两地金融合作的定位以及对国家的战略意义认识还不够，因而还没有形成一致的意见，两地政府并也没有就此形成与中央政府的沟通机制，且多年来深圳对深港金融合作的呼声较高，而香港则较多侧重与中国内地的全面金融合作，对深港之间的金融合作重视不够。

对此，建议两地建立深港金融合作的政府、金融机构、监管机构与研究机构之间的沟通机制，定期举行会谈，听取各方意见以及相关的研究成果，进一步达成深化深港金融合作的目标、总体战略及推动策略等方面的共识；资助两地大学和研究机构的金融专家进一步深入研究，举办相关论坛与研讨会，加强业界沟通；在明确深港合作的总体目标和战略前提下，鼓励两地媒体开展广泛的宣传；就面临的许多具体问题争取得到国家有关部门的指导、协调和支持。

还有，利用深圳金融监管联席会议机制，把深港金融合作作为会议的经常性重要议题，充分听取驻深金融监管机构和主要金融机构的建设性意见；鼓励驻深金融监管机构和主要金融机构设立或参与深化深港金融合作的专题研究；通过金融创新，争取在各领域取得技术性的突破；建立健全香港金融管理局、证券监督管理委员会、香港银行咨询委员会、香港保险业监理处等监管机构与中国人民银行深圳市中心支行、深圳银监局、深圳证监局和深圳保监局的定期沟通协商机制，解决深港金融合作中的各种问题。

（二）加快推进金融体系基础性层面的合作

（1）加强人才培养和交流合作。

金融人才是金融业发展的基础动力，应推出鼓励人才流动的举措以推进两地金融人才的融合，鼓励人才的引进和培养：香港是全球最有名气的金融人才集聚中心之一，深圳应该利用地理优势开展多种形式的深港金融人才合作和交流，鼓励香港金融界人才到深圳任职，强化香港金融界对内地金融业的认知，创新培育深圳金融人才优势；深港两地政府应该加速金融人才流动，更好地创造两地金融人才融合环境，让两地金融人才能够更为便捷地往返两地，活跃两地金融交流及业务活动；在金融人才教育方面，政府可支持鼓励深港两地相关大学及培训机构开展金融人才教育方面的多种形式合作，通过培训提高深圳金融从业人员的素质，增加深圳金融业人才储备；深圳拟与中国证券监督委员会共同设立“资本市场学院”，可引进香港交易及结算所有限公司、香港金融管理局和香港证券及期货事务监察委员会参与创建，利用香港的金融教育和培训水准，为中国培育更多更好的金融人才，也为香港金融业发展提供后备人才和人才实习基地；两地金融协会通过定期不定期会晤，举办两地金融高级合作论坛等多种形式，开展交流，促进两地金融同业间的经常沟通。

（2）全面支持香港本地银行在深圳发展。

受香港经济规模和外国银行过度竞争等多种因素影响，香港本地银行基本是中小银行，其中不少在深圳建立了分支机构。按照中国银行业监督委员会的部署，深圳银监局已经将支持香港中小银行加快发展和给予国民待遇作为一项重要的工作。另外，除对香港本地银行在珠江三角洲建立分行给予便利外，深圳市政府将在银行发展用地、政府建设项目的银团贷款和在深圳地区增设网点等方面给予积极支持。同时，深圳市政府可采取适当的优惠政策，为香港银行在深圳的从业人员提供良好的工作、生活环境，支持香港中小银行在深圳的分支机构做大做强。总之，通过深港合作推动深圳金融机构的改革，鼓励香港金融机构参与深圳金融机构的重组，继续吸引香港金融机构来深圳设立分支机构。

（3）支持香港资本对深圳高科技企业的融资服务。

充分发挥深港创新圈的功能，鼓励香港创业投资资本投资深圳科技企业，以及深圳高科技企业到香港上市。深圳是内地创业投资最为活跃的城市，也是科技成果创新最为集中的城市，据国家知识产权局的数据显示，2012 年专利授权和发明专利申请量排名均居全国前列，是中小高科技企业上市融资最为活跃的城市，有着充裕的上市资源。在深港创新圈建设中，积极发挥香港创业投资机构作用具有很大的空间。深圳市政府可以给予适当的优惠政策，鼓励香港创业资本投资深圳科技企业，并鼓励深圳高科技企业到香港上市。

（4）推动“深圳通”与香港“八达通”的互联互通。

以促进深港两地居民生活同城化，便利两地人员往来为出发点，依托深圳与香港间现有的支付结算系统，加快实现“深圳通”和“八达通”互联互通。借助“八达通”电子化货币的强大功能，以小额支付为突破口，逐渐实现两地之间跨境资金的无约束流动。

（5）加快“深圳市金融产业服务基地”建设。

随着现代信息技术的迅猛发展，全球金融业呈现出前台业务与后台服务分离的趋势。为了有效地保障深港两地金融数据的安全，提高金融机构运营效率，促进金融业合理布局，经深港两地政府倡导，深圳业已在龙岗区平湖街道建设“深圳市金融产业服务基地”。为了加快“深圳市金融产业服务基地”建设，深港两地需要加强合作，共同合作解决香港与“深圳金融产业服务基地”之间的同城化通信，进一步扩大深港两地金融基础设施合作，方便金融数据、信息的跨境流动以及资金的跨境结算。

强化支付结算合作基础，鼓励跨境资金通过系统进行清算，尽可能全面掌握深港之间资金流动信息，推动支付工具合作，方便两地的人员交往，努力在深港两地间创造一个快速、安全、高效的支付清算环境。推动建立深港支付结算应急合作机制，加强在支付系统应急机构和灾难备份中心建设方面的合作。建立跨境系统异常情况处理预案，确保一旦系统出现问题时能及时采取措施以最大限度减少损失。

（三）深化深港两地证券交易所的合作

（1）资本市场是金融领域中最具有区域辐射力的领域。

以纽约为例，纽约的银行和保险市场多年来占美国的市场份额维持在 3% 左右，而纽约的资本市场份额却占美国市场份额的 40% ~50%，可见，证券交易所是促使资本集聚的重要力量。深港两地各自拥有一个证券交易所，这为两地资本市场合作和融合提供了重要的条件。

我国资本市场尚处于起步阶段，虽然中国资本市场的市值规模和交易规模已进入全球前列，但中国资本市场的脆弱性也是显见的，特别表现在证券市场交易规则不完善、市场结构失衡、衍生工具缺乏、股票发行核准制、再融资困难等。通过深港两地交易所的合作，借鉴香港成熟的和国际化的市场经验，建立香港与内地资本市场之间形成套利机制，对我国资本市场的健康发展和抑制两地市场的非理性投资行为有着重要的作用。另外，深港资本市场合作也拓宽了香港人民币的投资渠道，有利于香港人民币离岸业务中心的建设。总之，推动深港两地资本市场合作既符合国家利益，也为两地的发展特别是金融业的发展创造了新的机遇。

通过深港两地交易所合作，促进深港两地资本市场融合，建设香港世界级国际金融中心，使得香港资本市场可以更好地利用内地作为其经济腹地得以进一步发展，吸引更多的全球资本。而深圳资本市场可以更好地接通国际、走向国际，更好地促成香港金融中心成为全国、全亚洲乃至全球的财富资本中心和投融资中心。深港资本市场将真正成为国内外企业获取大量资本，并接通全球雄厚资本市场的枢纽。

（2）两地资本市场合作的具体途径。

第一，在我国 QDII 和 QFII 的制度框架下探讨“两地交易所会员/参与者互认”。通过审慎认证，使目前深交所的交易会员以及香港交易及结算所有限公司的参与者，相互成为对方的会员/参与者，从而可以在各会员/参与者的交易大厅内同时交易双方交易所发行的证券品种。各自交易所的交易制度和交易品种不需做任何改变，所有其他相关的法规制度也不需要改变，只需要通过两地交易所建立通道，相互成为各自的分交易中心，并增强对各自的会员/参与者的结算和监管制度。在现阶段，作为一种策略性的安排，可以先进行小部分金融品种的交叉买卖，控制跨境贸易结算资金总量，并将投资者可交易场地限制在深圳。

第二，开展深港债券市场合作。一个交易活跃、参与广泛的债券市场是利率市场化的必经之路。香港虽是全球最具有活力的金融中心之一，但其债券市场在全球和亚洲地区优势并不明显。目前，中国记账式国债在深港两地交易所交易，两地的上市公司的公司债发行与交易也于 2013 年开始启动。但是，由于目前中国利率的非市场化形成机制和企业信用体系的不健全，使得目前以项目融资为主的企业债对一般投资者来说缺乏足够的吸引力。深港两地的交易所可积极合作探讨债券市场合作的可能，积极探索在深圳证券交易所上市的上市公司在香港交易及结算所有限公司发行港元或人民币债券。

第三，尝试探索在深圳证券交易所发行香港证监及期货事务监察委员会认可的基金产品。目前在香港交易及结算所有限公司交易的基金品种包括：封闭式基金、房地产信托投资基金、上市开放式基金、交易所交易基金等。其中一些基金品种，如房地产信托投资基金，是国内市场所缺乏的。如果在深交所引进这些基金，一方面可以使得香港证券市场的融资能力增强，吸引更多国际基金管理公司在香港发行在交易所买卖的基金品种；另一方面也使得深圳证券市场的交易品种更为丰富，吸引更多的国内个人投资者和机构投资者通过深圳证券交易所投资香港基金市场。可借鉴香港在按揭证券化领域的成功经验，有利于加强深港在更多中间业务研发和推广方面的合作。

第四，鼓励深圳证券交易所公司制改革，推动两地交易所股权合作。推动深港两地交易所股权合作使两地交易所成为一家企业是进一步促进两地资本市场的融合、共建香港世界级国际金融中心的有效措施。目前，香港交易及结算所有限公司已经是一家上市公司，但深圳证券交易所却是事业单位，因此要达成深港两地交易所的股权合作，首先需要有力的措施鼓励深圳证券交易所进行公司制改革。

第五，争取成为境内个人直接投资境外证券市场的试点城市。2007 年 8 月 20 日，国家外汇管理局公布了《开展境内个人直接投资境外证券市场试点方案》，规定天津为我国首个境内个人直接投资香港证券市场的试点城市。由于各种原因，该方案目前尚未得到落实。基于深港两地的地域条件，深圳为我国重要资本市场以及深圳境内个人业已投资香港证券市场的市场基础等理由，深圳应该争取成为我国境内个人直接投资香港证券市场的试点城市。通过试点，可以抑制深港两地间地下钱庄的非法金融行为，引导灰色地带的金融投资行为规范化发展，促进深港两地资本市场的深入合作。

（四）优化深港两地金融生态环境

为了实现共建世界级国际金融中心的目标，深圳要加强金融生态环境建设，为金融机构产品开发、风险管理、公司治理及金融创新技术提供优良的平台环境，提高深圳与香港金融业融合，合作开展人民币业务创新的能力。

（1）提高全体市民金融意识和素质。建议将金融知识教育列入公务员培训内容，建立金融业发展高层研讨班制度，举办中小企业融资、证券投资基金和金融衍生产品方面的金融高峰论坛，甚至将金融宣传教育纳入社区、企业、学校的活动监管机构或社会征信机构加快信用信息收集工作，建立统一的信用信息平台；鼓励和规范会计、律师、资产评估、信用评级、证券和期货投资咨询、财经资讯、调查公司和非上市公司产权登记中心等中介服务机构及专业服务机构的发展；支持和引导金融行业协会的建立并鼓励其建立行业信息平台和违规披露机制，推动行业自律。

（2）建立金融风险评估预警和机构。建立金融风险评估机制、评估机构、评估标准及风险等级，构建金融风险预警机制和常规风险处置机制；建立风险分担机制或再保险机制：提高司法机关处置涉金融案件的能力和水平，切实解决金融案件立案难、查案难、执行难等问题，加大对金融犯罪的打击力度，保护金融企业和从业人员的合法权益。

（五）开展跨境人民币业务合作

目前具备操作可能性的合作内容有：

（1）实现人民币在“前海一香港”之间的双向流通，允许跨境双向人民币贷款、前海的企业到香港进行债务融资，前海居民可自由选择币种进行境外证券投资等资本账户下的人民币自由流动，探索离岸人民币资金的回流以及在岸人民币资金输出的管理模式，为人民币的可完全兑换提供示范。

（2）丰富香港离岸人民币计价金融产品，促进香港人民币离岸市场形成可持续的自我循环机制，这要求增强香港市场对人民币持有者的投资吸引力，丰富人民币计价金融产品，拓宽人民币在香港的使用范围。

（3）尝试允许香港居民和深圳居民可以在深港之间有限度地汇出入人民币。中国人民银行深圳市中心支行和国家外汇管理局深圳市分局都具有对深港企业同名结算账户进行监管的技术可行性，可以通过建立汇出汇入资金额度管理和资金账户监管制度，实现资金流入与流出的可管和可控；进一步深入研究建立“防火墙”，有效防止可能的过度投机性流进与流出的基础上，建立人民币在深港之间合法流动通道，对于遏制并打击地下钱庄和非法通道运行，切实保障金融安全具有重要意义。

（4）开放香港母银行与深圳分行间的人民币拆借业务，逐步形成深港两地人民币同业拆借市场。香港商业银行试办人民币业务以来，人民币回流渠道稳定、运转有效、深港双方合作密切。从提高香港本地中小银行资金使用效率出发，此举将有利于扩大香港人民币业务，降低香港银行深圳分行的经营成本，支持香港中小银行依托深圳尽快发展壮大。随着人民币国际化程度的逐步提高，香港人民币离岸业务中心的建设，以及深港两地金融市场的合作，香港母银行与其深圳分支行之间的拆借业务可以发展形成深港两地人民币同业拆借市场。随着人民币国际化目标的实现，香港金融中心将进一步发展成为全球银行人民币拆借业务中心。

三、以深港金融合作为“切入点”，创建前海人民币国际化“试验场”

人民币国际化路径确定为“区域化一离岸化一国际化”这一“同向、相含、互动”的新路径，这对确保人民币国际化的运行轨迹的科学性、整体性和高效性意义重大。在目前人民币资本账户还未完全可兑换之前，人民币的跨境流通必须局限在有限、渐进与可控范围之内。因此，先试点后推广的办法应该是积极稳妥的。设想在国内依据不同情况选择若干典型作为试点也是完全必要和可行的。就深港合作视角看，以深港金融合作为“切入点”，创建前海人民币国际化“试验场”，这无疑是实现人民币“区域化一离岸化一国际化”的理想之地。

（一）前海人民币跨境自由流动的实验

前海作为深港共建的人民币跨境业务金融创新“试验场”，在深化创建香港人民币离岸市场的同时，还肩负着人民币资本账户渐进开放试点的重任。前海作为中国金融改革开放的试验场的要义在于能够率先满足市场需求的同时，能将风险有效控制有限范围内，并且将实践中获得的成功经验复制到其他地区乃至全国。目前跨境双向贷款的开闸为双向人民币流动提供了通道，未来按照人民币使用实需原则，进一步完善和拓展资本账户下人民币资金流动。

可见，前海的最重要任务是要把境外人民币的流入、境内人民币的流出机制建立起来，为建设人民币国际化的重要循环枢纽奠定基础。尽管该项目目前还处于试点性质，实施范围也非常有限，但如果加以扩展，则最终将有助于香港离岸人民币市场与中国内地金融系统的整合，此举建起了人民币国际化进程中的新里程碑。

（1）“前海一香港”人民币跨境流通机制。

第一，人民币流出机制。①允许前海的商业银行用人民币进行国际借贷。商业银行自主开展不超过银行总资产或资本金一定比例的对外贷款，该比例可随国际收支状况和银行风险管理能力的增强而逐步提高。同时，在市场需求和总量控制的情况下，逐步放松对外人民币贷款限制（见图 12－1）。②放宽人民币外汇及境外投资限制，还有合格境内机构投资者方面的进一步落实，加大可投资额度和合格投资者的审核，港股直通车等也要加快落实，方便内地投资者参与香港的股票市场。③香港方面应该加快研究和推出更多适合内地投资者的金融产品，好让前海筹集到的资金更加积极投资在香港这个国际化的金融市场平台。④拥有大量人民币的居民，如何在国家政策的配合下，加大在海外的贸易投资额，同时在海外消费旅游等方面使用人民币，进一步加快在人民币海外的流通速度。⑤深圳前海有良好的金融创新市场机制、完整的资本融资平台包括正在打造市场化的前海股权交易所，为市场提供多元化、多层次的融资渠道。为企业转型升级以及“走出去”提供金融服务[①]。

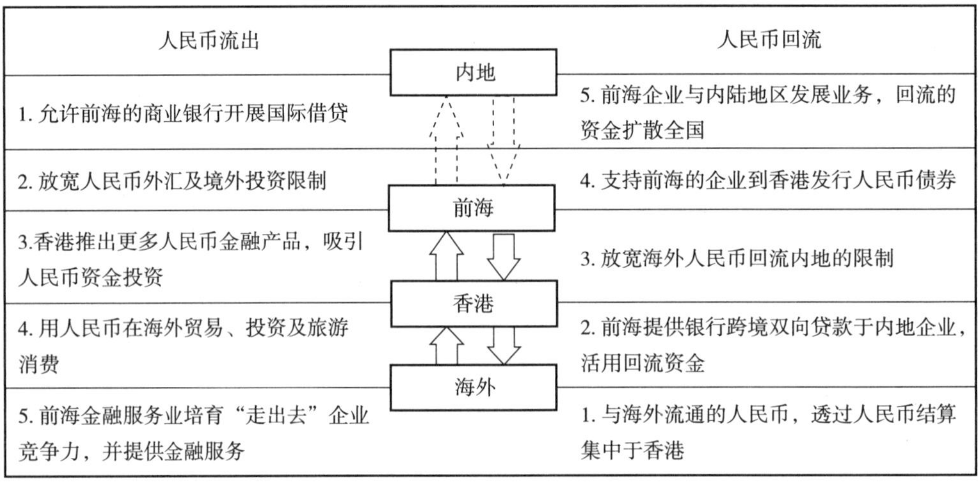

图 12－1　“前海—香港”人民币循环机制

第二，人民币回流机制。从香港人民币离岸市场发展的角度来看，回流机制的不足是制约离岸人民币规模扩张的重要瓶颈，解决的办法有：①利用香港的资本结算平台和集中大多数的人民币资金。②允许香港银行机构跨境双向贷款，放宽给予在前海合资格注册的企业得到香港银行贷款的条件，允许企业得到更多的香港海外资金。③支持在前海注册、符合条件的企业与金融机构在香港发行人民币债券[②]。④逐步放宽个人人民币兑换额限制，人民币回流内地的限制，例如每天 8 万元的转账限制和收款人必须是本人等诸多不便因素。可以借鉴台湾资本账户开放的经验，渐进提高个人人民币兑换的额度，比如由 8 万元提高到 20 万元等，实现最终的自由兑换。⑤前海募集到资金的企业大力进入内地发展实体产业，把这些海外资金扩散运用到内地的进一步发展。

从《规划》中可以看到，前海发展目标是在 2020 年建成亚太地区重要的生产性服务中

① 资料来源：梁永建．前海观潮：人民币国际化如何出海［N］．南方都市报，2012－11－12.
② 资料来源：张明．前海改革与人民币国际化［N/OL］．英国金融时报中文网，2012－07－06.

心。假设到时建成成熟的人民币离岸市场，离岸人民币存款规模将达到10万亿元人民币[①]，同时这也意味着人民币在前海与香港[②]（海外市场）之间的自由流通将实现向中国境内与香港之间的自由流动扩散这一终极目标迈进。

（2）前海试点人民币跨境贷款。

以前海试点人民币跨境贷款为例，分析对离岸市场以及人民币区域化、国际化的影响。深圳前海跨境人民币贷款项目2013年1月在深圳签约，在中国资本账户开放的试点项目中，共有七家香港的银行与深圳市前海开发投资控股有限公司等公司签约26个项目，协议总金额约20亿元人民币。另有两家深圳的银行向香港企业提供了6.2亿元贷款，令跨境贷款呈双向流动。银行界人士表示，此标志着人民币国际化又向前迈进一步。

首次试点为部分放开，仅针对在前海注册的企业，资金以项目贷款形式直接发到在前海注册的企业账户。前海跨境人民币贷款期限和利率均由借贷双方自主确定，并通过深圳市的银行业金融机构办理资金结算。由中国人民银行深圳市中心支行（以下简称人行深圳中支）对前海企业获得香港人民币贷款实行余额管理[③]。根据人行深圳中支下发的《前海跨境人民币贷款管理暂行办法实施细则》，对跨境贷款的使用进行了严格控制，明确要求不得用于投资有价证券和金融衍生品，不得用于委托贷款，不得购买理财产品，不得用于购买非自用房产等。贷款企业必须在境内结算行开设专门的账户来存放从香港汇入的资金。

目前规定贷款只能用在前海自身的发展，但就前海地区的发展来说，其资金需求比较大，这也使香港约6000亿元人民币存款有更大的用途。前海跨境人民币贷款业务为前海的开发建设提供了重要的金融支持，同时有效增加了境外人民币的用途，也有利于推动香港银行主动做大人民币资产负债规模，提升离岸人民币市场的活跃程度，形成人民币跨境双向流动的良性循环人民币跨境贷款的开展，有利于香港人民币离岸市场的发展，也有利于人民币国际化。

（3）前海人民币跨境自由流动扩展步骤。前海人民币跨境自由流动步骤，可从短期、中期、长期三个时期来说明。

①短期而言，前海跨境人民币业务合作创新成为可复制的模式向南沙和横琴进行推广。广州南沙、珠海横琴与前海一起作为粤港合作框架下的三个国家战略平台（以下简称平台），共同推进人民币跨境结算，其中前海作为深港共建的跨境人民币创新试验场是另外两平台难以相比的优势所在。三地面临共同市场需求，即人民币资金的境外贷款和离岸回流，前海将现行先试的成功经验向南沙和横琴进行扩散。根据创新扩散理论，创新由前海向南沙和横琴扩散，人民币资金的流动主要包括平台内注册的市场主体融资需求（信贷、债权和股权）和离岸市场资金回流、平台内注册的市场主体境外贷款以及股权投资基金的资金和资产管理。跨境人民币合作创新模式成熟的标志在于对跨境流动的人民币账户资金流向能够

---

① 谢涌海在“亚洲金融论坛”上的发言中提到人民币要超过英镑及日元，跻身全球三大货币，其离岸资金规模需要达到8万亿至10万亿元人民币。同时这也与第六章中人民币国际化预测相吻合，即到2020年人民币超过英镑和日元。

② 香港是自由市场，资金自由往来。

③ 资料来源：毕晓雯．人民币国际化之路：由点到线的2012由线到面的2013［N/OL］．路透中文网．2012-12-28.

进行有效的监管。②中期而言，跨境人民币合作业务从平台内扩散到广东省，实现人民币资金在粤港两地的自由流动。③长期而言，由广东省扩散到全国，实现人民币资金在境内外的自由流动，同时实现实需原则向人民币可自由兑换的转变。

（二）前海人民币创新试验场的由来

2010年8月国家发改委批复《前海深港现代服务业合作区总体发展规划》（以下简称《规划》）以推动跨境人民币业务为重点的金融创新领域合作，支持并完善香港人民币离岸中心业务。该规划的出台为深港围绕人民币离岸市场跨境货币合作提供了制度框架。《规划》内容与人民币业务相关主要体现三个方面：①允许前海探索拓宽境外人民币资金回流渠道，配合支持香港人民币离岸业务发展，构建跨境人民币业务创新试验区。②支持设立在前海的银行机构发放境外项目人民币贷款，在CEPA框架下，积极研究香港银行机构对设立在前海的企业或项目发放人民币贷款。③支持设立前海股权投资人民币母基金，积极探索外资股权投资企业在资本金结汇、投资、基金管理等方面的新模式。经济学家曹远征打了一个形象比喻，“前海要在资本管制之墙上钻开几个洞”①。

随着人民币国际化进程的开展，离岸人民币市场发展迅速。在满足市场需求和谨慎推动市场开放的前提下，2012年12月27日，《前海跨境人民币贷款管理暂行办法》（以下简称《暂行办法》）由中国人民银行批复同意中国人民银行深圳市中心支行发布实施。由《规划》到《暂行办法》深圳前海开展跨境人民币业务终于有了具体执行方案。

深圳前海人民币国际化创新试验场形成的最直接的原因在于香港人民币离岸金融市场资金的回流，其实质仍然是人民币国际化背景下，资本账户局部开放的先行试点。在中国境内与境外市场之间形成一个有效的防火墙以吸取成功经验，等时机成熟后向全国推广，通过深圳前海人民币跨境业务创新推动人民币国际化。

（三）前海人民币创新试验场的蓝图构想

（1）“深圳前海”发展成为中国境内人民币离岸市场。

随着深圳前海人民币国际化创新试验场的不断发展，为人民币资本账户的开放探索新经验总结新模式，未来深圳前海可发展成中国境内人民币离岸市场（china Offshore Market）。原因主要有以下几方面：①“前海—香港”人民币资金往来为经常账户与资本账户下提供了全方位开放实验的基础。中国人民银行深圳市中心支行负责对人民币离岸账户资金流向、使用和结算进行监管，促进人民币国际化发展的同时也将风险控制在局部有限范围。②在一定条件下，试点将向全国全面推广。这必然要求放松离岸金融市场和国内市场间资金转移的限制、放宽对市场准入资格的确认程序以及放宽关于资金必须由交易对方使用的严格要求。实际上相当于将人民币在“前海—香港”间扩大至“内地—前海—香港”间的循环（见图12－2）。可以将“前海—香港”局部开放中获得的成功监管经验复制到全局范围内人民币离岸资金的循环。③随着离岸人民币资金经由深圳前海向全国范围内扩散，前海在人民币离

① 资料来源：罗琼．去前海淘“人民币”—“在资本管制之墙上钻开几个洞”［N］．南方周末，2012－09－27.

岸资金流动中充当了中心的位置。由此在前海可按照“内外分离型”模式建立中国境内的人民币离岸市场。该类型的市场是由政策诱导、推动，专门为非居民交易所创设。金融管理当局对离岸交易账户与在岸交易账户严格分开监管，不允许离岸与在岸资金之间互换渗透，同时也可以较为有效地阻挡国际金融市场对国内金融市场地冲击。该类型的市场以纽约、新加坡和东京的离岸金融为代表，可以借鉴和仿照。

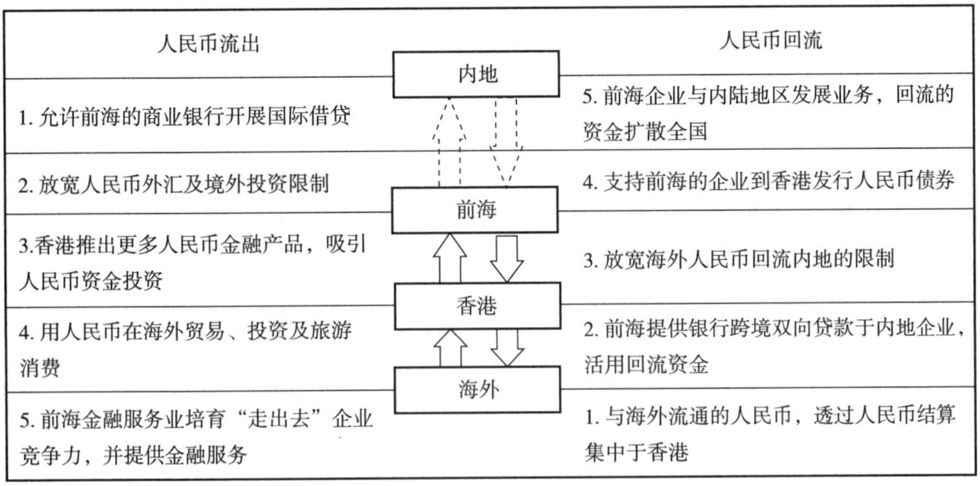

图 12－2　中国资本市场体系

（2）发挥金融对产业升级的推动力，提高中国企业“走出去”的竞争力。

前海深港现代服务业合作区承担着深圳乃至内地探索现代服务业发展的任务，通过借鉴香港的经验，能够加速内地的产业升级进程。目前中国的金融创新与实体经济关联较大，前海金融创新将给深圳的实体经济与战略性新兴产业、基础设施产业、高科技产业带来重大机会，也将给金融企业带来机会。比如前海股权交易中心，是在深圳前海深港现代服务业合作区建设的立足深圳、辐射全国的股权交易市场，主要解决初创期高新技术产业、地方小微企业融资、转让、流转服务。前海股权交易系统是多层次、多元产品的资本市场体系的基石。前海股权交易中心将聚集大量的机构投资者和风险投资资本①，充分利用资本优势和信息优势，帮助企业引入战略投资者或财务投资者，实现定向直接融资。另外，交易所与银行等金融机构开展战略合作，为企业间接融资提供支持。中小企业私募债，可能在前海股权交易中心最先放开。前海股权交易所的功能在于为中小企业提供多元化的融资渠道，这有利于化解中小企业融资难的困境，并且借助于前海这一深港合作的试验场，为中小企业发行债券包括离岸人民币债券和私募债提供了平台。中国资本市场融资功能的完善，为企业提供多元化的融资渠道；同时，企业融资能力的提升（债务融资和股权融资）可以使得企业在产品市场竞争中更具有优势，这对于中国企业的竞争力提高有至关重要的作用，为企业“走出去”提供了有力的支撑。

前海探索建立创新型跨境人民币交易平台，完善深港合作机制，为跨境人民币资金的双

① 弘毅投资该公司的目标是在 5－10 年时间里帮助把前海打造成私募股权投资公司的全球中心。

向流动提供实验场所，为资本账户全面开放提供示范样本。同时利用深港金融中心的优势，发挥金融功能对经济的促进作用，提升企业竞争力，推动企业走出去，为人民币国际化提供持续发展动力。

（四）深圳和上海两个“自贸区”的比较研究

关于深圳前海“自贸区”的创建，上述主要围绕它作为人民币国际化的“试验场”为中心加以阐述，即具体涉及深圳前海进行人民币跨境贸易自由流动的实验、人民币创新试验场的由来以及它的构想蓝图等方面。而与深圳前海几乎同时筹建的“中国（上海）自由贸易区”也已于2013年7月3日经国务院通过其总体方案，同年8月30日同意设立，全国人大授权，终于在9月29日正式挂牌启动。那么，深圳和上海两个“自贸区”究竟有何异同，特别是如何各自发挥对人民币国际化的推动作用，以下试做分析。

（1）两个“自贸区”的相同点。

①背景和目标大体相同。当今世界，在全球金融危机的影响下，全球货币战、贸易战激烈，加上以美国为首的“太平洋伙伴关系协议（TPP）”的签订，这对于发展中国家特别是中国来说，客观上面临着严峻的挑战。中国如何采取最有力的应对措施，事实证明，最佳选择就是在继续深化改革开放的大背景下，开拓创新、另辟蹊径，在具有一定基础的区域建立“自贸区”，以商贸、金融等现代服务业为重点，推动金融、贸易、投资等方面的自由化、国际化，进而为中国经济的增长注入新的动力。而深圳前海和上海两个“自贸区”的创建，都是适应世界和中国经济发展形势的。从两个“自贸区”初露端倪的发展势头看，已显示其具有巨大的发展潜力。

②“试验场”身份相同。深圳前海和上海两个“自贸区”，都纳入国家战略层面，都是在原有良好发展环境的基础上，进一步用创新思维推动，不断探索新的路径，努力为创建适应世界形势变化的符合中国国情和具有中国特色的、以发展商贸、金融、投资的现代服务业为重点的、国家赋予其“先行先试”职责的“试验场”。由此，这两个“自贸区”都明显体现全局性、战略性、创新性和前瞻性的特征。

③享有系列优惠政策大体相同。深圳前海和上海两个“自贸区”的创建都是上升到国家战略层面，受国家的特殊政策的关怀和支持，由此均享有国家在金融、财税、法律、人才、教育、医疗、电信等方面的系列优惠条件。之所以这样做，不仅仅是单纯为立足于“自贸区”本身的发展，而且与加快推进人民币资本项目的可兑换和实现人民币国际化的战略目标是密切相连的。

④同样面临诸多困难。基于现行中国尚处于：法制还正在向规范化和独立性方向发展的进程中，存在一定程度上的垄断体制，缺乏充分自由的资讯和不太完善的企业治理结构等。与此同时，还要应对和处理在深化改革开放中出现的新变化和新问题。如何应对，这既需要有“壮士断臂”的勇气和啃“硬骨头”的大无畏精神，又必须要遵循科学发展规律，逐步有效地解决客观存在的问题，以真正实现社会经济的稳定、持续发展。

（2）两个“自贸区”不同点。

①名称含义和区域大小有异。上海自贸区的全称为“中国（上海）自由贸易区”，冠有

“中国”的名字，可见，它的地位是立足于国家视角和全球视野。从区域角度看，“自贸区”本身占地面积共28.78平方公里，还辐射整个长三角各省、市。深圳前海“自贸区”的全名为“深圳前海深港现代服务业合作区”①，地域只有上海自贸区的十分之一，当然两个“自贸区”与全球全国必然都有联系，但深圳前海主要立足于深港这一关联节点上。

②发展步骤不一样。上海“自贸区”是“大步走，闯难关，先挂牌，后运作”。而深圳前海“自贸区”是“携手港澳，小步快跑，先摸索，后定名”。

③运作方式有差别。上海“自贸区”采取“负面清单”方式，即首批包括新闻机构、网站、出版业、博彩业以及公共管理、社会保障、社会和国际组织等18个行业禁止外商涉入的办法，其限定的配套细则需1－2年内完成，要用3年时间作试验。深圳前海“自贸区”则通过发放人民币贷款、人民币债券，设立股权投资基金，建立外资股权投资基金，香港金融业在前海设立机构、建设新型要素交易平台，设立国际性和全国性的经济管理总部和业务运营总部等，注重开拓深港两地金融合作方面来提升它的地位和发挥其独特的作用。

（3）两个“自贸区”比较中的启示。

①要坚持以市场为导向，充分发挥市场的决定性作用。当今世界，已有超过1200个自由贸易区，而世界主要国家自由贸易区的建立和发展，一般并不存在与现行政治经济制度的冲突，也并不存在自由贸易区内外制度性的抵制。事实证明：建立自贸区的最大任务是开放市场，以实现货币的区域化、国际化，才能真正促成自贸区的成功和不断发展。也就是说货币的自由化对“自贸区”的生存和发展是一个不能缺失的重要因素。而中国还处在向社会主义市场经济的过渡阶段，还客观存在有不太完善的资本管理、法治和企业治理等问题，尤其是资本项目还不能实现人民币可兑换，作为一项系统工程和国家战略目标的人民币国际化还在不断推进过程中，这些问题必然会在客观上降低中国自贸区的吸引力和生命力。中国30多年改革开放政策的实践证明，只有坚持以市场为导向，充分发挥其在社会资源配置中的决定性作用，才是自贸区创建的客观条件和关键所在。当然，在向市场化目标迈进中，也不能忽视政府在职能转变中的重要作用。

②要坚持以创新的思路来加快实现经济发展方式的转型。经济转型是指社会资源配置和发展方式的转变。从国际经验看，不论是发达国家还是新型工业化国家，无一不是在经济转型升级中持续快速发展的。正因为“转型”的最终目的是实现传统生产方式向市场化、法制化和国际化迈进，它对创建“自贸区”来说，既是为其创造必要和可能的条件，也是促使其科学发展的重要保障。由此，一定要用创新的理念来实现“转型”，具体来说：一是面对复杂多变的国内外形势，不能用常规的思路来试图化解由传统路径所带来的诸多问题；二是注重和遵循科学发展规律，要用发展的眼光和长远利益去考虑面对的问题；三是要冷静面对复杂多变的形势，依据中国的国情，勇于走自己的道路；四是从金融层面看，经济的发展不能过度货币化，不能寄希望于靠注入过多的流动性而丧失实体经济和引发通胀；五是不要将“转型”看作是一个快速和立竿见影的过程，而忽视它客观存在的艰巨性和复杂性。

③要以创办“自贸区”为契机，进一步加强上海、深圳、香港三地的紧密合作。中国

① 系国务院［2012］58号文的称呼。

创建上海、深港两个“自贸区”，上海、深圳、香港三地负有重大的历史责任。实践证明：一方面，要立足于“自贸区”本身，努力开拓创新，联系本地实际，在科学发展上下功夫、做文章，这当然是主要的。但另一方面还必须认识到，“自贸区”的创办绝不能单枪匹马，特别是三地之间紧密合作、优势互补、获取多赢尤为重要。这是因为三地都处于特殊的地位、扎实的基础和各自的特色所在，多年来都已取得了举世瞩目的辉煌业绩。①上海从1991年开始就致力于打造国际金融中心，现承担创建“自贸区”这一世界上最大的重任。近几年，在上海的外资金融机构加速聚集，国际化程度稳步提高；证券市场QFII数量和投资额度不断增加；货币、外汇和黄金市场稳步有序开放；境内金融机构稳步拓展海外业务以及跨境人民币结算业务的先行先试等方面成绩卓越。随着上海自贸区的建立，预见未来的发展空间更加广阔。可见，上海的资源、管理和人才优势是大家所公认的。②深圳是中国改革开放初期首个经济特区，30多年来，勇于开拓创新、努力争创新的优势，在实现市场化、法制化和国际化城市方面，取得了举世瞩目的辉煌业绩、近几年来，深圳前海的发展更是大手笔，立志将“自贸区”办成政策更特殊、先行先试的创新区，香港与内地紧密合作的先导区，珠三角地区产业升级的引领区。总之，一个初具规模的高层次、开放型经济的试验平台已展现在人们面前。③香港早已是一个真正的自由贸易区，没有关税和资金管制，拥有一个健全的法制体制以及低税率制度。就国际金融中心的资历和经验来说，香港在人才、法治、体制、监管等方面都有其独有的优势。近年来，香港在拓宽境外人民币回流渠道、创建香港人民币离岸金融中心、推进人民币国际化进程等方面成就显著。

总之，可以断言，上海、深圳、香港这三大城市的相融多赢，无论对中国改革开放政策的进一步实施，对市场化、法制化、国际化目标的实现，对人民币国际化进程的加快推进都具有举足轻重的地位和作用，必须加以重视。

（本章由李艳丰博士、曹龙骐教授、陈红泉讲师撰写）

后　记

本书实际上是近四五年来由曹龙骐教授连续主持的几个相关课题的延续。这些课题主要有：

1. 2008年广东省普通高校人文社科研究重点项目“离岸金融市场发展与深圳的实践”；

2. 2009年深圳大学人文社会科学基金“团队创新”项目“人民币国际化战略构想及其对深圳的意义”（课题编号：09TDCX02）；

3. 2011年深圳大学中国经济特区研究中心重大项目“深港金融合作研究”；

4. 2012年深圳市社会科学联合会“深港金融合作：人民币离岸化区域化国际化研究”（课题编号：125 A046）。

以上研究项目基本上已结项，这些项目中的较多部分与本书研究的内容有密切联系。与此同时，课题组人员已发表有关人民币国际化的论文15篇，大部分被CSSCI收录，期间还参加了与人民币国际化为主题的国际、国内学术研讨会共三次。由此，时时萌生对人民币国际化这一重大问题的深入思考，从中也提升了一些新的观点和积累了若干素材，这些都是引发撰写本书的主要动因，抱着“不甘心”和“不放弃”的情愫，下决心试啃一下这块“硬骨头”，前后奋战三年多，至今终于梦想成真。

本书为深圳市哲学社会科学“十二五”规划重点项目，编入深圳大学中国经济特区研究中心文库。在写作过程中，得到了有关领导的殷切关怀和热情支持。深圳大学经济学院的李璐彤同学做了不少资料整理工作。从本书出版合同的签订，到稿件的几次修改，得到了中国金融出版社的彭立勋主任、丁芊编辑等的全力支持，并付出了辛勤的劳动。在此，我们一并深表谢意！

本书的框架设计和内容安排，主要由曹龙骐教授负责。本书的写成，实在是集体努力的结果，几经修改，某些部分很难正确标出“你”“我”之分，只能说大体分工如下：

自序：曹龙骐教授

导论：曹龙骐教授

第一章：曹龙骐教授

第二章：李艳丰博士

第三章：李艳丰博士

第四章：杨文博士

第五章：杨文博士

第六章：李艳丰博士、汪争平教授

第七章：李艳丰博士、曹龙骐教授

第八章：曹龙骐教授、詹志东博士

第九章：李艳丰博士、曹龙骐教授

第十章：陈红泉讲师

第十一章：李艳丰博士、曹龙骐教授

第十二章：李艳丰博士、曹龙骐教授、陈红泉讲师

我们深知，尝试对人民币国际化这一庞大繁复的系统工程进行探讨，确实需要有点勇气，

但限于水平和时间，有很多问题没有讲清楚或讲得不深，诚恳希望有关专家和读者们多多给予帮助，待我们在今后进一步研究中认真弥补和逐一修正。

作　者

2014 年 6 月

三、辞书（共2部）

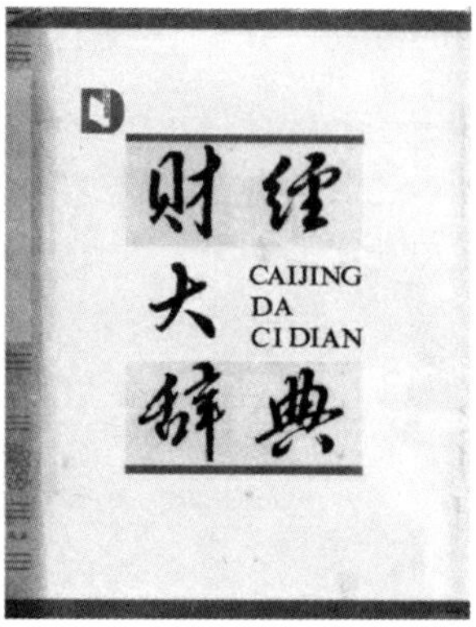

《财经大辞典》（第一版）

主　编：何盛明

副主编：刘西乾、沈云

曹龙骐为编委之一，金融分册主编，金融分册副主编为郑先炳、万存知。

《财经大辞典》第一版，中国财政经济出版社 1990 年，曾获第五届中国图书奖。

《财经大辞典》第二版，已由中国财政经济出版社 2013 年 10 月出版，共 5 册，本人为常务编委之一。

《股份制与证券市场大词典》

刘鸿儒　周　骏、曹龙骐　马明哲、李　钢　主编

中国经济出版社 1995 年 7 月版。

四、主要金融思想和学术观点归综（共 13 项）

说明：以下所述前四个金融思想和学术观点已荣录由西南财经大学中国金融研究中心曾康霖、刘锡良、缪明扬等主编的《百年中国金融思想学说史》第一卷第四十九章，中国金融出版社，2011 年 10 月版。

货币供求与均衡说

（一）这一学说的主要观点

在 1989 年 10 月中国财政经济出版社发行的由曹龙骐、郑先炳合著的《货币供应概论》一书，以信用创造理论为依据，借鉴国内外在货币供应理论方面的有益研究和具体做法，紧密结合我国社会主义初级阶段的实际，就货币供应理论的起源和发展、货币供应度量及其层次、货币供应的形成机制、货币供应的运行机制、货币供应的决定机制、最适货币供应量的确定、货币供应量的调控机制、货币供应与货币政策、货币供应与经济发展、货币供应与各种货币收支、货币均衡等一系列关于货币供应理论的重大问题作系统和简要阐述。本书对该领域的全面系统研究，在国内是较领先的。

（1）作者首先强调：随着我国改革开放政策的实施和有计划商品经济的发展，经济运行主要由直接控制向间接控制过渡，建立遵循价值规律要求的社会主义经济调节体系已成为历史的必然①。作者预言中国货币调控方式将从直接调控向间接调控转变。我国由“社会化的商品经济发展为信用经济，客观上要求应从货币供应的总体概念出发考虑对国民经济这一庞大系统的控制和调节”②。在中央银行体制建立后，“货币政策的实施离不开货币供应理论、货币供应理论是中央银行货币政策实施的理论基础”③，而“信用创造，这是货币供应理论的理论”④。

（2）关于货币需求和供给的含义。作者认为，必须摒弃“我国传统货币观念（即只看作是‘钱’或‘现金’）及它的片面性”⑤，“必须从‘大货币流通’出发”⑥。在此基础上，

---

① 曹龙骐、郑先炳合著：《货币供应概论》第 2 页，中国财政经济出版社 1989 年 10 月版。
② 同上，第 3 页。
③ 同上，第 5 页。
④ 同上，第 13 页。
⑤ 同上，第 31 页。
⑥ 同上，第 33 页。

依据“流动性是系列划分的基本原则”①，排列“货币量相含层次指标系列”②，以及确定在当时情况下“相含层次中的控制重点”③。

（3）较早构建研究货币需求和供应及其均衡理论（即 Mv = Ms）的研究框架。对 Mv，主要着重其理论发展和量的确定。对 Ms，主要分为形成机制、运行机制、决定机制、调控机制四大块，进行递进式的逻辑分析，以求理清思路，增强其科学性。对 Mv 和 Ms 的均衡这一复杂繁难问题，运用了全方位、多角度的阐述和论证，涉及货币供应与货币政策、与经济发展、与各种货币收支以及货币均衡在国民经济中的地位和实现等诸多方面。这样的结构安排，直至由本人主编的由高等教育出版社 2000 年初版至 2009 年第三版的《金融学》教材中仍在采用④。

（4）关于货币供求均衡，作者强调：“我国中央银行通过调控货币供应量，对信贷自身的平衡，对财政信贷的综合平衡，以至对国民经济的宏观平衡都具有极其重要意义”⑤。并认为“静态均衡只是动态均衡中的一个特例，所以，必须十分重视货币均衡的动态研究”⑥。在当时严重通胀时期，作者指出：不能仅仅从货币需求的角度来研究货币供求均衡，“还要研究怎样通过货币供应机制取得供求平衡”，“传统的方法已不能有效地调控货币均衡”⑦。如何从整体的、综合的、最优角度去考察货币均衡呢？作者认为：“关键是要建立一组层次分明的指标体系”⑧。

（二）提出这一学说的制度环境和历史背景

对货币供应理论的研究，在我国起步甚晚，主要是我国长期以来实行计划经济条件下采取的“大一统”的银行体制。在此之前，一是“我国没有货币供应理论产生并付诸实践的条件”，二是“我国也没有研究货币供应理论的客观要求”⑨。直至 1984 年党的十一届三中全会后，“当经济体制改革提出从高度集中的计划经济过渡到有计划的商品经济，国民经济管理方式从直接控制为主转向间接控制为主，中国人民银行独立行使中央银行职能，银行体制从‘大一统’过渡到‘双元’结构”之后，对货币供应理论的研究才成为当务之急，才开始有学者触及这一问题。为推进对这一理论的研究和怀着对其的浓厚兴趣，由我编写总体提纲，与当时在学的郑先炳硕士分头撰写，赶在国庆 40 周年前完成。此书在缺资料、无资金、无电脑、铅字排版印刷的状况下，苦干两年终于梦想成真。本书的出版虽有我们的努力，还与我们的导师周骏教授多年传授和指导，以及中国财经出版社王林甡编审的热情支持是分不开的。

---

① 同上，第 37 页。
② 同上，第 36 页。
③ 同上，第 39 页。
④ 曹龙骐主编．金融学（第三版）[M]．高等教育出版社 2010 年 1 月版。
⑤ 曹龙骐、郑先炳合著．货币供应概论．中国财政经济出版社 1989 年 10 月版第 252 页。
⑥ 曹龙骐、郑先炳合著．货币供应概论．中国财政经济出版社 1989 年 10 月版第 248 页。
⑦ “当代中国金融发展思想史研究调研报告”2005 年第 2 期，第 6 页。
⑧ 曹龙骐、郑先炳合著．货币供应概论．中国财政经济出版社 1989 年 10 月版第 261 页。
⑨ 曹龙骐、郑先炳合著．货币供应概论．中国财政经济出版社 1989 年 10 月版第 24 页。

（三）这一学说的价值及社会影响

本书1989年由中国财经出版社出版，在国内是较早的。发行后，受到同行的肯定，当时中南财经大学和一些兄弟财经院校作为硕士研究生的参考读物。2000年由我主编的《货币银行学》直至到2010年更名的《金融学》（第三版）的本科教材中均加上了关于“货币需求、货币供应和货币供求均衡”的章节。

分层次设置衡量货币流通正常与否指标体系说

（一）这一学说的主要观点和政策主张

如何全面正确地考察货币流通状况？这是个长期争议的问题。作者在长期的教学和研究中领悟到，“关键是要建立一组层次分明的评价指标体系。”

“第一层次：直接指标，亦称主体指标。主要有五个：一是社会商品可供量和货币购买力之比；二是社会商品零售额和市场货币量之比；三是商品库存与货币流通量之比；四是国民收入同货币量之比；五是农副产品收购量和货币量之比。直接指标又是主体指标，是因为整个国民经济这架大机器的运转都要通过流通过程，即商品流通和货币流通相适应的状况表现出来。反过来，这种适应状况又直接影响国民经济的发展。以上五个指标中，前两个是最重要的，因为它实质上是货币流通规律的两种表现形式，前者说明宏观经济模型中的总供应和总需求的关系问题，后者是市场货币流通状况是否正常的反映。在现阶段对非现金货币量还难以测定的情况下，采用这两个指标既简便可行又具有实际意义。”①

“第二层次：间接指标，亦称辅助指标。具体有：物价总水平、货币分布状况、货币流通速度、储蓄存款、信贷投放、财政收支、凭票凭证供应限购范围等，间接指标有实辅助指标，是因为影响这些指标变化的，有商品货币因素，也有其他一些因素，如经济体制状况、政策措施、工作质量等。故相对于直接指标来说，间接指标衡量货币流通正确程度的离向较远，需要作具体分析后才能定论。”②

“第三层次：潜伏指标，亦称参考指标。具体有：财政向银行透支、运用财政结余、挖商品库存、发行国库券、举借外债等。潜伏指标又是参考指标，因为就某一时点论，这些指标能起到缓和和掩盖货币和商品矛盾的作用，其实透支和运用后备是需要抵补的，内债外债是必须偿还的（并加上利息）。所以从发展的观点看，如对这种潜伏危险的内压强度不引起足够重视，必然会对今后一段时期的货币流通状况产生不良影响。”③

“必须指出的是，以上三类指标虽有不同层次，但货币流通毕竟是国民经济状况的综合反映，需要结合起来加以研究，只有这样，才能全面地、准确地来判断货币流通的状况。”④

---

① 曹龙骐．金融热点探索［M］．西南财经大学出版社，1998年版，第191页。
② 同上，第192页。
③ 同上，第192页。
④ 同上，第192页。

（二）提出这一学说的制度环境和历史背景

我国进入 80 年代至 90 年代，时而发生较严重的通货膨胀，在还没有找出货币需要量的科学计量方法且仍然用衡量货币流通正常与否的状态指标条件下，经济金融界曾提出不少见解，归纳起来，有主张用单一指标和综合指标之分，但“用单一指标衡量货币流通状况，虽能排除由多指指标所带来的不定性的缺陷，但实践证明，用一两个指标很难全面正确地说明货币流通复杂多变的状况”①。如用物价，但在当时，“物价的变和不变还并不都是货币流通量是否正常的反映”②，而采用综合指标来衡量也并不完善无缺，“在现实生活中，人们可以任意从某一角度，抽取经济生活中的某些资料，来证明自己要说明的观点。所以，同样采用综合指标，由于指标的组成不同，可以得出各个不同的甚至是完全相合的结论。”③ 由于对问题判别方法的不科学，当时在现实生活中，我国经济金融理论界往往对货币流通现状看法不一，你说“基本正常”，他说“并非如此”。骤然听起来，似乎“公说公有理，婆说婆有理”。由此，作者提出“如何从整体的、综合的、最优角度去考察货币流通状况呢？关键是要建立一组层次分明的指数体系”④ 的理论主张。

（三）这一学说的价值及社会影响

本学说的理论主张，先是 1984 年在成都召开的“全国通货膨胀理论研讨会”上，作者就此内容作一发言，后写成短文在《经济学周刊》1984 年 50 期发表，《金融研究》1985 年第 3 期摘登观点，后作者在 1998 年由西南财大出版的作者专著《金融热点探索》中作了修订和补充：一是对指标体系设置的原则，应把握货币领域的内外、统一的货币流通中的现金和非现金、经济生活的现象和本质、货币流通的静态和动态诸方面加以考虑。二是依据指标在“商品和货币”交换这一连结点上的权数作为指标体系排列的主要依据，有一定的科学性。三是对“潜伏指标”的设置，对当时表面认为“形势大好，越来越好”而忽视深层次存在的“危机”的“内压强度”这种观念敲响警钟。后在作者主编的 2000 年出版的《货币银行学》直至后更名为《金融学》中也加上了这一内容⑤。另外，这种分层次设置的指标体系方法，不仅能为全面、科学地衡量货币流通状况提供正确方法，而且在以后如何衡量国民经济总体状况、不良贷款状况和金融风险度等都有一定的应用价值。

金融性国有资产管理说

（一）这一学说的主要观点和政策主张

（1）关于金融性国有资产包括的内容。

“一般而言，称金融性国有资产为国家所有的金融资产。即金融形态的国有资产。具体

① 同上，第 187 页。
② 同上，第 187 页。
③ 同上，第 187 页。
④ 同上，第 188 页。
⑤ 见曹龙骐主编．金融学（第三版），高等教育出版社 2010 年版。

说，即国家以债权或股权的形式投入到银行和金融机构的资产以及用其获得收益部分继续投入生产或营运的资产。”“从对金融性国有资产的界定中可以看出：①它是资金，但属货币资金，相对于实物形态的国有资产来说，运用货币这个统一尺度，便于管理。②它是整个国有资产的一部分。金融性国有资产并非国有资产的全部，从目前状况分析，他要占我国国有资产的一半。③它是整个金融资产的一部分，因为在整个金融资产中，还包括有集体和个人的资产，显然，这部分并非国有。”[①] 具体说，我国金融性国有资产包括的主要内容有：①政府贷款。②国家银行贷款。③国家股份，即国家在股份公司中持有的股份。④外汇占款和黄金储备。⑤在国际金融机构的资产。⑥财政借款和透支。⑦国家银行持有的企业债券等[②]。

（2）关于金融性国有资产的特征及其界定。

“金融性国有资产虽是整个国有资产中的重要组成部分，大有其本身固有的特征，主要表现在：①对应性。信用创造即资产决定负债的原理，依据银行信贷计划表作直观分析，有多少贷款（资产）注入流通，就能相应地引出多少存款和现金（负债）。对金融资产的管理，实质上也是对金融负债的管理，甚至从负债方着眼比从资产方分析更直观和清晰。②分离性。即金融性国有资产属所有权和使用权相分离的资产。③增殖性。金融性国有资产一般表现为以偿还收取一定利息为条件的付出，或者以股权形态存在。这种让渡出去的价值通过其循环周转活动而引起的增殖，可以说它既在流通中但又不在流通中，实际上是整个资金运动过程中的生产环节上形成的。④虚拟性。金融资产以信用货币作为表现形式，从理论和实践上考证，在当今中央银行体制下，是在由基础货币作基础通过存贷交替而不断放大过程中得以体现。⑤依附性。金融性国有资产并非孤立存在，一方面它与现实的产业资金运动紧密相连，它的运用规模和结构要受现实社会再生产状况的制约。另一方面，在我国，能否保证金融性国有资产的质量和完整性，还决定于中央银行的独立程度、政府部门的行为、财政收支状况、企业倒逼机制的形成以及银行金融机构信贷硬化程度等因素。⑥单一性。我国改革以前的 1978 年，银行贷款占全部金融性国有资产的比重约 95% 以上，整个资金运用基本上是单一的国家银行贷款形式。”[③]

“鉴于上述对金融性国有资产的特征分析，可否作以下归纳：它是国家所有的资产，是金融形态的资产，是与金融负债对应的资产，是使用权和所有权相分离的资产，是具有中介和增殖性的资产，是主要以国家银行贷款形式的单一资产。”[④]

（3）关于金融性国有资产的完整性问题。

“金融性国有资产是否完整，是保持其正常发挥作用的前提条件。目前存在的问题主要有：①存量严重流失。②财政性蚕食。一是财政透支的转嫁，二是财政国债的转嫁。③信用膨胀下不断贬值。以上分析看出，确保金融性国有资产的完整性，关系到国民经济各部门各方面如何配合和协调的问题。解决问题的关键是建立和完善市场调节体制，给企业以动力和

---

① 曹龙骐．金融热点探索．西南财经大学出版社，1998 年版，第 92 页。

② 曹龙骐．金融热点探索．西南财经大学出版社，1998 年版，第 92、93 页。

③ 曹龙骐．金融热点探索．西南财经大学出版社，1998 年版，第 93 ~ 96 页。

④ 同上，第 96 页。

压力，增强银行自身的独立性，堵截财政对银行的不合理转嫁，不断提高金融性国有资产的运用效益。”①

（4）关于金融性国有资产运用效益问题。

“如何完善和加强金融性国有资产的管理，却是一个复杂的课题，在此仅提几点原则性建议：①坚持稳定货币的方针，力求金融性国有资产的真实性。②努力寻找国民经济的成长点，不断提高贷款的经济效益，以增强金融性国有资产的增殖性。③进一步协调财政与银行、银行与企业的关系，努力减少银行资产的经营风险，维护金融性国有资产的完整性。财政和银行两家，无论从收支、分工和执行政策等方面，都存在有密切关系。④建立金融性国有资产的监控机构，以保持对其有效监督。”②

（二）提出这一学说的制度环境和历史背景

“我国现有数万亿元的国有资产，它是国家所有财产和债权的总称，是全体人民创造和积累的巨大财富，也是社会主义制度的物质基础。”③ 加强国有资产的管理，“对巩固和完善社会主义的公有制，正确体现国有资产的价值量，保护国有资产所有者、经营者和使用者的合法权益，提高国有资产的运行能力和经济效益，具有决定作用和重要意义。”④

长期以来，我国片面理解国有资产的含义，偏重于对“物质形态的国有资产”的管理，忽视对“金融性国有资产”的管理，也不可能“将它置于整个国有资产以至于整个社会资产的管理中加以考察。”⑤

（三）这一学说的价值及社会影响

关于“金融性国有资产的管理”，是由原中南财经大学著名工业经济研究专家李先沛教授主持研究的1991年国家社科基金项目“国有资产管理研究”中的一个子课题，该子课题由作者负责独立完成。作者初发的论文《论金融性国有资产的管理》于《中南财经大学学报》1993年第2期，后收入由作者独著的《金融热点探索》一书。

作者关于《论金融性国有资产的管理》的若干理论观点的提出，在当时来说有其针对性、前瞻性和重要性。由李先沛教授主持的主课题曾于1993年获国家社科基金二等奖。

中国股份经济说

（一）这一学说的主要观点和政策主张

（1）关于“股份制不会改变公有制性质”。

在当时来说以下观点是具有前瞻性的。作者认为：“①公有制是一个总体概念。坚持社

① 同上，第96、97页。
② 同上，第96页。
③ 同上，第91页。
④ 同上，第92页。
⑤ 同上，第91~92页。

会主义公有制不等于每一个企业的公有制的比重都要占绝大多数”。②社会主义股份制中的股份都具有一定的共有性。股份制本身是一种生产资料的社会共有制，在社会主义制度下，这种共有性相对于资本主义来说更具有新的特点。股份制表现为国家、企业、个人的联营经济，从本质上看，它已经摆脱了私人对资金的支配和控制，具有一定的共有性。③公有制的力量大小，不只在于公有资金本身数量的多少，而在于公有经济所能支配的资金多少。我国股份企业内部实行一企多制，即国家控股、企业参股、个人入股。而股东的本质是支配权，分散的众多的股权由于没有支配意义，因此不能代表权力性质。故公有制的力量，在于公有经济所能支配的资金多少。我国股份制通过国家控股形式，与法人股和个人股一起共置于企业之下，这实际上是强化公有制而并非削弱公有制①。

（2）关于股份制是不是私有制，作者用马克思的一段论述作依据作了分析。

马克思在分析股份制的性质时指出：“股份制度——他是在资本主义体系本身的基础上对资本主义的私人产业的扬弃；它越是扩大，越是侵入新的生产部门，它就越会消灭私人产业”。“这种财产不再是各个互相分离的生产者的私有财产，而是联合起来的生产者的财产、即直接的社会财产”。由此，作者认为：马克思的科学分析说明，“一是股份制是对私有制的一种否定，绝不是私有制的继续和强化；二是股份制是‘联合起来的生产者的财产’，它带有公有制的特性，由此，正确的结论应该说，股份制就其形式而言，无论是资本主义和社会主义均可采用，但就其反映的内容而言，靠近社会主义而绝不是靠近资本主义。完全不必担心搞股份制会导致私有化。”②

（3）关于股市投机，作者的观点是市场机制作用的伴生现象。

这是因为：“一方面，在股票市场上，严格区分谁是投机者是不现实的。因为随着影响股市诸因素的复杂变化，人们的预期和意向也随之变化，原打算长期投资的人可能突然决定抛股，而原来打算作短线投机的人决定将所持投票作长期投资。另一方面，正常的股市投机的作用既必要又重要，它增强了股票市场的竞争性，能较准确地反映市场供求均衡关系，有利于稳定股价，又能使股票具有强烈的流动性和生命力。总之，通过这种正常的投机，用较为猛烈的方式向人们指出市场矛盾的真正所在，并提醒政府部门及有关方面去关注产生矛盾的原因并及时寻找解决问题的正确途径。以上分析得出，股票市场作为一种独特的商品市场，投机是整个市场机制的伴生现象，没有投机，就不可能有股票市场的真正存在；若取消这种投机，则无疑是取消股票市场。”③

作者还认为：对待方兴未艾的股份制，“既要有热情，但又要冷静”，具体理由：“一是股票投资是一种风险投资，须慎重对待；二是扭曲的中国股份制需要规范；三是股票市场的培育需要有一个过程”④。

（二）提出这一学说的制度环境和历史背景

九十年代初，我国兴起了搞股份经济热潮，如何在正确认识股份制的基础上推行股份

---

① 曹龙骐．金融热点探索．西南财经大学出版社，1998 年版，第 30 页。

② 同上，第 29、30 页。

③ 同上，第 32 页。

④ 曹龙骐．金融热点探索．西南财经大学出版社，1998 年版，第 32 页。

制，事关深化改革开放，实现由计划经济向市场经济转型的重大问题。面对这一课题，很多理论和实践问题需要探讨并加以梳理。特别是在全国掀起股份经济热的情况下，有些人产生疑虑，有些人错误理解搞股份制就是通过为了集资为国有企业解困，有些做法只有热情而缺应有的理性。作者著文针对性地提出："在公有制主导下发展股份制不会改变公有制的性质而将有利于其完善，并促进企业机制的转换"，"在我国目前的情况下，股份制的发展有一个过程，对其发展应当有饱满的热情而又不失理性的冷静"的观点，应该说是适时的，并带有前瞻性和重要意义的。

（三）这一学说的价值及社会影响

上述作者有关对我国方兴未艾的股份经济的一些观点，初发的一篇论文于《中南财经大学学报》1992 年第四期。《新华文摘》1992 年第 10 期全文转载，1993 年又获湖北省委宣传部优秀论文一等奖。90 年代初，人们对我国兴起的股份制在理论上和实践上都缺少认识，特别是在股份经济的性质、作用，股份制经济如何运用等问题感觉模糊。作者当时发表的一些观点，对我国股份经济的发展中澄清对股份经济的看法有一定的作用。记得这些观点和看法也多次在湖北省内有关股份经济的研讨会上作演讲，为一些股份制试点企业作指导。1997 年 8 月召开的党的十五大明确提出的"要全面认识公有制经济的含义"、"国有经济起主导作用，主要体现在控制力上"，"笼统地说股份制是公有还是私有关键看控股权掌握在谁手中"等观点，也是对当时作者提出的有关股份制的一些认识的肯定。

完善金融体系的决策选择

中国金融改革的突破点何在？一直是经济金融界关注的问题，论文就完善金融体系必须遵循的基本原则、近期改革的主改方向和新型体系的总体格局三个方面加以论述。

（一）关于必须遵循的基本原则

作者认为："金融体系的建立，不仅是金融机构的具体化，更重要的是，它涉及金融机构内部、金融和整个国民经济部门、社会各方面之间的复杂关系，涉及如何发挥金融作用的重大问题。"

"金融体系的建立一定要从'环境'这一大前提出发，必须与整个经济体制改革同步配套。对金融机构，首先应该考虑需不需要设置，然后才是如何建立。实质上，金融体系不断完善的过程，应该是个国民经济大系统各个方面不断协调和相互推进的过程。"

（二）关于近期改革主攻方向

作者认为："从总体上考虑，完善现有的金融体系需要做三个方面的努力，即在宏观层次上考虑如何发挥中央银行对国民经济的有效控制和对金融体系的有效管理，中观层次上考虑怎样开拓和健全金融市场，微观层次上考虑如何实现专业银行的企业化经营管理。我们认为，近期改革的重点要放在微观层次上，这不仅是因为专业银行的非企业化经营实现行金融体制不合理的症结所在，更重要的是，宏观控制要有坚实的微观基础。专业银行企业化经营的必要性和迫切性已确定无疑，现在需要解决的问题是如何企业化。”

具体说：“一是把对象放在基层机构上；二是把重点放在所有制的重新构造上；三是把目标放在权责权利的结合上。”

（三）关于如何确定合适的目标

作者认为：“既然金融体系的形成是金融体系内外多方面、多因素作用的结果，那么从纷繁交叉的诸矛盾中找出头绪、理顺关系、确定合适的目标就十分重要。”

目标在哪里？如果我们仔细考察金融体系内外的种种现象，不难发现，矛盾往往来自‘中央银行—专业银行—企业单位’这三个主体相互之间关系的扭曲。这种扭曲了的关系，从顺向分析，表现为中央银行的宏观决策由于难以在专业银行得到实施，最终也不可能在企业单位产生效应。从逆向分析，表现为企业单位由于缺乏资金使用的自我约束机制和自我平衡，躺在专业银行身上吃‘大锅饭’，由此又形成了专业银行对中央银行的信用冲击力。要矫正这些扭曲关系，当然需要三个主题自身的不断完善。但我们认为，着力点应该解决中间环节即专业银行和其他各种金融机构所有制关系的具体化并在此基础上实行企业化经营。

总之，关于新型金融体系的总体格局，作者认为：“通过专业银行企业化为主要途径，逐步建立起来的新型金融体系的总体格局是：以中央银行为领导，以专业银行基层行为主体，多种形式、多种层次金融机构并存和相互补充的统一体。”

作者进而分析：“也许有人怀疑，强调中央银行‘统’是否又恢复到过去“大一统”的独家银行体制里面去呢？回答是否定的。因为①从内容看：过去高度集权即统管理权，又统经营权，现在分层决策只统管理权而下放经营权。②从形式看：过去统的范围无所不包，现在只统几个重要的经济参数，如货币供应量、信贷规模等。③从手段看：过去的统是进行直接行政控制，现在的统是进行间接的经济诱导，并辅之以必要的法律手段和行政手段。④从传递机制看：过去是在同一家银行内上下级之间直接的控制与被控制，现在是在不同的银行之间中央银行对专业银行和其他金融机构的调节和控制。⑤从结果看：过去统的基层银行的积极性和创造性。因此，为了强化中央银行的功能，我们强调的‘统’是对过去的‘大一统’的扬弃而绝不是重复。”

从后续金融改革所采取的措施即金融改革的重点应是国有股份制改革来看，当时的观点有一定的前瞻性和应用价值。

论文于 1986 年 12 月获《全国首届中青年金融改革讨论会》优秀论文奖。

推进现代企业制度改革的金融因素

论文围绕“如何运用金融手段加快现代化企业制度的建立”从三个方面进行论述：

（一）减轻企业负债包袱的金融性思路

作者认为：“面对企业沉重的负债包袱的复杂情况，总的原则应该是具体分析国有企业的负债结构，对其进行分类排队，针对不同类别和不同企业的具体情况，分别采取相应的措施。”“通过对目前企业负债包袱的质和量、造成原因以及解决问题主体的能量等方面进行分析，不难得出‘解铃还须系铃人’，着重金融性思路是切实解决当前企业负债问题的主要和有效的选择”

（二）企业经济结构调整中的金融对策

作者认为：“在运用金融手段调整经济结构、促进经济增长、推进现代企业制度改革进程中，必须注意制度创新和技术创新的结合运用，不能偏废技术创新在经济结构调整促进经济增长中的重要作用。这是因为，先进的科技装备是以实现新型的产业结构和高质量的产品为目标的，也只有先进的科技投入，才能增加产品的技术含量与增强国内外市场竞争能力，适应我国新时期人民的消费由主要是生活必需品向主要是非必需品的转换。依据我国国情，经济结构调整的最好出路是：以制度创新先行，依赖技术进步，增加科技资金的投入，变资产存量调整为存量优化。从长远看，技术进步是将整个经济推向新一轮良性循环、实现经济再上一个新台阶的主要支撑力量。”

（三）必须重视现代企业制度和金融体制的配套改革

作者认为：关键是把握两者的结合点，建立配套改革的双向制约机制和连动机制。就近期而言，具体应采取以下措施：”

（1）在宏观调控上。

中央银行在明确货币政策目标的前提下，主要采取经济手段，运用利率、法定存款准备率、贴现率和公开市场业务等货币政策工具，调控货币供求并努力实现其均衡，为现代企业制度改革创造一个良好的融资环境。

（2）在信贷资金使用上。

依据市场经济条件下信贷资金使用中的有偿性原则和商品化特征，变资金供给关系为资金的借贷关系。银行应通过资产负债比例管理和信贷资金风险管理，辅之以采用抵押、担保和贷款证以及建立银行呆账准备金等方法，增强信贷资金使用硬度。作为企业，在制度创新过程中应不断增强资金实力和自补能力，建立使用资金的平衡机制，以减少对银行的依赖程度。

（3）在结构调整上。

银企双方都应致力于依据市场经济发展的要求，寻找促进经济成长点，注重科技资金的投入，通过增量的积累，逐步改变不合理的存量结构，为现代企业制度和金融体制的配套改革铺平道路。

（4）在所有制构造上。

现代企业制度按财产构成方式可以有多种组织形式，股份公司是其中的重要选择，它是产权、管理、生产三个社会化的结合体，偏重于在明确产权关系的基础上解决企业内部经营管理的微观层次问题。股份制的建立也必须依托一个统一、高效、有序、严格管理的金融市场。

（5）在金融业和企业的相互融合上。

依据条件许可，采取企业与银行相互渗股，或有选择对某些企业采取“改债权为投资”

的做法，这有利于实行金融资产的多元化，有利于强化银企双方管理机制和利益机制的相关度。

（6）在金融产业和产业行为上。

事实证明，加强金融监管，有利于整顿金融秩序和企业行为的规范。在改革过程中，金融业和企业都要有法可依，有章可循，金融业要十分注意维护自己的良好信誉，企业要努力树立自己的形象。

（7）在组织体系上。

金融体制改革要构建不同性质和规模、门类齐全、服务功能良好的多元化的金融体系，目的是为了适应我国多种经济成分共同发展情况下，适应新的企业制度体系即公司制企业、独资企业、合伙企业、股份合作制企业等并存的局面。

本论文于1996年获《中国金融改革论文集》征文优秀奖，于1997年1月分获广东省“五个一工程”优秀论文和深圳市第二届社科优秀论文一等奖。

必须纠正对货币市场认识中的误区说

作者分析了在对货币市场认识中的误区所产生的现状后，认为：

（一）“先资本市场，后货币市场”的发展思路，实际上贬低了货币市场的基础作用，其后果必然是搞乱金融市场

实践证明，“先资本市场，后货币市场”这种颠倒的发展思路．其后果必然会给金融带来震荡，我们已付出了惨重的代价。

危害一：削弱了货币市场的基础作用。危害二：破坏了货币市场和资本市场的协调发展。

由以上两个危害延伸，“先资本市场，后货币市场”的发展思路，还会直接或间接地对中央银行的宏观调控、利率功能的发挥和金融秩序诸方面产生负效应。总之，货币市场连着货币供应、资本流动、先行货币政策操作以及外汇市场，对它的培育、规范和完善，不只是货币市场本身的问题，而是有关整个经济协调发展和金融改革深化的问题，它的重要地位和重大作用是绝不能忽视的。

（二）只注重同业拆借市场解决短期资金需求，忽视了它有利于商业银行业务经营和提高中央银行宏观调控水平的重要功能

就同业拆借而言，它作为短期资金融通的有效场所，不能忽视其为解决地区之间、行业之间和金融机构之间短期资金使用上的不平衡而起到的重要作用。但一些同志，包括企业界和金融部门的同志，误认为同业拆借的功能仅限于此，这是极其片面的。应该还有：①有利于商业银行利润最大化和风险最小化目标的实现。②为中央银行进行货币政策操作提供了可能。

就超额准备而言，发达的有规则的同业拆借市场功能的发挥，会促使商业银行的超额准备维持在一个必要的水平，这显然给中央银行实施宏观调控严格控制货币供应量创造一个良

好的条件。

（三）传统观念将票据市场仅局限于清算，实质上它是中央银行执行货币政策的工具之一，对加速利率市场化进程和提高商业银行资产管理水平也有重要意义

票据市场的功能也远不限于清算，它还具有一系列其他的功能，主要有：

（1）众所周知，再贴现政策是中央银行执行货币政策重要工具之一，中央银行只有通过对商业银行和贴现机构进行再贴现，才能间接地实现对每一个工商企业的贴现，从而达到收缩或扩张信用的目的。

（2）随着票据市场的不断规范、完善和发展，以及票据交易稳定性的增强，会形成一种处于市场均衡状态下随市场规律自由变动的被供求双方均能接受的市场价格，反映在资金的价格上，便是市场利率，它无疑是中央银行制度贴近市场的利率政策的重要参考，并有助于在具体实施中有步骤地推进和加快实现利率市场化进程。

（3）票据，它既是一种安全、灵活、低成本的融资工具，也是一种流通和支付的手段。企业在商品和劳务的交易中签发和收受票据：①是以商品和劳务为基础，也就是说有实物形态进行抵偿和保证的。②是以信用为基础的直接融资行为，在票据市场上流通和经营的票据应该是规范化的信用凭证，因而使工商企业之间惯用的口头承诺和挂账信用变为合法而规范的信用形式。③是通过票据贴现，使企业之间的商业信用票据化并纳入银行信用的轨道，它有利于从法律上制度上保障贷款的及时结算，有利于银行对企业资金运用的监督和管理。④是通过票据贴现方法，有利于解决企业生产和流通中因供求梗阻而“憋死”的问题，有利于滞销产品的推销和新产品的推广。

扩大内需是我国经济发展的基本立足点说

主要观点：

（一）扩大内需是当前我国经济发展的基本立足点

首先，这一方针是依据我国国情提出的。其次，确定这一基本立足点也是与国内外经济发展态势相适应的。

（二）处理好投资需求与消费需求的关系

扩大内需，从其需求性质划分，可分为投资需求和消费需求，两者存在相互影响、相互促进的关系。

投资是经济增长的源泉，没有投资的增长就不可能保持经济的活力；同时，有投资才有消费，投资会拉动消费，因此投资必是消费的先行者和启动器。但是，总结我国经济建设的历史经验，由于旧体制造成的政府和企业投资行为不当，不讲效益的盲目投资、重复建设往往是经济结构不合理和通货膨胀的总根源。

然而，投资需求的有效性最终要由消费需求来检验。这是因为：一是投资需求仅仅是中间需求，它最终还是通过消费需求来实现。从这个意义上说，投资需求拉动不能代替消费需求拉动，只有消费需求才是经济增长的持久拉动力；二是投资的热点来自消费的热点，这就要求任何一个投资项目的启动都应面向市场，把握市场需求及其发展趋势。

由此可见，扩大投资需求要以引导和实现消费需求为最终目标，而消费需求的扩大又反过来规范和刺激投资需求，两者的协调配合必然形成对经济增长的双向拉动。

（三）消费信贷是扩大需求的有效措施

（四）扩大内需的相应配套措施

主要有：①注重积极财政政策和稳健货币政策的配合运用；②通过多种渠道增加城乡居民特别是低收入群众的收入；③强化财政调节社会分配、实现社会公平的职能；④鼓励社会投资和创办企业；⑤实现教育投资的社会化、产业化。

我国利率政策有效性说

（一）主要学术贡献

利率是货币资金的价格，利率市场化是我国金融改革的关键，而利率政策对利率价格的确定、利率市场化的进程以及利率杠杆的作用发挥具有极其重要意义。本论文从我国利率政策的有效性角度进行论述，论文的创新点主要有：

（1）目前理论界较多关注利率水平的高低和利率市场化实现的路径上，但利率水平高低的判断是以利率结构的界定为前提的，我国长期以来利率结构的刚性，不但与商业银行经营目标相悖，而且也有利于经济增长市场化行为的建立。

（2）论文用大量数据分析从我国存款利率对消费、储蓄存款利率变动对居民储蓄以及贷款利率对投资的影响，说明我国存贷款利率对居民消费、储蓄存款和企业投资行为产生的弹性特征，由此决定了我国利率政策虽在形式上直接受中央银行控制，但实际上还不能有效地起到影响实体经济部门的作用。

论文用理论与实际、定性定量相结合的研究方法，从根本上阐明现行我国利率政策的深层弊端，近几年呈现的利率效应不明显也正是说明源出于此，论文对科学制定和实施利率政策，进一步深化利率市场化改革具有重要的理论意义和现实意义。

（二）学术影响与社会反响

论文共1.3万字，《金融研究》2000年第一期发表。论文发表后即收入SCII，论文引用时间跨度很大，从2000年4月至2007年2月被期刊论文引用28条，其中有《金融研究》、《投资研究》、《财贸研究》（2篇）、《商业研究》、《南京大学学报》、《中山大学学报》等全国权威杂志；博士论文引用共12条，中国优秀硕士学位论文引用1条。

论文发表于《金融研究》2000年第4期，论文被评为2008年深圳大学首届科研创新一等奖。

中国股市晴雨表功能说

（一）如何判别中国股市晴雨表

如何评价和分析中国股市的晴雨表功能，我们从股票市场与国民经济的相互关系上来理解和认识股市作为晴雨表的功能，并就股市作为国民经济晴雨表这一反映机制中的三个组成部分，即晴雨表、国民经济和股市加以剖析，探讨近几年中国股票市场与经济增长背离的原因，从而提出三个基本观点：①是不能简单否认中国股市晴雨表的功能；②是股市晴雨表具有一定特殊性，而且作为反映体的股市和作为被反映体的国民经济，具有诸多复杂多变的各种因素，③是要使中国股市晴雨表功能全面反映，还需以进一步深化改革为依托。

（二）股票市场与国民经济的相互关系

国民经济周期变化决定了股票市场及其上市公司的运行，反过来，股票市场表现也会对国民经济的发展产生影响，这是股市晴雨表功能的理论基础，也是我们正确理解和认识股市作为晴雨表功能的基础。

（1）国民经济状况是股票市场运行的基础。

首先，国民经济的周期性变化，对上市公司的经营业绩产生重大影响。其次，国民经济的周期性变化，会影响股市的资金供求关系。在国民经济繁荣、停滞、衰退、复苏的不同阶段，股市的资金供应会相应出现不同的松紧变化。经济繁荣，个人收入增加，银行银根松动，在上市业绩预期增多情况下，市场入市投资资金充足，造就了股市的繁荣；经济调整时，整个社会的资金供应紧张，可流入股市的资金随之大幅度减少，股市呈下跌的走势。

（2）股票市场反映国民经济的发展变化。

首先，股票市场是社会资金由储蓄转化为投资的重要通道，股市筹融资的多寡对国民经济发展具有重要的作用。其次，股票市场具有价格发现和资源配置功能，对国民经济的结构调整起到促进作用。再次，股票市场的财富效应也会对国民经济产生重要影响。若换一个角度进行逆向推论，如果股市没有这种“晴雨表”功能，那么我们致力于发展和开拓股市有何意义呢？如果否定股市作为“晴雨表”功能，不仅是对股市本质特征和作用的否定，也是对资本市场本身的全面否定。

（三）关于中国股票市场与经济增长背离的原因，作者认为：

股市的国民经济晴雨表功能是具有理论基础的，但难以理解的是，近年来中国股市行情确实与我国国民经济良好的内部和外部环境呈现背向趋势。我们认为，这个问题有一定的复杂性，需要从股市作为国民经济晴雨表这一反映机制中的 3 个组成部分，即晴雨表、国民经济和股市加以剖析。

（1）股市晴雨表具有一定的特殊性。

首先，尽管股市表现与国民经济运行有着相当密切的关系，但不能把两者简单画等号，这种“晴雨表”没有量的刻度，是指大致趋势，只是一般的而非精确的反映。其次，股市晴雨表的时间表现具有多样性，即股市表现与国民经济运行在时间上并不一致，具有3种不同表现形式：一是两者同步，二是股市领先，三是国民经济领先。再次，由于股市运行规律受体制、投机等诸多因素的影响，股市晴雨表也有可能出现反映不灵敏状况甚至有偏差和错误。

（2）国民经济的评价指标不只是GDP增长率。

可以说，我国还缺乏一套有效的分层次的综合评价国民经济状况的指标体系。因为没有科学的评估体系，任何人都可以根据自己的意向任意选择一组指标来证明形势大好；反之，也可以选择相反的一组指标来说明形势不好。看来，正确评价股市作为综合反映国民经济晴雨表的功能，还不能忽视对国民经济状况的科学评价，因为它直接影响到晴雨表功能的真实性和有效性。

（3）中国股市仍然是一个不成熟的市场。

必须指出，股市作为综合反映国民经济的晴雨表，这一命题的成立是有前提条件的，它需要在规范和成熟和股市条件下才能得以全面反映，而我国股市在现阶段仍然是一个处于经济转型期的不成熟的股市。

①中国股市结构不合理是中国股市各种不成熟表现的根本。

②中国上市公司整体业绩不良。

③中国股市规模尚小，民营上市公司数量少，难以反映国民经济现状。

④较多中国股市投资者重投机轻投资，使股价往往脱离经济基本面。

（四）关于结论与政策建议，作者认为：

综上所述：①股市具有综合反映国民经济的晴雨表功能，这是客观存在不能随意否定，否定这一规律实际上否定了股市直至资本市场本身的意义和作用；②股市晴雨表功能的发挥，不仅要全面、正确理解晴雨表功能的表现形态，更重要的是要明确作为反映体的股市和作为被反映体的国民经济的诸多复杂多变的各方因素，我们需要的是对这些因素分析后所得出的综合反映结果，这才是符合实际的真实结论。③我国股市处于转轨时期是一个新兴的市场，股市作为综合反映国民经济晴雨表的功能，主要受体制性障碍因素影响反映不灵敏，这是事实。

如何进一步发挥中国股市国民经济晴雨表功能，我们认为，必需改变目前我国股票市场仍然不成熟的状态，主要通过以下几个方面深化改革。①提高上市公司的业绩，坚决实行严格的退市制度淘汰不良存量上市公司，让业绩优良企业尤其是民营企业上市；②改进股票发行制度，在保证上市公司业绩质量的前提下，大幅度增加上市公司数量，提高我国证券化率，使我国股市真正能够表现国民经济；③切实保护社会公众股东尤其是中小投资者的利益，促使上市公司完善法人治理结构，完善信息披露制度，使投资者过度投机行为转变为价值投资行为；④进一步规范中介机构的行为，加强法制建设、监管和执法的力度，努力形成良好的市场信用环境。

深港金融合作说

深港之间，地相邻、人相近、习相通，两地的连结架起了内地和世界之间的天然“桥梁”，成了经贸、物流、资讯、交通、人才以及文化教育等方面交流的“枢纽”。而这些，又都离不开货币资金的互动和以金融市场为依托。可见，以金融业为主导产业的深港两地合作，它不仅关系到深港两地的繁荣和稳定，而且从国家战略层面看，还关系到我国深化改革，扩大开放，创建深港国际大都会，打造深港世界级金融中心和保障我国经济金融安全的重大而紧迫问题。本人认为：

（一）深港金融合作空间巨大

不可否认，香港回归以来，深港金融合作在金融机构互设、业务经营渗透、支付结算联通、金融市场衔接、两种货币流通和金融监管合作等方面已取得了显著成效。特别是近年来，内地企业纷纷在港上市、香港人民币业务的开展、内地居民“香港游”的不断扩大、国家开发银行和进出口银行相继赴港发行相当规模的人民币债券、通过 QFII 和 QDII 形式推进两地财富管理等方面，不断推动深港金融合作向纵深发展。

然而，从全球视角看，从国家的战略要求和深港所肩负的历史使命而言，深港金融合作的潜能和辐射力还远没有充分发挥，还存有巨大空间，主要表现在：①深港两地金融业经营层面合作规模偏小。②深港两地资本市场整合度偏低。③如果再考虑到自主创新力、市场自由度、法规法制建设、金融基础设施、总部经济规模、金融监管水平以及员工业务素质等，两地的合作存在相当的差距。

（二）在理念更新上要有新突破

（1）要顺应深港创建“大都会”的良机，树立深港金融业联手打造世界级金融中心的理念。实践证明，突破地区界限形成一体化市场，是充分发挥区域优势和提高经济效益的必然趋势。

（2）要以深港合作为契机，树立继续发扬敢于开拓创新的理念。在创新中才能谋求突破，在创新中才能发挥最大的竞争优势从而形成自己的特色，在创新中才能通过市场拓展优化配置资源的空间和提高资源配置的效率。

（3）明确深港两地的差距，树立“向香港学习，为香港服务”的理念。香港经过近百年的打造，已是一个国际大都市和国际金融中心，拥有“最自由的市场环境优势”。深圳在改革开放的 28 年中，虽取得举世瞩目的业绩，成为我国改革开放的“试验场”和“排头兵”，但应当清醒地看到，深圳在经济转型时期向市场化、国际化推进过程中，与香港相比，还有差距。特别是香港的“软资源”，即包括城市管理、政府运作、社会建设、环境治理以及市民素质等方面，更是深圳学习取经的重要方面。服务香港，重要的也是通过服务向香港更直观更有效地学习。

（4）要明确深港合作的背景，树立两地合作是属“优势互补的合作、市场竞争中的合作、互赢互利的合作”的理念。

（三）在路径选择上有新举措，推动两地金融合作向高层次发展

深港金融合作是一个庞大的系统工程，必须选准切入点和重心，兼顾全局，分步实施，以“融”为主，积极推动两地金融合作向高层次发展。

（1）实现两地资本市场的融合。就深港两地股市在规模和板块、证交所体制、发行制度以及监管制度等主要方面进行比较研究，虽有差距和差异，但也有较多趋同之处。如何探索两地在一定程度上的融合，确是一个繁难又现实的课题。

对深圳来说，目前不仅要着力于股票市场的多层次，如主板、中小企业板、创业板、柜台交易市场等的建设，还要大力发展基金市场、债券市场、金融衍生产品市场等。同时，深圳作为毗邻香港并站在国际市场前端的开放型城市，还要注重充分利用和发挥香港这一国际性资本平台的中介功能，通过在国外股票上市、向国际型投资者发行债券、买卖基金等方式，建立多层次的跨境市场交易平台体系，实现证券交易的国际化。

（2）以金融创新为主线，全方位提供深港金融合作的运作载体。在金融机构合作方面，深圳和香港金融业可以通过股权合作、收购重组等方法，组成具有一流竞争力的合作伙伴。两地也可在 CEPA 框架下，各自在对方设立分支机构，实施跨境服务，这不仅通过“有形”也可通过“无形”通道，快速完成业务交易，提升金融服务水平；创新支付结算品种，完善两地证券交易的基础设施，以加速货币资金的双向自由流动。在金融业务品种方面，运用同业拆借、票据承兑贴现、应收账款融资、国际保理、设备抵押贷款、资信调查以及发展人民币离岸业务等，提供跨境银行服务。通过以上以金融创新为全方位、多角度的金融合作，不断增强两地金融合作的“广度”和“深度”。

（3）积极发展总部经济，形成集聚效应，夯实深港金融合作的根基。伴随着经济全球化、信息网络技术的迅速发展和中国经济市场化程度的不断加深，出现了“总部”与“生产制造”环节在空间上分离现象。由此，形成了一种新的经济形态——总部经济，它统帅和经营本部企业的购销调存和相应的资金配置。总部经济的发展，有利于形成巨大的货币资金融通场所，又可疏通境外和内地金融机构联结的通道，这不仅是深圳发展和金融业生存的需要，也是夯实深港金融合作基础的重要对策。

（4）积极创建“深圳市金融产业服务基地”，为香港提供高质量的金融后台服务。两地应共同协商，解决有关基础设施的合作，以实现金融数据、信息资料的跨境流动和结算，以便促进金融业合理布局，有效保障深港两地金融数据的安全和提高金融机构运营效率。

（5）努力营造良好的金融生态环境，为深港金融合作注入强有力的动力源。所谓金融生态环境，实际上是研究金融主体（包括银行、证券、保险等）与金融业外延涉及的诸方面（包括政治、经济、文化、法治等基本环境要素）彼此依存、相互影响和共同发展的问题。

金融生态环境的建设是一个系统工程，就目前在深港金融合作进程中，比较突出的：一是政府职能转变的问题。二是加强金融监管问题。三是两地金融人才的培养问题。深港两地政府应努力营造两地金融人才的融合环境，建立联合研究机构，共同研究深港金融业发展战略、策略和现实路径，利用深圳毗邻香港的优势，创造两地金融人才的便捷往返条件，活跃两地金融业务和学术交流活动，共同积极为培育金融人才而努力。

深圳证券市场发展主线和定位说

在由深圳市委市政府为纪念深圳改革开放研究三十年而下达的一个研究课题《深圳证

券市场的发展、规范与创新研究》，为完成这一紧迫和艰巨任务，首先要对这一课题（专著）的研究进行全书的框架设计和主线定位，通过反复思考，必须紧紧扣住“发展、规范和创新”这一主线展开。从1978年12月党的十一届三中全会算起，至1995年10月萌发初创期的17年中，总体上看，以发展为主，但在发展中注重规范；从1995年10月至2000年8月的发展调整期共5年，以规范为主，但在规范中力求发展；近十年即从2000年至今，属于在发展和规范的交替互动中不断深化的探索创新期，并已初步形成多层次资本市场的格局。

关于发展和规范的关系，我们的观点是：①发展和规范是两个既对立又统一的不可分割的两个方面，并不矛盾，相辅相成。其统一体现在：没有发展，就谈不上规范；没有发展，规范也就失去其意义。而不规范不是真正的发展，甚至造成发展的障碍。其对立体现在：脱离实际的陈规戒律不是真正的规范，它会抑制证券市场的发展；而发展超越了市场的规律的客观要求，也会引起发展的变形和扭曲，使规范无法实施。②规范和发展虽没有先后之分，但它作为一个相对动态平衡的过程，在相互的交替和作用中，依据客观情况则可以有所侧重。一般而言，在证券市场发展初期，发展的需求要大于规范；但不能忽视在证券市场失衡时，应注重于规范；而在证券市场相对成熟时，则往往又偏重于发展。③实践证明，只要证券市场真正在发展，这个市场也就是规范中发展的市场；而证券市场屡屡碰到障碍和阻力，这个市场往往是既不规范又难以发展的市场。④规范的对象是整个市场，不能就市场发展中的个别问题断定这个市场不规范。同样，发展是数量和质量的统一，不能就发展中的一时进展或一点问题而断定是否规范。⑤规范是一个渐进、长期、繁难的过程，规范要从体制、法制抓起。任何规则的制定和法制的推行，甚至是政府的干预。其关键要看能否为市场营造有利于证券市场发展和稳定的环境。⑥从长远看，发展和规范的证券市场是政府最少干预的市场。从深圳证券市场发展和规范的历程分析，在处理和把握发展和规范的关系上是有成效的，具体体现在“重”和“求”两个字以及“探索创新”上，即“在发展中规范，在规范中求发展”，且“是在一个探索中不断创新的过程”。

依据深圳证券市场“发展规范”、“探索创新”这条主线，本书分四大篇共十四。第一篇为“深圳证券市场的形成背景”，对其可细分为历史背景、实践背景和理论背景三大块。历史背景可从党的十一届三中全会为证券市场创建和发展指引方向、社会主义初级阶段理论是证券市场形成的基石和创建经济特区是证券市场的强大推动力了三个方面论述。实践背景可从转换企业经营机制、提高货币货币资金使用效率的现实要求和建立在证券市场基础上的股份制经济已成为历史发展的必然两个方面论述。

第二篇为萌发初创期（1978年12月—1995年10月），这一时期从总体上看，以发展为主，但在发展中注重规范深圳证券市场。其又可细分为萌发和初创两个时间段。萌发可追溯到党的十一届三中全会召开，主要是因为这次会议如阳光普照、春风化雨，为我国证券市场的创建和发展打开通道。萌发初创期之所以到1995年10月为止，是因为此时集中统一的深圳证券市场监管体系正式形成。

第三篇为调整发展期（1995年11月—2000年8月），这一时期从总体上看以规范为主，在规范中力求发展。调整发展期之所以到2000年8月为止，因为此时从上到下的监管体系更成熟更有组织性，在此基础上深圳证券市场逐渐走上在发展和规范的交替互动中不断探索创新之路，为建立多层次资本市场创造条件并有所建树，形成所谓“规范中求发展的深圳证券市场”。

第四篇探索创新期（2000 年 9 月至今），这一时期从总体上看处于“在发展和规范中不断深化的深圳证券市场”，其内容重点围绕着特区建立多层次资本市场的必要性和重要性、探索路径、面临的挑战以及构建策略等诸方面加以论述，特别是对如何改革主板市场、完善创业板市场、激活三板市场和整合产权交易市场等方面提出合理有效的建议。

本文主要创新点表现在：思路明确，主线清晰。依据深圳证券市场发展全过程，将全书内容分为既紧密联系、又层层递进的 4 篇 14 章 42 节，全书遵循邓小平理论、“三个代表”重要思想、科学发展观为指导思想，坚持以社会主义市场经济理论、社会主义初级阶段理论、现代企业制度理论为论述基础，紧紧围绕“发展重中规范、规范中力求发展、坚持探索创新”这一主线展开。

总之，这样的框架设计和发展定位，思路较明确，线条较清晰，也得到了深圳市主管领导和相关业务人员的重视和认可。

人民币国际化路径说

（一）作者主张

近年，中国政府一直力推人民币国际化。据权威机构预测，人民币国际化很可能成为未来十年世界经济的重大发展趋势，对此进行研究迫在眉睫、意义重大。作者从全球视野这一个“面”和深港视角这一个“点”的结合上，提出要抓住“区域化—离岸化—国际化”这一人民币国际化的运行路线，走出一条适应全球形势和适合本国国情的人民币国际化新路径，逐步推进并实现人民币国际化。

（二）为什么要重视从全球视野和深港视角的结合上探索人民币国际化

一是有助于深刻认识和沉着应对当今世界社会经济发展的客观形势。

2008 年下半年，由美国次贷危机所爆发的金融海啸，虽然有世界经济发展不平衡、经济结构扭曲、金融创新过度、金融道德水准下降和人性扭曲等原因，但一个深层次的问题就是美国掌管美元作为世界主权货币的发行，支撑其巨额的贸易逆差和超前消费所造成。而在金融危机发生之后，美国又热衷于所谓“量化宽松”的货币政策来填补其巨额财政赤字，实质是向全球转嫁金融危机所带来的风险，特别是要发展中国家为其“埋单”。

由此，这也充分暴露了以美元为世界主权货币的国际货币体系的弊端，各国要求改革的呼声四起，构建一个公平、公正、多元的国际货币体系已是众人所望。与此同时，在应对全球金融危机的挑战中，人民币影响扩大、信誉上升和持续走强，无论对抑制美元的霸权地位，还是对保持和增强中国经济的内在实力和活力，都起到重大而深远的意义。当今，中国作为世界第二大经济体，中国庞大的贸易体系与增长潜力已促使人民币日渐嵌入全球贸易结算体系。

在众多正能量的推动下，人民币国际化问题自然地上升到国家战略层面。

二是有助于正确把握和努力实现人民币国际化的现实目标。

历史发展证明，现行的国际货币体系是长期以来美国凭借其政治经济实力采取垄断手段且以美元作为主权货币所形成的，也称为牙买加体系，是 1971 年布雷顿森林体系崩溃的产物。虽几经改革，起过某些积极作用，但至今仍存在多种根本性和系统性的缺陷，需要进行不懈的共同努力和不断推进改革创新才能得以解决。实践证明，因为存在缺陷越深，所面临的难度必然越大。需要对现行以美元为世界主权货币的国际货币体系的治理结构进行根本性改革，要改革国际货币基金组织的贷款职能和监督职能。同时，对中国而言，应直面全球形势，采取有理有节的中国策略：①要力争应有的话语权和份额，保证在国际货币体系中的应有地位；②要注重在改革现行国际货币体系中不断推进人民币的区域化、国际化进程。作者认为，以上两方面存在有密切联系和相互联动并实现共同效应的关系。可见，立足于从全球视野和深港视角的结合上探索人民币国际化的双重目标，这既是符合实际又是有效的。

三是有助于在“面”和“点”的结合上，厘清和理顺人民币国际化的路径依赖。

（三）如何从全球视野和深港视角的结合上加快推进人民币国际化

（1）前提：树立新的理念。

理念是实践的先导，只有全新的理念，才有全新的发展。必须明确：①人民币国际化是中国的长远利益和核心利益所在，它关系到国家金融安全和持续发展的重大问题，由此必须从国家战略高度加以考量。②要充分认识世界经济全球化、多极化、区域化的形势，人民币国际化已是全球众多国家和地区的现实需求。

（2）关键：选择有全球视野并符合中国国情的路径。

人民币国际化应采取怎样的发展路径呢？作者认为，针对目前美元还在施行世界主权货币和中国的现状，一方面应致力于与世界各国要求改革现行国际货币体系的声音相呼应，在充分暴露美元为世界主权货币的国际货币体系存在的严重弊端的前提下，为努力构建一个公平、公正、多元的国际货币体系，为调整和增加各国特别是发展中的新兴国家的应有份额和话语权做出贡献；另一方面，中国应在坚持改革开放、坚持走中国特色社会主义市场经济道路的前提下，积极创造支撑人民币国际化的有利条件，立足亚洲、面向世界，走出一条适应全球形势和适合本国国情的人民币国际化新路径，即具体牢牢抓住“区域化—离岸化—国际化”这一人民币国际化的运行路径，为早日实现人民币国际化这一重大战略目标作不懈努力。

（3）基础：夯实人民币国际化的动力源。

人民币国际化根本上取决于该国的综合经济实力。就中国而言，经济实力与人民币国际化是紧密相连的，反映其综合经济实力的正能量，主要体现在三大动力源：①增强贸易合作，②扩大对外投资，③完善金融市场。

从总体上看，中国改革开放三十多年来，前两个因素对人民币国际化的推力是比较良好的。但第三个因素，即完善金融市场，看来还有一个长期和艰巨的过程。如何通过进一步深化改革开放，实现生产方式的转型，既充分又有重点地发挥这三大动力源的作用，是加快推进和努力实现人民币国际化战略目标的关键所在。

（4）突破口：积极推进跨境人民币业务。

人民币国际化的根本要求是要通过相应的流通渠道将人民币推出国门，走向世界，使其在有这一需求的国家和地区发挥计价、结算和储藏的功能，以获取更多的经济效益和加强国与国之间的密切联系，共同为世界人民创造福祉。人民币要在世界货币史的长河中掀起“汹涌波涛”，来自无穷无尽的“源头活水”则是本源。

（5）连接纽带：开拓深港乃至全球的离岸金融市场。

所谓离岸金融市场，它是特指那些经营非居民之间的融资业务，即外国投资者和外国筹资者之间的资金借贷业务而形成的金融市场，俗称“两头在外”。它是人民币“区域化—离岸化—国际化”的连接纽带。随着跨境人民币业务的相应拓展，这既加快了人民币通过香港这一天然通道的“速度”，又拓宽了香港离岸金融市场的“空间”。

当今世界，已建立的离岸金融市场已有60多个，它已成为当代国际金融的核心。人民币国际化要在一个较高的水平上运作并发挥作用，如果没有相应规模的离岸金融市场作为依托和支撑，这是难以想象的。依据深港金融合作和香港作为国际金融中心的背景和特征，创建以香港人民币离岸金融市场为中心的多种市场并存的离岸金融市场体系，以充分发挥作为人民币区域化和国际化连接纽带的离岸金融市场的应有作用，为加快推进人民币国际化做出贡献，这已是深港之间必须研究的重大课题。

（6）切入点：加强深港合作，创建人民币国际化的“试验场”。

人民币国际化作为一项长期、艰巨的系统工程，它既需要有无畏的勇气，更要求有科学的总体设计；具体说，既要有近期规划，也要有一个中长期远景设想。所以，要实现这一宏大目标，迫切需要在国内设有一个或几个具备相当条件的“试验场”。目前，中国已经在上海、广东、天津、厦门等地设立了多个“试验场”，深圳前海就是其中一例，它毗邻香港，得天独厚。如何以深港金融合作为“切入点”，在分析两地金融合作的必要性和必然性的基础上，进而以人民币国际化为主题，紧跟世界金融业和其他现代服务业发展潮流，论证其路径的现实条件和具体设想，以充分发挥这一“试验场”的辐射和示范作用，这是一项推进和实现人民币国际化的伟大实践。

作者认为，以上所列加快人民币国际化的策略，无论是从研究问题的“归宿点”还是从“出发点”分析，注重从全球视野这一个“面”和深港视角这一个“点”的结合上，牢牢抓住“区域化—离岸化—国际化”这一人民币国际化的运行线，去考察、去调研、去实施。在中国目前大好形势下，这应是一条既实际又有效的人民币国际化路径。

五、教材集（共 7 本）

《财政与金融》

教材简介：本人为主编之一，负责编写金融部分；湖北人民出版社，1987 年版；本教材系湖北省自修大学专科、本科学生教材。作者：刘家声，曹龙骐，许建国等编。

《货币银行学》

教材简介：曹龙骐、郑先炳、郭茂佳编著；中国财政经济出版社，1997 年 2 月第 1 版。本教材系当时中南财经大学本科教材。

编写说明

《货币银行学》是一本有关金融专业的基础理论教材。它适用于成人高校专科各财经类专业、函授专科财经类专业、全日制财经院校金融专科和其他各专业本科使用。同时，也可作为自修大学和金融系干部以及岗位培训教材。

本课程主要把握以下要求：

一、以马克思主义为指导，立足于我国的历史、现状和发展前景，概括介绍西方各国在货币、信用、金融体系和金融市场等理论方面的学派和研究成果，融货币信用原理、资本主义国家的货币流通与信用，以及社会主义金融学为一体，坚持“古为今用”、“洋为中用”、“有比较才有鉴别”的原则。

二、力求全面系统而有重点地介绍本课程应具有的基础知识和基本理论，内容侧重于介绍我国现阶段特别是改革开放时期有关货币、信用、银行理论的一系列重大问题。在某些必要方面，也安排有基本技能的训练，增强实用性，以加深对理论的理解。

三、鉴于货币信用与银行理论还处在不断发展过程中这一现实情况，为培养学生独立思考和综合分析能力，本教材注重启发和诱导学生对该领域的兴趣，以及注意培养学生不断钻研和探讨的进取心。

四、考虑到本教材的使用对象，本书注重从理论上、政策水平上加以提高，力求理论联系实际，讲清道理；注重起点适中，通俗易懂，条理清楚，逻辑性强。为便于自学，在每章后面附有一定数量的自测题，供复习时参考。本教材共八章，由曹龙骐教授（博士生导师）、郑先炳副教授（博士）、郭茂佳硕士合作编著，具体分工是：曹龙骐编写第一、二章总纂全书，郑先炳编写第三、四、八章，郭茂佳编写第五、六、七章。一九九三年六月第二版由曹龙骐教授和郑先炳副教授对书中某些章节作了修订。一九九四年六月第三版由曹龙骐教授再次进行了修订并补充了若干新的章节和内容。

限于水平，加上时间仓促，缺点和错误之处在所难免，恳请读者批评指正。

一九九四年五月

于中南财经大学

《金融管理学》

教材简介：曹龙骐主编；中国统计出版社，1997 年 2 月第一版

前　言

《金融管理学》以我国社会主义市场体制为背景，依据金融这一经济范畴贯串于宏观、微观、和市场三个层面的特点，从货币资金融通的角度，力求借鉴国外特别是西方国家金融管理的经验，紧密联系我国当前经济转轨时期的改革实践，主要就中央银行对货币供求调节和控制、商业银行的金融管理以及金融市场的管理三个方面加以论述。

《金融管理学》作为一本教材，主要适用于工商管理硕士（MBA）教学之用，也可作为经济、金融类专业师生或干部职工的参考读物。

学习本教材，在先修课程政治经济学之基础上，应对货币银行学、国际金融和金融市场概论以及西方现代宏观经济和微观经济等理论有基本了解。若学生对这方面掌握甚少，教师在讲授课程中简要补充上述有关内容。

全书共 15 章，大体分三个部分：

第一部分从第 1 章开始到第 4 章，主要阐述中央银行的宏观金融管理，即中央银行对货币供求的调节和货币政策的具体实施。与此同时，也介绍了中央银行外汇管理和对金融机构的管理。

第二部分从第 5 章到第 11 章，主要阐述金融机构的微观金融管理，如商业银行的资产负债管理、信贷资金风险管理、中间业务管理、内部管理以及国际业务和保险企业业务管理等。

第三部分从第 12 章到第 15 章，主要阐述金融市场和管理，如货币市场、债券市场、股票市场的管理和金融法规的实施等。

仔细推敲，因为金融管理各方面内容带有交叉性和复杂性，以上三大块划分不尽科学，只是为粗略把握总体而已，所以教材编写中并非严格按三大块划分，仍以 1 – 15 章顺序列出。

本教材的特点是：①结构新颖。本教材通过“中央银行—金融机构—金融市场”和“宏观—微观—市场”两条相互依托的平行线，将庞杂的金融管理业务贯串起来。其目的是使读者即把握总体，又掌握其中。②应用性强。注意紧紧围绕“管理”这一主题，以介绍方法和实务为主，尽量做到实际和贴近现实。③重点突出。金融管理内容庞杂繁多，作为一本教材无法也无须面面俱到，本教材力求做到重点突出、繁简有序。

本教材由曹龙骐教授（货币银行学专业博士生导师）先拟订大纲，在编写组充分讨论修改的基础上，确定提纲，然后分头撰写。参加本教材编写的同志有：朱新蓉副教授、宋清华副教授以及黄孝武、彭小泉、杨德勇三位在读的货币银行学专业博士生。曹龙骐教授负责编纂全书并修改定稿，修改中补充撰写了若干章节。

本教材参考了大量有关金融管理和银行实务方面的著作，这里不能一一列出，谨此向编著者致以谢意。

本教材写成后，由中南财经大学金融系张桂生教授给予审定，并提出了一些宝贵的修改意见。

由于金融管理的实践发展较快，加之我们水平有限，书中难免有错误和缺点，恳请读者批评指正。

编　者

一九九五年十月

目　录

第一章　中央银行对货币供求的调控

第一节　货币需求 …… 1

第二节　货币供应量的形成和决定 …… 14

第三节　中央银行对货币供应量的调控机制 …… 23

第四节　货币供求均衡及其实现 …… 29

第二章　中央银行货币政策的实施

第一节　货币政策及其最终目标 …… 41

第二节　货币政策的中介目标和操作目标 …… 51

第三节　货币政策工具的运用 …… 57

第四节　我国货币政策 …… 71

第三章　中央银行的外汇管理

第一节　货币政策与外汇政策的协调 …… 81

第二节　外汇管理体制及其改革 …… 88

第三节　国家外汇储备的管理 …… 102

第四章　中央银行对金融机构的管理

第一节　中央银行对金融机构管理的一般原理 …… 106

第二节　我国中央银行对金融机构的管理 …… 119

第五章　商业银行的资产负债管理
第一节　资产负债管理理论综述…… 125
第二节　资产负债管理的一般办法…… 135
第三节　我国银行业资产负债管理研究…… 145
第六章　商业银行风险管理
第一节　商业银行风险管理概述…… 152
第二节　贷款风险管理…… 158
第三节　证券投资的风险分析与管理…… 174
第七章　商业银行的中间业务管理
第一节　商业银行结算业务的管理…… 179
第二节　商业银行对票据承兑业务的管理…… 186
第三节　商业银行对信托业务和代理业务的管理…… 193
第八章　商业银行的国际业务管理
第一节　商业银行国际贸易融资业务管理…… 204
第二节　商业银行的国际信贷业务管理…… 210
第三节　商业银行外汇买卖业务管理…… 217
第四节　商业银行国际业务的风险管理…… 222
第九章　商业银行的内部管理
第一节　商业银行的财务管…… 231
第二节　商业银行的出纳管理…… 243
第三节　商业银行的稽核管理…… 247
第四节　商业银行的信息管理…… 255
第五节　商业银行的组织体制与人事管理…… 261
第十章　商业银行财务报表分析
第一节　商业银行财务报表的基本内容…… 268
第二节　商业银行财务报表的分析方法…… 280
第三节　商业银行财务报表分析实例…… 285
第十一章　保险企业的管理
第一节　国家对保险业的管理…… 295
第二节　保险业务经营管理…… 298
第三节　保险合同原则和保险费率的厘定…… 309
第十二章　货币市场的管理
第一节　货币市场的规范化…… 319
第二节　市场利率的管理…… 330
第三节　拆借市场的管理…… 335

第十三章　债券市场的管理

第一节　债券及其发现…… 342

第二节　债券的流通和收益…… 352

第三节　企业债券的评级…… 363

第十四章　股票市场的管理

第一节　股票发行市场的管理…… 374

第二节　股票交易市场的管理…… 380

第三节　证券市场系统的管理…… 388

第十五章　金融法规的实施

第一节　中央银行法…… 391

第二节　商业银行法…… 396

第三节　其他有关金融法规…… 403

《中央银行概论（修订本）》

教材简介：主编：曹龙骐，副主编：刘锡良、白钦先；
西南财经大学出版社，1997 年 1 月版。
本教材获第三届中国人民银行总行优秀教材奖。

编写说明

按照国务院和国家教育委员会的要求，中国人民银行负责统一组织全国普通高等学校金融类专业教材的规划、编审、出版和管理。

从保证人才培养基本规格的需要出发，金融类各专业应统一使用国家教育委员会高等教育司组织编写和审定的“高等学校财经类专业核心课程教学大纲和教材”，并要求统一使用中国人民银行教育司组织编写和审定的“高等学校金融类专业主干课程教学大纲和教材”。

《中央银行概论》这本教材，是按“全国普通高等学校金融类专业‘八五’期间统编教材选题规划”组织编写，并经中国金融教材工作委员会审定，主要提供金融类专业本科学生使用。

主编：曹龙骐

副主编：刘锡良、白钦先

编写人员：曹龙骐、刘锡良、白钦先

郑先炳、高路明、艾鸿德、王东明

主审：魏盛鸿、张守仁

各学校在使用过程中有何意见和建议，请函寄中国人民银行教育司教材处。

中国金融教材工作委员会

1993 年 5 月 5 日

目　　录

第一章　中央银行的产生和发展

第一节　中央银行的产生 ………… 1
第二节　中央银行的发展 ………… 12
第三节　我国中央银行制度的演变 ………… 22

第二章　中央银行的性质、职能和作用
第一节　中央银行的性质 …… 33
第二节　中央银行的职能 …… 36
第三节　中央银行的作用 …… 44
第四节　我国中央银行的性质、职能和作用 …… 48
第三章　中央银行制度的类型和结构
第一节　中央银行制度的类型 …… 58
第二节　中央银行制度的结构 …… 64
第三节　中央银行的相对独立性 …… 75
第四节　我国中央银行制度的结构与独立性问题 …… 81
第四章　中央银行的主要业务
第一节　中央银行的负债业务 …… 88
第二节　中央银行的资产业务 …… 102
第三节　中央银行的中间业务 …… 109
第四节　中央银行的业务活动原则 …… 113
第五节　我国中央银行的业务特点 …… 117
第五章　中央银行货币政策的目标与工具
第一节　货币政策及其目标 …… 127
第二节　货币政策工具 …… 140
第三节　货币政策的中间目标和操作目标 …… 156
第四节　我国货币政策的目标与工具 …… 166
第六章　中央银行货币政策传导与效应
第一节　货币政策传导机制 …… 187
第二节　货币政策效应 …… 202
第三节　我国货币政策传导与效应 …… 215
第七章　货币供求均衡与中央银行的调控
第一节　货币供应 …… 228
第二节　货币需求 …… 246
第三节　货币均衡与社会总供求平衡 …… 262
第八章　中央银行的金融管理
第一节　西方国家中央银行金融管理概述 …… 281
第二节　中央银行金融管理的方法和手段 …… 285
第三节　中央银行对金融市场的管理 …… 295
第四节　中央银行的审计 …… 305
第五节　中央银行的对外金融管理 …… 311

第六节　我国中央银行的金融监督和管理…………………………………………………… 320
第九章　中央银行的对外金融关系
第一节　中央银行对外金融关系的必要性与内容……………………………………… 339
第二节　对国际银行业的监督及其国际合作…………………………………………… 347
第三节　我国中央银行的对外金融关系………………………………………………… 356

《商业银行业务经营与管理（二版）》

教材简介：主编：曹龙骐，副主编：陈伦玉、吴遵杰、赵登峰 华南理工大学出版社，1999 年 8 月版。

编者的话

随着我国社会主义市场经济的发展和金融体制改革的深化，现代商业银行作为金融业这一第三产业活动的中坚，正在发挥它在国民经济宏观、微观和市场体系中的独特作用。为更好地适应我国经济体制模式由计划型向市场型转变、经济调控手段由间接型向直接型转变、经济增长方式由粗放型向集约型转变，为全面系统地学习和掌握现代商业银行经营业务和管理的科学知识，我们认真借鉴西方商业银行的运作和管理经验，参考国内有关商业银行业务经营与管理的著述和资料，紧密结合我国的实际，编写成此书。

本书重点突出，结构严谨，操作性和实用性强，每章备有复习思考题。本书紧紧围绕如何实现商业银行利润最大化这一目标，根据商业银行科学管理的基本框架和操作流程安排其内容，务求一方面使金融管理机构如何从宏观和微观上明确和把握对商业银行的管理，另一方面为广大商业银行的职员提供应有的专业技术知识。所以，本书不仅是一本大学本科和专科学生的教材，同时也是广大经济金融理论和实务工作者的有益参考书。

本书编写前先由曹龙骐教授和陈伦玉博士拟写提纲，深圳大学金贸系的三位主任姚凯、高德荣、郭欣也几次参与讨论。写作的具体分工是：第一、九章，曹龙骐；第五章，陈伦玉；第二、三、四章，吴遵杰；第六、七、八章，赵登峰。最后由曹龙骐教授总纂。

应广大读者和出版社的要求和商业银行业务发展的需要，本书与 1998 年下半年进行了修订，具体分工是：曹龙骐教授负责第一、五、九章；吴遵杰讲师负责第二、三、四章；赵登峰讲师负责第六、七、八章。在整个修订过程中，还得到了深圳大学学报编辑部王洪友编审的大力帮助，特此感谢！

商业银行业务经营与管理这一学科涉及面广且内容繁复，加上我们水平有限，书中错误缺点难免，真诚希望读者惠予批评指正。

《金融学教程》

教程简介：本书系 21 世纪金融类研究生系列教材，主编：曾康霖教授，副主编：曹龙骐　虞群娥。中国金融出版社，2006 年 4 月版。本教材获 2006 年中国金融教育优秀成果著作类一等奖。

前　言

这些年来，我国高等教育中各类各层次研究生教育发展很快，同一专业的研究生在知识结构、专业基础、培养方式和学习时间等方面可能差异很大，这对研究生教育提出了挑战。研究生教育相对于本科教育而言，最大的特点是能力培养，即通过学习教育让他们具有较强的发现问题、研究问题和解决问题的能力。为此他们必须具有深厚的专业理论功底和系统的专业知识。在当前各高校研究生教学任务重、教学改革且学制趋短的情况下，如何在短时间内，让学生们能够较好把握专业理论和知识的精华，是我们编写这本教材的初衷。为此我们组织了国内 7 所高效的教师共同编写了这边《金融学教程》(以下简称《教程》)。为了适应培养目标、研究生知识水平和结构的需要，按现代金融学科发展的状况。我们在体例上进行了一定的创新，在教材中设置机理相关篇、行为主体篇和学理发展篇。在激励相关篇中，着力论述货币、信用、金融的传统理念与现代理念，注重各种概念在各种领域的相互关系等；在行为主体篇中，突出各种行为选择，包括行为选择的理念依据、实现途径、效应评价等；在理学发展篇中，论述各种金融理论产生的经济社会条件、理论脉络、运作模式、政策主张等。三篇的关系可以概括为：机理相关篇的内容，为行为主体篇中各金融主体的行为提供理论基础和知识准备，而学理发展篇的内容是对各金融主体行为实践的经验总结和思想结晶。换句话说，在本教材中，行为主体是核心，机理相关是先导，学历发展是深化。三篇既有不同的侧重，又相融为一体。

本《教程》编写的指导思想是："结构合理，内容适度；注重衔接，突出重点；实际升华，洋为中用；留有余地，启迪思维。"之所以提出这样的指导思想是基于：①研究生培养目标的要求。我国高校金融专业的研究生应当是德智体全面发展的、具有比较深厚的理论功底和比较系统的金融知识和技术、具有开拓创新精神很能力的高级专门人才。这样的人才应当比较全面地掌握专业理论脉络和研究方法，而不仅仅是个别领域的操作技术。②适应研究生的知识水平和知识结构。我国高校金融专业硕士研究生的教育发展快，面宽且课程开设差别较大，学生有的来自金融本科专业，但相当大的部分来自非金融本科专业，前者需要加深和拓展金融理论和知识，后者需要在系统地学习金融理论和知识的基础上加深、拓展。③金融学科的发展。当代金融学科围绕着“金融资产选择—金融市场变化—金融风险转移”发展而变化，相应地产生了数理金融学—行为金融学—工程金融学。在这些学问中，反映各种金融变量之间以及金融变量和经济变量之间的相关性和相斥性，反映市场主体的互动、互支、互补、互替关系。基于以上三点，《教程》既能做研究生课堂教学的教材，也可以作金融理论研究工作者和经济金融部门业务工作者的参考读物。

本《教程》内容的设计要求是：①适合硕士生的知识结构、理论水平以及教学计划的学时安排。②范围和深浅适度，不宜过多过深。评价借鉴国外理论和方法，避免简单移植、介绍，注重结合中国实际，升华到理论知识；语言平实，不晦涩。③梳理来龙去脉，注重问题展开的层次性和阶段性。④比较中显示特色，评价中体现倾向性。

按照这样的指导思想和设计要求，本《教程》形成了以下一些特点：①体例安排独特。纳入了一般教程未纳入的内容，如货币与金融、信用与金融、政府金融、家庭金融等，以拓展读者视野，推动读者进入新的学习研究领域。②框架设计协调，注重宏观金融与微观金融的结合，主流理论与新兴理论的结合，为读者提供了比较系统的金融理论框架。③内容提炼适度，着眼于学生已有的知识量，注重理论知识、技术的传承性，较好地实现在本科教学的基础上扩展、深入和升华。④梳理金融学科发展历程，尽力站在学科前沿。让现在传承过去，让过去启迪未来，让学生在把握学科发展来龙去脉的基础上，锐意开拓，面向未来。⑤在增强理性认识的同时，着力实现途径选择分析、比较分析和多视角分析，以启迪读者思维，培养读者灵活的思维能力。

本《教程》由曾康霖教授先拟定订整体框架，在编写过程中，我们先后在成都、杭州、深圳、长沙邀请有关专家与参编人员一起开了三次讨论会。通过讨论，我们明确了指导思想，落实了内容布局，交换了编写意见。可以说，《教程》是集体智慧的结晶，是全体参编人员努力的成果。在这里，我们特别要感谢中国金融出版社、浙江财经学院、深圳大学中国经济特区研究中心、湖南大学、西南财经大学中国金融研究中心及研究生部为教材的编写所做出的支持和安排，没有他们的支持和安排，就难以实现我们的预定目标。

本《教程》的编写者集中了国内部分高校金融学科中研究有成效、造诣较深、在研究生教学方面具有优势的教授。像这样整合国内 7 所高校的力量进行一门课程的教材建设，在国内是少见的。具体分工如下：第一章“金融概论”由西南财经大学曾康霖教授撰写，第二章“货币与金融”由深圳大学曹龙骐教授撰写，第三章“信用与金融”由西南财经大学曾康霖教授撰写，第四章“商业性金融”由浙江财经学院虞群娥教授撰写，第五章“政策性金融”由浙江财经学院虞群娥教授撰写，第六章“家庭金融”由上海财经大学薛万祥兼职教授撰写，第七章“公司金融”由中国人民大学陈雨露教授撰写，第八章“政府金融”由湖南大学乔海曙教授撰写，第九章“国际金融”由西南财经大学冯用富教授撰写，第十章“数理金融”由厦门大学郑振龙教授撰写，第十一章“行为金融”由西南财经大学徐加根副教授撰写，第十二章“工程金融”由厦门大学郑振龙教授撰写。

《教程》定稿以后，第一篇机理相关篇（第 1—5 章）由曹龙骐教授主审，第二篇行为主体篇（第 6—9 章）由曾康霖教授主审，第三篇学理发展篇（第 10—12 章）由虞群娥教授主审。最后，由曾康霖教授总纂审定。

《教程》的编写经历了一年半的时间，尽管集中了国内高校在研究生教学方面有优势的教师，经过多次讨论，也吸纳了国内位专家学者在这一方面的优秀研究成果，但很难说已完美地实现了我们的初衷，达到了预期的要求。《教程》的适用性、科学性和先进性还要靠教学实践去检验。我们诚恳希望同行们惠予批评指正，以便不断修正和提高。

作　者
2006 年春

目　录

第一篇　机理相关篇

第一章　金融概论……3
第一节　传统金融与现代金融……3
一、“金融”概念的起源……3
二、“金融”与货币流通及信用……4
三、现代金融的时代认同……6
四、金融概念的不同视角……7
第二节　金融机构与金融市场……9
一、金融机构、金融中介机构与金融中介……9
二、金融中介机构存在和发展的理论支撑……11
三、金融机构与金融市场的互动关系……14
第三节　金融与经济互动……15
一、经济决定金融……15
二、金融反作用于经济……17
三、金融与经济的融合和分离……21
四、金融产业……23
第四节　金融与经济增长……24
一、金融是现代经济的核心……24
二、金融抑制与经济增长……25
三、金融自由化与经济增长……27
附录：金融创新螺旋……31
参考文献……33
第二章　货币与金融……34
第一节　货币与金融产品替代……34
一、货币形态及功能的演变……34
二、货币与金融资产的一般性替代……38

三、货币替代及其理论 …………………………………………………………… 41
第二节　货币与金融资产价格 …………………………………………………… 46
一、利率变动与金融资产价格 ……………………………………………………… 47
二、汇率与金融资产价格 …………………………………………………………… 52
三、货币供求与金融资产价格 ……………………………………………………… 55
第三节　货币与金融稳定 ………………………………………………………… 57
一、货币虚拟化与金融稳定 ………………………………………………………… 57
二、电子货币、网络银行与金融稳定 ……………………………………………… 61
三、货币政策传导与金融宏观调控 ………………………………………………… 63
参考文献 …………………………………………………………………………… 71
第三章　信用与金融 ……………………………………………………………… 72
第一节　信用的学理含义 ………………………………………………………… 72
一、信用的经济学含义 ……………………………………………………………… 72
二、信用的社会学含义 ……………………………………………………………… 73
三、信用的法学含义 ………………………………………………………………… 74
四、信用与诚信和信誉 ……………………………………………………………… 75
第二节　信用约束与金融运行 …………………………………………………… 76
一、产权明晰与信用关系建立 ……………………………………………………… 76
二、信用关系建立与信息对称 ……………………………………………………… 77
三、信息对称与金融运行 …………………………………………………………… 83
第三节　信用维度与金融调控 …………………………………………………… 85
一、货币供给量与银行信用规模 …………………………………………………… 85
二、信用流通工具替代与社会信用供给量 ………………………………………… 88
三、信贷配给与金融调控 …………………………………………………………… 90
第四节　信用基础与金融风险 …………………………………………………… 92
一、金融脆弱性与金融风险管理 …………………………………………………… 92
二、金融富韧性与金融风险管理 …………………………………………………… 94
三、金融风险管理与信用风险量化 ………………………………………………… 96
参考文献 …………………………………………………………………………… 97
第四章　商业性金融 ……………………………………………………………… 98
第一节　商业性金融机构的特点和定位 ………………………………………… 98
一、金融的商业性及商业性金融机构的特点 ……………………………………… 98
二、商业性金融机构的定位 ………………………………………………………… 99
第二节　商业性金融机构的规模经济、范围经济及价值创造 ………………… 101
一、商业性金融机构的规模经济 …………………………………………………… 101
二、商业性金融机构的范围经济 …………………………………………………… 103
三、商业性金融机构的价值创造 …………………………………………………… 105

第三节 商业性金融机构的价值评估…………107
一、商业性金融机构价值评估的意义…………108
二、商业性金融机构有形资产的价值评估…………109
三、商业性金融机构无形资产的价值评估…………112
四、商业性金融机构价值评估的特殊性…………112
第四节 商业性金融机构的职业经理人…………113
一、职业经理人的生成机制…………114
二、职业经理人的价值评估…………115
参考文献…………118
第五章 政策性金融…………120
第一节 政策性金融概述…………120
一、政策性金融的内涵…………120
二、政策性金融产生发展的必然性…………121
三、政策性金融的实现方式…………123
第二节 西方国家政策性金融的实现方式…………125
一、西方政策性金融机构的特征…………125
二、西方主要发达国家政策性金融的实现…………127
第三节 我国政策性金融的实现方式…………130
一、我国建立政策性金融的时代背景…………130
二、我国三家政策性银行的建立…………131
三、我国政策性银行的运行…………132
四、我国政策性银行与中央银行的宏观调控…………134
第四节 政策性金融的资产负债…………136
一、政策性金融的资金来源…………136
二、政策性金融的资金运用…………138
第五节 政策性金融的生命力…………140
一、"市场缺位"与政策性金融…………140
二、"市场失灵"与政策性金融…………141
三、政策性金融的边界…………141
四、我国政策性金融存在的长期性…………142
参考文献…………143

第二篇 行为主体篇

第六章 家庭金融…………147
第一节 家庭金融的需求…………147
一、家庭金融与家庭理财…………147
二、家庭金融需求的分类…………149

三、家庭金融需求的决定…………………………………………………………………… 150
四、家庭金融需求与预算约束………………………………………………………………… 153
第二节　家庭金融的供给……………………………………………………………………… 153
一、金融机构产品供给的设计和定价……………………………………………………… 153
二、金融机构满足家庭金融需求的途径和方式—金融营销………………………………… 161
三、家庭金融业务发展展望………………………………………………………………… 164
第三节　家庭理财的资产选择………………………………………………………………… 165
一、储蓄投资的策略选择……………………………………………………………………… 166
二、证券投资的策略选择……………………………………………………………………… 166
三、基金投资的策略选择……………………………………………………………………… 167
四、外汇投资的策略选择……………………………………………………………………… 169
五、适时调整投资结构，化解风险…………………………………………………………… 170
第四节　家庭理财的负债选择………………………………………………………………… 170
一、“负债消费”将成为一部分人生活的内容 …………………………………………… 170
二、家庭理财的负债选择策略………………………………………………………………… 171
三、个人负债消费要防止家庭破产 ………………………………………………………… 172
参考文献…………………………………………………………………………………………… 173
第七章　公司金融………………………………………………………………………………… 174
第一节　资本预算中的风险和实际期权……………………………………………………… 174
一、项目投资时机的选择权…………………………………………………………………… 174
二、后继项目投资选择权……………………………………………………………………… 175
三、投资项目放弃选择权……………………………………………………………………… 176
第二节　公司兼并与收购……………………………………………………………………… 177
一、兼并与收购的概念………………………………………………………………………… 177
二、并购协同效应的来源……………………………………………………………………… 181
三、并购、代理成本和公司控制市场………………………………………………………… 183
第三节　跨国公司财务………………………………………………………………………… 184
一、跨国公司财务管理的特征………………………………………………………………… 184
二、跨国公司经营活动及相关的现金流……………………………………………………… 185
三、国际资本预算中的项目评估……………………………………………………………… 187
四、转移定价…………………………………………………………………………………… 189
第四节　公司治理……………………………………………………………………………… 191
一、公司治理机制：内部和外部控制系统…………………………………………………… 191
二、公司融资结构与公司治理结构优化……………………………………………………… 193
三、股票融资与控制性股东最优持股比例的决定…………………………………………… 197
第五节　控股公司财务：风险与回报率……………………………………………………… 199
一、控股公司：类型和特征…………………………………………………………………… 199

二、控股公司多样化经营对风险与回报率的影响…………………………………… 201
三、控股公司多层控股对风险与回报率的影响……………………………………… 204
第六节 公司业绩评价：理论与方法…………………………………………………… 206
一、理论渊源和计算方法…………………………………………………………… 206
二、业绩评价体系的创新财务思想………………………………………………… 209
三、存在的问题……………………………………………………………………… 214
参考文献…………………………………………………………………………………… 216
第八章 政府金融…………………………………………………………………………… 217
第一节 政府金融概述…………………………………………………………………… 217
一、政府金融的产生与发展………………………………………………………… 217
二、政府金融含义的界定…………………………………………………………… 219
三、政府金融的职能定位…………………………………………………………… 222
第二节 政府金融的理论基础…………………………………………………………… 223
一、新国家干预主义与公共投资理论……………………………………………… 223
二、政府金融建立在政府资本职能的基础上……………………………………… 225
三、“政府资本职能”与“政府行政职能”的分离：政府金融发展的切入点…… 227
第三节 政府金融运作的成本与效益分析……………………………………………… 228
一、政府金融资金来源的成本分析………………………………………………… 228
二、政府金融资金市场化运用的效益分析………………………………………… 232
第四节 政府金融的规模………………………………………………………………… 238
一、政府金融规模的理论考察……………………………………………………… 238
二、政府金融规模的衡量指标……………………………………………………… 240
三、政府金融规模的适度评价：以中国、日本为例……………………………… 242
第五节 政府金融的风险管理…………………………………………………………… 245
一、政府金融风险的一般性与特殊性……………………………………………… 245
二、政府金融风险管理的一般性…………………………………………………… 247
三、政府金融风险管理的特殊性…………………………………………………… 248
参考文献…………………………………………………………………………………… 252
第九章 国际金融…………………………………………………………………………… 253
第一节 汇率决定的一般分析框架……………………………………………………… 253
一、一国货币汇率决定的一般因素………………………………………………… 253
二、一国货币汇率决定的主要因素………………………………………………… 254
第二节 汇率决定的购买力平价………………………………………………………… 254
一、购买力平价理论………………………………………………………………… 254
二、扩展的购买力平价理论………………………………………………………… 256
第三节 汇率决定的利率平价…………………………………………………………… 258
一、无抵补的利率平价理论………………………………………………………… 258

二、抵补的利率平价定律…………………………………………………………… 259
三、现代利率平价理论的进一步发展…………………………………………………… 261
第四节　货币主义的汇率决定理论…………………………………………………… 264
一、简单的柔性价格下的货币分析…………………………………………………… 265
二、扩展的柔性价格货币分析………………………………………………………… 268
三、汇率的粘性价格货币分析………………………………………………………… 270
第五节　解读与评价…………………………………………………………………… 275
一、对购买力模型的解读与评价……………………………………………………… 275
二、对利率平价模型的解读与评价…………………………………………………… 276
三、对货币主义汇率理论的解读与评价……………………………………………… 277
第六节　人民币汇率的决定…………………………………………………………… 277
一、实质经济层面的人民币汇率升值压力…………………………………………… 277
二、金融经济层面的人民币汇率决定的复杂性……………………………………… 279
三、汇率生成机制的改革……………………………………………………………… 281
参考文献………………………………………………………………………………… 283

第三篇　学理发展篇

第十章　数理金融…………………………………………………………………… 287
第一节　数理金融概论………………………………………………………………… 287
一、基本分析框架……………………………………………………………………… 287
二、证券市场…………………………………………………………………………… 289
三、市场均衡…………………………………………………………………………… 290
第二节　效用函数和风险态度………………………………………………………… 291
一、效用函数…………………………………………………………………………… 291
二、预期效用原理……………………………………………………………………… 293
三、风险态度…………………………………………………………………………… 295
第三节　两期证券市场………………………………………………………………… 299
一、两资产模型………………………………………………………………………… 299
二、多资产情形………………………………………………………………………… 302
三、基于消费的资产定价……………………………………………………………… 303
四、CAPM 定价原理 ………………………………………………………………… 304
第四节　多期证券市场：一般均衡与无套利………………………………………… 307
一、一般均衡…………………………………………………………………………… 307
二、随机贴现因子……………………………………………………………………… 308
三、无套利均衡和风险中性定价……………………………………………………… 312
第五节　数理金融对中国金融市场的适用性讨论…………………………………… 315
参考文献………………………………………………………………………………… 316

第十一章 行为金融…………317
第一节 行为金融学概述…………317
一、行为金融学的产生…………317
二、行为金融学的特征…………322
第二节 行为金融学的理论框架…………326
一、期望理论…………326
二、行为资产组合理论…………331
三、行为资产定价理论…………334
四、行为金融的若干行为模型…………337
第三节 行为金融理论的应用…………339
一、行为金融的交易策略…………339
二、行为金融对一些金融现象的解释…………342
三、行为金融理论在运用中的局限性…………345
第四节 行为金融理论展望…………347
一、从分析个体投资者向分析机构投资者拓展…………347
二、从金融市场向金融中介拓展…………349
三、从微观研究向宏观研究拓展…………349
参考文献…………350
第十二章 工程金融…………352
第一节 工程金融的基本分析方法…………352
一、无套利定价法…………352
二、风险中性定价法…………354
三、状态价格定价技术…………355
四、积木分析法…………356
第二节 远期、期货和互换的定价…………357
一、金融远期与期货的定价…………357
二、互换的定价…………362
第三节 期权定价…………364
一、期权概述…………364
二、证券价格的变化过程…………365
三、布莱克—斯科尔斯期权定价模型…………367
第四节 证券产品设计…………370
一、证券产品设计的供求分析…………370
二、证券产品设计的手段分析…………374
三、证券产品设计中应注意的几个问题…………375
第五节 风险管理…………376
一、风险的识别与度量…………377

二、风险管理…………………………………………………………………… 381
参考文献…………………………………………………………………………… 385

第2章 货币与金融

第1节 货币与金融产品替代

第2节货币自出现以来的漫长过程中，随着商品经济和市场经济的发展变化，其形态及其功能都有相应的变化，也使货币与金融的关系日趋复杂和密切，随之货币也不断衍生出各类金融资产，并逐步显现出货币与其他金融资产的相关替代机制，特别是本外币的替代已成为影响国与国之间经济金融关系以及本国经济、金融状况的一个重要方面。

一、货币形态及其功能的演变

（一）货币性质释义

在人类历史上，货币已有五千多年历史，可以说，在经济领域中，人们关于货币问题研究时间之久，花费精力之多，没有其他问题能够超越。西方经济学权威萨缪尔森甚至断言："在一万个人中，只有一个人懂得货币问题。"①

马克思用抽象的逻辑分析和具体的历史分析相结合的方法，解释了货币产生之"谜"，即货币根源于商品，货币是商品生产和商品交换发展的产物。当然，从商品变成货币是一个漫长、由低级向高级发展的过程。法国重农学派的杜尔阁较早研究了货币的起源问题，他将货币的长生分为三个阶段即简单的价值形式、扩大的价值形式和货币形式。与我们所熟知的马克思从价值形式角度的分析相比，缺少了一般价值形式这个环节，而从扩大的价值形式演进到一般价值形式是至关重要的。因为只有在这个环节上，作为媒介的货币才真正从商品堆中独立出来，开始取得社会承认的形式。这个演变环节更深的意义是，只有存在社会化的交易媒介，才需要一个专门化的与交易媒介有关的产业。所以，货币产生之后，金融业才可能成为整个社会需要的产业，一种社会分工体系中的社会化产业。货币的产生是经济和社会发展自然演化的结果，货币与金融有着最本源的联系。②

在20世纪前的很长时间历史时期中，经济学家们从不同角度理解货币，在这个过程中，逐步形成了货币金属论、货币商品论和货币名目论等关于货币的性质方面的理论。

货币金属论是重商时期的货币理论，是一种将货币的本质与贵金属相联系，认为货币即金银的货币学说。该学说认为只有金银才是货币，凡货币必须具有金属内容，必须具有实质价值，且其价值有金属的价值决定，金银货币是高于一切之上之物，唯有货币才是财富。货币金属论是一种超商品论，将货币视为是高高在上的特殊物。

---

① 萨缪尔森．经济学（中文版）[M]．北京：商务印书馆，1986：378.

② 曾康霖主著．金融经济学 [M]．成都：西南财经大学出版社，2002：313.

古典学派的货币商品论将货币的本质看作是一种商品，同其他商品一样，本身具有价值。但大部分经济学家都把货币视为一般的商品，认为货币与一般商品并没有本质区别。亚当·斯密认为货币是一种商品，金银的自然属性最终取代其他形式“成为一切商品文明国商业上的通用媒介”。杜尔阁认为商品即货币，货币即商品，“每种商品都具有货币的两种属性，即衡量和代表一切价值的属性。在这一意义上，每种商品都是货币。反过来，一切货币基本上也都是商品。”大卫·李嘉图不仅坚持货币是商品，而且反对将货币从一般商品群众分离出来。他说：“我看不出金银条块和任何别的商品有什么本质的区别。”

17 世纪末，在反对货币金属论的过程中，产生了一种与货币商品论相对立货币本质理论，即货币名目论。它否定货币是财富，否定货币的商品性，否定货币本体价值。它认为货币只是一种价值符号，是换取财富的票券，是流通的工具。货币完全与其自身所含金属的价值无关，而仅仅只是一种名目上的存在。货币数量论论体现了货币名目论的货币本质观。法国古典学派的创始人布阿吉尔贝尔是“货币职能说”的先驱，他用货币的流通手段职能来解释货币的本质，“货币本身既然毫无用处，所以它的使命是为人类服务，以便利交换”。英国古典经济学家巴本认为货币是国家创造的，正是由于国家的权威，才赋予货币的价值。他指出，铸币上的印鉴并非重商主义者所谓的是铸币重量与成色的证明，而是“铸币价值的揭示”。因为铸币并无内在价值存在，“只要有了君主的印鉴，任何金属都完全一样”可以铸造成货币。英国哲学家贝克莱主教则认为，货币只是一种“简单的符号”与“清算的标记”，无内在价值存在，金属货币与纸币在本质上是等同的，由于纸币制造成本与流通费用都低于金属货币，他得出纸币优于金属货币的结论，主张所谓的“黄金离弃”，即废除金属货币流通而代之以纸币的流通。

应该说，当代经济学家基本承袭了货币名目论的货币性质观。例如近代一些西方学者认为：“如果一个物件事实上在支付中被普遍接受被用作支付中介，则不管它的法律地位如何，它就是货币。”[①] 米尔顿·弗里德曼在他的《自由选择》自一书中写道：货币是“一个共同的普遍接受交换媒介”，它是“建立在普遍接受的传统习惯上的，而这一传统，从某种观点看来，是一种虚构的信念”，即“货币的价值是建立在虚构的信念上的”。历史发展证明，尽管存在对货币性质和功能理解的不同学派，但最终大致形成共识的是，货币是计价的尺度和交易的媒介这两种功能的结合。

（二）货币外延的拓展及功能的演变

货币自诞生以后，其形态是不断演变的。货币形态演变的内在依据是信用关系的不断扩展，货币逐步地信用化和社会化；货币形态演变的外在形式是不断地脱离具体物质形态的束缚，货币逐步地抽象化或虚拟化。从本身有价值、能充作抵押品的实物货币，到国家信用下的标准化的金属铸币，再到国家信用和银行信用并存的代用货币与信用货币，进一步演进到超单个国家信用的跨国货币，最后到以整个社会信用为基础的电子货币，这个货币形态演变

① ［美］钱得勒、哥尔菲特：《货币银行学》，中文版，14 页，北京，中国财政经济出版社，1981。

的历程，就是信用关系不断扩展、货币逐步摆脱具体物质束缚的过程。[①]

古典经济学家们是基于贵金属货币条件进行研究的。由于货币由贵金属充当，按劳动价值论分析，货币的交易价值与资产价值是同一的，或者说货币是同质的，用它可以来作为商品交换的媒介。由此，他们往往得出货币仅是个名词，且只是个数量问题的结论。从而推论出，货币只有交易价值，对经济运行没有实质性的影响，货币中性论就是这种观点的典型代表。在商品货币发展不发达的条件下，货币的功能主要体现为交易媒介的职能，通常只能用货币能换取多少商品来衡量货币的价值，一般用物价指数来表示。在当时来看，尽管是片面的，但也是符合客观实际的。

在商品经济中信用关系不断扩展的推动下，货币的外延在不断拓展。人类进入 20 世纪，由于商品经济的发展，货币经济也得到了较快的发展，各国货币也先后脱离了货币实体转变为有法偿能力的信用货币。信用货币不再具有自身的内在价值，因而货币基本上成为只在交换领域中便利交易、计量商品价格的工具。不仅货币管理当局发行的信用货币（包括现金和存款）是货币，很多银行金融机构也可以通过提供各种信用凭证以代替货币充当交易的工具，而且一些工商企业运用的货币信用卡也在发挥货币的职能。因此，在当今的货币金融体系中，以传统实物经济为基础，用实物的资产价格指数来衡量货币的价值的做法，已难以全面适应和反映货币价值和功能的全貌。

货币外延的不断扩展使货币需求函数也注入了新的内容，各类经济主体持有越来越多样化的货币，包括一些高流动性的金融资产。它们不仅仅是为了交易的便利，还包含市场利率、资产回报率、市场期望、风险几率等因素。人类社会对货币需求的拓展也决定了货币职能的变化，现代货币不仅具有交易媒介的职能，而且具有资产的职能。而货币的职能进而又决定了货币的价值。货币的交易媒介职能和资产职能使货币形成了双重价格，即既具有交易价值又具有资产价值的统一体。

不管货币是执行交易价值职能还是执行资产职能，都总是表现为一定的货币需求量。而货币需求旨在研究确定货币需要量（必要量）的动机影响因素和数量决定，与之相密切关联的货币供给则着重研究货币供给量的规定性及其供给的渠道或程序，主要包括货币供给的形成机制、运行机制、决定机制及其调控机制等。货币需求和货币供给两者虽在研究角度、产生时间、包含内容和行为特征等方面有明显区别，但它们的共同点都旨在寻找和把握一个适应经济稳定发展的货币量，即广义的货币必要量。

（三）货币与金融关系：当代货币金融学中的一个重大问题

作为金融本源性要素的货币概念的演变和外延的拓展是一个渐进的过程，从原始的物物交换到货币的产生，从货币只是作为交易媒介的实体货币到转变为具有无限法偿能力的信用货币，再由信用货币到货币需求函数的不断扩充，加上货币虚拟化程度日趋加深以及本币外币的相互替代，由此又引出了货币供给及其货币政策调控和有效性问题，这一系列的变化将货币问题引向广泛和深入，也不只是由货币管理当局掌管的一项单一事务，它既涉及当今市

① 曾康霖主著．金融经济学．成都：西南财经大学出版社，2002：313 页。

场经济中繁难又深邃的理论问题，也是当今全球货币金融实践中复杂多变又不可回避的实践问题。

货币概念及其功能在外延上的历史性拓展，它赋予货币与金融的关系日趋复杂和密切，具体表现为：①货币形态的拓展。由实体货币到形实脱离的信用货币，以至于到金融化货币和虚拟化货币。②货币职能的演变。即从注重传统的交易职能到交易职能和资产职能的共存。③货币考察对象和范畴的拓展。马克思以及其前人基本上重视贵金属。费雪方程式已将金币本身排除在外，同时开始注意存款通货。凯恩斯较为明确地指出货币就是现钞和支票存款。弗里德曼所说的货币已是较大口径的M2。总之，他们对货币考察对象已演化为一切可称为货币的金融资产。④货币需求变量的拓展。马克思以前的货币理论只认定货币只在交换领域中发挥重要作用，只是交换的工具。费雪方程式中阐明的总支出也仅仅取决于货币数量的变动，断定对利率波动不具有敏感性。剑桥学派认为，对现金余额的需求是与实际收入成比例的，但不排斥利率对货币需求的影响。凯恩斯提出了货币需求的流动性偏好理论，认为货币需求的交易动机和预防动机是收入的函数，而货币需求的投机动机则是利率的函数。弗里德曼的货币需求理论将货币视作是任何一种资产，它是持有货币的机会成本和恒久性收入的数。而当代货币理论涉及一个更重大的问题，即是货币的虚拟化与实体经济的关系，货币的需求量已进入了一个虚幻的境界。⑤货币流通地域的拓展，即货币不仅仅是在一国以内在形式上的不断由低级向高级更替，而是随着经济金融全球化和货币自由兑换的进程，当本币贬值失去信用时，本国货币拥有者有强烈兑换信用良好的外币的欲望，这就形成了货币替代机制。⑥货币政策的宏观调控及其有效性问题，已成为当今货币金融学中的核心问题。随着货币外延的拓展，为适应货币需求在质和量上的相应变化，货币供给也不断增加新的内容，促使货币政策调控的对象范围和传导都要与之相适应，也必须有所拓展。与此同时，依据客观要求，不仅要从静态而且要从动态角度，如考虑到利率和汇率的变动、货币的时间价值等因素，如何通过货币政策有效调控实现对社会总资产以至于总资源的优化配置，这又是面临的更严峻的挑战性课题。

二、货币与金融资产的一般性替代

（一）货币与金融资产替代的机理

货币和金融的关系，已随着货币经济、信用经济再到金融经济的演变，两者不仅已处于胶合状态，而且无论在质上和量上都达到了一个既高又新的境界。在这个经济形态不断演化升级过程中，货币也不断衍生出各类金融资产，逐步显现出货币与其他金融资产的一种相互替代的作用机制，这个替代机制的发挥依赖于以下几点：

（1）金融资产具有同质性。金融资产是直接作用于货币资金融通的资产，它或者以货币的形式存在，或者以有价证券的形式存在。以货币形式存在的金融资产称为货币胜金融资产，它包括现金货币和支票等具有直接交易功能的工具，也包括储蓄存款、定期存单和信贷资产等银行创造的间接信用资产；以有价证券形式存在的金融资产称为非货币性金融资产，它包括债券、股票等证券类资产，还包括衍生金融资产等。

与实物资产不同，金融资产的同质性很强。由于金融资产本身不具有自然效用，不能直接满足人们的自然需要，因此，其特点体现在它的“三性”上，即流动性、安全性和营利性，无论是何种类型的金融资产，其性质最终都可以归结到“三性”的不同上：如果把不同金融资产的流动性、安全性和营利性整合为金融资产的综合收益，则不同金融资产的差别只是在于它们的综合收益的差异上。因此，这就产生了各类金融资产的一个共同的重要特征，即同质性。

以经济学原理，可以知道，能够相互替代的资产之间必然是具有某种同质性，否则替代是不可能发生的。正因为金融资产具有实物资产所不具备的较强的同质性，因此，金融资产之间大量的相互替代是金融运行与经济运行的重要差异所在。需要说明的是，金融资产之所以天然具有同质性，与各类金融资产均来源于货币分不开的，因为标准化的货币是社会价值的衡量标准，具有普遍的可通约性

（2）资产替代机制以资产互补机制为前提。货币与其他金融资产之间的相互替代，首先是以存在各类可替代的金融资产为前提。那么，大量的各种各样的金融资产是从何而来的呢？这里存在一个货币功能与形态的衍生机制，上一节实际上已经提及这一点。随着经济发展对货币功能提出越来越高的要求，货币的功能需要不断扩展，货币为了实现自身的功能，在外延不断扩展，即不断衍生出更多的金融资产来承载某些功能。

货币形态的衍生机制实际上是被创造的各类金融资产与货币之间的一种互补机制。因为，货币衍生出各类金融资产，是为了弥补其某方面功能的不足。例如，债券可以补充货币的营利性不足，对风险偏好者而言股票可以补充货币的营利性和风险性的灵活性不足，期权可以补充货币的未来选择性和风险处置能力的不足，等等。因此，从根本上讲，货币与其他金融资产之间的相互替代实际上不过是在资产“三性”之间的权衡，由货币衍生出来的各类金融资产必然是具有互补性的，正是这些资产在“三性”上的相互补充，才使得金融体系提供的金融资产能够满足各类交易者的需要，使得金融体系的功能更加完备。总之，人们需要进行替代选择的金融资产，必须具有各自的特征，来满足交易者的不同需要，方便各类主体建立具有互补性的资产组合，以完成资产组合“三性”的完美搭配。可以说，各类金融资产通过互补机制而产生，通过替代机制而被选择并发挥作用。

（3）金融资产的替代机制依赖于金融中介的运作。货币与其他金融资产之间的相互替代看起来是投资者在各类资产之间的自主选择问题，其实不然。这种替代机制需要各种功能的金融中介发挥作用，否则替代是难以进行的。

金融中介的作用体现在两个方面：一是许多金融资产本来就是金融中介创造的，其“三性”特征是金融中介精心设计的结果。因为货币的衍生机制并不会自动发生，往往是通过金融中介的运作来推动的。例如，社会成员拥有的货币性金融资产，或者保存在金融中介机构，或者保存在自己手中。在通常情况下，保存在金融中介机构的货币性金融资产以存款的形式存在，而存款是能得到利息的，因而是生利的货币性金融资产。保存在自己手中的货币性金融资产以现金的形式存在，而保存现金是不可能生息的，因而是非生利的货币性金融资产。二是金融中介机构可以揭示各类金融资产“三性”的含义和其中有价值的信息。一般的投资者对金融资产特征并不是很了解，特别是非货币性金融资产，无论是股票还是衍生

金融资产，其风险性和营利性是很难把握的。没有专业的金融中介，金融资产的相互替代是很难进行的

（二）货币与其他金融资产替代的效应

货币与其他金融资产之间的替代过程，会产生宏观和微观两方面的效应。

从宏观角度分析，货币与其他金融资产的替代过程使得金融作用于经济的方式和途径发生了重大的变化。在货币经济中，货币主要发挥交易媒介的功能，金融资产主要表现为现金货币和替代产生的支票等具有直接交易功能的工具，因此，在这样的经济形态中大致可以用M1/GDP指标来反映金融对经济的作用；在信用经济中，货币发挥交易媒介功能和信用媒介功能，衍生出来的金融资产主要表现为货币性金融资产和间接信用资产，后者是以银行为中介产生的各类债权债务类金融资产，因此，在这样的经济形态中大致可以用M2/GDP，即麦氏（麦金农）指标来反映金融对经济的作用；在金融经济中，货币不仅发挥交易媒介功能、信用媒介功能，还直接充当重要的资产功能，金融资产不仅表现为货币性金融资产和间接信用资产，存在大量的证券类资产和衍生金融资产，因此，在这种经济形态中大致可用金融资产总量/GDP，即戈氏（戈德史密斯）指标来反映金融对经济的作用。从衡量金融作用于经济的指标可以看出，正是货币衍生出来的各类金融资产逐步进入人们的选择范围，经济金融运行的基本方式和状态发生了深刻的改变。

从微观角度看，货币与其他金融资产的替代活动构成了现代社会人们经济金融活动的最重要部分，进一步说，如果把资产替代的范围扩展至实物资产，那么这种替代活动几乎就是经济生活的全部内容。由于微观主体的金融活动主要发生在货币管理、投资管理和风险管理三个领域，下面就这三个方面阐述货币与其他金融资产的替代带来的一些效应：一是人们持有货币的动机将会发生变化，因为货币替代范围的扩展，货币发挥作用的范围将更大，人们持有货币的动机将更复杂。从金融理论对货币需求函数的研究，我们可以看到货币替代范围不断扩大的变化，例如从凯恩斯和托宾的货币与债券的替代，到马科维茨的货币与各类证券的替代，再到弗里德曼的货币与金融资产及实物资产的替代。二是人们更容易构造符合自己意愿的投资组合。现代微观金融学揭示，所有的金融资产的价值都以货币的时间价值为基础，这是投资学上货币与其他金融资产替代的起点。如果可替代的金融资产越多，投资者越容易在资产组合“三性”进行搭配，获得满意的投资效果，提高投资效率。三是各类经济主体有更多的金融工具进行风险管理。管理风险是金融体系的最重要功能之一，所有金融资产的风险测度都是以货币的无风险收益率为基础的，这是风险管理学上货币与其他金融资产替代的起点。如果可替代的金融资产越多，可供选择的风险管理工具就越多，人们控制风险的能力就越强。

三、货币替代及其理论

（一）货币替代的含义

随着经济发展和货币制度的进化，从货币类型看，实物型货币和金属型货币逐渐被现代

信用型货币所替代，信用型货币再由金融化货币以至于虚拟化货币所替代，这些，研究的领域还仅仅是在一国以内谈货币和金融产品替代的问题。还有，若从货币的性质看，事实上，一国货币因通货膨胀等因素使持币公众对其失去信心，其本国法定清偿货币的功能就可能被其他信用良好的外国货币所替代。所以，狭义的或真正意义上的货币替代一般是指一国居民因对本币的币值稳定失去信心，或本币资产收益率相对较低时发生的大规模或较大规模货币兑换，从而外币在价值贮藏、交易媒介、计价标准和货币职能方面全部或部分替代本币①。以下研究的就是这种货币替代。

由货币替代的含义可以看出，当一国的币值因本国经济增长乏力，通货膨胀居高不下，巨额财政赤字，持续的国际收支逆差等因素严重贬值时，它作为交易媒介、支付工具和价值贮藏的职能就受到严重削弱，人们自然就会追逐价值稳定的货币作为本币的替代物来执行原由本国货币所执行的职能。而有些货币如美元，其购买力长期保持稳定，它对其他的国家来说具有较强的替代性，美元的稳定性决定它可跨越国界执行货币职能，因而在国际交往中被广泛认可作为一般等价物。可见，与“格雷欣法则”相反，货币替代是一种良币驱逐劣币的现象，这是因为在纸币流通条件下，纸币本身不具有内在价值，其纸币的可弹性发行决定的价值是靠信誉来支撑的。

必须指出，我们说一国货币的稳定性是决定货币替代的最重要的基本因素，但不能由此而忽视货币替代成立的其他一些前提条件，主要有：①汇率制度。货币替代涉及不同币种之间的相互兑换，汇率就是货币兑换的价格，因此不同的汇率制度就会影响货币替代的成本与收益。②货币自由兑换制度。既然货币替代是一种货币间的兑换行为，那么，只有当一国货币完全实现自由兑换（既包括经常项目也包括资本项目下的自由兑换）时，本外币之间才具有充分替代的可能性。③国内外经济金融的一体化程度。在世界经济一体化框架下，金融的全球化趋势才能成为现实，特别是国内外资本市场的一体化程度越高，本外币之间进行货币替代的可能性就越大，途径也越多。可以设想，一个经济全封闭的国家，就根本谈不上货币替代的问题。

许多发展中国家在经济转型期，随着国内改革开放政策的实施，货币替代已成为一个客观存在又不容忽视的现实，由此而出现的货币替代危机所造成的负面影响也不能低估。我国在经济发展和转型期中，必须重视对货币替代及其理论的研究，借鉴其他国家的经验和教训，以有利于在开放经济背景下和人民币逐渐走向完全可兑换的条件下，防范可能出现的货币替代风险，这对保证国民经济的内外协调和可持续发展，意义十分重大。

（二）货币替代理论

对货币替代理论的研究，我国还刚刚起步，国外从20世纪60年代末已进行了大量的研究，西方货币替代理论②主要有：

（1）货币服务性功能理论。这一理论由美国罗特根（Rutgers）大学的马可·迈尔斯教

① 姜波克等著．货币替代研究．上海：复旦大学出版社，1999.

② 参见姜波克等著．货币替代研究．上海：复旦大学出版社，1999：28－41。

授首次提出。他认为，人们持有货币是由于货币具有服务功能，服务功能的发挥可以由本币提供，也可由外币提供。在给定资产约束的条件下，人们会根据持有本外币的相对效益和机会成本灵活调整它们之间的比例，以求得最大化的货币服务。

迈尔斯认为，本外币的需求函数应包括它们各自提供的货币性服务、持币的机会成本等因素，公式为：（具体推导过程略，下同）

$$\lg(M_d/EM_f)=1/(1+p)\lg(a_1/a_2)+1(1+p)/\lg(1+i_f/1+i_d) \quad (2.1)$$

式中：M_d 为本币的名义持有量；M_f 为外币的名义持有量；E 为名义汇率（直标价）；a_1、a_2 为本外币金额可提供的货币性服务的权重（持币的边际效益）；i_d、i_f 为本外币的借款利率（持币的机会成本）；p 为参数。

由式（2.1）可知，一国的货币替代情况可通过该国居民对本外币的需求数来说明：如果本币的持有量下降，外币的持有量上升，即 $\lg(M_d/M_f)$ 的值变小，则说明出现了货币替代现象。需要指出的是，该理论指的一是狭义货（即本外币 M1）之间的替代，二是利率水平就是持有货币现金所必须放弃的机会成本。因此，当本国的利率水平上升时，持有本币的机会成本就相对提高，人们就会自发地增持机会成本相对较低的外币，从而导致外币对本币的替代。

（2）货币需求性功能理论。这一理论是20世纪80年代以后发展起来的在迈尔斯理论基础上加以修正的说明货币替代形成机制的理论，其强调货币需求的交易动机，认为人们持有货币的目的在于便利交易和支付，个人通过持有一定数量的本外币金额进而获得最大化的消费者效用。该理论的代表人物是美国学者迈尔克·波尔多和伊萨·乔瑞。他们认为，对消费者而言，外币和本币间存在有替代的可能，无非是两种货币都能提供便利交易的效用。由此，首先对本外币的需求应该是收入水平和持币机会成本（利率）的函数；其次，人们持有多少外币又取决于外币自身的收益，这种收益实际上是指外币汇率的预期升值率，因此它也应包括在货币需求函数中，实际上预期汇率的变动是检验一国货币替代现象的显著的决定因素。

根据消费者持币效用最大化原则，该理论提出了一种不同于迈尔斯理论的货币需求函数，形式如下：

$$\lg m_d=\beta_0+\beta_1 lgy+\beta_2 i_d+\beta_3 i_f \quad (2.2)$$

$$\lg m_f=\gamma_0+\gamma_1 lgy+\gamma_2 i_d+\gamma_3 i_f \quad (2.3)$$

式中：y 代表真实 GNP；β_0、β_1、β_2、β_3、γ_0、γ_1、γ_2、γ_3 均代表参数；m_d、m_f 分别代表本外币真实余额；i_d、i_f 分别代表本外国的利率水平。

由式（2.2）、式（2.3）可知，对一国货币的需求取决于本国的国民收入以及国内外的利率水平等因素。国民收入越高，对本国货币的需求越大；国内利率水平越高，意味着持有本币的机会成本越高，对本币的需求就会越下降；而国外零利率水平越低，说明持有外币的机会成本也越低，本国居民就越倾向于持有外币，从而加剧货币替代现象。

与迈尔斯的货币需求函数相比，迈克·波尔多和伊萨·乔瑞的理论更多地将一些经济因素（如一国的国民收入、利率水平率等）考虑进本外币的相对需求中，特别是将两国利率水平之差，即预期的汇率变动因素（$i_d-i_f=\hat{E}$）作为衡量外币间替代弹性的一个重要变量，这是货币替代理论研究的一大进步。

（3）货币需求的资产组合理论。这一理论是指投资者根据不同资产的收益率均值和方差来分配个人财富的一种方法。主要代表人物有：戴维·金、布鲁福德·布特曼和萨基斯·威尔福德（1978）等人。他们认为货币替代主要取决于本外币所提供的货币性服务的相对比例，而这一比例又直接与本外币的相对收益和风险程度有关。他们将不生息的货币金额看成是个人所持有的一种资产形式，除此之外还有众多的生息资产，人们出于保持现有资产价值和规避风险损失的目的，按照资产组合的原则，不断灵活地调整所持有的各种本外币资产的比例，从而导致货币替代的交替出现。

该理论认为，开放经济条件下一国居民对本国货币的需求函数可以表示为：

$$M_d/p = Ff(y,\ i,\ u) \tag{2.4}$$

式中：M_d 代表本币余额；y 代表本国居民的永久收入；i 代表持有本币资产的机会成本（如外币资产的收益率）；u 代表随机扰动因素，表示持币的风险程度；$f()$ 代表本国居民对货币服务的总需求函数；F 代表本币提供的货币服务的比率，且有 $0 < F < 1$。

显然，本币所提供的服务比率 F 越高，表明持有本币的效益越人，人们会越倾向于持有货币；同理，$(1-F)$ 的值越大，说明外币所提供的服务比例越高，人们就越愿意持有外币。

（4）货币的预防需求理论。这一理论认为：以往的货币替代学说有一个共同的缺陷，即没有考虑到获得货币资产所需支付的流动性交易成本，以及消费者面对的支出的不确定性。由于未来交易的不确定性要求人们同时持有一定量的本币和外币金额，以应付可能发生的支付，这种预防性的货币需求就构成了货币替代的原因。从一定程度上说，该理论的提出者加拿大学者史提芬·波罗兹是从谨慎性和预防性货币需求的角度阐述货币替代的形成机制，是一种货币替代的综合学说。

波罗兹预防动机的资产需求函数是：

本币需求函数：$M = M(r,\ s,\ b,\ c,\ \hat{Z},\ \hat{Z}^*,\ \gamma,\ \beta)$

外币需求函数：$M^* = M^*(r,\ s,\ b,\ c,\ \hat{Z},\ \hat{Z}^*,\ \gamma,\ \beta)$

本币的债券的需求函数：$B = W - M - M^*$，W 是财富总量。

其中参数：M 的为外币余额；M^* 为外币余额；B 为本币债券；c 为外币之间的兑换成本；b 为本币债券的变现成本；Z 为本币现金需求；Z^* 为外币现金需求；γ 为参数；β 为参数，并令 $F(Z,\ Z^*)$ 高度为 $1/4\gamma\beta$ 均匀密度函数，则有：

$\partial M/\partial r < 0 \qquad \partial M/\partial s < 0$

$\partial M^*/\partial r < 0 \qquad \partial M^*/\partial s < 0$

$\partial B/\partial r > 0 \qquad \partial B/\partial s > 0$

由上式可知，当本币债券的收益率上升，对本币和外币的需求会减少，而对本币债券的需求会增加，这时的债券就成为本外币余额的替代品。当本币的贬值预期上升，对本币和本币债券的需求会减少，对外币的需求会增加，这时外币余额成为替代本币的资产选择。

上述西方货币替代的几种代表性理论，虽各自围绕着货币的不同职能进行论述，如货币服务的生产函数理论，主要是从货币的综合效用角度入手；货币需求的边际效用理论主要是研究货币的交易性功能；货币需求的资产组合理论则偏重于货币的价值贮藏功能；而货币的预防性需求理论则强调了货币的谨慎支付原则。但这四种理论的共同特点是：通过各种前提假设和要素组合，最终都得出了各自的本外币需求函数，进而阐明各自的货币替代发生机制。

（三）货币替代的经济影响

货币替代或说狭义的货币替代从表面看来是一种简单的货币兑换现象，实质上，它既具有在经济金融全球化条件下的客观性，在一定程度上也可能促进地区之间、国与国之间的经济更好、更快融合。但另一方面，货币替代往往会造成一国汇率水平的剧烈波动、货币政策和财政政策的失效、总需求和财富水平的变化以及国际收支失衡等，因而扰乱一国正常的金融秩序，影响国内外经济交易的稳定和妨碍国民经济的发展。以下就货币替代对经济影响的几个主要方面进行阐述：

（1）货币替代对汇率的影响。大规模货币替代的形成，通常以货币自由兑换为前提。具体引发过程是：当本币贬值（内在价值下降）时，造成人们对本外币需求的相对变动，从而导致放弃本币而追逐外币的现象，由此必然造成汇价的波动。可见，在货币自由兑换条件下汇率制度的选择尤为重要。

一般来说，发生货币替代现象时，本国居民大量地用本币来兑换外币。人们的外币需求越大，往往替代程度就越高。而在外币供给没有大幅度变动的情况下，本币汇率的大幅度贬值就由外汇市场上的供需不平衡状况所决定，随即外汇汇率则大幅升值。当然，货币替代程度与汇率水平之间到底存在怎样的对应关系，还需考虑存在货币替代现象国的货币需求函数，它主要取决于本外币之间及本币与非货币资产之间真实收益率的差异。具体表现为：一是在货币替代条件下，预期汇率的变动会导致当期名义汇率的更大波动，即货币替代会造成汇率的不稳定性；二是完全的货币替代会导致汇率水平的完全不可确定性。

中国学者（姜波克等）结合中国实际研究提出，依据我国资本管制程度较高、人民币尚未实现完全自由兑换以及货币政策不确定性风险较大的现实，一旦放松外汇管制，人民币汇率水平放大效应的幅度将远远超过理论模型的描述，而且由于市场信息不充分等原因，放大后的汇率向其均衡水平的回归过程将是一条不规则的非线性轨迹。

（2）货币替代对货币政策的影响。其影响主要表现在：①货币数量难以确定。在传统的封闭经济中，货币范畴只包括本国货币当局发行的部分。而在货币替代发生后，由于国内经济领域中存在大量的外币，货币供给就不只局限于本国货币当局的发行行为，货币需求的变动也应包含对本币和外币两部分需求的变化。由此造成货币量的衡量以及中央银行宏观调控都因其变化而发生困难。②货币政策中间目标不易确定。首先，货币替代使得利率的决定更为复杂。由于一国居民不仅有对本币的需求，还有对外币的需求。因此，两国的货币需求函数就要比无替代时复杂得多，特别是利率的决定也就不只取决于本国的货币量，还要依据本外币之间的相对数量关系，以及本国货币政策与外国货币政策间的差异。其次，货币替代往往使得国内信贷总量和货币总量超出中央银行的控制范围，因为货币替代的表现形式之一是本外币之间的大量兑换，甚至外币会大量涌入并通过国内金融体系转化为本币的存款和信贷，这将导致本国货币总量的超计划增长，显然这会削弱货币管理当局对货币总量的调控能力。③本国货币政策的独立性遭到削弱。由于存在货币替代现象，当人们预期到某种货币存在有下降危险，就自然会将其财富转换成那些币值坚挺的外币来保存，导致流通领域中的外币数量增加由于货币替代促使货币存量跨国流动，最终使得货币管理当局独立运用货币政策的能力遭到了削弱，也难以实现预定的货币政策目标。

（3）影响本币流通速度的变化美国学者道格拉斯·琼斯（Douglas H. Joins）认为，人们持有一定量的本外币是为了获取最大限度的货币服务，国内外利率水平就是居民持有货币的机会成本，本外币之间是非完全替代的，且这种替代是不对称的。由此，当两国间存在货币替代现象时，无论是被替代国还是替代国的持币成本发生变动，都会导致本国货币流通速度的变化，在多数情况下，也会导致相关国家货币流通速度的变化。可见，货币替代下的本币流通速率要受外币持币成本的影子。对发展中国家而言，琼斯认为，一国在较高通货膨胀水平和货币政策经常变动的情况下，由于本国居民对本币币值信心不足和高通货膨胀预期的存在，一国货币持币成本的变化会影响对该国货币的需求和国内的价格水平，进而会改变原先的货币流通速度。

（4）影响财政融资能力和一国财富水平既然货币替代能够影响一国货币政策和货币总量，它必然会削弱通胀税基或促升通胀税率，造成铸币税的跨国流失，发行国债的吸引力下降，从而财政筹资困难等，可见，货币替代现象必须会影响该国财政融资能力：另一方面，货币本身就是财富的重要组成部分，因此货币的跨国流动自然会造成各国财富的变化。其不仅表现在财富的总量上，而且表现在财富的结构上。必须强调的是，总量的变化与汇率水平的调整机制有密切的联系。

（5）影响国际收支平衡。货币替代对一国国际收支的影响既有正面效应也有负面效应，正面效应无非是在特定情况下会加速交易，或对本国货币政策产生一些压力。但主要以负面效应为主。当货币替代刚刚开始时，经常项目与资本项目将出现“双逆差”局面，这是因为在货币替代情况下会造成外汇市场上对外币需求的增加，从而加剧本币汇率大幅贬值；同时，从长期资本账户看，货币替代的发生常常是与本国通胀率的上升及投资收益率的下降紧密结合在一起，而替代的结果又往往加剧了本币汇率的贬值。由此以后的国际收支变化将主要依据本币汇率的变动、国内外需求结构的差异、本国金融管制的变化以及国民经济的开放程度等因素。

第二节　货币与金融资产价格

用货币来表现的金融资产价格受制于多种因素，本节就利率、汇率和货币供求三个主要因素加以阐述。利率作为货币资金的价格和重要的经济杠杆与金融市场的运作关系密切。汇率实际上是在开放经济条件下，不同货币交易和兑换中决定金融资产价格的比率。无论是静态还是动态分析，货币供求及其平衡联系着利率和汇率，金融资产价格在其中起着举足轻重的作用。

一、利率变动与金融资产价格

（一）利率对金融资产价格的影响

在市场经济条件下，市场对资源的配置是通过价格的变动来实现的，价格成为整个经济活动的中心环节。同样的道理，金融市场的运作，也离不开作为金融市场活动的中心环节即金融资产价格—利率的有效运作。利率是金融的核心范畴，作为一个重要的经济杠杆，对金融市场的作用是极其重要的，主要表现在：其一，利率的高低直接决定着货币资产所有者收入的多少，或货币资产借用者所付代价的大小，利率杠杆的运用对金融资产的分配与利用具有重要意义。其二，货币供求是货币的数量问题，利率是货币供求的价格问题，要研究货币的供给与需求，就必须分析货币的价格。其三，利率是货币政策的重要内容，也是金融活动的重要变量，中央银行的金融宏观调控的间接化依赖于对利率水平的调控，使利率水平既能服从货币政策目标的需要，又能反映市场货币资金的供求状况。同时，中央银行通过间接手段调控利率水平，从而影响信贷供求总量，进而影响社会各界资金供求，以实现社会资源的最佳有效配置。

金融市场按期限可分为资本市场（长期资金市场）和货币市场（短期资金市场）两大体系。抽象分析，利率在两个互相分离的市场中会形成不同的利率水平。但实际上，各种资金市场之间是密切相连的，利率的波动不仅会导致金融资产在货币市场和资本市场之间的流动，而且就是在货币市场和资本市场的内部各子市场之间也会导致金融资产的流动。也正是这种流动，为利率的市场化创造了前提条件。

在货币市场上，具有相当交易规模的通常是短期政府债券市场、银行票据及存单市场和商业票据市场等。因为各种短期利率之间的风险度和流动性存在有明显的差异，各种资金市场参与者可依据利率变动来改变自己的资产组合和负债结构，所以，这就必然会引起在货币市场内各个子市场之间利率的波动。一般情况下，商业票据和银行存单则总是存在不能偿还的风险，因此利率水平要高于短期政府债券。

在资本市场上，主要包括债券市场、股票市场和长期信贷市场等。资本市场与货币市场所涉及的风险有所不同，在资本市场各子市场之间，在证券发行到证券交易之间，利率的波动会引起证券价格的波动。一般来说，利率与证券价格呈反比，利率越高，证券价格越低；利率下降，则证券价格上升。也正是通过利率的波动，从而影响各种不同的金融资产价格，形成不同投资者对不同证券的选择，这既有助于将资本市场各个子市场连接起来，也有利于金融资产的有效配置。

可见，无论是货币市场和资本市场，由利率变动所反映出来的金融资产价格，总是趋于一种均衡的趋势。因为投资者随时会根据相对收益的变化，用一种金融资产替代另一种金融资产，从而使短期利率和长期利率同时升降。但短期利率的升降幅度往往大于长期利率，所以，从利率水平看，短期利率一般都低于长期利率。

利率水平究竟多少才是合理，从微观角度分析，主要依赖于利率的风险结构理论和利率的期限结构理论。从宏观角度分析，则主要依赖于马克思的利率决定理论、古典利率理论、可贷资金利率理论和著名的 IS—LM 利率决定理论。

（二）货币时间价值与金融资产价格

我们还可以从货币的时间角度来看待利率对金融资产价格的影响。在主流金融学中，货币的资产价值主要表现为货币的时间价值，而且通过贴现的方式来表示和衡量。西方学者认为，货币时间价值，实质上是个利率和利息问题。货币时间价值问题虽属利息利率和问题，但其还有独特的运行规律和表现形式，所以有必要单独加以阐述。

按照庞巴维克的时差利息论的古典解释，即人们对同一财货在现在和未来两个时间内的主观评价不一致，货币的时间价值可能来源于三个方面：一是未来的商品多，边际效应下降，因而未来的货币价值较低；二是人的生命有限，只有当前的物品才是真实可靠的；三是现有的财货通过迂回的生产方式能产生更多的未来的财货。如果按照现代金融学的解释，货币的时间价值也可能来源于三方面原因：一是货币可用于投资获利，从而在将来拥有更多的货币量；二是货币的购买力会因通货膨胀的影响而随时间变化；三是未来的预期收益具有不确定性。①

货币的时间价值可表现为终值与现值的差额，也可表现为同一数量的货币在现在和未来两个时点上的价值之差。货币的时间价值主要由期限、贴现率和计息方式所决定。期限越长，单位时间货币价值不变，则总的货币时间价值越高；获利能力越强，贴现率越高，单位时间内的货币价值越高，而总的时间不变，则总的货币时间价值越高；计息次数越多，单位时间的货币价值越高，而总的时间不变，则总的货币时间价值越高。需要说明的是，货币的时间价值原理同样适用金融资产价格的评估。例如：

（1）零息票债券的价格：$P = FV/(1+i)^n$

（2）分期付息、到期还本的债券价格：

$$P = c_1/(1+i) + c_2/(1+i)^2 + \cdots + (c_n + F)/(1+i)^n$$

（3）永久性债券或股票价格

$$P = c_1/(1+i) + c_2/(1+i)^2 + \cdots + (c_n + F)/(1+i)^n + \cdots$$

因此，从根本上说，一切金融资产的价格都是基于货币的时间价值进行分析的。

（三）利率市场化与金融资产价格

概括地说，所谓利率市场化，是指利率的数量结构、期限结构和风险结构由交易主体自主决定，中央银行调控基准利率来间接影响市场利率从而实现货币政策目标。利率作为货币资金和金融产品的价格，是整个金融市场上能动而活跃的因素。利率市场化的实质是变革融资活动的风险定价机制，要达到这一目标，就要求利率水平及其风险结构和期限结构由资金供求双方在市场上通过竞争来决定。利率市场化改革是我国金融改革中的关键因素和中心环节，对我国金融机构生存环境和管理模式产生深远的影响。

（1）从中央银行角度的分析。从中央银行角度分析利率市场化对金融资产价格影响属

---

① 兹维·博迪，罗伯特·莫顿著．金融学（中文版）[M]．95．北京：中国人民大学出版社，2000.

于宏观分析作为金融资产价格的利率，只有在币值稳定和经济增长相适应的条件下利率水平才是适度的。因为，利率的变动（或调整）与货币资金的价格和经济增长状况之间具有密切的相关度：一方面，利率的变动促使货币价值的变化，从而也影响金融资产的价格；另一方面，金融资产价格的变化反过来回影响货币价值变化和利率的变动。利率市场化后，利率将与存款准备金率、再贴现和公开市场操作一起成为中央银行进行宏观调控的一般性货币政策工具。

对资金的供求而言，在竞争的金融市场上，双方选择的机会和权利是平等的，利率的高低真正代表着资金的价格。一般而言，在需求一定的条件下，与商品的供给量与其价格呈负相关关系一样，市场资金的供给量充足，则其利率走低；反之，则其利率上行。中央银行根据国家宏观调控的政策目标要求，利用这种负相关关系，或者通过控制货币发行量（基础货币）来调节其价格，或者通过调节市场利率的水平来控制各市场主体对货币资金的需求，从而实现利率在资源配置方面的优化引导功能，最终达到发展经济、稳定物价、增加就业和平衡国际收支的目标。

就中央银行本身来说，它着重关心的是利率作为货币政策工具的功能。在市场经济条件下，货币政策的利率功能需要转化为资金价格的形式才能得以实现，这是因为市场资源的配置是通过价格信号的引导而实现的。在利率市场化条件下，通过利率的资金价格化，才能真正反映资金供求状况发挥其调节市场和充分发挥货币政策工具作用。这里需要说明的是，利率市场化，并不意味着中央银行不决定利率，关键在于中央银行可以以根据履行货币政策的需要和市场变化，只对一种债务工具的价格适时调整形成基准利率，而不是直接管理商业银行的各种利率，商业银行可以根据市场利率变化和竞争策略自行确定存贷款利率。

（2）从金融市场角度的分析。广义金融市场中的资金价格体系，应包括中央银行的存贷款利率、商业银行存贷款利率、银行同业拆借利率以及股票、债券市场利率等，各种利率的结合组成了利率体系，利率体系内各子系统之间，存在有密切的联动性。反过来说，不规范和扭曲的利息和不规范和扭曲的金融市场行为也是密切相连的。总之，金融市场的现实运作是由于资金供求所引起，但它又是受资金价格的变化而牵引，而金融资产价格的变化又受制于利率的变动。反向分析同理，即因为利率变动而引起金融资产价格的变动，进而又制约经济体投资和盈利的变动。

一般说来，利率市场化之后的一段时期，利率会出现较大幅度的提高企业的资金成本将出现较大幅度增长，导致借款人无力偿还贷款，这使信用风险突出，成为金融市场的一个现实问题同时，利率的频繁变动使资金流动速度加快，投资者规避利率风险的需求也将会与日俱增。如果实际利率高过了资本的边际收益率，投资者的收益预期将发生变化。由于金融资产与实物资产之间具有可替代性，此时金融资产的吸引力增加，也增加了投资者对新金融工具或新制度安排的需求。

总的来看，利率市场化改革影响证券市场的一般途径是：利率市场化改革的影响改变了证券市场的市场条件，使投资者对收益和风险的预期发生改变，投资者将产生新的需求，以获取合理收益或回避风险这时会有两种现象出现，一是现有金融工具与制度安排能满足投资者需求，证券市场将达到新的平衡；二是现有金融工具与制度安排不能满足投资者需求，在这种情况下，证券市场上资金的供需与流动将会出现阻滞。为此，或者是投资者，或者是中介机构，或者是管理层将通过推出新的金融工具或新的制度安排，实现证券市场达到新的平衡。所以，利率市场化改革对证券市场将会产生巨大影响，它会影响和改变证券市场的市场条件，促使投资者对收益和风险的预期发生改变，即为了获取合理收益或回避风险，必将对现有金融工具和制度安排有新的需求，而证券市场为了达到新的平衡，必将推出新的金融工具和新的制度安排，以满足投资者的需求。

（3）从商业银行角度的分析。利率是商业银行获取盈利的最重要手段，因为影响商业银行盈利的主要因素有存贷利差的收入、中间业务收入和其他投资收益。总体而言，商业银行的存贷利差收入应是其获得利益的最主要来源，而制约利差收入的因素主要有商业银行的资产负债、结构以及存贷款利率安排由此形成的利差水平。在盈利目的驱使下，在吸取存款是前提、发放贷款是手段的两者关系中，存款利率水平、贷款利率水平以及由此形成的存贷款利差水平则成为影响商业银行盈利水平高低的关键。可见，由利率变动而引起金融资产价格的变化，对商业银行经营活动的开展和盈利目标的追求起到极其重要的作用。

在利率水平由市场决定的条件下，商业银行将根据一系列的市场因素如贷款期限、还贷记录、企业实力来决定借贷对象，其运行将依据成本收益机制来进行，而多数企业尤其是国有企业的利息负担与利率风险也将成为一项现实成本。在利率升高的情况下，信用风险就成为金融市场上的一个现实问题；如果银行不及时调整其资产负债结构，或者企业仍然将银行贷款作为主要资金来源，那么企业无力还贷的信用风险将集中于银行。由此，市场上产生了三个方面的需求：一是由于信用风险突出，投资者对回避或减少信用风险的金融工具的需求日益强烈；二是由于银行对贷款的审查越来越严格，一些急需资金但信用没有保证的企业需要寻找新的融资渠道；三是银行也需要寻找一些可靠的渠道用资金以获取稳定的收益。这样，一方面许多企业需要资金，而另一方面由于信用风险突出，银行不敢贸然发放贷款，从而资金的流动性以及资金的供需将出现阻滞。

（4）从企业角度的分析。利率变动对企业的影响主要表现在企业对金融资产的供求的利率弹性上。这是因为，利率是企业投资的成本，利率越高，成本越大，生产和投资收益越低，投资规模会缩小。反之，低利率则会减少投资成本，使投资量增加。也正因为与商业银行类似，企业经营的主要目标也是为了盈利。同时也只有获得更多的盈利，企业才能具有竞争力，才能生存和发展。所以，利率变动直接会影响企业投资活动，投资活动在很大程度上是顺着因利率变动引起资金价格变动而变动的。

（5）从投资者角度的分析。在由市场供求决定利率的情况下，利率水平的决定主体不再是政府，利息也不再是银行、企业、政府之间成本或利益分配的一种形式，利益风险日益突出，投资者面临的市场条件发生了根本的改变。在这种情况下，投资者对于规避利率风险的需求将与日俱增。

一般说来，利率市场化初期的利率走势，利率会出现较大幅度的提高，甚至会出现利率“超调”现象。在利率将出现大幅上升甚至“超调”的情况下，如果实际利率高过了资本的边际收益率，投资者的收益预期将会发生改变。很明显，由于金融资产与实物资产之间具有可替代性，在利率市场化初期阶段，如果实际利率上升至高于资本边际收益率的水平，金融资产的吸引力将增加。投资者的这种新的需求，表现为或者是对新金融工具的需求，或者是对新制度安排的需求。

二、汇率与金融资产价格

（一）汇率变动对一国金融资产价格的影响

在新型开放经济条件下，宏观经济学对于汇率问题的研究越来越多地采用一般均衡分析范式，在这一研究框架中，不仅汇率和金融资产的价格被共同决定，而且，汇率变动与金融资产价格之间的互动关系受到特变的重视。在开放经济条件下，资产价格不仅受到其自身决定因素的影响，也越来越多地受到汇率变动的影响。

以日本为例，日元升值对于资产价格泡沫的形成具有直接的影响。1985 年 9 月，为了缓解美元高估所引发的巨额贸易逆差，西方五国财政部部长和中央银行行长在纽约签订了“广场协议”，开始通过联合干预外汇市场的方法促使美元贬值。随着日元的大幅升值，其经济效应也逐渐显现出来，不仅出现了经济过热和贸易顺差的迅速缩小，而且股票价格和房地产价格急剧飙升，导致“资产价格泡沫”急剧膨胀。为了遏制通货膨胀和资产泡沫，日本银行在 1989 年 3 月至 1990 年 8 月期间连续 5 次提高再贴现率，使再贴现率从 2.5% 提高到 6%，加之从 1989 年要求各商业银行提高自有资本比率以满足“巴塞尔协议”，导致了进一步的信贷紧缩，日本经济因此而进入历时整整 12 年的长期低迷和衰退，日本政府虽然从 1991 年 7 月开始实行扩张性的财政政策，并大幅降低再贴现率，甚至实行“零利率政策”，但仍然未能刺激日本经济，日本经济陷入了利率完全失效的“流动性陷阱”状态。

当然，汇率风险通常多指本国货币对美元在短期内出现较大降幅而引起的风险，这往往又与本国货币的通胀同时俱来，并互相带动，因为事实上，当本国货币出现较大幅度的通货膨胀时，本币对美元的汇率显然不能贬值。反过来说，如果汇率大幅度下降，则为了平衡国际收支就不得不增发货币，从而引起通货膨胀，可见两者是密切联系的，只不过在波动幅度和波动时间先后上，可能不完全一致。

（二）汇率变动对人民币汇率的影响

对于中国来说，由于国际收支持续出现巨额的顺差，人民币汇率在短期和中期内具有升值压力。出于人民币升值可能导致主要贸易伙伴国贸易收支的恶化的顾虑，美国和日本等发达国家一直试图干预人民币汇率政策，再加上中国上海、深圳股票市场的股票价格过高和近年来房地产价格的疯狂上涨，中国在国内和国际经济环境已经出现非常类似于日本在 1985 年“广场协议”签订之前的情况，可说是历史具有惊人的相似性。因此，人民币升值压力是否会导致中国像日本当年一样重演泡沫经济、银根紧缩和经济长期低迷的历史，早就被理论界和政府部门所关注。但是，和日本当年相比，中国目前的情况还是有所不同：

（1）中国政府对于人民币汇率具有较强的控制能力，这也就是人民币汇率的“外生性”

特征①。因此，人民币是否具有既不取决于市场供求，也不屈就于国际外部压力，而是取决于中国政府的认识和政策，换句话说，人民币汇率的确定具有“公共选择”的特征（郑建民，2003）。自1994年以来，中国一直实行稳定的人民币汇率政策，人民币汇率比历史上的固定汇率制还有稳定（见表2－1）。在这种情况下，中国资产价格泡沫的生成主要依赖于人民币升值预期，而不是人民币的实际升值。

表2－1　1994年以来人民币兑美元汇率的变动状况

年份	最高价	最低价	加权平均价	波动幅度（%）
1994	8.7100	8.4491	8.6212	3.026
1995	8.4462	8.3114	8.3490	1.615
1996	8.3355	8.2966	8.3143	0.468
1997	8.2984	8.2787	8.2897	0.238
1998	8.2801	8.2774	8.2791	0.033
1999	8.2800	8.2770	8.2783	0.036
2000	8.2799	8.2768	8.2784	0.037
2001	8.2786	8.2762	8.2770	0.029
2002	8.2775	8.2765	8.2770	0.012
2003	2.2776	8.2765	8.2770	0.013
2004	8.2774	8.2766	8.2770	0.010

注：2004年数据为1—6月份数据。

资料来源：国家外汇管理局。

（2）中国资产价格泡沫的膨胀具有很大程度的“外源性”特征，主要体现在人民币升值预期下的外资大量流入对资产价格（特别是房地产价格）的抬升效应，这与日本的资产价格的上涨动力—主要来自于国内部门—形成强烈的反差。导致这种差异的主要原因在于中国的金融开放和国际金融市场的一体化使得国际“游资”更容易在各国出入和套利。因此，中国“泡沫经济”的可控性较小，除非中国“复辟”到改革开放之前的“封闭经济”状态。为了防止泡沫崩溃对整个国民经济的灾难性冲击，在资产价格膨胀的初期阶段就要注意减弱和消除泡沫经济和不良影响，这是中国宏观调控的新课题，也是其急务之所在。

在开放经济中，存在国际资本自由流动、汇率稳定和货币政策独立性这三个目标不可能同时实现的矛盾，即“三元悖论”。开放经济下的宏观经济分析框架“IS—LM—BP”分析框架为弗莱明（Fleming）和蒙代尔（Mundell）于1962年所提出，也被称为Fleming—Mundell模型，该模型最初被用来解释开放经济条件下收入、利率和汇率水平的决定。② 但是，作为分析开放经济的“工作母机”，该模型也可用于分析人民币升值对中国宏观经济的影响。

① 曹龙骐、郑建民．跨世纪中国货币政策有效研究．香港：香港励志出版社，1999：143。

② 在浮动汇率制度下，通过商品市场均衡、货币市场均衡和国际收支平衡等均衡条件的三式联立，该模型中的均衡收入水平、均衡利率水平和均衡汇率水平被共同决定。

在图 2 －1 中，人民币升值首先导致 BP 曲线左移至 BP′①。同时，由于净出口对中国 GDP 的贡献度很小，再加上中国净出口贸易的一半左右由不通过外汇进行结算的加工贸易构成，因此，人民币的升值对 IS 曲线几乎没有影响。为了继续保持宏观经济的均衡状态，中央银行需要通过紧缩银根使却了曲线向左平移至 LM′（此时伴随着利率水平的提高）。此时如果不让却了曲线左移而仍然坚持中性（或扩张性）的货币政策，这就会导致市场利率水平低于均衡利率水平，进而造成股票和房地产价格的资产泡沫。为了防止泡沫的膨胀，恰当的货币政策就成为有效实施宏观调控的关键，而人民币升值预期只是导致泡沫经济的诱因。

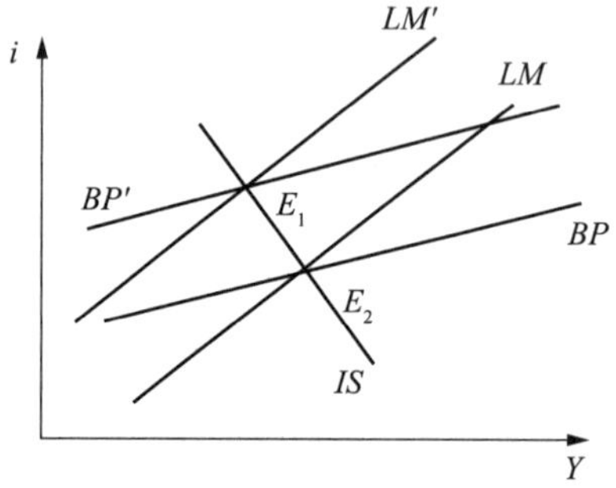

图 2 －1　人民币升值的宏观经济效应

三、货币供求与金融资产价格

（一）货币供求及其均衡实质上是一个金融资产价格问题

货币理论的基石是货币供求规律，即货币的需求与供给的相互作用。中央银行对国民经济的宏观调控的直接对象不是宏观经济本身，而是货币的需求和供给。中央银行的重要任务就是要准确地预测社会的货币需要量，以此为根据，通过宏观调控的机制，以把握社会的货币供给量，使货币的供给与需求保持均衡状态，即货币需求（M_d）= 货币供给（M_s），当然，这里的“ = ”并非是一个绝对的数学概念，两者之间客观存在有一定的弹性区间，均衡往往是在不断运动过程中达成的一个动态过程。其中，由利率或汇率来表示的不断变动的金融资产价格货币均衡过程中起着举足轻重的作用。

所以有人说：“一部货币史，实际上是货币需求和货币供给相吻合的历史。”这是有了深刻道理的，而这种“吻合”，绝不是指货币资金的纯“数量”而是作为货币资金外在尺度的“价格”。在市场经济条件下，一切商品的价值或单个或部分或总和，总是表现为一定的货币量，这一货币量实质上都要依靠“价格”得以实现。

正因为考虑到价格因素，从货币的需求面分析，有名义货币需求和真实货币需求的区别；从货币供给而分析，也有名义货币供给和真实货币供给之分。当然，价格变动（上涨

① 我们也注意到，即使在人民币没有出现升值的情况下，人民币升值预期仍然会通过资本流入的渠道 BP 曲线左移。

或下降）的情况异常复杂，既有合理因素（如对某些商品的合理调价等），也有非合理因素（如通货膨胀或通货紧缩等）。现实状况往往是：如果根据过高的通货膨胀预期所计算的名义需求量来安排货币供给，过多的货币供给就成为直接加速物价上涨的因素；反之，如果不考虑价格不可避免的波动而简单地按实际需求供给货币，则会因货币供给不足而直接抑制经济的增长。且物价往往带有刚性，如果按既定膨胀或紧缩的价格水平计算名义货币需要量和实际货币需要量，也并非是我们预期的理想货币需要量。所以，区分名义和实际两种货币供求固然重要，但还需按变化了的实际情况对其加以印证。

可见，货币供求及其均衡问题的实质必然关系到一个金融资产价格问题，只有从两者的密切相关联系中加以研究，才是现实的，也是有效的。

（二）货币供给途径变化与金融资产价格

用金融资产价格（不管是静态和动态的）计算货币供求量，中央银行依此为据，运用宏观的调控手段（工具），作用于货币政策调控机制中带有数量化特征的中间目标，求得宏观货币供求的平衡，实现货币政策的最终目标，这就是中央银行实施宏观货币政策调控的全过程（见图 2 –2）。

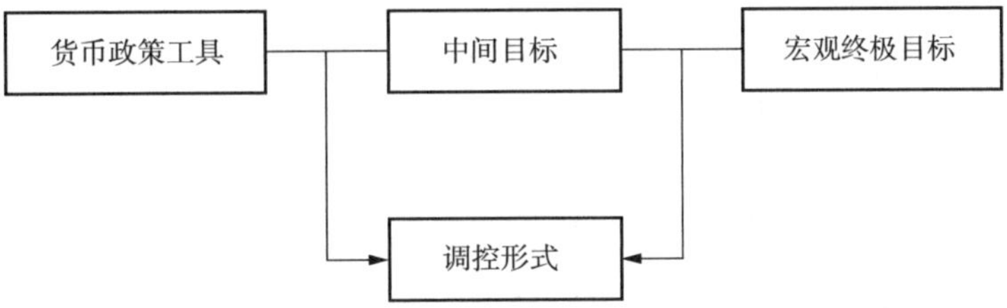

图 2 –2　中央银行货币政策调控过程

实践证明，从中央银行货币政策工具的运用，到实现宏观终极目标的途径中，其途径已有很大的变化。

（1）从中间目标看。随着金融市场自由化和国际化，特别是货币流动速度的变化，货币供应量与产出和物价之间的关系变得越来越模糊，在货币供应量作为中间目标的可控性、可测性和相关性等方面，与宏观调控当局即中央银行的最初预期相差甚远。当今，货币供应量已不再简单地与物价和产出呈现一一对应的关系，而是与经济体系中所需货币媒介的交易（包括金融市场交易）有重要的相关性。可以这样说，资本市场的发展改变了货币的供需，促使货币供应量作为宏观调控中间目标的做法受到了前所未有的挑战。

在国外，以资产价格作为货币政策目标的重要依据已有先例。如美国经济学家欧文·费雪在其《货币购买力》一书中，就主张货币政策制定者不仅要致力于生产、消费、服务的稳定，而且要致力于股票、债券、房地产价格的稳定，并要求货币政策当局把资产价格作为货币政策的调控目标。经济学家乔西·卡森（Joseph Carson）与设在纽约的德意志摩根格伦费尔公司根据费雪原则，以美国经济结构基础进行加权编制了一个包括股票价格、房地产价格、生产投入与产出价格和消费物价变动在内的广义物价指数。结果是不同构成要素的权重一般与美国的经济结构相一致，消费和生产价格的变动占总指数的权重约为五分之四，房地产约15%，股票价格为5%。

当然，需要指出的是，当今世界货币供应量作为宏观调控中间目标的做法不仅在资本市场而且在货币市场上也受到挑战，特别表现在货币市场基金的发行，因为中央银行在通过中央银行票据及国债买卖等手段调节基础货币量时，货币市场基金也将其作为主要投资目标，它的加入难免会冲销公开市场业务操作的效果。也正因为如此，美联储在实施宏观调控时，随着货币市场基金等基金品种的发行及规模不断壮大，原先只盯住货币供应量为中间目标来实施宏观调控的难度越来越大，最后只好改为盯住金融资产价格。

（2）从调控形式看。随着金融市场国际化和证券化，现代金融宏观调控的途径已有了明显的变化，各国中央银行宏观调控的重心由货币市场向资本市场转移：这主要是因为金融市场融资的证券化趋势。早在20世纪80年代中期，国际证券市场融资额就一举超过了国际信贷市场融资额。到90年代，这一趋势有不断强化的迹象，如1999年美国股票市场的市价总值和未到期债券总值约为15万亿美元，分别超过了居民货币性金融资产（包括手持现金和存款）、银行贷款和国民生产总值等重要经济指标的规模。此外，融资证券化也包含政府弥补财政赤字证券化，即世界各国弥补财政赤字方式逐步从货币化方式（向中央银行贷款或透支）转向证券化方式（发行国债）。

货币供给途径的基本变化，提出了重构中央银行宏观调控机制的要求，具体说，在中间目标的选择上，不仅要关注货币供应量这一指标，而且也要关注资本市场资产价格的变动；在调控形式上，应拓展宏观调控的空间，不仅要立足于货币场，而且要为由货币市场传导向资本市场传导过渡。

货币供给途径的变化对金融资产价格的影响重大，货币政策的中介目标由主要关注货币供应量转向关注货币供应量和关注金融资产价格，尤其是股票价格的变动，促使中间目标不仅容量增加且变得更加复杂多变化，中央银行运用货币政策操作目标的难度增加，力度也难以把握。货币政策的调控形式不仅立足于货币市场，而且要为由货币市场传导向资本市场传导过渡，这大大地拓展了中央银行宏观调控的空间，更庞大的金融资产的增减变化，时时会引起金融资产价格的波动，容易造成系统性的金融风险。另一方面，在促使金融业迅速发展的同时，为避免风险、解决流动性问题、规避行政管理、服务质量等需要，金融工具、金融方式、金融技术、金融机构和金融市场的创新层出不穷，金融创新又直接推动着金融业的向前发展。

第3节　货币与金融稳定

货币稳定关系到金融稳定。在现代经济金融全球化条件下，货币的虚拟化导致虚拟经济、电子货币、网络银行的存在，给金融稳定提出了新的挑战。当然，货币政策传导机制的完善，对金融宏观调控的有效以至于实现金融稳定，也起着直接的重要作用。

一、货币虚拟化与金融稳定

（一）虚拟经济的含义及特性

货币的虚拟化是货币形态发展的客观进程，货币虚拟化与金融稳定有密切联系，由于货币虚拟化是虚拟经济的组成部分，因此这一问题大致也可演化为虚拟经济与金融稳定问题。

关于虚拟经济，目前经济理论界仍在争议之中，与之相近的概念有符号经济、货币经济、金融经济、泡沫经济等。究竟何谓虚拟经济，有人说："虚拟经济是指与虚拟资本以金融系统为主要依据的循环运动有关的经济活动动，简单地说就是'直接以钱生钱的活动'"（成思危）；也有人认为，"虚拟经济是以资本化定价行为为基础而形成的一套特定的价值关系"（谢荣兴）；还有人认为，"虚拟经济是用于描述以票券方式持有权益并交易权益所形成的经济活动的概念"（王国刚）；再有人著书说，"虚拟经济就是人们在经济活动中，为了拓展现实经济活动的空间或提高经济效益，使经济活动的主体、客体或联系并在此基础上形成的一系列新的经济活动"（曾康霖）；有些人索性将"新经济"定义为"虚拟经济"（姜奇平）；更有些学者认为"虚拟经济是信心经济"，它创造和交易满足人们心理需求的价值，应是一个涵盖面更大的广义概念。

虚拟经济的特性概括地说有：①虚拟经济的主要内容是由虚拟资本的价格决定和独立运动构成；②金融与虚拟经济密切相关，虽不完全相同，但具有很大的重合性，所以虚拟经济以金融（特别是资本市场）为主要依托；③虚拟资本，特别是金融衍生工具具有极大的渗透性，通过它的扩散和放大效应，使货币存量范围急剧扩大；④虚拟资本本身虽没有价值，但它通过在不断地循环周转中追求利润；⑤虚拟经济是具有虚拟性质的交易要素所参与的经济活动的总和，虚拟经济连着虚拟货币，导致虚拟经济和现代金融的非常密切关系。同时，虚拟经济为现代经济和金融活动产生了新的方式，拓展了新的领域，使虚拟经济成了现代经济金融活动的新领域。

（二）虚拟经济的理论基础和实践基础

（1）在《资本论》中，关于虚拟经济的理论基础有大量的、深刻的论述。

①关于价值和财富的社会属性原理。全面理解马克思价值理论的精髓，既要承认劳动决定价值理论，更要认识到价值是由社会关系引出。因此，财富的本质也具有社会属性。

②关于货币不是现实再生产的要素，但它是现实流通要素的理论。从货币产生起，由货币的支付手段职能的作用产生了资源的跨地区、跨时间的配置问题，这已酝酿着货币经济的虚拟化随着信用制度的发展，货币的作用则不断深化，成了经济发展的第一推动力和持续推动力。

③关于信用扩张的理论。马克思说，信用制度"事实只为生产造成一种内在的不断被打破的束缚和限制"的功能，所以货币供给总是虚拟的。

④关于资本（资金）本身具有强烈增殖要求的理论。由闲置的货币资金到转贷生息，再到虚拟资本的交易（甚至是跨国的），最终形成国际金融市场，在追求高收益中潜伏高风险。

⑤关于虚拟资本的理论。《马克思要资本论》第三卷第 25 章的标题就是《信用与虚拟资本》。他说，虚拟资本是"同实际资本相分离的，本身无价值却可被当作'商品'进行交易的各种凭证"。

（2）虚拟经济的实践基础主要有：

①商品经济发展是虚拟经济的必要前提。从实践发展看，由于生产力的发展，促使财富积累不断扩大，这时部分产品从现实消费中分离，于是出现收入资本化，借助于价值符号或剩余索取权的纸币（或电子）资本，投资和投机活动应运而生，虚拟经济也得以发展。

②货币信用是虚拟经济的产生基础。信用是一种基于信誉的符号化风险交易，符号已成为现代市场交易的一个必备要素。价格和价值的偏离，实际上已隐含虚拟经济与实体经济的分离；近代信用制度和股份制的高度发达，虚拟经济和实体经济的分离可能性更大

③金融创新是虚拟经济形成的动力。信用的发展，金融创新的演进，特别是金融衍生工具的出现，投机行为和投资行为的混杂一起、日趋模糊，由此造成虚拟经济大大超过实体经济，两者脱离已为常态。

④金融工具是虚拟经济的主要载体一。因为有价证券本身没有凝结价值，不是职能资本，不是价值符号，而是价值收益索取的证明书，即市场价值就是它的价格，所以它只是虚拟资本的载体。

⑤科学技术是虚拟经济的物质前提、科技促使货币形态和传统银行变革，形成全能金融超市、跨时空服务、巨大货币数据工厂和资金信息处理中心等。

⑥产权改革是虚拟经济的制度条件。金融交易并非是物质的交易，本质上是产权的交易，研究虚拟经济，必须研究产权问题。随着经济金融的一体化、证券化和现代化发展，产权必须改革，必须分割成符号，因为只有符号化才能带来股份的流动和效率的提高。

⑦信息经济是虚拟经济的媒介。以电子货币和网络银行支持的现代信息经济，极大地提高社会信息化水平，通过利用网络技术增强金融业的竞争优势，金融业也将信息技术奉为核心资产，深刻改变传统的组织结构、运行模式和经营理念。

⑧金融风险是虚拟经济的生存场所。这是由金融机构经营产品的同质化、金融活动的边界越来越宽、市场敏感性不断增强、对信息系统的依赖性等所造成的。由此，在虚拟经济条件下，金融业存在有诸多风险。可见，虚拟经济也是一把“双刃剑”。

（三）虚拟经济与金融稳定

（1）虚拟经济与金融关系极其密切。归纳起来：

①货币信用是虚拟经济产生的基础，其实货币产生一开始就带有虚拟性质。马克思也曾说过：就银行资本的意义来说大部分也是“虚拟”的。

②金融创新是虚拟经济形成的动力。因为金融创新的根本诱因是通过创造全新的金融体制、金融产品、金融交易方式、金融市场和金融机构，实现金融领域内各种金融要素的重新整合，以确保金融业的生存和发展。

③金融工具是虚拟经济的主要载体。因为金融工具，特别是金融衍生产品的产生和发展，其价值存在于赖以产生金融原生产品的波动之中，促使经济的进一步虚拟化。可见，金融领域是虚拟经济的主要活动领域，金融经济的产生和运行，离不开虚拟经济，虚拟性也是金融产业的最具标志性特征。由此有人提出，为有利于对问题的研究，索性将虚拟经济等同于金融。

（2）虚拟经济是一把“双刃剑”，具有“两面性”。它既可以促进经济的发展，也会给

经济带来巨大的风险和危害。虚拟经济的正效应主要表现为：

①降低金融商品的运作成本和提高金融商品的效率。因为虚拟经济可以从数量和质量两个方面增加金融商品和金融服务的效用；可以从时间和空间上引导资源的合理配置；也可以借助于电子信息技术降低成本，提高效率。

②强化投资多元化资产组合和促进全球市场的一体化、证券化。因为金融产品的创新，加强了投资者多元化资产组合，也有利于推进全球市场的一体化、证券化，从而提高整个金融市场效率。

③为经济领域提供一个风险交易机制。一方面会提供发现未来金融资产的价格机制；另一方面提供一整套规避风险的有效机制。

④增强金融产业的持续发展动力因为虚拟经济导致资本一资产比率的国际一体化和金融全球化，能提高金融资源的开发利用与再配置效率，能促使金融产业的不断发展和创新。

⑤实现社会投融资的满足度和便利度，大大增强金融对国民经济的影响力。因为，通过社会投融资的满足度和便利度的上升，提高了金融对经济的贡献力和作用力，使发达国家从经济货币推进到金融化的高级阶段，也使发展中国家的经济货币化程度大大提高。

⑥虚拟经济的产生和发展伴随着经济体制的改革、制度建设和技术进步，相互间的促进和协调起到促进经济快速发展的重大作用。

（3）虚拟经济的负效应是由虚拟经济的过度化所产生，其主要表现为：

①破坏宏观经济的稳定。因为虚拟经济的过度必使泡沫经济泛起，形成虚假繁荣，价格大起大落，并导致金融危机出现，最后会走向全面崩溃。

②降低资源配置效率。虚拟经济的过度从表面上看是一个财富再分配问题，从实质和动态看，严重扭曲社会资源（特别是金融资源）的有效配置。

③股市扭曲、资本市场发展畸形。主要表现为热衷于短线交易，盲目甚至利用公款购买股票，造成信息失真等。

④人为拉大贫富差距和国民收入分配不公平。由过度虚拟经济滋生的泡沫经济必形成价格的大起大落，由此造就一批暴发户，也使一部分人倾家荡产，会带来整个社会道德水准下降，败坏社会风气和滋生不稳定因素。

（4）虚拟经济条件下之所以产生金融风险，其深层原因：

①虚拟经济以膨胀的信用化形态和实体经济发生互动，增加了经济运行的不确定性风险；

②虚拟经济膨胀变为泡沫经济，这种泡沫经济从本质上讲是一种不能实现其市场价值的无效供给；

③虚拟经济条件下往往通过资本市场实现其交易扩张，直接影响资本市场的开拓、发展和功能的发挥；

④虚拟经济急剧膨胀促使制度运行的交易成本扩大和引导原则扭曲。

在虚拟经济条件下，如何防范和化解金融风险，关键是要把握好虚拟经济运行过程中客观存在的合理的“度”。从理论上分析，是如何理解货币从货币经济到虚拟经济演变中马克思关于货币必要量规律的理性轨迹问题；从实践上分析，涉及“真实资产”与“虚拟资产”

之间规模的合理关系问题。在现实经济生活中很难把握虚拟经济存在的合理的“度”，是因为它受制于综合经济体制、产权结构、资产交易、改革环境，以至于政治、心理等因素的影响，它既是一个庞大的系统工程，又是一个繁杂多变的过程。这需要我们深入探讨和不断摸索，因为它终究是一个客观存在的“度”。总之，从货币经济逐步过渡到现代虚拟经济，实质上是马克思货币必要量规律的理性运行轨迹的现实体现。

二、电子货币、网络银行与金融稳定

在当代科技的飞速发展状况下，为适应全球经济、金融一体化、证券化、市场化的要求，货币虚拟化程度也愈来愈高，电子货币和网络银行应运而生，它一方面推动着金融业的发展，同时也给金融业的稳定带来风险。

（一）货币虚拟化的虚幻形态

（1）电子货币与网络银行的含义。电子货币亦称数字货币、网络货币或电子网络货币。它们是以计算机通信、金融与商业专用电脑和机具等现代化科技为基础，通过电子信息转账形式而实现的一种替代纸币和支票的电子支付手段，它以电子文件的物理形式存储在计算机设备的存贮器中，通过一台设备的存贮器快速转移到另一台设备的存贮器来处理金融债权和债务的关系。可见，网络货币应包括正在采用和已经开发的各种类型的基于现代电子技术的卡（如多用途预付卡、智能卡、芯片卡、赊账卡、电子钱包等），也包括正在试点中的通过互联网进行支付的各种计算机网络方案（通常称为数字现金和电子现金）。

网络银行又称虚拟银行，它出现于20世纪90年代，是当代金融领域中的一件大事。它既依托于电子货币的存在和运行，也是虚拟经济的重要依托，因而考察虚拟经济不能不关注网络银行。其实，电子货币主要来自在信息通信技术和金融一体化进程飞速发展条件下的网络银行的产生和发展。网络银行也俗称互联网银行或电子银行和在线银行。美联储对网络银行的定义是：利用互联网为其产品、服务和信息的业务渠道，向其零售和公司客户提供服务的银行。网络银行的发展以美国为最。美国从1995年诞生世界上第一家网络银行始至今已发展到3800多家，占所有联邦、保险的商业银行和储蓄机构总数的37%。

（2）电子货币和网络银行的作用。网络银行与其相关联的电子货币的运用，已成了全球视角的金融变革。其明显的作用主要表现为：

①极大地提高社会信息化水平—通过网络银行和电子货币，实现金融交易的业务无纸化和办公无纸化。过去传统银行使用的票据和单据已改为全面电子化：全面启动使用电子货币，主要有电子钱包、电子信用卡、电子税金和安全零钱等，一切银行业务文件和办公文件完全改为电子化文件、电子化票据和证据；银行与客户之间的纸面票据和各种纸面文件，均利用计算机和数据通信网传送，相互的往来结算也利用电子数据进行交换。这种通过运用先进技术实现的无纸化操作大幅度提高了银行业务开展水平，大幅度提高了服务的准确性和精确度，与此同时，也大幅度降低了服务成本

②通过利用网络技术增强银行业的竞争优势网络银行的出现和电子货币的运用，从根本

上改变着银行的经营环境和内部运作模式，促使服务方式从过于单调和局限、缺乏经营的柔性和弹性的所谓标准化的状态，向既适合银行又适合客户的个性化状态转变；营销方式由单纯依靠柜面间接被动推销向通过网络直接主动促销转变同时，通过网络，能有效地推行并实现“3A”式服务，即银行能在任何时间（Anytime）、任何地点（Anywhere）、以任何方式（Anyhow）为客户提供服务。总之，通过网络银行和电子货币，能更加方便、快捷、高效率、低成本地为客户提供优质服务。

③银行将信息技术本身奉为核心资产，一切以信自、管理为优，这在实际操作技术、业务流程、管理方式、组织体系乃至于企业文化等方面都要求相应的变革。这些，深刻改变了传统金融机构的组织结构、运行模式和经营理念。

（二）网络银行和电子货币对金融稳定的挑战

网络银行的出现和电子货币的运用，确实将金融业推到了一个全新的境界，给金融业提供了新的机遇。但与此同时，也对金融的宏观调控和金融监管乃至金融稳定提出了新的挑战，主要表现在：

（1）在科技和信息业迅速发展的年代，由金融机构经营产品的同质化和金融全球化所决定，网络银行和电子货币的运作边界将越来越拓宽，货币的虚拟化程度将越来越变幻莫测，而货币的虚拟化程度越来越高，又促使市场敏感性程度不断增强。可见，全球金融网络系统的形成必然使市场风险大幅度上升。

（2）计算机技术、通信技术的飞速发展，使人类对信息系统的依赖性达到前所未有的程度，而在金融市场的交易和结算过程以及在整个金融信息传递过程中，只要有一个细微环节出问题，都可能导致整个信息系统和结算系统的瘫痪和崩溃。

（3）全球金融网络系统的形成和发展也会给各国政府和国际社会的监管带来具有总体特征的严峻挑战。由于金融网络具有广泛和开放特征，加上各国特别是发展中国家的监管体制手段、法规等还跟不上，国际金融监管的合作也还有待加强，因监管不力而出现的种种问题也难以避免。

可以预见，现代网络银行和电子货币的运用，会给现代金融业尤其是银行业带来新的风险，主要有：

（1）决策性风险。是指战略和经营决策没有及时应对行业的变化，由此对银行的收益造成现实和长远的影响，这是开展电子银行业务中面临的最重大风险。

（2）经营性风险。一方面，由于银行对电子技术的高度依赖性，如果在技术框架、数据完整、内部控制、业务外包等方面出了问题，则会产生系统性技术风险；另一方面，如果业务运作不善，不能准确而及时地为客户提供电子业务服务或侵犯客户的隐私权等，也会使金融机构的声誉招致负面影响。

（3）信用风险。电子网络的使用，使银行大大拓展了业务范围，这既增加了动态了解风险的难度，也难以鉴别一个潜在客户的身份和可信度，有可能会使银行等金融机构的信用遭到影响。

（4）市场风险。一方面，网上证券交易量的增加会导致风险增加；另一方面，也导致了流动性的增加，在此情况下，银行开展或扩大网络电子业务所带来的存款经纪、贷款销售或证券化业务，有可能增加市场风险。

（5）外汇风险。当银行贷款以外汇计价或以外汇作资金来源时，因为互联网使银行业务大大拓展，外汇风险的发生不仅可能，而且其影响要比原传统业务大得多。

（6）法律风险。在目前尚未规范和缺乏网络电子业务法律法规时，在客户之间，特别是异囚客户之间的法律风险也难以避免。

如何预防和化解由网络银行和电子货币的运用可能带来的更大的风险，相应的策略应该是：

（1）建立完善的公司治理结构。这是互联网战略和经营成功的关键。在电子技术项目的审定、评估和监管方面，必须充分发挥经营决策层的作用。

（2）建立相应的内部控制系统。在内部运行、管理、稽核、安全等方面，要建立完整的系统，以保证银行电子网络系统的有效性和持续可用性。

（3）建立有效的监控体系。要根据电子网络银行业务量大小，加强对客户存贷款流动性以及变化情况对市场的影响效果进行必要的监控。

三、货币政策传导与金融宏观调控

（一）货币政策的传导机制

中央银行对货币政策工具的运用包括公开市场证券买卖数量、法定存款准备金比率和再贴现率（或再贴现限额）的调整等，它依次通过操作目标和中介目标的层级传递，最后作用于货币政策的最终目标，这一过程就是货币政策的传导过程。

货币政策的传导过程可以从纵、横这两个角度加以划分：

（1）从纵向角度来看，整个传导过程可以分为货币控制和货币作用这两个阶段，货币政策的总体有效性可视做两个各自有效性的乘积。其中，前者既包括从货币政策上具到操作目标的传导，又包括从操作目标到中介目标的传导。而货币作用阶段则是以中介目标到最终目标的传导过程。之所以如此的区分，是因为：①货币控制阶段和货币作用阶段在时间上继起，在空间上并存，货币政策在两个阶段的各自有效性共同决定着货币政策有效性的大小。②两者在决定货币政策有效性中的地位是不同的。其中，货币作用的有效性大小从可能性方面决定着货币对经济所起作用的大小，从而规定着货币政策有效性的范围和空间。在货币作用的有效性较小的情况下，即使货币控制再有效也于事无补，可见，货币作用的有效性是决定货币政策有效性的前提和基础。在此前提下，有效的货币控制又是确保和提高货币政策有效性的必要条件。

（2）从横向角度划分，货币政策的传导必须同时经过金融机构和金融市场这两大中间环节进行。其中，金融机构的传导主要通过数量指标（如信贷规模、货币供应量）的变化来实现，而价格指标（如再贴现率、再贷款利率）主要通过金融市场起作用（见图2－3）。

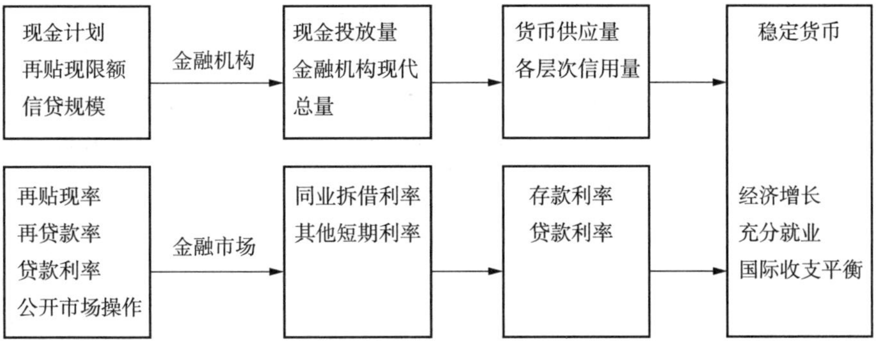

图 2-3　货币政策的传导机制

一般来说，一国经济货币化的程度越高，货币政策越是侧重于间接调控方式，需要通过金融市场和价格指标实现有效传导的分量也就越大。

可见，所谓货币政策传导机制，是指货币管理当局确定货币政策之后，从选用一定的货币政策工具进行现实操作开始，到实现最终目标之间，所经过的各种中间环节相互之间的有机联系及因果关系的总和。这一机制的实际操作过程包含两个方面：一是内部传导机制，即从货币工具选定、操作到货币供给收缩或扩张的内部作用过程；二是由中介目标发挥外部影响亦即对最终目标起作用的过程。

（二）货币政策传导机制的理论

（1）凯恩斯学派的货币政策传导理论。凯恩斯是将货币纳入宏观经济体系进而建立以货币理论为基础的宏观经济理论的创始人。可以说货币政策传统机制的研究是从凯恩斯开始的。他的基本思路是：通过货币供给 Ms 的增减影响利率：利率的变化则通过资本边际效率的影响使投资 I 以乘数形式增减，而投资的增减就会进而影响总支出 E、总收入 Y。用符号表示为：$Ms\uparrow\rightarrow r\downarrow\rightarrow I\uparrow\rightarrow E\uparrow\rightarrow Y\uparrow$，其中主要环节是利率，$Ms$ 的调整首先影响利率的升降，然后才能使投资乃至总收入发生变化。

凯恩斯的传导机制理论可以用直观框图模型来概括（见图 2-4）。

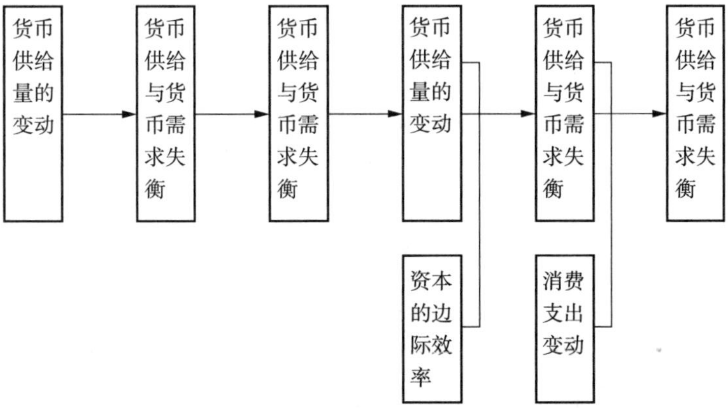

图 2-4　凯恩斯货币政策传导机制理论框图模型

凯恩斯认为，上述传导机制很可能因以下两个因素而被堵塞：

①“流动性陷阱”的出现，即利率水平随着货币供给量的增加而下降的作用是有一定限度的，当利率降低到不可再降低的地步时，任何货币量的增加，都会被经济单位所吸收，因而对总体需求所得及物价均不产生任何影响，导致货币政策传导过程的中断。

②在经济十分萧条情况下，由于企业部门对未来的资产收益预期十分悲观，即使投资的利率弹性非常低时，利率下降也不会对投资量有显著刺激作用，从而使货币政策传导机制中断。由于上述两个方面的原因，一些凯恩斯主义者认为扩张性的货币政策难以真正阻止一场十分严重的经济衰退，在经济十分萧条的情况下，货币当局大量增加货币供给量实际上是无济于事的。

（2）货币学派的货币政策传导理论。以美国芝加哥大学弗里德曼为代表的货币学派认为：利率在货币传导机制中不起重要作用，货币供应量在整个传导机制中才具有直接效果。货币政策的传导机制主要不是通过利率间接地影响投资和收入，而是通过货币金额的变动直接影响支出和收入。其传统公式用符号表示为：$Ms\uparrow\rightarrow A\downarrow\rightarrow C\uparrow\rightarrow I\uparrow\rightarrow P\uparrow\rightarrow Y\uparrow$，其中 Ms 为货币供应量，A 为金融资产，C 为消费，I 为投资，P 为价格水平，Y 为总收入。

货币供给量的变动对名义国民收入的影响是通过资产结构的调整效应来传导的，在这一点上，弗里德曼理论与凯恩斯理论并无本质不同。其不同之处在于弗里德曼认为，货币与其他资产的替代是在一个更广泛的范围内发生的，并不局限于金融市场；人们的资产结构不仅包括那些在金融市场上用于交易的货币资产、证券资产、股权资产，而且也包括其他实物资产，如耐用消费品、非耐用消费品、资本品、房屋以及人力资本等。因此，货币供给量的变动不仅影响人们在货币与证券之间进行选择，而且也影响人们在货币与股权资产、资本品、耐用消费品、非耐用消费品等实物资产之间进行选择。在这样的资产结构调整过程中，收入的影响超过利率的影响，货币需要函数是一个较稳定的量，人们对货币供给量的变动最终是可以预测的。由此货币学派认为：在货币政策的传导机制中，货币供应量的作用远比利率大，而且利率并不可靠，货币供给量才是一个重要的中介目标。

弗里德曼的传导机制理论可以用图 2－5 所示的框图模型来表示。

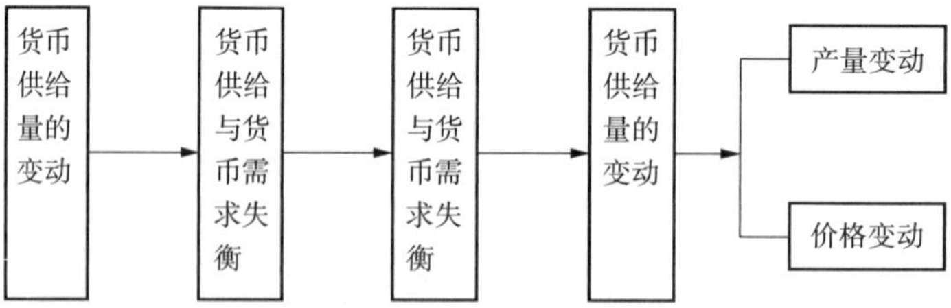

图 2－5　弗里德曼货币政策传导机制理论框图模型

在西方经济学家看来，弗里德曼的货币政策传导机制理论具有这样两个显著特点：

①不重视利率在货币政策传导机制中的作用，强调相对价格变动在货币政策传导机制中的影响。在弗里德曼的理论中，货币供给量的变动是通过资产结构调整效应的传递而对名义国民收入发生影响的。在资产结构调整过程中，随着货币持有者的支出分布和支出方向的变化，货币供给量的变动虽然会相应影响到各类资产（包括金融资产和实物资产）的相对价

格和利率的变动，但弗里德曼认定在这个变动过程中起主要作用的是资产相对价格的变动，而不是利率水平的升降。

②传导机制本身较为简单。弗里德曼认为，货币供给量的变动以非常多和非常复杂的方式影响总需求，要想将这些途径全部找出来是徒劳无益的。他满足于从实证上找出货币供给量与名义国民收入的相关性，注重一定时期内货币供给量对名义国民收入的作用方式或影响过程。所以，一些西方经济学家将弗里德曼的传导机制理论比喻为“黑箱”式理论：货币供给量的变动从黑箱的一端进入，名义国民收入的变动从黑箱的另一端现出，但人们不知道这一传导过程是如何进行的。

（3）托宾的货币政策传导理论。托宾采用一般均衡的方法分析货币政策的传导机制，他首先把整个经济系统划分为金融部门和实际经济部门。所谓实际经济部门，就是现实生产中的商品和劳务市场的复合体；所谓金融部门，就是由一系列相互关联的资产债务市场组合成的复合体。而由这些资产债务市场所决定的资产的价格、利率及其数量，既会影响实际经济部门，又会受实际经济部门的影响。由于存在着这种复杂的金融部门和实际经济部门的结构，货币供给量的变动影响实际经济活动变动的传导机制也是相当间接和迂回的。

为了便于分析货币供给量的变动是如何影响实际经济活动的，托宾假定经济社会中只有两项保值资产——货币资产与实际资产。随着利率的降低，自然会提高对货币资产和实际资产的需求。就前者而言，增加的货币需求会吸收一部分货币供给增量，而剩下的货币供给增量将会转移成对实际资产的需求。具体过程是：由于债券价格的上涨，财富的保有者就会以价格相对低廉的股权资产替代债券，于是股权资产的需求增加，导致股权资产的二级市场出现失衡现象。其结果将会使股权资产的价格上涨而其收益率降低，企业部门以发行股权资产筹集资金进行投资的成本也相应降低，这无疑会刺激企业部门增加股权资产的发行以增加其投资数额。在这种情况下，股权资产的二级市场虽然能在较低的收益率水平上恢复均衡，但企业部门通过发行股权资产筹集到的资金数量增加了。随着这种外来资金数量的增加，企业部门对投资品的需求也会相应增加，资本品市场就会因超额需求的存在而出现失衡现象，这又会刺激投资品的价格逐渐上涨。这种上涨过程一直要持续到足以改善整个经济社会的边际投资，使投资品市场的供给与需求再次达到均衡为止。这样，随着货币供给量的增加并由金融部门向实际经济部门的传输，整个经济社会的投资品供应量与生产投资品的企业部门的就业量均会有所增加，进而提高生产投资品的生产要素的收入。这种投资品的供给量、生产投资品的就业量和生产投资品的生产要素的收入的增加，通过乘数效应的传导，又会使整个经济社会的国民收入水平有所提高。随着国民收入水平的提高，交易性货币需求会相应增加，从而吸收部分超额货币供给，并使整个经济社会的资产结构再次恢复均衡。这时，货币供给量变动的作用过程便告结束。

在上述货币政策的传导机制中，托宾非常强调实际资本资产的当期证券市场价值与当期重置成本的比率 q 的关键作用。在他看来，只有际资本资产的当期证券市场值大于当期重置成本即 q 大于 1 时，

货币供给量的变动才能通过资产结构的调整影响实际经济活动，从而投资才能增加，收入和就业才能增长。因此，他强调指出，促成这种货币政策传导机制模式建立的一个基本理

论命题是：与实际资本资产价值的重置成本相关的股票市场价值是新增投资的主要决定因素，而 q 则是货币政策影响实际经济活动的唯一纽带。托宾的传导机制理论可以用图 2－6 所示的框图模型来概括。

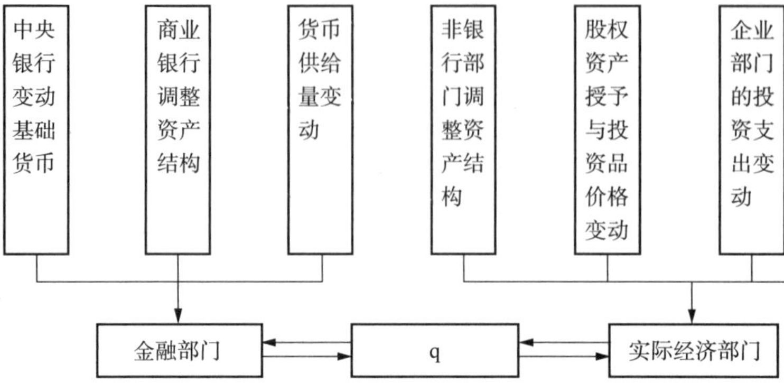

图 2－6　托宾的货币政策传导机制理论框图模型

上述对西方关于货币政策传导理论的描述，可以得出的结论是：

①货币政策工具的运用对名义国民收入水平从而是实际经济活动的影响是通过资产结构的调整效应而传导的，凯恩斯、弗里德曼和托宾的传导机制理论对此并无本质的不同。所不同的，一是凯恩斯理论中的资产结构模式较为简单，而弗里德曼和托宾理论中的资产结构模式较为复杂；二是弗里德曼理论中的传导过程较为直接，而凯恩斯和托宾理论中的传导过程则较为迂回。

②在同一资产结构调整效应的传导机制中，凯恩斯理论中重视的是利率变动对投资需求的影响，弗里德曼；理论中重视的是各种种资产相对价格变动与名义国民收入变动的内在关联。托宾理论中重视的是各种资产的相对收益和利率结构变动对投资需求的影响。

（三）为了金融稳定必须构建有效的货币政策传导机制

金融稳定需要货币政策调节，而货币政策的效应必须构建有效的传导机制。主要应注意以下几点：

（1）重视基础性条件的建设，特别要重视市场机制的建设。货币政策是一个总量政策、需求政策。货币政策传导机制的效率的基础条件是要真正建立以市场为基础的货币政策调控机制，使货币政策工具有其充分发挥作用的制度环境和微观条件。主要有：

①要按照“产权清晰、权责明确、政企分开、管理科学”的要求，进一步推进现代企业制度的改革。

②加快商业银行的股份制改革，培育和发展具有生机和活力的金融主体，切实解决货币政策在金融机构这一环节上的传导阻滞问题。

③改革利率管理体制，加快利率市场化的改革，有利于中央银行通过操纵基准利率，实现灵活调控，以迅速实现其货币政策意图。

④进一步完善开拓广义金融市场，即包括货币市场和资本市场，货币政策作用机制的调节不仅在流向和流量上，更多的是在调节资产价格上，以更好地实现货币市场、资本市场和

货币政策的相互贯串和协调推进，从而对整个经济运行进行调节。

（2）重构货币政策传导体系，提高货币政策的及时性和有效性。为顺应经济金融全球化的趋势，为克服我国目前货币政策传导动力不足和路径狭窄的现状，必须重构我国现有的货币政策传导体系，具体设想是：

①将我国中央银行宏观调控终极目标由“保持货币币值的稳定，并以此促进经济增长”修改为“保持金融稳定，促进经济增长，实现充分就业，保持国际收支平衡”。

②在中间目标的选择上，不仅要关注货币供应量这一指标，而且也要关注资本市场资产价格的变动。

③在调控手段的运用上，要减少对法定存款准备率手段的依赖，要重视运用公开市场业务操作手段，增加公开市场业务操作的频率。

④在我国中央银行宏观调控空间的拓展上，不仅要立足于货币市场，而且要为由货币市场传导向资本市场传导过渡创造条件。为更明晰，将我国货币政策传导体系重构的思路及若干政策操作建议图示如下（见图2－7）。

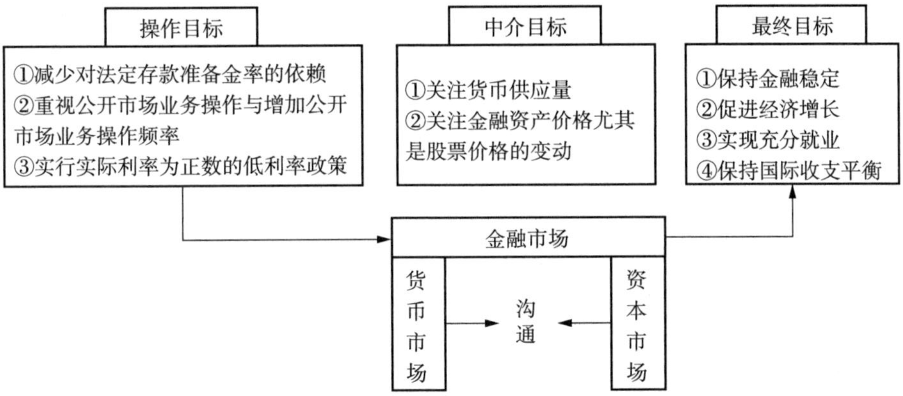

图2－7　重构政策传导机制的设想框图模型

（3）努力改善和创建良好的内外环境，为货币政策传导机制的运转创造良好的氛围。从内部环境看，主要是：

①积极对商业银行实行股份制改造，真正建立自主经营、自负盈亏的金融主体，以便中央银行通过利益导向，有效引导商业银行贯彻货币政策意图。

②正确处理防范、化解金融风险和贯彻执行货币政策的关系中央银行应积极通过信贷总量的合理增加和结构调整来带动整个信贷风险的降低，通过对商业银行内部管理规章制度的清理和纠正，逐步取消对商业银行的经营限制。

③制定一系列政策进一步发展农村金融，支持和保护中小金融机构。

从外部环境看：

①要广泛宣传和普及社会信用知识，逐步提高社会信用意识，加快建立个人信用制度。

②要进一步建立和健全金融法制，真正做到有法可依、有章可循。

总之，就中国的货币政策传导而言，自改革至今，已初步建立了“从政策工具到中介目标再到最终目标”的间接传导机制，同时也建立了“中央银行到金融机构（金融市场），到企业和居民户，再到国民收入”的间接传导体系。目前中国货币政策传导的效率不高，主要根源受制于体制问题和结构问题。因为货币政策传导机制的效率不仅取决于中央银行货币政策的市场化取向，而且取决于金融机构、企业和居民的市场化行为，即对市场信号做出的理性反应。否则，货币政策工具就不可能通过对货币信贷条件的调节来实现其政策目标，货币政策传导过程就会受到梗阻，货币政策效果就会被减弱。从这一意义上讲，我国货币政策传导机制的完善不仅取决于现代企业和金融机构（特别是国有企业和国有商业银行）的改革进程和积极完善货币政策工具本身，更要积极创造能使企业、金融机构和货币政策工具发挥作用的基础性建设，即塑造符合市场化要求的微观条件和制度环境。

（本章为曹龙骐教授编写）

《金融学》（第五版）

教材简介：主编：曹龙骐，副主编：徐晓光、郭茂佳、杨文、陈莹；《货币银行学》2000 年 8 月第 1 版；《金融学》高等教育出版社 2003 年 7 月第一版，《金融学》1 -4 版均有曹龙骐教授担任主编。2016 年 6 月为第五版。本教材曾获“普通高等教育‘十一五’、‘十二五’国家级规划教材”，“面向 21 世纪课程教材”，“高等学校经济学、金融学专业主要课程精品系列教材”。

内容简介

本书为教育部“高等教育面向 21 世纪教学内容和课程体系改革计划”的研究成果。2013 年评为“普通高等教育精品教材”和“普通高等教育‘十二五’国家级规划教材”。2003 年、2006 年、2010 年、2013 年和 2016 年连续进行五次修订，十年来深受读者厚爱，在国内具有一定影响力。

本次修订主要是针对金融学科涉及面广、理论深、创新多、变化快的特点，着重对当前金融领域的热点和前沿问题加以补充，也注重部分内容的删补和结构调整。本书分上、中、下三篇共十四章。本书注重内容充实、取舍有度、脉络清楚、重点突出、逻辑性强，有归纳、有思考、有结论，力求做到“读者喜读、老师易教、学生好考”；努力在引导和启发学生在掌握牢固基础知识和不断提高能力上下功夫。

本书适合高等院校金融学、经济学和管理学类本科或专科用作专业基础课程教材，也可作为报考金融学专业各类硕士研究生参考书以及包括银行、证券、保险等金融类业内人士参阅的书籍。

本书教学支持资源配套主要有：①最新教学课件（PPT），②《金融学案例与分析》高等教育出版社 2015 年版；③本教材（第五版）配套的试题库。

第五版前言

《金融学（第四版）》于 2013 年 8 月出版至今已过两年，虽时间并不长，但随着世情、国情的变化，我国改革开放政策的不断深化，以及“大众创业、万众创业”的势头风起云涌，金融领域的诸多方面也必然随之而变，特别是金融业经营模式、金融市场融资工具和方式、金融调控机制、金融创新与监管、金融风险防范与化解等方面更为突出。具体如：互联网金融这种新业态的问世，极大地改变了传统的金融模式和投融资方式；人民币国际化的不断推进，对改革国际货币体系提出了新要求；金融风险意识的加强；要求金融监管无论在理论上还是实践中都要随之更新，等等。

形势逼人，形势催人，形势不饶人。一方面，为跟上形势的发展，只有用开拓创新和迎头赶上的姿态才能在“变”中求新、“变”中求进。另一方面，近年来，本教材又连续被评为“普通高等教育‘十二五’国家级规划教材”和“普通高等教育精品教材”。编写组成员为报答和感谢各级领导和广大读者的关怀和厚爱，从2014年底开始，重新制定第五版修订规划，历时一年整，对原第四版进行了既把握重点又顾及全面的修订，在重新编写补充4万多字的同时，也删去了近3万字的篇幅，总计从具体内容、结构安排、文字、图表等方面作了近160多处修订。与此同时，我们还编制并出版了与第五版相配套的《金融学案例与分析》、最新的教学课件以及试题库。

本次参与《金融学》第五版的编写和修订者分工如下：

人员	参与第五版重新编写章节	参与第五版修订章节
曹龙骐教授	导论之四、第二章第三节之六、第十四章第三节之三、第十四章第四节	导论、第一章、第二章、第三章、第四章、第六章、第八章部分、第九章、第十章、第十一章、第十四章第一节部分、第十四章第二和第三节、第十四章第五节部分
郭茂佳教授	第五章第五节	第五章第一至第四节
徐晓光教授		第十四章第五节部分
刘群教授		第十四章第一节部分
陈红泉讲师		第十二章
杨文博士	第五章第七节之一	第四章、第七章第三节之二、第十三章
陈莹博士		第七章、第八章部分

十五年来，为了实现“责任担当、精益求精、回报读者”的愿望，我们的目标始终将本教材真正打造成为“读者喜读、老师易教、学生好学”的教材。

功夫不负有心人。近几年来，高教出版社的有关领导和编审们，在百忙之中为我们开辟与有关高校联系和交流的渠道，便于我们深入了解读者的实际需求和改进意见。一些高校与我们常有联系和合作，如浙江财经大学东方学院，为响应国家关于高校向应用型转化的要求，坚持从实际出发，进行教学改革，不断开拓创新，该院领导和我的学生陈中放博士组织的创新团队，以本教材为专业基础理论课授课教材，在此基础上编写了应用金融系列教材，包括《金融投资工具比较与研究》、《企业融资模式与策略》、《互联网金融》、《金融综合实训指导用书》等，近期也将在高教出版社出版。事实证明，这样的教学改革是符合形势发展要求的，也已初见成效。

前进道路无止境，质量追求无终点。我们诚恳希望同行和广大读者给予批评和指正，以求本教材的不断改进和提高。

曹龙骐

2016年2月

第四版前言

本书于2000年8月由高等教育出版社出版，原名为《货币银行学》，列为“高等学校经济类核心课程教材”和“金融学专业主干课程教材”。根据需要和力求名副其实，2003年7月修订时更名为《金融学》，并列为教育部“面向21世纪课程教材”，同年8月评为“高等教育百门精品课程教材建设计划一类精品项目”；2006年7月修订为《金融学》（第二版），荣列教育部“普通高等教育‘十一五’国家级规划教材”；为适应变化了的经济金融形势，我们组织力量，在框架结构、内容拓展、前后脉络、教学课件等方面进行了又一次较大修订，这就是2010年1月出版的《金融学》（第三版）。本书从始发行至今整整十年内，为精益求精和对读者负责，共修订了三次。与此同时，也深得各级领导的热情支持和广大读者的厚爱。据高等教育出版社近期统计，已连续24次印刷，发行量近40万册，据不完全统计，有近百所高等院校金融、经济类专业采用为本科教材，一些院校还选用本教材作为报考金融学硕士研究生的参考教材，不少金融界业内人士也选用本教材作为专业参阅书。

本教材力求体现以下特色：①在内容安排上，率先改变了传统的《货币银行学》教科书分国内和国外两大块的编写体例，将相关的国内外内容融合在一起，这样的安排是符合我国经济已进入市场化和国际化进程的，也可以节省一些重复的篇幅。从近几年不少高校自编出版的同类教材看，这种做法已得到了认可。②在本教材结构上，从剖析货币作为金融本源性要素开始，进而依据货币资金“动”的客观存在，剖析信用、利率和汇率等金融范畴作为经济杠杆的本质职能，以及如何依托金融市场和各种金融中介机构发挥作用。由此，又必然联系到如何确定一个合理的货币供需量，如何建立与之相适应的富有弹性的有效的货币政策宏观调控机制的问题，以实现货币均衡的既定目标。教材最终归宿到发展经济、防范和化解金融风险、提高金融创新动力和加强金融监管上来，以确保金融安全目标的实现。总之，本教材努力体现内容和结构上的整体性，力求各篇、章、节之间紧密的逻辑联系。本次修订在文字和体例上也尽量体现这一点。③力求做到“读者好读、老师好教、学生好考”。具体体现在各章节内容充实、取舍有度、脉络清楚、逻辑性强、重点要点突出。本教材“有归纳有思考有结论”，各章设有小结、重要概念和思考题。本教材还配有最新多媒体课件（PPT）和教学案例。总之，尽力在引导和启发学生的创新能力、综合分析能力和解决实际问题的能力上下功夫。④在重点介绍金融学基础理论和基本技能的基础上，注重理论联系实际，特别是在当今世界百年金融历史变迁和金融功能巨变的背景下，紧密结合我国改革开放中的新形势和新内容，努力体现教材的前沿性、前瞻性和现实性。

“十年磨一剑”。我们深感每一点成绩来之不易。这里果然有编写者的专业积累和孜孜以求，但更是集体的共同努力、开拓创新和协作配合。当然，也离不开金融界同行，特别是一批老前辈几十年来为此呕心沥血地创立范本和对我们工作的殷切关怀。为报答各界的真诚爱心，进一步提高教材质量，我们下决心进行本次第四版修订。从2012年初夏始，我们冒着酷暑，在参阅国内外有关金融专业教科书及相关资料基础上，重新梳理全书内容结构，在层次上进行统一调整，修订稿分导论、上中下三篇，共14章55节。简化或删去一些繁杂冗长甚至重复的内容，由原第三版63万字缩减到43万字。与此同时，由高教出版社组织安排，先后到杭州、北京、济南、南昌等地共十几所高校，与担任过本教材教学的老师座谈，了解在一线师生的真实需求和意见建议。

本书修订，首先由主编曹龙骐教授（金融学博导）负责修订大纲的拟定，后分别与各章的修订者切磋商议，在充分发挥两个积极性基础上拟定最终修订稿。《金融学》第四版的主要编写和修订者如下：

	参与主要编写章节	参与第四版修订章节
曹龙骐教授	导论；第一章；第三章；第七章第一节到第三节；第八章第一节、第二节；第九章；第十章第一节到第五节；第十一章；第十二章；第十三章；第十四章部分	导论；第一章；第二章；第九章；第十章；第十一章；第十二章；第十三章第一节到第三节；第十四章部分
郭茂佳教授	第五章第一节到第四节；第十章第六节	第五章第一节到第四节
汪争平教授	第四章；第五章第五节；第六章第三节；	第四章
徐晓光教授	第八章第三节	第六章；第七章；第八章
刘群教授	第二章；第十四章部分	第十四章部分
郑建明教授	第五章第六节；第十三章第四节到第六节；第十四章部分	第五章第六节；第十三章第四节
陈伦玉博士	第六章第一节到第二节；	
陈红泉讲师	第七章第四节	第三章；第五章部分

注：按新修订《金融学》第四版章节列出。

《金融学》（第四版）在各自分工后修订基础上，最后由主编曹龙骐教授总纂并负责定稿。并由各章修订者对原课件（PPT）作相应修订，最后由曹龙骐教授、汪争平教授和陈莹博士负责修改和审定。

除上述主要编写和修订者外，参与《货币银行学》和《金融学》（第一版）某些章节编写和修订的还有：裴权中教授、陈建华教授和陈伦玉副教授（深圳大学）；杨德勇教授（北京工商大学）；何问陶教授（博导）和蒋海教授（暨南大学）；陆家镏教授（博导）和周天蓉博士（中山大学）；左柏云教授（广东商学院）；张艳副教授（深圳职业技术学院）。

十年前，在本书（第一版）初稿写成后，得到了著名金融学家曾康霖教授、王学青教授、殷孟波教授的悉心指导。在历次编写和修订过程中，一直得到了高等教育出版社刘清田编审、张冬梅编审、于明副编辑、郭金录高级编辑和深大教务处、经济学院金融系的热情关心和大力支持；深圳大学鲁国强博士、李艳丰博士以及范叶叶、黄佳和郭亮星硕士为本教材的保质按时出版作了很多打印、资料整理、校对等工作。在此，一并向他们深表谢意！

尽管我们致力于圆满，但限于水平和时间，难免有不足甚至谬误之处，恳请同仁和读者指正，以求本教材的不断改进和提高。

曹龙骐

2013 年 6 月

目　录

导论　金融的界定、功能、结构及学习方法……………………………………………… 1
一、"金融"一词的界定与演变 ……………………………………………………… 1
二、百年金融功能的变革………………………………………………………………… 2
三、现代金融业的定位…………………………………………………………………… 3
四、现代《金融学》的框架结构 ………………………………………………………… 5
五、金融学科的学习方法………………………………………………………………… 6

上篇　金融范畴篇

第一章　货币——金融的本源性要素 ……………………………………………………… 11
第一节　货币"质"的规定性：货币是什么 …………………………………………… 11
一、马克思科学地解开货币本质之"谜" ……………………………………………… 11
二、货币是一般等价物并反映特定社会形态的生产关系 …………………………… 14
三、货币职能是货币本质的具体体现 ………………………………………………… 15
四、货币形态及其功能的演变 ………………………………………………………… 20
第二节　货币"量"的规定性：什么是货币 …………………………………………… 21
一、西方学者观点 ……………………………………………………………………… 22
二、马克思关于货币量范围的论述 …………………………………………………… 23
三、中国传统货币量范围的片面性及其纠正 ………………………………………… 25
四、货币量的层次划分 ………………………………………………………………… 26
第二章　货币制度 …………………………………………………………………………… 31
第一节　货币制度的形成、构成要素及其演变 ………………………………………… 31
一、货币制度的形成 …………………………………………………………………… 31
二、货币制度的构成要素 ……………………………………………………………… 32
三、货币制度的演变 …………………………………………………………………… 34
第二节　中国的货币制度 ………………………………………………………………… 38
一、新中国的货币制度 ………………………………………………………………… 38
二、香港的货币制度 …………………………………………………………………… 39
三、澳门的货币制度 …………………………………………………………………… 40
四、台湾的货币制度 …………………………………………………………………… 41
第三节　国际货币制度与改革 …………………………………………………………… 42
一、国际货币制度及其作用 …………………………………………………………… 42
二、国际货币制度的演变 ……………………………………………………………… 42
三、国际货币制度的改革 ……………………………………………………………… 45
四、货币国际化问题的演进与改革 …………………………………………………… 46

五、区域性货币一体化 …………………………………………………… 48
六、人民币国际化：缘由与路径 ……………………………………………… 50
第三章 信用、利息与利率 ………………………………………………… 53
第一节 信用概述 ………………………………………………………… 53
一、信用含义及其存在的客观依据 ………………………………………… 53
二、信用的特征 ………………………………………………………… 54
三、信用制度及信用形式 ………………………………………………… 55
四、信用的经济职能 ……………………………………………………… 58
五、信用风险及其防范 …………………………………………………… 59
第二节 信用工具 ………………………………………………………… 61
一、信用工具及其类型 …………………………………………………… 61
二、几种典型的信用工具 ………………………………………………… 61
三、信用工具的基本特征 ………………………………………………… 64
四、信用工具的价格 ……………………………………………………… 64
五、金融衍生工具 ………………………………………………………… 65
第三节 利息和利率 ……………………………………………………… 67
一、利息的本质 ………………………………………………………… 67
二、利息率及其分类 ……………………………………………………… 68
三、利率决定理论 ………………………………………………………… 70
四、利率的经济杠杆功能 ………………………………………………… 74
第四节 中国的利率市场化改革 …………………………………………… 75
一、利率市场化的含义 …………………………………………………… 75
二、中国利率管理体制的历史沿革 ………………………………………… 76
三、中国利率市场化改革的总进程 ………………………………………… 77
第四章 外汇与汇率 ……………………………………………………… 81
第一节 外汇与外汇储备 ………………………………………………… 81
一、外汇概念与特征 ……………………………………………………… 81
二、外汇储备及其管理 …………………………………………………… 82
第二节 汇率及其决定 …………………………………………………… 83
一、汇率概述 …………………………………………………………… 83
二、汇率的决定 ………………………………………………………… 86
第三节 汇率变动的影响及其约束条件 …………………………………… 89
一、汇率变动的基本效应 ………………………………………………… 89
二、汇率机制的约束条件 ………………………………………………… 90
第四节 外汇风险与外汇管理 ……………………………………………… 91
一、外汇风险的界定 ……………………………………………………… 91
二、外汇风险的防范 ……………………………………………………… 92

三、外汇管制与外汇管理 …… 94

中篇　金融市场与金融机构篇

第五章　金融市场…… 101
第一节　金融市场：要素和功能…… 101
一、金融市场的概念与特性…… 101
二、金融市场的分类…… 102
三、金融市场的构成要素…… 103
四、金融市场的功能…… 104
第二节　货币市场…… 105
一、短期借贷市场…… 105
二、同业拆借市场…… 105
三、商业票据市场…… 107
四、短期债券市场…… 108
五、回购市场…… 111
六、CDs 市场 …… 113
第三节　资本市场…… 113
一、股票市场…… 113
二、长期债券市场…… 116
第四节　其他金融市场…… 121
一、黄金市场…… 121
二、外汇市场…… 123
三、保险市场…… 126
四、证券投资基金市场…… 129
五、衍生金融工具市场…… 135
六、风险投资与创业板市场…… 137
第五节　中国金融市场的改革与发展…… 140
一、金融市场体系日趋完善…… 140
二、金融市场参与主体明显增加…… 141
三、金融市场交易工具愈加丰富…… 141
四、金融市场价格机制逐步形成…… 141
五、金融市场国际化程度不断提高…… 143
第六节　国际金融市场…… 144
一、国际金融市场的产生和发展…… 144
二、国际金融市场的类型构成…… 146
三、国际金融市场的发展趋势…… 150
第七节　现代金融市场理论…… 151

一、现代投资组合选择理论……151
二、资本资产定价理论……152
三、有效市场理论……154
四、资本结构理论……155
五、行为金融理论……158
第六章　金融机构……162
第一节　金融机构概述……162
一、金融机构的功能和类型……162
二、西方国家的金融机构……163
第二节　中国的金融机构……169
一、旧中国的金融机构……169
二、新中国金融机构的建立与演变……170
三、中国金融机构体系的现状……172
第三节　国际金融机构……181
一、国际货币基金组织……181
二、世界银行集团……184
三、国际清算银行……189
四、区域性金融机构……189
第七章　商业银行……194
第一节　商业银行概述……194
一、商业银行产生与形成途径……194
二、商业银行性质与职能……195
三、商业银行经营模式与发展趋势……198
第二节　商业银行业务……200
一、商业银行负债业务……200
二、商业银行资产业务……202
三、商业银行中间业务……203
第三节　商业银行经营管理与管理……205
一、商业银行经营原则……205
二、《巴塞尔协议》系列与商业银行风险管理……209
第四节　中国商业银行改革……213
一、中国商业银行改革历程……213
二、国有商业银行股份制改革……214
三、中国存款保险制度建设……216
第八章　中央银行……220
第一节　中央银行的产生和发展……220

一、中央银行产生的经济背景和客观要求…………………………………… 220
二、中央银行的发展…………………………………………………………… 221
三、中国中央银行的产生和发展……………………………………………… 225
第二节 中央银行的性质、职能和独立性问题………………………………… 228
一、中央银行的性质…………………………………………………………… 228
二、中央银行的职能…………………………………………………………… 229
三、中央银行独立性问题……………………………………………………… 232
第三节 中央银行的业务………………………………………………………… 236
一、中央银行负债业务………………………………………………………… 236
二、中央银行资产业务………………………………………………………… 238
三、中央银行其他业务………………………………………………………… 239
四、中央银行资产负债表……………………………………………………… 239
五、中央银行体制下的支付清算系统………………………………………… 241

下篇 金融宏观调控篇

第九章 货币需求………………………………………………………………… 247
第一节 货币需求概述…………………………………………………………… 247
一、货币需求的含义和研究内容……………………………………………… 247
二、货币需求的分类…………………………………………………………… 248
三、货币需求和资金需求……………………………………………………… 249
第二节 货币需求理论…………………………………………………………… 250
一、古典经济学学派的货币需求理论………………………………………… 250
二、马克思的货币需求理论…………………………………………………… 252
三、凯恩斯学派和后凯恩斯学派的货币需求理论…………………………… 253
四、货币主义的货币需求理论………………………………………………… 255
五、对货币需求理论的综合评析……………………………………………… 257
第三节 货币需要量的测算……………………………………………………… 257
一、权变法和规则法…………………………………………………………… 257
二、中国传统的货币需要量确定方法………………………………………… 260
三、多项挂钩法和单项挂钩法………………………………………………… 262
第十章 货币供给………………………………………………………………… 266
第一节 货币供给及其理论……………………………………………………… 266
一、货币供给和货币供给理论………………………………………………… 266
二、货币供给理论的产生和发展……………………………………………… 267
三、货币供给理论在中国……………………………………………………… 272
第二节 货币供给的形成机制…………………………………………………… 273
一、货币出自银行……………………………………………………………… 273

二、出自银行的货币都是信用货币 …… 274
三、对“贷款引出存款”质疑的解析 …… 276
第三节　货币供给的运行机制 …… 278
一、现金运行机制 …… 278
二、原始存款和派生存款 …… 280
三、存款货币的创造与紧缩过程 …… 281
四、存款货币创造在量上的限制性因素 …… 285
第四节　货币供给的决定机制 …… 287
一、由存款派生引出的货币供给模型 …… 287
二、基础货币“质”和“量”的规定性 …… 288
三、基础货币变动与中央银行调控 …… 290
四、货币乘数 …… 292
第五节　货币供给的调控机制 …… 295
一、货币供给宏观调控模式的转换 …… 295
二、货币供给调控机制的组成 …… 297
三、中央银行调控货币供给量的困难性和复杂性 …… 298
第六节　货币供给与相关经济范畴的联系 …… 300
一、财政收支与货币供给 …… 300
二、利率、汇率变动与货币供给 …… 300
三、虚拟经济与货币供给 …… 302
第十一章　货币均衡 …… 305
第一节　货币均衡及其理论模型 …… 305
一、货币均衡的含义 …… 305
二、货币均衡与社会总供求平衡 …… 306
三、货币供求均衡的理论和实证模型 …… 307
第二节　货币失衡及其调整途径 …… 311
一、货币失衡的原因分析 …… 311
二、从货币失衡到货币均衡的调整 …… 313
第三节　开放经济条件下的货币均衡 …… 315
一、国际收支与货币均衡 …… 315
二、国际储备与货币均衡 …… 318
三、国际资本流动与货币均衡 …… 320
第十二章　通货膨胀与通货紧缩 …… 323
第一节　通货膨胀及其效应 …… 323
一、通货膨胀的含义 …… 323
二、通货膨胀的类型 …… 324
三、通货膨胀的度量 …… 325

四、通货膨胀的效应…………………………………………………………………… 326
第二节 通货膨胀的成因与治理……………………………………………………… 330
一、通货膨胀的成因…………………………………………………………………… 330
二、通货膨胀的治理…………………………………………………………………… 333
第三节 通货紧缩及其理论…………………………………………………………… 337
一、通货紧缩的含义…………………………………………………………………… 337
二、通货紧缩的分类…………………………………………………………………… 338
三、通货紧缩的理论…………………………………………………………………… 338
第四节 通货紧缩的危害与治理……………………………………………………… 340
一、通货紧缩的危害…………………………………………………………………… 340
二、通货紧缩的治理…………………………………………………………………… 341
第十三章 货币政策调控………………………………………………………………… 345
第一节 货币政策及其目标…………………………………………………………… 345
一、货币政策的含义及其构成要素…………………………………………………… 345
二、货币政策的最终目标……………………………………………………………… 345
三、货币政策中介指标………………………………………………………………… 349
第二节 货币政策工具………………………………………………………………… 350
一、一般性货币政策工具……………………………………………………………… 350
二、选择性货币政策工具……………………………………………………………… 359
三、其他补充性货币政策工具………………………………………………………… 360
第三节 货币政策的传导机制和时滞………………………………………………… 360
一、货币政策的传导机制……………………………………………………………… 360
二、货币政策时滞……………………………………………………………………… 364
第四节 货币政策有效性及其理论…………………………………………………… 366
一、货币政策有效性的含义…………………………………………………………… 366
二、货币政策有效性理论……………………………………………………………… 366
第五节 中国货币政策的实践………………………………………………………… 373
一、计划经济体制下货币政策的实践………………………………………………… 373
二、改革开放以来货币政策的实践…………………………………………………… 373
第六节 开放经济条件下货币政策的国际协调……………………………………… 377
一、货币政策国际协调的含义和动因………………………………………………… 377
二、货币政策国际协调的基本方法和有效性………………………………………… 378
三、中国货币政策的国际协调及需要解决的问题…………………………………… 379
第十四章 金融发展、金融创新与金融风险…………………………………………… 382
第一节 经济发展与金融发展理论…………………………………………………… 382
一、经济发展与金融发展……………………………………………………………… 382
二、经济结构与金融结构……………………………………………………………… 386

三、金融发展理论的局限性及其完善…………………………………………………… 387
第二节 金融脆弱性与金融危机……………………………………………………………… 388
一、金融脆弱性的含义及其根源……………………………………………………… 388
二、金融脆弱性的表现…………………………………………………………………… 389
三、金融脆弱性与金融危机的联系…………………………………………………… 391
第三节 金融创新与金融监管………………………………………………………………… 391
一、金融压抑与金融深化………………………………………………………………… 391
二、金融创新及其原因和内容………………………………………………………… 395
三、金融监管的理论和实践…………………………………………………………… 397
四、金融创新与金融监管的关系……………………………………………………… 399
第四节 互联网金融——金融发展中的新业态…………………………………………… 402
一、互联网金融概述……………………………………………………………………… 402
二、互联网金融的主要商业模式……………………………………………………… 405
三、互联网金融的风险防范和监督管理…………………………………………… 408
四、互联网金融的管理…………………………………………………………………… 411
第五节 金融开放与金融安全………………………………………………………………… 412
一、金融全球化下的金融开放的现状……………………………………………… 412
二、金融开放条件下的金融安全……………………………………………………… 414
三、开发经济条件下金融风险的防范与化解……………………………………… 417
参考文献……………………………………………………………………………………………… 423

导论 金融的界定、结构、功能及学习方法

有人将金融这座大厦比作是一个神幻无比和高雅神圣的殿堂。确实，金融学科涉及领域之广，使您深感渺茫无边，自己犹如浩瀚大海中的一叶孤舟；金融学科探求理论之深，实在让人望而生畏，仿佛掉入深渊不可测试；金融学科接触问题之新，会让人目不暇接和无所适从；金融学科变化之快，确实让人有迅雷不及掩耳之感。在经济学领域中，金融的核心作用是举世公认的。初捧“金融学”教科书的人，先粗略了解一下“金融”一词的古今中外以及其功能的变化，科学掌握学习方法和入门路径，至少为打开这一殿堂拥有一块敲门之砖。

一、“金融”一词的界定与演变

（一）中国古籍书中的金融概念

据资料，“金融”一词最早出现于元末陶宗仪编写的“说郛”文献中，用金融描述所观察到的自然现象，这里的“郛”，是指城外面围着的大城。以后，在文字记载中，“熔”字和“融”字相通。1915年出版的《辞源》称：“今谓金钱之融通曰金融”，“各种银行、票号、钱庄曰金融机关”。

（二）“金融”一词的演变

据查证，20 世纪 30 年代南京中央政治大学赵阑秤教授编写的《货币学》首先出现“金融”一词，并提及“金融恐慌”、“金融状态之恶化”等。以后的教科书常用为：“金融，即货币资金的融通”，意在表明它在货币资金盈余者与短缺者之间调剂余缺。1990 年由经济管理出版社出版的《中国金融百科全书》中“金融”的词条为：“货币流通和信用活动以及与之相关的经济活动的总称。”其合理性是将货币流通和信用活动融为一体，但这一定义毕竟限制了金融功能的发挥，也淡化了市场的作用。至今，关于金融定义，有学者著书谓“现代金融是以货币或货币索取权形式存在的资产的流通。”据此，现代金融这一庞大系统大致包括与物价有紧密联系的货币流通；银行与非银行金融机构体系；短期资金拆借市场；资本市场；保险系统以及国际金融等领域。

（三）西方国家关于“金融”的解释

其实，金融一词西方先于东方，英语为 Finance，词源的源头来于拉丁词 finis。英语“F”直接来源于古法语词 finis，表示“结束”即“借贷结清”之意思，可见，其本意是“货币资财及其管理”，有时也译为“财政”，指“盈利与风险的平衡”、“投资理论”、“资产最优组合”、“资本资产定价”等。近代比较权威的《新帕尔格雷夫经济大辞典》中，将金融定义为“资本市场的运营和资本资产的供给与定价”。依据这一定义，金融的基本内容应该是：有效率的市场；风险与收益；替代与套利；期权定价和公司金融等。但这一定义扬弃了货币与信用这一金融理论与实务的重要依托，舍去了金融宏观管理与政策，应该说并不科学。

（四）革命导师对“金融”的评价

革命导师对货币、银行及其他金融范畴都给予很高的评价。马克思、恩格斯在他们的著作中强调：货币是第一推动力和最终推动力。列宁在阐述当时苏联的新经济政策时也指出：“银行是现代经济生活的中心”。1991 年春天，邓小平同志南巡途中在高度评价上海浦东新区实施“金融先行”的做法时指出：“金融很重要，是现代经济的核心”。2002 年 2 月中共中央召开的全国金融工作会议上强调：“搞市场经济，就离不开发达的金融”，并从三个方面与时俱进地创造性地阐述了邓小平同志关于金融的理论：一是金融在资源配置中的核心作用；二是金融在调节经济中的重要作用；三是金融是国家经济安全的核心。党的十八大提出建设中国特色社会主义市场经济的全面小康社会和遵循科学发展的战略思路，进一步强调金融对社会资源优化配置、促进生产方式转变和实现社会经济的和谐发展的重大作用。

（五）如何把握“金融”的真正含义

如何正确把握金融的含义，一是不能忽视金融是以融资活动为主体；二是在金融创新前提下随着融资活动的发展变化，无论是融资的机构、规模、结算方式和工具，也在不断地由单一向多元、简单到复杂推进。三是要从不同的角度往往有不同的定义：如从范围看，金融有狭义和广义之分，狭义金融往往定义为货币资金的融通，而广义金融不仅涉及货币、信用以及与此有关的所有交易行为的集合，而且还涉及货币供给、银行与非银行信用、以证券交易为操作特征的投资、商业保险以及以类似形式运作的所有交易行为的集合。再如：从融资活动的运作机理看，可将金融定义为金融资产的交易行为；从融资活动的领域和着力点考察，可将金融定义为资本市场运营和资本资产的供给及定价；从融资活动主体的行为目标考察，可将金融定义为风险与报酬的权衡；从融资活动的社会效应考察，可将金融定义为不同主体对货币资金的管理等。

二、百年金融功能的变革

据考证，世界金融业已有百年的重大变革历史，从20世纪后期始，随着全球经济一体化和金融全球化，以及计算技术和信息技术的飞速发展，无论是发达国家还是发展中国家，现代金融功能都发生了一系列巨大变革，主要表现在以下几个方面：

（一）现代金融的战略地位得到极大提升

传统金融功能被简单地局限于“信用中介”，而现代金融功能的发挥主体不仅指银行，而且已拓展到证券、保险等领域。其涉及的业务，不仅是融资，而且是投资。更引人注目的是，现代金融首先表现为全球战略问题，由金融业所经营的货币资金的同质性和全球经济的一体化、市场化趋势所决定，国与国之间、地区与地区之间的联系，主要依靠马克思称为“第一推动力”和“持续推动力”的货币作为“连接器”的作用来实现。与此同时，现代金融也是一国的宏观战略问题，在市场经济条件下，一国商品供给决定了一定时期的货币需求，货币需求对应于货币供给，而货币供给又形成了对商品的需求。所以，一国货币供求的平衡大体上可以演化为社会总供给和社会总需求的平衡，显然这一宏观平衡是国民经济科学发展的重要保证。另外，金融市场、金融危机、金融霸权、金融创新、金融监管等，都与现代金融功能的发挥密切相关。

（二）金融与经济相互渗透，互为因果

传统金融强调对经济的从属性、被动性和工具性，单纯认为“经济决定金融，金融反作用经济”。但现代经济作为金融经济，其资产和财富的形式、各种交易方式和手段、经济关系和理念等，都无不体现金融化的特征。金融不仅是经济的“一部分”，更重要的是“核心部分”，一位金融学专家说得对：“离开了金融的经济，已不再是现实的经济；离开了经济的金融，也不再是现实的金融”。所以单纯从“决定”和“被决定”的传统思维中去理解经济与金融的双向关系已远远不够了，还需要从不同的角度和方位加以研究考察。例如传统的“政治经济学课程”讲述“经济危机引起金融危机”，而近几十年来的事实证明，多数是“金融危机在先，经济危机在后”。又如中国经济体制改革中，客观上要求在较多方面必须金融改革要超前于经济改革。

（三）金融创新层出不穷，金融监管难度加大

从理论上讲，金融创新是指金融领域内各种金融要素的重新组合。具体而言，金融创新

是指金融机构为生存、发展和迎合客户需要而创造的新的金融体制、新的金融产品、新的金融交易方式、新的金融市场以及新的金融机构等。随着金融功能的变革、科学技术的发展以及金融电子化、工程化、自由化进程，现代金融创新异军突起、层出不穷。据统计，目前全球金融衍生产品就有一千多种。但事实也告诫我们：作为金融发展动力的金融创新是把“双刃剑”，它既起到加速资本流通、降低金融成本、高效配置资源等作用，同时也在客观上造成了金融资产虚拟化和金融风险多极化，给金融宏观调控和金融监管增加了难度。

（四）金融体系日趋庞大复杂

长期以来，传统金融仅指银行业，其业务范围也仅局限于货币信用。现代金融体系已是一个复杂的庞大系统。这个庞大系统中的各金融范畴之间呈现着紧密联系和相互牵制关系，且在不断地延伸和拓展。从组织机构看，有银行、证券、保险三足鼎立；从经营性质看，有经营性金融和政策性金融、间接金融和直接金融、宏观金融和微观金融、国内金融和国际金融之分；从其涉及的范畴和领域看：有货币、信用、利率、外汇、汇率、股票、债券、货币需求、货币供给、通货膨胀和通货紧缩等等；从其外延看，金融与政治军事、经济社会、财富资源、资产价格、投资融资、财政税务、道德法律、科学技术等均存在有紧密的相关度。与此同时，伴之以金融创新的日新月异，金融企业的合并、兼并和重组风起云涌，各金融主体之间的融合和分裂时起时伏，促使有关权威部门公布的特大金融机构的资产和利润排名榜不断刷新。总之，金融虽有其独特的运行规律，但其实质上是一国的国民经济问题，是一国以至于全球经济状况的集中反映。

三、现代《金融学》的框架结构

由上述对金融的界定可见，在现代社会经济中，金融学科涉及的范围之广、理论之深、创新之多、变化之快是一般专业难以比拟的。金融体系是一个极其庞大的复杂系统。本教材从2000年第一版始，在内容上率先改变了传统的《货币银行学》教科书分国内和国外两大版块的编写体例，将国内外融合在一起，这样的安排应当是符合我国已进入市场化和国际化进程之现实的。由此，本教材对现代金融学的框架结构作以下安排：

金融
- 导论：金融的界定、结构、功能及其学习方法
  （粗略理解金融的古今中外、金融学的基本内容和学习途径）
- 上篇：金融范畴篇
  （掌握包括货币和货币制度；信用、利息与利率；外汇与汇率等金融的基础性范畴）
- 中篇：金融市场和金融机构篇
  （包括国内外金融市场的构成和分类，以及重点介绍作为金融市场重要参与者的商业银行和作为国家金融监管当局的中央银行等金融服务载体。）
- 下篇：金融宏观调控篇
  （把握货币需求（Md）和货币供给（Ms）及其货币供求均衡（Md = Ms），

本教材在框架结构上力求做到上下紧扣、层层推进，具有很强的逻辑联系：

（1）货币作为金融的本源性要素，金融学首先要弄清和解决的是货币质和量的规定性以及货币制度的演变问题。所以，第一、二章就分别安排了货币和货币制度的内容。

（2）随着商品经济的发展，货币资金的运动必然要求“时间上继起、空间上并存”，在活动领域和数量上呈现不断扩大的趋势，这就需要依托信用，有了信用也才有利息。应该说，信用和利息本应属于同一范畴。从银行角度出发，常将信用看作信贷，但是信贷主要是着重解决“贷与不贷、贷多贷少、贷长贷短”的问题，而利息主要是通过利率的高低来调节国民经济，所以信贷和利息又有其各自的特点。由此，第三章就安排了有关信用、利息和利率的内容。

（3）随着改革开放政策的实施，在国际货币收支中必然牵涉到一个外汇与汇率问题。外汇也可储存，即成为一国的外汇储备。这些跨国的金融范畴又涉及针对一国和他国经济社会的关系和影响问题。由此，教材中安排了第四章的内容。

（4）货币资金运动、信用利率和外汇汇率等经济杠杆的运用，都要以金融市场和作为金融市场的金融中介机构（包括中央银行、商业银行与各类非银行金融机构）为依托，这样金融活动才能得以正常运行、故在第五章到第八章安排了金融市场和金融机构的内容。

（5）实践证明，整个金融活动归根到底是一个如何确定合理的货币供求量问题。当今世界已进入货币虚拟化时代，为确保金融活动的顺利进行，实质上还是离不开如何寻找一个合理的货币需求并如何依据现实经济状况建立与之相适应的富有弹性的宏观调控机制问题，这就涉及第九章货币需求、第十章货币供给和第十一章货币供求均衡的问题。

（6）实践状况是，货币需求量因种种原因难以符合客观要求，货币供给也常有失控现象存在，这就需要正视经济运行中的通货膨胀和通货紧缩，以及如何用货币政策给予宏观调控的问题，这是第十二章和第十三章的主要内容。

（7）应该肯定，以上各现实金融要素（包括货币资金、市场、机构和政策等）的活动，其最终目标是为了通过防范和化解金融风险，实现金融效率和安全。这一方面是由金融业的特征所决定，它本质上是一个经营风险的行业；另一方面在金融全球化条件下，金融创新层出不穷使得金融监管的难度加大，这就涉及如何防范和化解金融风险问题。由此，第十四章安排了这方面内容。

可见，本教材在内容安排和整体布局上是依据金融业的发展过程、运行特征和现实要求设置的，注重具有一定的时序性、现实性和逻辑性。

四、现代金融业的定位

从世纪之交金融功能的巨大变革中看出，传统金融的观念和界定已经过时，现代金融业的含义也已远超越于传统金融业，可简要概括为：

（一）现代金融业是先导性产业

现代金融业首先是一个产业，因为它具备一般企业的主要特征：在 GDP 构成中已有相当的比例和贡献，金融商品的交易量已大大超过了实物商品的交易量，金融业与一般企业一样，是法人治理，也讲成本和收益，同样交纳税收，也要“自负盈亏、自担风险”，所不同的是其经营的是特殊商品—货币而已。更重要的是必须认识到，现代金融业又是一个先导性产业，这是因为：现代金融拥有币值支配、利率支配、资金支配、信息支配和金融资源选择功能，它的运作形成了一个庞大的市场，这一金融市场产生着巨大的吸引力、推动力和竞争力，促使作为第三产业的金融业，已向市场化、产业化、工程化和信息化为主要特征的龙头产业发展。可见，其先导性在于它以金融创新为灵魂，发挥着社会经济的“核心指挥”和“大脑支配”功能，通过货币资金的分配和组合、利率和汇率的调整、金融资产的选择、信息工具的提供等，不断拓展新的投融资领域，加快产业转型和升级，不断优化产业结构和产品结构，从整体上促使国民经济快速、协调和持续地科学发展。

（二）现代金融业是风险性产业

由金融业经营货币这一特殊商品性质以及金融机构的业务特征所决定，金融商品具有一般的使用价值，具有极强的流动性和不确定性，金融业主要依托发展负债来经营资产，具有一套特殊的操作技术，并受到国家货币管理部门的宏观调节、控制和社会诚信度的制约。所以，一旦金融管理当局的宏观决策失误或金融企业的经营活动失败，必将破坏整个社会信用资金循环的连续，导致局部甚至于整个信用链条的断裂，最终会引发货币信用和金融危机，由此造成对整个社会经济的紊乱。而且，随着经济金融全球化不断深入，虚拟金融资产的不断扩大和金融创新的层出不穷，金融的整体形态和变化机理都出现了重大变革。由此，在金融风险的规模、频率、传导和扩散等方面也呈现一系列新的特征，促使金融风险的诱发因素增强，不确定性程度提高和复杂多变性增多。据有关资料，1980 年以来，世界上已有 120 个国家发生过严重的金融问题，耗资高达 2500 亿美元。可见，金融安全已成为现代社会的一个重大而严峻的重大问题。

（三）现代金融业是服务型产业

实践证明，金融业一切经营活动的宗旨就是向社会公众提供各种金融服务，具体表现在：为促进各种生产要素的结合提供投融资服务；为提高经济效益、降低成本提供货币收支结算服务；为保障良好的经济运行秩序提供信用记录服务；为保障政府和社会成员利益、防范和化解风险提供信息服务等。随着金融创新的深化、金融资产的证券化、金融业务的拓展、金融电子化程度的提高，要求金融服务模式和水平将提升到一个新的层次。与此同时，通过金融业的优质服务，实现了金融业自身的价值和求得金融业稳健地发展。所以，社会公众也即社会资金的供、需求者不仅是金融业服务的对象和市场形成的基础，同时也是金融业生存之本、发展之根和竞争力之源。

（四）现代金融业是知识密集型产业

现代经济是知识经济，具体说是高度智能化、社会化、市场化和文明化的经济，知识密集型与技术密集型是先进生产力和现代文明的重要体现。作为现代经济核心的金融业是现代文明的重要组成部分。与其他部门相比，金融业是率先广泛应用计算机技术和网络通信技术等先进科技手段的行业，其知识和技术含量高，需要具有相当水平和层次的复合型人才与之相适应。特别是作为推动金融业发展不竭动力的金融创新，更要求金融人才必须以全新的理念和聪慧的头脑去面对现实，寻找有效的发展途径。

（五）现代金融业是优化资源配置的产业

长期以来，传统金融理论将金融业仅划归为流通领域范畴，连银行工作的同志也认为自己只是从事“点点票子、推推箱子、管管钥匙”的出纳会计工作，没有能充分发挥货币市场、资本市场和保险市场的重大作用。其实，金融业既是流通范畴、服务范畴，也是一个分配范畴，从本质上来说更重要的是一个属于分配的范畴。马克思对分配的解释是它既是“生产物”的分配，更重要的更大量的是“生产条件”的分配。金融业从经济发展的战略出发，通过信用、利率、汇率等经济杠杆的运用、资产结构的调整、资产价格的确定、金融资产证券化和股份化以及重组兼并等手段，实现对“生产条件”的有效分配，对货币资金这种稀缺资源的优化配置。所以说，现代金融业在很大程度上是指人们从事金融资产配置的经营方式，其核心内容所涉及的主要是金融市场上金融产品的定价问题。

五、金融学科的学习方法

随着经济的发展，现代金融学科所涵盖的内容也随之拓展和深化，金融学科的研究领域以远不限于货币信用和银行，其研究内容主要涉及银行、证券和保险三大部门及其相关的理论和实务。

实践证明，金融学科领域之广、理论之深、内容之新、变化之快是一般学科所难以比拟的。要想加强金融学科建设，尤其是如何学好“金融学”这一金融学科的基础性课程，主要应做到以下几点：

（一）坚持以中国特色社会主义的科学发展理论为指导

在以马列主义、毛泽东思想指引下，邓小平理论给予金融有很高的评价。我们要以此为指导，在努力掌握基础知识和基本理论前提下，注重联系中国改革开放以来的实践，坚持和善于用科学发展的理念和思路，去分析和解决具有中国特色社会主义市场经济在金融领域中的一系列问题，这既是当务之急，也是必由之路。

（二）明确金融学科的定位

作为金融学科，不仅要注重总结其金融运行的规律，而且还要注重这一规律的具体应用。它既是一门理论学科，也是一门应用学科，具有双重学科的性质。而且，金融学科作为一个“体系”，它是由一个学科群组成，且这一学科体系有一个从低到高、从窄到宽、由浅入深的演变过程。“金融学”是这一学科群中起主干和基础性作用的课程，要跨入金融“殿堂”，首先必须要将这这一专业基础课学好。

（三）把握住金融学内容的纲领性、时序性、逻辑性和现实性

本教材以介绍金融基础理论和基础知识为主线，以货币资金运动、信用活动并与之密切

联系的金融市场和金融机构为载体，以货币政策与金融调控为主要手段，以深化金融改革、防范和化解金融风险为出发点和归宿点。全书内容上下紧扣、层层推进，在学习时一定要把握住本教材具有很强的纲领性、时序性、逻辑性和现实性。这样才能真正做到深入领会、举一反三、牢固掌握并学以致用。

（四）金融学科要以经济社会发展为依托

在学习中不唯书，要唯实。应注意不就货币论货币，不就信用论信用，不就金融市场论金融市场，而要以经济社会包括全球这一大背景来进行系统、深入的研究分析，从经济与金融的关系中去把握问题的实质，坚持改革开放和科学发展。当前，更要重视基础理论的研究、前瞻性的研究，不仅从宏观角度还要从微观角度进行研究、也要重视跨学科的综合研究等。

（五）学习和剖析金融问题因注重因“势”而“变”

现代金融业作为一个先导性产业，它涉及方方面面的问题，实质上是一个国民经济问题。随着世情、国情、市情和地区情之“变”，随着我国改革开放政策的实施和不断深化，以及“大众创业、万众创新”的势头兴起，金融领域的诸多方面不仅在理论上而且在实践中也随之而“变”。例如：货币的形态，金融活动的领域，金融的地位和功能、金融结构、金融业经营模式、金融市场融资方式及其作用、货币政策的调控机制、金融风险的表现形式和生成机理，以及金融的理论等也在随之而“变”。我们必须注重和沉着应对金融领域中的种种新情况、新问题，因势而“变”，坚持与时俱进，努力在“变”中把握金融发展和运行的客观规律，真正做到“变”中求新，“变”中求进，“变”中突破，更好更多地发挥金融对社会经济的重要作用并作出其应有的贡献。

（六）正确处理好中西结合的问题

在西方国家发达市场经济相对成熟、法制也较健全条件下，往往对经济学和金融学的研究侧重于宏观和微观的技术性问题，将人与人的经济关系作既定前提，以货币资金这种稀缺资源的有效配置为主题。而中国尚处社会主义初级阶段和经济转型时期，人们之间合乎改革目标要求的利益关系尚未理顺和形成，所以必须既要融国内金融和国际金融为一体，又要在注重借鉴和鉴别西方国家已有研究成果的基础上，遵循市场经济规律，紧密结合中国国情，采用有效的研究方法和措施。也只有这样，才能得出符合实现中国特色社会主义实际的正确理论，并提出解决问题的切实有效途径。

六、教学与学术报告课件选（共 13 件）

苦心天不负　有志事竟成

——谈谈有关编写《金融学》教材那些事

曹 龙 骐　教授

金融学博士生导师

《金融学》教材主编

1

主 要 内 容

一、我与金融有缘分

二、提升理念勇创新

三、执着而为事竟成

四、追求卓越无止境

2

一、我与金融有缘分

1. 踏进金融殿堂是我命中注定；
2. “热爱是最好的老师”；
3. 一生与金融相伴；
4. 我爱金融与我爱我家；
5. 一分耕耘、一分收获；
6. 编写《金融学》教材与高教出版社的情愫。

3

二、提升理念勇创新

1. “理念”也是生产力，是解决“敢干、能干”的关键。
2. 提升理念首要的是对金融学科要有一个全面深刻的认识：

- 金融学科有一个从无到有、从少到全、从分到合、从窄到宽的渐进式发展过程；
- 金融学科领域广、理论深、变化快、问题多；
- 与金融学科紧密联系的金融业，具有先导性、风险性、优化资源配置和服务型的定位，其战略地位已极大提升；
- 金融学课程不仅是金融专业也是经济类专业的核心课程，是既重要又难学的课程。

4

3. 坚持开拓创新是编写好《金融学》教材的“根”、“魂”所在

- 在总体框架上：既中外合璧，又结合国情。即率先改变传统《货币银行学》将国内金融和国外金融分两大块安排的做法，新版《金融学》将相关内容融合在一起；又注重紧密结合我国的实际，特别是经济金融改革开放的实际。体现教材既简练又有利于两者的“比较、鉴别”。
- 在内容结构上：既融为一体，又环环相扣。有“头”（即导论），主干内容分上篇（金融范畴篇）、中篇（金融市场与金融机构篇）、下篇（金融宏观调控篇）、有“尾”（第十四章，重要金融理论剖析）。以上五个方面的层次组合较好地体现本教材的整体性和逻辑性。

5

- 在主线定位上：既脉络清晰，又内容取舍有度。从货币作为金融的本源性要素的剖解——依据货币资金“动”的客观存在，剖析信用、利率、汇率等主要金融范畴以及它们如何依托金融市场和各种金融中介机构发挥作用——如何确定货币需求和货币供给及其实现供求均衡——货币均衡目标下和货币失衡（通货膨胀和通货紧缩）的货币政策调控——最后归纳到金融与经济、与创新、与风险、与监管的关系上来，以确保金融安全。整体上力求“出发点”和“归宿点”相呼应、金融活动的各个环节既紧密又有序相联，尽力使师生感到主线明确，脉络清晰。

6

- 在内容取舍上：要主次有度。主要指：一是在世界进入市场化、全球化的今天，金融的一些制度、体制、原理、方法等均有类同，可合放在一起，以避免重复，节省篇幅；二是既全面又有重点；对金融学的原理和常规性、基础性问题绝不能忽视；三是对我国改革开放中的一些重大问题决不能遗漏；四是经济发展中的一些与金融相关的新问题，一定要补上。总之，要保证教材的科学性和前瞻性。
- 在目标确立上：力求做到“读者喜读、老师易教、学生好学”。

7

三、执着而为事竟成

1. 15年来，从1版到5版连续5次修订，平均3年一次，以求精益求精；
2. 15年来，在高教出版社组织下，编写组成员先后到浙江、北京、广州、宁波、济南、南宁、昆明等地进行调研，了解一线师生对本教材的真实需求和意见、建议；
3. 教辅材料包括教学案例（用二维码与新教科书连接）、PPT教学课件、教学视频、试题库等，既要做到“全”又要求“新”；
4. 以本教材《金融学》为专业基础和核心教材配套出版的《应用型高校金融系列教材》（如《金融投资工具比较与应用》、《互联网金融》、《金融综合实训指导手册》等），实施金融教学改革，已反应良好，初见成效；

8

5. 经15年来的苦心努力，本教材在国内已有较大影响：

- 15年来一直列为“高等学校经济类核心课程教材”和“金融专业主干课程教材”；
- 2003年7月，评为教育部“面向21世纪课程教材”；
- 2003年8月评为“高等教育百门精品课程教材计划一类精品项目”；
- 2006年7月荣获教育部“普通高等教育‘十一五’国家级规划教材”；
- 2011年获高教出版社“高等学校经济学、金融学专业主要课程精品系列教材”；
- 2012年6月再荣获教育部“普通高等教育‘十二五’国家级规划教材”；
- 2012年3月，获深圳市第五届哲学社会科学优秀成果“优秀教材奖”（排名第一）。

9

- 15年中，《金融学》教材多次获深圳大学优秀教学课程奖、精品教材奖、教学成果奖等；
- 相关教材：曾康霖教授主编、本人担任第一副主编的《金融学教程》中国金融出版社2006年4月出版，（21世纪金融类研究生系列教材），获“2006年中国金融教育优秀成果著作类一等奖”；
- 相关辞书：1990年11月由中国财政经济出版社出版的辞书《财经大辞典》，本人为金融卷主编，获国家社科项目二等奖。

10

6. 社会反应好和评价高。迄今为止，本教材已达30多次印刷，发行量共计80多万册，约有100多所高校使用本教材：

- 我国著名金融学家曾康霖教授："这是一本适用性、比较前沿性的有助于培养金融学家学生能力的教材"；
- 著名金融学家王学青教授："结构上、编写风格上有创新意义，有鲜明特色，是一部国内高校金融类教材中优秀的教材"；
- 高教出版社："它是现阶段使用高校多、使用量大的主流教材之一"；
- 《经济学动态》2001年第8期评论文章指出，本教材的特色："一是能对体系进行大胆探索和创新，重构了具有一定特色的《金融学》总体框架；二是对许多重大问题从理论上进行了有价值的探索与创新。"

11

四、追求卓越无止境

1. 要树立感恩思想：感恩在教学一线的老师和同学们，感恩高教出版社的编审们，感恩始终支持我们的各级领导，感恩不断殷切关注本教材的广大读者和业内人士们。
2. 着手做好修订第六版的准备，更好地实现"责任担当、补好短板、追求卓越、回报读者"的意愿。
3. 有幸的是，最近本教材已纳入深圳大学"广东省高水平大学建设"的重点项目，编写组又增加了新生力量，相信我们将来会做得更好！

12

必须重视对投资项目的经济评价

讲授内容

一、投资项目的经济评价概述

二、经济评价法的主要内容

三、经济评价法的优点所在

一、投资项目的经济评价概述

1. 投资项目经济评价的重要性及与银行的关系

投资项目的经济评价（或称可行性研究）是项目成败的首要决定步骤。它与银行信贷的风险存在着重大和密切关系。

从银行信贷资金运动的性质分析：

银行信贷资金运动从本质上说是属于一个分配的范畴：

（1）从信用的本质含义看：首先是一个生产条件的分配，然后是物的分配；

（2）从信用的基本职能看：动员和再分配社会资金，它不改变所有权，但改变了支配权；

（3）从信用体现的关系看：还有一个利率，以及关系到存款者、贷款者和银行三者之间的利益关系。

从信贷资金运动一个周期图解分析

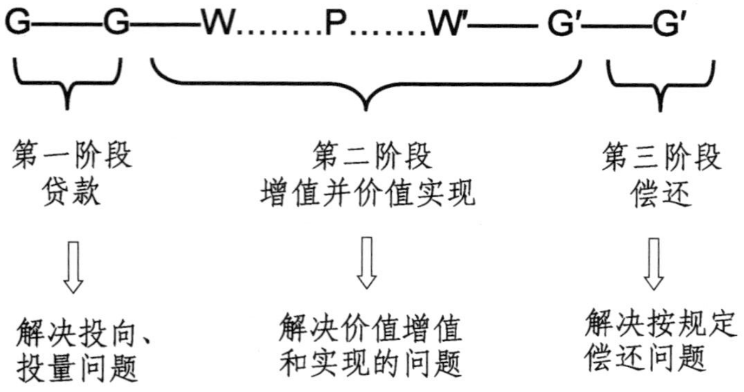

2. 投资项目的经济评价法是当前世界银行对投资项目采用的最科学的评价方法

经济评价方法是相对于投资项目而言的。投资项目的经济评价方法是从国民经济的总体出发，运用一系列科学方法和指标体系来确定投资项目的可行性。当前世界银行对中国投资项目的评价就是采用这种方法。

3. 相对于我国简单的财务分析法而言，经济评价法科学得多

就我国投资项目的评价来说，多数采用简单的财务分析法，即着重从投资回收的角度用市场价格来进行盈亏平衡分析，一般是将利润总额加上税金与总投资相比来衡量财务收益和投资回收期限。例如，某项目需投资1000万元，每年净收益100万元。10年后投资将全部收回，到时投资和收益相抵。实践证明，这种简单的财务分析法就其科学性和实用性而言，远比经济评价方法要差。

简单的财务分析法与经济评价法的比较

	简单的财务分析法	经济评价法
研究方法	“前”“后”研究	“有”“无”研究
价格影响因素确定	市场价格	经济价格（也称影子价格）
货币时间因素确定	不考虑	考虑
货币价值因素确定	通常的财务核算	现值法（即用净现值计算）
投入产出计算	简单总收益率=（利润总额+税金）/总投资支出	用净现值计算投资项目的内部收益率
外部经济性	不考虑	注重考虑
风险与不确定因素	盈亏平衡分析	敏感性分析

二、经济评价法的主要内容

1. 强调“有”、“无”某一投资项目的比较

在进行投资项目分析中，一般关心的是所确定的成本和效益，往往把功劳都摆在“有这个项目上”。其实，就项目兴建的前后对比，并不能反映生产变化的真实情况。因为它往往忽视项目的发展趋势，更没有考虑与“无”这个项目会产生什么情况来进行对比。这种“有”、“无”该投资项目所产生的差别，就是这一项目投资所引起的增量净收益。

以一个农业投资项目为例，如某一地区稻谷产量以每年2%的速度递增，修建灌溉工程后使产量大增。如果只是简单地将建设项目前后的产量加以比较，就会误以为稻谷产量的提高全部归功于灌溉工程的投资，事实上，对灌溉工程投资所引起的增产只是指2%以上的那一份。

由图看出，由于修建灌溉工程后的增量净收益是AFB，而不是AFC。

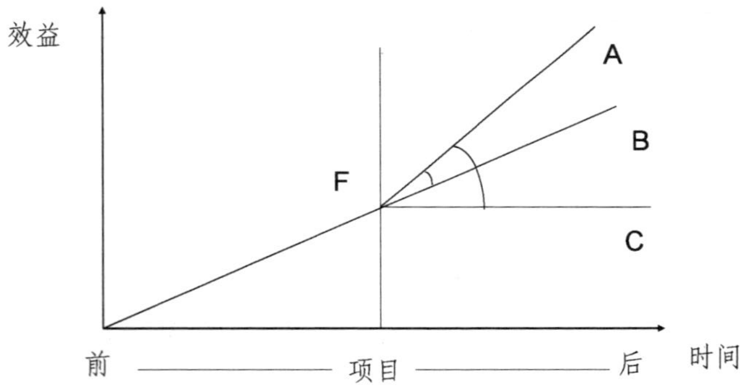

所谓影子价格，也称最优价格，它反映资源得到最佳配置的价格。经济评价法认为，各国现行市场均不同程度地存在市场价格不能正确反映国民收入的事实，造成许多投入和产出在价格上有 吸引力，但从宏观经济角度看是不合理的，这就需要用换算系数将市场价格调整为影子价格（经济价格）。

2. 将现行的市场价格调整为影子价格

经济评价法认为：因为价格问题的复杂性，无论是在市场体制或计划体制的国家，均存在不同程度的市场价格不能正确地反映国民收入的事实。因而许多投入和产出的价格在经济上是不合理的，由此造成一些财务上很有吸引力的项目从宏观经济的角度分析其并不具有经济价值，而有些在财务上没有吸引力的项目经济价值反而更高。解决这一矛盾的办法是：将投入和产出的各项，用相关的换算系数将市场价格调整为影子价格。

换算因素=影子价格/市场价格

即影子价格=市场价格×换算因素

对外贸商品、非外贸商品、工资、土地等的市场价格都应用换算因素作相应调整。

(1)对外贸商品。西方国家的实际做法的核心因素是用国际市场价格作为参考。

(2)对非外贸商品。对因运输成本太高而成为非外贸商品者，前述对外贸商品确定影子价格的步骤仍然适用；如果该商品是由于国内外贸政策而成为非贸易商品的话，一项非外贸投入的影子价格通常被看作是它的影子生产成本（原则上为边际成本）：对稀缺（指供应有限）商品，可在其替代品的影子价格中获得。

(3)对工资。在原则上，影子工资率应该指一个本项目所雇佣的工人，假如他没有被该项目雇佣的话，是指他本来对国民生产所可能作出贡献的数额。

(4)对土地。使用土地应包括经济成本，因为要是没有这个项目的话，土地可以用于其它生产目的。

(5)对利息。关键是确定影子利率，即以实际（校正通胀影响）的价值表示的利率。

3. 考虑货币的时间价值，用净现值计算投资项目的内部收益率。

所谓现值，是指未来某一金额的现在价格，其计算公式：

$$P=V/(1+Y)^N$$

P：本金，Y：利率，N：期数

V=到N期为止的复利值

A、B两个项目的实际资金流量表

	A项目			B项目		
	计划投入（万元）	15%贴现因素	现值	计划投入（万元）	15%贴现因素	现值
1	800	0.870	696	900	0.870	783
2	820	0.756	620	880	0.756	665
3	850	0.658	559	860	0.658	566
4	910	0.572	521	840	0.572	488
5	920	0.497	457	820	0.497	408
总计	4300		2853	4300		2902

注：贴现因素，即 $1/(1+Y)^N$，指未来年中“1”今天值多少，他可以在贴现因素表中查到。

结果看出：AB两个项目虽都投资4300万元，但实际资金A项目比B项目稍省49万元。

净现值即一个项目总成本现值和总收益现值之差

运用净现值的目的是计算项目的内部收益率。

内部收益率是这样一种贴现率，即按照它所求得的净现值等于0，折成现值后的收益和成本比率等于1。

确定内部收益率的公式：

$$\text{内部收益率}=\text{一个较低的贴现率}+\text{两个贴现率之差}\times\frac{\text{在较低贴现率时现金流动的现值}}{\text{在两个贴现率处现金流动的现值之和，不考虑正负号}}$$

$$\text{内部收益率}=\text{一个较低的贴现率}+\text{两个贴现率之差}\times\frac{\text{在较低贴现率时现金流动的现值}}{\text{在两个贴现率处现金流动的现值之和，不考虑正负号}}$$

$$=20\%+（25—20）\%\times\frac{241.2}{241.2+139.3}$$

$$=23.15\%$$

净现值也可用图表表示

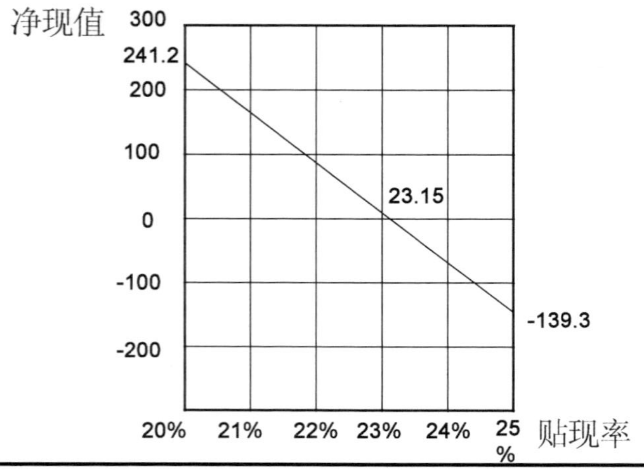

4. 注重投资项目的外部经济效果

所谓外部经济性是指经济主体（包括厂商和个人）的经济活动对他人和社会造成的非市场化影响。它分为正外部经济性和负外部经济性。

前者是某个经济行为主体的活动使他人和社会受益而受益者无须付出代价；

后者是某个经济行为主体的活动使他人和社会受损而造成外部不经济的个体却没有为此承担成本。

外部经济效果净额 ＝外部效益－外部成本

即除了考虑项目本身给国民经济带来直接效益外，对那些在财务上没有反映的外部效益（正、负）也要加以评价。

如：青藏铁路的建设

教育投资

又如：石化厂的环境污染

某些水利工程的效益评估等

三、经济评价方法的优点所在

（1）从一组一组项目的比较中进行选择，有利于国家从宏观角度确定投资项目，以实现经济结构的优化和资源的充分利用。

（2）用各种不同的换算因素将市场价格调整为影子价格计算，比较真实地衡量某一投资项目的收益水平。

（3）用现值法衡量项目的内部收益率，有利于从动态角度真实反映项目的实际价值。

（4）用现值法计算项目的内部收益率，能清楚地表达各种备选方案各自所能获得的最大收益或尽可能地减少人力和实物资源的成本，也有助于对投资项目进行决策分析和敏感性分析。

（5）经济评价法考虑投资项目的外部经济效果，有利于全面真实地评价项目的经济效益和社会效益，有利于国民经济的和谐、协调和可持续发展。

总之，一个投资项目的确定，决定了货币资金的投向和投量，这既关系到国民经济总体发展和结构优化的重大问题，也关系到社会资源的综合循环利用和优化配置，也是资产、资信评估得以正常开展的基础性工作。

所以，世界银行在其长期实践过程中应用的一整套对投资项目的经济评价方法是科学和有效的，对当前银行信贷工作有重要的借鉴意义。

虚拟经济：
一个虚幻而重大的课题

一、问题的提出

1.马克思曾用过：“幻想的虚拟的资本”一词；

2.目前全球虚拟经济的规模大大超过实体经济；

3. 金融创新使经济金融内容丰富、手段复杂；

4.全球经济危机和金融风险接连不断；

5.党的十六大报告中的最新提法；

二、概念之争

1.成思危：虚拟经济是指与虚拟资本以金融系统为主要依据的循环运动有关的经济活动，简单地说就是“直接以钱生钱的活动”。

2.谢荣兴：虚拟经济是以资本定价行为为基础而形成的一套特定的价值关系。

3.周小川：一级市场实际上是直接的配置资源，属实体经济范畴；二级市场上的证券交易，属虚拟经济的范畴。

4.王国刚：虚拟经济是用于描述以票券方式持有权益并交易权益所形成的经济活动的概念。

5.李　扬：金融总是构成虚拟经济的主要部分，但虚拟经济并不只存在于金融领域。我们索性将它等同于金融，为有利于对问题的研究。

6.陈　淮：虚拟经济是资本独立化运动的经济。资本以脱离实物经济的价值形态独立运动，这是虚拟经济之虚拟性的根本体现。

7.姜奇平：新经济即“虚拟经济”。

8.曾康霖:具有虚拟性质的交易要素所参与的经济活动总和。

9.青年学者晓林和秀生:虚拟经济创造和交换满足人们心理需求的价值，是信心经济。

上述种种观点，可以选取出本人认为较为正确的结论

1. 虚拟经济的主要内容是由虚拟资本的价格决定和独立运动构成；

2.金融与虚拟经济密切相关，虽不完全相同但有很大重合性，所以虚拟经济以金融（特别是资本市场）为主要依托；

3.虚拟资本，特别是金融衍生工具具有极大的渗透性，通过它的扩散和放大效应，使货币存量范围急剧扩大；

4.虚拟资本本身没有价值，但它通过在不断地循环周转中追求利润；

5.虚拟经济体现一种社会经济关系活动，最终受社会经济规律支配。重要的是分析金融资产和实际资源的联系程度。

6.虚拟经济体现一种社会关系，最终受社会经济规律支配。重要的是分析金融资产和实际资源的联系程度。

三、虚拟经济的理论基础和实践基础

（一）理论基础

1.西方学者理论：

（1）金融深化理论：1973年麦金农和肖建立了金融深化模型，分析金融抑制的危害，提倡金融自由化，反对利率控制。更重要的这一理论从宏观和微观角度完善金融体系，最终实现金融体系的良性可持续发展。

（2）有效市场理论：它告诉人们，有价证券价格可以反映宏观经济状况和上市公司的基本面，起到了信息传递的功能。

2.马克思的理论

（1） 关于价值和财富的社会属性原理。全面理解马克思价值理论的精髓，既要承认劳动决定价值论，更要认识到价值是社会关系引出，因此财富的本质也具有社会属性。

（2）关于货币不是现实再生产的要素，但它是现实流通的要素的理论。从货币产生起，由货币的支付手段职能的作用就产生了资源的跨地区、跨时间的配制问题，这已酝酿着经济的虚拟化。随着信用制度的发展，货币的作用则不断深化，成了经济发展的第一推动力和持续推动力。

（3）关于信用扩张的理论。马克思说：信用制度“事实上为生产造成一种内在的不断被打破的束缚和限制”的功能，所以货币供给总是虚拟的。

（4）关于资本（资金）本身具有强烈增值要求的理论。由闲置的货币资金到转贷生息，再到虚拟资本的交易（甚至是跨国的），最终形成国际金融市场，在追求高收益中潜伏高风险。

（5）关于虚拟资本的理论。马克思《资本论》第三卷第25章的标题就是《信用与虚拟资本》。马克思说，虚拟资本是“同实际资本相分离的，本身无价值却可被当做‘商品’进行交易的各种凭证”。

（二）实践基础

1.商品经济发展是虚拟经济的必要前提；

2.货币信用是虚拟经济的产生基础；

3.金融创新是虚拟经济的形成动力；

4.金融工具是虚拟经济的主要载体；

5.科学技术是虚拟经济的物质前提；

6.产权改革是虚拟经济的制度条件；

7.信息经济是虚拟经济的良好媒介；

8.金融风险是虚拟经济的生存场所。

四、虚拟经济的特征

1.虚拟性：由实体经济产生，但又可以脱离实体经济；

2.规模性：与实体经济比，要放大许多倍；

3.高流动性:只有价值符号(同质)的转移，采取无纸化、电子化的方式,交易过程瞬间即刻完成；

4.独立性：从衍生金融工具价格波动轨迹看，难以捉模摸

5.波动性:波动幅度和振荡频率极大；

6.周期性：循环往复，螺旋式推进；

7.风险性：规模大、品种多、范围广、变化快；

8.双重性：可推动经济发展，但也会带来巨大风险。

五、虚拟经济的意义

1. 为社会财富的增加拓展了现实经济活动的空间；

2.降低金融商品的运作成本和提高金融商品的效率；

3.强化投资者多元化资产组合和促进全球市场的一体化、证券化；

4.为经济领域提供一个风险交易机制；

5. 增强金融产业的持续发展动力；

6. 实现社会投融资的满足度和便利度，大大增强金融对国民经济的影响力；

7. 马克思货币必要量理论的历史性拓展和深化 ；

8. 真实比较一国综合经济实力的重要参数 ；

9. 认识和把握以虚拟经济为主体时代全球竞争的新特点 。

六、虚拟经济运行中的主要关系

1.虚拟经济与泡沫经济

（1）关于泡沫经济的界定；

（2）泡沫经济与经济泡沫的区别；

（3）泡沫经济对经济危害极大；

（4）虚拟经济膨胀会演变为泡沫经济。

2.虚拟经济与实体经济

（1）实体经济是虚拟经济的前提和基础；

（2）虚拟经济与实体经济的区别；

（3）虚拟经济可以脱离实体经济有其独自的运动规律。

3. 虚拟经济与资本市场

（1）虚拟经济的载体主要反映在证券市场和期货市场；

（2）虚拟经济主要通过资本市场中的交易扩张；

（3）虚拟经济与资本市场中的泡沫具有密切联系。

4.虚拟经济与制度建设

（1）衡量制度优劣的原则；

（2）隐含鼓励分配、压抑生产的诱导；

（3）反映典型的路径依赖效应。

5.虚拟经济与通货膨胀

（1）两者的内在联系；

（2）两者的本质区别。

6.虚拟经济与金融经济

（1）含义不同；

（2）角度不同；

（3）有重合面。

7.虚拟经济与货币经济

（1）反映关系不同；

（2）增长机制不同；

（3）扩张机制不同；

（4）两者有融趋势。

七、虚拟经济条件下的风险防范

1. 风险分析

(1) 虚拟经济以膨胀的信用化形态和实体经济发生互动，增加了经济运行的不确定性风险；

(2)虚拟经济周期与实体经济周期的过度背离，也可能诱发金融风险；

(3)虚拟经济膨胀演变为泡沫经济，这种泡沫经济从本质上讲是一种不能实现其市场价值的无效供给；

（4）虚拟经济条件下往往通过资本市场实现其交易扩张，直接影响资本市场的开拓、发展和功能的发挥；

（5）虚拟经济急剧膨胀，促进制度运行交易成本扩大和引导原则扭曲。

2.风险防范

防范风险的关键是把握好虚拟经济运行过程中客观存在的合理的“度”，而且这个“度”又是在综合经济、体制、交易，以至于政治、心理等因素的影响，在不断摸索和观察中形成，它既是一个庞大的系统工程，又是一个繁杂的多变过程。

事实上，客观存在的变量难以测定，但又无须测定，只要我们依据市场规律，加强调控，将金融资产价格控制在合理限度之内，金融稳定也可自然而成。

我认为：从货币经济到虚拟经济，实质上是马克思关于货币必要量规律性运行轨迹在当今世界进入虚拟经济领域的必然现象。

货币供给的四大机制

▲货币供给及其形成机制

1. 货币供给的涵义：是指一国在某一时点上为社会经济运行服务的货币量，它由包括中央银行在内的金融机构供给的存款货币和现金货币两部分构成。

几点说明：

- 货币供给是一个现实的存量概念。
- 货币供给是实实在在地反映在银行资产负债表一定时点上的银行负债总额。
- 具有重要研究价值的是合理的货币供给量。
- 货币供给量首先是一个外生变量，同时又是一个内生变量。

2. 关于存贷关系的争论

（1）存款决定贷款的理由

- **信贷计划是按存款量编制的；**
- **基层商业银行多存可以多贷；**
- **马克思：“对银行来说，具有重要意义的始终是存款”。**

（2）贷款决定存款理由

- 历史实证
- 公式依据：“存款+现金=贷款”
- 信贷为什么会失控？

3. 货币出自银行

（1）个人手持货币的来源：个人手持的货币最终只可能来源于银行和金融机构。

（2）社会各单位手持货币的来源：社会各单位的货币最终就只有一个来源——银行，从而全部流通中的货币也就只有一个出口——银行。

总之，对个人和社会各单位货币收入来源的分析说明，现实生活中的货币都出自银行，财政、企业单位、机关团体以及个人等只是货币的运用者，不得发行货币，货币只能由银行发行又不断回归银行，所以，银行是整个货币流通的中心环节。

图示：货币供给量的来源

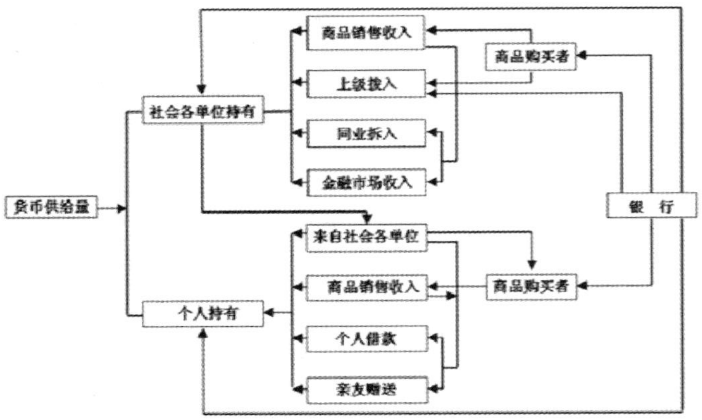

（3）几点说明：对流通中的货币或者说货币供给总量都出自银行这一命题还须作以下几点说明：

●这一结论仅适用于近代银行。只是由于：①银行体系中产生了中央银行；②国家把中央银行收归国有；③国家委托中央银行发行货币；④纸币信用货币化和信用货币纸币化等情况的出现，才使银行垄断了货币发行权 。

●现代信用货币的典型形态是银行券，信用货币已集中在中央银行发行，央行发行货币就是对公众的负债，国家要对发行负责。

● 现代信用货币根据其流动性划分，有些是汹涌的波涛，有些是慢慢的缓流，有些是静静的死水。按国际货币基金组织划分，可分为M_0、M_1、M_2 等。

● 存款的创造只有在存款货币银行才有可能，它通常是商业银行的主要口径。

● 流通中的货币主要但并不唯一出自银行。在有些国家，铸币或硬币的发行权归属于财政部或政府其他部门。

4. 出自银行的货币都是信用货币

从广义上讲，在信用经济条件下，现实流通中的各种形态的货币都是信用货币。因为它们无不体现为银行的负债，即体现着信用关系。

银行负债的表现形式：

● **现金**。在我国谓之“现钞”，它实质上它是银行的一种负债，债权人是现金持有者（个人和单位）。这种负债有两个特点——无须支付利息和市场流通最低需要的部分无须返还。

- **各种存款**。不管其流动程度和使用方向如何，都是银行对存款者的负债。
- **银行自有资金**。它包括国家财政历年拨给的信贷基金（1984年我国银行统管企业流动资金以来，财政已停止拨付这项基金）和银行历年留用的利润积累两大部分。这是银行对国家的负债。
- **银行结算中的资金**。它是银行对在收付双方清算时因时间差所造成的货币资金的暂时利用。显然，这应视作一种负债关系。

5. 流通中的货币主要由银行贷款渠道注入

中国银行业资产负债表汇总及简化表

资金来源（负债）甲	资金运用（资产）乙
A_1各项存款	L_1各项贷款
A_2银行自有资金	L_2金银库存占款
其中：当年结益	L_3外汇库存占款
A_3流通中货币	L_4上缴财政款
A_4其他	L_5财政透支
合　计	合　计

根据资金平衡表原理，有如下公式：

$$A_1+A_2+A_3+A_4=L_1+L_2+L_3+L_4+L_5$$

（1）资金运用（资产）不增加，资金来源（负债）不会增加。因为增加信贷资金来源，至少要构成信贷资金来源的某一项资金增加。

（2）资金运用（资产）发生变动，资金来源（负债）会相应变动。

根据以上分析，再将原有的资产负债表加以简化，即可得出“贷款=存款+现金”这一恒等式。

6. 对“贷款引出存款”质疑的解析

- “贷款决定存款”与“多存多贷”
- “贷款决定存款”与“具有最重要意义的始终是存款”
- “贷款决定存款”与“专业银行在信用创造中的作用”
- “贷款决定存款”与信贷失控
- “贷款决定存款”与组织存款

▲ 货币供给的运行机制

1. 现金运行机制

将我国现金运行的几条主要渠道加以综合，可以得到下图。

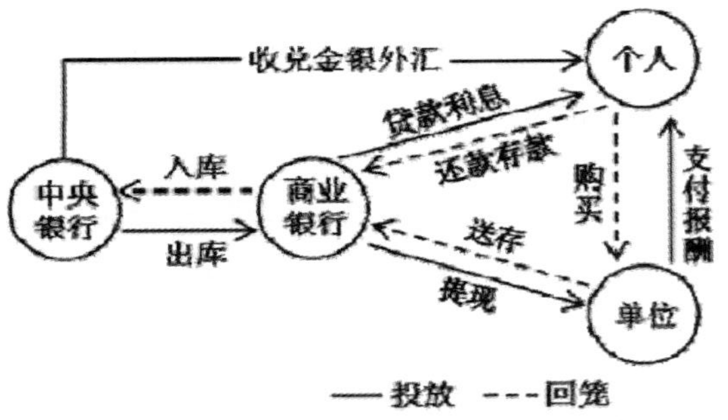

我国现金运行图

3. 多倍存款的创造过程

银　行	增加存款	法定准备金	增加放款
第一家银行	100000	20000	80000
第二家银行	80000	16000	64000
第三家银行	64000	12800	51200
第四家银行	51200	10240	40960
第五家银行	40960	8192	32768
第六家银行	……	……	……
:	:	:	:
:	:	:	:
总　计	500000	100000	400000

2. 存款的派生

与现金运行相比，存款运行具有两个明显特点：

- 存款运行都在银行体系内进行。
- 存款在运行过程中能够自行扩大。

所谓派生存款（Derivative Deposit），它是相对于原始存款而言的，是指由专业银行以原始存款为基础发放贷款而引伸出的超过最初部分存款的存款。

上表表明，在部分准备金制度下，一笔原始存款由整个银行体系运用扩张信用的结果，可以产生大于原始存款若干倍的存款货币。此一扩张的数额，主要决定于两大因素：一是原始存款量的大小；二是法定准备率的高低。此一关系,如以D代表存款货币最大扩张额,A代表原始存款量，r代表法定准备金比率，可用公式表示如下：

$$D=A\times\frac{1}{r}$$

得：

$$D=100000\times\frac{1}{20/100}=500000$$

存款货币成为现实的经济范畴，要有两个与之密切联系的前提条件：

1. 银行活期存款业务相当广泛地发展；

2. 以票据交换所为中心的清算体系的形成。

存款货币创造过程中任何一笔存款都不是凭空创造，即从银行与客户的关系而言，任一存款与任一贷款的行为都未“造”出货币。

但总体看来，新的货币确实创造出来了，就是银行只要20%存款准备，不是100%，可谓银行“一钱顶几个钱用”，形成了现代银行的奥妙之处——存款货币创造机制，也即信用创造货币。

派生存款的量：

$$\text{经过派生过程可能形成的最大存款总额}=\frac{\text{初始存款}}{\text{必须保存的最低准备金比率}}$$

$$\text{可能形成的最大存款总额}-\text{初始存款额}=\text{派生存款总额}$$

可见，它只是“可能形成的最大存款额”，而不是一个必然的值，还要受多种因素的影响。

4. 存款货币创造在量上的限制因素

存款货币创造主要取决于两个因素：其一是客观经济过程对货币的需求；其二是商业银行的存款创造要受多种限制因素的影响，其主要有：

- **法定存款准备率（r）**

R越高，商业银行创造存款的倍数越小；反之，越大。

- **现金漏损率（c）**

现金外流，银行可用于放款部分的资金减少，因而削弱了银行体系创造存款货币的能力。

- **超额准备率（e）**

超额准备率大，则银行信用扩张的能力缩小；反之，则提高。

- **定期存款准备金**

$r_t \cdot t$ 提高，银行信用扩张能力缩小；反之，则提高。

综上四个因素影响，对存款乘数（K）的影响公式为：

$$K=\frac{1}{r+c+e+r_t \cdot t}$$

▲货币供给的决定机制

1. 货币供给的决定因素

如以M代表前期货币供给量，M′代表计划期货币供给总量，用公式表示为：

$M' = M + m \cdot \triangle B$

常用公式表示为$M = m \cdot B$

由以上分析可以看出，在法定存款准备率一定的情况下，如果增加基础货币，则表示放松银根，货币政策趋于扩张；反之，减少基础货币，则表示收缩银根，货币政策趋于紧缩。

2. 基础货币的“质”和“量”的规定性

● 基础货币“质”的规定性：

基础货币亦称货币基数（Monetary Base），又称高能货币或强力货币（High Powered Money）。

它有如下五个显著特点：

①它是中央银行的负债；②流动性很强；③派生性；④与货币供给的各相关层次有较高的相关度；⑤可控性。基础货币最本质的特征是②和③两点。

● 基础货币“量”的规定性

常用公式表示为：$B = R + C$

B——基础货币

R——商业银行在中央银行的法定存款准备金以及超额存款准备金

C——流通于银行体系之外的通货

3. 货币乘数

● 货币乘数原理：

乘数一词，最早是由英国经济学家R·F·卡恩于1931年提出的，后被凯恩斯用来研究投资对总收入的倍增原理。概括地讲，乘数就是指某一经济变量的变动对另一经济变量的影响或比率。

所谓货币乘数(Monetary Multiple)，是指一定量的基础货币发挥作用的倍数。

● 货币乘数公式

$$m=\frac{M_s}{B}$$

正如货币供给模型$M_s=m\cdot B$是一个高度抽象的表达式一样，货币乘数模型$m=M_s/B$也只是一个一般的表达式，在实际运用时还需将它具体化。

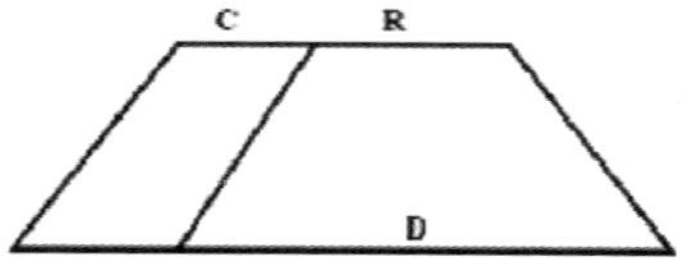

基础货币与货币供给量关系图

m——基础货币

C——现金

R——存款准备金

D——由R引起倍数增加的存款货币

$$M=\frac{C+D}{C+R}\cdot B \qquad m=\frac{C+D}{C+R}$$

变形成：

$$\frac{\frac{C}{D}+1}{\frac{C}{D}+\frac{R}{D}} \quad 或 \quad \frac{\frac{D}{R}(1+\frac{D}{C})}{\frac{D}{R}+\frac{D}{C}}$$

上述公式中，决定M_s的是三个因素：

$\frac{C}{D}$ —— M_s中通货与存款货币之比，由私人行为决定。

$\frac{R}{D}$ ——准备存款在商业银行之间流通的货币和存款货币之比，由商业行为 决定。

B —— 基础货币，由中央银行决定 。

● M_s的决定因素剖析

形成机制：一笔派生存款的创造是—— 抽象说明

全部派生存款的创造是—— M = m · B

货币分三部分：

（1）通货

（2）存款货币

（3）准备存款

（1）+（2）　即Ms（流通中的货币）

（1）+（3）　是创造整个货币的基础——基础货币

（1）特殊性　即是L中的货币，又是基础货币

↓ 共同服务于公众的经济运作过程

↓ 缺它，只靠（3）无法将存款创造出来

▲货币供给的调控机制

1. 货币供给宏观调控模式

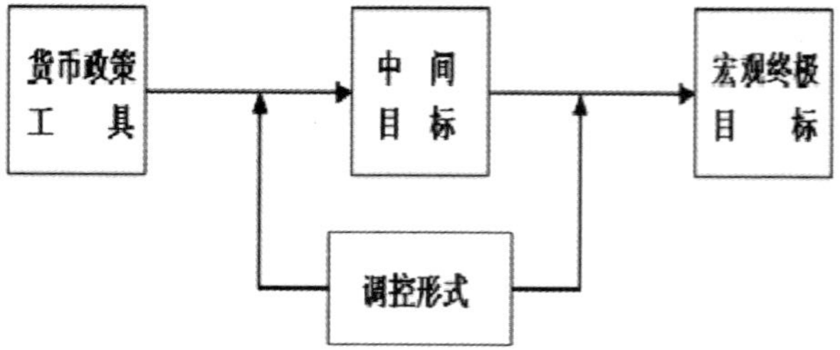

图示　货币供给的一般调控模式

2. 货币供给宏观调控模式的类型

● 直接型

前苏联、东欧一些国家以及我国在1979年以前均采用直接型模式，如图所示：

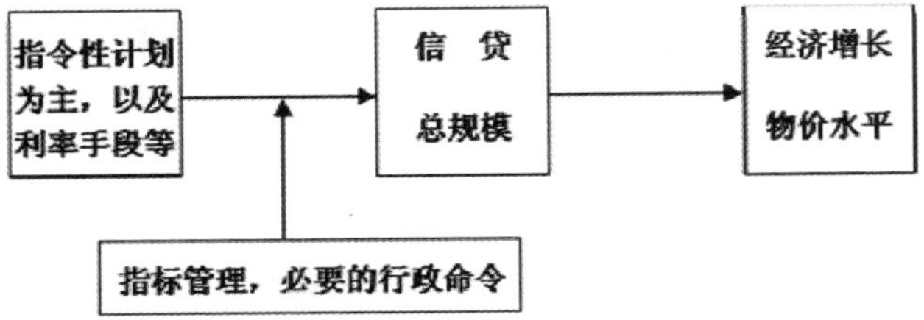

图示　货币供给的直接调控模式

● 间接型

西方资本主义国家从20世纪50年代开始大多采用这种模式，如下图所示：

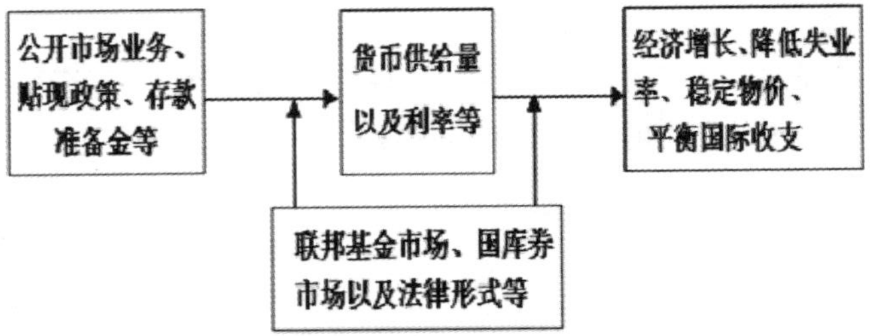

图示　货币供给的间接调控模式

两种货币供给的间接调控模式比较

	终极目标确定	中间目标	货币政策手段	调控形式
间接型	预测性 指导性	间接控制 货币供给量	通过准备金、利率、汇率等经济手段，富有弹性	大量通过金融市场，少量通过中央银行对商业银行贷款，作用面大
直接型	指令性	直接控制 货币供给量	计划指标管理，缺乏弹性	通过银行纵向管理，作用面小

●过渡型

过渡型即由直接型调控模式向间接型过渡，发展中国家一般采用这种模式。

我国现阶段正处于由计划经济向市场经济转换时期，有必要对宏观经济采取一些直接控制手段。但是，从长远看，货币供给宏观调控模式由直接型向间接型过渡已是必然趋势。

3. 货币供给间接型调控总模式

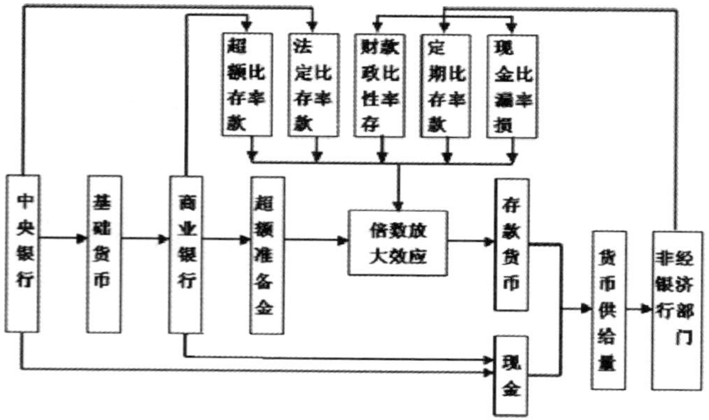

● **中央银行对货币乘数的作用**

从货币供给量间接型调控总模型中也可看出，影响倍数放大效应（货币乘数）的诸因素（亦称若干金融变量）并非都由中央银行的意向所决定，如现金漏损率、定期存款比率、财政性存款比率等均由非银行经济部门的经济行为所决定，超额准备比率由商业经济行为所决定等。

4. 中央银行调控货币量的困难性和复杂性

● 中央银行对基础货币的调控：

这是中央银行的一项基本任务。中央银行对基础货币有直接的调控权，同时还可以通过货币政策工具（如法定存款准备金、公开市场业务、再贴现率、若干选择性货币政策工具，以及直接控制间接信用指导等）来调控基础货币。

这里，中央银行调控均存在这样那样的问题，主要是由体制性因素影响的中央银行独立性的障碍。

中央银行对货币供给量的调控处于异常复杂的境地。当然，这不等于中央银行只能被动应付，甚至束手无策。中央银行完全可以主动出击，主要运用利率、汇率及一些金融创新工具，以采取有效措施，努力改变现状，促使其意图得以实现。

深圳特区经济发展
与产业结构转型

讲授提纲

一、深圳特区的经济发展

1. 经济发展的主要指标和排位
2. 不仅造就一座城市，更重要的是成功探索改革和创新的精神
3. 敢闯敢干——28年来重大改革举措扫描
4. 深圳市改革开放的先行者和受益者
5. 经济发展中碰到的若干困难和问题
6. 面对全球金融海啸挑战，只有靠改革开放转“危”为“机”

二、深圳特区的产业结构转型

1. 深圳目前面临着八大转型
2. 产业结构转型是重中之重
3. 产业结构调整矛盾日趋凸现，风险加大，转型刻不容缓
4. 着力拓展产业结构转型空间，促进市场要素的充分流动
5. 建立为中小企业服务的融资体系，为产业结构转型提供基础条件

一、深圳特区的经济发展

1. 深圳经济发展的主要指标和排位

（1）28年来：GDP年均增长26.90%

人均GDP达10684美元

地方财政收入年均增长34.3%

工业总产值年均增长40.7%

出口年均增长36%

实际利用外资年均增长28.6%

(2) 从排名看:

GDP从不足2亿元的边陲小镇到现在人均排名全国第一

出口排名全国第一；

工业总产值排名全国第二；

地方财政收入排名全国第三；

GDP排名全国第四。

总的来看：深圳由一个边陲小镇，迅速发展城一座常住人口876.83万，建成区面积750多平方公里、功能完备、环境优美、法制健全、综合实力位居全国大城市前列的现代化城市，创造了世界工业化、现代化和城市化发展史上的奇迹。

（2）加强深港合作

◆从理念上：

要顺应深港创建“大都会”的良机，树立深港联手打造世界级国际中心的理念；

要以深港合作为契机，树立继续发扬敢于开拓创新的理念；

明确深港两地的差距，树立“向深港学习，为香港服务”的理念；

要明确深港合作的背景，树立两地合作是属“优势互补的合作、互赢互利的合作”在市场经济条件下的理念；

◆从路径上：

实现两地资本市场的深度融合；

以创新为主线，全方位提供深港合作的运作载体；

积极发展总部经济，形成集聚效应，夯实深港合作的根基；

积极创建“深圳市金融产业服务基地”，为香港提供高质量的金融后台服务；

努力营造良好的生态环境，为深港合作注入强有力的动力源。

5. 建立为中小企业服务的融资体系，为产业结构转型提供基础性条件

（1）深圳中小企业及其现状

中小企业是深圳经济发展的主力军，全市经济中三分天下有其二，企业数量占比达99.2%。

市中小企业发展促进会对700多家中小企业结果调查，对深圳税收贡献份额61%，融资占全市金融机构贷款总额的份额22.55%。但约超过一半的中小企业从未获银行贷款。深圳共有28万家中小企业，有资金缺口的约占60%左右。

2008年深圳全年关闭的企业总数682家。其中有服装、家具、塑料制品、金属制品、的电子装配等行业，主要是“三来一补”来料加工企业。其中60－70%的企业因承受了成本及国际市场价格竞争的压力而倒闭。

（2）市府帮扶中小企业出台一系列“新政”

◆ 目前，市府出台《关于积极应对国际金融危机保持经济平稳发展的若干措施》（俗称“27条”），对中小企业给予了更多关注，包括支持出口保单融资、出口退税账户托管贷款等业务，发挥小额贷款公司和典当行的融资功能等。

◆ 2月28日，深圳市中小企业信用再担保中心正式成立运营，降低了中小企业贷款担保门槛，扩大了信用担保规模。再担保中心为中小企业贷款分担50%的风险，并规定企业贷款抵押物不超过贷款额的50%。该中心初期筹集资金10亿元，吸收了24家银行和担保机构加入，由政府、担保机构、银行资金投入形成再担保资金，为出资的担保机构提供再担保业务。

◆ 2月20日，市政府常务会议审议并原则通过了《深圳市小企业金融服务体系建设工作方案》，以构建全方位、系统化的小企业金融服务体系和服务网络。内容包括：创新银行小企业服务机制，鼓励法人银行探索小企业金融服务的事业部模式；引进外地专业的小企业金融服务机构来深，扩大对小企业的融资服务比重；等等。

◆ 酝酿设立创投引导资金，解决初创期企业的融资难。市财政拟设立总规模30亿元的创业投资引导资金，首期投入10亿元。该资金重点放在纠正市场失灵方面，解决种子期、初创期创业的融资难，相关制度和管理办法正在制订中。

◆目前的具体举措还有：

放宽深圳居民赴港自由行；
建立深港金融创新试验区；
加快推进“深港创新圈”建设；
深港共建优势互补的高端产业体系；
推进在港人民币开展结算业务；
推动银行跨境抵押业务；
加速在落马洲河套地区的共同开发和建设；
合作建立中小企业贷款基金和技术发展基金；
加快深港机场接驳项目建设；
借鉴香港经验发展国际教育；等。

4. 深圳是改革开放的先行者和受益者

- 时代选了中国，中国选择了深圳；
- 深圳是一片改革开放的热土；
- 深圳是应改革开放之需而生；
- 深圳是应改革开放之风而发展；
- 改革开放是深圳发展的永恒主题；
- 改革开放是深圳最大的资源、最大的动力、最大的软实力、最亮丽的名片。

深圳人认为：

改革试验失败不丢人，害怕改革试验才丢人。停止改革试验意味着抛弃特区，放弃建设中国特色社会主义示范市的目标。

经过全球金融海啸考验的深圳，现已驶入“深水区”，向更宽的领域、更深的层次、更新的理念寻求突破，面临一场充满挑战的伟大实践。

5. 经济发展中碰到的困难和若干问题

（1）四个难以为继：

- 土地空间有限难以为继
  全市总面积位1952.84平方公里（特区内395.81平方公里）可建设用地931平方公里；剩下可开发用地200多平方公里，且大部分集中于关外。

- 能源、水资源难以为继
  深圳市是全国7大严重缺水城市之一；人均占有淡水资源占有为全国的四分之一，广东省的五分之一。能源几乎均从内陆或港口进入。

- 人口负重难以为继
  户籍人口仅200万，暂住人口1026万；
  户籍人口和外来人口严重倒挂；
  人口因素严重影响城市现代化进程。

- 环境容量承载力难以为继
  多条河流污染严重；
  阴霾天气超过三分之一；
  油价上涨、电力紧张、房价上涨等。

（2）目前经济发展中碰到的突出问题：

◆国外需求的萎缩使外向型经济发展模式遭遇严重挑战；
◆就业创业难度加大；
◆产业结构调整升级迫在眉睫；
◆自主创新能力有待继续增强；
◆城市发展于资源环境矛盾突出；
◆生态保护压力加大；
◆市民综合文明素质有待提高；
◆基层基础工作有待加强。

6. 面对金融海啸的挑战，只有靠改革转“危”为“机”

（1）要使经济更均衡、持续地增长，就必须深化各个领域的改革；

（2）以冷静的态度看待危机，是危机又是机遇；

（3）在如此大的危机下，思考的不只是短期问题，而是长期问题；

（4）应急计划（刺激计划）只能使短期的，是不可持续的；

（5）推进改革和结构调整，只注重短期经济增长，往往会带来固化原有体制和结构的后果，及为下一步经济体制的完善和发展方式的转变设置新的障碍；

（6）应对危机包括改革、开放、调整等措施，重点是市场，特别是机制的问题。

二　深圳特区的产业结构转型

1. 深圳目前面临的八大转型

（1）社会发展从传统社会向更高水平的全面小康社会转型；

（2）功能形态由经济特区功能为主向以市场化、国际化为主转型；

（3）产业发展从低端向高端转型；

（4）经济形态由以工业经济形态向以服务经济为主转型；

（5）发展重点由以经济建设为中心向“四位一体”全面发展转型；

（6）发展模式由政府主导向市场主导转型；

（7）城市发展从二元结构向特区内外一体化转型；

（8）城市管理从粗放式向科学、严格、精细、 高效管理转型。

2. 产业结构转型是重中之重

产业是整个社会发展的基础；

产业结构是一国经济结构的核心；

产业结构也反映了一国和一个地区的发展水平；

深圳的三次生产方式和产业变革（见下两页）说明：深圳要建设中国特色的社会主义示范市和国家创新型城市，建立现代产业体系处于核心地位。

深圳三次生产方式和产业变革：

第一次：20世纪80年代初

79年以前深圳是一个农业小镇（手工操作的传统农业和渔业）；

改革开放后，大力发展“三来一补”，初步实现传统农业向工业化转变；

第二次：20世纪90年代中后期

80-95为第一次创业；

95年为第二次创业；

98年颁布了扶持高新技术产业发展政策；

2001年为第三次创业，即进一步加快发展高新技术产业，现代金融业和现代物流业；

第三次：本世纪初开始

提出将速度、质量和效益统一起来和“和谐深圳，效益深圳”的口号。

3. 产业结构矛盾日趋凸显，风险加大，转型刻不容缓

（1）全球金融危机的多种不确定因素依然存在

◆发达国家衰退加深；
◆失业率居高不下；
◆企业和居民资产大幅缩水；
◆国际出口市场萧条；
◆贸易保护主义抬头；
◆房地产和股票市场短期内难以复苏；
◆高科技创新陷入低潮；
◆全球经济调整估计需要3－5年。

（2）深圳过度依赖出口和投资的发展战略面临阻梗

作为中国经济国际化程度最高和外贸依存度最大的沿海开放市场的深圳直面金融海啸出口导向性的生产方式面临挑战，深圳的出口加工贸易制造业受到严峻考验；

由此，用一段较长时期，降低经济对出口的过度依赖，实施出口拉动和进口替代相结合的产业导向；降低经济对投资拉动的过度依赖，实施投资与消费双引擎的经济策略，至关重要。

（3）从产业生产方式看，还存在粗放型特征：

◆ 产业结构相对单一；
◆ 现代服务业发展乏力；
◆ 加工贸易占很大比重；
◆ 劳动力素质总体较低；
◆ 基础研究、源头创新能力不足；
◆ 关键核心技术依赖度高；
◆ 高端产品、核心零部件和关键设备相对缺乏；
◆ 产品附加值偏低；
◆ 缺少知识高地；等。

（4）从深圳高新技术产业看，在发展中也凸显诸多问题：

◆具有自主知识产权的产品比重偏低；
◆附加值率偏低；
◆对地方财税贡献偏低；
◆通过不断扩大产量争取利润，土地和资源消耗量大；
◆受国际市场波动影响大；
◆缺乏国际创新型城市相适应的大学、科研院所支撑；
◆资本市场欠发达，高新技术风险投资机制尚未建立；
◆信息化水平不高；等。

4. 着力拓展产业结构转型空间，促进市场要素的充分流动

（1）实施《珠江三角洲地区改革发展规划纲要》

珠三角都市圈的改革发展规划图

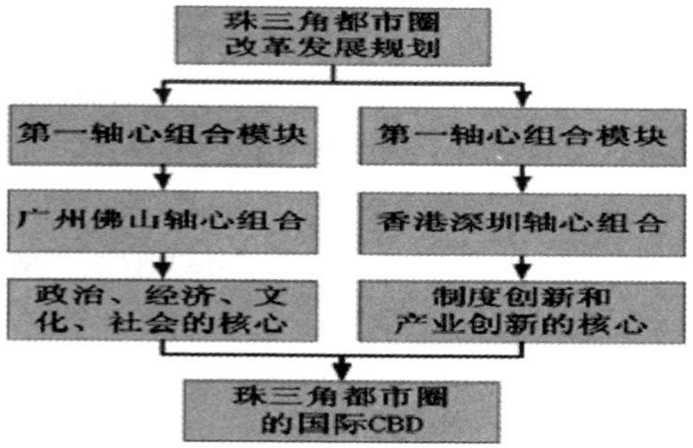

◆实施《珠江三角洲地区改革发展规划纲要》的重要意义：

将珠三角发展上升到国家战略层面；

把珠三角建设成中国开放的重要国际门户；

2020年打造成全球最具核心竞争力的大都市圈之一；

成为产业率先转型和升级为世界先进制造业和现代服务业的基地；

确实加强珠江口东岸地区（深惠莞）三市紧密合作；

在推进珠三角一体化进程中积极发挥主导作用；

进一步深化深港合作，当好粤港澳合作的主力军；

突破行政区划壁垒，让市场要素自由流动、资源优化配置，充分将发展潜力释放出去。

（2）加强深港合作

◆从理念上：

要顺应深港创建“大都会”的良机，树立深港联手打造世界级国际中心的理念；

要以深港合作为契机，树立继续发扬敢于开拓创新的理念；

明确深港两地的差距，树立“向深港学习，为香港服务”的理念；

要明确深港合作的背景，树立两地合作是属“优势互补的合作、互赢互利的合作”在市场经济条件下的理念；

◆从路径上：

实现两地资本市场的深度融合；

以创新为主线，全方位提供深港合作的运作载体；

积极发展总部经济，形成集聚效应，夯实深港合作的根基；

积极创建“深圳市金融产业服务基地”，为香港提供高质量的金融后台服务；

努力营造良好的生态环境，为深港合作注入强有力的动力源。

5. 建立为中小企业服务的融资体系，为产业结构转型提供基础性条件

（1）深圳中小企业及其现状

中小企业是深圳经济发展的主力军，全市经济中三分天下有其二，企业数量占比达99.2%。

市中小企业发展促进会对700多家中小企业结果调查，对深圳税收贡献份额61%，融资占全市金融机构贷款总额的份额22.55%。但约超过一半的中小企业从未获银行贷款。深圳共有28万家中小企业，有资金缺口的约占60%左右。

2008年深圳全年关闭的企业总数682家。其中有服装、家具、塑料制品、金属制品、的电子装配等行业，主要是“三来一补”来料加工企业。其中60－70%的企业因承受了成本及国际市场价格竞争的压力而倒闭。

（2）市府帮扶中小企业出台一系列“新政”

◆ 目前，市府出台《关于积极应对国际金融危机保持经济平稳发展的若干措施》（俗称“27条”），对中小企业给予了更多关注，包括支持出口保单融资、出口退税账户托管贷款等业务，发挥小额贷款公司和典当行的融资功能等。

◆ 2月28日，深圳市中小企业信用再担保中心正式成立运营，降低了中小企业贷款担保门槛，扩大了信用担保规模。再担保中心为中小企业贷款分担50%的风险，并规定企业贷款抵押物不超过贷款额的50%。该中心初期筹集资金10亿元，吸收了24家银行和担保机构加入，由政府、担保机构、银行资金投入形成再担保资金，为出资的担保机构提供再担保业务。

◆ 2月20日，市政府常务会议审议并原则通过了《深圳市小企业金融服务体系建设工作方案》，以构建全方位、系统化的小企业金融服务体系和服务网络。内容包括：创新银行小企业服务机制，鼓励法人银行探索小企业金融服务的事业部模式；引进外地专业的小企业金融服务机构来深，扩大对小企业的融资服务比重；等等。

◆ 酝酿设立创投引导资金，解决初创期企业的融资难。市财政拟设立总规模30亿元的创业投资引导资金，首期投入10亿元。该资金重点放在纠正市场失灵方面，解决种子期、初创期创业的融资难，相关制度和管理办法正在制订中。

◆目前的具体举措还有：

放宽深圳居民赴港自由行；
建立深港金融创新试验区；
加快推进“深港创新圈”建设；
深港共建优势互补的高端产业体系；
推进在港人民币开展结算业务；
推动银行跨境抵押业务；
加速在落马洲河套地区的共同开发和建设；
合作建立中小企业贷款基金和技术发展基金；
加快深港机场接驳项目建设；
借鉴香港经验发展国际教育；等。

◆ 建立重点民企互保贷款风险补偿机制，市财政承诺拿出10亿元搭建企业互保增信平台，为大额中长期贷款分担风险。该平台已开始运作，吸引了大量企业加入，目前备案贷款达30亿元，计划5年内规模达到200亿元。

◆ 评估总结《深圳重点民营企业贷款风险补偿整改办法》的相关经验和实施效果，进一步完善政府、银行和企业“三方”间的创新金融合作模式。

（3）出台对中小企业的财税政策

◆ 税务部门对商业银行，信贷担保、保险中介等金融机构每年因产生的小企业贷款利息收入按一定比例减免营业税，特别是减免营业税中重复纳税的部分，放宽中小企业特别是小企业贷款核销要求；

◆ 对小企业贷款形成的坏帐可以考虑再一定金额内简化核销手续；

◆ 依据相关法律，司法机关可直接接受担保机构开局的保函；

◆ 根据《物权法》，允许中小企业用出租车营运牌照、企业购买的保税设备等物品抵押，质押给金融担保机构。

● 实施“九大重点突破”：

1. 民主法制建设；
2. 深港合作和国际化城市建设；
3. 服务全国拓展发展空间；
4. 推进体制机制改革和制度创新；
5. 建立现代化产业体系和建设创新型城市；
6. 大力发展社会事业；
7. 创建生态文明示范城市；
8. 提升文化软实力；
9. 创建人才体制工作机制。

结 束 语

（深圳人的承诺）

● 抓住一个总纲：科学发展

● 高扬一面旗帜：经济特区

● 瞄准一个目标：建设中国特色社会主义示范市

● 坚持两个面向：面向全国，拓展发展新空间
面向世界，增创发展新优势

关于通货膨胀和物价上涨的8个问题

主 要 内 容

开头话

一、通货膨胀和物价上涨是一回事吗

二、物价上涨是否都是坏事

三、“高增长低通胀模式”为什么难以实现

四、在GDP不断增长劳动生产不断提高下，为什么物价还是居高不下？

五、为什么物价总水平总是呈现一个上升的趋势

六、我国本轮通胀的成因究竟是什么

七、究竟如何正确面对和有效治理通货膨胀

八、未来3—5年我国通胀走势预测

开头话

1. 通胀问题牵动人心，它不仅是一个经济问题，也是社会公众最敏感问题；而且有关到国家和民生的安全；因而是一个政治、经济、社会的重大问题。

2. 通胀也是金融学领域中一个极其重要的问题。它既是研究货币、信用以及货币供求理论的依据，也是金融学理论和实务量化研究的载体。

3. 2010年10月-2011年10月我国居民消费价格指数（CPI）上涨情况

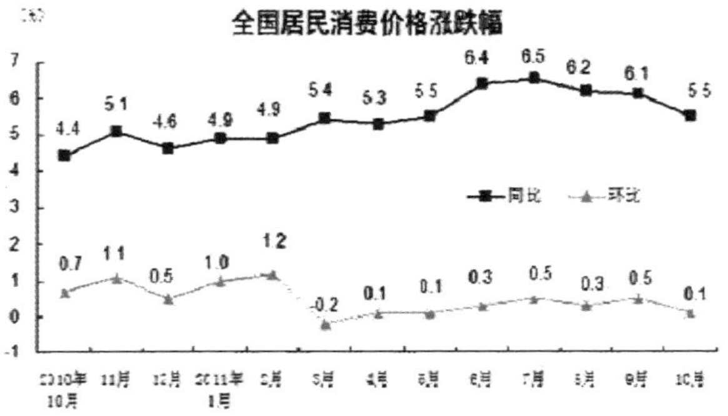

4. 2011年1月20日，国家统计局公布的数据：

2010年GDP（国内生产总值）39.7万亿元，较上年+10.3%（2009年为9.2%）。

2010年CPI（居民消费品价格指数）同比涨3.3%，其中：食品价格+7.2%；居住类价格+4.5%；

国家统计局称：

1. 中国经济平稳较快发展；

2. 物价也控制在预期的目标范围之内。但“通胀超出了官方设定的3%目标”。

5.近几年CPI指标看

2007年 4.8%

2008年 5.9%

2009年 -0.9%

2010年 3.3%。

2011年10月 5.6%

6.从涨幅的结构看

一是主要集中在农产品领域以及以粮食为原料的产品（占60-70%）；

二是水、电、煤气（占15%）；

三是原材料（主要是石油、铁矿石等）。

7.通胀问题牵动人心：

（1）人们戏言：“蒜你狠、豆你玩、姜你军、糖高宗”——“涨你没商量”；

（2）东北人反映，去年冬季买一颗白菜要6-7元；

（3）2010年9月份经过罗湖内地旅客达730.5万人次。到香港去买酱油、奶粉、化妆品、尿片人数骤增。香港在深居民纷纷迁回香港；

（4）物价的满意度已创11年最低。

一、通货膨胀和物价上涨是一回事吗？

1. 研究通货问题必须研究物价；
2. 通胀和物价在量上的对接；
3. 币值变化引起物价变化，但物价变化不一定全是币值变化；
4. 从质上分析，我们可武断地将通胀和物价上涨分开，但在实践中仍无奈将他们看作是一回事。

二、物价上涨是否都是坏事？

1. 物价上涨的一般原因分析；
2. 通胀和物价上涨有合理和不合理之分；
3. 合理和不合理难以分辨，有“真假美猴王”之感。

三、“高增长低通胀模式”为什么难以实现？

1. 经济增长与通货膨胀的不同组合方式；
2. 经济增长与通货膨胀的关系分析；
3. 政策运用能力、管理水平、劳动者人力资源成本上升等原因，促使经济增长和通胀的理想搭配难以实现。

四、在GDP不断增长，劳动生产率不断提高下，为什么物价还是居高不下？

1. 按马克思政治经济学原理：劳动生产率提高，单位价值下降，商品价格也就要降低，但事实上往往相反；
2. 降低物价的政策弊多利少；
3. 价格基本稳定下的币值变化。

五、为什么物价总水平总是呈现一个上升的趋势？

1. 价格总水平发展趋势的不同观点；
2. 物价上涨有合理和不合理之分；
3. 通胀也有主动和被动之分；
4. 主要是历史环境资源成本不断增加、开放经济、政策权衡、分配不公等原因造成。

六、我国本轮通胀的成因究竟是什么？

1. 一般的因果分析；
2. 本轮通胀成因分析；
3. 本轮通胀成因根源剖析。

6. 笼统地将CPI上升看作是通胀的观点不太科学，关键一要看历史；二要看结构；三要看物价总水平；
7. 不能简单将Ms多少来判断通胀水平；
8. 用一般的均衡理论来讨论中国通胀问题会发生决策错误。

七、如何正确面对和有效治理通货膨胀？

（一）在理念上提升

1. 必须树立现实的通胀观念；
2. 必须弄清有关通胀和物价上涨的若干观点；
3. 把握和运用好“通货膨胀预期”；
4. 通胀治理必须服从于当前的核心任务；
5. 在开放经济下分析升值和物价问题不能只立足于国内，还应联系国外、境外的变化和影响因素；

（二）直面通胀必须采取的应对策略

1. 实施稳健的货币政策，把握好促进经济增长和抑制通胀的平衡点；
2. 立足于扩大内需的基本国策，与此同时要着力于完善社会保障体制；
3. 从金融的本源性因素——货币入手，运用综合手段，治理和缓解流动性过剩问题；
4. 采取有效措施，增加供应，管好市场，对弱势群体给予补贴和重视相应的民生工程。

5. 努力转换经济发展方式，实现国民经济运行的科学发展；

6. 加快资本市场的多元化、多层次建设，将繁荣股市作为反通胀的重要手段；

7. 制定符合市场化规律以及与中国实际相结合的房地产交易政策；

8. 加快利率和汇率体制改革，努力推进人民币国际化进程；

9. 创造条件，实施“走出去”政策，增加中国在国际市场的投资份额和话语权。

八、未来3—5年我国通胀走势预测

1.我国当前通胀有长期化趋势

（1）长期以来人民币低估与全球价格水平持平是一个长期过程；

（2）自新世纪以来人口增长和社会资源的矛盾问题严峻，一时难以逆转；

（3）中国国内扩大内需和社会保障机制完善还需时日；

（4）衍生金融产品市场出现了向物质产品领域蔓延的趋势；

（5）以美元为世界主权货币的国际货币体系的弊端日益显露，各国之间市场竞争明显地表现为货币战争。

2.我国近3-5年面临通胀形势严峻

（1）中国体制改革所释放的城市经济效率对物价上涨构成强有力的“对冲”作用的影响；

（2）美国次贷危机引起的金融危机和后金融危机时代的量化宽松信贷政策的影响；

（3）我国“十一五”期间（2006-2010）是中国人口的一个出生高峰期；

（4）近3-5年物价上涨水平可能会在5%-6%左右，估计以后大幅上涨的可能性不大，约3%-4%左右。

关于人民币升值的10个问题

报 告 内 容

一、什么是人民币升值和贬值？

二、人民币升值的正、负影响？

三、人民币升值是“外部压力”还是“自身需要”？

四、是重“单一升值”还是重“完善汇率机制”？

五、是先“完善汇率机制”还是先“升值”？

报 告 内 容

六、是建立“一篮子货币进行调节”还是建立“有弹性的有管理的浮动汇率制度”？

七、是“外汇储备多”好还是“外汇储备少”好？

八、是依据“市场规律”还是由“政府决定”？

九、人民币对深圳特区的影响？

十、如何应对人民币升值 ？

一、什么是人民币升值和贬值？

1.什么是人民币贬值？

2.什么是人民币升值？

3.人民币贬值和升值各有什么特点？

4.如何看待目前人民币“对外升值”而“对内贬值”？

二、人民币升值的正负影响？

1.对人民币贬值影响的评价和争议；

2.人民币升值的负面影响；

3.人民币升值的正面影响；

4.注重从不同行业分析人民币升值的影响。

三、人民币升值是“外部压力”还是“自身需要”？

1.对“外部压力”的分析；

- 来自“国外”
- 来自双“顺差”
- 来自“理论”
- 来自“投机资本的压力”

2.人民币升值主要还是来自“国内”

四、是重“单一升值”还是重“完善汇率机制”？

1.本次人民币汇率体制改革的基本内容；

2.人民币升值是人民币汇率政策调整中的一个重要部分,而不是全部；

3.当前人民币汇率体制改革的进展和存在问题。

五、是先“完善汇率机制”还是先“升值”

1.从理论上分析，均衡汇率难以形成；

2.所谓“合理”的汇率水平难以捉摸；

3.应重在“完善汇率机制”；

4.不是“升值渐进”而是“汇率体制改革渐进”。

六、是建立“一篮子货币进行调节”还是建立“有弹性的有管理的浮动汇率制度”？

1.“盯住一篮子货币调节人民币汇率”的“利”和“弊”；

2.“弹性”化汇率制度的优点；

3.汇率制度改革需要全面配套安排。

七、是“外汇储备多”好还是“外汇储备少”好？

1.中国已是世界上“外汇储备”最多的国家；

2.高外汇储备的作用评价；

3.高外汇储备的动因分析；

4.关键是加强外汇储备的管理。

八、是依据“市场规律”还是由“政府决定”？

1.人民币升值是“经济问题”还是“政治问题”；

2.剖析人民币升值的“出其不已”；

3. 应对汇率问题应进行理性分析。

九、人民币对深圳特区的影响？

1.评所谓“升值打击出口”；

2.评所谓“出口顺差大”；

3.评所谓“影响外商投资”；

4.评所谓“价格随升值变动”；

5.必须注重“升值预期”的影响。

十、如何应对人民币升值？

1.做好宣传工作；

2.切实从源头上做起；

3.注重各方的协调和配合；

4.锤炼驾驭外汇运营和资本操作的本领。

附一：保罗·克鲁格曼的三元悖论

他认为，一个国家的金融政策有三个基本目标：

（1）本国货币政策的独立性；

（2）汇率的稳定性；

（3）资本自由流动

三个目标不可能同时实现

△ 选择（1）、（2）必放弃（3）

△ 选择（1）、（3）必放弃（2）

△ 选择（2）、（3）必放弃（1）

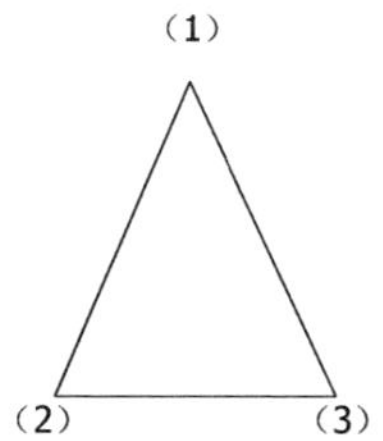

我国外汇储备增长情况

单位：亿美元

年份	1983	1984	1985	1986	1987	1988	1989	1990
余额	89.01	82.20	26.44	20.72	29.23	33.72	55.50	110.93
年份	1991	1992	1993	1994	1995	1996	1997	1998
余额	217.12	194.43	211.99	516.20	735.97	1050.29	1398.90	1449.59
年份	1999	2000	2001	2002	2003	2004	2005	2006.4
余额	1546.75	1655.74	2121.65	2586.65	4033	6099	8189	8600

美国次贷危机蔓延为全球金融海啸：路径剖析和对策选择

内 容 提 要

次贷风险愈演愈烈，全球金融市场剧烈动荡，人们深陷迷惑和恐惧之中。本演讲通过对这场风险演进过程的逻辑剖析，深究其发端、蔓延的根本问题是全球经济发展不平衡背景下市场经济体制的扭曲和不完善所致；是美国拥有美元发行“特权”、美元作为世界交易和储备货币的背景下追求利益的最大化和风险最小化的目标和做法所致。这场风险对世界经济的影响不能低估。在此基础上，提出了一系列有针对性的科学的对策建议。

内 容 提 纲

一、仿佛一团迷雾　实感深不可测

二、重在厘清脉络　究其根本原因

三、全球视野剖析　影响实为深远

四、正视深刻启示　寻求应对路径

一、仿佛一团迷雾　实感深不可测

- 当前，一场全球性金融海啸确铺天盖地。
- 原美联储主席格林斯潘将这次危机的异常喻谓“百年一遇”。
- 金融大鳄索罗斯断言：“由次贷掀起的这场危机，将结束60　年来的超级繁荣”。
- 人们用“金融海啸”一词替代惯用的“金融风暴”来表述这场金融危机在广度和深度上的提升。
- 这场“海啸”的严重性不仅表现在虚似经济领域的掀天波涛，实际上愈来愈挫伤实体经济这一根基。
- 更难以摆脱的是，公众因危机催残而无奈滋生的“预期”和“信心”受到压抑且难以扭转。

直面这场始于美国次贷危机、肆虐于全球的金融海啸，人们感到迷惑以至于困惑的诸多问题也接踵而来：

1. 为什么美国次贷发放总量区区6000亿美元，竟会撬动全球经济？

2. 为什么次贷危机能在金融市场最发达、最成熟、最严密的美国发生，并在全球蔓延？

3. 为什么美国次贷危机会造成全球股市下跌，几万亿美元财富灰飞烟灭？

4. 为什么陷入次贷危机的都是西方国家顶级金融机构？

5. 为什么次级抵押贷款摇身一变转型为次级债券？美国次贷传播放大机理和传递机制究竟是什么？

6. 美国次贷给全球，特别是发展中国家有什么启示（更确切地说是“警示”）？

7. 由美国次贷危机引发的全球金融海啸，为什么“没完没了”，是“接近未声”，还只是“冰山之一角”？

8. 在美国和有关国家的政府采取看似有力的“救助”政策下，为什么经济仍走下破？特别是股市，房市难见起色？

9. 中国如何应对由“次贷危机”和“金融海啸”带来的挑战？具体说在人民币升值问题上究竟是“一步到位”还是“小步快跑”？在利率问题上是“升”还是“降”？在货币政策上是“紧”还是“松”？政府应出面救市还是顺从市场这只“看不见的手”？

如此等等。问题之多，人们仿佛陷入一团迷雾之中。

若从另一角度分析，在美国次贷危机向全球金融海啸演进过程中，可以说，它几乎涉及到所有金融问题。为清晰起见，用下图演示：

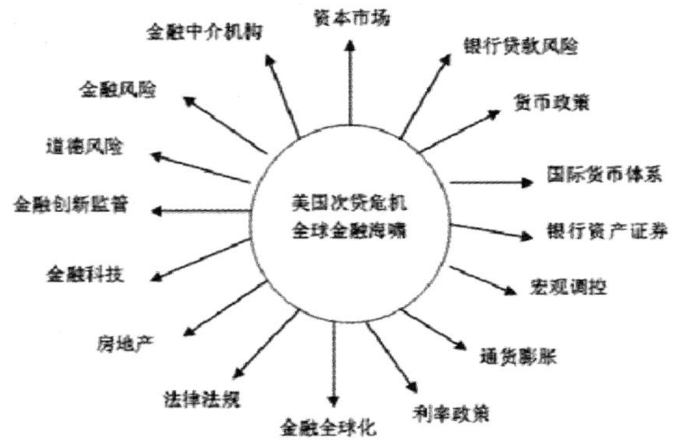

图：由美国次贷危机和全球金融海啸涉及的问题

图中看出，与“次贷”和“海啸”有关的经济金融问题，有宏观也有微观；由金融体制创新也有金融技术手段运用；有金融创新层面也有与其关系密切的金融监管问题；有金融方面也有非金融方面的如社会中介、道德、法规等问题；由资本市场（包括金融衍生品）也有货币市场；如此等等。

由此推断，谁真正弄懂由次贷向全球蔓延过程并在此基础上进行科学的逻辑分析，他可以成为一名金融家。

一年前，美国国会众议院以决议形式，把次贷危机爆发的4月确定为每年的“金融普及月”或称“金融扫盲月”。美白宫人士告诫说：“且排除放贷机构贪污以及金融解释误导因素，这场危机的根源在于金融文盲存在于广泛层面上”。

二、重在厘清脉络 究其根本原因

从表面上看，从美国次贷危机演进到全球金融海啸，其过程和动因复杂多变、涉及面广、杂乱无章、难以把握。但我们若抓住问题的根本，透过现象看本质，进行科学的逻辑剖析，应该是清晰可见的。

大体上可分为以下几个阶段：

1. 风险积累——盲目放宽贷款条件，放贷机构恶性竞争，埋下了危机的隐患。

- 所谓次贷，即次贷抵押贷款的简称，是指贷款人信用等级相对较差的房屋贷款合同。这里的“较差”，一是指收入状况不稳定；二是指还贷信用记录不太好。
- 从1994－2006年，由超过900万户美国家庭购买了新住房，其中约20%家庭借助于次贷。
- 从2001年开始，美联储在2年半内，基准利率从6.5%下降到1.00%，经济也随之恢复。
- 从2002年起，美房价每年胀幅10%。

- 2005年，房价上涨了17%。2003—2006年4年间美平均房价涨幅超过5%。
- 加上一些放贷发放机构推出“零首付”、“零文件”等住房贷款优惠方式，甚至编造虚假信贷为诱惑，造成当时买房者的理念是：在房价上涨和利息下调情况下，次贷交不起，大不了卖掉房子低偿。此举埋下了危机的隐患。

2. 风险扩大——大量金融衍生产品的创造，使次贷变成了次债，其价值难以计算，显得神秘莫测。

- 住房抵押贷款发放之后，为避免风险和保障收益，放贷机构通常不会自己持有这些债券，将房贷打包进入二级按揭市场，推向投资者持有。
- 而高风险的CDO（债务抵押债券）在对冲基金手中又重复向银行抵押。

- 经过层层打包，“次贷”摇身一变成了“次债”，从而演化成无现金投入只承担风险并能获得现金流的金融衍生品。
- 这种结构复杂且虚拟的金融衍生品无足够数据和资料来评估其所构证券的内在价值和风险。
- 投资者只能依据证券信用评级机构的说法，而这种做法显然存在有侵害投资者的道德风险。

3. 风险暴露——利率的持续走高，房地产一再贬值，促使次贷抵押贷款用户开始破产，次贷危机显现。

- 由于利率的回归性和为收缩金融资产的流动性，从2001年1月——2007年6月美联储持续17个月加息，基准利率由原来的1.00%又调高到5.25%。
- 高利率必然造成既定的房地产泡沫破裂，引发市场低迷。
- 至2007年4月止，美国成屋销售量降至近4年来最低水平，有四分之一的房屋所有者在过去一年中出现贬值。

4. **风险释放**——利率上升，房价下跌，房贷违约率上升，美国运用美元贬值这一“特权”，将危机波及和转嫁到全球。

- 由于利率不断上升，房价不断下跌，越来越多的次贷者不堪重负。
- 由于“次贷”已由“次债”替代，所以“次贷风险’开始从货币市场传导到资本市场，从一级市场推向二级市场，其风险也由美国传导到有关国家和地区。

● 传导这种风险最简易最迅速最有效的办法是，美国充分运用美元作为世界交易和储备货币的“特权”，通过美元贬值，将风险释放和转嫁到全球，这种影响的后果还不仅仅限于次债，同时会波及和影响到全球经济社会特别是发展中国家。

上述分析可见：美次贷危机是由4个环环相扣的风险链条组成，在风险传递过程中，由小到大、由实到虚、有浅到深。即：

1. 房地产业的人造繁荣，导致抵押贷款标准放松和抵押贷款产品创新；

2. 所谓的“资产证券化”导致信用风险由房地产金融机构向资本市场传递；

3. 基准利率提高和房地产市场疲软成为危机爆发的导火索；

4. 美元在美国经济下滑和资本市场陷入困境时不断贬值，导致风险波及和转嫁全球。

其实，美国利用美元贬值这一“杀手锏”，不仅仅是在本次次贷危机过程之中，这应该是其一贯的“陋习”。

自20世纪80年代中期开始，美国就成为世界上最大的债务国，2007年对外净债务为1.73万亿美元，然而美国却一直保有真正的净投资收益。

据资料，2000年以前，美国净投资收益仅在百亿美元左右，随其债务的不断增加，但到2007年净收益反而攀升至888亿美元。（见表1）

表1 2001—2007年美国净投资收益（单位：亿美元）

	2001	2002	2003	2004	2005	2006	2007
净投资收益	369	330	510	734	788	638	888

资料来源：美国经济分析局

表中所反映的数据背后：

（1）美元贬值。从2002年开始美元长达6年多的贬值，使他国的资产严重缩水；

（2）增持海外资产。据美国经济分析局统计，美历年总和达19.46万亿美元（其中2007年就增持了3.56万亿美元，为历年之最），这说明美联储注入的流动性并非留在美国，而是大量投向海外。

（3）巨额债务消失。（见表2）

表2　2001～2007年美国对外债权债务及其变动情况（单元：亿美元）

	2001年	2002年	2003年	2004年	2005年	2006年	2007年
对外债权债务总额	-22889	-24043	-22357	-23558	-18509	-18493	-17275
债权债务变动额	-7585	-1154	1186	-700	5049	16	1218
国际收支差额	-3860	-4627	-5269	-6274	-7330	-7920	-7331
对外债务消失额	-3725	3473	6455	5574	12379	7936	8549

注：表中各变量的负值分别表示净债务、债务增加、国际收支逆差、债权消失、正值则相反。资料来源：美国经济分析局

表中，2007年美国国际逆差为7331亿美元，按常理对外净债务应同等规模增加，事实上却不增反减，2007年比2006年减少1218亿美元。众所周知，美国的债务不会无故消失，其背后就是在美元贬值条件下他国财富的消失，说直的，就是通过美元贬值手段掠夺他国财富。

在美元贬值成为在现实的状况下，正如专家所说："美国人实现了胜利大逃亡"，"次贷是美国的，但次贷危机的损失是世界的"。

需要进一步说明的是：

美国拥有的金融霸权和习惯于运用美元贬值方式掠夺他国财富的行径，受害最深是拥有此次缩水最大的美国债券投资的发展中国家。

- 以中国为例，截至2007年底，对外金融资产共计22881亿美元，而证券投资2395亿美元，占18%。这还没有计算由美国次贷危机放出的流动性风险造成的损失。
- 据统计资料，国际私人资本流入新兴市场由2006年的2557亿美元增至2007年的6288亿美元，这种释放往往引起发展中国家经济发展过热和强制承受输入型通胀之苦。

- 以上分析不能简单得出美国可以为所欲为采用"美元贬值"政策的结论，其还需顾及经济一体化和金融全球化条件下的各种利益关系，特别是美元的霸权也正是美国长期利益所在。
- 美元也不会和不可能永远贬值下去。但这也不能就此而松懈世界各国建立互动协调平台，着力进行国际金融秩序变革，建立公正合理的现代国际货币体系，实现对美元霸权的制约。

最近出版的由辛乔利、孙兆东著的《次贷危机》一书中说："次贷危机是世界上最成熟与最强大的经济体使用最精巧与最复杂的金融工具放大和表现出来的人性弱点"。粗看，似觉模糊；但细细品味，更感深刻。

上述对次贷危机蔓延为全球金融海啸的逻辑剖析，简明的结论可概括为：

1. 在美国追求风险最小化和利益最大化的前提下，次贷危机只是开辟了一个新的掠夺他国财富的途径而已。

2. "美元特权"才是一个关键和现实手段。

3. 通过美元贬值以实现风险的转移和利益的最大，至少是过去和当今美国既可实行又可兑现的终极目标。

三.全球视野剖析 影响实为深远

从美国次贷危机到全球金融海啸的影响，已浮出水面的是：

全球经济走势下降、股市房市迅速下挫、投资疲软、失业率上升、全球降息浪潮一浪高过一浪、金融机构步履艰难且纷纷倒闭、通货膨胀居高不下等等。可见，全球经济衰退和金融市场振荡已成现实。具体说：

1.美国次贷的损失

- 2007年末美国次级债总量约1.5万亿美元左右，其中风险较高的结构性产品接近50%，约8000亿美元。次级债的折价率在50%-60%，这部分产品目前损失达3700亿-4500亿美元。
- 此外对Level-3类资产的估值和计提损失有难度，该项资产普遍超过各自机构的权益，如果大幅折价可能直接危及公司的资本充足。
- 在次贷问题不断恶化的情况下，Level-2级资产也会向Level-3级资产转化。另外，次级债有相当一部分以表外业务的形式存在。

2.直接影响

- 受到冲击的是众多收入不高的购房者。由于无力偿还贷款，他们将面临住房被银行收回的困难局面。
- 今后会有更多的次级抵押贷款机构由于收不回贷款遭受严重损失，甚至被迫申请破产保护。
- 由于美国和欧洲的许多投资基金买入了大量由次级抵押衍生出来的证券投资产品，它们也将受到重创。

3. 2007-2008年美国次债危机波及的部分机构

波及的主要机构	事　件
新世纪金融	3月13日，这一美国第二大次贷公司濒临破产。
贝尔斯登对冲基金	6月22日，两只对冲投资的次贷支持的组合证券受沉重打击，陷入巨额亏损困境。
麦格理旗下两投资基金	8月3日，澳洲麦格理银行旗下两投资基金损失高达25%，逾3亿澳元（折合33亿美元）。
巴黎银行旗下FABS基金	8月9日，三只ABS基金停止申购和赎回。
全国金融公司	8月15日，美最大商业性抵押公司、股价暴跌、面临破产。

KKR旗下子公司	8月15日，美大牌私人股本集团下一家子公司损失4000万美元。
德国IKB工业银行旗下基金	遭受损失巨大，几乎陷入破产困境。
Ameriquest	8月底，曾属美最大的次级抵押贷款企业停止零售业务。
花旗集团CEO	10月，面临流动性困局的结构性产品，花旗集团CEO普林斯辞职。
瑞银集团	年末首次净亏损8.3亿瑞郎（约合7.12亿美元）
对中国	截止2006年6月底，中国机构购入的美国按揭债券总额为1075亿美元，占亚洲国家购入总量47.6%，其中购入次贷160亿美元由中行、工行、建行、招行、中信6家上市银行购买，但损失甚微。

美国**12**家银行破产

2007年9月28日	网上银行（NetBank)
2007年10月4日	迈阿密山谷银行
2008年1月25日	密苏里州道格拉斯国民银行
2008年3月7日	密苏里州的休姆银行
2008年5月9日	阿肯色州ANB金融国民协会银行
2008年5月30日	明尼苏达州第一诚信银行
2008年7月11日	加利福尼亚印地麦克银行
2008年7月25日	内华达州第一国民银行
2008年7月25日	加利福尼亚第一传统银行
2008年8月1日	佛罗里达州第一优先银行
2008年8月22日	堪萨斯州托贝卡市的哥伦比亚银行信托公司
2008年8月29日	美国佐治亚洲的Integrity银行

2008年9月以来欧洲地区金融危机重要事件

9月18日	英国莱斯银行宣布收购英国哈利法克斯银行
9月28日	比利时、荷兰和卢森堡政府宣布挽救富通银行
9月29日	英国政府宣布将布拉德福德-宾利银行收归国有
9月30日	法国、比利时和卢森堡向德克夏银行注资 爱尔兰政府宣布为该国银行存款和债务提供担保
10月3日	荷兰政府宣布收购富通集团在荷兰的全部业务
10月4日	法国、德国、英国和意大利领导人在巴黎召开小型峰会，讨论应对金融危机政策
10月5日	德国宣布为银行个人存款提供担保，并出资拯救德国地产融资抵押银行。法国巴黎银行宣布收购富通银行在比利时和卢森堡的分支机构。
10月7日	欧盟成员国财政部长同意提高各国储蓄担保额度
10月8日	英国政府宣布向各大银行注资
10月9日	比利时、法国和卢森堡三国宣布为德克夏银行提供财政担保以使其募集资金
10月10日	荷兰政府宣布为银行间贷款提供担保
10月12日	欧元区15国领导人召开首脑会议，同意由各国为银行再融资提供担保并入股银行
10月13日	英国向三大银行注资，法国、德国、意大利和荷兰等国也宣布了各自的金融救助措施
10月14日	冰岛股市在数日关闭后首次开市，盘中跌幅超过了70%

4.次贷危机对全球资本市场影响

（1）07年3月13日，纽约股市遭“黑色星期二”，道琼斯30种工业股票平均指数暴跌242.66点。

（2）新世纪金融公司因濒临破产被纽约证交所停牌。

（3）受美国股市影响，全球股市随之下挫。

（4）通过香港股市影响中国内地股市，对内地市场产生估值压力；通过心理因素、热线流向、管理层判断国内企业的效益，加息等因素间接影响中国资本市场。

5.次贷危机被迫美大幅降息

原因:(1)次贷可能造成信贷进一步紧缩的风险

(2)实体经济衰退的风险

降息还有空间原因:

(1)美经济前景进一步恶化;

(2)消费支出以及就业市场疲软;

(3)金融市场仍面临巨大的压力。

其原因：

1. 由中美两国经济地位所决定；

2. 由中美两国经济关系所决定；

3. 受美国多次降息、热钱流入、美元贬值、由美次贷危机引发的国际金融市场动荡等因素直接和间接影响所造成。

6.美次贷对中国的影响

（1）中国通过利率手段调节通胀预期、信贷增长过快的难度加大；

（2）中国面临这一前所未有挑战，不仅考虑通胀压力，还要考虑全球化程度较高现状；

（3）外部需求削弱，严重影响出口企业利润，企业倒闭，引起投资和净出口的双疲软；

（4）产能大量过剩，由此导致库存积压、大幅降价企业盈利下降，竞争力下降；

（5）造成企业对金融部门冲击，无法偿还贷款，不良贷款率上升。

7.次贷前景预测：

（1）专家评论：

- 会导致前门拒“衰退之狼”，后门进“通胀之虎”；
- 任何“理性”都无法战胜“恐惧”；
- 次贷危机甚至1987年股灾，堪比1929年经济大萧条。

（2）旧金山联储银行行长：“一个非传统性的危机需要非传统性的应对之道”。

- 连续大幅降息；
- 创设多种新式短期借贷工具；
- 对投资银行等初级交易商开放贴现窗口；
- 允许高风险的抵押贷款债券作为融资抵押等。

（3）美联社担心信贷领域的“逆向回馈”

- 信贷紧缩导致企业利润和收入减少；
- 进一步影响其资信质量，从而使银行更惜贷。

（4）格林斯潘：美元会继续疲软多久？没有人能回答这个问题，原因是外汇市场是一个有效的市场、要预测美元之走势，必须要知道更多信息，但几乎没有人有这种优势。

降息可以缓解金融市场动荡，有助于美国经济“软着陆”，但这是短期的、治标的、对治本（经济衰退）意义不大。

（5）索罗斯：全球面临严重的金融危机

索罗斯在《全球面临60年来最严重的金融危机中国将崛起》一文中认为，当前的金融危机是由美国住宅市场泡沫促成的。当前的危机标志着信贷扩张时代的终结，这个时代是建立在作为全球储备货币的美元基础上的。是一轮超级繁荣周期的顶峰，此轮周期已持续了60多年。

从目前情况看，发达国家出现经济衰退或多或少是在所难免的，但中国、印度和一些产油国仍在强劲增长。因此，当前的金融危机不太可能导致一场全球性的衰退，而是一次对全球经济的根本性调整。在这一调整过程中，中国和其他发展中国家将崛起。

● 有专家认为：“任何‘理性’都无法战胜‘恐惧’，‘此次危机’堪比1929年全球经济大萧条”。

●上海国际金融学院陆红军院长著文说：“这场危机将持续到2009年下半年”。但美国摩根大通公司的研究人士说：“这场危机对金融市场结构及定价的影响将持续至少10年”。

四、正视深刻启示 寻求应对路径

从美国次贷危机蔓延到全球金融海啸，究竟由哪些深刻启示引发解决问题的现实路径呢？主要有：

1. 必须处理好金融创新和金融监管的关系

● 金融创新是指金融领域各种要素的重新优化组合和各种资源的重新配置，它是金融业发展的不竭动力。但它又是一把“双刃剑”，即既有助于金融体系的稳定和安全，也可能带来金融的脆弱性、传染性、系统性风险。

● 在美国次贷危机的形成和爆发过程中，金融创新扮演了重要角色，由“次贷”转化为“次债”这种谓之“资产证券化”，实际操作过程是房地产金融机构将住房抵押贷款的违约风险转移给资本市场。

●“资产证券化”应算得上是20世纪最重要的金融创新。但创新的实现并非只是想象，而是要有必要的前提条件和实施环境。由于金融监管的不配套或不能及时跟上，完全依赖偏高的信用评价和非理性追捧，促使金融创新难以实施和无法奏效。

● 可见，与日俱增的金融创新不能脱离严格的金融监管这一金融运行的基石。

● 近几年来，以金融衍生产品为主的虚似经济呈几何级数递增，据国际清算银行2008年3月公布的资料，全球金融衍生产品的总值从2002年的100万亿美元到2007年末已达516万亿美元，为同期全球GDP总额48万亿美元的10多倍。

● 这种依靠高杠杆率过度发展起来的既实际价值难测又信息披露不足的金融衍生产品，不仅造成货币“边界”的难以捉摸，而且扭曲了货币政策的传导，由此形成的泡沫链日趋复杂，如同建立在沙滩上的楼阁最终会被海浪所冲塌。

2. 必须正视虚似经济和实体经济的关系

● 当今世界，已进入虚似经济的新领域，通过金融业虚似经济和实体经济的互动和促进，带来了近几十年来全球经济的快速发展。

● 依据宏观经济学原理，一个经济体的实际增长率等于其潜在增长率，那未经济发展就处于最佳状态，所谓“最佳”即实现了资源的最佳配置下的成本最小化和效益的最大化。如果前者低于后者，表现为发展不足；反之，高于后者，则呈现发展过度。

● 由此，切实把握好主要依附于实体经济的现实货币必要量这个“度”，实现实体经济和虚似经济的互动和互促非常重要，这里特别注重由于虚似经济的过度而造成的金融泡沫对实体经济的不利影响。

3. 进一步实行“扩大内需”的基本国策

● 所谓扩大内需，即要立足国内扩大需求，努力开拓国内市场。

● 这一国策既符合中国人多地广、市场潜力巨大的特点，也与当今世界经济发展在金融危机冲击下相对恶化的态势相适应。

● 经济发展规律表明：一国过分地强调以出口为导向，必然会加大该国对外的依存度，长此下去，会不断削弱本国的自主创新能力，加剧本国产业结构的“洋化”，这对中国这样一个内需潜力很大的大国来说是不相匹配的。

● 国内需求的扩大也必然会推动国外需求的开拓，两者具有既相互消长又相互促进的关系。

● 扩大内需包括投资需求和消费需求两个方面，投资是经济增长的源泉，没有投资的增长就不可能保持经济的活力。因此投资又必然是消费的先行者和启动器。

● 扩大投资需求应以引导和实现消费需求为最终目标，而消费需求的扩大反过来又要规范和刺激投资需求，两者协调配合才会形成对经济增长得双向拉动。

● 在当前情况下，要提速扩大内需，积极的财政政策和适度放宽的货币政策的协调配套尤为重要。

（1）从财政方面看，采用的主要措施有：

加大基础建设力度；

实施一系列惠农政策；

实施企业和个人减税政策措施；

完善社会保障和福利制度；

扩大国债发行规模和开拓市政债券市场等。

（2）从货币政策方面看，采取的主要措施有：

切实解决中小企业融资难问题；

放宽信贷限度支持企业；

个人从事各项投资和经营活动；

努力扩大消费信贷等。

4. 创建和扩大国际金融合作和交流平台

● 针对当前全球金融海啸暴露出来的世界经济和金融体系的种种弊端，创建适应21世纪经济金融新秩序的国际平台已是当务之急。

● 中国总理温家宝指出：目前的全球金融危机充分暴露了现行国际金融体系和治理结构的缺陷，急需加快改革步伐，建立公平、公正、有效的国际金融体系。

● 世界银行行长佐立克指出：

“由西方发达国家组成的七国集团（G7）体系已经过时，必须组建包括新兴经济体内的国际新体系来应对当前的危机”，他构想，应建立“包括西方7国于中国、巴西、印度、墨西哥、俄罗斯、沙特阿拉伯和南非在内的14国集体（G14）或范围更大的新集团（G20）”。

● 在创建国际金融合作平台的同时，对我国而言，应密切关注与此联系的两件大事：

（1）美元贬值对世界和中国的影响。

如何建立公正、合理的国际货币体系，应是国际金融合作平台必须研究的重要课题。

（2）如何推进人民币的国际化。所谓人民币国际化就是人民币成为国际本位币。

● 实现人民币国际化：

人民银行将成为全球性的发钞银行；

将全面减少中国对外经济的汇率风险；

将大幅降低外汇储备持有量；

将有效地降低企业的融资成本和贸易成本；

将建立中国的逆差融资能力以高效平衡国际收支；

将通过全球范围内的广泛投资和金融机构的全球化扩张获取丰厚的金融收益；

将极大地提高中国的货币管理能力；

为防御化解由美国次贷危机带来的全球金融危机的不利影响创造必要和有利条件。

5. 齐心协力应对全球金融海啸，坚持改革开放不动摇。具体说：

（1）要坚持市场化改革方向。必须明白，当前出现的这场全球金融危机，并非是市场本身的罪过，也不是创新本身的结果，从某种意义上说，恰恰是我们没有把握住市场发展和运作规律所致。如何把握好“有形之手”和“无形之手”的结合度非常重要。

（2）要努力提高改革开放的水平。改革开放永远是推动中国经济发展和民生生活质量不断提高的法宝，绝不能因为全球金融海啸的负面影响而放松和滞后了改革开放的力度和深度。

中国的历史证明，面临我们的最大风险是不改革开放的风险和名为改革实质上不是改革的风险。

（3）全球金融海啸的直接结果是经济的衰退、企业效益下降和公众信心的受挫。面对现实坚定信心，增强理念是关键。

面对华尔街金融海啸，政府部门的调控政策该出手就出手，积极帮助和扶持企业，固本强基、扩大内需。企业应及时采取增收节支新措施，适度搞好产业升级，建立有利于科学发展的有效机制。广大公众应坚信“风雨过后是彩虹”，中国经济经历这场巨大金融风暴的洗礼，一定有更多的机遇，有一轮新的发展。

参考文献：

1.余永定：《全球经济不平衡于中国的调整》[J].中国金融.2005,(12)。

2.丁志文：《增持海外资产、巨额债务消失：美国是金融危机的受益者》，《第一财经日报》2008年10月27日。

3.阎庆民：《次贷危机对中国银行也监管的警示》[J]金融时报2008.11.03。

4.曹龙骐：《人民币升值过程中的“新货币现象剖析”》[J]深圳大学学报2008(1)。

5.左小蕾：《虚拟经济不能离实体经济太远》[J]社会科学报2008年11月6日。

6.李杨：《挣脱金融危机之路》[J]社会科学报2008年11月6日。

港澳人民币市场发展：问题与对策

曹龙骐　陈红泉

主 要 内 容

一、港澳人民币市场发展及其意义

二、港澳人民币市场发展中的问题剖析

三、推进港澳人民币市场进一步发展的对策

一、港澳人民币市场发展及其意义

1. 国务院和央行促进港澳地区人民币业务发展的一系列举措

（1）2003年11月18日，批准香港银行可在港办理人民币存款、汇款、兑换和银行卡4项个人人民币业务。

（2）2003年12月央行授权中银香港为香港银行办理个人人民币业务的清算行；

（3）2004年2月25日香港银行为香港居民办理个人人民币业务正式启动；

（4）2004年11月4日，澳门实施个人人民币业务；

（5） 2007年6月，内地金融机构首次在香港发行人民币债券；

（6）2009年4月8日国务院决定在上海市和广东省广州、深圳、珠海、东莞开展跨境贸易人民币结算试点；

（7）2009年9月，人民币国债首次在香港发行，共计60亿元。

二、港澳人民币市场发展中的问题剖析

1. 发展较快，但占比还小

（1）截止到2009年8月，香港人民币活期和储蓄存款已由2004年2月的7.04亿元增长到达566.51亿元，5年增长约80倍。澳门的人民币存款余额也增长迅速，从2004年11月底为4963万元，2005年1月底达到1.05亿元，2009年底更跃升至4.34亿元，1年增长4倍多。另自2007年6月国家开发银行首次在香港发行人民币债券以来，内地金融机构在港发行人民币累积已达300亿元。

表1　香港存款数据（按货币分类）一览　　单位：亿港元[1]

年.月	2004.2	2004.12	2005.12	2006.12	2007.12	2008.12	2009.12
活期与储蓄存款	16072.2	17757.1	14368.6	17007.4	20879.5	24207.8	34063.8
其中：人民币	7.04	54.18	106.19	120.01	225.39	381.19	406.62
比重%	0.04	0.31	0.74	0.71	1.08	1.57	1.19
定期存款	20812.4	20903.2	26310.8	30655.0	37812.6	36389.5	29512.8
其中：人民币	1.91	67.10	119.66	107.21	108.61	179.42	220.56
比重%	0.01	0.32	0.45	0.35	0.29	0.49	0.75
所有存款	36884.6	38660.3	40679.4	47662.4	58692.2	60597.3	63576.6
其中：人民币	8.95	121.28	225.85	227.22	334.00	560.61	627.18
比重%	0.02	0.31	0.56	0.48	0.57	0.93	0.98

资料来源：香港金管局网站。

备注1：人民币以亿元计，计算人民币存款占总存款比重时，人民币与港币的汇率按1：1计算。

但占比还小，2009年底香港人民币活期和储蓄存款只占香港活期和储蓄存款总额的1.19%，人民币定期存款只占香港定期存款总额0.75%，在港人民币存款总额占香港存款总额0.98%。（见表1）澳门的情况比香港略强。（见表2）

这意味着港澳人民币市场发展从绝对量分析增长很快，但从占比分析还微不足道，说明内地和港澳之间发展人民币业务的市场空间和市场潜力还相当大。

2. 港澳人民币业务发展意义重大

（1）有助于增强香港国际金融中心的地位；

（2）拓宽港澳对内地的金融辐射能力；

（3）为港澳银行业的振兴带来新的动力；

（4）为今后在香港建立人民币结算中心和离岸金融中心创造条件；

（5）有助于加强对港澳流通人民币监管和内地的金融宏观调控；

（6）有力推进人民币区域化和国际化进程。

表 2 澳门货币供应量的构成情况表　　单位：亿澳门元

年.月	1999.12	2003.12	2004.12	2005.12	2006.12	2007.12	2008.12	2009.12
货币量 M_1	53.63	87.90	134.41	127.89	182.55	226.07	247.30	306.08
澳门元	36.71	48.72	62.85	68.48	83.76	95.99	130.11	149.73
比重%	68.44	55.43	46.76	53.55	45.88	42.46	52.61	48.92
港元	16.52	35.33	67.46	53.99	80.39	111.84	103.54	145.45
比重%	30.81	40.20	50.19	42.21	44.04	49.47	41.87	47.52
其它货币	0.40	3.84	4.09	5.42	18.40	18.23	13.65	10.90
比重	0.75	4.37	3.05	4.24	10.08	8.06	5.52	3.56
货币量 M_2	860.96	1110.90	1209.47	1356.60	1689.12	1855.41	1897.90	2121.53
澳门元	279.50	296.68	313.70	366.88	453.24	509.84	540.98	597.47
比重%	32.46	26.71	25.94	27.04	26.83	27.48	28.50	28.16
港元	441.23	594.40	662.14	701.45	910.12	1014.92	992.41	1137.81
比重%	51.25	53.51	54.75	51.71	53.88	54.70	52.29	53.63
其它货币	140.24	219.81	233.63	288.26	325.76	330.66	364.51	386.25
比重%	16.29	19.79	19.32	21.25	19.29	17.82	19.21	18.21

资料来源：澳门金管局网站。

备注：澳门在货币供应量统计中，没有单列统计人民币，而是将人民币与美元、英镑、日元等货币归到“其他货币”一栏统计。

2. 原因剖析

（1）从银行角度看：港澳人民币资金缺乏投资渠道。港澳银行开展个人人民币业务可吸收人民币存款，按规定不能以此发放人民币贷款，大部分人民币存款只能转存入清算行挣取微薄的息差，由此导致银行吸收人民币存款的动力减弱，其结果必然使人民币存款难以持续上升。

（2）从企业和居民的角度看：由于内地游客在港澳地区使用人民币具有单向消费的性质。由此，决定了人民币在港澳地区与内地之间的交易只是单向的。人民币在港澳地区内部的交易缺乏流动性，港澳地区的企业和居民几乎不会为了流动性而持有人民币。 这必然导致人民币在港澳缺少应有的地位，也没有随着两岸三地日益紧密的经贸关系以及内地游客大幅增多而提高，促使绝大部分人民币仍然回流到内地。

（3）人民币在港澳地区存在有一定程度的银行系统外的“体外循环”现象。从澳门的情况来看，博彩业未纳入澳门个人人民币业务范围。香港虽然不象澳门具有博彩业这种独特产业，但香港的外币兑换店和地下钱庄的运作中，同样会使香港的人民币流通在一定程度上存在有银行系统外的“体外循环”现象。

（4）跨境贸易人民币结算试点对港澳地区人民币业务的影响，长期来看有利于提高港澳人民币的流动性，扩大港澳人民币的业务规模。但短期仍然存在上述类似问题。

例如:以2008年计，香港从内地进口1907.4亿美元，出口135.6亿美元，贸易逆差高达1700多亿美元。虽然这部分有相当大的比重属于转口贸易，但对于仍然可观的非转口贸易额来说，完全有望逐渐从美元结算过渡到人民币结算。

但短期内，如单向性交易、流动性呆滞和“体外循环”等问题仍难以逆转这种现状。

三、港澳人民币市场进一步发展的对策

1. 有步骤地推进港澳地区银行开展人民币资产业务。

目前，港澳地区银行可经营人民币结算、汇兑等表外业务，也可经营人民币存款等负债业务，但人民币资产业务严重落后，各类业务相当不平衡，是个较大的障碍。如果仍然限制港澳银行业的人民币资产业务，也可能使跨境贸易人民币结算试点陷入个人人民币业务实施中业务停滞的困境。

为此，应有步骤地推进港澳地区银行将持有的人民币在本地投资，逐步扩大银行的人民币资产业务是一个重要问题，允许向港澳甚至海外的企业发放人民币当然要有防范化解风险的措施贷款，允许向港澳居民在深圳、珠海购房提供人民币按揭贷款等。

2. 加快推进香港的人民币债券市场建设。

没有国际化的人民币债券市场，人民币就很难成为国际结算货币，更难成为国际储备货币。加快人民币债券市场，还有利于解决港澳和海外在人民币结算过程中伴随而来的人民币投资问题。一是加快内地金融机构在港发行人民币债券，特别是逐步实现各期国债均可在香港购买，促进香港人民币债券一级市场的不断壮大；二是逐步发展香港人民币债券二级市场，允许各类人民币债券上市流通，提高其流动性；三是逐步培育香港人民币债券的国际投资者，允许澳门机构投资者、企业和居民买卖在香港发行的各类人民币债券。

3. 有效解决港澳地区人民币非银行系统的“体外循环”问题。

特别是管理好澳门的博彩业系统的人民币业务。2008年澳门博彩业毛收入1098.26亿澳门元，当年澳门的大陆入境游客为1750万人次，约占澳门客源总数的58%人，据此估算，每年有500到600多亿澳门元的博彩业毛收入来自于大陆。由此可见，每年有数百亿人民币进入澳门博彩业系统。因此，将博彩业系统的人民币纳入到银行系统，既促进澳门人民币业务的规模，又有利于提高澳门人民币业务的流动性。

4. 进一步完善和优化人民币清算系统和回流系统。

在清算安排方面，要在港澳银行开办个人人民币业务的基础上，进一步完善和优化人民币清算系统和回流系统，为人民币在港澳地区与内地的双向流动提供技术保障，进一步完善人民币清算、回流系统机制。以适应境外人民币业务特别是跨境贸易人民币结算的开展。

5. 加强内地与香港、澳门之间在金融监管方面的紧密合作。

建立有关部门协同合作的制度安排，防范金融风险，打击地下钱庄，完善反洗钱机制。跨境贸易人民币结算试点，必然会增加人民币业务和资本项目下人民币兑换的监管难度。因此，必须密切关注港澳的人民币流通状况，建立港澳人民币管理的检测指标系统，立足以“融”为主，以“管”为重，以保障境外人民币业务开展中的金融安全问题。

6. 在推进深港资本市场一体化和创建全球国际金融中心的进程中，深交所应创造条件创设国际板。

当今世界已经进入资本市场时代，它是一个通过投融资和资产证券化，促使市场机制重塑的时代，是一个资本充分获取最佳效益的时代，也是一个全民投资意识和风险意识得到极大提升的时代。通过资本市场，资本的意志得以充分体现，资本的力量得以充分放大，资本的潜能得以充分释放，资本的机制得以充分发挥。

可见，深港澳人民币市场的拓展和人民币国际化进程的推进，没有发展资本市场为依托是难以想象的。一个国际化的城市，绝不能满足于建设一个封闭式的、本土化的股票市场。深交所利用毗邻香港的优势与香港联交所在体制、组织架构、法律政策等方面进行对接，向上海学习，创设深交所国际板，这对拓展港澳人民币市场和加快人民币国际化进程，不仅意义重大，而且是一个有效举措。

人民币国际化是中国长远利益所在，是一个不可逆转的趋势，也已上升到国家战略层面。

人民国币际化既是一个系统工程，又是一个繁难课题。在境外人民币业务发展的同时，适时在境外建立人民币债券市场、国际金融资产的交易平台、人民币离岸金融中心、实现深港资本市场的一体化、深港合作建立全球国际金融中心、逐步过渡到资本项目可兑换、最终实现人民币的国际化。这些，都是“相互关连”和“水到渠成”的事情。

6. 将境外人民币业务开展与人民币国际化有机结合起来。

必须明确，境外各项人民币业务的开展，其终极目标都是为了实现人民币的国际化，都可以看作是在推进人民币国际化过程中在某一区域的“测试”，可见，人民币的国际化和区域化是两个密切联系的缺一不可的过程。

由此，在深港澳这一各国货币交易的连结点上实施各项人民币业务更具有现实意义和特殊意义。

它既是一个互动的过程，也是一个终极目标实现的过程，需要我们用科学发展的眼光、立志高远姿态和求真务实的精神作出不懈的努力！

关于重构我国央行货币政策宏观调控机制的若干建议

曹龙骐　郭茂佳

一、主要政策主张

1. 将我国中央银行宏观调控终极目标由"保持货币币值的稳定，并以此促进经济增长"修改为"保持金融稳定，促进经济增长、实现充分就业、保持国际收支平衡"，并善于依据特定时期经济社会现状有一定的侧重点。

2. 在中间目标的选择上，不仅要关注货币供应量这一指标，而且也要关注资本市场资产价格的变动，还应注重在推进市场化进程中利率的作用。

3. 在调控手段的运用上，一是要减少对法定存款准备率手段的依赖；二是要重视运用公开市场业务操作手段，增加公开市场业务操作的频率；三是要继续实行廉价的货币政策。

4. 在我国中央银行宏观调控空间的拓展上，不仅要立足于货币市场，而且要为由货币市场传导向资本市场传导过渡创造条件。

5. 依据我国开放经济条件下市场化、国际化、多元化的发展趋势，央行货币政策调控应考虑国内民间信用的引入和国际金融市场的诸多影响因素。

二、重构我国中央银行宏观调控机制的动因

1. 运用原有的央行宏观调控机制进行调控效率日见低下

1988～2011年我国广义货币量/GDP比率统计表

年　份	1988	1989	1990	1991	1992	1993	1994	1995
M_2/GDP（%）	68	71	82	90	95	101	100	104
年　份	1996	1997	1998	1999	2000	2001	2002	2003
M_2/GDP（%）	112	122	133	146	152	165	179	189
年份	2004	2005	2006	2007	2008	2009	2010	2011
M_2/GDP（%）	185	162	160	152	151	178	181	181

上表说明：央行掌握的调控资源越来越多，但央行调控效率每况愈下，虽然效率低下的原因多种多样，但央行调控效率低下应算是一个重要原因。

三、重构中央银行宏观调控的最终目标

过去确立的最终目标，即“保持货币币值的稳定，并以此促进经济增长”的背景和条件正在或已经发生了深刻变化：

1. 间接融资为主导的融资体系有弱化的趋势，而金融稳定不仅仅指间接融资市场的稳定，也应包括直接融资，尤其是股票市场的稳定；

2. 货币与产出之间的关系日益疏远，也即种种因素的影响，使货币供应量已不完全是一个由货币管理当局能自如调节的经济变量；

3. 就业形势越来越严峻，会影响潜在的GDP的实现，对此不能漠然置之；

4. 国际收支状况对我国经济的影响日益加大，巨额的国际收支顺差和外汇储备亦会带来一些副作用；

5. 肆虐我国未来宏观经济的将不仅是通货膨胀，而且也有通货紧缩。从现状看，引致我国通货膨胀的内在机制并没有真正抑制，对付通缩的传统金融路径也受到阻碍；

6. 多少年追求的GDP指标，由于其自身存在的种种问题，往往扭曲衡量经济增长的科学性，从而未能真实反映民生幸福指数的上升。

我们认为，至少要作如下四点修改：

1. 将“保持货币币值的稳定，并以此促进经济增长”修改为“保持金融稳定，并以此促进经济增长”；

2. 增加充分就业的内容，它直接关联到民生工程的实施；

3. 将保持国际收支平衡列入央行宏观调控目标；

4. 要善于依据特定时期经济社会的现状最终目标应有一定的侧重点。

2. 原有的央行宏观调控机制已不能满足央行与银监会职能分设的需要。分设后，央行如何站在单纯金融宏观调控角度，重构一个能够保证货币政策独立性和连续性的调控机制已势在必行。

3. 原有的央行宏观调控机制已不能满足资本市场地位提高的需要。近2年来，我国已明确资本市场发展的主流地位，对央行的宏观调控提出更高要求。

4. 原有的央行宏观调控机制还应随着国内外形势的变化，特别是如何应对全球金融危机和加快国内经济发展方式的转型的现状。

四、重构中央银行宏观调控的中间目标

以往，我们将中间目标锁定货币供应量的理由是：

1. 货币供应量是一个由央行控制的内生变量；

2. 资本市场的资产大多不被央行调控的直接对象所持有；

3. 股票市场资产价格的变动不足以测度货币政策效果。

目前看来，对上述做法我们不敢认同，理由是：

1. 货币供应量既是一个内生变量，也是一个外生变量。金融市场自由化、国际化的现状，货币供应量不再简单地与物价和产出呈一一对应关系，而是与经济体系中所需的货币交易（包括金融市场的交易）有重要的相关性，它在很大程度上受非银行经济主体（企业、个人）经济行为的影响；

2. 资本市场的资产持有者正呈现出向机构集中的趋势。20世纪90年代，我国债券市场90%个人持有，而现在60%以上被机构持有；2000年以前股票70%以上为散户持有，而现在大部分为机构投资人持有；

3. 目前直接间接参与股票市场的人数近3亿之多（9000万户×3人），加上股权分置改革的推进、开放式基金的运营和民间融资的发展，参与股票市场的群众基础已十分雄厚。

4. 资产价格具备作为货币政策中间目标的基本条件，它也具有可测性、相关性等特征；

5. 资产价格作为货币政策中间目标制定的重要依据国外有先例。早在1999年美联储主席格林斯潘：“美联储货币政策的制定和实施将充分考虑资本市场，尤其是股票市场的因素”。

当然，并不意味将中间目标中的货币供应量和金融资产价格并重，也并不意味所有的金融资产价格在中间目标的地位相同，而应该一是股票价格是主要的，二是M_S的测算也有一个相对应的研究层次。

五、重构中央银行宏观调控的手段

1. 减少对法定存款准备率手段的依赖。国际市场法定存款准备率和利率呈下降趋势（甚至是0或负数），与经济和信贷增长不配套；

2. 重视运用公开市场业务操作手段。因为有其优良特性，目前也具有买入卖出的运作条件；它的市场化运作，对建立成熟的竞争性的金融市场，健全公开市场业务运作体系具有重要作用。

3. 继续实行廉价的货币政策。即采取低利率政策，有助于利率市场化；有助于提高企业的经济效益；有助于应对当前后金融危机时期国际金融市场的发展中的挑战。

六、重构中央银行宏观调控的场所

重视资本市场在央行宏观调控中的地位和作用，其原因是：

1. 金融市场融资证券化：其具有较大拓展空间；

2. 现代企业制度普及化：有利于夯实微观基础，实现宏观调控的微观化；

3. 财政赤字证券化：不导致央行基础货币增加，强化两大政策的关联度，减少干扰度，区分各自的责任；

4. 金融业混业经营：通过控股和相互持股，金融机构的资产结构发生明显变化，贷款比重下降，证券投资比重上升；

5. 金融市场国际化：强化直接融资，淡化间接融资，增强对国外投资者的吸引力。

由此，从发展趋势而论，央行宏观调控的重心应由货币市场向资本市场逐步转换。

七、重构中央银行宏观调控的传导机制

随着我国资本市场的不断发展，金融产品也丰富多样，资本市场作为资源配置、产权交易、风险定价和行使公司治理的市场机制对经济增长作用在不断提升，资本市场将逐步演变成为货币政策传导的重要渠道。

当务之急是要拓宽货币市场与资本市场的沟通管道。具体的举措有：

1. 拓宽股票质押贷款的对象；

2. 允许券商提供投行业务贷款；

3. 打破国有银行垄断，并减少其实际上仍然负有替代财政的职能；

4. 尽快成立证券融资公司；

5. 承认民间金融在整个社会融资中的地位。

八、为更明晰，我们将重构我国央行宏观调控机制的思路及若干政策操作建议用一下图示的方式为：

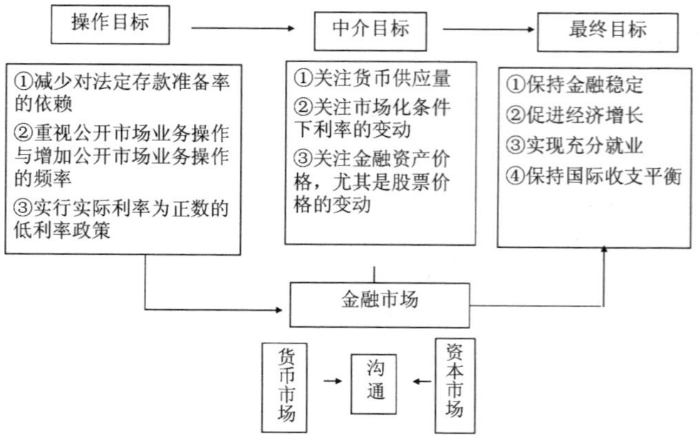

互联网金融：

金融变革和金融创新的新业态

1

主 要 讲 授 内 容

一. 互联网金融：产生、发展及其成因

二. 互联网金融的特性和优、劣势

三. 互联网金融的分类和模式

四. 互联网金融的监管

五. 互联网金融的发展趋势

2

一. 互联网金融：产生、发展及其成因

1. 什么是互联网金融，如何科学剖析这一概念；

2. 是“野蛮生长”、“硝烟四起”还是“始料未及，势不可挡”；

3

3. 互联网金融产生的原因是什么

①. 资本冲动的本质要求所决定；

②. 经济虚拟化的客观环境所决定；

③. 市场化威力驱动所决定；

④. 金融的全球化、现代化、科技化的推动所决定；

⑤. 金融资产追求价格真实性所决定；

⑥. 普惠金融的客观需求所决定。

4

二. 互联网金融的特性和优、劣势

1. 特性

①新平台　②移动化

③新支付　④大数据

⑤低成本　⑥普及化

⑦跨边境　⑧市场化

⑨融合性　⑩多样性

5

2. 优势

①更多的群体参与与更大满足草根金融需求；

②更便于借款人和贷款人撮合；

③更便于低门槛和投资获取收益；

④更开放的信息共享；

⑤更有利于普惠金融的发展；

⑥更有利于满足市场需求和开拓创新；

⑦更有利于采取多种多样的风控措施；

⑧更有利于各金融业的融合。

6

3. 劣势

①经营的地域大、速度快，风险无处不在、无时不有；

②在坏账率控制层面不具备优势；

③收益率低于3%的商业模式不存在生存的空间。

7

三. 互联网金融的分类和模式

1. 具体分类

①间接融资类：如P2P、互联网贷款平台；

②直接融资类：如众筹互联网股权融资平台；

③投资理财类：如余额宝、活期宝等互联网金融产品销售；

④支付结算类：如支付宝、财付通等互联网支付工具；

⑤信息服务类：如融360等互联网金融云计算服务。

8

2．主要模式

（1）第三方支付

狭义上，指具有一定实力和信誉保障的非银行机构，借助通信、计算机和信息安全技术，采用与各大银行签约的方式，在用户和银行支付结算系统间建立连接的电子支付模式。

广义上，指非金融机构作为收、付款人的支付中介所，以提供网络支付、预付卡、银行卡收单以及央行确定的其他支付服务。

9

以银行卡支付为例的第三方支付操作流程如下图所示：

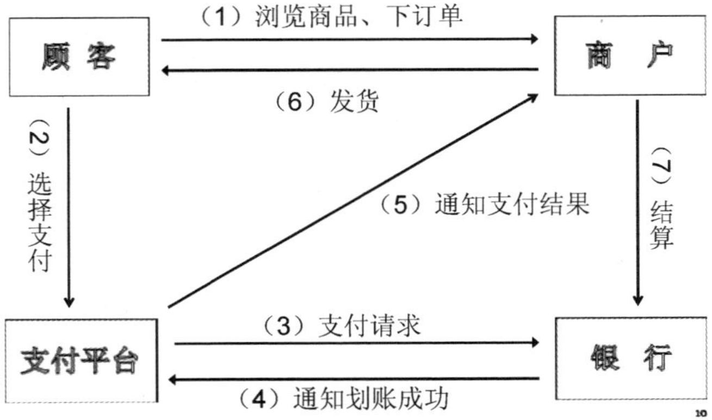

10

第三方支付的优势：

- 已成为金融服务业的重要组成部分；
- 弥补了传统银行服务的空白；
- 提高了社会资金的使用效率；
- 将信息技术嫁接到金融服务上来；
- 推动业务格局、商业模式和服务理念的变化；
- 有利于完善全社会的金融功能。

11

第三方支付的风险：

（1）操作风险

●面大、操作频繁、风险影响大；

●往往出现隐私泄露、资金盗用、非法转移资金等。

（2）法律风险

●发展较快，法规有待完善；

●具体涉及资金沉淀、信用卡套现、洗钱问题等。

12

第三方支付的风险防范：

- 开展评级工作；
- 推进立法，加强监督；
- 加强事前审核、事中监控、事后管理；
- 将平台纳入反洗钱监控范围；
- 依靠高科技手段加强信息系统安全。

13

第三方支付对传统银行的主要威胁：

- 割裂了银行和终端客户的直接联系；
- 银行客户开始分流，银行被电商前台后端化；
- 银行资金开始脱媒；
- 小额高频度的资金流通过第三方支付和p2p进行投资。

14

（2）P2P网贷

什么是P2P网贷

英文peer-to-peer lenging 即“点对点”信贷，国内又称“人人贷”，指个人或法人通过独立的第三方网络平台相互借贷。

15

其特征是：

- 脱离银行等金融机构的融资媒介；
- 资金出借人可以明确获知借款人的信息和资金流向；
- 出借人不接入信用交易，只承担信用认定、信息配对、利率制定和法规文本的起草；
- P2P网贷平台充当服务中介角色，同时也可帮借款人获取优惠利率。

16

P2P网贷典型交易流程：

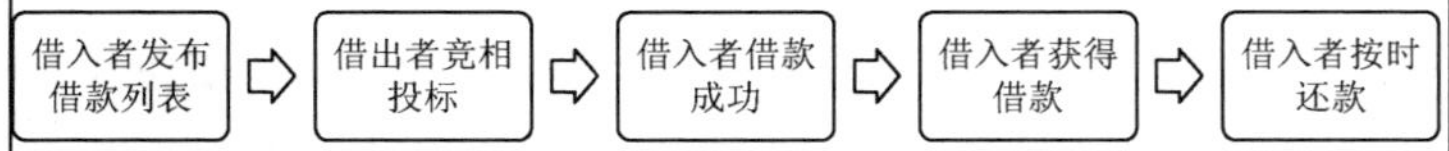

17

P2P网贷的潜在风险：

- 民间资金通过P2P贷款平台流入限制性行业；
- 演变成非法吸存或非法集资；
- 业务风险如恶意欺诈、洗钱等；
- 不实宣传，欺骗公众；
- 监管职责不清，法律性质不明；
- 信用风险高，贷款质量差；
- 有可能用于做房地产二次抵押。

18

P2P网贷风险防范：

- 设立准入门槛，加强政府监管；
- 第三资金托管，清算和结算分离；
- 完善社会征信体系，实现信用信息共享；
- 明确法律性质，确定监管主体。

19

P2P网贷对金融业发展的影响

- 规范民间信贷，抑制高利贷；
- 促进直接融资发展；
- 加速“影子银行”市场化、规范化；
- 推动征信系统建设；
- 创新金融业风控手段；
- 促进金融监管理念改革和监管方式创新。

20

(3) 大数据金融

它是指以巨大的数据量和完整的数据为基础，发现海量、种类繁多的数据之间的内在联系，从而发现真实的需求，意味着其中蕴有巨大的业务与创新机会。

通俗的说：将信号转化为数据，将数据分析为信息，将信息提炼为知识，以知识促成决策和行动。

价值意义：1. 促进消费，加快经济转型升级；

2. 关注社会民生，带动社会管理创新。

21

大数据金融的特点：

1. 数据量巨大

互联网一天产生的全部内容，可刻满1.68亿张DVD，发出的邮件有2940亿封之多，发出的社区帖子达200万个，卖出的手机37.8万台。

2. 数据多样性

结构化数据和非结构化数据

3. 数据的及时性和价值性

不仅是数据的价值，更体现企业必须在尽可能短的时间内发掘的价值。

22

大数据对金融业发展的影响：

1. 成为衡量金融机构核心竞争力的重要指标；
2. 冲击传统金融业的思维方式和商业模式；
3. 创新产品和模式，完善经营业务和金融政策机制；
4. 促进大数据金融和传统金融业态的结合。

总的说，中国已进入了互联网时代，也进入了大数据时代。大数据技术的运用将为我们认识市场提供一把新的钥匙，也为提升市场的效率、市场的质量、降低市场运作成本、保护投资者合法权益提供了新的机制。

23

(4) 众筹

是指项目发起者利用互联网和社会性的网络服务（SNS）传播的特征，发动众人的力量，集中公众的资金、能力和渠道，为小企业、艺术家或个人进行某项活动或为某个项目创办企业提供必要的资金援助的一种融资方式。

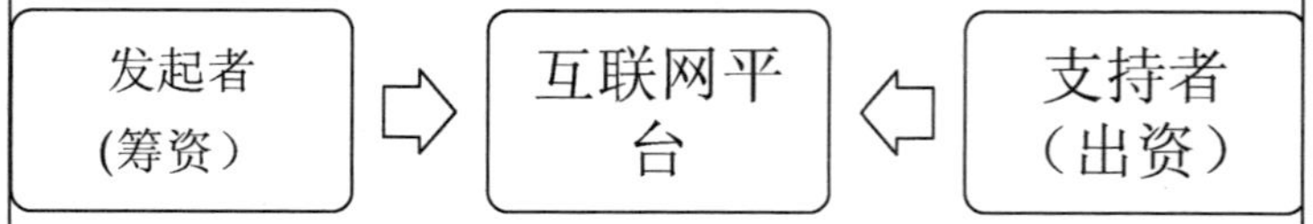

24

众筹模式优于传统金融模式：

1. 众筹的精髓在于小额和大量；
2. 众筹模式不需要已有的一定实体和经济基础；
3. 众筹门槛低，不再以商业价值为第一目标；
3. 众筹为新型创业公司的融资开辟了一条新的路径；
4. 众筹能够确保作为筹资者的项目发起人对项目本身的控制权；
5. 众筹能在筹资过程中就开始物色共同参与项目的合作者；
6. 众筹的支持者往往是项目的最重要的消费群体；
7. 众筹的过程本身也是项目筛选的过程。

25

众筹平台的风险及防范：

1. 平台的风险

◆ 法律风险：非法集资、代持股、侵犯知识产权、公开发行证券、监管制度缺失等。

◆ 信誉风险：项目发起者信誉风险、众筹平台信誉风险等。

2. 风险防范

◆法律制度的与时俱进；

◆建立健全我国的信用体制；

◆注意规避操作中的风险；

◆多与政府部门沟通。

26

(5)信息化金融机构

是指在互联网金融时代，通过广泛运用以互联网为代表的信息技术，对传统运营流程、服务产品进行改造或重构，实现经营、管理

全面信息化的银行、证券和保险等金融机构。

27

(6)互联网金融门户

是指利用互联网提供金融产品、金融服务信息，汇聚、搜索、比较金融产品，并为金融产品销售提供第三方服务的平台。

28

四. 互联网金融的监管

1. 监管原则

①守住底线

一是非法吸收公共存款；

二是非法集资。

②不碰红线

一是不能够损害投资者的合法权益；

二是防范系统性风险。

29

2. 加强在发展中的监管

①完善金融监管协调机制；

②把握好监管的“度”，既有空间又不能放任自留；

③密切监测跨境资本流动；

④守住不发生系统性和区域性金融风险的底线；

⑤处理好事前、事中、事后监管的关系；

⑥处理好线上、线下监管的关系；

⑦处理好围绕实体经济的金融支持和完善金融生态圈两个层面的关系。

30

五. 互联网金融的发展趋势

1. 从长远看中国可能领先全球

①百家争鸣，群雄并起；

②官方重视，政府支持；

③大众创业，万众创新；

④融资需求，十分旺盛；

⑤品种繁多，适应潮流；

⑥市场庞大，潜力无穷；

31

2. 未来趋势

①转型：根本性的经济结构变革；

②开放：国际资本流动与日俱增；

③创新：金融发展的原动力；

④综合：金融机构间的相互渗透、合作共鸣；

⑤市场：资源配置的间接化向直接化转化；

⑥监管：宏观金融审慎监管，微观金融的依法、灵活、有效；

⑦人才：金融人才由单一型向复合型转化。

32

用“互联网+”创新思维开拓缓解中小微企业融资难新路径

——对深圳特区两个实例的剖析

1

主要内容

一、中小微企业的界定和重要性

二、为什么多年来中小微企业融资难总是个“老大难”问题

三、用“互联网+”的创新思维开拓新路径

1. 深圳的现状和实践
2. 实例一：评信通——缓解中小企业融资难的新模式
3. 实例二：“微粒贷”——微众银行缓解小微企业以及公众融资难的新举措

四、对深圳特区两个实例的剖析

2

一、中小微企业的界定和重要性

1. 中小微企业的性质界定，至今学术界争论纷纭

- 从性质上分：

中小微企业（又统称民营经济）：
- 集体经济
- 合作经济
- 股份合作经济
- 个体私营经济

- 从规模（即资产拥有）分：

有中、小、微企业之分，但因数量多，组成复杂，统计困难等原因，难以科学划分。

3

2. 中小微企业是市场经济中最有活力的组成部分

- 目前我国具有中小企业1300多万户，占全国企业总数95%以上；
- 创造的最终产品和服务价值已占GDP的半壁江山；
- 创造就业人员75%以上；
- 市场化进程的重要力量；
- 国有大企业改革和发展的重要依托；
- 制度和技术创新的主要源泉；
- 促进社会和谐的强大动力。

4

二、为什么多年来，中小微企业融资难总是个“老大难”问题。

主要原因有：

1. 从宏观层面看：

- 世界经济增长放缓、不确定性因素丛生，造成中小企业不仅订单减少而且产品价格越压越低；
- 国际贸易壁垒日益增多，对企业出口造成严峻挑战；
- 开放经济条件下人民币升值直接加重出口中小企业负担；
- 偏高的税收政策和偏紧的信贷政策，加剧中小企业融资困局；
- 通胀背景下生产要素和生活必需品物价上涨增大中小企业生产成本。

5

2. 从金融部门层面看：

- 银行既缺乏甄别中小企业的人力资源安排，又没有调研中小企业的成本支出预算；
- 银行为中小企业服务门槛高、成本大，客观上造成无心顾及或有心无力；
- 中小微企业经营风险大，稳定性差，也难以按银行要求准备相关资料来揭示其风险状况 ；
- 信息不对称，不少企业经营财务混乱，对影响大的实际控制人（法人）无法准确核实，导致银行难以掌握真实情况；
- 对互联网民营银行来说，银行网点地域受限，难以大范围触达客户群。

6

3. 从中小微企业本身看：

- 银行贷款门槛高，条件硬，授信普遍为抵押贷款，增加中小微企业融资难度；
- 民间融资利率高，导致中小微企业融资雪上加霜；
- 银行审批流程长，所需资料复杂，手续繁琐，时间效率低；
- 自然灾害和社会纠纷频繁发生，直接和间接给中小微企业带来难题和损失；
- 由种种原因所决定，影响人才特别是有用人才缺位，难以提高中小微企业的管理水平和创新能力。

7

三、用“互联网+”的创新思维开拓新路径

1. 深圳的现状和实践

据统计，截止到2016年9月，深圳已有135万家中小企业，占全市企业总数的99.6%，创造了全市GDP的60%，吸收全市就业人数近87%，但获得的贷款只占企业贷款总额的10-15%，得到的支付补贴也只占5%左右，参与风险投资的中小微企业仅占千分之一，这种状况显然一方面难以缓解广大中小微企业“融资难”而持续发展的问题；另一方面与特区所承担的引领计划经济向市场经济转型重任是不相匹配的。

8

多年来，深圳市政府面对中小企业“融资难” 这一重大而繁难问题，从多个层面采取了相应对策和有效措施，取得了一定成效。在不断的实践中，总结一条基本经验是：在切实理解中小微企业需求的基础上，对症下药地采取创新思维和科学管理方法，是开拓和缓解中小微企业“融资难”这一老大难问题的根本出路。

特别是在当今互联网时代，如何用“互联网+”创新思维开拓缓解中小微企业融资难的新路径，值得加以重视。

下面就深圳特区近年来的两个实例作一介绍：

9

2. 实例一：评信通——缓解中小企业融资难的新模式

- 近几年，深圳经济特区组织相关部门以体制创新为着力点，运用“互联网+”功能，探索了一条比较有效的路径，即创建“评信通”融资平台。这一被称为“缓解中小企业融资难的深圳模式”，命名为“评信通”，也即通过信用评级数据，建立融资平台，银企双方依据“平台”可提供的数据和服务，择优供应贷款，以打通长期存在于中小微企业发展中“融资难” 这一“瓶颈”。

10

“评信通”的具体流程

①有融资需求的中小企业在“评信通”网站（www.szpxt.com.cn)上提交融资申请表，提出融资需求，或直接向评级公司提交申请；

②评级公司与经筛选有融资前景的中小企业，签署融资顾问合同；

③评级公司安排融资顾问和分析师，对需要融资的中小企业进行现场访谈，为其量身定制融资方案，撰写融资建议书；

④召开全市相关银行参加的项目推荐会，由评级公司分析师、企业财务总监介绍企业情况，并接受各银行责问；

⑤各银行对感兴趣的企业深入接触，与符合信贷要求的企业签署贷款合同；

⑥融资成功的中小企业向评级公司缴纳融资顾问费；未获得融资企业的有关信息纳入信用评级协会融资企业数据库，再择机进行下一次推介。

11

- “评信通”的五大特点

①有创新意识。创建商务式融资平台，采取一站式网上业务办公流程；

②专业性强。通过“信用评级分析师”为企业提供专业的融资服务，为客户量身定制融资方案；

③信息对称。运行“评信通” 网站展示企业真正的资信内容和经营状况，预示风险，减轻长期以来银企之间的信息不对称问题；

④效率高。可以快速为中小企业融资，一般在十五个工作日内就可完成融资流程；

⑤成本低。为中小企业提供低成本的融资服务，企业融资前不收取任何费用，同时也大大降低了社会的交易成本。

12

- “评信通”的成效

①“评信通”自2006年创建之后的四年里，成效显著。

②据深圳市人民银行提供的资料：已有近400多家企业递交融资申请，深圳市60多家中外资银行参与了这一平台， 并组织了十多次融资推介会。

③ 据资料统计，截至到2010年11月，有78家企业通过银行初选，并进入各家银行的审贷流程，有14家企业累计获得贷款14200万元。

④这一创新性的融资模式在2010年深圳市金融创新奖评奖活动中荣获一等奖。

13

3. 实例二：“微粒贷”——微众银行缓解小微企业以及公众融资难的新举措

（1）关于微众银行

- 微众银行，全名为深圳前海微众银行（以下简称微众银行）。2013年9月，中国银监会首次批复5家民营银行。2014年底以互联网巨头腾讯为大股东，加上百业源、立业等十多家深圳知名民营企业联合而成，并获准开业，成为中国首家互联网民营银行，也被称作中国互联网金融发展史上的标志性事件。
- 2015年1月4日，国务院总理李克强视察微众银行，殷切勉励微众银行“要在互联网金融方面杀出一条血路”，并期望“微众一小步，金融改革一大步”。

14

- 在微众银行目前还简陋、狭小的会议室墙上写着四排字：
  - 普惠金融为目标
  - 个存小贷为特色
  - 数据科技为抓手
  - 同业合作为依托

这就是微众银行的发展目标、发展战略和策略。

- 开业两年来，微众银行总体业务稳健拓展、业绩超越预期，赢得社会各界高度关注和广泛认同。

15

（2）什么是“微粒贷”

- 所谓“微粒贷”，是微众银行近年来消费信贷中的一个拳头品种。该产品目标客户为通过白名单模型准入的小微企业以及大众个人为借款主体，通过风险量化模型核额，借款流程全部在线上完成，无担保流动资金贷款，借款流程全部在线上完成，无担保流通资金贷款，随时可借可贷。

16

（3）“微粒贷”的作业程序：

- 线上申请——采用第三方数据平台以及行内端口，将本行入口进行嵌入。
- 快速审批——客户（大众和小微企业）申请后，通过线上授权本行进行数据分析，核定授信额度并展示给客户。
- 即点即用——客户在线上完成相关查验动作后，可实现线上进行提款或还款动作，方便快速。
- 随借随还——客户提款后，可根据资金需要，随时在线上进行提款和还款动作，期限弹性，按日计息。
- 动态监控——通过第三方平台提供的数据，对客户进行定期监控，采集数据进行预警，并随时调整授信策略。

17

（4）“微粒贷”的风险控制和计量模型嵌入流程，如下图：

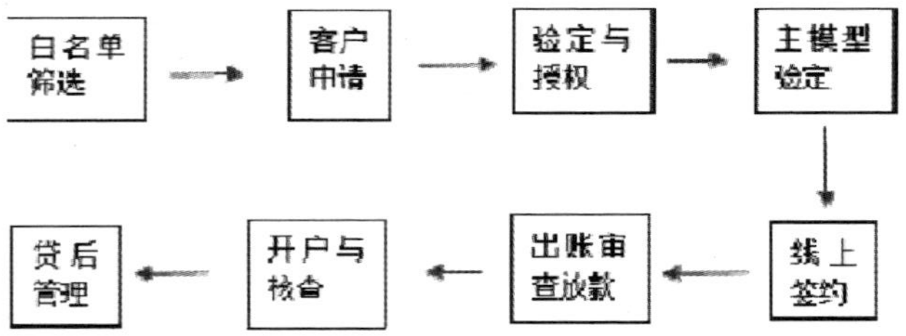

18

（5）“微粒贷”收效

- 在微众银行近年业务中，“微粒贷”已是一个主要产品，借助微信等平台，得到了迅速发展。
- 截止到2016年11月末，“微粒贷”累计发放贷款总金额超过1600亿元，总笔数超2000万笔，平均每笔放款约8000元，最高贷款日规模超10亿元，最高日贷款超过10万笔。
- “微粒贷”是目前微众银行最主要的利润贡献来源，已占到全行盈利的80%左右。

19

（6）“微粒贷”的发展前景

- 在“微粒贷”问世一年半来看，既稳定又看好，可以在继续深化客户关系中得以拓展和延伸。
- 正如微众银行董事长顾敏在最近一篇《21世纪新金融家访谈》通讯文章中说的：“对微众银行来说，‘微粒贷’不止是一个产品，其实它是一个业务形态，还有很多想象空间，可以不断地探索，对接微众银行的场景拓展，在建立了初级客户关系后，还可以继续从中去深化客户关系”。
- 可以预料，未来的“微粒贷”一定是践行“提高小微企业金融服务的批量化、规模化、标准化水平”的新举措。

20

四、对深圳特区两个实例的剖析

1. 创新思维——缓解中小微企业融资难的“根”、“魂”所在

- 实践证明，改革中碰到“难啃的硬骨头”，重要的是直面变化了的新情况新形势，用创新的思维，重在切实开拓解决难题的新路径。
- 这是因为：改革是一场深刻的革命，要涉及方方面面利益关系的调整和机制的完善。这只有在创新中才能谋求突破，才能发挥最大的竞争优势，才能形成自己的特色。
- 因此，从这一意义上说，创新决定我们的未来。

21

2. “互联网+”——缓解中小微企业融资难的有效抓手

- 当今世界，互联网已是世界潮流，我们要顺势而为。互联网已成为当今新技术和信息产业的主要载体。
- 作为金融部门来说，应充分利用互联网所拥有的连接、平台、移动、数据等技术元素，在普惠民生上下功夫。
- 事实证明：通过互联网，最能体现公平、公正、公开；最能体现依法依规管理，最能根据互联网上占有的充分数据做出客观精准分析；最能惠及广大民生。
- 由此，网络信息技术应表现为研发投入最集中、创新最活跃、应用最广泛，必须为此作不懈努力，为社会经济的发展和民生的改善作出难以估量的贡献！

22

3. 体制转型——缓解中小微企业融资难的关键问题

- 所谓体制转型，就中小微企业“融资难”问题而言，就是要创建中小微企业融资的新模式，探索一条发展体制转型的新路子。多年来的事实证明，造成缓解中小微企业融资难问题的原因是多方面的，但关键是体制上存在的种种问题。
- “评信通”的创建和“微粒贷”的实施，这种“新模式”和“新举措” 彻底改变了长期以来的“陋习”，不仅大大降低了中小微企业融资的门槛；而且拉近了银企之间的平等交易的距离。与此同时，也充分发挥信用中介机构提供专业化的融资服务和有利于为企业量身定做融资方案，更重要的是，为普惠金融解决了一个关键问题。

23

4. 各方协力——缓解中小微企业融资难的有力保证

- 所谓各方协力是指包括政府、银行、中小微企业以及相关的中介机构和行业组织等，在充分认识中小微企业“融资难”问题的重要性和严重性前提下，同心协力、各尽其职。
- “评信通”的创建和“微粒贷”的实施，都离不开政府和金融管理机构的引导，通过中小微企业信用评级机构、行业组织和互联网融资平台，利用现代电子通讯技术的先进手段，连接各类银行和众多中小微企业及人民大众，从根本上治愈了信息不畅之“症”，有效地解决了长期以来各方“不通”则“痛”之“苦”。

24

5. 市场化运行——缓解中小微企业融资难的实质问题

- “评信通”和“微粒贷”都离不开中小微企业融资平台，在其整个运行过程中，都离不开市场化运行，不需政府补贴，不增加银行成本，贷前调查由评级公司代理，融资方案由专业融资顾问和分析师参与或实施风险模型鉴定，项目推介由各银行审定，规定不垄断网站的设立权，如此等等，无不体现市场化的要求和做法。
- 道理很明确：金融市场就是一个创新的市场，创新本身也来源于市场化条件下的社会发展需求。由此，创新的思想孕育于市场，创新的动力来源于市场，创新的成效也由市场来检验。
- 可见，解决中小微企业融资难问题，靠创新，也要依托市场；没有市场化运行，创新就无立足之地。

25

6. 因势而“变”，“变”中求进——缓解中小微企业融资难的发展策略

- 必须说明，创新无止境。随着形势的变化，我们一定要与时俱进；
- 如“评信通”，在试行中因随着传统银行的业务变革、管理上的不适应等多种变化，也有时起时落的情况，出现市场影响面不够，优质项目难寻等问题。但我们认为，这一创新也要因势而“变”，如果加强宣传，在全国范围内推广，可能更有发展空间。
- 又如“微粒贷”问世后的近两年，主要以“大众融资”为重点，但为适应形势发展变化，将这一重点逐渐转移到“小微”企业上，即由“微粒贷”升级为“微企贷”，两者并存，这对进一步缓解中小微企业和人民大众“融资难”有更重要的意义和发展前景。

26

用心游世界

——出国访问考察杂感

一、南北朝鲜发展路径的思考

二、真正体会“顾客就是上帝”的日子

三、决定企业模式的“真缔”所在

四、日本友人回答的启示

五、日本零售商的销售绝招

六、由胡志明市的“摩托”引发的深思

七、西欧之行话“欧元”

八、澳大利亚首都定址之争的联想

九、“对银行来说，重要的不是资产而是人才”

十、美国教育制度的特色

七、附录

记者采访

奋斗正未有穷期

——记在社会主义建设中做出突出贡献的中国学位获得者曹龙骐

本报记者　钱奕　周苏展

中南财经大学旬报第 243 期

1991 年 9 月 10 日　第三版

一本烫金的咖啡色荣誉证书放在案头。

本来早该伏在案上埋在书里的曹龙骐今天却怎么也平静不下来。1981 年研究生毕业留校任教至今，整整十年了。十个春夏秋冬，他都是伴着眼前这桌、这椅、这盏灯熬到深夜。他想起家里那只“崭新”的破水壶，那是他伏案奋笔疾书时忘了自己烧在炉子上的开水留下来的“纪念品”，他想起了案头那个用来自我警醒却偏偏视而未见的大“水”字……他的双眼模糊了。

这个 49 岁的中年知识分子，1962 年考入上海财经学院财经系金融专业。四年后，正当他怀着对社会主义建设的满腔热情，准备用自己所学的知识报效祖国时，史无前例的文化大革命开始了。据说由于他有写写画画的特长，这个经过四年寒窗苦读的金融专业本科生在山区劳动二年后，被安排到湖北宜昌县商业部门，当了一名布置商店橱窗的美工。这以后又做过了统计员、业务员、材料员，在商业部门工作了八年，虽然他有七年被评上先进工作者，但他仍始终渴望为中国的金融事业出力，他常常在家中对爱人唠叨：有了知识不用，就像有了种子不播种一样可惜。

十一届三中全会之后，科学的春天来临。1978 年，国家决定恢复研究生报考制度，曹龙骐从报上得知这一消息，欣喜若狂。他排除种种困难，在 35 岁这个年龄考取了湖北财经学院金融专业硕士研究生。自此，他实现了献身中国金融事业的梦。

1981年，他获硕士学位后被留校任教。作为一名教师，他热爱自己的工作，热爱自己的学生，他觉得只要站在讲台上面对着学生们，他可以忘掉一切。十年来，他从未因病因事请假耽误教学，也未迟到早退影响上课。即使是当了系副主任遇有公事脱不开身，他也要与其他老师换了时间上完课再走。1983年，他要带学生实习，而恰逢此时他爱人患甲状腺功能亢进，身体消瘦得只剩下80斤，白血球降到1800，走路摇摇摆摆，怎么办呢？他觉得实在不能丢下期待他的学生们，于是，他上街买了几十斤土豆留给爱人和两个幼儿作菜肴，自己则怀着内疚的心情领着学生走了。

随着经济体制改革的不断深入，金融方面出现了许多理论问题，作为科研成果的新观点要尽早补充到教材中，一些需要单独开设的新课也需要马上编写讲义，教师们纷纷抓紧时间做这些工作，曹龙骐也常常为此忙碌忘了自我。一天早上，他正在考虑当天的课堂教学，爱人叮嘱他吃过早餐再去上课，他心不在焉，竟以为是提醒他吃过早餐了。等到中午下课回到家里，他说头昏心慌，爱人揭开锅盖一看，只见两个包子还完整地放在碗里。就这样，他除了讲课及时补充新观点外，还苦战三个月，开设了《货币流通组织与计划》新课，并与周骏老师开设了《货币流通计量与控制》课，1984年和1986年两次获学校开新课奖。这期间，他还写下了大量提纲、习题、调研提纲。

教学中，他精益求精，不断创新，每学年都超额完成教学工作量。这些年，他先后担任过研究生、本科生、专科生以及校外银行经济师学习班、银行行长班等多层次的教学任务，还指导学生学年论文和毕业论文近百篇，多次带领学生开展社会调查活动。1985年和1989年，他分别获学校优秀教师奖和优秀教学成果奖，并受到财政部教育司的通报表扬。为了使理论更完善，头脑更充实，他特别注意走出校门，和社会上特别是金融界的同行们交朋结友，努力从他们那里得到启发。同时，也在社会上担任了大量的兼职工作，为实际工作部门提出了许多决策性的建议。

曹龙骐深深感到：自己的命运和党、国家的命运紧紧联系在一起。这些年来，他勤奋地在书山上攀登，是希望有朝一日能成为社会主义金融事业的栋梁之材。但他深深懂得，要修筑一条成才之路，首先必须付出艰辛的劳动。为此，他给自己顶下了八字治学方针：专一、坚韧、多思、高效；专一，即培养事业心；坚韧，即以坚强的毅力迎接困难的挑战；多思，即勤于思考，敢于提出新的见解；高效，即提高学习和工作的效率，努力缩短成才时间。

1987年以来，他担任了学校财金系副主任，兼金融专业研究生导师组副组长，负责全系科研工作。繁忙的行政工作，加上繁重的教学和科研任务，使他的日常生活处在“紧运行”中，他妥善安排好分内的行政工作，全面发动系里的教师、研究生、本科生三个层次搞科研，组织各种力量努力完成学校、省里交来的各项课题。同时，还利用一切属于自己的时间搞科研，常常达到忘我的境界：多少次在饭桌上，因思索问题而对家人的问话不搭腔；节假日那些在一般人看来是家人逛商场、游公园的好日子，他都看作是他搞科研工作的黄金时间。不知有多少个节假日，他打发爱人儿子出门，自己备上干粮在家里伏案大干一场。

为了争取点滴时间来学习，他很注重见缝插针。84年寒假，家中来急电，父亲重病住院，要他赶到上海照顾老父。但当时他正在赶急整理一本待用的新教材。到了医院，他想来个既照顾病人，又兼顾工作，谁知伏在膝头写写画画时，把照顾病人的职责忘在脑后。看着如此紧张工作的儿子，老人流着眼泪说自己耽误了儿子的工作时间。

他自己患脚疾，需开刀治疗。手术后，他完全不顾病痛，全心尽力地在家苦干，病休中将当时国内第一部有关货币供应的理论著述——《货币供应概论》中他所承担的那一部分写了出来。

凭着这股子拼劲，十年来，曹龙骐与他人合著、合编公开出版的专著、教材计10本，其中包括《货币供应概论》、《货币银行学教程》、《改革中的农村金融问题》、《财政与金融》、《金融管理手册》等等。在国家级、省级报纸杂志公开发表3000字以上的学术论文70余篇，跃65万字。1984年获优秀科研成果荣誉奖、湖北省农村金融学会优秀论文二等奖；1985年获湖北省农村金融学会优秀论文特别奖；1986年，获“全国首届中青年金融改革讨论会”优秀论文奖，1987年获湖北省人民银行金融改革征文优秀论文二等奖；1987年、1988年获校优秀科研；1988年获湖北省农村金融学会“货币供应专题讲座”特别奖。今年初，他和其他教师代表我校和市计委、统计局等单位共同承担的《武汉市社会资金流量表编制及应用》课题，通过了国家级鉴定……

这是一串用勤劳的汗水浇灌出的果实。现在，当他品味着丰收的喜悦时，从心里感谢党和人民的栽培。眼前的荣誉证书表明，他是被国家教委、国务院学位委员会于今年元月份表彰的在工作中“做出突出贡献的中国硕士学位获得者”。党和人民给予的荣誉，使他进一步坚定了脚踏实地报效祖国的意愿，他期望能在党交给的工作岗位上实现自己的人生价值。

中南财经大学

一九九一年九月十日　第三版

奋斗正未有穷期

——记在社会主义建设中做出突出贡献的中国学位获得者曹龙骐

本报记者　钱奕　周苏展

一本烫金的咖啡色荣誉证书放在案头。

本来早该伏在案上埋在书里的曹龙骐今天却怎么也平静不下来，81年研究生毕业留校任教迄今，整整十年了。十个春夏秋冬，他都是伴着眼前这桌、这椅、这盏灯熬到深夜。他想起家里那只"崭新"的破水壶，那是他伏案奋笔疾书时忘了自己烧在炉子上的开水留下来的"纪念品"，他想起了案头那个用来自我警醒却偏偏视而未见的大"水"字……，他的双眼模糊了。

这个49岁的中年知识分子，1962年考入上海财经学院财金系金融专业。四年后，正当他怀着对社会主义建设的满腔热情，准备用自己所学的知识报效祖国时，史无前例的文化大革命开始了。据说由于他有写写画画的特长，这个经过四年寒窗苦读的金融专业本科生在山区劳动二年后，被安排到湖北宜昌县商业部门，当了一名布置商店橱窗的美工。这以后又做过了统计员、业务员、材料员，在商业部门工作了八年，虽然他有七年被评上先进工作者，但他仍始终渴望着为祖国的金融事业出力，他常常在家中对爱人唠叨：有了知识不用，就像有了种子不播种一样可惜。

十一届三中全会之后，科学的春天来临，78年，国家决定恢复研究生报考制度，曹龙骐从报上得知这一消息，欣喜若狂，他排除种种困难，在35岁这个年龄考取了湖北财经学院金融专业硕士研究生。自此，他实现了献身祖国金融事业的梦。

81年，他获硕士学位后被留校任教。作为一名教师，他热爱自己的工作，热爱自己的学生，他觉得只要站在讲台上面对着学生们，他可以忘掉一切。十年来，他从未因病因事请假耽误教学，也未迟到早退影响上课。即使是当了系副主任遇有公事脱不开身，他也要与其他老师换了时间上完课再走。83年，他要带学生实习，而恰逢此时他爱人患甲状腺功能亢进，身体消瘦得只剩下80斤，白血球降到1800，走路摇摇摆摆，怎么办呢？他觉得实在不能丢下期待他的学生们，于是，他上街买了几十斤土豆留给爱人和两个幼儿作菜肴，自己则怀着内疚的心情领着学生走了。

随着经济体制改革的不断深入，金融方面出现了许多理论问题，作为科研成果的新观点要尽早补充到教材中，一些需要单独开设的新课也需要马上编写讲义，教师们纷纷抓紧时间做这些工作，曹龙骐也常常为此忙碌忘了自我。一天早上，他正在考虑当天的课堂教学，爱人叮嘱他过了早再去上课，他心不在焉，竟以为是提醒他吃过早餐了。等到中午下课回到家里，他说头昏心慌，爱人揭开锅盖一看，只见两个包子还完整地放在碗里。就这样，他除了讲课及时补充新观点外，还苦战三个月，开设了《货币流通组织与计划》新课，并与周骏老师开设了《货币流通计量与控制》课，1984年和1986年两次获学校开新课奖。这期间，他还写下了大量提纲、习题、调研提纲。

教学中，他精益求精，不断创新，每学年都超额完成教学工作量。这些年，他先后担任过研究生、本科生、专科生以及校外银行经济师学习班、银行行长班等多层次的教学任务，还指导学生学年论文和毕业论文近百篇，多次带领学生开展社会调查活动。1985年和1989年，他分别获学校优秀教师奖和优秀教学成果奖，并受到财政部教育司的通报表扬。为了使理论更完善，头脑更充实，他特别注意走出校门，和社会上特别是金融界的同行们交朋结友，努力从他们那里得到启发。同时，也在社会上担任了大量的兼职工作，为实际工作部门提出了许多决策性的建议。

曹龙骐深深感到：自己的命运和党、国家的命运紧紧联系在一起。这些年来，他勤奋地在书山上攀登，是希望有朝一日能成为社会主义金融事业的栋梁之材。但他深深懂得，要修筑一条成才之路，首先必须付出艰辛的劳动。为此，他给自己定下了八字治学方针：专一、坚韧、多思、高效；专一，即培养事业心；坚韧，即以坚强的毅力迎接困难的挑战；多思，即勤于思考，敢于提出新的见解；高效，即提高学习和工作的效率，努力缩短成才时间。

1987年以来，他担任了学校财金系副主任，兼金融专业研究生导师组副组长，负责全系科研工作。繁忙的行政工作，加上繁重的教学与科研任务，使他的日常生活处在"紧运行"中，他妥善安排好份内的行政工作，全面发动系里的教师、研究生、本科生三个层次搞科研，组织各种力量努力完成学校、省里交来的各项课题。同时，还利用一切属于自己的时间搞科研，常常达到忘我的境界：多少次在饭桌上，因思索问题而对家人的问话不答腔；节假日那些在一般人看来是家人逛商场、游公园的好日子，他都看作是他搞科研工作的黄金时间。不知有多少个节假日，他打发爱人儿子出门，自己备上干粮在家里伏案大干一场。

为了争取点滴时间学习，他很注重见缝插针。84年寒假，家中来急电，父亲重病住院，要他赶到上海照顾老父。但当时他正在赶急整理一本待用的新教材。到了医院，他想来个既照顾病人，又兼顾工作，谁知伏在膝头写写画画时，把照顾病人的职责忘在了脑后。看着如此紧张工作的儿子，老人流着眼泪说自己耽误了儿子的工作时间。

他自己患脚疾，需开刀治疗。手术后，他完全不顾病痛，全心尽力地在家苦干，病休中将当时国内第一部有关货币供应的理论著述——《货币供应概论》中他所承担的那一部分写了出来。

凭着这股子拼劲，十年来，曹龙骐与他人合著、合编公开出版的专著、教材计10本，其中包括《货币供应概论》、《货币银行学教程》、《改革中的农村金融问题》、《财政与金融》、《金融管理手册》等等。在国家级、省级报纸杂志公开发表3000字以上的学术论文共70余篇，约65万字。1984年获优秀科研成果荣誉奖、湖北省农村金融学会优秀论文二等奖；1985年获湖北省农村金融学会优秀论文特别奖；1986年，获"全国首届中青年金融改革讨论会"优秀论文奖；1987年获湖北省人民银行金融改革征文优秀论文二等奖；1987年、1988年获校优秀科研成果奖；1988年获湖北省农村金融学会"货币供应专题讲座"特别奖。今年初，他和其他教师代表我校和市计委、统计局等单位共同承担的《武汉市社会资金流量表编制及应用》课题，通过了国家级鉴定……

这是一串用勤劳的汗水浇灌出的果实。现在，当他品味着丰收的喜悦时，从心底感谢党和人民的栽培。眼前的荣誉证书表明，他是被国家教委、国务院学位委员会于今年元月份表彰的"在工作中做出突出贡献的中国学位获得者"。党和人民给予的荣誉，使他进一步坚定了脚踏实地报效祖国的意愿，他期望能在党交给的工作岗位上实现自己的人生价值。

本版责任编辑　徐志持

拼搏·追求·奉献
——访金融系博士生导师曹龙骐教授

本报记者　陈守红

中南财经大学旬报第315期

1994年4月20日　第一版“学者风采录”专栏

教授访日时，日本同行以其惯有的自信断言教授只有三十七八岁，事实上，教授今年五十二。

很难把教授年轻而又富有活力的外貌与实际年龄统一起来；很难想象一个人能同时担负如此多的教学、科研、开发、行政工作成天超负荷运转；很难想象在如此繁忙公务的重压之下仍能写出如此多而好的教材和论文，获得此之多的奖项；更难以学生时代的舞蹈队员、足球守门员、校排球队员同眼前这位典型的学者联起来。

但所有这些都如此完美而和谐地统一在了教授身上。

机遇和拼搏

往事如烟，回首来路那些浸血浸汗的脚印仍历历在目；忘不了1968年上海财院金融专业毕业后在宜昌的蹉跎十年；忘不了国家恢复研究生报考制度后不顾体质羸弱通宵达旦地备考，气温升至30多度还用一床棉被裹住冰冷的下身；忘不了在参加研究生复试的口试时为了制止连续咳嗽竟一次吞服三片珍珠川贝止咳片闯关的情景……

十年磨一剑！教授并不抱怨那耽误的十年，至少他可以在今后的岁月中不断告诫自己和学生：一分耕耘一分收获，人生就是奋斗！教授终于跨出了关键的一步，获得了继续深造的机会，这对教授以后的岁月是如此重要！原宜昌县商业局一位老局长曾极力阻止35岁的助手考研，但最终仍放弃了，因为他知道浅泽无法藏蛟龙，他不能让自己的这位得意下属心在天山，身老沧州。

探索和追求

无论为人为师还是治学，教授都有一股锲而不舍的求索精神。在长期跋涉的成才之路上，教授始终坚持“八字治学方针”，即专一、坚韧、多思、高效。专一即培养自己的事业心；坚韧即要以坚强的毅力迎接每一个挑战；多思，即勤于思考，敢于提出新的见解；高效即提高学习和工作效率，努力缩短成长时间。教授在实践中努力摸索出一套适合自己的学习和工作规律，并特别注重作为一个学者应尽力适应现实环境，超脱那些不必要的摩擦与纠纷，宽以待人，严以律己才能真正做到专心于事业。

教授说他能有今天的成绩得益于两个很重要的方面，一是国家的改革开放政策使他在35岁这个年龄获得深造的机会；二是有一大批良师不仅在学术上而且在如何做人上给予的教诲。教授感激地说："没有国家的今天就没有我的今天；没有导师的教导就没有我的成长"。身为系主任，为了保证老师队伍的稳定和教学基地的建立，教授绞尽脑汁组织班子上下打点，争得评信事务所、金源城市信用社等多个经济实体建立的资格；为了教学，在师资力量严重不足的情况下教授亲上一线，外专业、本专业、研究生全面开弓，经常累得回到家就躺在沙发上直哼。教授深有感触地说："1992年和1993年我两次访日。我国与日本比最大差距就是教育和人才的差距。中国只有真正以教育为本才有前途。"

苦乐与奉献

教授对金融系不少年轻教师下海淘金有自己独特的看法："市场经济条件下人才流动是大势所趋。人各有志，不能强求"。但眼看一个个得意门生执意离去，全系44个教师编制实际上只有23个教师上讲台的现状，教授心急如焚，有时显得无所适从——市场经济为改革开放带来了生机，但规范市场经济的法规何时到来?!

对于什么是幸福，在教授看来，学有所成，教有所成，有所贡献，同志间相互关心，家庭和睦……这些才是真正永久的令人炫目的幸福。教授认为，我们国家是一个发展中国家，人人都发财是不可能的，所以一味追求金钱本身就是一种空想和痛苦。教授不会忘记在宜昌锻炼时看到当地人的贫穷，不会忘记在湘西调研时目睹农民的艰苦生活。"相比而言，国家已经给了我们很多，我们应该为国家做贡献啊!"

采访结束时记者一眼看到了紧贴客厅上的全家合影。教授以内疚的心情介绍了他爱人王进给予他的极大支持和关心，是她带着多病的身子几乎承担了全部家务和两个儿子的教育；是她一如既往默默地满足着丈夫向她提出的苛刻要求；"给我时间吧，这就是对我最大的爱。"

人说每一个成功的男性背后都有一位伟大的女性，那么，教授背后呢?

拼搏·追求·奉献

——访金融系博士生导师曹龙骐教授

本报记者　陈宇红

教授访日时，日本同行以其惯有的自信断言教授只有三十七、八岁，事实上，教授今年五十二。

很难把教授年轻而又富有活力的外貌与实际年龄统一起来；很难想象一个人能同时担负如此多的教学、科研、开发、行政工作成天超负荷运转；很难想象在如此繁忙公务的重压之下仍能写出如此多而好的教材和论文，获得如此之多的奖项；更难以把学生时代的舞蹈队员、足球守门员、校排球队员同眼前这位典型的学者联起来。

但所有这些都如此完美而和谐地统一在了教授身上。

机遇和拼搏

往事如烟，回首来路那些浸血浸汗的脚印仍历历在目，忘不了1968年上海财院金融专业毕业后在宜昌的蹉跎十年；忘不了国家恢复研究生报考制度后不顾体质羸弱通宵达旦地备考，气温升至30多度还用一床棉被裹住冰冷的下身；忘不了在参加研究生复试的口试时为了制止连续咳嗽竟一次吞服三片珍珠川贝止咳片闯关的情景……

十年磨一剑！教授并不抱怨那耽误的十年，至少他可以在今后的岁月中不断告诫自己和学生，一分耕耘一分收获，人生就是奋斗！教授终于跨出了关键的一步，获得了继续深造的机会，这对教授以后的岁月是如此重要！原宜昌县商业局一位老局长曾极力阻止35岁的助手考研但最终仍放弃了，因为他知道浅泽无法藏蛟龙，他不能让自己的这位得意下属心在天山，身老沧州。

探索和追求

无论为人为师还是治学，教授都有一股契而不舍的求索精神。在长期跋涉的成才之路上，教授始终坚持"八字治学方针"，即专一、坚韧、多思、高效。专一即培养自己的专业心，坚韧即要以坚强的毅力迎接每一个挑战，多思，即善于思考，敢于提出新的见解，高效即提高学习和工作效率，努力缩短成才时间。教授在实践中努力摸索出一套适合自己的学习和工作方法，并特别注重作为一个学者应尽力适应现实环境，超脱那些不必要的摩擦与纠纷，宽以待人，严以律己才能真正做到专心于事业。

教授说他能有今天的成绩得益于两个很重要的方面，一是国家的改革开放政策使他在35岁这个年龄获得深造的机会，二是有一大批良师不仅在学术上而且在如何做人上给予的教诲。教授感激地说："没有国家的今天就没有我的今天；没有导师的教导就没有我的成长"。身为系主任，为了保证教师队伍的稳定和教学基地的建立，教授绞尽脑汁组织班子上下打点，争得评信事务所、金源城市信用社等多个经济实体建立的资格；为了教学，在师资力量严重不足的情况下教授亲上一线，外专业、本专业、研究生全面开弓，经常累得回到家就躺在沙发上直哼。教授深有感触地说："92年和93年我两次访日，我国与日本比最大差距就是教育和人才的差距。中国只有真正以教育为本才有前途。"

苦乐与奉献

教授对金融系不少年轻教师下海淘金有自己独特的看法："市场经济条件下人才流动是大势所趋，人各有志，不能强求"。但眼看一个个得意门生执意离去，全系44个教师编制实际上只有23个教师上讲台的现状，教授心急如焚，有时显得无所适从——市场经济为改革带来了生机，但规范市场经济的法规何时到来?!

对于什么是幸福，在教授看来，学有所成，教有所成，有所贡献，同志间相互关心，家庭和睦……这些才是真正永久的令人炫目的幸福。教授认为，我们国家是一个发展中国家，人人都发财是不可能的，所以一味追求金钱本身就是一种空想和痛苦。教授不会忘记在宜昌锻炼时看到当地人的贫穷，不会忘记在湘西调研时目睹农民的艰苦生活。"相比而言，国家已经给了我们很多，我们应该为国家作贡献啊！"

采访结束时记者一眼看到了紧贴客厅墙上的全家合影。教授以内疚的心情介绍了他爱人王进给予他的极大支持和关心。是她带着多病的身子几乎承担了全部家务和两个儿子的教育，是她一如既往默默地满足着丈夫向她提出的苛刻要求："给我时间吧，这就是对我最大的爱。"

人说每一个成功的男性背后都有一位伟大的女性，那么，教授背后呢？

学者风采

曹龙骐：金融学界的“不老松”

人民日报（海外版）2015年4月29日
记者：吴锐　赵鹏飞

曹龙骐教授是深圳早期引进的金融学博士生导师，国内著名的金融学专家。曾任深圳大学经济学院院长，深圳大学中国经济特区研究中心主任。30多年来，撰写著作25本，发表论文160多篇，荣获国家、省、市级奖共17项，1990年被国家教育委员会、国务院学位委员会授予“具有特殊贡献的中国硕士学位获得者”称号，1993年开始享受国务院政府特殊津贴待遇。

在访谈中，曹龙骐年轻而富有睿智和活力的面孔让人很难相信他已73岁了。但出奇的是，几乎在所有人眼里，青春活力与老成持重是如此完美而和谐地统一在他身上：他真是一棵“不老松”！

折服于深圳特区魅力

20世纪80年代初，曹龙骐教授从内地来深圳承担招商银行、平安保险等一些金融机构的在职硕士生培养任务，由此感受到特区作为改革开放前沿阵地的脉搏，也时时被特区人敢闯敢干、开拓创新的精神所撼动。1983年夏天，他来深圳讲课时，在电视中看到深圳组织“支援教育发展万里行”活动，场面壮观、振奋人心，只用了3个晚上，各方和市民们捐款就达3亿多元，为深圳教育事业的发展献上爱心。特别是深圳特区从发展初期就将金融业定位为主导产业，加之深圳毗邻的香港早已是举世闻名的国际金融中心，这些对于一名倾注毕生精力研究金融的学者来说，吸引力十分巨大。

1994年，曹龙骐到深圳大学看望老同学，机缘巧合之下遇到了深大当时的校长蔡德麟教授。当得知曹龙骐是金融学专业的博士生导师后，蔡德麟校长就激发了爱才之心，并随即表示：“深大目前正在与香港合作办商学院，目前正缺个院长，你来很合适！”

但是工作的调动却是困难重重，中南财大认为培养一批人才不容易，况且曹龙骐在中南财大担任着金融系系主任的职务，又是学校的学术骨干，不愿放他走。最终，经过多方努力，曹龙骐才得以南下深圳。

创建国家级科研中心

最令曹龙骐难忘的还是创建深圳大学中国经济特区研究中心的那些日子。1988年国家教育部提出要在全国高校建立100个人文社科重点研究基地。对于当时经济特区的唯一一所综合性大学—深圳大学来说，创建这样一个基地既是历史责任，也是理所当然的事情。2000年，学校安排曹龙骐和苏东斌两位教授主要负责这一基地的筹建工作。曹龙骐比喻这是一场“啃硬骨头”的决战。他曾多次陪同校领导去广东省教育厅提出筹建的申报计划，但都被以名额不够的理由婉言劝回。原来按照教育部规定，申请“基地”必须具备两个基本条件：一是教育部直属重点院校；二是拥有博士点的院校。这两个硬件条件，当时的深大都不具备。

为此，他们组织力量连夜整理出一份关于深大社科研究队伍情况的材料，将当时150多位人文社科正副教授一一列出。然后再次到省教育厅提出申报，这一下果然有效，改变了省教育厅对深大的看法，积极支持并指导深大申报基地。经过近半年日以继夜的筹建，研究基地终于通过教育部专家组的评审，2001年9月10日，深圳大学国家经济特区研究中心挂牌成立了。

从2001—2005年，研究中心每年召开“特区论坛”，邀请到全国著名专家学者参会研讨，在国内外产生了重大影响。曹龙骐总结中心发展取得的成就：“敢闯，可以干成事；人和，可以办好事；真抓实干，可以多办实事！”近几年来，“中心”新班子在创办了世界经济特区发展论坛，坚持走出国门介绍特区道路，向发展中国家传播中国经济特区的成功经验，让世界了解中国道路的实质与内涵等方面又做出了新的成绩。

编写教材风行全国

1998年的一个春天，高教出版社刘清田编审从北京来到深圳大学找到曹龙骐教授，让他来担任主编，组织南方高校的金融学教师，编写南方版本的《金融学》本科教材，并希望体例和内容能在原有的基础上有所创新，写出特色。

曹龙骐认为，编写出一本有特色的《金融学》教材一定要在编写前“摸准路子”。编写组在充分借鉴前人的研究成果的基础上多次切磋讨论，摸索出4个方面的编写设想：一要在框架结构上改变以往国内和国际两大块组合方法，要将其融合起来；二要全面系统地介绍金融基础理论，并注重结合实际，体现中国特色；三要力求内容务实，条理清楚，逻辑性强，以引导和启发学生，培养他们的分析能力和开拓能力；四要配有最新的多媒体课件、教学视频和教学案例。总之，要努力编写一本“读者喜读、老师易教、学生好学”的新型教材。

在编写组的努力下，新版本教材终于在2000年8月份首版问世，不久被列为“高等学校经济类核心课程教材”和“金融学专业主干课程教材”。随后又被教育部列为“面向21世纪课程教材”、“普通高等教育‘十一五’、‘十二五’国家级规划教材”和“普通高等教育精品教材”。为了精益求精，近几年来，高教出版社组织安排编写组成员先后到杭州、宁波、北京、济南和南宁等地共20多所高校实地调研，了解一线师生的真实需求和意见建议。该书至今已经连续4次修订，共25次印刷，发行量累计已达70多万册。据不完全统计，已有110多所高等院校将该书作为经济、金融、管理学科的本科教材。

●深圳名家

曹龙骐 金融学界的『不老松』

吴 锐 赵鹏飞

曹龙骐教授是深圳早期引进的金融学博士生导师，国内著名的金融学专家。曾任深圳大学经济学院院长，深圳大学中国经济特区研究中心主任。30多年来，撰写著作25本，发表论文160多篇，荣获国家、省、市级奖共17项，1990年被国家教育委员会、国务院学位委员会授予"具有特殊贡献的中国硕士学位获得者"称号，1993年开始享受国务院政府特殊津贴待遇。

在访谈中，曹龙骐年轻而富有睿智和活力的面孔让人很难相信他已73岁了。但出奇的是，几乎在所有人眼里，青春活力与老成持重是如此完美而和谐地统一在他身上：他真是一棵"不老松"！

【折服于深圳特区魅力】

上世纪80年代初，曹龙骐教授从内地来深圳承担招商银行、平安保险等一些金融机构的在职硕士生培养任务，由此感受到特区作为改革开放前沿阵地的脉搏，也时时被特区人敢闯敢干、开拓创新的精神所撼动。1983年夏天，他来深圳讲课时，在电视中看到深圳组织"支援教育发展万里行"活动，场面壮观、振奋人心，只用了3个晚上，各方和市民们捐款就达3亿多元，为深圳教育事业的发展献上爱心；特别是深圳特区从发展初期就将金融业定位为主导产业，加之深圳毗邻的香港早已是举世闻名的国际金融中心，这些对于一名倾注毕生精力研究金融的学者来说，吸引力十分巨大。

1994年，曹龙骐到深圳大学看望老同学，机缘巧合之下遇到了深大当时的校长蔡德麟教授。当得知曹龙骐是金融学专业的博士生导师后，蔡德麟就激发了爱才之心，并随即表示："深大目前正在与香港合作办商学院，目前正缺个院长，你来很合适！"

但是工作的调动却是困难重重，中南财大认为培养一批人才不容易，况且曹龙骐在中南财大担任着金融系系主任的职务，又是学校的学术骨干，不愿放他走。最终，经过多方努力，曹龙骐才得以南下深圳。

【创建国家级科研中心】

最令曹龙骐难忘的还是创建深圳大学经济特区研究中心的那些日子。1988年国家教育部提出要在全国高校建立100个人文社科重点研究基地。对于经济特区的唯一一所综合性大学——深圳大学来说，创建这样一个基地既是历史责任，也是理所当然的事情。2000年，学校安排曹龙骐和苏东斌两位教授主要负责这一基地的筹建工作。曹龙骐比喻这是一场"啃硬骨头"的决战。他曾多次去广东省教育厅提出筹建的申报计划，但都被以名额不够的理由婉言劝回。原来按照教育部规定，申请"基地"必须具备两个基本条件：一是教育部直属重点院校；二是拥有博士点的院校。这两个硬件条件，当时的深大都不具备。

为此，他们组织力量连夜整理出一份关于深大社科研究队伍情况的材料，将当时150多位人文社科正副教授一一列出。然后再次到省教育厅提出申报，这一下果然有效，改变了省教育厅对深大的看法，积极支持并指导深大申报基地。经过近半年日以继夜的筹建，研究基地终于通过教育部专家组的评审，2001年9月10日，深圳大学国家经济特区研究中心挂牌成立了。

从2001–2005年，研究中心每年召开"特区论坛"，邀请到全国著名专家学者参会研讨，在国内外产生了重大影响。曹龙骐总结中心发展取得的成就："敢闯，可以干成事；人和，可以办好事；真抓实干，可以多办实事！"近几年来，中心创办了世界经济特区发展论坛，坚持走出国门介绍特区道路，向发展中国家传播中国经济特区的成功经验，让世界了解中国道路的实质与内涵。

【编写教材风行全国】

1998年的一个春天，高教出版社刘清田编审从北京来到深圳大学找到曹龙骐教授，让他来担任主编，组织南方高校的金融学教师，编写南方版本的《金融学》本科教材，并希望体例和内容能在原有的基础上有所创新，写出特色。

曹龙骐认为，编写出一本有特色的《金融学》教材一定要在编写前"摸准路子"。编写组在充分借鉴前人的研究成果的基础上多次切磋讨论，摸索出4个方面的编写设想：一要在框架结构上改变以往国内和国际两大块组合方法，要将其融合起来；二要全面系统地介绍金融基础理论，并注重结合实际，体现中国特色；三要力求内容务实，条理清楚，逻辑性强，以引导和启发学生，培养他们的分析能力和开拓能力；四要配有最新的多媒体课件、教学视频和教学案例。总之，要努力编写一本"读者喜读、老师易教、学生好学"的新型教材。

在编写组的努力下，新版本教材终于在2000年8月份首版问世，不久被列为"高等学校经济类核心课程教材"和"金融学专业主干课程教材"。随后又被教育部列为"面向21世纪课程教材"、"普通高等教育'十一五'、'十二五'国家级规划教材"和"普通高等教育精品教材"。为了精益求精，近几年来，高教出版社组织安排编写组成员先后到杭州、宁波、北京、济南和南宁等地共20多所高校实地调研，了解一线师生的真实需求和意见建议。该书至今已经连续4次修订，共25次印刷，发行量累计已达70多万册。据不完全统计，已有110多所高等院校将该书作为经济、金融、管理学科的本科教材。

金融学界的“不老松”

——记国务院特殊津贴专家、金融学博士生导师曹龙骐教授

曹龙骐

1942年8月生，上海市金山区人。1962年考入上海财经学院（上海财经大学前身）财政金融系金融专业；1968年起先后在湖北省宜昌县人民银行和商业局工作。1978年考入湖北财经学院（现中南财经政法大学）攻读金融学硕士学位，毕业后留校任教，1987年起历任财金系副主任、金融系主任、金融研究所所长等职。1992年9月晋升为教授，1993年12月被国务院学位委员会评为金融学博士生导师，并享受国务院特殊津贴。

1995年初调入深圳大学，1997年5月任深圳大学经济学院院长。2000年～2006年任教育部人文社科重点研究基地——深圳大学中国经济特区研究中心主任。2003年～2011年兼任中国人民大学金融学博士生导师。2007年聘为深圳大学经济学专业博士生导师。因工作需要，一直延聘至2012年退休。期间，曾担任深圳市科技顾问委员会副主任、深圳市决策咨询委员会委员等职，还受聘任深圳市能源股份有限公司、平安银行、深圳前海微众银行等多家大型企业和金融机构的独立董事、外部监事和经济顾问。

近四十年来，一直从事金融理论和实务的教学、研究工作。共参与18届25名博士生和29届110多名硕士生的直接指导和培养工作，已发表由他主要承担的著述、教材、工具书等26部，发表论文160多篇，主持省市以上重点课题18个，共计获奖科研成果27项（其中省市以上17项）。1991年1月被国家教委、国务院学位委员会授予“做出突出贡献的中国硕士学位获得者”称号。1998年被评为深圳市优秀教育工作者。由他担任学术带头人的深圳大学金融学学科2003年被评为广东省高校名牌专业。

【鹏城人物·曹龙骐】

曹教授是深圳早期引进的金融学博士生导师，国内著名的金融学专家。初见曹教授，大家总会以惯有的自信断言他不过五十出头。事实上，教授今年已74岁。

人们很难把教授年青睿智而富有活力的外貌与实际年龄统一起来；很难想象一个人能同时担负如此多的教学、科研、行政工作，每天超负荷运转；很难想象在如此繁忙的公务重压下，仍能写出如此多而好的学术著作，获得如此多的奖项；更难把学生时代的舞蹈队员、校排球队员、足球守门员同眼前这位典型的学者联系起来。但出奇的是，他所体现的年青活力和老成持重总是那么完美而和谐的统一在一人身上，人们称他是金融学界的一棵挺拔而又富有活力的“不老松”。

漫漫坎坷求学路　苦心磨砺终圆梦

1942年8月，曹龙骐出生于上海南郊　著名的“秀才之乡”西门镇的一个书香门第。

1969年至1971年，在湖北宜昌县邓村茶厂参加“再教育”的“老九”们，40年后回宜昌再聚首

“龙”是古代传说中的一种能隐能显、能兴云雨利万物的神异动物，“骐”是指青黑色纹理的骏马，美好的名字寄予了父母无限的期盼与祝福。

曹龙骐的祖父系前清秀才，病故时，他的父亲只有12岁，要强的祖母以其柔弱的双肩毅然挑起生活的重担，不仅含辛茹苦把父亲培养成当地有名的中医，还节攒钱买下了三十亩田地，为子孙们留下享用的“遗产”。孰料，解放后“小地主”的成份却给曹家子孙的发展前途蒙上了深深的阴影，也使曹龙骐的求学之路充满了艰辛与坎坷。

1957年夏天，曹龙骐以优异的成绩初中毕业。他满怀兴奋、激动的心情与同学们一起报考高中，却未曾想到，在那以“阶级斗争为纲”的年代，全班只有他一个人被拒之门外。15岁的他怎么也无法理解“家庭成份”竟可以成为拒绝一个纯净孩子求学的规矩。多少个不眠之夜，在家乡废旧的土城上，他独自呆呆地望着学校的方向，默默流泪。

不久，他被安排到一所民办小学代课，而他的心却在时刻盼望着继续求学，于是教课之余，他偷偷复习功课决意再试。

当时规定社会青年报考高中必须持公社以上证明，曹龙骐好不容易搞了个生产队证明，一直等到报名截止的那一天才胆战心惊来到母校张埝中学……老师们望着这位印象极好的学生那渴求的眼神，不免心生爱惜，破例同意他报了名。在考前10分钟，他接到父亲来条，说公社主管文教工作的领导对他考学一事极为不满，望他三思而行。经过激烈的思想斗争，在紧促的铃声中，他毅然拖着沉重的步伐走进考场，最终以优异的成绩如愿以偿进入高中。回忆起来，这是人生多么艰难而又重要的一步啊！

高中阶段，品学兼优的曹龙骐深得老师赏识和同学们的喜欢。学习之余，他还与一名同学自编了几个剧本，其中十余万字的《盐民谣》得到了上海市群艺馆的重视，市群艺馆专门请来上海电影制片厂编剧对他们进行指导。他曾梦想成为一名文学家、戏剧家或外交官，然而填报大学志愿时，一个随意填补空白而写上的志愿却改变了他命运的航向：他被上海财经学院金融专业录取。

1962年，是全国人民贯彻中央“调整、巩固、充实、提高”八字方针，迅速扭转三年困难时期严重局面的一年。国家大力收缩国民经济计划，全国高等学校招生人数从1960年的32.3万人，1961年的16.9万人缩减至10.7万人。而由于经济有所恢复，当年的报名人数却增加一倍，录取比例成为新中国成立以来历史上最低的一年。全班56人参加高考，只有4名被录取，一名还是体育特长生。成绩公布后，老校长紧紧握着曹龙骐的手说：“你替学校争了光。”那时的他，对“金融”专业还一派懵懂无知，谁也没有想到，就是那个当年以为读财经就是“拨算盘”的青年，几十年后成为我国金融学研究领域卓有建树的专家学者。

可以说，在曹龙骐充满艰辛坎坷的成才之路上，是坚韧不拔的成才之志，是坚贞的爱情给他慰藉，使他最终守得云开见月明。大学4年，他常常记起爱因斯坦的名言“兴趣是最好的老师”，注重从与专业的接触和贴近中不断培养专业情感，逐渐爱上原本陌生的金融专业。课余时间，他还选修了书法、绘画等课程陶冶性情，排球场上也常见他矫健的身影……青春有如带着露水的青草叶，在太阳底下熠熠闪光；青春蕴含着涌动的激情，张开翅膀拥抱生活。在难忘的大学年代，他多次被誉为“全面发展”的优秀人才和校先进个人。

1966年5月，临近大学毕业之际，正当他怀着满腔热情，准备用自己的所学报效祖国时，那场持续了十年、给党和人民造成严重灾难的文革浩劫爆发了。和同时代其他人一样，他也被迫卷入时代的洪流中，如一叶小舟在历史的巨浪中飘荡。

1968年，曹龙骐被分配到湖北省宜昌县人民银行。不久后的一天，他下楼打水，迎面碰见一位白皙恬静、朴实善良、梳着两条粗黑辫子的姑娘。她用极其谦逊的微笑为他让路，两人四目相对，都有些惊奇——他们是一个单位的人，却互不相识。

原来，那位姑娘是银行重点培养对象，刚从乡下收贷回来。在她的眼中，这个文质彬彬上海来的大学生自有一种令人仰慕的气质。而在身处异乡的曹龙骐眼中，这位姑娘常留的微笑总带给他一种异常温暖的感觉。冥冥之中，两个人似乎命里有缘要相依为命，共同度过漫漫人生之路。

他俩的恋爱在单位掀起轩然大波。对方是公认的革命事业接班人，她父亲是老工人，解放前划着一条破木船从四川万县飘流到宜昌当雇工，母亲更是多年的省级勤俭持家模范。而曹龙骐却是一个出身“剥削家庭”的臭知识分子，还有一个挂名参加过国民党的父亲。在那个年代一些领导的心

2012年7月，曹龙骐故地重游宜昌邓村茶厂，墙上的标语为他当年所写

目中，他们两人本应是水火不相容，却要共同组成家庭，这简直是敌我不分，大逆不道。但两人最终顶住了重重压力，为纯真的爱情义无反顾，最终有情人终成眷属。结婚那天，有领导不允许单位的人前来祝福，于是同事们只好利用晚上偷偷跑来道喜。夜深人静，这对患难夫妻百感交集，不禁相拥而泣，那苦涩而幸福的泪水在他们的心间永远铭记。

当时文件规定：大学生毕业分配后需要“再教育”。在偏远山区邓村茶厂锻炼的那两年，对曹龙骐来说是意义深远的两年。在云雾缭绕的大山里，他和茶农一道挖地、背木头、松土、施肥、制茶。这个从大城市来的知识分子，在这穷山沟里深切体会到中国底层民众的艰辛生活：春茶季节，前来采茶的童工们每顿仅能吃几个包谷土豆，下雨天连一块塑料薄膜都买不起，常常全身湿透，冷得瑟瑟发抖；晚间大家围着火炕烤干衣服明天再穿。曹龙骐和一起参加“再教育”的学生们，用自己有限的积蓄买来塑料布分发给采茶工人。从此，贫瘠的大山在他心里留下了一道深深的烙痕，成为他日后时时鞭策和激励自己奋发向上的动力。

1970年，一直学金融专业的曹龙骐被出乎意料地分配在商业部门工作，据说是领导考虑他有写写画画的专长，适合到商业部门一家新开张的百货公司去布置橱窗。在商

业系统8年，他做过美工、统计员、业务员、材料员，有7年被评上先进工作者。但他始终惦记着自己的专业，经常翻看从上海带来的大学课本，盼望着为祖国的金融事业添砖加瓦。他常常在家中跟爱人唠叨："有了知识不用，就像有了种子不播种一样可惜。"

渴盼播种的曹龙骐终于迎来了科学的春天。1978年3月的一天，《湖北日报》上一个醒目的标题——《恢复研究生招考制度，为国家输送优秀人才》猛地吸引住他。压抑了10年的求知欲如同火山一般爆发，他按捺不住内心的兴奋与激动，暗下决心，一定要抓住这千载难逢的机遇。

第一次去局长家请示，因为舍不得这个已成为商业系统业务骨干的大学生，局长不肯放他。离报名截止期只有几天了，曹龙骐怀揣那张《湖北日报》再次来到局长家。不知是因为看到了上级的精神，还是由于他态度坚决的原因，局长终于同意他报考，却一再表示："实在舍不得你走呀，考不上就回来！"

机遇并非唾手可得，它往往青睐于那些具有顽强毅力与拼搏精神的人。从报名到初试只有两个多月的准备时间，要迎考四门课程，这无异于打一场硬仗。曹龙骐做好了思想准备，每天下班回来，便一头扎进书本，不分白天黑夜地抓紧复习，累得睁不开眼时才躺一会儿，惊醒过来又继续摸起书本。对于已经生疏的外语，他借来了中小学1-12册课本，两天读一本，一个月内把基础俄语啃了个遍，并多次到离县城40多里的宜昌市内向一位中学俄语老师求教。

接连两个多月的通宵达旦，使他经常头昏眼花，下身发冷，咳嗽不止。30多度的五月天气还得用一床棉被裹住下身，不得已只能仰卧在躺椅上学习。看书时，接连的咳嗽打湿了一页页书纸。"苦心人，天不负"，汗水和甘苦换来了研究生初试的胜利。

复试的竞争更为激烈。当时采取差额50%录取，而临上考场前夜，武汉下了一场暴雨，骤降的温度使患有严重慢性气管炎的曹龙骐病情加重，咳嗽不止，他只好上街买了瓶"珍珠川贝止咳片"，连服几片使咳嗽得以控制，才勉强通过了40分钟的口试。从考场出来，仿佛眼前的一切都在转动，但他的心里是欣慰的，终于挺过来了。

1978年9月14日，曹龙骐接到湖北财经学院货币经济学专业硕士研究生的录取通知书，多年的梦想终于成真，开启了他人生新的征程。

勤奋耕耘结硕果　金融学海扬风帆

研究生3年，曹龙骐如饥似渴地汲取知识的营养，拼命补救文革中逝去的光阴。那时，一方面要负担已有两个孩子的家庭，一方面要攻读研究生，他克服生活上的极度艰难，经常在学校食堂买一个菜吃两顿，或者只吃两个馒头了事。为避免在公共阅览室不停地咳嗽影响别人，他经常独自跑到学校附近的蛇山上去苦读，一头扎进树丛就是五六个小时。身在宜昌的爱妻时时关心着体弱的丈夫，每有机会便会备一些干鱼、咸菜托人送来，热情善待的曹龙骐每次总是将这些"佳肴"与学友们共享一空。

1981年研究生毕业后，曹龙骐被首选留校任教，开始了他的教学生涯。1984年，他接到学校人事部门通知，一位科长对他只传达了一句话："上海方面组织上来信，你父亲已平反昭雪了。"但对曹龙骐来说，此时已无心情也无暇去顾及那些历史旧账，已被耽误的10年岁月，容不得再有片刻犹豫，只有马不停蹄全身心地投入到自己的事业当中，才是最大的满足与安慰。

作为一名教师，他热爱自己的工作，热爱自己的学生，他觉得只要站在讲台上面对着学生们，便可以忘掉一切。多少年来，他极少因病因事请假而耽误教学，也从未迟到早退影响工作。1983年，他带学生下基层实习时，适逢爱人患甲状腺功能亢进，身体消瘦得只剩下80斤，白血球降到1800，走路摇摇摆摆，怎么办呢？他觉得实在不能丢下期待他的学生们，于是买回几十斤土豆留给爱人和两个孩子做菜肴，自己则怀着内疚的心情领着学生走了。临走时，系主任白教授一定要他在中途回城汇报一次，他深知老主任借此关怀他的家庭，自然也谢绝了。

随着经济体制改革的不断深入，金融学科出现了不少新情况新问题，一些新成果、新观点急需尽早补充到教材中去，一些需要单独开设的新课也需要马上编写讲义，曹龙骐常常为此忙碌而忘了自我。一天早上，他正在考虑当天的课堂教学，爱人叮嘱他吃过早餐再去上课，他心不在焉。等到中午回到家里，他说头昏心慌，爱人揭开锅盖一看，两个包子还完整地放在碗里。就这样，他除了讲课及时补充新观点外，还苦战三个月，开设了新课《货币流通组织与计划》，并与导师周骏教授开设了《货币流通计量与控制》课，1984年和1986年两次获学校开新课奖。在此期间，他还写下大量提纲、习题和调研材料。

教学中，他精益求精，不断创新，每学年都超额完成教学工作量。这期间，他先后担任过研究生、本科生、专科生以及校外银行经济师学习班、银行行长班等多层次的教学任务，还负责指导学生学年论文和毕业论文，并多次带领学生到湖北省内和江苏、重庆等地开展社会调查活动。1985年和1989年，他分别获学校优秀教师奖和优秀教学成果奖，并受到财政部教育司的通报表扬。为了使理论更完善，头脑更充实，他特别注意走出校门，和社会上特别是金融界的同行们交朋结友，努力从他们那里得到启发，回过头来又为实际工作部门提出了许多决策性的建议。

为了扩大学生视野，拓宽思路，曹教授身体力行，带领学生走出书斋，面向社会。他说，当今世界正向多极化迈进，学生长期呆在书斋岂能学到实际有用的知识。担任金融系主任时，他积极争取湖北省人民银行领导的同意，开办了"金源城市信用社"，自任常务董事，一面教学，一面经营，大大丰富了教学内容。嗣后，他又发挥教授们的智囊作用，建立了独家"资信评估事务所"，自任总经理，不仅服务了社会，而且活跃了课堂教学。学生们反映："曹教授的课密切联系实际，实例新鲜，信息量大，妙语连珠，切中要害，听起来如沐春风！"

曹龙骐与导师国内著名金融学家周骏教授（中）以及他本人指导的博士（左）"三代同堂"合影

1987年以来，他担任了学校财金系副主任兼金融专业研究生导师组副组长，负责全系科研工作。繁忙的行政工作，加上繁重的教学与科研任务，使他的日常生活处在“紧运行”状态，他妥善安排好份内的行政工作，全面发动系里的教师、研究生、本科生三个层次搞科研，组织各种力量努力完成学校、省里交给的各项课题。同时，他还利用一切属于自己的时间搞科研，常常达到忘我的境界；多少次在饭桌上，因思索问题而对家人的问话不答腔；节假日，那些在一般人看来是与家人逛商场、游公园的好日子，他却看作是搞科研工作的黄金时间。不知有多少个节假日，他打发爱人儿子出门，自己备上干粮在家里专心伏案劳作。他患脚疾，需要开刀治疗。手术后，他完全不顾病痛，全心尽力地在家苦干，病休中将当时国内率先有关货币供应的理论概述——《货币供应概论》专著中他所承担的那一大半写了出来。

凭着这股子韧劲，留校任教十年来，曹龙骐和他人合著、合编公开出版的专著、教材，工具书 10 本，在国家级、省级报纸杂志公开发表 3000 字以上的学术论文 70 余篇，约 65 万字。1984 年获全国优秀科研成果荣誉奖、湖北省农村金融学会优秀论文二等奖；1985 年获湖北省农村金融学会优秀论文特别奖；1986 年获“全国首届中青年金融改革讨论会”优秀论文奖；1987 年获湖北省人民银行金融改革征文优秀论文二等奖；1987 年、1988 年获校优秀科研成果奖；1991 年初，他和其他教师代表学校和市计委、统计局等单位共同承担的《武汉市社会资金流量表编制及应用》课题，通过了国家级鉴定……

1991 年 1 月，曹龙骐被国家教委、国务院学位委员会授予“做出突出贡献的中国硕士学位获得者”称号，面对那本烫金的咖啡色荣誉证书，他内心久久不能平静。毕业留校整整十年，十个春夏秋冬，他常常是伴着案头上的桌、椅、台灯熬到深夜，他想起了家里那只“崭新”的破水壶，那是他伏案奋笔疾书时忘了水壶还在炉子上的“纪念品”，桌前写在一块硬壳纸上的一个大大的“水”字用来警醒却常视而不见；他想起了为了带学生实习，狠心丢下患病的妻子，满怀愧疚上路的情景；他想起了 1984 年寒假父亲患病住院期间，为了赶编一本待用的新教材，他在医院伏在膝头埋头撰写，把照顾病人的职责忘在脑后，看着如此紧张工作的儿子，老人流着泪说：“儿啊，我耽误了你的工作，对不起你啊……”他流泪了。这 10 年，他捧出了沉甸甸的果实，也付出了常人难以理解的代价。作为一名教师，他把全付身心都奉献给了自己的工作和学生……

1991 年 1 月，国家教委、国务院学位委员会授予“做出突出贡献的中国硕士学位获得者”称号

紧接着，1993 年 12 月，他被国务院学位委员会批准为金融学专业博士生导师，享受国务院颁发的特殊津贴。荣誉感和使命感加速了这位学者前进的步伐。

四个特批进深圳　五次延聘至七十

屈指算来，自 1995 初曹教授调入深大，到 2014 年正式退休的 22 年中，这一头一尾发生的两件事，使他终身难忘。

第一件事是“四个特批进深大”。上世纪80年代初，曹龙骐教授从内地来深圳承担招商银行、平安保险等一些金融机构的在职硕士生培养任务，深切感受到特区作为改革开放前沿阵地的脉搏，也时时被特区人敢闯敢干、开拓创新的精神所撼动。1983年夏，他来深圳讲课，在电视中看到深圳组织“支持教育发展万里行”活动，场面壮观、振奋人心，只用了3个晚上，各方和市民们捐款就达3亿多元，为深圳教育事业的发展献上爱心。特别是深圳特区从发展初期就将金融业定位为主导产业，加之深圳毗邻的香港已是举世闻名的国际金融中心，这些对于一名倾注毕生精力研究金融的学者来说，吸引力十分巨大。

1997年，曹龙骐教授培养的首届金融专业3名学生喜获金融学博士学位

1994年，曹龙骐到深圳大学看望老同学，机缘巧合，遇到了时任深圳大学校长蔡德麟教授。当得知曹龙骐是金融专业的博士生导师后，蔡校长非常热情地邀他到办公室谈谈，并随即表示：“深大正在与香港合作办商学院，目前正缺个院长，你来很合适！”

但是工作的调动困难重重，中南财大认为培养一批人才不容易，况且曹龙骐在中南财大担任着金融系系主任的职务，又是学校的学术骨干，怎肯放他走？对此，蔡校长又想了个“先让爱人调入”的绝招。在整个商调过程中，蔡校长亲自与他通电话就有二、三十次，人事处的很多同志也做了大量工作，配合得相当默契。正是深大的“真情”深深感动了他，他才下了来深大任教这一决心。最终，经过多方努力，曹龙骐才得以南下深圳。临别时，中南财大一位校领导无奈地叹息：“特区人真厉害，我们还是拉不住这条蛟龙。”

在深大校领导和人事部门的竭力支持下，1994年底，曹龙骐终于接到调入深大通知书。仔细看后，他思绪万千，感动万分。这不是一个普通的调令，而是深含特区和深大对他的充分信任和殷切希望。第一，开具调入令的日期是1994年12月28日，上面有时任深圳市市长李子彬的签名，据报载，这位市长是12月27日才上任的。也就是说，上任后的第一天就批示了他的调入通知书。可见当时深圳市的领导、深大的校领导，是多么地重视人才的引进。第二，按深圳市人事调动规定，凡调入深圳的最高年龄限于50岁，而当时曹教授已52岁，是破格调入的。第三，他太太当时已50岁，在办调入手续时也已超龄12天，同样准许“特批调入”。第四，按深圳市人事局规定，如果子女要随父母调入必须在16岁以下，他小儿子已19岁，也属“特批调入”。每每回忆起“四个特批”进深大的情景，他的内心总是油然生起一股难言的感恩之情。

第二件事是“五次延聘至七十”。按深圳市人事部门规定，教授的退休工龄规定为60岁。在深大的日子，曹教授觉得过得特别快，不知不觉就到了60岁。考虑到他带有博士生，深大和市里同意延长至65岁，但因为教学和科研的需要，经市人事部批准又连续3次延聘至70岁，2012年9月才正式办理退休，后学校又同意返聘2年。算起来，60岁后连续5次延期至70岁。由此，他和深大也结下终身情缘，奋力为深大多做贡献。由于长期的教学、科研和行政事务缠身，他从1999年开始，身体常有不适之感，经体检确诊，已患有较严重的糖尿病和冠心病。但为了学生和日常工作，他一直坚持着干。2001年—2006年间，他曾两次昏倒在学校卫生间，是同事们发现后用车推到南山医院才苏醒。2010年3月开始，他发现胸部经常闷痛，自认为是累了的缘故，想坚持把这学期的课讲完再说。但到5月底，两病并发，经医院检查，心脏内两根主动脉血管60%已堵塞，医生警告随时有猝死的可能。后进医院，在心脏内连续两次装了七个支架才获平安。住院期间，一批批学生和老师来看望，送来的鲜花簇拥整个病房，几个护士问：“你是哪个单位的领导？”他笑着回答：“我是深圳大学一位老师。”

报恩之心常在，凡人应有善举。二十多年来，凡是碰到学科建设或工作安排中的选择难题，他首先考虑的是一定要服从深大的发展和利益，这已成为他对深大的感恩之“责”和处事之“则”。

心怀感恩勇拼搏　脚踏热土创新业

多年来，受深圳特区的创新力、活力和魅力的感染，曹龙骐深知，要真正成为一个特区人，身在深大，一定要遵循深大的校训：“自强、自律、自信”，“脚踏实地”去做人，争取有所创造，有所前进，为特区添砖加瓦。

在深大二十二年，有两件事他难以忘怀。第一件难忘的事是组建深大经济学院。调入深大后，他即参与由市政府和香港一家基金会合作筹办深大商学院的工作，由于诸多客观原因，未能如愿。1997年，深大实行学院制，不久他被任命为经济学院院长，按学校意见，经济学院由三个部门原经济系（包括会计专业在内）、金贸系和特区台港澳研究所组和成。按理说，组合起来有利于各系、所资源的充分综合利用，以创造更好的发展环境，求得更快的发展，有望全体教职工可共享发展的成果。但真正实施起来并不简单，原因是各方意见难以统一：一部分人认为“分”比“合”好，由此在分配上，也必然是“贫富有别”。可见，问题虽多而杂，最终还是集中在“利益”分配矛盾上。事后，曹教授凭着担任过多年系主任的经验和教训，首先静下来分析产生问题的种种原因，终于找出了一条化解矛盾的有效途径。他了解到，当时院里绝大部分老师的职称还是讲师或副教授，如何引导老师们将注意力集中到“上职称”上来，这是一个关键问题。事实证明，这既符合

曹教授部分研究成果

老师的心愿，也体现全体教职工的长远利益所在。他作为院长，应努力在解决"分""合"矛盾问题上下功夫，将学院当时较多的科研经费用于支持学科建设和课题研究，奖励老师们出书和撰写论文，这是他尽职守责之重点。这一设想果然生效，在大家努力下，从1998年至2001年三年内，经济学院有20多位老师晋升职称，这既满足了大家对长远利益的诉求，又促使全院学术气氛更浓。与此同时，在多次征求老师们意见的前提下，院级财务收支既有制度可依，又能定时张榜公布，让大家早知道，并依靠大家来监督执行。这样做，也更有利于营造和谐的人际环境。这件事给曹龙骐的深刻教育是：碰到任何问题先要"静"下来，科学分析现状，然后抓住主要矛盾，采取有效措施，这样既能化解难以解决的矛盾，又能真正实现预期目标和获得长期持续效果。

2003年10月，曹龙骐教授应邀访问日本，受到日本熊本学园大学校长坂本·正博士（右一）热烈欢迎

在任深圳大学经济学院院长的3年间，曹龙骐尊重每一位教师，真诚倾听教师心声、关心他们的成长，为他们提供科研条件，并给予实际的帮助，用一颗真诚之心扶植了28位老师任职资格的晋升。这期间，深圳大学经济学院连续3年获得3个硕士学位点资格，还筹建了证券模拟实验室。

第二件最令曹龙骐难忘的事，是创建"深圳大学中国经济特区研究中心"。1988年，教育部提出要在全国高校建立100个人文社科重点研究基地（亦称"中心"），对于深圳特区的唯一一所综合性大学深圳大学来说，创建这样一个基地既是历史责任，也是理所当然的事情。2000年初，学校安排曹龙骐和苏东斌两位教授具体负责这一基地的筹建工作。曹龙骐比喻这是一场"啃硬骨头"的决战，他曾多次随校领导去广州省教育厅提出筹建的申请计划，但都被以名额不够的理由婉言劝回。原来按照教育部规定，申请"基地"必须具备两个基本条件：一是教育部直属重点院校；二是拥有博士点的院校。这两个硬性要求，当时的深大都不具备。

为此，他们组织力量连夜整理出一份关于深大社科研究队伍情况的材料，将当时150多位人文社科正副教授一一列出。然后再次到省教育厅提出申报。这下果然奏效，省教育厅改变了对深大的看法，积极支持并指导深大申报基地。经过近半年夜以继日的筹建，研究基地终于通过教育部专家组评审。2001年9月10日，深圳大学中国经济特区研究中心挂牌成立。

从2001年至2005年，研究中心每年召开"特区论坛"，邀请全国著名专家学者参会研讨，在国内外产生重大影响。曹龙骐总结"中心"发展取得的成就：'敢闯'，可以干成事；'人和'，可以办好事；'真抓实干'，可以多办实事！"在曹龙骐和同仁们的筹建和执政"中心"的6年中，"中心"共计出版了34本著作，发表了160多篇论文。其间，曹龙骐本人出版有关经济方面的著述共5本，发表论文30多篇，校内外作学术报告20多次。

金融学界的"不老松"

情系学生铸师魂　立志高远绘人生

时间真快，往事如烟，回首走过的那些浸血浸汗的脚印，曹教授至今历历在目。在成绩面前，他时时警告自己，决不妄自菲薄，因为他深知：能有机会继续深造，拥有一个好环境，仅仅是为成才创造一个有利条件。事实证明，成才之路，是一条崎岖之路，探索之路，奋斗之路。打铁需要自己硬。在多年的学习生活和教育生涯中，无论为人为师还是治学，永远保持一股锲而不舍的求索精神，铸造情系学生的师长之魂。

要说有什么领悟和积累，在长期跋涉的成长之路上，他始终坚持八字治学做人方针：即专一、坚韧、多思、高效。

"专一"，即培养自己的事业心。他常用爱因斯坦的名言"热爱是最好的老师"勉励自己。在长期的学习和工作中，注重培养自己对专业的热爱。他体会到，治学要心无旁骛，用志专一，这也如骑马，盯住目标，兼程赶路方可事半功倍，否则信马由缰，心存杂念，欲速则不达。金融领域是勤于开发耕耘的广阔天地，金融人才是国家急需的人才，金融事业将是自己终身的事业。

曹教授（中）在深圳为中南财经政法大学和中国人民大学2001级金融学专业博士生授课后合影

与此同时，他也特别注重一个学者应潜心于自己品质和素养的修炼，尽力去适应现实环境，超脱那些不必要的摩擦和纠纷，"己所不欲、勿施于人"，"宽以待人、严以律己"，才能真正做到力排万难忍辱负重以专心于事业。

"坚韧"，即要以坚强的毅力迎接每一个挑战。曹教授认为，想做点学问，不下一番死功夫是绝对办不到的。无论是研究生学习期间和以后长期的教学科研工作中，他平时很少有节假日，并坚持早起晚睡，繁忙的行政工作加上繁重的教学科研任务，生活常处在"紧运行"中。

"多思"，即勤于思考，敢于提出不同意见和新的见解。古人云：行成于思毁于随。他深知，单纯的知识积累只能像个原材料的堆积场，只有经过再创造才能建成各具特色的高楼大厦。当今社会，需要探索开拓创新的课题实在太多了。他还认为，勤于思考问题，是一切从事科研和管理人才必备的一种素质和能力。曹教授平时十分注意来自各方面的实践经验和理论信息，在此基础上，苦苦地思索，以萌发自己的创造力。

"高效"，即提高学习和工作效率，努力缩短成才时间。对一个追求者来说，时间和效率是成功的保证。多年来，他努力在实践中摸索一套适合自己的学习和工作规律，用提高效率来夺得更多的时间。例如，注意预先安排好近段工作，做到有条不紊；又如面对堆积如山、纷繁复杂的难题，如何击其要害、逐个突破，真正做到心领神会，以跃上新的台阶；再如收集资料，根据教学和科

鹏城人物·曹龙骐

329

研需要，科学分类，又采取资料库、剪报、卡片、目录、摘记等不同方式，以确保资料的全面、正确、及时和利用效率。

对此八字方针，曹教授不但身体力行，而且言传身教。他要求学生要以最大的热情去丰富自己的专业知识，沉淀深厚的理论功底，为创新与实践打下坚实基础；希望学生养成吃苦耐劳的精神，排除万难，勇往直前；启发学生积极假设、严缜推理、大胆求证，培养创新思维；训练学生学会统筹安排，使他们在最短的时间内高效地完成学习、工作任务。

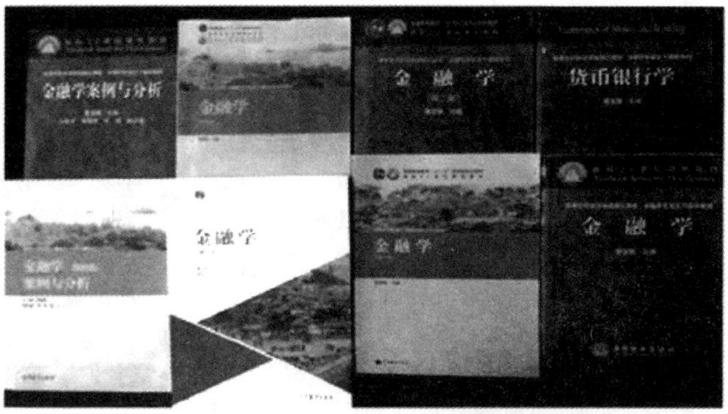

由高等教育出版社出版，曹龙骐教授主编的《金融学》本科教材，15 年来，连续 5 次修订，共 28 次印刷，风行国内。

情铸师魂，是为了追求和实现作为一名教师人生的最高境界，即通过奋力拼搏对社会有所贡献。近年来，曹教授又做出了显著成绩：

1998 年春，高等教育出版社刘清田编审从北京来到深圳大学找到曹龙骐教授，要他担任主编，组织南方高校的金融学专业老师，编写南方版本的《金融学》本科教材，并希望体例和内容能在原有的基础上有所创新，写出特色。

曹龙骐认为，编写出一本有特色的《金融学》教材一定要先“摸准路子”。编写组在充分借鉴前人研究成果的基础上多次切磋讨论，摸索出 4 个方面的编写设想：一要在框架结构上改变以往分国内和国际两大块组合方法，将其融合在一起；二要全面系统地介绍金融基础理论，并注重结合实际，体现中国特色；三要力求内容务实，条理清晰，逻辑性强，以引导和启发学生，培养他们的分析能力和开拓能力；四要配有最新的多媒体课件、教学视频、教学案例和试题库。总之，要努力编写一本“读者喜读，老师易教，学生好学”的新型教材。

在编写组的努力下，新版本教材于 2000 年 8 月问世，不久被列为“高等学校经济类核心课程教材”和“金融学专业主干课程教材”。随后又被教育部列为“面向 21 世纪课程教材”、“普通高等教育‘十一五’、‘十二五’国家级规划教材”和“普通高等教育精品教材”。2009 年和 2010 年，分别被深圳大学评为校级精品课程和优秀教学成果一等奖。2011 年评为深圳市第六届社科类优秀奖。

为了精益求精，近年来，高教出版社组织安排编写组成员先后到杭州、宁波、北京、济南和南宁等地共 20 多所高校实地调研，了解一线师生的真实需求和意见建议。该书至今已经连续 5 次修订，共 28 次印刷，发行量累计 78 万册。据不完全统计，已有 110 多所高等院校将该书作为经济、金融、管理学科的本科教材。

总结《金融学》这本教材，之所以有些建树并风行国内，主要是在“创新”两字上做了不少新的尝试：一是率先改变了传统的《货币银行学》教材分国内和国外两大块的编写体例，将相关的国内外内容融合在一起，这样的安排是符合我国经济已进入市场化和国际化进程的。这种体例和内容安排，也已得到了不少兄弟院校的认可。二是本教材努力体现内容和结构上的整体性，力求各篇、章、节之间具有紧密的逻辑联系。三是力求做到“读者喜读、老师易教、学生好学”。集中体现在各章节内容充实、取舍有度、脉络清晰、逻辑性强、重点要点突出，“有归纳有思考有结论”，尽力在引导和启发学生的创新能力、综合分析能力和解决实际问题的能力上下功夫。四是在重点介绍金融学基础理论和基本技能的基础上，注重理论联系实际，特别紧密结合我国改革开放中的新形势和新内容，努力体现教材的前沿性、前瞻性和现实性。五是作为一本精品教材，还要有相匹配的教辅材料，新版《金融学》配有最新教学课件PPT，教学案例与分析以及题库等。

曹教授深刻体会到：他能有今天的成绩和领悟除了自己的努力外，还得益于两个很重要的方面：一是国家的改革开放政策使他在35岁时获得深造的机会，踏上社会后又在深圳这块改革开放热土上不断锤炼和提高自己；二是有一大批良师益友不仅在学术上而且在如何做人上给予他的教诲和指点。他说：“没有改革开放就没有我的今天；没有导师的教导就没有我的成长。”

2011年5月，曹教授几十年的金融学术思想，荣录由中国金融研究中心编纂的《百年中国金融思想学说史》首卷，该书为“五十位金融思想代表人物荟萃”，共五十章，第四十九章选取了曹教授学术研究中的四个观点：一是关于货币供求及均衡的论述。他作为第一作者的《货币供应概论》（中国财政经济出版社1989年10月版），对该领域做了全面系统研究，在国内应该是领先的。二是论文《建议分层次设置衡量货币流通正常指标》（原《经济学周刊》1984年第50期全文刊登，《金融研究》1985年第3期摘登），为我国改革开放早期如何控制通货膨胀、制定货币政策提供理论依据和政策操作提供了一些新思路。三是论文《股份制：应有的热情与冷静》（原刊于《中南财经大学学报》1992年第4期，《新华文摘》1992年第10期全文转载），论文就“股份制不会改变公有制性质”、“股份制不是私有制”、“股份制是市场机制作用的伴生现象”等观点给予剖析，该文1993年获湖北省委宣传部优秀论文一等奖。四是论文《论金融性国有资产的管理》（《中南财经大学学报》1993年第2期），对金融性国有资产的界定、特征、完整性和应用效益等问题进行剖析，该文也是1993年国家社科基金项目《我国国有资产的管理》的子课题成果。

收到这本百万字的巨著，他深感荣幸，内心十分激动和感动，但更多的是不安。他曾谦虚地说：“凭我现在的水平与百年金融‘大家’、‘大腕’和‘名师’们排列在一起，深知是现在在世的一批老金融学家们对我的厚爱、褒奖和鼓励。一个很现实的事让我感动，在金融学术界享有盛誉担任本巨著主编的西南财大中国金融研究中心名誉主任曾康霖教授执意不上此榜就足以说明……

年青奥秘源何在　心宽体健两相兼

在生活中，人们常常惊叹于曹教授的“年青”，有些人还羡慕地说：“几十年不变的你，似乎时间在你的脸上停驻，不会流逝。”这些话慢慢成了老生常谈，他也习以为常，欣然笑纳。因为在他的日常生活中特别是初见的人，常因他的“年青”而制造很多笑话，有时候他回想起这些因误会而引起的一串串笑话也竟自笑不止。有一次，他陪当时20多岁的大儿子去商场买衣服，付钱时，营业员指着儿子说：“你倒好，自己买的衣服要你哥哥付钱。”儿子一下脸红了，忙声明：“这是我爸爸呀！”营业员听后恍然大悟，连道“对不起”，但又固执地坚持“我真不相信”。还有一次，他作为新任职的独立董事去参加深圳市商业银行新一届股东大会，因为由市政府推荐，之前只是材料交换，没有与银行领导见过面，大会已经开始，他因乘公交前往迟到了几分钟，进会场时看到第一排右边席位有他的名牌，便过去坐下。这时主持人（副行长）走下台来轻轻地问：“你是不是代表曹教授来开会的？”他习惯地知道对方搞错了，也轻轻回答说：“我就是曹龙骐。”主持人回头再看看手中的材料，仍不相信他这个当时65岁的年龄，抱歉的自语：“对不起，是材料上搞错了。”会后召开本届一次董事会，这位副行长坐在他旁边，他对副行长说：“刚才你问我的问题，人和材料都没有错。”对方一本正经的要求：“你是怎么保养的？我真要请教你是怎么养生的。”

要说年青的奥秘，他并未深入研究过，但有些同事、朋友在闲暇时或饭桌上，一定要他说出几条，为此，他仔细总结了几条：

首先，心态要好。事实证明，心态有时候比什么都重要。这办法一是在主观上要致力于营造一个和谐的生活环境；二是要“静”，不能常常处于烦躁之中，保持“怎么做都快乐”的心态；三是要“忍得住”，对人宽宏大量，少计较、多体谅，“忍一忍，风平浪静”。如真有烦恼或心结，也要善于找机会释放、倾诉，不要“闷”在心里受罪。

曹龙骐夫妇

其次，要注意吃喝有度，饮食节制、起居卫生、工作生活安排适当，养成经常多喝点水的习惯。

再次，要做到“生命在于不断地适度地运动”。也就是说要依据自己的年龄、习惯和爱好，设置一套有效的、经常的、符合实际的运动方法。年长人不宜早、晚跑步或剧烈运动，它会过分耗损体力。大多数中青年忙于工作，强调没有时间锻炼，其实，适度地不断地运动完全可行，有人设计手部、头部、腹部、腿部上的细微运动方法如梳头、搓穴位、咽唾液、揉耳、叩齿、揉腹、伸腰、洗脚等，加起来有几十套，且大多可以利用一些零星空余时间进行，也可叠加进行，如看电视、坐乘飞机时，都可利用兼搞一些细微甚至不表露的运动。粗算一下，一个爱运动的人，包括细微适度的运动在内，一天可以挤出2--3个小时处于经常运动中是不成问题的。事实证明，与剧烈运动不同，细微适度运动是在不消耗或少消耗体力的前提下运动，对中、老年或没有整块时间和运动设施的人来说，既可行又有效。总之，养生不能偏用一方，要兼顾“心态”和“运动”两个方面，说心态好也是要苦心经营和不断修炼的。加强运动，要依据不同人的年纪和条件等因素，凡事要有“度”。

当然，人生代谢、生老病死是一个客观规律。但人生应有主动性、适应性，首先要在心理上有准备，然后才能静中养人，正如智者言：“心静则安，心诚则平，心顺则解”，这样才能注重心和身兼备、行和雅兼备、道和术兼备、修和养兼备，才能真正在保养身体、延长生命上下功夫见成效，为自己为社会实现更多更好的人生价值。

永不停歇，追求活着就应有所贡献的人生境界

访问结束，曹教授那步履匆匆、英姿矍铄的身影还时刻印在我们的脑海之中。他虽已年过七旬，但目光依旧清澈明亮。从他的脸上，你找不到一丝一毫的媚俗和浮华。他纯净的内心世界和渊博的学识、深邃的思想，构造了他淳厚、精美的无尚光华。

纵观曹教授一生坎坷、曲折的奋斗历程，可知他的成才绝非偶然或天赐，那是“集腋成裘”的千辛万苦和“聚沙成塔”苦心拼搏的结果。曹龙骐教授把他一生的激情、热血、光荣与梦想奉献给了他所热爱的金融专业与教育事业。他说：“学生就是我的财富。我最骄傲的是，当我乘车路过深南大道时，两旁的金融大厦里差不多都有我的学生，少则几个，多则一二十个……”

与此同时，他也拥有一个幸福的金融世家，爱人过去在银行工作，有十几年银行营业部主任的经历；大儿子是平安财险的高管；小儿子原来从事证券工作；大孙子于深圳国际交流学院毕业后，赴伦敦大学留学；小孙子活泼可爱，现小学阶段已名列前茅。

人们常说，成功男人的背后总会有一个默默支持他的好妻子，曹教授也不例外。他经常深情的谈起爱人对他事业的支持：“在我苦心追求的路上，之所以能取得一些成绩，与我爱人的支持是分不开的，她百般关心我的身体，几乎承担了全部的家务和两个儿子的教育。她始终如一地默默地满足着我这个不称职丈夫向她提出的苛刻要求，‘给我时间吧，这就是对我最大的爱！’”

“永不停歇，永存感恩时代、感恩同行、感恩学生、感恩家人之心，追求对社会和人民有所贡献”，正是这位令人尊敬的金融学教授孜孜以求的精神和青春不老的奥秘所在。

本文载于深圳特区历史文献《鹏城人物》第四卷，中国文史出版社，
2015 年 12 月版，主编：叶风 采编：李静

弟子名录（主要指直接负责指导论文的学生）

（一）博士 26 名

序	姓名	毕业并取得学位时间	培养院校	工作单位职务、职称
1	黄孝武	1997 年	中南财经政法大学	中南财经政法大学教授、博导
2	杨德勇	1997 年	中南财经政法大学	北京工商大学研究生院院长、教授
3	彭小泉	1997 年	中南财经政法大学	招商证券衍生投资部执行董事
4	郑建明	1999 年	中南财经政法大学	对外经济贸易大学教授、博导
5	陈伦玉	1999 年	中南财经政法大学	深圳大学经济学院副教授
6	汤小青	2000 年	中南财经政法大学	原人民银行总行非银行机构司副司长、原招商银行总行纪检主任
7	鲁亦斌	2001 年	中南财经政法大学	定居加拿大
8	刘桂平	2002 年	中南财经政法大学	原中国农业银行上海分行行长、现重庆市人民政府副市长
9	张艳	2003 年	中南财经政法大学	深圳职业技术学院副教授
10	张琳	2004 年	中南财经政法大学	华安财产保险股份有限副总裁
11	孙强	2005 年	中南财经政法大学	深圳市财政委员会副处长
12	沈光朗	2006 年	中国人民大学本部	深圳振银金融控股有限公司总裁
13	张帆	2006 年（结业）	中国人民大学本部	定居加拿大
14	刘廷伟	2007 年	中国人民大学本部	山东省银监局办公室主任
15	王梦玮	2007 年（结业）	中国人民大学本部	北京某证券公司经理
16	李永宁	2008 年	中国人民大学本部	天津某高校副教授
17	李宁	2012 年	中国人民大学本部	英大长安保险经纪有限公司
18	蒲斯伟	2012 年	中国人民大学本部	渤海银行总行投资银行部项目经理
19	李雅非	2010 年	中国人民大学深圳研究院	深圳市红山投资管理有限公司董事长
20	李超峰	2011 年	中国人民大学深圳研究院	深圳市远翰科技有限公司总经理
21	祈红波	2011 年	中国人民大学深圳研究院	烟台东诚药业集团副总经理兼制剂中心总经理
22	冯静	2010 年	中国人民大学深圳研究院	深圳市橡树春天贸易有限公司总经理
23	鲁国强	2011 年	深圳大学	深圳大学经济学院副教授
24	周伍阳	2012 年	深圳大学	长江师范学院讲师
25	李艳丰	2013 年	深圳大学	湖南财政经济学院讲师
26	詹志东	2016 年（结业）	深圳大学	正在择业中

（二）硕士12名（中南财经政法大学）

序	姓名	现工作单位	毕业年份
1	陶雄华	中南财经政法大学金融学院教授、博导	1988
2	黄旭东	上海浦发银行武汉分行行长	1988
3	冯学平	交通银行武汉分行行长	1989
4	王忠涛	原招商银行培训总经理	1989
5	陈伦玉	深圳大学经济学院副教授	1990
6	宗少俊	中国农业银行香港分行行长	1991
7	莫汝展	深圳农商行副行长	1992
8	沈俐歆	深圳市华融资产管理公司总经理	1993
9	张水生	深圳市	1994
10	刘敬东	国泰君安证券分公司总经理	1995
11	熊政平	原世纪证券（深圳）副总经理	1996
12	胡章宏	建行香港分行部门总经理	1997

（三）硕士45名（深圳大学）

序	姓名	现工作单位	毕业年份
1	姚贤跃	江苏银行深圳分行	2002
2	陈红泉	深圳大学中国经济特区研究中心	2002
3	李辛白	深圳振银金融控股有限公司	2003
4	鲁国强	深圳大学经济学院	2003
5	胡浩	深圳市金融办	2003
6	李志清	华润信托	2004
7	杨柯	已病故	2004
8	戴嘉贺	广州掌金信息科技有限公司	2005
9	程锦	中国出口信用保险公司	2005
10	戴科	恒运联合基金有限公司	2006
11	文科	长沙长泰智能装备有限公司	2006
12	顾丹红	TCL集团	2006
13	孙霞	深圳前海国硕基金管理有限公司	2006
14	施红	定居香港	2006
15	程靖刚	前海人寿	2007
16	高京刚	中航证券	2007
17	张渝敏	达能亚太资本管理公司	2007
18	严婧	河北金融学院	2007
19	杨帆	平安银行	2008

续表

序	姓名	现工作单位	毕业年份
20	王小兵	深圳龙岗国安村镇银行	2008
21	肖红艳	南京地铁资源开发有限公司	2008
22	程增辉	平安银行	2008
23	杨文	深圳大学经济学院（北大博士）	2009
24	赵姗姗	华润集团	2009
25	吴丽春	平安银行	2009
26	俞瑰姣	平安银行	2009
27	徐春霞	民生加银基金管理公司	2009
28	黄榕	光大银行深圳分行蛇口支行	2010
29	叶颖	农业银行深圳分行	2010
30	蒋鹏程	广发银行总行	2010
31	廖玲	深圳市国税局	2010
32	孙莉苹	中国建设银行深圳市分行	2011
33	谭蔚赟	中国工商银行深圳市分行	2011
34	徐彩	人民银行山东日照市支行	2011
35	王珍	宝能控股集团公司	2012
36	张娜	建设银行深圳市分行	2012
37	华荣杰	私募排排网	2012
38	姚万宁	南方基金	2012
39	黄佳	方正证券	2013
40	范叶叶	平安信托	2013
41	郭亮星	广州市城市更新局	2013
42	刘欣	武汉市经济技术开发区地方税务局	2013
43	叶中华	四川省内江市隆昌县国有资产管理中心	2013
44	廖仁君	中国电信股份有限公司武汉分公司	2013
45	季宪莉	深圳市地税局	2014

（四）其他在职硕士

1987—1991 年，在深圳组织和参与平安保险集团计 16 人和招商银行总行计 26 人，共计 42 人“在职人员申请硕士学位”的培养工作。2003—2006 年参与深圳大学与澳大利亚国立南昆士兰大学合作举办的 MBA 共 5 个班约 200 多位学员的组织和培养工作。